聊城大学运河学研究院研究丛书

"运河与区域社会研究"
国际学术研讨会论文集

李 泉 主编

中国社会科学出版社

图书在版编目（CIP）数据

"运河与区域社会研究"国际学术研讨会论文集/李泉主编 . —北京：中国社会科学出版社，2015.12

（聊城大学运河学研究院研究丛书）

ISBN 978 - 7 - 5161 - 7274 - 2

Ⅰ.①运…　Ⅱ.①李…　Ⅲ.①运河—区域社会学—中国—文集

Ⅳ.①K928.42 - 53

中国版本图书馆 CIP 数据核字（2015）第 301063 号

出 版 人	赵剑英
责任编辑	刘志兵
特约编辑	张翠萍等
责任校对	刘　娟
责任印制	李寡寡

出　　版	中国社会科学出版社
社　　址	北京鼓楼西大街甲 158 号
邮　　编	100720
网　　址	http://www.csspw.cn
发 行 部	010 - 84083685
门 市 部	010 - 84029450
经　　销	新华书店及其他书店

印刷装订	北京君升印刷有限公司
版　　次	2015 年 12 月第 1 版
印　　次	2015 年 12 月第 1 次印刷

开　　本	710×1000　1/16
印　　张	43.5
插　　页	2
字　　数	738 千字
定　　价	146.00 元

目　录

前　言

　　现在呈现在大家面前的，是在山东聊城市、临清市召开的"运河与区域社会研究"国际学术研讨会的论文集。

　　聊城市坐落在京杭大运河边，明清时期是中国北方重要的区域政治、经济中心城市，如今大运河的辉煌已成过往，但运河的遗迹和丰厚历史文化积淀仍留存至今。早在20世纪末，聊城师范学院（后改名聊城大学）历史系几位从事社会史研究的教师便自发组织起来，进行运河与区域社会的历史研究。几年下来，居然小有成绩，发表了不少与运河有关的文章，出版了研究山东运河的著作，申报的国家社会科学基金项目也获批准。这样一来，他们对这方面的研究更有信心，学校领导也开始关注了，认为运河研究是一个特色鲜明、发展潜力大的研究方向。2008年初，聊城大学正式成立"运河文化研究中心"，尽管是一个全部由兼职人员组成的学术联合体，但对于运河的研究来说，还是迎来了发展的契机——毕竟有了一个联合更多学者进行学术合作的科研平台。此后，"运河文化研究中心"受到了上级科研部门的重视，相继获批为"山东省高校人文社科重点研究基地"和"山东省规划重点人文社科研究基地"，研究人员逐步增加，研究方向不断拓宽。2001年到2012年的十余年间，中心的研究人员共申请获批了7项国家社会科学基金项目，分别在运河区域社会变迁、运河文献的整理研究、运河与区域社会组织、运河工程与生态环境变迁、运河与区域农业开发、运河湖泊（东平湖）、运河区域藏书家（海源阁）等方面进行深入研究。研究成果越来越多，在学术界和社会上的影响也越来越大。2013年，聊城大学将"运河文化研究中心"调整更名为"运河学研究院"。这不仅是一个名称的变化，更重要的是组织形式和运作方式都有了根本性的变化。研究院是聊城大学可能也是全国唯一的一个专门的、独立编制的实体性科研机构。研究人员从各个学院调集,而且敞开了引进优秀人才的大门,每年引进两名到三名优秀博士毕业生。一年以后,研究院便集合起十多位从事历史学、社会史、地理学、文献学、艺术学、民族学、文化人类学研究的学者,按部就班地开展运河及区域社会历史的研究。

研究院的同人们认为,现在全国各高校、科研单位从事运河研究的学者不少,相互间应该建立起稳定密切的学术联系,以便加强交流,共同提高研究水平。我们作为一个专门的运河研究机构,有必要在各个研究方向上与同行沟通,以便开拓我们的视域,寻求更多的向同行学习、请教与合作的机会。于是我们决定召开一个关于运河的高水平的学术讨论会。会议筹备期间,临清市政府提出协助办理会务。临清是明清时期的北方商业重镇,运河历史文化的积淀甚为厚实,这里有大量可用于学术研究的历史资料,特别是实物资料,是我们长期以来重点搜救的对象;我们的学术研究不是与社会完全脱离的纯学理研究,我们关注社会现实,鼓励研究人员接地气,培养解决现实问题的能力。由临清市参与,这是求之不得的好事。经过与有关单位专家学者反复联系磋商,2014 年 8 月 20 日到 22 日在聊城、临清两地,召开了"运河与区域社会研究"国际学术研讨会。

这次学术讨论会的论文和大会发言,有如下几个鲜明的特点。

第一,内容广泛。这次会议的视野十分开阔,讨论的问题几乎涵盖了运河研究的各个方面:运河学理论、运河河道工程、漕运与运河交通、河神崇拜与民间信仰、运河的历史功能、运河与区域社会、历史时期运河社会风貌、运河城市、运河与生态环境、运河与文化艺术、运河文化遗产及其保护、运河古城规划与开发、境外运河研究状况,等等。内容的广泛并非会议的组织者刻意为之,而是因为与会学者从事的专业与研究领域宽泛。与会的和提交论文的学者,分别来自北京、天津、南京、杭州、广州、厦门、西安、香港、徐州、淮安、济宁、枣庄、淮北等地区的高校和科研单位,他们所从事的专业和研究方向,有中国古代史(元史、明史、清史等)、近现代史、社会史、地方史、水利史、漕运史、历史地理、自然地理、城市规划、历史人类学、历史文献学、古典文学、艺术学、考古与文物等。他们从各自的专业领域出发研究运河及其对区域社会的影响,必然使得会议发言及论文内容丰富多彩。

第二,研究深入。会议发言和论文虽然涉及诸多领域和方向,但在某些具体问题上，研究依然十分深入。比如关于运河学的研究，这是一个学人刚刚涉足的新学科，在论文和发言中，大家讨论了运河学的基本理论和主要内容，虽然这些讨论只是停留在宏观的层面上，但提出的问题是深刻的，如运河与生态环境关系的研究，运河与区域农业开发，运河区域的社会组织与社会流动，等等，都是一些新颖的、可以做深入研究的问题。再如关于漕运的研究一组论文中，分别从顺康两朝的漕运治理、漕运期限与土宜夹带、漕粮改折、漕军收入、漕运机构等几个方面，在前人研究的基础上，做了更加深入的探讨。有些文章讨论了运河航运与交通，不少文章讨论运河水神崇拜，特别是对金龙四大王崇拜起源做了更深入的研究；有的文章用运河旅行日记，对明代运河风貌做了全面说明。上述诸方面的研究，或使用新资料，或提出新观点，或出现新视角，或体现了新方法，让人听后读后，耳目一新。

第三，关注现实。这次会议是中国大运河申报世界文化遗产成功后召开的第一次大型国际学术讨论会，会议的论文中，有学者对运河文化遗产的现状及保护问题，提出了有价值的意见。参加会议的学者通过实地考察聊城的运河文化遗产点山陕会馆，临清的元运河河道、船闸、钞关，加深了对运河文化遗产的直观认识，获取了不少运河研究的实物资料，对当地的有关运河文物做了年代分析，更重要的是，对地方政府的运河古城规划建设及运河文化遗产的保护利用，提出了许多建设性意见。

会后，聊城大学运河学研究院副院长丁延峰教授、胡克诚博士、郑民德博士，不辞辛苦，将学者们的大会发言进行了整理，对会议论文进行梳理，经作者本人同意后，编成了这本论文集。在这里，我们再次对拨冗惠赐佳作的学者们表示感谢，并对会议过程和论文编辑中出现的疏漏表示歉意。

李　泉

于聊城大学运河学研究院

2014 年 12 月

运河学研究的内容和方法

李　泉

在中国运河申报世界文化遗产的过程中，有人提出建立运河学的问题。随着运河及区域社会研究的深入，学界陆续有人表示赞同①。聊城大学于2013年初成立"运河学研究院"，成为全国率先以"运河学"命名的学术研究机构。"运河学"是否具备成为独立学科的资格？这是我们首先要解决的问题。在这里，我们从"学科"的几个基本要素入手，就运河学的研究对象、内容、范畴、理论、方法、功能等，作简要的分析说明。

一　运河学的内容和范畴

学科是按学问性质划分的门类，是一个知识体系。运河学是以运河及其区域社会为研究对象，以运河水利工程、运河区域经济社会、运河历史文化为主要研究内容的综合性学科。运河学的研究对象有两个大的方面：一是运河与区域自然环境研究，二是运河区域社会研究。

运河与区域自然环境的研究是运河本体的研究，主要考察人类行为对自然水系的影响，也就是人类与自然的关系。运河的开挖是人类利用自然环境、改造自然环境的行为，这种行为的直接目的是用于交通运输，但从客观效果看，在交通运输条件改善的同时，引起了自然环境、生态环境的

---

① 21世纪初以来，杭州王国平多次提出建立运河学的问题，2009年以后，土建专家罗哲文也几次在会议上发言，提议建立运河学。此后，学界经常有人撰写文章表示赞同，并讨论运河学的相关问题。

改变。运河学关注的不只是运河本身的自然属性及其工程技术进步，同时应该关注开挖运河引起的自然环境的变化：区域水文改变、自然水系变化、湖泊形成与消长、农业生态环境——水环境、土壤、植被——的变化。

关于运河区域社会的研究，我们关注的是运河在区域社会发展中所起的作用，从运河流经及辐射区域产生的不同于其他区域的社会现象入手，探究其原因，揭示发展演变过程及对现代社会的影响。也就是说，我们的运河区域研究，不是一般意义上的社会史、经济史或文化史研究，而是与运河密切相关、有运河因素注入的综合研究。在中国古代社会里，尤其是在水系不发达的北方地区，运河交通有着其他交通路线无法相比的优势：经济省力，利用水的浮力，可以大大降低运输成本；承载能力强，船可以运送其他运输工具无法装载的大宗物资和大型物体；受恶劣天气和山隔水阻等自然条件影响较小。所以运河交通为历代政府所重视，特别是明清时期，运河被看作国家的经济命脉和生命线。运河对区域社会的影响大而广泛：举凡政治、军事、商业、手工业、农业、服务业及居住环境、城镇格局、文化交流、习俗变化、社会流动等，方方面面都留有运河流动的印记。我们十分关注上述社会因素和社会现象，更关注运河在这些社会因素、现象形成变迁中所起到的作用。

运河学是一个新的学科、新的研究领域，是有重要学术意义和现实意义的研究方向。其具体研究内容如下。

（一）河道与生态环境变迁

中国的运河存在时间长，分布空间广。运河学作为一门学科，既研究历史上的运河，也研究现代的运河；既关注中国的运河，也关注外国的运河。研究历代运河开挖的历史地理背景、河道变迁情况、各历史时期运河的特点等。同时将不同时期、不同区域的运河作比较，揭示其异同、作用和意义。

中国的自然河道大都是东西走向，而沟通自然河道的人工运河大体为南北走向。运河与自然河道不可避免地存在交汇连接。运河靠自然河道补充水源，但又常常受到自然河道的侵害：北方的自然河道多发源于山地，夏秋洪水暴发，危及运河堤防；河水挟带大量泥沙将运河淤浅。怎样避开自然河道的侵害？古人大体采取了两种办法：一是修筑闸坝，将运河与自然河道隔开，适当引自然河道之水以补充运河水源；二是改造自然河道，使其成为运河的支流或减河。运河的开通改变了许多自然河道的走势流向，对北方自然水系影响很大。

运河与黄运的关系尤为错综复杂，一部中国大运河的变迁史，就是一部黄运关系史。这是我们研究的一个大题目。运河与黄河的关系大体可归纳为如下几个方面：一是"借黄行运"；二是"引黄济运"；三是"避黄通运"；四是"治黄保运"。"运河离不开黄河，但最终也为黄河所毁。这在传统社会的经济社会格局中是无法解决的矛盾。"①

运河沿线陆续形成或建设起大型水柜（水库），用来调节运河水量，其中以今山东境内为最多。大型水柜出现，改变了区域自然与生态环境。运河的路线设计及航运管理，均以漕粮运输为计，关于排涝灌溉及农田水利则无暇顾及，江北运河区域频繁发生水灾、旱灾，与运河有一定的关系。

历代运河河道开挖、变迁，史书中多有记载，研究著作、论文数量也很多，但运河对区域生态环境影响的研究资料少而零散，研究还处在起步的阶段。这是一个十分复杂但有重要学术价值和现实意义的研究工作，是运河学研究的重点。

（二）河道工程

运河河道工程具有种类多、分布广、兴建频繁的特点。概括来说，大体有以下几类。

闸，唐宋以前多称斗门、陡门，明清时期构造较为简单的积水、减水闸也常常被称作斗门，是用来控制河水流量和调节水位的建筑物。按照功能的不同，运河水闸可分为三类：船闸（节制闸），建于河道中，启闭闸门控制河水的流量和河水深度；积水闸（进水闸），建于水源与运河相交处，运河水量小时，可开闸向运河输水；减水闸（平水闸、排水闸），建于运河与减河、水壑相交处，运河水量过大时，可开闸向外排水。另外运河沿线也建有涵洞，用于进水、排水，其优点是不影响地面交通，缺点是水流量小。

坝，防水或拦水的构筑物。按功能分类，有拦河坝、车船坝和减水坝。拦河坝：建于河道中，拦截河水，使之断流或改变流向。元代以后比

---

① 邹逸麟：《历史上的黄运河关系》，《光明日报》2009 年 2 月 10 日。

较著名的坝有山东的堽城坝、戴村坝，苏北的御黄坝等。车船坝：将运河与自然河道隔开的拦水坝，船只越坝后方可进入另一河道，著名的有明初以前的淮安五坝，运河入长江口的车船坝，江南运河和浙东运河上车船坝较多。减水坝（滚水坝、平水坝）：是一种低溢流堰，运河水量过大时，可掘坝放水，或任水由坝顶溢出。按材质分类，有土坝、石坝、土石坝和埽坝。土坝：其优点是便于开启及控制高度。石坝：坚固耐用，但难以调节高度，容易造成坝前淤积。土石坝：土石混合建成的坝。埽坝：将秫秸、芦苇、树枝、石块捆扎成圆柱状，垒筑成坝，是临时的小型拦水坝。

堤，为防止河水漫溢而修筑的挡水建筑物。历代政府都十分重视运河堤岸的维护，植树种草，以石垒砌，时常加以培护。黄河中下游易泛滥的河段筑有两道堤防，内为缕堤，外为遥堤。山东等地的水柜也有堤：外为大堤，内有子堤。元、明、清三代鲁西的北五湖、南四湖，苏北的骆马湖，高邮宝应诸湖外围都有堤，有的地方还用石块修砌。

桥，是运河上使用最多的建筑物之一，明清时期，江南运河沿线多为石建桥，北方运河多木桥。凡建闸的地方均顺便搭建木桥。闸门关闭时，两闸墙间搭上木板，便可过河；将木板移开，便可开闸过船。另外，运河上还有许多临时性浮桥，"以舟为桥"，"拨桥中二舟以通往来船，船过还以所拨之舟复为桥"①。

泉，是北方运河的重要水源，明清政府十分注重发掘、疏通泉源，使之汇流成河渠，输水入运河。明后期鲁西山地泉有300多个，这些泉源分布于兖州府、济南府的16个州县②。

运河主河道旁有许多辅助性河道。其中月河数量最多，因绕闸开挖，状如半月，故称月河。又因其为越过船闸之河道，故亦称"越河"。"月河之制，环绕闸旁，水涸则塞，水溢则开，以杀水势，亦名泄水河，凡闸皆有之"③。高邮段运河旁也曾开挖月河。运河水小时，关闭月河，水全由闸下流；运河水大时，开启月河，船只可绕闸而过。运河的许多河段水源缺

---

① ［朝鲜］崔溥：《漂海录》，载葛振家《崔溥〈漂海录〉评注》，线装书局2002年版，第124页。

② 参见蔡泰彬《明代漕河之整治与管理》第四章"明代各朝疏浚山东济运泉源数表""明代山东各州县所属济运泉数表"，（台湾）商务印书馆1992年版。

③ （清）陆陇其：《陆清献公日记》，《历代日记丛钞》第14册，学苑出版社2006年版，第347页。

乏，所以开挖了不少引水的河道，称"引河"。如引漳入卫的河道、引汶入运的小汶河等。运河两岸还有许多排水河道，称为"减河"或"减水河"。北运河、南运河、会通河北段及里运河沿线东侧都有不少减河。

运河河道工程是学术界关注的课题，研究也比较深入，不过以往的研究偏重运河工程本身的研究——兴建原因、工程概况、对运河的作用、发展演变等，关于这些工程对自然环境和区域社会的影响，却很少有人讨论，这正是运河学研究的重点。

（三）运河管理

唐宋以后，政府设专职官员，管理运河河道工程，明代管理制度臻于完善。明初设总理河道，为中央政府派出官员，常以工部侍郎、尚书领其职。后将运河分为若干河段，工部分派郎中管理。郎中下辖若干分司，管理所属运道及运河工程。运河流经的省、府、州、县分派官员参与管理。管河差役趋于专业化。清代运河管理机构更完善。管理黄河运河的最高长官为河道总督，秩位与地方总督同。雍正以后分设南河、东河、北河三总督，"掌治河渠，以时疏浚堤防，综其政令，营制视漕督"[①]。地方管理机构分道、厅、汛三级，各级政府也都设置专门管理河道事务的官员。明清运河工程主要集中在疏通河道、培护堤防两个方面。山东段运河乏水难行，每年漕船南返后，便筑坝拦水，停止通航，挑浚河道。大规模的挑浚两三年一次，小规模的挑挖每年一次，山东运河两岸遍设浅铺，铺夫负责守护堤岸，疏通浅滩。还要在运河堤岸上植树种草，每夫种树的数量有严格规定，树木枯死，须及时补种，否则会遭处罚。运河沿线设置卫所，驻扎军队，对运河工程实行准军事管理。

明清时期运河航运制度十分完备，对于江北段运河，除严格限定各类船只长宽外，航行顺序也有严格规定，过闸或难以通行处，皇家船只优先通过，其次是漕船，再次是官船，最后才是商船、民船。对于无端滋事、扰乱航行秩序的漕丁船夫等，地方官员有权缉拿处理。关于漕船的航行管理，规定更为细密严格，内容包括行驶次序、各河段的行驶速度、抵达通州的期限等。

船闸管理制度十分严格，基本原则是开启上闸，即关闭下闸；开启下

---

① 赵尔巽等：《清史稿》卷116《职官三》，吉林人民出版社1998年版，第2277页。

闸，则关闭上闸，使河水不过多流失。过闸船只，须结为一帮，集体通过，以减少船闸启闭次数。运河水浅的时候，有的船闸集结船只百艘以上方才开闸，"启完即速过船，船过完即速闭板"①。

运河之水全靠自然河道和湖泊补充，太湖、练湖、扬州诸塘、高宝诸湖、骆马湖、山东境内南四湖和北五湖以及泗水、汶水、卫河、漳河均是运河的重要水源。明清政府设置专门管理机构管理水源，制度也很严格，违反者严惩不贷。如明代《漕河禁例》规定，严禁农民取湖水泉水灌溉："凡决山东南旺湖、沛县昭阳湖堤岸及阻绝山东泰山等处泉流者，为首之人并遣从军，军人犯者徙于边卫"②。对于卫河上游的泉源，也有类似的规定。水柜湖泊周边筑堤植柳，严定边界，不准农民侵占。明中期到清代，水柜日益淤浅，涸为陆地，地方豪强纷纷占种，中央政府三令五申，加以禁止。另外，水柜的储水量，政府也有规定，特别是清代，微山等湖的收水深度，每年都必须直接向皇帝及中央政府报告。

以上管理制度及措施，很多著作文章中都有提及，但尚无专门性研究。

（四）运河漕运

中国历代视漕运为国家大政，学界也十分重视这个问题的研究，其中不乏大家力作。但我们的研究与一般漕运史不同，漕运史的研究是从漕粮储运出发而论及运河，我们的研究则是从运河出发而探究漕粮运输。尤其是漕运对运河交通及沿线城镇人口结构、产业结构和社会风气的影响，更是我们研究的重点。

（五）运河城镇带兴起

运河是一条交通磁力线，紧紧吸引沿途的州县城镇：运河流经的城镇迅速向河岸边扩展，新辟区域形成商业区；有的城镇离运河略远，则移动城址，在运河岸边重建新城；无法移动城址的，则在运河边上寻找口岸，由此进入运河交通网；原本荒村僻野，因为兴建有重要运河工程、政府机

---

① （清）张伯行：《居济一得》卷2。
② （明）王琼：《漕河图志》卷3，载王云、李泉主编《中国大运河历史文献集成》第44册，国家图书馆出版社2014年版，第78页。

构驻扎等原因，逐渐发展为繁荣的商业城镇。于是形成了以运河为轴线的分布密集的城镇带。

以山东运河区域为例，济宁、聊城、德州都是运河岸边的城市，大运河开通后，济宁运河以西、以南，聊城东关外运河两岸，德州城西运河岸边，都形成了繁华的商业区。临清城本来在离运河八里路的曹仁镇，会通河开挖后，移至今址，很快发展成为北方最大的商业城市之一。张秋原来只是个不知名的小镇，大运河开挖后，商业迅速发展，清代其城市面积大于一般县城，比其所属的泰安府城还大些，商业规模仅次于临清、济宁，远非其他府县城可比。夏镇本是个小渔村，南阳新河、伽河开挖后，很快成为商业发达的城镇，后来为微山县政府驻地。台儿庄兴起于明末，清中期其商业规模便远远超过了其所属的峄县城。运河两岸小城镇的分布更为密集，台儿庄向北是韩庄镇，过夏镇向北有南阳镇、鲁桥镇。济宁以北小镇更密集，依次是安居、长沟、南旺、开河、袁口、安山、戴庙，过张秋后又有阿城、七级、周店。聊城向北有梁家浅、魏家弯、戴家弯，这是在运河浅滩、转弯处形成的小镇。

运河沿线府县城是区域政治中心城市，在空间结构上有明显的特点，即政治社区与商业社区相互分离。城墙内是政治社区，建有官署、学校、粮仓、宗教祠庙等，街巷两旁偶有商业商铺，但分布不集中。城外运河岸边，是新兴商业社区，朝着运河码头、桥梁、渡口方向，形成了经营、加工各类商品的街巷或市场，它们大都以所经营加工的产品为名，形成了显明的运河城镇特色。

运河城镇兴起衰落的原因、城镇功能、城镇空间结构、城镇产业结构、人口结构、城镇与乡村的关系、南北商业城镇的差异、城镇的个案分析，这些题目是城市史研究的重要内容，也是运河学研究的重要题目。

（六）运河区域商业、手工业和服务业

运河区域的商人商帮、商品流通、手工业部门、商业会馆等，历来为学界所关注，研究成果很多，但运河城镇商业发展对区域社会的影响，研究还相对薄弱。明清时期，运河城镇的服务业——旅店、饭馆、茶庄、钱庄、典当业、租赁业、搬运业、演艺业等，是十分昌盛的行业，因为当时难登大雅之堂，所以正史和其他史书中很少记载，今天则是我们研究的重要对象。

（七）运河区域农业开发

明清政府开挖运河的目的是运输漕粮，即所谓"运道之设，专为岁漕"①。但是运河作为一项水利工程，对沿线农业产生的影响是巨大的，这方面的研究亟待加强。研究内容包括：大运河引起的自然河道水系变迁及农业水环境变化、土地垦殖状况变化及种植结构调整；运河流域湖泊形成及农业生态环境变迁，山东水柜湖区的沉粮地及水域农田面积变化，农业生产结构及农作物生产结构改变、水生物与水产养殖等；运河区域土壤植被的变化，黄淮海平原盐碱地分布及与运河关系的分析，河湖洼地的沙碱化，北运河沿线决堤事件与土壤改良，运河两岸种植林木及其保护措施，沿湖植树及湿地保护；运河水利与区域自然灾害，运河的排水、灌溉作用，运河引起的区域性水灾、旱灾、蝗灾。运河夫役征派对农业生产的影响。明清时期夫役征派成为运河沿线农民的沉重负担，北方抓夫拉纤的现象十分严重，农民视运河为畏途，德州一带流行的"三月三，九月九，无事不向江（河）边走"的民谚，骆马湖附近土地价格"其腴者亩直一钱，硗者以次减，盖苦于重役也"②，足以说明夫役征派严重影响农业生产。运河与农业关系的研究，不仅有重要学术价值，而且有重要的现实意义。

（八）运河交通

交通史是一个十分成熟的学科，不管是陆路交通还是内河交通的研究，都不乏大家力作，但是运河作为内河航运的主要河道之一，交通史方面的研究成果并不多。历史上的运河交通并不顺畅，甚至可以用困难重重、险象环生来概括。运河沿线有民谚说"赶车使船，命在眼前"③，意思是说，在运河上行船，随时都有生命危险。运河交通的困难主要表现在如下方面：一是盘坝，运河与长江、黄河等大河相交处，常修筑大坝，以免江河之水倒灌淤塞运河、冲毁堤岸。运河中往来船只，需卸下货物，用绞索拉空船沿坝斜坡翻越，而后装载货物，继续航行。二是过闸，运河上船闸很多，尤以山东段运河最为密集。过闸之难有二：有些船闸水流迅急，船只通过

---

①　（明）潘季驯：《河防一览》卷1，《四库全书》本。

②　（清）谈迁：《北游录》，中华书局1960年版，第136、145页。

③　此民谚流行于济宁一带。因地处丘陵，车辆载重时，牛马一旦受惊奔跑，赶车的人便十分危险。使船即驾船，济宁以南为湖区，水面大，风浪高，驾船行驶风险也很大。

时易倾翻或发生磕碰损毁；有些船闸乏水，需等待数日方能开启通过。三是风涛，高宝诸湖，最为湍险，"西风鼓浪，往往覆舟"①，其余如清口、徐吕二洪、昭阳诸湖、卫运河等处，也有风涛之险。四是浅涸，运河各河段几乎均有浅滩，其中以山东运河及白河（北运河）为甚，遇有浅阻，或等待浅夫捞浅，或使用小船驳运。五是冰冻，明清时期，北方运河结冰达三四个月之久，冰冻初结时，船只可打冰前行，冰坚时只能停船等待来年冰开。六是漕船官船阻碍交通，漕船兵丁，异常凶悍，多为亡命徒，常沿线滋事，借故勒索，故商船民船常视运河为畏途。除此之外，对于运河交通工具、水驿管理、与运河相通的自然河道之交通、与运河相接之陆路交通、运河交通对于区域社会的影响，学界大都没有进行深入研究。

（九）区域社会结构和社会流动

从历史社会学的角度来看，大运河对区域社会结构的影响是显著的，这方面的研究内容包括人口结构、家庭结构、社会组织结构、城乡结构、区域结构、消费结构、社会层级结构等。与其他区域相比较，运河区域的社会流动更频繁，其中有社会水平流动，即非运河区域向运河区域的人口流动，处于同一社会层级的不同职业之间的流动；也有社会垂直流动，即社会不同层级之间的流动。社会流动影响地区间的自然资源、财富资源、人力资源的分配使用，推动了区域内部社会层级结构和产业结构的变化，有利于各地区间群体和人员的往来交流，破除地区和人群的封闭状态，促进社会发展。目前这方面的研究还停留在宏观的理论思考阶段，缺乏深入的微观层面探究。

（十）区域文化及文化遗产

运河文化研究是当今运河研究的宠儿，不少地方成立有运河文化研究的民间学术机构，运河文化方面的出版物极多。关于文化的内涵，人言言殊，所以运河文化的内容也是包罗万象，囊括文史哲各个方面。目前，这方面的研究尚显浮泛乱杂，既缺乏理论提升，也没有形成知识体系。中国运河申遗成功，运河文化遗产广受关注。但是，人们看到的只是遗产展示，真正意义上的学术研究还没有展开。

---

① （清）张廷玉等：《明史》卷85《河渠三》，中华书局1974年版，第2095页。

以上通过类似学术史回顾的方法，就运河学研究的内容做了粗浅梳理，篇幅所限，难免挂一漏万，隔靴搔痒。不过，通过简单的梳理，我们还是能够看出，运河学的研究内容极其宽泛，涉及古往今来自然地理、生态环境、科学技术、水文水利、政治军事、制度规则、社会经济、思想文化等诸多学科或研究领域。在相关的学科和领域中，运河研究都有显明的特点、特殊的地位。整合这些研究内容，完全可以支撑一个独立的学科。

二　运河学的研究方法

运河学作为一门学科，有其独特的研究方法。

运河学属交叉或边缘性学科，它以历史学为基础，利用历史地理学、社会史、历史社会学、文化人类学、环境水利学、文献学、考古学等诸多学科的理论和方法，进行多学科综合性研究。

中国运河是一条历史之河，即从公元前486年吴王夫差开挖邗沟算起，中国运河至今已连续流淌了2500年。春秋战国以后，不仅中原地区的朝代更替、社会变迁与运河密切相关，而且许多重要历史事件、重要人物、重要社会现象与运河也有关系，研究中国历史离不开运河。运河开发史和运河区域社会史本身就是中国历史的重要组成部分，也是中国历史研究的重要环节。尤其是明清时期，国家视运河漕运为经济命脉，明清史书中，有关运河漕运的记载连篇累牍，与运河相关的事件、人物比比皆是。从这个意义上说，中国运河研究是中国历史研究的重要组成部分。运河历史的研究，首先使用的方法是历史学的方法。

运河是一条社会的河，运河的研究与社会史有许多叠合之处。社会史运用各种社会科学的理论和方法，特别是社会学的理论和方法，对历史上的社会结构、社会组织（家庭、家族、社区、邻里、各种社会集团）、社会行为及社会心理进行研究，它是历史学的重要分支，也是与社会学密切相关的学科，社会史与社会学的主要区别在于前者研究往昔的社会整体及其各个侧面，而后者研究现实社会的结构及社会问题。运河学研究的许多内容属社会史范畴，应当使用社会史的研究方法。

历史地理学研究历史时期地理环境及其演变规律，是现代地理学的一个重要分支。运河河道开挖变迁及其与自然水系的关系，历史时期运河区域的自然环境和人文环境，属历史地理学的研究范畴。

　　研究运河区域的家族、宗族、民族及其相关的文化现象，使用的是文化人类学的理论和方法。文化人类学是人类学的分支学科。主要研究比较不同民族、部落、区域的文化现象，找出区域文化的特殊性和共通性。它的研究对象类似社会学，只是它更注重存在于社会下层的文化现象，特别是存在于落后蛮荒地区的历史文化。它的研究方式是注重质而不是量，现象的观察多是"特例"而非"通识"。在研究方法上与社会史有许多共同之处。

　　研究运河区域环境，应当使用环境水利学的理论和方法。环境水利学研究水利与环境的相互关系。主要研究内容包括水资源保护；水利工程的环境影响评价；区域环境水利规划、水利经济等。理论基础是环境水力学、环境水文学、环境水化学（水污染化学）、环境水生物学（污水生物学）等。这是自然科学的研究方法，将其与社会科学的研究结合起来，是一种有益的尝试。

　　运河学离不开历史文献的整理研究，对历史文献的产生发展、表现方式、流传情况，以及文献的内容类别、整理利用乃至文献数据化进行探讨和研究，是运河学研究的起点和重要内容。历史文献的收集整理是一门大学问，也是最重要的研究方法。当然，我们所说的文献，既包括传统文献，也包括契约文书、碑刻、族谱及口述资料，还包括越来越多的影像录音资料。文献资料是学术研究的基础，运河学研究能否得到学界认可，关键是要看我们的文献资料能否支撑这个学科学术研究的持续发展。从这个意义讲，文献学方面的工作是不可忽视的。

　　运河学与考古学也有着十分密切的关系。考古学运用田野调查和科学发掘的方法，获取古代人们生产生活过程中的遗物和遗存。运河在中华大地上流淌了两千多年，文化遗存十分丰富。这些遗存，有些在地面上，但多数埋藏在地下。这些遗存以实物的形式展示了历史上运河河道、码头、闸坝、船只、房屋建筑、生活用具等，具有历史文献所无法替代的价值。如1999年发掘的隋唐运河淮北遗址，2011年发掘的明清时期山东运河的七级码头、土桥闸和南旺分水枢纽工程，一方面印证了文献中的许多记载，另一方面也为我们提供了文献中没有的历史信息。

　　此外，我们还应及时吸收相关学科最新出现的理论和研究方法，如卫星遥感数据采集、湖泊水域采样分析、旅游学中的"廊道文化"理论、文化遗产分析中使用的"文化线路"方法等，也都可以拿来进行运河学研究。

运河学的研究是一项多学科交叉融会的研究，所以它的理论和方法是多学科理论和方法的汇集与综合。这种汇集与综合不是无序的拼凑，也不是简单的相加，而是有机的结合。只有根据研究对象的差异，灵活地调整运用不同的研究方法，才能达到良好的研究效果。

运河学有着与其他学科不同的特点。

首先，运河学是一门交叉性学科，既有人文、自然大学科的交叉，又有文科中小学科之间的交叉。人文学科中涉及历史学、社会学、文学、艺术学、哲学、经济学、教育学，自然学科中涉及水利、地理、环境科学等。作为一个研究者，不可能对这些学问门门精通，但是作为一门学科，就应该把这些学科的理论方法及相关内容加以整合，不然运河学的研究就难以深入。

其次，运河学是一门应用性很强的学科。我们研究运河学，偏重于从历史发展的角度入手，研究历史上特别是明清时期的运河及区域社会，这是一种纯学术的研究。但这并不会抹杀它本身的实用价值及重要现实意义，我们的许多成果可以为决策者提供历史借鉴。例如水利工程建设、运河城镇规划、运河区域旅游开发、南水北调、运河文化遗产保护利用、运河沿线水域湖泊保护等，都是现在政府和社会关注的问题，我们研究它产生发展演变的历史，研究历史上曾经出现的问题及对策，对当今政策措施的制定有着借鉴意义。

最后，运河学具有研究资料多样性的特点。运河学的研究资料，有和其他学科特别是历史学相同的方面，比如文献资料丰富、考古资料不断发现使用等。但比较起来，运河学资料的构成更加复杂，在文献资料中，运河学除利用正史中的材料外，更加注重地方志、政书、政典、水利档案等文献，还有难以计数的文集笔记资料。这些资料，大都没有被开发使用，收集起来比较困难。但从另外的角度看，使用的价值也就比较大。除一般历史文献资料，还有大量的民间文献资料。运河沿线村镇中，人们对运河的记忆材料十分丰富，我们由此可以获得丰富的口述资料。大量实物资料的非物质文化遗产资料等，也是运河研究的宝库。此外，用自然科学的方法进行卫星遥感数据采集和湖泊水域采样分析，由此获得的材料更为珍贵。

三　运河学的文化功能和社会功能

运河学研究能够推进学术研究的深入开展，这是它的文化功能。运河学研究的起点是对京杭运河文献及其他资料的收集、保护、整理、研究，可以为学术研究提供基本的材料，对于运河文化遗产的研究、保护都具有重要意义。

历史时期有关运河的记载散见于各种历史典籍中，除了宋元以后的百余种运河专书外，大量分布在史书、政书、方志、奏疏、档案、实录、文集、笔记中。运河学的首要任务是利用历史学、图书情报学和文献学的专业知识，对此进行系统全面的收集整理，并采用现代信息技术制作成专题数据库，为学术界研究及关心运河的人们提供基本的文献资料，推进运河研究的深入，为运河文化遗产的保护利用提供历史材料方面的支撑。

尽管北方古运河已经辉煌不再，但沿岸的历史文化遗迹仍随处可见，古船闸、堰坝、碑刻、会馆、戏台、祠庙、沉船、钞关和水次仓遗址，流传于民间的与运河有关的歌谣、说唱、故事、工艺、习俗等，都是承载古代劳动人民智慧和深厚历史文化积淀的物质或非物质的遗产，在风雨侵蚀和拆迁改造中正在慢慢消失，亟待抢救保护。当此之际，开展运河学研究，组织人力收集拍摄图片，记录整理碑刻及口碑资料，既能抢救和保护文化遗存，又能为学术研究提供丰富形象的第一手资料。

运河学研究的社会功能是为政府决策提供历史借鉴。运河是一项伟大的工程，但一般人对它的了解却相当肤浅，关于它的作用的认识多具有片面性。京杭运河是中国古代南北交通的大动脉，对于维护国家统一、推动社会经济发展，起到过无可替代的作用。大运河及明清政府的治运保漕政策也造成了历史时期流域内自然水系紊乱，局部水旱灾害加剧，蝗灾发生。目前，人们对运河的正面作用了解较多，对其负面作用则知之甚少。历史上由于过度水利开发造成的社会危害，至今没有引起社会的重视。运河学的相关研究旨在总结历史经验教训以资借鉴，同时提醒人们关注水利工程与生态环境的关系，全面认真审视大型水利工程对生态环境的影响，以避免不必要的决策失误。

元、明、清三代，不少有见识的官员学者潜心研究、实地勘察、探求总结治河经验教训，留下了大量治黄通运的著作，有些著作向来为水利专家们所重视，但系统的整理研究始终没有开展。运河学研究的一项重要内容是有组织、有计划地对这些宝贵的治运专书进行系统整理，既方便学界研究使用，又能为今天的水利建设工程提供有益的历史资料。

此外，运河学研究对于运河沿线城市规划改造、小城镇建设，对于弘扬优秀文化传统，拓展区域文化交流，满足运河区域人们的文化需求，推进包括旅游在内的运河文化开发，都具有重要的意义。

（作者单位：聊城大学运河学研究院）

运河学必将万叶枝柯

——继承、保护大运河遗产,发挥其对当代经济、社会、文化发展的重要作用

付崇兰

背　　景

2014 年 6 月 22 日,中国大运河在第 38 届世界遗产大会上获准列入世界遗产名录。大运河成功申遗,成为我国第 46 个世界文化遗产项目。在中国 5000 年历史长河中,中华民族自强不息、勤劳勇敢、坚韧不拔,创造了辉煌灿烂的文明,大运河在 2600 多年的历史中,促进了南北经济文化交流,促进了中原与岭南区域经济文化联系,促进了中国与世界各国的经济文化交流和人类文明的发展。

聊城大学创立运河学,研究中国运河发展规律,是时代使然。我认为:继承、保护大运河遗产,如何发挥其对当代经济、社会、文化发展的重要作用是运河学应运而兴的动力。"聊大人"创立运河学具有"天时、地利、人和"的条件。可以预见:在未来十年,聊城大学创立的运河学必将万叶枝柯。

下面我就与运河学相关的问题,谈几点思考,抛砖引玉。

一　大运河成功申遗的重要意义及申遗成功的原因

(一) 大运河保护和开发利用是实现中国梦的一件具有重要意义的大事

大运河成功申遗,大运河获准列入世界遗产名录,定格为世界历史文

化遗产，一方面，有利于保护与传承全人类的历史文化遗产；另一方面，大运河还活着，是"活态遗产"。运河沿线城乡的历史文化遗产、科技遗产等物质非物质遗产均具有可继承性，传承遗产、复兴运河，发展城乡经济、科技、文化以及保护生态环境，使运河沿线和周边地区，走可持续性生态和经济社会多样化道路，运河文化复兴是未来发展的必然趋势。保护大运河，成为实现中华民族伟大复兴中国梦的一件具有重要意义的大事。

（二）大运河成功申遗，是国家 60 多年坚持运河保护与建设取得的成效

大运河成功申遗，是中华民族的骄傲，也必将有利于中华民族优秀文化传统的传承、保护和创新发展。"中国大运河项目成功申遗"，证明了新中国成立 60 多年来，中国运河管理已经取得巨大的成就，主要包括：（1）1958 年以来的京杭大运河规划的编制和实施；（2）运河各段航道的疏浚，桥梁、港口建设和管理；（3）与运河并行的交通道路的建设和管理；（4）沿运河公共服务设施的建设和管理；（5）运河流域环境的建设和管理；（6）运河文化遗存的保护和管理；（7）减灾防灾系统管理等；（8）我国大运河沿线城市和乡村普遍把保护大运河纳入地方规划和建设，已经取得扎扎实实的成效。

（三）大运河成功申遗是"天道酬勤"

中国大运河项目成功申遗，体现了我国全面重视和积极实施《世界文化与自然遗产保护公约》和《国际运河遗迹名录》的操作指南。也反映出我国政府和人民群众对自然和历史文化遗产保护的行动实践结晶和学术研究的背景。《光明日报》记者李韵给予的评价是"天道酬勤"。

（四）大运河成功申遗推进国际文化交流与合作

中国大运河项目成功申遗，为宣传和了解联合国教科文组织（UNESCO）世界遗产名录全球战略实施过程提供了范例。这些对于保护和传承中国大运河遗产，推进国际文化交流与合作，对于世界和平与发展具有重大历史、现实的意义和深远的影响。这是中国人民决心实现伟大复兴的中国梦的有机组成部分。

二　大运河的历史内涵与时代价值

（一）物质遗产：世界上开凿最早、规模最大、流程最长的人工河道

大运河是中华文明的象征。京杭大运河是世界上开挖最早、规模最大、流程最长的人工河道。从 2500 年前春秋时代吴王夫差开凿邗沟，到隋炀帝开凿南北大运河，再到元代开凿会通河、通惠河，京杭运河基本形成，大运河成为南北航运（主要是漕运）、灌溉、防洪，促进南北物质文化交流的大动脉，隋、唐、宋、元、明、清六世政治、经济、文化的发展和繁荣，同时也直接带动了运河沿线城市、乡村农工商业的发展，城乡的富足和生态环境的改善。

（二）非物质遗产：历史经验与社会文化成就、科技成就

中华民族用勤劳、勇敢、智慧和坚忍不拔的毅力，创造了世界上人工运河的奇迹，不仅留下了丰富的物质遗产，也留下了人与自然融为一体的"天人合一"活着的哲学典范。其非物质遗产包括制度文化、行为文化、心态文化——勤劳、勇敢、智慧和坚忍不拔的社会意识形态，大到国家行政体制、小到书法字画，无一不在叙述运河非物质历史文化。

一些融合在物质文物上的非物质文化也十分丰富：古民居、古庙宇、古坟墓、古塔寺、古碑刻、古钱币以及民间的手工艺品、民族宗教的特殊工艺品，如著名的临清哈达、考古发掘的文物都是历史文化中民风民俗非物质文化的佐证，更有古方志、历史典籍众多。

（三）时代价值：古为今用、承前启后、继往开来

迄今，中国大运河还活着，呈现出勃勃生机，从山东的济宁，航运一直可通到杭州。运河是活着的遗产，具有传承性、更新性，随时代而发展的普遍价值，反映出中国历史悠久的古老运河伴随时代发展的规律。

近代开始，大运河航运面临陆路、航空运输的挑战，以漕运为主的运河运输时代逐渐消退，但陆路和航空运输并不能完全取代运河的航运功能，特别是运河的自然和文化功能是无法取代的；当今，伴随我国工业化的进程、城镇化和城乡一体化发展，运河又面临工业化、城镇化的诸多挑战，如环境污染、生态破坏、交通拥挤、城镇千篇一律、城乡差距大等问题，因此，运河的功能早已不仅仅是南北航运的动脉，运河被赋予了促进经济社会发展、保持人与自然和谐相处以及传承人类文化等诸多方面的意义。几十年来，我国水路客货运量增长速度很快，在适应城乡经济社会发展与人民生活水平的提高中发挥着重要作用。据 2014 年 6 月 23 日《光明日报》记者李韵发表的《"活态"大运河火起来——中国大运河申遗小记》："目前大运河每年的吞吐量相当于 4 条京沪线"。京杭大运河的遗产传承的最大和显著的特征是稳定性。特别是其航运功能的特征具有稳定性。而且，运河是通航、灌溉、防洪、排涝综合利用的水利工程设施，整个大运河对保持流域自然生态系统勃勃生机，对运河流域社会和谐，城乡协调发展，意义更大、更深远。

中国大运河遗产的最突出特征是它的可持续性，即它的主要功能的稳定特征。中国运河的航运、灌溉、生态环境功能在漫长的历史上曾得到充分利用，迄今仍然在保护中发挥很大作用。如京杭大运河的航运功能，其中包括春秋时期诞生的扬州至淮安末口（今淮安市楚州区）的邗沟，伴随历代的变迁与疏浚，2500 多年来，它始终活着。实际上山东济宁到杭州的运河始终具有通航功能。或者从我国几十年来的工业化过程中的社会经济发展需要角度考察：新中国成立初期，客货运输多以铁路为主；经过几十年的建设，特别是改革开放以来，逐步形成铁路、公路、水路、航空、管道等多种运输方式；由于水运与其他的运输方式相比具有投入少、运费低、污染小等优点，在市场经济条件下，混合经济发展很快，民营水路运输量大增，因此水路运输身价在不断提高。"我国通航条件较好的航道集中于'三江两河'水系"（陈航、张文尝、金凤君等《中国交通运输地理》，第 115 页）。"三江两河"即指长江、珠江、黑龙江、京杭运河、淮河。在"三江两河"之中可通百吨以上船舶的航道合计里程近 3 万公里，占全国该类航道总里程的 80% 多，"三江两河"的货运量和货物周转量都分别占到全国内河水运相应总量的 80% 以上。其中，京杭运河所占比重仅次于长江和珠江，排第三位。

我国正处在工业化中期、城镇化快速发展过程中，水资源短缺趋紧，环境污染频发，大运河沿线的物质文化遗产、非物质文化遗产仍然面临严峻的挑战，大运河沿线发达地区与欠发达地区对运河遗产保护与发展也存在较大差别，如何实施区域协同发展战略，实现均衡发展目标、人与自然和谐相处是我们必须思考的问题。

三　大运河是中国运河主体形态，申遗成功，是否将带动小运河的保护和发展

"大运河热"，不能冷淡了小运河。

中国大运河成功申遗，我国新闻和报刊等多种媒体的专题中所描述的"大运河"主要指两条大运河，一条是隋唐宋南北大运河，另一条是元明清以来的京杭大运河和浙东运河。于是，引起我徘徊与思考，现在的宣传，不包括"荆江运河"、"灵渠"等地方运河，我思考：不能冷淡地方运河，包括宣传、学术研究都不能冷淡地方范围小的、短的、内涵精湛的运河。运河反映中华民族发展的历史，反映优秀的民族性格。中原与岭南的沟通是中华民族历史的重要组成部分。像灵渠这样建造了世界上最早的越岭有闸运河，是中国的，也是人类的运河遗产。在我们中国，历史的发展、现代发展与未来，包括京杭大运河，都少不了自身各个河段和地方性小运河，有大有小，小的破败了，大的也要深受影响，大处着眼，小处着手，大小都受益，较易取得成效，这是客观实际。

中国运河文化遗产体现了中华民族坚韧不拔的民族性格。孔子曰："禹尽力乎沟洫。"大禹治水，率众与滔天洪水搏斗，"三过家门而不入"。他们拯救生灵的故事，妇孺皆知，传诵至今。当然大禹治水，不属于中国运河的范畴。

但中国人民世代"人工疏凿的水道"运河史，与大禹治水体现的民族性格血脉相承。中国开发运河的历史已有 2600 多年，形成了中国运河发展的四个时期：春秋战国时期的局部地区性运河；秦汉魏晋南北朝时期分布于全国范围的地区性运河；隋唐宋时期沟通全国的南北大运河；元明清时期的京杭大运河，即迈向完全的人工运河——闸河。

从春秋时期，公元前 613 年楚国宰相孙叔敖开凿了把长江、汉水连起来的"荆汉运河"算起，中国运河迄今（2014 年）已有 2627 年；如果从春秋末期（前 486），吴国凿"邗沟"算起，中国运河迄今，已有 2500 年历史。一部中国大运河的历史与中华文明史息息相关。大运河是世界历史上最伟大的综合水利工程，是中华民族勤劳、智慧、文明的象征，在世界文化遗产中占有光辉的一页。

下面分两点来谈。

第一，司马迁命名的"荆汉运河"是中国这片土地上开凿最早的小运河。

中国开凿最早的运河是春秋时期的楚国运河。楚国是世界历史上开凿运河最早的地区。运河出世，是人与自然和谐文明的象征。

现在中国的湖北省（鄂），地处长江中游，洞庭湖以北的地方。历史上这是一片沼泽连绵，水草茂盛，鸟、禽、兽出没的地方。这片土地上的先人以渔业、狩猎、种植业为生计所依。"楚天千里清秋，水去天去秋无际"。辛弃疾诗句描写的是云梦大泽原生态环境。在距今 2600 多年前，在中国历史上称为春秋时期。当时占据长江中下游，洞庭湖以北地区的诸侯国叫楚国。公元前 613 年，楚国宰相孙叔敖，开凿了一条运河，把沮（音 jǔ）水和扬水连接起来，因沮水通长江，扬水通汉水，也就是把长江、汉水连起来了。这条运河后人就叫"荆汉运河"。"荆汉运河"促进了楚都郢（音 yǐng，今江陵北）的繁荣和楚国的发达。后来，楚昭王（前 515—前 489）时，伍子胥率吴师伐楚，即由汉水转扬水。他利用楚国开的运河攻打了楚国，在利用的同时，又疏浚了这一运河，故又称"子胥渎"。"渎"者水道也，指经人工开凿、可通航的运河水道。"荆汉运河"经孙叔敖开凿，又经伍子胥疏浚之后，改变了以往荆江与汉水之间无水路联系的状况，大大地方便了长江、汉水之间的交通，既促进了区域经济文化发展，也促进了江汉地区对外沟通与交流。

春秋时楚国疆域不断扩大，西北到武关（今陕西商南西北），东南到昭关（今安徽含山北），北到今河南南阳，南到洞庭湖以南。楚国的政治、军事和经济需要，促使孙叔敖开凿了另一条运河，即"巢肥运河"，又称"施肥运河"。孙叔敖开巢肥运河的精巧之处在于把同源而不同流的两段肥水加以沟通，便可使肥水沟通长江和淮河，因为向东南流去的一支肥水要流经巢湖，便称连接二水的运河为"巢肥运河"。又因流入巢湖的这支水又称施水，故又称"施肥运河"。这条运河因距今合肥市不远，"合肥"的名字，顾名思义，就是将两条同源异流的肥水，由一段运河联合为一，故称"合肥"。

在楚国出世的运河和运河的开凿人，引起司马迁的浓厚兴趣。司马迁给孙叔敖开凿的两条运河分别命名为"荆汉运河"和"鸿沟"。但同时，又称"荆汉运河"为"子胥渎"。他对最早的中国运河的命名既有深刻的社会意义，也反映了司马迁的自然观。

　　司马迁在《史记》卷二十九《河渠书》中写道：自夏朝、商朝、周朝三代之后，因为孙叔敖开凿了荆汉运河和巢肥运河，楚国"西方则通渠汉水、云梦之间，东方则通鸿沟江淮之间"。

　　可见，司马迁文笔的重点是"云梦之间"和"江淮之间"。正是这两个"之间"，把两条最早的运河所依托的江河湖泊凸显出来，把运河的生命之源揭示出来，这也是他给中国最早的运河命名的深刻含义。

　　"荆汉运河"孕育的楚国都城"郢"，较早列为全国重点文物保护单位，是国宝。"郢"在今湖北江陵西北，春秋楚文王定都于此。我曾去这里考察过，文物、建筑、遗址等物质文化遗产丰富；荆汉运河不仅在沟通长江、汉水区域物质文化交流方面、在生态环境方面发挥过重大作用，至今这里生态环境非常宜人，而且这里非物质文化可用"极其丰富"来描述，文献记载多。沈括《梦溪笔谈》卷五："世称善歌者皆曰郢人。"郢州至今有白雪楼，这是因为宋玉《对楚王问》曰："'客有歌于郢中者——'遂谓郢人善歌。""客有歌于郢中者，其始曰《下里》、《巴人》，国中和者数千人——其为《阳春》《白雪》，国中属而和者不过数十人。"这里还有"郢匠"的故事，杜甫《奉赠鲜于京兆》诗："脱略磻溪钓，操持郢匠斤。"荆汉运河古都"郢"城市所在地区，以及运河沿线城乡间都有丰富的文化遗产。

　　据悉，我国大运河申遗过程中，世界遗产委员会专家来中国考察，曾建议扩大运河环境保护区。因我国人口多，有一定的困难，只能尽力而为。

　　但我曾去荆汉运河所在地区考察，眼前一亮：大运河与小运河各有千秋。在运河环境方面，可能"小的是美好的"。

　　于今，"云梦之野"已经与文献记载的古代情况大不相同了。有很多人，包括喜欢自然地理学和生态环境的学者，希望更多了解"云梦之野"的过去，希望今日和未来多保留一些"云梦之野"的遗产。我想：联合国运河专家的建议包含这层意思。

　　第二，古人评论道："治水巧妙，无如灵渠者。"

　　秦朝凿通、修筑了著名的"灵渠"。2000多年前开通的沟通长江与珠江水系的灵渠，沟通了中原与岭南，建造了世界上最早的越岭有闸运河。

　　1994年9月15—19日，在加拿大召开了第一次运河遗产专家会议，其中有中国代表参会。会议通过了运河定义，开宗明义："运河是人工疏凿的水道。"

"灵渠"是一条完全人工疏凿的水道。

灵渠的开凿,是秦代最辉煌的一项运河工程。秦始皇征伐南越时,为解决军粮运输的需要,秦始皇二十八年(前219),"使监禄凿渠运粮",监禄主持开凿了沟通湘、漓二水的运"渠"。从各种文献记载查证,秦汉时期只是笼统地称为"渠",并无"灵渠"这样的名称。"灵渠"的名称是后人加上去的。唐朝以后才有"灵渠"这一名字。因其位于今广西兴安县境内,后来又名"兴安运河"。

秦始皇开凿的这条渠道,当时是为转运粮草方便,后来却成了中原与岭南交通的重要途径。五岭东西绵亘,岭南与北方交通被五岭隔断,由中原到岭南去,或攀越五岭山路,或绕道海上,十分艰难。五岭两旁的水道只有湘水和漓水的源头最为接近,湘、漓之间的陆地,其宽度只有几百步,这里就叫"始安峤",也称"越城峤"。开凿"灵渠"之后,湘水就和漓水沟通,沿湘水而下,可入大江;沿漓江而下,可入西江。"灵渠"既为当地要津,又是中原与岭南的交通捷径。

"灵渠"工程,设计巧妙,设置了"泄水天平"。湘、漓二水相距很近处,是指两水的上游。湘水上游称海洋河,漓水上游称始安水,皆流到兴安县城附近。但隔着的二三十米的小分水岭,两河水位落差6米。因此,要把湘水引向比湘江地势高的分水岭,顺向流入漓江,关键工程是分水塘。但是,从分水塘引湘水入漓江,是靠了一条人工开凿的4公里长的"南渠"和人工修浚的35公里长的"灵渠"实现的。石砌挡水坝无法通船,于是,又从分水塘向北另开一条人工运河"北渠",渠绕兴安县,设斗门积水,可使船只循崖而上,建瓴而下,往来方便。古人评论道:"治水巧妙,无如灵渠者。"灵渠开成后,从长江流域沿湘江南下船只,南入桂江,到梧州进入珠江。长江与珠江通了。灵渠在历代中原地区与南岭地区的物资、文化交流中,都有不可忽视的地位和作用。

在中国历史上,不少朝代对灵渠进行过不同程度的治理和改进。唐懿宗咸通九年(868),桂州刺史鱼孟威用石头筑成长40里的铧堤,并植大木做成斗门,才保证了通行巨大的舟船。宋仁宗嘉祐三年(1058),因灵渠中的石头窒滞行舟,广西刑狱提点李师中焚石凿通,舟楫畅行。明洪武二十八年(1395),渠道淹坏,太祖特派御史严震前往修浚,浚渠千余丈,筑堤150余丈,建陡闸36处,凿去碍舟滩石,运道复又畅通。可见历代统治阶级对灵渠的重视,反映出灵渠对地方和国家发展的重要地位和作用。

四　如何做好运河文化遗产保护与发展，使之在当代发挥出更加重要的作用

（一）整理当代重视运河规划建设多年积累的成就和丰富经验

中国大运河遗产项目的申遗，是"定格"，是一种保护手段。据此提出保护为前提下的传承与发展理念、战略、规划、管理措施。申遗定格强调具有普遍价值和突出特征。

中国大运河成功申遗，基本上覆盖了中国的历代运河和现代工业化时代对运河遗产的保护和传承取得的成就，以及研究背景，符合《世界遗产公约》、《全球战略》和《国际运河遗迹名录》要求，具有中国大运河遗产文化特色，作为炎黄子孙，我深为之感动与自豪。

现在，运河历史积淀下来的文化遗存和运河文化底蕴，是各地政府建设运河文化名城、名镇、名村的历史依据。运河沿线各地都在谋划将运河自身优势和发展潜力，转化为发展优势。许多运河城镇确立"运河都市"、"水城风貌，生态宜居"的发展定位，规划建设现代运河特色城镇。

自20世纪70年代起，随着南水北调东线工程的全面展开，京杭大运河得到治理，水利设施改进，分河段修浚、河湖大堤全面加固。目前还有部分断流河道逐步恢复，运河的地位和作用正在提升。原国家副总理邹家华沿运河考察时写道："运河东南行，经济随河飞。"运河将继续为我国政治、经济和文化的发展作出贡献。

（二）经济、文化、生态环境一起抓

随着社会经济的发展和科学技术的进步，现代运河管理越来越重要，越来越现代化。大运河是人工运河与自然河系普遍沟通的运河，它沟通黄河、海河、淮河、长江、钱塘江五大水系。大运河沿线的城市，正在以不可阻挡之势向现代化、国际化大城市发展，促使人们对运河航运、防洪、排涝等功能的认识更深刻，对运河在调水、调节气候、养育环境、观光旅游等方面作用的认识在扩展，逐步形成运河城镇的规划和建设特点，运河城市空前注重水陆交通枢纽建设。由于运河职能的变化和运河功能的现代化、多样化，推动运河管理越来越现代化。传统功能的部分退化，新的功能在生长，但其物质与非物质文化遗产，成为运河保护和创新的元素与动

力，造福于民。刘海粟年 90 岁时得知常州市整治修建江南运河常州段的消息，欣然题词"水运开发万民蒙庥"。刘海粟先生的题词特别突出"万民"二字，"万民蒙庥"的内涵，当然包括物质与文化两个方面，更重视"万民"，即所有的人和非物质文化遗产，不知我的理解对不对，仅供参考。

但是，当代运河管理面临的最大挑战是工业化带来的水资源紧缺和环境污染；快速城镇化也对运河文化遗产保护传承与发展构成了挑战。

五　如何做好大运河成功申遗后的管理规则、重点和难点

（一）执行国际社会共同遵守的规则

贯彻执行《世界遗产保护公约》《全球战略》精神和《国际运河遗迹名录》规定。

有人打比方说："中国大运河项目成功申遗，这是金靴子。如同巴西世界杯足球比赛，穿上金靴子可以参加世界杯比赛。"无论这个比喻是否恰当，但这个比喻让我们考虑的是，必须执行国际社会共同遵守的比赛游戏规则。

（二）贯彻执行我国政府制定的相关法规

贯彻执行我国政府制定的相关法规；根据中央改革精神，探索运河管理体制机制与经济社会发展关系的演变规律和与时俱进，关注不同阶段管理的特点。

中国运河是一个系统，现在叫作"系统工程"。

中国运河开凿、利用和管理，历朝历代都是由国家管理，皇帝把运河作为国家必管的三件大事之一，包括宰相躬亲和任命总督、治运治黄机构和民间组织的运河水利、建立军队和地方分工与兼顾、漕运和钞关机构设置等管理体系。

我国运河开凿和治理的历史还证明，依靠水利专家实现了黄、运分治，在较长时间里保证了运河的安全。明代大运河的奇迹，更是工部尚书宋礼微服私访民间治水老人的结果。《明史·河渠志》："南旺者，南北之水脊也，自左而南，距济宁九十里，合沂、泗以济；自右而北，距临清三百里，无他水，独赖文水。"

　　故白英建议："筑堰城及戴村坝，遏汶水使西，尽出南旺，分流三分往南，接济徐、吕，七分往北，以达临清。南北置坝三十八处。"毛主席读到这个历史经验，提笔写下："南旺分水，七分朝天子，三分下江南"。特表赞扬，这在毛泽东读史批注中是独一无二的。

　　当代中国运河管理历来是党中央、国务院制定顶层方针政策和相关部门制定相关法规以及中央地方编制规划。据《光明日报》记者李韵发表的《"活态"大运河火起来——中国大运河审议小记》披露：《光明日报》记者从 2009 年开始跟踪采访大运河申遗，5 年来见证了申遗给沿岸城市和地区带来的变化。党中央、国务院的重大决策，主管部门牵头建立了跨地区、跨部门协商机制，经过省部会商颁布实施了大运河遗产的专项保护法规，大运河沿线 35 个城市建立了大运河保护申遗城市联盟，制定了《大运河遗产保护联合规定》等，"进一步确保大运河遗产得到整体保护"。历史与现实的经验都说明，中国运河国家行政管理机构设置、管理体制机制的健全和法规以及习近平总书记提倡实现中国梦的群众路线，是法宝。

六　支持聊城大学创立"运河学研究院"

　　近悉山东聊城大学成立了"运河学研究"组织，并接到他们发来的信函，对运河学研究的思考和论文有所期待。为了与他们交流，支持聊城大学师生研究运河学的志气，我借此机会谈一个思考性的问题。

（一）"先有运河？还是先有城市？"

　　我写《中国运河城市发展史》时，曾问自己："先有运河？还是先有城市？"我带着这个问题，在 20 世纪 70 年代末 80 年代初，沿京杭大运河实地调查两年半，才知道先有城市，后开凿运河。反过来运河促进了城市的发展与繁荣。证据是：

　　先有邗城，后凿邗沟。

　　2014 年，"邗沟"2500 岁。

　　在春秋末期，周敬王三十四年（前 486），吴国在蜀冈（今扬州市西北）修建"邗城"，在城下凿河，向西北至"淮安末口"（今淮安县城东北）入淮。水道全长 185 公里。这条运河之所以名为"邗沟"，并没有太复杂的原因，只是因为吴王夫差开凿这条运河之前，在广陵城（今扬州）的"蜀冈"修造一座以"邗"为名的城，叫"邗城"，水随城名，就称为"邗沟"。并且在他开凿邗沟之前，已开凿了古江南运河等，都是因为先有吴都苏州城。

其实，从最早的邗沟到隋唐宋南北大运河，再到元明清京杭大运河，以及浙东运河，都是先有城市，而后因城市的需要，而开凿运河。

我国著名历史地理学家史念海教授于20世纪30年代就提出来："到了元代国都的选择离开了长安、洛阳和开封，移到大都（今北京），这在中国历史上是一个大的变化。国都移了地方，所以运河也就跟着转了方向。"这是切中了开凿京杭大运河历史实际的分析。不然，元代郭守敬怎么千方百计找水源，开凿通惠河？不然，明代礼部尚书宋礼采纳农民"白英策"，筑堰城坝和戴村坝，实施南旺分水，开凿会通河、创建闸河？

我们今天研究"运河沿线城市"，但是，并不注意"先有城市，后有运河"的史实。还有的认为："运河城市是运河的产物。"这话太绝对，但并不全错，毕竟运河保证了城市的发展与繁荣。也会因运河的开凿、航运大动脉推动经济社会文化的发展，产生一些新城镇，如临清历史上就有"砖城"与"土城"之分，聊城市建成北方水城，更是改革开放以来，进入工业化、城镇化时代的特征。这些都应该被认识到。然而，研究开凿运河与城市的关系，则不然。中国历代运河，都是围绕城市对外交通需要开凿的。特别是隋唐宋南北大运河、京杭大运河，其开凿都是由国家都城的需要决定的；运河的开通又促进了城市的发展和运河沿线区域经济文化的繁荣。这应该是"运河学研究"思考的一个问题，甚至是个首位问题。这对研究运河发展规律，可能是有意义的。这和当代的南水北调是一个道理。如果没有北京、天津大城市，或北京、天津、北方不缺水，还要南水北调吗？无须赘言。我在《中国运河城市发展史》中贯通了这个观点，当年的《话说运河》接受了我提出的这个观点。这方面的研究对运河文化遗产保护和规划建设决策，可提供一点实在的参考。

（二）运河文化遗产需要整体保护

保护和开发应该是整体性的，包括自然依托和精神寄托。如同聊城山陕会馆、运河、水城等运河与环境整体性保护，民居与民风民俗等物质与非物质文化遗产整体性保护。大到大运河与地方小运河整体性保护，运河与运河环境整体性保护，聊城、临清在整体保护上的做法和经验也是运河学的重要研究内容。这些思考，对正在兴起的"运河学研究"，算抛砖引玉吧。

（三）大小，研究运河系统及其管理系统

我还认为，运河包括大小，研究运河系统及其管理系统，对中国运河遗产保护传承和发展是一个贡献。中国运河将迎来伟大复兴的实现中国梦的伟大时代。

（作者单位：中国社会科学院城市发展与环境研究所）

区域社会史视角下的运河研究

赵世瑜

由于大运河在中国历史上的重要性，历来受到历史学者的重视，也产生了丰硕的成果，其中尤其体现在对漕运、治河的关注上。近年来对于沿运河的城镇发展、商业贸易、商人活动也多有探索，其他相关研究亦复不少。

区域社会史研究是以某一特定区域为空间范围的。在该空间范围内，在特定的自然环境基础上，具有相对一致的发展脉络和社会—文化特征，故此可以作为某种分析单元。运河是一条线，从一般意义上说，运河上也没有定居的居民，因此与上述区域不同，甚至它与天然河流也不完全相同，因为它不像天然河流那样存在众多支流，从而形成大大小小的流域，这些流域就构成了一个个上述的区域及区域社会。那么，区域社会史的视角是否适用于运河研究呢？

我们显然不能不假思索地认为，通过将传世文献、民间文献、口述传统等结合起来，对运河沿岸地区的社会历史加以研究，就是运河的区域社会史研究了，因为它们完全可以被纳入某一与运河不直接相关的特定区域。以聊城为例，我们既可以把聊城放到东昌府这个区域内进行研究，也可以放到鲁西北这个区域内研究，甚至放到冀、鲁、豫三省交界区域内加以考量。这还不仅仅是一个尺度问题，而是要看这个区域社会的结构过程与运河具有更大的相关性，还是具有其他结构要素。

运河可以构成区域吗？回答这个问题一定要小心。我的答案是，第一，在区域社会史看来，从北京到杭州这条大运河不是一个可以作为研究单位的区域。过去我们常说大运河连接了五条水系，连接了五条水系的一个区域差不多就是半个中国了，那就和我们以前的研究角度是一样的。这当然不是不可以，从别的研究领域或角度看，运河整体研究也是可以的，但那是研究主题，不是区域。第二，运河的区域是多个，不是一个。具体如何确定，要看这些区域与运河的关系。比如北京通州的张家湾，就是和运河息息相关的区域，研究这个地方的社会史离不开运河。临清、济宁也是这样，但周围的乡村是不是这样就需要深入考察了。扬州就很难说了，扬州的历史当然有运河的因素，但这个因素不一定是扬州区域史中最重要的和唯一的因素。第三，漕运可以说是明清运河历史上最重要的内容，但漕运并不一定只与运河沿线的人有关，且不论漕粮来自南方许多地方，就是明清时期的漕军也可以是江西、湖南、湖北、安徽的，这些人及其屯田、漕船构成当地区域社会历史中的重要部分，同时，没有他们，也就没有漕运。对他们的区域社会史研究也应该纳入我们的视野中来。

总之，从区域社会史的视角看，并非所有运河沿线地方的历史都是区域社会史视角下的运河研究，也并非不在运河沿线地方的历史都不是区域社会史视角下的运河研究。这就是我主张的区域社会史不是地方史而是一种方法或视角的意思。

"运河与区域社会研究"这个主题很好，因为它是开放性的，并未局限于运河沿线的区域社会，这就使研究的格局扩大了。只要是与运河有关，哪里的区域社会都可以，也应该关注。这种做法也会继续丰富我们对区域社会特征的认识。比如，大运河流经北京、天津以外的五个省份，但似乎对山东特别重要，好几个城市是随运河的兴衰而兴衰的。但河北、河南、江苏、浙江很少有这种情况，我们很少想到运河河北段有什么大码头，德州、沧州等地都是运河沿岸城市，但运河的影响并不能决定它们的兴衰，因为陆路也很便利。江苏北部除扬州以外就是淮安了，但黄河和淮河本来就在那里，到长江以南，天然水道就更多了，运河很难成为那个地方的命脉。①

众所周知，运河的开凿基本上是国家的政治行为，漕运、治河之类也基本上是国家的政治行为，因此地方对此是被动的。但既然被涉及了，各个地方就会基本上秉持着趋利避害的原则来面对它。不知道是否可以这样说，山东是因运河而获利最大的地方？如果是，为什么？我们知道元以前

①　这个特点多年前就被杨正泰注意到了。参见其《明清时期长江以北运河城镇的特点与变迁》，《历史地理研究》第 1 辑，复旦大学出版社 1986 年版。

中原王朝的都城大多在长安，到宋变成开封，所以大运河开凿之后，通济渠是从安徽到河南再向西的，这样就把山东绕过去了。元朝迁都北京后，需要重新疏浚运河进行漕运，最大的受益者是北京，其次恐怕就是山东了，特别是山东的西部，即鲁地。我们需要考察元明清时期鲁地是否有过较大的发展，是否因此获利。如果是，我们就可能需要重新审视和理解山东与朝廷的关系等一系列问题。

同样的原因，虽然运河是国家行为的结果，但在大部分时间里，经由运河的物流、人流，甚至资金流，主要是从南到北的。不知道是否可以这样说，在某种意义上，北方主要是受益方，南方主要是受损方（从永嘉南渡到靖康之变的人流和物流主要是从北到南，这在元代以后发生了大转折）。这当然不是绝对的，比如南方籍士绅到都城去做官，对原籍地区的开发和发展也是有很大好处的。如果是这样的话，当我们讨论运河与中国社会这样的问题时，其实需要特别注意运河与中国南方的关系问题，而不是仅仅专注于北方，包括运河沿线。我觉得明代民间教门发源于北直隶，但在运河漕军一线传播的这支最后是在江浙建立了它的大本营，就很说明问题。

最后，也是由于运河是国家行为的结果，所以尽管我们是从区域社会的角度去重新审视运河的历史与文化，尽管从国家的角度研究运河是我们以往常见的视角，成果也不少，还是不能脱离这个角度，因为这为我们思考国家在地域社会的发展上究竟扮演了怎样的角色提供了一个新的维度。也就是说，由于国家的某种制度或者诉求，经常导致地方和民众的因应；地方和民众自身的发展也会引发国家的制度设计和新的诉求，那么运河这个因素究竟在这样的互动中发挥怎样的作用？我始终认为，应该从区域社会的角度重新审视康熙和乾隆的南巡，不只是传统的政治史的角度，也不只是最近的从观念史审视江南的角度。就此而言，当然还有许多别的、有趣的问题，这里就不一一开列了。我想，以上这些粗浅的思考，正体现了区域社会史研究的巨大空间。

（作者单位：北京大学历史学系）

从经济史角度看大运河
对明清帝国的影响

［英］ 科大卫

各位朋友：

我非常感谢聊城大学运河研究院和李泉院长给我这个机会，能够向研究大运河的研究者学习。大运河的历史，已经在我们香港中文大学—中山大学历史人类学中心的研究计划里面占有很重要的地位。我们近年也很愉快，与李泉教授、王云教授、吴欣教授等有多方面的合作，我们受益很多。在香港中文大学历史系，我们的出发点有从社会史方面的，也有从经济史方面的探讨。我们有两位老师对运河做过比较深入的研究，一个是已故的全汉升教授，在他的名著《唐宋帝国与运河》里面，描述了隋炀帝起造的运河，他说它是唐宋帝国的大动脉，我们借用大动脉的概念来描述明清帝国的京杭大运河也未尝不可。另外一位对运河有研究的学者，是张瑞威教授。张教授的研究，主要是在清代的粮米市场。他的结论，让我转引他的一句话说明："由于这个政府（就是清朝的政府）的漕粮制度，使得京城里的人口经常以低廉的价钱，便能享用产自江南的稻米，两地稻米的长程贸易由是无法发展。"就是因为政府以税收的办法把粮米运到北京，所以，我们不能发展这个市场。这个大动脉的论点，跟市场发展的论点，代表对运河的作用两种不同的看法，也就是政府主导与市场主导两种不同的经济发展的思想。

我们可以先从国外的交通运输史来考虑这两者的关系。

建设铁路在欧洲跟美国工业革命的时期，类似我们中华帝国建设运河。早期的铁路资本是来自市场的，这道理很简单，没有一个政府有那么多钱去建铁路，建铁路的资本都必须依赖市场的投资。这并不代表建铁路没有政府的参与。英国开始建铁路时，政府也参与在里面。但是参与在哪方面呢？因为建铁路，你不是需要征用一大片土地，而是一段窄窄长长的土地，这是个非常困难的事情，没有政府在后头帮助你，你没办法成功。同时，建铁路的规范也非常重要。你不能建一条部分是宽的、部分是窄的铁路，你需要从头到尾，铁路是同样宽的。所以，种种的规范也需要政府的参与。但是，资本、技术、管理等，都是私营的，都是以公司模式创办的。它们的营业模式，就是我们现在所谓的企业家模式。我们可以这样说，在管理学的历史上，铁路的管理是从马克思注意到的那个19世纪的工厂继续下来的，就是工业革命时期发展的管理模式。但是，到了19世纪中叶，铁路的管理模式与工厂的管理模式，分别在哪里？可以说：工厂还是管理人在驻地的，铁路必须是个远程的模式。铁路公司需要管理分别距离很远的地点。在管理学的历史上，这是阿尔弗雷德·钱德勒（Alfred Chandler）所说的横向集中的概念，是横向的集中的管理，在工业革命的后期，这可是一个非常新的技术。并且，市场集资，是需要卖股票的。当年建了铁路，铁路股票都卖到哪儿了？铁路股票很多人买，因为大家都知道铁路的兴建会引起很多发展的机会。铁路引起的贸易发展当然非常重要，但是，建铁路带动的发展，还有工业技术，例如蒸汽机；管理资本的技术，例如银行。蒸汽机是当时全球性质的最高科技，至于银行业，简单来说，越早发展经济的社会，政府的参与越少；越迟的，政府的参与越多。英国开始建铁路之时，是没有既定的模式的，到法国、比利时那些地方去建铁路的时候，就开始出现工业银行，再后来德国、东欧那边去建路，政府的参与就更多了。所以，同时，一方面，要技术，要工业技术的转移；另一方面要财政和管理。还有，那个非常非常重要的，就是政府需要知道怎样应付债务。没有一个不靠债务的银行制度，银行制度就是靠债务做出来的。建铁路会需要承担很多外债。我们以前都以为，19世纪以来，外国的银行借了那么多钱给清朝的政府，是一种国际性的剥削。我认为大家要看一下美国建铁路的时候，举的外债，比清政府举的更多。谁去建铁路，都是要借钱的，19世纪，建铁路是一个分水岭，有铁路以前是一种经济，建了铁路以后，是另外一种经济。

　　如果有时间，我这个故事是可以一直讲下去的。是要讲到公路的发展，因为公路的发展模式呢，很不一样。公路发展的时候，因为政府已经比较强大，公路的网络，是政府投资的，不是私人投资的。然后，后果是什么样呢？是动员了我们共同税收的资源，去支持汽车跟煤油工业。因为汽车跟煤油工业等于不用负担基本的成本，可以让驾驶者享用它们的生产。

我们把同类的问题放到中华帝国里面，就会发现，有一个非常不同的模式的发展。我们的运河，是中央政府主导的，所以后来我们的发展，是从这方面增进政治与管理上的经验。例如，我们拥有很多可以收漕粮的人，我们有一个很大的仓库的网络，我们有很多"帮"的粮船，也有管理粮船上面的那些水手。我们有一个非常庞大的、以政府制度为主导的机构。这个机构的运作也和政府很有关系。例如，虽然我们都认为"一条鞭法"在明朝的应用，对明朝整个财政有绝大的重要性，但是，我们都不能忘记，因为漕粮跟运河密切的关系，一直到 19 世纪，明清的政府还是有一部分税收不是货币，还是实物。这个粮米的收入，对它非常重要。我们一直不注意明清时候物价的变动对政府财政的影响，其实一直可以收到那 400 万石的粮米，明清政府就不用担心粮价的变动。我也有一点怀疑，太平天国以前，各省起运的白银税收是要运到北京去的，运河在这一方面是不是也有它的作用。运河在政府税收上，大致真正有大动脉的作用。

但是因为运河的计划是政府带动的，我们就没有技术上面的转移。我们只有一个政府，没有另一个政府把技术转移过去。我们不能想象有另外一条好像大运河那么大的运河，尽管在明朝曾讨论过山东要另建运河以配合海运，但是那个计划也没有成功。明清的政府也没有为大运河来招股或举债，我们没有招股、没有举债，就没有控股、管理债务的机构，就是没有大银行。当然，我们的贸易是有增加，但是它是一个很奇怪的贸易。一方面，粮米运到北京去，是有很多政府的资助，所以商人就不急着运粮米去北京卖了，因为他永远斗不过有很多政府资助的漕粮。另一方面出现的就是回空的粮船，没东西带。没东西带的时候，最好是怎样呢？就是从长芦买了私盐随船返程，到山东或河南卸船，然后通过陆路走私过去。所以，有政府专利的盐产地也斗不过这些得到政府资助的走私活动。总之，没错，运河带动着很多生意，但是，还是用全汉升先生的话，运河是一个大动脉，我们知道人活着的时候，需要动脉，但是一个靠税收来维持的经济，就好像一个身体，当它因为种种理由变弱瘫痪的时候，动脉也会停止。

让我这样子归纳这篇粗略的讨论。大运河建成的时间比我们外国建铁路、建公路的时间要长,这么长的时间之内,制度的变化的种种影响,也跟在 19 世纪一百年之内的变化不一样。与欧洲建铁路比较,大运河有强的地方,有弱的地方,我还是用这一个机会,提议我们大家可以考虑,在研究运河跟区域的关系的时候,同时,也考虑一下跟国外交通的演变、发展做一个比较。请多指教,谢谢大家。

（作者单位：香港中文大学）

论我国大运河的历史功能
及其现代价值

朱士光

2014 年 6 月 22 日上午，从卡塔尔国首都多哈正举行的联合国教科文组织第 38 届世界遗产大会上传来喜讯，我国大运河在经历了由全河流经的 8 省市及其下属 25 个地级市近 8 年持续不断与深入精细的努力，顺利通过大会审议，被正式列入世界遗产名录，成为我国第 46 项世界文化遗产；连同该届大会上稍后被通过的我国另一世界文化遗产——"丝绸之路：长安—天山廊道的路网"以及世界自然遗产——"中国南方喀斯特二期"，使我国的世界遗产总数达到 48 项，位居世界第二（仅次于意大利）。[①] 这样，我国这条历时 2500 年，沟通我国中东部长江、淮河、黄河、海河与钱塘江五大水系的世界上最长也最为古老的人工河道，终于被公认为世界级的文化遗产。

自 6 月 22 日喜讯传来之后，除激起全国欢腾之外，各种媒体也不断报道了相关的官员与专家对如何正确面对大运河申遗成功以及应采取哪些举措进一步增强对大运河的保护，以持续长久地发挥其积极的效应等发表了许多见解。诸如在"后申遗时代"，要探索建立活态遗产保护体系，要做好政府层面的制度建设，要抓紧做好立法工作，要动员全社会积极参与，要实现保护与开发之动态平衡，等等。[②]

上述意见与建议无疑都是正确的，然而要真正做到上述各点，对这一

---

① 详见《光明日报》2014 年 6 月 23 日头版头条报道：《促进东西方文明交流融合，反映中国人民高超智慧，"丝绸之路""大运河"联袂入遗》。

② 详见《中国社会科学报》2014 年 6 月 23 日头版头条由该报记者吴楠、王广禄采写的报道：《申遗成功是大运河保护和开发的新起点》。

体系庞大、内涵多样而又丰富的世界文化遗产进行保护，还当在前人所作研究基础上继续进行深入的研讨，提升对其历史功能及其现代价值之认识，为开展长期且有效的保护与开发工作进一步打好思想认识上的基础。有鉴于此，笔者愿借助有关研究成果，并加以思考与概括，就这一问题简要阐释自己的几点初步见解。

一　关于大运河的起讫及形成历程问题

我国的大运河，本是专指自北京南下，跨越海河、黄河、淮河、长江、钱塘江等五大水系，联通华北与黄淮、江淮、江南地区之南北大运河。这已是国内外学术界与民间之共识。这条大运河，其北端起自北京，古今咸具此说。其南端，一度曾认为只抵达杭州；近来国内研究运河的著名学者陈桥驿教授与欧美一些学者提出其南方终点绝非杭州，而是更南的宁波。因其间有浙东运河沟通两地，并与北京南下到达杭州的运河相衔接。①

论及这条大运河的修建，通常认为元世祖至元二十六年（1289）在山东境内修建从安山到临清的会通河，至元三十年（1293）在大都建成自昌平白浮村引水，在都城南汇为积水潭，达于通州高丽庄的通惠河，沟通南北的京杭大运河形成。② 而实际上，这条大运河的始建时间还应上溯至春秋时期鲁哀公九年，也就是吴王夫差十年，即公元前486年。据《左传·哀公九年》所记："秋，吴城邗，沟通江淮。"这也就是我国这条南北大运河始建之时。而邗沟是被我国史籍记载有确凿年代的第一条运河。尽管早在它之前，甚至在新石器时代后期，在古云梦泽所在的江汉平原与浙东河湖交错的宁绍平原，据史籍记载与考古发现的实物推断就已出现兼具灌溉与航运功能的运河，但因没有明确的年代记录，与邗沟尚不能同日而语。③

---

① 参见陈桥驿主编《中国运河开发史》一书（中华书局，2008年9月），《概论》篇之"一、引言"部分（《概论》篇由陈桥驿先生执笔撰写）。
② 参见武汉水利电力学院《中国水利史稿》编写组编著《中国水利史稿》中册第八章第二节"京杭大运河"，水利电力出版社1987年版。
③ 参见陈桥驿主编《中国运河开发史》一书《概论》之"三、中国早期的运河开发——从新石器时代到先秦"以及《史记》卷29《河渠书》。

　　也就是自公元前 5 世纪早期邗沟建成起，后又经先民在华北平原、江淮河济间以及江南太湖流域、浙东宁绍平原不断兴建白沟、平虏渠、泉州渠、永济渠、菏水与鸿沟水系以及江南运河、浙东运河，终于在元初因建都大都，在对原有一些运河与天然河道进行疏浚整治的基础上，加修了会通河与通惠河等新河段，就形成了沟通华北与江南，全长 1870 多公里（其中北京至杭州段长 1747 公里）的这条南北大运河。明、清两代，因均继元代之后建都北京，所以对其又采取了一些维护改善措施，使之保持了畅通。迄今，部分河段仍具通航功能。① 其历史之久远、规模之宏伟，均为世界所仅见。

　　还需补充的是，我国这次被批准列为世界文化遗产的大运河，除前述的那条南北大运河作为主体外，还包括了由今河南省武陟县城西沁河转弯处（或在其西之沁阳市域内沁河与丹河交汇处）引沁水东北流，至今山东省临清市之永济渠以及由今河南省洛阳市作起点，流经豫东与皖北，到达洪泽湖之通济渠。② 永济渠始建于东汉末建安九年（204）曹操"遏淇水入白沟以通粮道"；之后又续建了平虏渠与泉州渠。③ 这些运河在晋朝与北朝时期仍有航运之利。至隋代，炀帝为征讨东北方朝鲜半岛上的高丽国，于大业四年（608）正月，"诏发河北诸郡男女百余万开永济渠，引沁水南达于河，北通涿郡"。④ 永济渠至宋、金、元代改以"御河"相称，至明、清时期又改称"卫河"⑤。而通济渠的开通更早于永济渠，于大业元年（605）开凿建成。⑥ 这样就使得"中国大运河"这一世界文化遗产其线路与范围不限于现代人们通常所说的"京杭大运河"或"南北大运河"所流经的北京、天津、河北、山东、江苏、浙江等 6 省（直辖市），还包括了河南、安徽两省，共计 8 个省与直辖市；而运河河道总长度也增加为 2000 多公里。⑦

---

　　① 详见陈桥驿主编《中国运河开发史》有关章节。
　　② 参见《中国文物报》2014 年 6 月 25 日第 3 版《大运河十大河段》及《中国大运河河道分段图》。
　　③ 《三国志·魏书·武帝纪》。
　　④ 《隋书》卷 3《炀帝上》。
　　⑤ 《明会典》。
　　⑥ 同上。
　　⑦ 参见《中国文物报》2014 年 6 月 25 日第 3 版《中国大运河》。

二 关于中国大运河的历史功能及其作用问题

前已述及，中国南北大运河正式形成于元初。元代与继之的明、清两代，其都城均在今北京城区，而当时江南繁庶；三代统治集团为保持朝廷财赋与军需用品充裕，满足京师官民粮食百货之需，均依赖江南之供给。为此都对大运河的维修管理十分重视，以解决漕粮财赋贡品百货之运输问题。由此可见大运河具有重大的政治功能，三代均视之为维持与巩固统治之生命线。

当前尽管申遗获得成功，为使其更好地发挥世界文化遗产的作用，还当进一步全面认识中国大运河的历史功能。揆诸史实，大运河除赋有上述突出的政治功能外，还在促进经济、社会发展等多个方面发挥了明显的作用。主要有以下几方面。

其一是大为推进了元大都与明、清京师之都城建设。元、明、清三代均建都于今北京城区，且都城规模不断扩大，宫殿坛庙街坊宅邸集市各类设施日益齐全完善，至明、清时已成为一座基本按照《周礼·考工记》关于都城基本规制理念，即"面朝后市，左祖右社"布设建成的一座规模宏大、建筑辉煌的东方之都。而正如北京地区的民谚"漂来的北京城"所喻示的，北京城的建设其主要的建筑材料，如砖瓦木料等，均通过大运河由河南、山东、江苏以及西南地区之四川、贵州、云南等省采办运输而来。而且元、明、清三代都城中多种与大运河相关的设施，如仓储码头、桥闸渠潭等，当年是都城不可缺少的组成部分，如今仍有一些遗迹留存在北京地区，如朝阳门内大街两侧的禄米仓、通州运河水道与通惠祠以及大运河北端上游水源白浮泉遗址、白石桥、银锭桥、庆丰闸（俗称"二闸"）、高碑店闸等，彰显着京城的运河风貌。[①]

其二是大为促进了大运河沿线经济与城镇的发展。大运河自元初世祖至元三十年（1293）正式形成后，漕船往返，络绎相继，至清末光绪二十七年（1901）漕粮始废，改征白银。[②] 600 余年间，由于漕运船舶上

---

① 参见张妙弟《运河名城——北京》，载《北京学研究文集（2009 年）》，同心出版社 2009 年版。

② 《清史稿》卷 122《食货三·漕运》。

押运官吏与军丁水手顺便携带南北货物在沿运河码头出售贸易，同时又消费玩乐，因而自北京通州起，在运河两岸兴起了一连串的商贸城镇。如一些府县级治所直沽（今天津市区）、沧州、德州、临清、聊城、济宁、淮安、高邮、扬州、镇江、常州、苏州、嘉兴、杭州、绍兴、宁波等，均成为南北货物集散的通都大邑；并由官吏、军丁、商贾、贩夫、工匠、力役，间有文士、游客组成庞大的多种层次的消费群体，促成这些城市兴旺繁盛。就如杨柳青、夏镇（今微山县城）、张秋镇（今属山东阳谷县）等次一级的村镇，也因地处大运河冲要之区，商贾旅客常停歇聚集，也人烟辐辏，商铺密集，成为一方商贸中心。① 在它们的带动下，附近区域之农副业与手工业生产也获得发展。当然，也正因为如此，到了清末，主要由于大运河停止漕粮运输，加之山东段运河日渐淤废，一些原曾繁华一时之城镇也就由盛转衰、凋零不堪了。

其三是大为促进了治水理念与工程技术的发展。大运河在通漕济运600余年间，其山东河段常因水源不足而备受困扰，也常受黄河决溢改道的冲击与泥沙淤积填埋的阻碍，影响航运的畅通。然而，每年保证运进京师数以百万石计的漕粮是国脉所系，所以在朝廷的高度重视与大力督促下，元、明、清三代都出了不少治水能臣与名家，在解决黄、运分流与湖、漕分离及置闸建坝、修堤护岸、改迁运河河道、疏浚运河泥沙、设置调蓄运河水量之水柜等方面，均取得一时之成功。如元代的郭守敬与贾鲁，明代的宋礼与汶上老人白英、刘大夏、朱衡、潘季驯以及清代的靳辅、陈潢等②。他们的治水理念与方略均丰富发展了我国古代水利学理论与水利工程技术，对当今之水利建设与治黄治运仍有借鉴意义，值得认真加以研究。③

其四是开展了沿大运河的旅游活动。大运河纵贯我国华北与江南，沿途流经许多名山胜迹，而且南北风土习俗迥异，这些都激起了许多文人士子在大运河上游览的兴趣。其中虽有不少或是奉差调派或是进京赶考或是

---

① 参见傅崇兰《中国运河城市史》，四川人民出版社 1985 年版。

② 参见《元史》卷 164《郭守敬传》与卷 187《贾鲁传》；《明史》卷 153《宋礼传》、卷 182《刘大夏传》、卷 223《朱衡传》与《潘季列传》；《清史稿》卷 279《靳辅传》与《陈潢传》。

③ 参见《中国水利史稿》中册第八章"元代水利事业"之第一至第三节、下册第九章"明前期水利的发展"之第一至第三节与第十章"明后期至清前期的水利成就"之第一至第二节。

其他公私事项顺便在沿大运河航行中观赏风景民情，如明末清初谈迁等人①。但也有专程前往旅游的，明代旅行家与地理学家徐霞客，就曾于万历三十七年（1609）三月从家乡南直隶江阴县出发，沿大运河北上齐、鲁，顺游了曲阜之孔庙、孔林以及邹县的孟庙、峄山；过会通河南旺闸后，又游历了东岳泰山与泉城济南；之后又继续沿大运河直奔京师北京。在饱览了帝京风貌后，才循大运河南归。除沿大运河北游外，他还曾沿大运河南游至杭州与宁波②。他们游踪所至，均写有优美生动的诗文笔记，不仅为研究大运河历史留下宝贵的文字资料，还为当今开展运河旅游提供了前舟之鉴。

其五是大为促进了大运河沿线区域的文化交流与发展，并造就了大运河沿岸文化景观带。大运河形成后约经过 600 年之通航，不仅促进了沿河各区域经济社会的发展，也推动了文化的交流、融合与繁荣。这在沿河各大中城市体现得最为显著，如京师、临清、聊城、济宁、淮安、扬州、苏州、杭州等。由于有关运河文化的长期交融积累，彼此之间既有共通之处又各有特色，且相互联通，蔚为壮观，以至构成我国广大国土上众多运河中最为耀眼的运河文化景观带，因而也促使它最具条件申报世界文化遗产。

三　关于大运河的现代价值问题

"中国大运河"与"丝绸之路"申遗成功，正如许多有识之士所指出的，不仅是中国人民的莫大荣誉，更对中国人民在今后漫长时期中如何做好大运河沿线相关文化遗产的保护与开发利用工作，提出了重要的历史性任务。很显然，在大运河被列为世界文化遗产后，我们对其文化遗产的保护就不仅仅是单一地为了留住历史记忆，发展旅游事业，而应提升到更高层次上深入研究历史上大运河开发、维修、管理工作中的治水思想理论与施工技艺及大运河兴废对沿线区域经济社会、生态环境变迁的影响，以便为当今在保护大运河文化遗迹的同时，促进经济社会发展与生态环境的保

---

① 参见（清）谈迁撰《北游录》。

② 参见（明）徐弘祖《徐霞客游记》相关内容与《徐霞客旅行路线图》，褚绍唐、吴应寿整理，上海古籍出版社 1982 年版。

护、建设工作提供切实有效的历史借鉴。这应该是大运河当前更大的价值所在。而要做好这项重要工作，则需多学科、多部门协同创新，持续努力。其中从中国大运河是一项大型线性与活态的文化遗产这一突出特点以及从整个运河流域这一全局出发，树立一些新的更富前瞻性与全局性的理念更是当务之急。为此，笔者不揣浅薄，先行贡献几点刍荛之见。

首先，应认识到我国之大运河是传承弘扬我国历史文化的流动平台，并据此特点开展涉及全河与各河段、各遗产点以及它们所处区域之历史文化之研究、开发、传承弘扬工作。这方面既要充分看到大运河全局所具有的中国运河文化之特点，同时还要具体看到大运河所流经区域又分别具有燕赵、齐鲁、中原、东楚、吴越等区域文化特点。既有共性，又有个性。它们各自禀赋鲜明的区域文化特色，又借助大运河这一条千年流淌的人工河道不断交流、融合，并从中创新发展。

其次，应认识到我国之大运河是监测我国东部中段历史时期生态环境变迁的纵向动态管道。前已述及，中国大运河在我国东部中段八省市沟通了海河、黄河、淮河、长江、钱塘江五大水系。历史上其航运、灌溉、防洪等功能之兴废，不仅与沿线区域，还与上述五大水系之整体生态状态息息相关。当今其生态环境之表现内涵与影响因素虽有增添与变化，如水质污染等问题，但上述整体性特点更为凸显。所以还当更加予以注重，并对之继续深入地开展科学研究，总结历史经验与科学规律，保证运河之畅通与生态环境安全。

最后，应认识到我国之大运河所具有的跨流域水上旅游黄金线路的特点。这条旅游线路，兼具江南秀美与北国雄浑，沿河旅游景点众多，人烟繁庶，历史内涵丰富多彩，现代风貌隽永精美。因而旅游价值甚高，广受中外多种类型旅游人士的关注与喜爱。所以可结合运河沿线各河段与各遗址点之特点，并包容其邻近区域之重要旅游风景区，设计出或长或短的旅游线路，供各类人士选择。一方面满足各类人士观光、休闲之需；另一方面也可借之寓教于游，直观形象地宣传文化遗产之内涵与保护文化遗产的理念，传承弘扬中华传统文化之精髓。

为了充分地让前述我国大运河三大现代价值发挥出益世惠民的作用，在其申遗成功的当下，应动员全河各级政府相关部门及广大群众积极行动起来，一方面要从全河层面做好高层的规划与设计工作；另一方面各河段与各城镇区域也当根据自身所具特点及在全河中的地位，配合高层规划、设计的要求，做好自身的具体规划工作。只有全河动员，上下结合，才能使我国之大运河在申遗成功之后，继续得到持续有效的保护与充分合理的开发利用，使其丰厚多样的历史文化遗产在新的历史时代重又焕发出生机活力。

（作者单位：陕西师范大学西北历史环境与经济社会发展研究院）

大运河与故宫学

王　云　崔建利

故宫又称紫禁城，是明、清两代的皇宫，作为我国从古至今保存最完整、最庞大的皇宫建筑群，故宫所体现和包含的历史文化价值是无法估量的，堪称一部凝固的、浓缩的皇宫史乃至中国古代史。正如当代学者曹兵武所言：

> 从物质的层面看，故宫尽管只是一个建筑，是我们通常所称的紫禁城，但它是皇城中的紫禁城，是都城中的宫城，它是中国传统文化的精华，是几千年中国的器用典章、国家制度、意识形态、科学技术等积累的结晶。故宫作为中国唯一的保存完好的皇家建筑，在几千年的历史发展形成这样一个格局，它是一个集大成者……中国文化历来讲究器以载道，因此它们凝固了传统的特别是辉煌与鼎盛时期中国文化的技术、意识和社会制度。[1]

自从 1987 年故宫被评为世界文化遗产以来，人们对故宫价值的认识有了更进一步的深化，故宫的一系列文化学术价值也日益为学界所重，其中一个重要表现，就是 2003 年故宫学概念的提出。故宫学的研究内容十分丰富，按郑欣淼先生的观点[2]，故宫学研究领域主要有六个方面：一是紫禁城宫殿建筑群，二是文物典藏，三是宫廷历史文化遗存，四是明清档

---

① 《故宫研究、故宫学座谈会纪要》，曹兵武观点，《故宫博物院院刊》2005 年第 4 期。

② 参见郑欣淼《故宫学述略》，载《故宫与故宫学》，紫禁城出版社 2009 年版，第 178—190 页。

案，五是清宫典籍，六是故宫博物院的历史。这六方面的内容不仅点明了作为中国浓缩历史的故宫不是孤立的个体，更重要的是明确了故宫学研究内容的多侧面和多视角。因此，从中国历史上与故宫有着内在联系的史迹或遗存入手对故宫和故宫学加以审视和阐发，应是故宫学研究中不可忽视的重要一环。而在所有与故宫密切联系的重大历史遗存中，具有 2000 多年历史的大运河特别是明清以来的京杭大运河尤其不应被忽视。

大运河是一个历史概念，在目前的学术表述中，其内涵并不是十分确定，有时被用作中国古代运河的通称，更多的时候则代指京杭大运河。在 2000 多年的中国运河发展史上，不同时期的运河在具体位置、开凿状况、与历代王朝首都的关系等方面多有不同。大体来说，元代以前的中国大运河主要以洛阳、开封等古都为中心向南北延伸，略呈弯弓状；元代建都北京，政治中心由中原地区移到北方，漕运物资便没有必要再绕弯经过洛阳等地，于是有了山东运河的开凿，使得大运河在北京和杭州之间近乎呈直线，人们形象地喻之为弃弓走弦，这是由中国大运河到京杭大运河的关键一步，从此，京杭大运河几乎成为中国大运河的代称。京杭大运河虽然在元代初具雏形，但由于没有解决山东地段的水源补给问题，漕运能力大受限制，元大都所需物资还主要依靠海运。直到明成祖迁都北京并且成功地解决了山东段运河的水源补给问题之后，京杭运河才实现了真正意义上的完全通航，成为明清历代王朝的政治经济乃至军事生命线。本文讨论大运河与故宫学的关系，立足中国运河史，但重点是京杭大运河与故宫学的关系。

一 皇权专制视野中的故宫与大运河

故宫与大运河堪称我国古代史上最能体现劳动人民智慧同时浸透着无数平民百姓血汗的伟大工程。故宫是明清两代的皇宫，也是世界上最大的宫殿。大运河则是中国古代最大的人工河道工程，作为贯穿南北绵延 1700 公里的交通大动脉，京杭运河无论从工程的形式还是用途来看，和故宫似乎无可并论之处。但从封建时代家国一体的政治现实及浓厚的皇权专制意识来看，两者又有着本质性的联系。

第一，两者的营建都是以保障皇家生活需要、体现皇权等级秩序、维护封建王朝政权的稳定为根本出发点。

"若是用一个现代人的立场来评价一部 2000 多年来的中华民族史，从最根本意义上说，中国的历史其实就是一部帝王兴衰的闹剧史和悲剧史：即，由'皇权专制下的中央集权'这一国家的基本制度编制剧本，从商鞅发端，由秦始皇率先登台表演，到汉武帝推至高潮，在唐玄宗手里弄到鼎盛，至康雍乾三帝转盛而衰，直到袁世凯黯然谢幕，其间，究竟浸泡着中华民族的多少血泪，只有老天爷才知道。"① 这段话虽不无偏激，但也从某种意义上道出了中国封建社会皇权专制体制的基本特征。这一点在故宫及大运河的营建过程及其终极目的上表现得最为明显。

故宫的建筑始终按《周礼·考工记》中"前朝后寝、左祖右社"的帝都营建原则建造，在建筑布局上贯穿南北中轴线。整个故宫建筑大体分为外朝和内廷两部分，外朝是皇帝办理朝政大事、举行重大庆典的地方，以皇极殿（清代称太和殿，又称金銮殿）、中极殿（清代称中和殿）、建极殿（清代称保和殿）三大殿为中心，东西以文华殿、武英殿为两翼。其中太和殿是宫城中等级最高、最为堂皇的建筑，皇帝登基、大婚、册封、命将、出征等都在这里举行盛大仪式或庆典，此时数千人欢呼万岁，数百种礼器钟鼓齐鸣，极尽皇家气派。内廷即后寝，为生活区，以乾清宫、交泰殿、坤宁宫为中心，东西两翼有东六宫、西六宫，这就是人们常说的皇帝的"三宫六院"，是皇帝平日处理日常政务及皇室居住、读书和游玩的地方。坤宁宫后的御花园，是帝后游赏之处，园内建有亭阁、假山、花坛，还有钦安殿、养性斋，富有皇家苑囿特色。出御花园往北为玄武门（清代改称神武门），是故宫的北门。

总体来看，故宫设计之严密、整体气势之宏伟、主次配合之巧妙、施工之精到、感染力之强等，在存世宫廷建筑中无出其右，从总体规划到建筑形制完全服从并体现了中国古代宗法礼制的要求，突出了至高无上的帝王权威，是中国 2000 多年专制社会皇权思想的集中体现。

同故宫一样，大运河的开凿与营建同样体现了浓厚的皇权专制色彩，历代王朝经营维护大运河的根本出发点也是出于巩固皇权专制政权的需要。我国地势西高东低，主要河流比如黄河、长江都是从西向东，而南北走向缺少一条大河流。在我国古代没有比舟船更方便的交通工具的情况下，用人工开凿一条南北走向的运河以通漕运，就成为历代王朝巩固皇权

---

① 亦忱：《论中国的"皇权专制"》（http://www.360doc.com/content/07/1011/07/40062_802470.shtml）。

的首要选择。

元朝定都北京后，政治中心由中原地区移到北方，"百司庶府之繁，卫士编民之众，无不仰给于江南"①，元朝政权对大运河的依赖性进一步加强。元政府废弃原来以洛阳为中心的运河格局，开修会通河，基本取直了原来自洛阳南到杭州、北到涿州的大运河，航程缩短上千里。京杭大运河的修通，基本保证了元朝统治集团所仰赖江南的物资粮食的供应。元代末年，南方群雄并起，截断了运河经济对元政权的支持，迫使蒙古族统治集团放弃对中原的统治，退守漠北。明清历代王朝的统治中心也大多在北方，但统治者无不重视运河的作用，并且采取许多措施，加强对运河流域的政治、经济的控制，保证这个经济、政治、文化的大通道的畅通。应该说，历代王朝对运河的开凿与开发，无不是围绕着巩固和强化王朝的政治统治而展开的，其最直接的目的即是出于军事需要和经济开拓的需求。由于运河区域在全国范围内始终处于政治、军事、经济、文化诸方面的中心位置，因而成为历代封建王朝着力控制的最重要的政治区域。每一代王朝统治者都要凭借运河区域理想的地理位置、优越的经济条件和卓越的人文环境，来驾驭全国。同样，王朝的嬗变与鼎革，也总使运河区域的武力争夺和战争角逐最为激烈。从某种意义上说，谁拥有了运河地区，谁就能建立起稳固的政治统治，从而控驭全国。可见，运河的畅通与否直接影响着封建王朝的兴衰甚至更替。如果说故宫主要从皇家日常行政及家居方面体现和维护了皇权至上的观念及皇权政治的稳定，大运河则主要从交通运输功能上实现并体现了皇权至上理念及王朝政治的稳定。

第二，两项工程的营建都是倾国家之力，不计成本，不惜代价。

明初营建故宫，所用石料大多采自北京远郊和距京郊二三百里的山区如房山等处。这些石料往往重达几吨甚至几十、几百吨，如现在保和殿后檐的台阶上就有一块云龙雕石重约250吨。明人李诩在其《戒庵老人漫笔》中记曰："乾清宫阶沿石，取西山白玉石为之，每间一块，长五丈，阔一丈二尺，厚二丈五尺，凿为五级，以万人拽之，日凿一井，以饮拽夫，名曰万人井。"② 其运输的难度可想而知。故宫主要建筑物的梁柱，在明初营建时皆以整根楠木为之，所需的木材大多采自四川、广西、广

① （明）宋濂：《元史》卷93《食货志一》，中华书局1974年版，第2364页。
② （明）李诩：《戒庵老人漫笔》卷2。

东、云南、贵州等地，无数平民被迫在崇山峻岭中的原始森林里伐运木材，湖北竹溪县鄂坪乡慈孝沟村南 300 米处，地势幽狭，是当年采办皇木的地点之一，这里至今还清晰地保留着明嘉靖三十七年（1558）重修大内宫殿采皇木时留下的摩崖题刻，其辞云："采采皇木，入此幽谷，求之未得，于焉踯躅。采采皇木，入此幽谷，求之既得，奉之如玉。木既得矣，材既美矣，皇堂成矣。皇图巩矣。"① 这么庞大笨重的树木要从崇山峻岭中运出，还要经过几千里的路途运到北京，在当时的难度和花费的人力物力可想而知。下面这段文字摘自当时一位朝臣的奏疏：

> 陛下肇建北京……凡二十年，工大费繁，调度甚广，冗员蚕食，耗费国储。工作之夫，动以为万。终岁供役，不约躬耕田亩以事力作。犹且征求无已，至伐桑枣以供薪，剥桑皮以为楮。加之官吏横征，日甚一日。如前岁买办颜料，本非土产，动科千百。民相率敛钞购之他所。大青一斤，价至万六千贯。及进纳又多留难，往复辗转当须二万贯钞，而不足供一柱之用。其后既遣官采之产地，而买办犹未止。盖缘工匠多派牟利，而不顾民艰至此。
>
> ……
>
> 自营建以来，工匠小人假托威势，驱迫移徙。号令方施，庐舍已坏。孤儿寡妇哭泣叫号，仓皇暴露，莫知所适。迁移甫定，又复驱令他徙，至有三四迁徙不得息者。及其既去，而所空之地，经月逾时，工犹未及。此陛下所不知，而人民疾怨者也。②

这段奏疏所反映问题的真实性和说服力是不容置疑的，它让后人在感受故宫的灿烂辉煌时，同样不应忘记辉煌背后的血泪和悲惨。正如加纳诗人威廉斯在一首诗中所写："多少年前奴隶们忍受着饥饿和苦役将你建成。他们跪在地上劳动，为帝王的权势竖起这座纪念碑。帝王的荣华富贵一如沉落的夕阳，唯有这座标志着普通人民顽强精神的纪念碑，却留存人间。"③

---

① 潘彦文、龚德亮主编：《十堰文物志》，长江出版社 2007 年版，第 234 页。

② （清）张廷玉等：《明史》卷 164《列传》第 52，中华书局编辑部编《二十四史（简体字本）》，中华书局 2000 年版，第 2949 页。

③ ［加纳］乔治·阿翁纳尔·威廉斯：《黑色的鹰觉醒了》，陈敬容、张奇译，作家出版社 1964 年版，第 22 页。

开凿运河的艰巨工程对劳动人民来说也是一场灾难。两千年的运河开凿营运史，在一定程度上也是无数平民百姓的血泪史。隋炀帝强征几百万民工修筑运河，使成千上万的民工惨死在运河工地上。还强制天下 15 岁以上的丁男都要服役，共征发了 360 万人。同时又从五家抽一人以供应民工的伙食，连老人、未成年人、女子也不放过。隋炀帝还派出了五万名彪形大汉，各执刑杖，作为督促民工劳动的监工。因为劳动负担很重，监工督责太急，所以不到一年，360 万民工死者竟达 250 万人。元、明、清时期的京杭运河由于要解决黄河与运河的关系这一棘手问题，运河的修建维护任务之艰巨、费用之庞大、服役民工之苦、无数次决堤对沿河两岸平民造成的伤害之大等，都是难以想象的。《山东运河备览》中有关挑河的这段纪述，略可窥斑见豹：

> 昔胡伯玉言：河渠徒役，防旱防溢，迄无休暇，裸袒从事，不罹蒸湿，则病瘵鞭林。《郎山纪事》谓，南旺大挑，昼既靡遑；夜尤业业，非漏下二鼓弗休。邪许之声，相闻数里。时值祁寒，滕六大作，淤泥亦成坚冰，丁夫茕穷琐尾，非有绵缊厚缯沾体涂足，尽皆皲裂，顾此能不恻然！……临清、南旺、济宁、彭口岁岁积淤，无论大、小挑之年，总须一律施工，登山盘远，每土一方，需夫三名，长河每土一方，需夫二名，八闸砂礓，每土一方，需夫五名，莫不立雪餐冰，竭蹶将事，其情状有伯玉诸人所不能言者。①

挑河是京杭运河维护中的一项常规性工程，主要是定期清除河道中的泥沙淤积。这段引文所述只是诸多运河维护工程中的一个环节，范围也仅限于山东段运河。

二 漂来的北京城：京杭大运河与故宫的不解之缘

第一，京杭大运河为故宫营建提供了便捷的交通途径和方式。营建故宫是一项庞大的系统工程，据说明代故宫的营建仅备料就用了十余年时

---

① （清）陆耀：《山东运河备览》卷 9 "挑河事宜"，《中华山水志丛刊·水志卷·25》，第 336 页。

间。所用城砖，分别由运河流经的河北、河南、山东、江苏等府州县烧造，其中以山东临清为最多。这首先是因为临清当地的运河淤积土质好，俗称"莲花土"，细腻无杂质，沙黏适宜，用这种土烧出的砖，敲之有声、断之无孔，坚硬苗实，不碱不蚀；再就是当地的烧造工艺技术娴熟、独特。烧出的砖品种齐全、色泽纯正、形状规整。还有一个重要原因，就是大运河提供了便捷的交通。临清傍临运河，贡砖烧成检验后可直接装船解运京师。明、清时期临清沿运河十几里范围内有上万座官窑为北京烧贡砖，窑工多达几十万人。康熙时客居临清的江南文士袁启旭曾赋诗吟咏当时烧砖的情形："秋槐月落银河晓，清渊土里飞枯草。劫灰助尽林泉空，官窑万垛青烟袅。"[1] 合格贡砖相当一部分是搭乘漕运船只解运到北京。当时规定，官船过临清码头到京城，必须义务捎带临清贡砖40块，民船、商船义务捎带20块，至天津张家湾码头后，再从陆路转运到京师。

除了故宫，整个北京皇城从城墙到钟鼓楼、文庙、天坛、地坛等大部分都是用的临清贡砖。所以，临清当地至今流传着这样一首民谣："临清的砖，北京的城，相隔八百里，漕运六百年，紫禁城上有临清。"

紫禁城宫殿的地面多用金砖铺设，这种砖俗称大方砖或细料方砖，在苏松五府——苏州、松江、应天（今南京）、镇江、常州等地设厂烧造，其中又以苏州窑厂所烧金砖最为著名。苏州一带土质细腻，含胶体物质多，可塑性大，澄浆容易，制成的砖，质地密实。经选土、练泥、澄浆、制坯、阴干后，入窑烧制130天才能出成品。这种砖只供皇宫专用，皇宫用1块砖，必得有3块以上备选，没选上的一律要予以粉碎，这样算来，其造价是相当昂贵的。而且它的工艺要求极为苛刻，要达到敲之有金玉之声、断之无微毫气孔。之所以称为金砖，除上述因素以外，还因为这种砖只运京仓，只供皇宫大内使用，故也称"京砖"；南方人的方言很难分清楚"京"和"金"，故而统称金砖。在苏州一带烧造金砖，除了质地优良这一根本性因素外，苏州等地处于大运河的沿岸，方便大批金砖的运输也是一个重要原因。

砖石之外，木材也是故宫营建维修需要的大宗物资。这些从四川、两湖、两广等地采办的上好木料经辗转运输，最后沿大运河运到北京，堆放在广渠门外通惠河二闸的南面，即当时的神木厂，以备使用。

第二，京杭大运河保障了皇室的日常生活。在京城所需物品中，除了

---

① 郭则沄：《十朝诗乘》卷7，载张寅彭主编《民国诗话丛编》，第216页。

占主要部分的煤、木炭、毛织品、琉璃瓦、搪瓷器和占小部分产于华北的丝织品外，其他大部分生活必需品都产于南方。其中最主要的当然是粮食，即漕粮。漕粮中征自苏州、松州、常州、太仓州、嘉兴、湖州的粳米、糯米称白粮，由民船直运北京，入内务府，专供朝廷、贵族使用。粮食之外，宫廷生活中的其他日用品、生活侈奢品多通过贡船、时鲜船等运送至北京。明人沈德符在其《万历野获编》中的这段记述，基本上能反映当年皇室生活物品的多样、奢侈及其对京杭运河的严重依赖：

> 南都入贡船，大抵俱属龙江广洋等卫水军撑驾。掌之者为车驾司副郎，专给关防行事，入贡抵潞河，则前运俱归，周而复始，每年必往还南北不绝，岁以为常。闻系文皇帝初迁北平，所设定制有深虑存焉。其贡名目不一，每纲必以宦官一人主之，其中不经者甚多。稍可纪者，在司礼监则曰神帛笔料，守备府则曰橄榄茶梅等物，在司苑局则曰荸荠芋藕等物，在供用库则曰香稻苗姜等物，御用监则铜丝纸帐等物，御马监则惟苜蓿一物，印绶监则诰敕轴，内官监则竹器，尚膳监则天鹅鹧鸪樱菜等物。其最急冰鲜，则尚膳监之，鲜梅、枇杷、鲜笋、鲥鱼等物，然诸味尚可稍迟，惟鲜鲥则以五月十五日进鲜于孝陵，始开船，限定六月末旬到京，以七月初一日荐太庙，然后供御膳。其船昼夜前征，所至求冰易换，急如星火，然实不用冰，惟折乾而行，其鱼皆臭秽不可向迩。[①]

三　运河史研究与故宫学

大运河既是历代王朝维护皇权的重要工具，也是中国 2000 多年社会历史发展演变的大展台。如果说故宫是一座集中展示中国古代历史文化特别是上层主流生活及意识形态的文化宝藏或博物馆，大运河则是保存和融会中国古代灿烂文化的历史长廊或百科全书。从一定意义上说，对大运河和故宫的研究，实际上是从不同角度进行的中国史研究。由于大运河与故宫都是皇权专制实现的工具、凭借或手段，二者有着千丝万缕的联系，因此，运河史的研究与故宫学研究在内容方面有诸多共同之处，具有相互依

---

① （明）沈德符：《万历野获编》卷 17 "南京贡船" 条。

赖、相互补充的关系。

运河史的研究包括很多方面，像运河漕运及交通、运河经济、运河区域社会与民俗、运河文献等。这些方面的研究可以开阔故宫学研究的范围和视角，让故宫学研究跳出狭隘的故宫视野而得到拓展和深化。

（一）运河交通

运河漕运及交通是大运河最重要的功能，也是最能体现大运河与故宫关系的一个方面。大运河又称漕河，其根本功能就在于进行漕粮及其他物资的运输以满足皇室及王朝政治的需要。历代王朝对漕运规则的制定无不体现出皇权专制这一根本原则。如漕粮中有征自江苏苏州、松江、常州、太仓，浙江嘉兴、湖州等地的糯米，称作白粮，是专门用来供应皇室生活及百官俸禄的。来往运河的船只过闸待闸，历代王朝都有严格规定，一般船只（包括漕船在内），只能等到闸内积水到一定位置才可放行，但对于供应皇室生活的时鲜贡船等却不限此列，如成化九年（1473）二月，兵部尚书白圭拟定了南京各衙门法定时鲜贡船数、装载物品名称、数量等，制定了漕河禁例十七条。其中第一条就是有关时鲜贡船规定："各闸见时鲜贡船随到随启。"①

除漕运之外，运河交通史中与故宫学有密切联系或在某种程度上能体现故宫学研究内容及视角的还有很多，比如明清皇帝沿运河南下巡行。明清历代帝王中，清朝皇帝的南巡次数是最多的，其中，又以康熙、乾隆为最。二人在位时间均超过60年，各有6次大规模的南巡之举。康熙帝于康熙二十三年到四十六年（1684—1707）曾经6次南巡，乾隆帝在乾隆十六年至乾隆四十九年（1751—1784）进行了6次南巡。当时出使中国的朝鲜使臣，在向国内的报告中特别提到："皇帝不肯一日留京，出入无常，彼中有'马上朝廷'之谣矣。"② 对于沿运河巡行而言，又可称为"船上朝廷"。帝王沿运河南下，除了巡游享乐以外，也有了解社会民风民俗、治理河工、海塘等方面的安排。皇帝沿运河南巡的一切活动虽主要在京外运河沿线展开，但大学士、学士等相关人员多随行，皇帝仍然日理

---

① （明）王琼：《漕河图志》卷3。
② 吴晗辑：《朝鲜李朝实录中的中国史料》下编卷9，中华书局1980年版，第11册，第4563页。

万机，皇帝的沿河巡行相当于将朝廷内务及行政中枢移至船上，所以，这方面史实的研究不仅是运河史的内容，同时也应作为深化和拓展故宫学研究的一个重要方面或切入点。

（二）运河经济

运河经济史几乎可视之为中国经济史的缩影，其中有相当一部分涉及朝廷或皇室政治、经济、生活等方方面面，宦官干预运河经济事务管理就是其中的典型。宦官是中国古代宫廷文化中的重要现象，也是故宫学研究中必不可少的一项重要内容。特别是明代，宦官人数激增，至明末多达数万之众。宦官任职机构随之膨胀，干政之风愈演愈烈。正如赵翼所言："正统以后，则边方镇守，京营掌兵，经理仓场，提督营造，珠池、银矿、市舶、织造，无处无之。"① 宦官在皇帝的明暗支持下或干预朝政，或被派出地方经理督办事务，加剧了明王朝政治上的腐败，激化了朝廷与地方和百姓之间的矛盾。这一点在宦官干预运河钞关方面体现得最为明显。钞关作为京杭运河上的税收关署，既是京杭运河畅通的产物，也是商税制度在明代发展的必然结果。但到明中期，各大运河钞关税务管理被宦官所垄断，他们依仗皇权横征暴敛，激化了商民与政府的矛盾，造成了极坏的影响，著名的临清钞关"马堂事件"就是典型事例。除此之外，像这类宦官干预、影响运河事务的现象还很多，它们都是运河史或运河经济史研究的重要内容，如果故宫学研究中仅仅将宦官现象局限于宫廷史迹或史料，对历代宦官往来运河的所作所为或对运河事务的干预现象不加以关注，显然是得不出科学而全面的结论的。

（三）运河文献

运河文献既是运河史研究的主要内容之一，也是从事运河史研究的重要切入点或平台。在这方面，运河史研究与故宫学也存在着密切的联系。运河文献研究与故宫学在内容上的关联或互补性主要体现在两个方面。

第一，故宫中所藏的历史文献中含有大量与运河有关的文献，这些文献既是运河史研究的重要资料，也是故宫学研究的重要内容。据初步统计，仅中国第一历史档案馆所藏上谕档和大臣奏疏中，内容涉及运河的文

---

① （清）赵翼：《廿二史札记》卷35"明代宦官"条。

献就有 5000 件左右，这些文献是研究历代河道工程、治水思想、河务管理、漕粮运输、运河区域经济发展和社会状况的第一手材料。目前这些材料使用起来较为困难，一是多为尚未被整理出版的档案原件，文献查阅不方便且工作量很大；二是上谕奏疏的内容与史实未必完全吻合，需要与其他资料互为依据，方能弄清事情原委及君臣言论的内容实质。这就大大限制了这类文献的流传及学术引用，因此将其中的重要史料编排影印，实为嘉惠学林的盛事。这无论是对故宫学研究还是对运河史研究中的相关文献整理来说，都是不应被忽视的基础性前提性工作。当然，中国第一历史档案馆所藏文献显然不是故宫文献的全部，明清四五百年的运河营建维护、漕粮及各类物资的运输、漕政及河政、涉河官员升迁、各级各类官员的涉河涉漕奏疏等，所涉文献可谓数量庞大，并曾广泛分布于朝廷及皇宫内务各机关和部门。由于时代的变迁和社会动荡，应当有相当多的文献遭流散佚失，几经劫难被保存下来的文献也因战乱及各种人为因素被分藏各处或各地，除大部分归藏中国第一历史档案馆外，像台湾故宫博物院、大陆各重要文博单位、国外各有关图书博物馆等均有收藏。将这类文献归纳汇总并加以整理或出版，显然也是故宫学研究所应开展的一项基础性工作，虽然任务艰巨，但对于学术研究、文献的流布和传承等都是功德无量之举，当然也会大大方便并促进运河文献的研究和利用。

　　第二，很多运河文献中含有大量与故宫或皇室有关的内容。聊城大学运河文化研究中心李泉教授在《京杭运河历史文献的整理与研究》[①] 一文中将目前的运河文献归纳为六种类别，一是专门著作，二是史书方志，三是档案资料，四是政书类书，五是文集笔记，六是外国史料。应该说这几种类型的运河文献中涉及故宫或皇室内容的地方都很多，像专门著作中有关漕运、河道、运河城市等内容的著述；史书方志、政书类书中有关皇帝皇室的各类记载等，可谓数量众多。值得一提的是一些外国史料，这些史料的作者大多是当时外国来华人员，他们入境后往往通过运河到达北京与朝廷或皇帝进行交流交往，故在他们行程记述中对朝廷、故宫及皇室生活的反映内容很多，由于是来自异域的眼光和评价，这些史料的客观性真实性更值得重视。

　　《利马窦中国札记》是意大利耶稣会传教士利玛窦（原名 Matteo Ric-

---

①　参见李泉《京杭运河历史文献的整理与研究》，《光明日报》2009 年 2 月 15 日。

ci, 1552—1610）万历年间来到中国居住后的见闻琐记。书中对当时的大明王朝官员、朝政及皇室生活多有反映。比如对宦官现象的记述："在北方各省还有一种野蛮的行径，那就是阉割大批的男孩。这样他们就可以给皇上做奴仆……几乎全国的行政事务都操在这类半男半女的人的手中，单单在皇宫里这类人数目就达万人之多。"① 朝鲜大臣崔溥被誉为"东方马可·波罗"，他于明朝弘治年间遇风暴从朝鲜漂流到中国，于浙江三门登陆，然后沿大运河北上，将其所见所闻辑录成《漂海录》一书，其中关于明代运河工程、宦官奢华骄横、南北社会生活及风俗习惯差异等记述，有很高的史料价值。英国人斯当东所著《英使谒见乾隆纪实》一书，记述了英国使臣沿运河到北京谒见乾隆皇帝的所见所闻，保存了当时中国社会尤其是运河沿岸风物人情及大清王朝朝政及官员的真实状况。特别是英国使节谒见乾隆皇帝过程中因中西礼仪差别而出现的尴尬局面，显示出大清皇帝唯我独尊，以天朝上国自居而对已经发生天翻地覆变化的外部世界仍然茫然无知的浅薄嘴脸等，在汉籍文献中是很难见到的，这些著作无论对运河史研究还是对故宫学研究都是非常重要的参考资料。

郑欣淼先生曾提到："故宫学研究范围虽然宽广，但故宫文化的核心是以皇宫、皇权、皇帝为重点的皇家文化。"② 这句话既强调了故宫学的核心内容或本质特征，又点明了故宫学研究的宽途径和多角度。运河史研究显然是故宫学开辟新途径、拓展新视野的一个重要领域。对于故宫学研究者而言，既要立足故宫本身，也应对与故宫学相关的其他领域如运河史研究等有所涉猎或关注。正如故宫博物院研究员王素所言："故宫文物典藏的整理与研究，本身就是一个极富扩展和兼容的领域。譬如故宫藏有一些敦煌文书，为了整理与研究这些敦煌文书，就不得不对整个'敦煌学'有所涉足。"③ 同样，对于运河史研究人员来说，熟悉、研究并充分利用故宫实物及文献典藏，不仅是一种捷径，也是运河史整体研究不可或缺的重要环节。

（作者单位：聊城大学运河学研究院）

---

① ［意］利玛窦：《利玛窦中国札记》第一卷第五章"关于中国的人文科学、自然科学及学位的运用"。

② 郑欣淼：《中国紫禁城学会论文集（第五辑）》序言，紫禁城出版社 2007 年版。

③ 《故宫研究、故宫学座谈会纪要》，王素观点，《故宫博物院院刊》2005 年第 4 期。

清顺康时期对运河及漕运的治理

常建华

明清鼎革，运河遭受破坏，顺治时期漕政不振，康熙帝幼年登基，亲政后重视漕政，清中叶康熙帝回忆说："朕听政以来，以三藩及河务、漕运为三大事，夙夜厪念，曾书而悬之宫中柱上，至今尚存。"① 清代的漕运确实是在康熙朝由于治理运河而得到保证的，不过学者多从治理黄淮的角度论述运河，缺乏治理运河的专门论述，笔者依据清实录与朱批奏折等资料，试就顺治、康熙时期君臣治理运河及漕运问题探讨，以就教于方家。

一 顺治时期的运河与漕运

顺治元年（1644）十月甲子，清帝福临登基，纪元顺治，颁即位诏于天下，诏书宣布："各直省运粮官役，有因漂流挂欠并侵没漕运钱粮，见在收粮衙门及原籍追比未完者，自本年五月初一日以前尽行免追释放。"② 减轻因征收漕粮受到惩罚者，示好官民。

顺治初年，清军征战不已，清廷财政窘迫，迫切需要得到漕粮。我们从大臣的一些奏议中就可以看到此种情形，二年（1645）六月巡漕御史刘明偀奏言："兵民急需莫如漕运，江南旧额四百万石，今或因灾变蠲免，则额数宜清；运法原用军旗，今运户改为编氓，则运法宜定；修船每岁一举，迩来逃毁殆尽，则修造宜急；运道旱浅溢冲，则捞沙筑堤宜豫。"③ 疏入下

---

① 《清圣祖实录》卷154，康熙三十一年二月朔。
② 《清世祖实录》卷9，顺治元年十月甲子。
③ 《清世祖实录》卷17，顺治二年六月戊午。

所司详议。除了漕粮额数、运法修船之外，运道捞沙筑堤也提到议事日程之上。

同年闰六月，兵部右侍郎金之俊条陈漕务八事：

> 一、卫所旗军既裁宜另设运官漕卒。一、明季旧艘残毁宜改用投顺兵船员。一、江南漕船抵济应于济宁另造剥船，运至津通以便新运。一、漕米加耗应仿明初旧例，正米一石止加五升，余耗悉除。一、征收宜责正印勿委县丞，摧押宜责刑厅勿委通判，领运既有专官，则运总名色不应复设。一、漕道宜驻济宁专管剥运，各粮道至济督运过剥即押回空其有无足额，仍听漕道验报。一、漕额除蠲饷外，计每岁入数若干除裁减冗员冗兵冗役外，计每岁出数若干较旧额赢余若干，余数应径行改折，随漕征解。一、运粮官军除加兑外仍支给坐行二粮，其轻赍余耗应照地里远近为折数多寡以济造剥工料。章下户部。①

在改造前明漕粮旧制基础上，复兴漕运。

四年正月，从总河杨方兴请，"复设临河州县墩堡铺夫快壮以护漕运"②。

为了保证漕运的正常进行，清廷不断派遣官员巡视漕运。顺治四年（1647）七月，遣贵州道试监察御史匡兰兆巡视漕运。③ 八年（1651）三月，遣监察御史张中元巡视漕运。④ 同年十月，遣浙江道监察御史朱绂巡视漕运。⑤ 十二年（1655）六月，遣大理寺副理事官周卜世巡视漕运。⑥ 十三年（1656）七月，遣贵州道监察御史侯于唐巡视漕运。⑦ 十四年（1657）九月，遣户部郎中窦遴奇巡视漕运。⑧

清廷对于漕运官员的任用考核也很重视。顺治六年（1649）四月，户部奏言："故明漕运官员皆系世职，今世职已裁，各卫虽设有卫守备

---

① 《清世祖实录》卷18，顺治二年闰六月辛巳朔。
② 《清世祖实录》卷30，顺治四年正月丙戌。
③ 《清世祖实录》卷33，顺治四年七月壬戌。
④ 《清世祖实录》卷55，顺治八年三月壬辰。
⑤ 《清世祖实录》卷61，顺治八年十月壬戌。
⑥ 《清世祖实录》卷92，顺治十二年六月朔。
⑦ 《清世祖实录》卷120，顺治十三年七月甲子。
⑧ 《清世祖实录》卷111，顺治十四年九月辛丑。

千总，然迁转不常，无相统之义，且多属委用，故不自爱，致挂欠数多。兹应就漕运各卫中择素有才干者，加以千总之职，责其押运，量功升转，如有挂欠，治罪追赔。庶责成专而劝惩明。"① 任用明朝卫所中管理漕务有才干者为千总，以保证漕粮的押运顺利进行。此议得到认可。

清廷要求吏部稽查好漕运官员，以保证漕粮的完纳。顺治八年（1651）闰二月谕吏部："朕临御以来，深悉运粮之苦。交兑之处，收粮官吏勒掯需索，满其欲壑方准交纳，若稍不遂，必多方延挨刁难日久，以致河水冻阻，船不能行，耽误运期，所携有限盘费，何以支持，一路怨声沸腾。朕思运粮官涉河渡江已不胜劳苦，又经收粮官吏多方需索，必至盗卖官粮。盗卖既多，必至亏欠。总督仓场奉有专敕，曾否巡行清刷，节年拖欠，多至数百万石。总督曾否题参，仓场徒有其名，竟无实政，是何情弊。收粮需索的系何人，拖欠若干经管何人，曾否查明具报，漕运重务，上下通同作弊一至于此。"② 十四年（1657）九月，谕吏部："漕运总督关系重大，督臣今以病请，料理漕务不可无人，亢得时著升兵部尚书兼都察院右副都御史、总督漕运、巡抚凤阳等处地方海防军务兼理粮饷。"③

对于不能尽责的官员进行降职惩罚。顺治十一年（1654）九月，以督催漕运稽迟，降总督漕运兵部尚书沈文奎三级调用。④ 十四年（1657）正月，以漕粮壅积河干有误漕运，革总督仓场户部侍郎范达礼、李呈祥职仍戴罪办事。⑤

清廷对于漕运总督、有漕省份督抚的职责甚为关注。顺治十二年（1655）十月，谕户部："漕运至为重务，年来拖欠稽迟，弊非一端，深可痛恨。漕运总督固应尽心料理，即各省督抚亦当分任责成。除湖广漕粮暂留充饷外，江南、江北、浙江、江西等处，著该督抚督率所属各粮道、州县卫所等官，恪奉漕规，冬兑春开，务依限到淮。其到淮以后，漕运总督察验催偿，抵通交纳。河南、山东，著该督抚督率所属各官征兑开行，

---

① 《清世祖实录》卷43，顺治六年四月戊戌。

② 《清世祖实录》卷54，顺治八年闰二月丙辰。

③ 《清世祖实录》卷111，顺治十四年九月辛丑。

④ 《清世祖实录》卷86，顺治十一年九月辛亥。

⑤ 《清世祖实录》卷160，顺治十四年正月壬子。

知照漕运总督，察催北上。系何地方迟误者，自督抚以下至州县卫所等官应拟何罪，属何省分者应限若干月日，尔部详确议奏。"①

为了漕粮顺利运抵京师，清廷重视祈求神灵保佑。顺治二年（1645）十二月，封黄河神为显佑通济金龙四大王之神，运河神为延休显应分水龙王之神。仍命总河臣致祭。② 十一年（1654）六月，以加上皇太一徽号礼成，诸王、文武群臣上表行庆贺礼。颁诏天下，诏书中有"黄河神金龙四大王、运河神分水龙王应遣官致祭"③之语。七月，遣太常寺少卿高景祭黄河之神，鸿胪寺少卿李时秀祭运河之神。④

清朝也注意保护运河。顺治六年（1649）二月，"兵部议覆：漕运总督吴惟华奏，防护运河各有专汛，应令梁成珠梅以南漕督任之，以北山东督抚任之。各照管辖饬防，不得诿卸，以重封守。从之"。⑤ 绿营分防运河。

清朝也谋求治理运河。当时黄河东出徐州经云梯关入海，洪泽湖以东的清口，黄淮交汇，为运河出入咽喉。顺治九年（1652）七月，户部左侍郎王永吉条陈治河事宜。大意是："谨按黄水自邳宿而下至清河口，淮泗之水聚于洪泽湖，亦出清河口。淮黄交会，东入于海。然黄强淮弱，势不相敌。淮泗逼而南趋，直走四百余里，出瓜州、仪真方能达江。一线运河，收束甚紧，即有大小闸洞沿途宣泄，而海口不开，下流壅塞，所以河堤溃决。修筑岁费金钱，九载以来，八年昏垫。海口之当开，固刻不容缓者也。查海口之在兴化、泰州、盐城境内者，俱被附近愚民将闸门填塞，滴水不通。咽喉重地，岁岁陆沉，关系匪轻。乞敕河漕重臣，遴委才能属员亲往相度，勿听一偏之词，务收两全之利。开凿深通，复其故道，淮泗之水消，则黄河之势减，平成之绩亿万年永赖之矣。"⑥ 可见由于黄强淮弱，淮不敌黄，淮泗南趋，"而海口不开，下流壅塞，所以河堤溃决"，建议疏浚海口。于是下所司议。十二年（1655）八月，工部会同户礼兵三部覆奏，修筑运河决口。议将直隶八府州县节

---

① 《清世祖实录》卷94，顺治十二年十月戊辰。
② 《清世祖实录》卷22，顺治二年十二月甲辰。
③ 《清世祖实录》卷84，顺治十一年六月庚辰。
④ 《清世祖实录》卷85，顺治十一年七月庚子。
⑤ 《清世祖实录》卷42，顺治六年二月乙卯。
⑥ 《清世祖实录》卷66，顺治九年七月戊戌。

年所欠各部寺钱粮，速行催解，以济修河急用。顺治帝指示将修筑决口应另用何项钱粮，悉心筹划，确议速奏。① 不过，终顺治一朝，并未见治理运河有较大起色。

二　康熙帝对运河的治理

康熙初年（1662）运河与漕运的问题更加突出，山东运河段负担较重。康熙三年（1664）十二月，山东巡抚周有德疏言，山东为南北孔道、十省通津，"运河直贯其中，兵差解运船只悉由此路往来，沿河居民尽为纤夫，其或不足则取之他州县，经费有限，民力几何"。② 寻求减轻之法。平定三藩之乱期间，康熙帝担心运河遭到破坏，告诫兵部：遣发大兵，要防止兵丁厮役损坏运河闸板桩木。③

清廷对于河道总督朱之锡的工作不太满意。康熙四年（1665）四月，河道总督朱之锡题运河水涸、粮艘难行，请申明漕禁以全挽输一疏。清廷认为："朱之锡专管运粮河道大臣，理应督率各属挑浅疏通，乃虚张具奏，殊负倚任之意。著吏部议处。又所称十八浅处有石，自有明以来从未挑浚。如此，则每年费如许钱粮、挑修者何处？此皆沿故明陋习，著该督亲率各官力行疏浚，勿得仍委官塞责。"④ 五年（1666）正月，朱之锡奏销康熙三年岁修钱粮，得旨受到警告："运河关系国家漕粮，水浅则疏浚，水大则预为堵筑，始称尽职。今据奏修理河工，所用钱粮以数万计，乃于去年旱时以水浅船不能行具奏，后又以水溢堤决船不能行具奏，则前此修理者何处？原以朱之锡才堪任用畀此重任，今并未躬亲严察，但草率委之属官，殊负简任之意。如果亲到工所，率领属员，力加坚修，岂至于浅阻冲决。本应从重议处，念系已往之事，姑从宽免。"⑤

康熙初年运河出现的问题，康熙六年（1667）八月山东道御史徐越疏言有较详细的说明。徐越指出：

---

① 《清世祖实录》卷93，顺治十二年八月癸酉。
② 《清圣祖实录》卷13，康熙三年十二月己巳。
③ 《清圣祖实录》卷44，康熙十二年十二月癸亥。
④ 《清圣祖实录》卷15，康熙四年四月癸亥。
⑤ 《清圣祖实录》卷18，康熙五年正月癸巳。

漕河以天妃闸为咽喉，而天妃闸口受黄淮二流，黄水不分，淮水万不能导。考故明万历年间，曾于清河县黄家嘴地方挑开支河，以分黄水之势，由清河县娘子庄五港口入海，淮水遂得顺流入闸。自支河故道废而不讲，运河屡淤，下流屡决。今更有可虑者，清河北岸陡起沙洲，将黄流之正冲逼住，直射清口，使淮水不得东，而黄流直灌闸门，水势高运河丈余，重运过闸，总督亲督人夫千余牵挽出口，日不过十数船。且黄水沙浊全入运河，则河身日淤，两岸增高，水行地上，城郭庐舍如在深谷中，建义苏嘴等五大险工，岁费帑金，其山阳之王家营、安东之毛家口、桃源之龙窝口见在冲决。此皆黄水不分之害也。黄水阻遏淮水不能东流入海，以致高家堰将倾，而周家桥、翟家坝处处告危，横溢高宝等湖，水势弥漫，致失漕船牵挽之路，此黄水不分、淮水不导而淮水又为害之甚也。至清江浦，夹于两水之间，漕粮岁经此地，关税盐课均有赖焉。臣察此地形势，自奶奶庙至天妃闸，内为运河，外为黄河，相距不足二三丈，其南岸名为遥湾，即文华寺，内为运河，外为淮河，相距亦仅数里，稍有疏虞，黄淮合一，即不能保有淮郡。自康熙二年至今，或守包家围，或叠三城坝，或救杨家庙，或护文华寺，或防高家堰，或议闭周家桥，或议筑翟家坝，或议复减水坝，此皆补救之方，而非挈领之道也。请敕河漕诸臣，速将黄家嘴地方旧有形势之支河挑浚成渠，使分黄河之势以下海。更于桃源宿迁等县而上，多开支河，以分上流之汕涌。于安东云梯关而下，宣洩下海水道，以接黄流之湍溜。其清河口沙洲速行挑去，天妃闸内河底及时挑浚，使淮水刷沙入江，而天妃坝及遥湾、增筑石工，自是一劳永逸，有济通漕者也。①

此疏下部详议，未见有大的决定。

特别是康熙十五年（1676）大水后，运河的问题进一步严重，治理运河保正漕运更加紧迫。康熙帝升任安徽巡抚靳辅为河道总督，决心整治河道。靳辅于康熙十六年（1677）三月受命，上任数月后，鉴于河道敝坏已极、修治刻不容缓，提出经理河工的八疏，即：

---

① 《清圣祖实录》卷23，康熙六年八月戊戌。

　　一、挑清江浦以下、历云梯关至海口一带河身之土，以筑两岸之堤；

　　一、挑洪泽湖下流高家堰以西至清口引水河一道；

　　一、加高帮阔七里墩、武家墩、高家堰、高良涧至周桥闸残缺单薄堤工；

　　一、筑古沟、翟家坝一带堤工，并堵塞黄淮各处决口；

　　一、闭通济闸坝，深挑运河堵塞清水潭等处决口，以通漕艘；

　　一、钱粮浩繁，须预为筹画，以济工需；

　　一、请裁并河工冗员，以调贤员赴工襄事；

　　一、请设巡河官兵。①

其中第五条是直接说运河的。康熙帝命议政王、大臣、九卿、詹事、科道掌印不掌印各官会同详确议奏，商议的结果是："黄河关系运道民生，固应急为修理，但目今需饷维殷，且挑浚役夫每日需十二万有余，若召募山东河南等处，不惟贫民远役、途食无资，抑恐不肖官役借端扰民。应先将紧要之处酌量修筑，俟事平之日再照该督所题大为修治。"康熙帝则认为："河道关系重大，应否缓修并会议各本内事情，著总河靳辅再行确议具奏。"②

于是靳辅再议题复，十七年（1678）正月康熙帝命议政王等重新讨论。靳辅再议内容是：

　　一、用驴驮土可以节费。前拟每日用夫十二万有奇，今改用夫三万余名、驴三万余头。前限二百日完工者，今改限四百日完工。再于两岸遥堤内，筑缕堤以束水，筑格堤以防决，庶可不致溃决矣。

　　一、洪泽湖下流高家堰西北一带，即烂泥浅等处，臣前疏因正河浅阻，请于河身两旁各挑引河一道。今因正河全淤，臣已兴工挑浚通流，今止须挑引河一道，庶伏秋水涨，淮行有路，可无他虞。

　　一、运河既议挑深，若不束淮入河济运，而仍容黄流内灌，则不久复淤。臣见在于高家堰临湖一带决口上紧筑塞，而堤工单薄之处，

①　《清圣祖实录》卷 68，康熙十六年七月甲午。

②　同上。

惟帮修坦坡一法，为久远卫堤之计。若不及早帮修，伏秋水涨，势必冲溃，祈敕部照前估费，即行兴工。

一、运河以西临湖一带，自武家墩至周家闸，大小决口三十四处，自周家闸至翟家坝，其中成河九道之处，若不乘时并行堵塞，则清水潭万难修治。不特高宝等七州县常被水患，即重运经过决口亦危险非常，急宜堵筑，断难议缓。

一、挑浚运河并堵清水潭等决口，于立春后兴工，限一百日完工。请将康熙十七年漕运过淮之期略为宽限，俟挑河完工、开坝放船。

一、开捐纳事例以助河帑。愿捐银者照例款上纳，愿筑堤者自行认地修筑，完工日咨部注册，统俟大工完日停止。

一、中河分司向驻宿迁，今缺裁归并淮徐道，应令该道驻劄宿迁，以统辖漕运咽喉。又山盱同知已归并山清同知，应改名山清盱眙同知，以兼职掌。至一切工程，凡用监理官一员，必用分管佐杂官六员。查江南佐贰杂职闲员甚少，臣请于东豫二省内，择其职闲才干者调用。

一、前疏请设兵丁驻堤防守。今思不若设立兵丁协同筑堤。每兵一名管堤四十五丈，保固三年，从优拨补。且令每兵自募帮丁四名，将黄河两岸近堤荒地令帮丁耕种。或有纳粮之田，即令业主为帮丁。庶人力益众，而防护更密。①

廷议并如所请。康熙帝传旨："治河大事当动正项钱粮，捐纳事例候旨行。其所称沿河地亩拨给兵丁，又令地主作为帮丁是否相合，著再议。余如议。"② 关于运河的第五疏得到通过。

除了挑浚运河外，靳辅疏请挑新河以七里闸为运口保证运河不为黄水所灌。十七年（1678）十月，靳辅疏言："淮扬运河出口之处是为清口，离淮黄交会之处甚近。黄涨即灌进运河，以致河底垫高，岁须挑浅。今臣往来相度，必须将清口闭断，从文华寺挑新河至七里闸，以七里闸为运口，由武家墩、烂泥浅转入黄河，如此则运口与黄淮交会之处

---

① 《清圣祖实录》卷71，康熙十七年正月乙酉。

② 同上。

隔远，运河不为黄水所灌，自无垫高之患矣。"① 下部议行。这一工程于年底完成，效果很好。黄水不能内灌运河，运艘扬帆直上，如历坦途。②

然而，靳辅的一些建议也受到质疑。靳辅疏请于节省河工钱粮内动支银十四余万两，另开运河于骆马湖之旁，以便挽运。康熙帝命九卿詹事科道会议，虽得到同意。但是左都御史魏象枢奏称："河臣动用钱粮二百余万，为一劳永逸之计。前奏堤坝已修筑七分，今又欲复开河道，所为一劳永逸者安在？臣等恐将来漕运有阻，故议从其请耳。"③ 说出心中的保留意见。康熙帝亦表赞同："以朕揆之，宪臣之言为是。漕运关系自应从其所请，但河道虽开，必上流浩瀚，方免淤滞。今岁雨少水涸，恐未必有济。即目前河工告竣，亦因天旱易修，岂得遽恃为永固耶？"④ 不过当二十二年（1683）七月大工次第告竣，康熙帝为河流得归故道而喜，满意漕运无阻。

康熙时期制定了保证治河的条例。早在元年（1662）九月，工部题：运河"修筑堤岸，三年之内冲决者参处修筑之官，过三年冲决者参处防守之官，如限年之内修筑官已去、防守官不行料理致有冲决者，一并参处"。⑤ 得到首肯。二十三年（1684）十二月，工部遵旨议奏："黄河、运河堤岸冲决、河流迁徙者，照旧例处分。止于漫决、河流不移者，若在限年之内令经修官赔修，如过年限令防守官赔修，永为定例。"⑥ 得到通过。

为保证漕运顺利进行，还有一些措施。如漕运沿途地方官皆有督同催运责任，谓之趱重催空，省称催儹。《清会典事例·户部·漕运》记载："康熙元年题准，淮北淮南沿河镇道将领等官，均有趱重催空之责。漕船入境，各按汛地，立即驱行，毋使停滞。如催儹不严，以致粮船停泊及纵军登岸生事，听所在督抚题参。"还差遣官员催儹，如康熙二十一年（1682）七月十六日派遣户部司官色克、鄂齐尔催儹漕船，十一月十二日

---

① 《清圣祖实录》卷77，康熙十七年十月己丑。
② 参见孟昭信《康熙大帝全传》，吉林人民出版社1987年版，第362页。
③ 《清圣祖实录》卷85，康熙十八年十月己丑。
④ 同上。
⑤ 《清圣祖实录》卷7，康熙元年七月甲午。
⑥ 《清圣祖实录》卷118，康熙二十三年十二月庚子。

康熙帝询问二人漕船所到地方，并另外派人验证。① 再如漕船回空问题，二十二年四月十六日，户部等官员会议，"一应过淮回空船只，应具着总漕亲身催督，有违限者，该部题参处分"。② 康熙中叶，直隶、山东境内运河出现一些问题，康熙帝尤为关注。山东汶上南旺是运河补充水源之地，建有分水龙王庙，康熙二十九年（1690）清廷讨论漕运，漕运总督董讷疏言："运河沿北一带水浅，漕艘不能速行，请放南旺湖水以裨漕运。"工部议复同意。康熙帝谕大学士等："南旺湖之水自来流入运河，朕去岁南巡回銮时，沿堤而行，细阅河势，知南旺湖之水至分水龙王庙分流，俱入南北运河。当日始建堤岸之人经营甚善，今若使南旺湖之水尽入北流，则南运河将至水浅矣。可传从前勘河诸臣及靳辅问明回奏。"③ 大学士等奏，仓场侍郎凯音布等以运河水浅、漕船难行请交总漕、总河速加挑浚。遵旨问原任总河靳辅：若将运河水从两旁下埽，筑堤夹堵，令水流归漕，则水必深，庶可行舟。靳辅认为：若从两旁夹堵修筑，则舟可行。康熙帝指示："此事若行文总河修筑，则迟延日久。即令凯音布同靳辅速往。从分水龙王庙以北，速动正项钱粮，率地方官酌量挑浚，下埽束水，以济漕运。"④ 康熙帝又谕仓场侍郎凯音布、原任河道总督靳辅："山东河道自分水龙王庙以南流入运河之水不一而足，舟行无阻。分水龙王庙以北汇入运河者，惟河南卫水而已，并无别渠相济，南旺所蓄之水又不能多，常致淤浅阻滞。今将骆马湖之水，不令其自禹王台流入沭河，俾骆马湖之水蓄贮无洩，于运道有无裨益。至骆马湖与南旺等湖相距地势高低如何，山东东阿县之盐河及别河有可通入运河者否，河南卫河之外有别河可资以疏入运河者否，尔等访其地谙练之人，委曲咨询。若有可措施之处，亲加详阅，绘图来奏。"⑤

直隶运河因雨水冲决，导致康熙帝的治理活动。三十三年（1694）二月，康熙帝巡视所至，见运河及浑河决口，民田淹没，命直隶巡抚郭世隆、天津总兵官李镇鼎会同仓场侍郎常书，自通州至西沽两边堤岸，再自

① 中国第一历史档案馆整理：《康熙起居注》，中华书局 1984 年版，第 2 册，第 867、919 页。

② 《康熙起居注》第 2 册，第 990 页。

③ 《清圣祖实录》卷 145，康熙二十九年三月丁巳。

④ 《清圣祖实录》卷 145，康熙二十九年三月乙亥。

⑤ 《清圣祖实录》卷 145，康熙二十九年三月戊寅。

西沽至霸州决口宜修之处，"阅视明白，速行修筑"。①

仓场侍郎常书等阅视后报告："臣等遵旨会看运河堤工，自通州至西沽地方共冲决李家口等五处，应加修筑；白驹厂等五处堤势危险，亦应修理；其上桃花口、北龙潭口工程似属可缓。"康熙帝指示："此所奏李家口等冲决五处、白驹厂等险堤五处及上桃花口等缓工二处，俱于运道民生关系紧要，当速加修筑。其需用钱粮常书等已估计具奏，若另差官料理，必至逾期。即著直隶巡抚郭世隆亟行修筑，俾运道民生速有裨益。"② 后工部确定通州至天津运河、耍儿渡等处堤岸冲决者八处、坍塌者二处，交巡抚郭世隆速行修筑，务于明年夏季完工。③

康熙三十六年（1697）五月，清朝平定噶尔丹的战争取得胜利，康熙帝治国的注意力再次转移到治河上。七月，策试贡士的试题中包括了黄运两河怎样悉免泛溢的问题。三十七年（1698），漕运总督桑额等会勘开浚下河条奏。其中涉及"运河之水势宜分"④。三十七年（1698）十二月，重新委任河道总督的于成龙陛辞。康熙帝指示他："闻淮扬河水泛涨，清江浦百姓所居之地皆已被水。夫洪泽湖实黄河之障，洪水强盛力可敌黄，则黄水不得灌入运河。今淮水势弱，不能制黄全注运河，黄水又复灌入。且两河相距甚近，清江浦地处其中。其一带地方受泛溢之水势所必然，惟淮水三分入运、七分归黄，运道始安。"复顾大学士等谕："朕昔年巡视河工曾至大墩堤，步行十五里，详加阅看。今寰宇昇平，海内宁谧，惟河工关系运道民生朕数十年来、夙夜萦怀、留心研究，故河道情形熟悉已久。总之上流既理，则下流自治矣。桑额所奏开浚下河一事朕不即允行，正是有益于彼。"⑤ 康熙帝主张治河关键在于上流，因此否定漕运总督桑额等开浚下河的主张。

三十八年（1699）二月至五月，康熙帝第三次南巡，对于治理黄运多有探讨与指示。康熙帝阅视高家堰、归仁堤等工，谕大学士等："朕留心河务体访已久，此来沿途坐于船外，审视黄河之水，见河身渐高。登堤用水平测量，见河较高于田。行视清口、高家堰，则洪泽湖水低、黄河水

① 《清圣祖实录》卷 162，康熙三十三年二月甲申。
② 《清圣祖实录》卷 162，康熙三十三年二月戊戌。
③ 《清圣祖实录》卷 165，康熙三十三年九月乙巳。
④ 《清圣祖实录》卷 187，康熙三十七年二月辛未。
⑤ 《清圣祖实录》卷 191，康熙三十七年十二月朔。

高，以致河水逆流入湖。湖水无从出，泛溢于兴化、盐城等七州县，此灾所由生也。治河上策，惟以深浚河身为要。"① 深浚河身则需要河直刷深。康熙帝观察到：由运河一带以至徐州迤南，"见黄河底高湾多，以致各处受险。至归仁堤、高家堰、运口等处，见各堤岸愈高而水愈大，此非水大之故，皆因黄河淤垫甚高，以致节年漫溢。若治河仅筑堤防，不将黄河刷深，终属无益。且运口太直，黄河倒灌。兼之湖口淤垫，以致清水不能畅流，各河与洪泽湖之水如何能敌黄水。若将清河至惠济祠埽湾，由北岸挑引，从惠济祠后入河，而运河再向东斜流入惠济祠交汇，黄水自然不倒灌。朕欲将黄河各险工、顶溜湾处开直，使水直行刷沙。若黄河刷深一尺，则各河之水浅一尺；深一丈，则各河之水浅一丈。如此刷去，则水由地中而行，各坝亦可不用，不但运河无漫溢之虞，而下河淹没之患，似可永除矣"。②

康熙帝还指示大臣裁直运河增筑运河堤岸。三十八年（1699）四月，康熙帝先是谕河道总督于成龙等："运河东岸石工残缺者仍令照旧补修，其土工堤内积水之处下埽帮筑，减水坝俱堵塞坚固，用心防护。越坝更属紧要，亦著加帮防护。淮安府泾涧两河必须挑浚深通，毋任淤垫。至于人字河，若有窄狭处亦当相机挑挖。凡有洩水旧口、修砌涵洞，令民灌田。堤岸单薄处亦酌量加帮，河身饯堤务行修筑。朕业已指示，止高五尺、底宽二丈、顶宽七八尺，以遏水势足矣。至河员不留心防范者，须严加惩处。切不可姑容，致误河工。"③ 当康熙帝渡黄河御小舟阅视新埽，又谕河道总督于成龙："黄河湾曲之处，俱应挑挖引河，乘势取直。高邮等处运河越堤湾曲，亦著取直。"④

三十九年（1700）三月于成龙病故，康熙帝调任张鹏翮为河道总督，河工也发生新的变化。张鹏翮疏言："清口为淮黄交会之处，目今粮艘北上最为紧要，河身淤垫竟成平陆，独有黄水入运河。臣相度形势，博采舆论，佥谓黄河比裴家场引河身高，澜泥浅系流沙，裴家场与帅家庄相隔不远，即开浚深通，当黄水大长之时，清水不能相敌。应于张福口挑引河一道，身长一千五十丈、面宽十丈、深一丈余，或八九尺不等，引清水于黄

---

① 《清圣祖实录》卷192，康熙三十八年三月朔。
② 同上。
③ 《清圣祖实录》卷193，康熙三十八年四月辛酉。
④ 《清圣祖实录》卷193，康熙三十八年四月丙寅。

河口相近处入运河，使之畅达，庶可敌黄，并建闸一座以时启闭。"① 得到清廷首肯。除了挖引河，张鹏翮还建议疏浚等，七月，张鹏翮题："臣恭奉圣训指授方略，堵塞邵伯决口，粮船即便通行，此时运河各决口尽堵，清水又引出，乘时将运河淤垫处再加疏浚，来岁粮船自可通行，不致迟误。"② 张鹏翮率河员亲往沂河查勘，认为沂河水势直趋卢口，面宽溜急，且系沙底，不便建闸。建议"应于卢口两旁堤岸残缺之处概为修补，束水入徐塘口运河，既可济运，又使民生得所"。③ 得到允准。年底，张鹏翮汇报之和取得成功。他说："臣凛遵圣授方略次第举行。先疏海口，水有归路，今黄水不出岸矣。继挑芒稻河，引湖水入江，高邮宝应一带水由地中行。再辟清口，开张福口、裴家场等引河，淮水有出路矣。加修高家堰，堵塞六坝，逼清水复归故道。引张福口等河会入裴家引河，开放清水流入运河。又将湖头加浚深阔，以迎洪泽湖大溜。将张福口引水入裴家场。再挑宽深水，大势旺直，敌黄水畅流入黄河矣。运河之中，纯系清水，已无灌入。臣自下河回至清口，见水大半入黄，少半入运，一水两分，若有神助。官民快睹淮黄交会，欢声如雷，皆我皇上宵旰忧勤，精诚上格天心，河神效灵之所致也。"④

张鹏翮提出治理运河的新措施。四十年（1701）二月，张鹏翮疏言："臣按南河志，清口至淮安，建有五闸递相启闭，以防黄河之淤。又虑水发湍急，难于启闭，则筑坝以遏之。每岁粮艘过尽，即于闸外筑坝，以遏横流。一应船只俱暂行盘坝，则是伏秋水发，黄水倒灌，自古已然。故建闸筑坝，以防淤垫之患。今运河初浚，俟清水冲刷使深河底尺寸既定，方可建闸。兹清水虽已出黄，转盼桃伏秋汛继至，节宣之道、豫防之法，不可不急为筹也。今于张福口、裴家场中间开大引河一道，并力敌黄，但黄水会合众流，来自万里，频年河身垫高。势大而力强，淮水止发源桐柏，迄今方出清口，一半敌黄又一半济运，终虑力分而势弱，故蓄高家堰之水以助其势，幸而黄水不大发，尚足以敌之，若遇黄水大发，在粮船正行之际，将裴家场引河口门暂闭，引清水由三汊河至文华寺，入运河以济漕运。倘运河水大，山阳一带由泾涧二河洩

---

① 《清圣祖实录》卷199，康熙三十九年五月壬寅。
② 《清圣祖实录》卷200，康熙三十九年七月壬寅。
③ 《清圣祖实录》卷200，康熙三十九年八月己丑。
④ 《清圣祖实录》卷202，康熙三十九年十二月朔。

水，宝应一带由子婴沟洩水，俱归射阳湖入海。高邮一带仍由城南柏家墩二大坝洩水，江都一带由人字河凤凰桥等河洩水入江。若遇黄淮并涨，清水由翟家坝、天然滚水坝洩水黄水由王家营、减水坝、洩入盐河，至平旺河入海。若粮艘过完，黄水大发，则闭拦黄坝，使不得倒灌，且可以刷深黄河。若黄水不大发，将运河头坝堵塞，令清水全入黄河，以资冲刷。一切官民船只，照例盘坝，俟回空粮船到日方启，止留三汊河清水，仍由文华寺入运河，即古人设天妃闸，于粮船过后闭闸筑坝之意也。"① 康熙帝认为所奏已得河工秘要，命九卿、詹事、科道、会同速议具奏。九卿等遵旨议复，以为节宣运河水势，应于张福口、裴家场中间开引河一道并力敌黄，再蓄高家堰之水以助冲刷，若黄水大发在粮艘正行之时，将裴家场引河口门暂闭，引清水由三汊河至文华寺入运河以济运，若在粮艘过完之后即堵塞拦黄坝，使不得倒灌。应如所请。康熙帝则说他"曾以此事谕于成龙，于成龙并未遵旨挑浚。今观张鹏翮所奏甚是，悉与前旨相符"。② 命照所请行。

四十二年（1703）正月中旬至三月中旬，康熙帝第四次南巡，视察河工。康熙帝考察后对大学士说："朕此番南巡，遍阅河工，大约已成功矣。曩者河道总督于成龙未曾遵朕指授修筑，故未能底绩，今张鹏翮一一遵谕而行，向来黄河水高六尺、淮河水低六尺，不能敌黄，所以常患淤垫。今将六坝堵闭，洪泽湖水高，力能敌黄，则运河不致有倒灌之患，此河工所以能告成也。"③

四十四年（1705）二月到闰四月间，康熙帝第五次南巡，也很关注运河。闰四月，御舟泊故城县之娘娘庙，康熙帝谕河道总督张鹏翮："山东运河转漕入京师，关系紧要，不可忽略。朕来时，阅视堤岸不堪，今回銮时计期两三月，而堤工修理甚属坚固。嗣后当照此加谨修理，不可因朕已经阅过致有懈怠，尔宜识之。运河各闸照依漕规启闭，有官员经过，不许徇情擅自开放洩水，以致漕船稽迟，违者朕决不宥。"④

四十六年（1707）正月至五月间的第六次南巡，对于"清水敌黄水有余，运河清水甚大，反流入高邮湖，设高邮湖水长溢入运河，则运河东

① 《清圣祖实录》卷203，康熙四十年二月丁卯。
② 《清圣祖实录》卷203，康熙四十年二月庚辰。
③ 《清圣祖实录》卷211，康熙四十二年三月辛酉。
④ 《清圣祖实录》卷220，康熙四十四年闰四月甲寅。

堤受险"。主张："今应将大墩分水处西岸草坝再加宽大，使清水多出黄河一分，少入运河一分，则运河东堤不致受险；又于蒋家坝开河建闸，引水由人字河、芒稻河，下江由下河及庙湾等处入海，不惟洪泽湖之水可以宣泄，而盱眙、泗州积水田地，亦渐次涸出。水小，则下板蓄水敌黄；水大，则启板泄水，且便于商民舟楫往来。其祥符闸口门甚窄，趁此黄水不甚高之时，委干员将归仁、安仁、利仁三闸改宽泄水，则徐州一带民田可无淹没之虞矣。"①

此后，运河仍得到维护。康熙五十二年（1713）八月，河道总督赵世显疏言：淮安府城外南角楼一带埽工及宝应县之运河东堤朱马湾埽工，又张家直、卢家直、五里浅、龙王庙等处工程，俱应钉埽加帮，以保运道。工部议覆，应如所题，速行修筑。得到康熙帝的同意。②

康熙时期的运河工程质量很高，采取追责制。康熙五十三年至五十四年，修建扬州邵伯运堤东岸石工，大堤底部为石块垒叠护坡，上部以城砖砌筑，顶部压一层条石，古堤保存至今（见图1）。古堤上的砖面刻有两行字：上刻"镇江府丹阳县（董□）记"，下刻"堤工总局"③（见图2）。

图 1　邵伯古堤

----

① 《清圣祖实录》卷229，康熙四十六年五月癸丑。
② 《清圣祖实录》卷256，康熙五十二年八月戊子。
③ 《大运河邵伯古堤建于清康熙时　建材有追责制度》，《扬子晚报》2014年7月2日。

图 2　古堤上的砖石

三　康熙朝奏折所见的运河及漕运

以上依据《清实录》的记载，呈现出顺治、康熙时期清廷有关运河、漕运的一些活动，特别是康熙帝对于运河的关注。下面我们再以清朝督抚大臣有关运河、漕运的奏折，了解地方上的治理措施，同时反映出不同区域运河的情况。保留下来的奏折中，以先后担任直隶巡抚与总督的赵弘燮、漕运总督郎廷极以及江宁织造曹寅等人的为多，我们分为两个部分探讨。

（一）赵弘燮与直隶运河治理

海河是直隶地区最大的水系，上游有南运河、子牙河、清河、永定河、北运河五大支流。永定河原名无定河、浑河，尤以水患突出，影响运河。康熙帝对于京畿地区的水患十分关心，主持治理浑河，多次视察堤防。

康熙帝一直有以视察治水的巡幸畿甸活动，关心运河与漕运。如三十三年（1694）二三月间主要巡幸天津一带。在西沽谕大学士等："朕巡视所至，见运河及浑河决口，民田淹没，甚为可悯。着直隶巡抚郭世隆、天津总兵官李镇鼎会同仓场侍郎常书，自通州至西沽两边堤岸，再自西沽至霸州决口宜修之处，阅视明白速行修筑。"① 驻跸蔡家营，仓场侍郎常书等疏言："臣等遵旨会看运河堤工，自通州至西沽地方共冲决李家口等五处应加修筑，白驹厂等五处堤势危险，亦应修理，其上桃花口、北龙潭口工程似属可缓。"康熙帝指示："此所奏李家口等冲决五处、白驹厂等险堤五处及上桃花口等缓工二处，俱于运道民生关系紧要，当速加修筑。其需用钱粮，常书等已估计具奏，若另差官料理，必至逾期。即着直隶巡抚郭世隆亟行修筑，俾运道民生速有裨益。"② 三十四年（1695）底起居注官评论康熙帝："念畿南水利关系重大，于所筑运河决口堤岸，命地方官增卑培薄，务令完固，复命抚臣相视下流地形，疏道堙塞，拽积潦于天津海口，挑浚新河，以通蓟州水路，俾辇输便利，工竣车驾临阅，百姓欢呼载道。"③

赵弘燮长期在直隶为官，康熙皇帝对他十分器重。早在康熙三十八年（1699），康熙皇帝于二月初三日离京南巡视阅河工，翌日驻跸新河长乐营地方，便赐时为直隶巡道的赵弘燮御书"清惠不群"四大字，并传谕："尔父赵良栋矢志报国，克殚勤劳，历事戎行，茂著勋绩，朕迄今犹追念之。以尔兄弟系功臣之子，未必玷辱先人，故皆擢用，授以文武要职，今复以此四宇赐汝，此后益当砥砺廉洁，广宣惠爱，以副朕视民如子之至意。"④ 赵弘燮回奏表示要肝脑涂地仰答皇恩。

应注意的是，赵弘燮于康熙四十五年（1706）任直隶巡抚，颇为重视运河。四十五年（1706）五月，永定河漫决堤岸，武清县运河出现水漫过堤、冲决险情，赵弘燮向皇帝奏报有关情况："亲往永定河查勘堤岸，适保定营参将胡琨自宝坻县补蝗回来，臣因运河关系重大，恐碍漕运，即差委胡琨亲往查勘。今据回称武清县属闫家湾三处漫开堤口俱系东

---

① 《清圣祖实录》卷 162，康熙三十三年二月甲申，第 2 册，第 774 页。
② 《清圣祖实录》卷 162，康熙三十三年二月戊戌，第 2 册，第 775 页上。
③ （清）库勒纳等奉敕撰：《清朝起居注册·康熙朝》第 7 册，台北：联经出版事业公司 2009 年版，第 3640 页。
④ 《清朝起居注册·康熙朝》三十八年二月初四日，第 13 册，第 6909—6970 页。

岸，尚有西岸可通漕等语，除漫决堤口若干丈尺，果否无碍漕运，臣见在确查，并饬各该地方官协同监修，主事牛纽等速行加紧防护，俟守道金世杨覆到，另行题报外，事关漫决运河堤口，理合先行奏明。"①

武清县运河在康熙四十八年（1709）又因大水开口，赵弘燮奏报险情："窃照运河堤工，漕运攸关，最为基重。臣于三四月内未发水之先，已经屡次申饬地方各官，上紧看守防修在案。于六月二十三日，据臣所差查蝗差役，路过通州、武清地方，见有运堤开口数处，即时禀报到臣，臣即飞檄守道李毓柱、通永道白为讥确查堤岸开口数目丈尺并有无干碍漕运。复又委新城县星往确查。"② 当了解武清运河涨漫的具体情况后，赵弘燮又"飞查漫口确数丈尺果否无碍漕运，并严饬地方官协同部员速行堵筑修补"。③ 后据负责直隶运河工程的工部主事牛纽说，此漫决堤岸，系四十四年（1705）加高培厚之堤，于四十五年（1706）四月十七日在口外奏准，奉旨交与地方官看守，应令地方官赔修。运河工程转交地方官管理后，通武堤岸岁修银两裁汰，年年派出富户经修看守，牛主事指示修筑，四十五年（1706）系阿锡太经修，四十六年（1707）系拉穆章经修，四十七年（1708）为阿哈善经修，四十八年（1709）为岳赖经修。本年度因未完工即被漫溢。依据四十五年（1706）间，颜家湾等处衡溃，部议阿锡太系修理之员，不能防守，革去佐领，勒限赔修，并未议及地方官之处。守道李毓柱建议，今岁漫溢堤工事同一例，自应于本年派出之富户岳赖修理完工。赵弘燮奏请："因臣查通武两岸堤工，因每年派出富户经修，是以停止动币岁修，四十五年主事牛纽口奏，荷蒙谕旨着交与地方官看守者，诚恐车马践踏，交与看守似非，即令保守经修，但运道最关紧要，难容推委贻误，臣已飞饬通武二州县，将张家湾子等处漫口，先行修筑外，其应否着落何员赔修之处，臣未敢擅专，理合圣裁。"④ 用翌年赵弘燮另一奏折的话说："臣查通武一带堤岸，较别处更为紧要。荷蒙皇上

---

① 中国第一历史档案馆：《康熙朝汉文朱批奏折汇编》（以下简称《汇编》）第 173 号《直隶巡抚赵弘燮奏报永定河口漫决现正修筑折》，康熙四十五年六月初九日具折，第 1 册，档案出版社 1984 年版，第 375—376 页。

② 《汇编》第 531 号《直隶巡抚赵弘燮奏报武清县运河堤工开口情形折》，康熙四十五年六月初九日具折，第 2 册，第 525 页。

③ 同上。

④ 《汇编》第 555 号《直隶巡抚赵弘燮为请修通州等地运河堤工漫口折》，康熙四十八年七月二十九日具折，第 2 册，第 582—583 页。

每年派出富户承修，又令工部主事牛钮留工指示监督，何等慎重。"① 这些说明直隶运河工程的管理方法，富户出资修护并问责，还有专人监理，以保证运河工程质量和安全使用。

如此，赵弘燮对于运河管理也不敢怠慢，他在折中还说："直属运河堤岸漕稬民田攸关，甚属綦重。仰体皇上轸念河工至意，刻刻留心，不敢忽视。于今年正二月内，春融冰泮时候，预饬地方印河各官及时修筑补苴，又于三四月间未发水之前，复再三严饬上紧看守修垫。及今伏秋，二汛踵至，又值大雨时行，诚恐河水泛溢，随即委官前往各处查勘督修防护。据报自景州起至天津卫一带，运河堤工均平稳坚好。又自天津起至通州止，查看得武清县属之汉口小街，因目下天雨连绵，山水陡发。于七月初七日，漫堤三十一丈。查此汉口虽属运河，皆为民居，即以村基作堤，向系街民自行看守。今监督派有富户硕邑等，已经修筑将完，粮舟通行无碍。又于是日，筐儿港减水坝桥被船撞击，伍降马家庄漫水二十余丈，韦家庄满水三十余丈，梁家庄漫水二十余丈。此三处系减水坝内新河南堤，并非运河被减水坝内之水所漫，俱系富户承修。今马家庄漫口已干，韦家庄、梁家庄漫口水深三四尺不等，其水同汉口漫水均归塌河淀内。又本月初十日，小淀庄新堤漫水二处，约共二十丈余。刘安儿庄新堤漫水二处，共有二十丈余，归并天津卫所辖之。宜庆府新堤漫水十余丈，各漫口水深三四尺不等。查小淀庄、刘安儿庄、宜庆府各坐落塌河淀中，被汉口及减水坝雨路之水聚注一处，以致漫堤，均无碍漕。又通州娘娘庙后身新筑之堤，并以下一带堤岸，虽经水淹，因各官俱昼夜加帮防护，并无充溢坍卸等情。旋据地方各官承报，与委官所查无异。"② 赵弘燮可谓兢兢业业。

康熙五十四年（1715），"谕奖弘燮抚直十年，任事勤劳，旗、民辑睦，盗案稀少，加总督衔"。③ 担任直隶总督的赵弘燮多有奏报运河的折子，反映出运河的情况。五十四年（1715）自六月至七月初旬，大雨时行，在在发水，赵弘燮奏报："运河西岸之沙河口、闫家口等处，东岸之四百户朱家码头等处各堤岸，俱被水漫，又要儿渡口迎水坝被刷，将新筑

<hr />

① 《汇编》第703号《直隶巡抚赵弘燮奏报运河水势并武清等处漫口情形折》，康熙四十九年七月二十五日具折，第2册，第964页。

② 同上书，第961—964页。

③ 赵尔巽等撰：《清史稿》卷255《赵良栋传附传》，中华书局点校本，1977年，第32册，第9777—9778页。

月堤漫坍，筐儿港滚水坝木桥卫坏三洞，亦据武清县申报，并报监督部员会同派修之人，星飞加帮堵护。"① 由于灾情严重而使运河受损，赵弘燮除了肯定康熙帝的治河主张，恳请免于对有关官员的处罚，他说："武清县属之李家口等处运河堤岸漫溢十有余处，臣已具折奏闻，其应作何修理之处，业经监督部员牛钮等查明启奏，见在估计候旨定夺。自武邑运河堤岸，自蒙皇上设立监督，交与富户经修之后，遇有冲决，地方官俱蒙圣恩未经议处。今年发水汹涌，实为异常，非人力可施，所有地方官疏防，应否仍遵例免其参处。"②

五十五年（1716）直隶仍面临因大水保护运河的艰巨任务。"五月终旬，汶、卫两河发水，以致运河水势陡长，将东光县之无名堤口于五月二十四日漫溢叁丈。"③ 赵弘燮随即飞饬委印河各官加谨修筑，并向皇帝奏报："今臣差查此口，因水深溜大，所雇本地土夫不谙打桩下埽，其堤日渐增坍，今已宽至叁拾余丈。虽目下漕船北上俱各平稳，但此堤有关运道难容延缓。臣又飞饬天津署事同知马兆辰前往督修，并臣发银檄饬永清县，将向在永定河做工之谙练埽手雇觅贰拾余人，押赴东光县工所，按日给与工价，令其率领土夫打桩下埽，上紧堵筑，勒限完工。臣又恐银两不敷，复饬守道借发银壹千两，令印河各官作速办料雇夫，星夜修筑，事竣之日，于该管各官名下追赔还项。所有疏防之员，臣现在会同河臣，照例依限另疏题参。"④

五十六年（1717）七月中旬大雨连绵，汛水骤发，东光县运河决口。赵弘燮得知油坊口堤岸漫开二十余丈等情，立即委派天津道朱纲、紫荆关参将吴如译"前往严督印河各官上紧堵筑，并借道库银五百两发给，作速雇夫办料，勒令依限完工，追银还项"。⑤ 堵筑工程"于八月十一日已

① 《汇编》第 1837 号《直隶总督赵弘燮奏报清运两河堤岸被漫情形折》，康熙五十四年七月十五日具折，第 6 册，第 356 页。

② 《汇编》第 1864 号《直隶总督赵弘燮奏报委员赈抚被水灾民情形折》，康熙五十四年八月十三日具折，第 6 册，第 430—431 页。

③ 《汇编》第 2136 号《直隶总督赵弘燮奏为续得雨泽并东光县运河堤口漫溢折》，康熙五十五年六月初七日具折，第 7 册，第 200 页。

④ 《汇编》第 2147 号《直隶总督赵弘燮奏报东光县运河堤岸漫坍并督工修补情形折》，康熙五十五年六月二十日具折，第 7 册，第 224—225 页。

⑤ 《汇编》第 2485 号《直隶总督赵弘燮奏报东光县运河堤岸漫口折》，康熙五十六年七月十五日具折，第 7 册，第 1091 页。

经合龙，一月之内即能告竣"。①

此外，江宁织造曹寅是康熙帝的亲信，肩负为皇帝搜集江南动向的任务，他的奏折也报告运河与米价问题。康熙四十八年（1709）三四月雨水过多，米价仍照常不长。曹寅奏报说："长江南百姓蒙皇上弘恩，留漕蠲赋，无不感沐皇仁。目下淮扬，臣与运道劝谕众商，各出己资，推崇圣教，买米平粜，湖广早稻指日可得，客船陆续搬运接济，而地方督抚复设法赈济，穷民亦不致乏食。惟淮扬运河水大，减水坝全开，下河一带，如水不退，恐艰于耘种。"② 五十二年曹寅奏报黄河与运河的水势，他说："闰五月十二日巳刻扬州府宝应县之南首十里卢家直地方忽冲决堤工一段，约十五丈有余。而运河之水从冲决口奔入下河之莲花舍、九沟溪、河望、直港等处。凡当冲地方民田多坏，再卢家直乃南北往来船只必由之路，今有决口各船皆阻滞不行，总河臣赵世显现在决口督率赶紧堵塞，大约数日之内可以堵筑完工。"③

（二）郎廷极、施世纶经管的漕运

郎廷极，康熙二年（1663）生人，卒于五十四年（1715）正月，他于五十一年（1712）十一月十七日到任漕运总督，直到五十三年的奏折保留下来，主要是他奏报漕运及运河的内容。

康熙五十一年（1712）十一月十七日郎廷极到任漕运总督，上任之初，郎廷极奏报对履任的看法："所辖七省地方寫远，事务殷繁，必得贤能粮道相与佐理，庶几漕务整饬，弊窦肃清，征兑如期抵通，依限赶迟为速，以实天庾，方克尽职。"④ 漕运总督衙署在江苏淮安，郎廷极的奏报除了有漕七省的全面负责之外，特别关注淮安及江苏。到任半年后的一次上奏，反映了郎廷极的主要工作，五十二年（1713）五月初六日他奏报淮安收成粮价并过淮船只数目，关于后者，他说："再今岁重运漕船。奴

---

① 《汇编》第 2503 号《直隶总督赵弘燮奏报东光县运河漫口工程在限内完工折》，康熙五十六年八月十八日具折，第 7 册，第 1140 页。

② 《汇编》第 497 号《宁织造曹寅奏报粮价雨水及地方情形折》，康熙四十八年五月初六日具折，第 2 册，第 442 页。

③ 《汇编》第 1345 号《苏州织造李煦奏报宝应县堤工冲决总河现在督堵折》，康熙五十二年闰五月二十三日具折，第 4 册，第 903 页。

④ 《汇编》第 1239 号《漕运总督郎廷极奏请以王希舜升补江安粮道折》，康熙五十一年十一月二十九日具折，第 4 册，第 558 页。

才钦遵圣谕，委员在三叉河排帮前进，不许拥挤阻压，又严檄沿河文武官弁上紧催儧，并委标员分地督催。过淮粮船奴才逐一亲行盘验，自正月至二月因上年回空迟延，过淮船止四百一十五只，已将初次过淮船数题报在案。今自三月至五月初五日又过淮船三千一百二十二只，共已过淮船三千五百三十七只，比上年二次过淮船数多一千零九只，此皆皇上睿虑周详，洞烛漕运迟误之由，特颁上谕。奴才得以祗遵圣训，使在后齐全之帮漫越前进，不被前帮阻压，将来即可赶迟为速，其未过淮江浙之船目今俱已渡江，进瓜州闸，衔尾直接山阳县境，江西、湖广之船亦俱陆续收进仪真口闸，奴才每日自朝至暮盘验粮船，可一百数十余只，若不阻风守候，五月内可以全漕过完，较上年可早半月。除二次过淮船数，现在另疏题报，谨先缮折奏闻，伏祈皇上睿鉴。"① 这次漕船过淮比上年早半月有余，郎廷极启行督催，一路尾押催儧，于六月初四日抵济宁，在城闸及天井闸上多加纤夫，昼夜挽拽过闸，于六月二十六日，将全漕尽数催过济宁。② 于是他回淮料理新漕。郎廷极同时办理督察回漕空船，他上奏说："今岁漕船，奴才于一半过淮之时，即差委标下右营游击戴良佐，前往山东德州驻宿桑园地方，催儧重运，兼催回空，并查验回空船只不许夹带私盐去后。今据游击戴良佐日逐禀报，催至七月十六日，共催过回空南下船一千七百六十只。奴才现在给发告示，檄行沿河道员营将，督率兵役，昼夜飞催抵次，以副冬兑冬开之限。"③ 十一月，郎廷极继续奏报回空漕船等事："今岁回空漕船于十月二十六日尾帮至临清等地方，适逢大风骤寒，河道冻阻，敲压冰凌，日行迟滞。奴才以时届仲冬，恐冰凌坚结，人力难施，有误兑开期限，随即移咨江浙、江广各省抚臣，捐雇民船，受兑沿途，迎船复载，并将回空过淮船数一并题明在案。奴才又差委标员，并咨山东抚臣，严饬沿河文武各官多带兵夫昼夜敲通催儧。乃我皇上洪福齐天，自十一月初十日以后，风息气和，河冰渐解，敲击冰凌人力可施。于十一月十二至二十四等日，现有江广等省之吉安等帮共船五百八十五只过淮南下，

① 《汇编》第 1310 号《漕运总督郎廷极奏报淮安收成粮价并过淮船只数目折》，康熙五十二年五月初六日具折，第 4 册，第 784—785 页。

② 《汇编》第 1378 号《漕运总督郎廷极奏报全漕过济并山东雨水年成折》，康熙五十二年六月二十六日具折，第 5 册，第 25—27 页。

③ 《汇编》第 1414 号《漕运总督郎廷极奏报淮城雨水并米麦价格折》，康熙五十二年八月初八日具折，第 5 册，第 128—129 页。

自此敲通冰解之后，奴才竭力催儧。若不复结冻，回空船只衔尾过淮，尚可赶副冬兑冬开之限，则民船不必捐雇。"①

　　康熙五十三年（1714）郎廷极的奏折较为完整，呈现出他工作的全貌。二月二十八日奏报漕粮过淮船数："切照今运漕粮，奴才严饬各省属员剔除征兑诸弊，上紧兑开。又檄沿途文武官弁，星飞催儧。自上年十二月十七日起，至今年二月初九日止，奴才盘验过淮粮船一千一百三十五只。又山东、河南、徐属例不过淮船一千二百五十五只，通共船二千三百九十只，已经具疏题报在案。今自二月初十日起，至二十六日止，又盘验过淮船一千四百三十八只。其未到淮粮船，奴才现在差员严加催儧过淮北上。今岁船粮以过淮日期计算，自可抵通无误，早登天庚，无厪圣怀。"②不久继续奏报："再过淮粮船，自二月二十八日至三月二十三日止，又过船一千一百三十二只，江南粮船俱已过完。目今所过之船，系浙江、江西、湖广等省粮船。"③五月十六日奏报一批漕船过淮情况："今自四月初二日起至五月十四日止，又盘验过粮船一千一百四十五只，全漕尽数过淮。除现在缮疏题报外，合先具折奏闻。再今岁江浙漕船过淮甚早，奴才诚恐山东河道水小，耽延时日。于四月内即委标下右营游击戴良佐，前往德州桑园等处，严催重运北上儧押空船回南，并令稽查各船不许夹带私监，有亏课饷。"④七月十一日，奏报漕船通过济宁情况："奴才于五月二十九日起行，亲儧漕船过济，于六月初十日抵济宁。因今年春间少雨，闸河下板、打闸需时。奴才委令道员并标下千把等官，逐处严加催儧，于七月十一日全漕尽数儧过济宁。又准部文令委能员催过津关。奴才随遴委中军守备赵斌，押尾催过天津。奴才即于十一日回淮，料理下运新漕外，谨将漕船尽数过济日期，具折奏报。"⑤十一月十六日，奏报回空漕船尽数

　　① 《汇编》第 1473 号《漕运总督郎廷极奏报河冰渐解情形折》，康熙五十二年十一月二十六日具折，第 5 册，第 280—281 页。

　　② 《汇编》第 1533 号《漕运总督郎廷极奏报漕船过淮数目并淮城雨水米价折》，康熙五十三年二月二十八日具折，第 5 册，第 445—446 页。

　　③ 《汇编》第 1542 号《漕运总督郎廷极奏覆米价稍涨缘由并再报过淮船数折》，康熙五十三年三月二十四日具折，第 5 册，第 477 页。

　　④ 《汇编》第 1574 号《漕运总督郎廷极奏报全漕过淮日期折》，康熙五十三年五月十六日具折，第 5 册，第 575 页。

　　⑤ 《汇编》第 1615 号《漕运总督郎廷极奏报全漕过济日期折》，康熙五十三年七月十一日具折，第 5 册，第 687—688 页。

过淮:"窃照漕粮冬兑冬开,全赖回空如期,始能克副定限。奴才仰体皇上速漕至意,预先差委标下右营游击戴良佐,在于德州地方儹重催空,并令查验回空帮船,不许夹带私盐,有妨引课。奴才今岁钦奉上谕,亲往临清截留漕粮三十万石,沿途面谕弁丁速行挽运,以副期限。又差委标下千把等官往来催儹,不许片刻留停。今于十一月十五日回空各帮船只,尽数过淮,比上年回空过淮早一月有余。奴才现在严催星飞,赴次修艌受兑,是今岁回空如期,已符冬兑冬开之限,则明岁新漕自无迟误。"① 清人李绂为郎廷极所作墓志铭赞其称职:"过淮抵通,万艘无后期,亦无亏耗者。"② 从奏折来看,李绂的评价是恰如其分的。

　　此外,施世纶总督漕运时的奏折也有存留。施世纶于五十四年任漕运总督,史家评论:"世纶察运漕积弊,革羡金,劾贪弁,除蠹役,以严明为治。岁督漕船,应限全完,无稍愆误。"③ 其督漕事迹如康熙五十六年(1717)十月初六日,施世纶奏报:"查今岁漕船,除山东、河南俱回空赴次外,其江浙、江广共应回空船五千四百一只,于九月二十五日据报,过德州境三千九百余只,现今过淮一千六百余只,似与上年回空较迟。臣现严檄沿河文武官弁加紧催儹,务期依限抵次。"④ 康熙帝对此朱批:"每年回空多迟,其中必有原故。"十一月初五日回奏解释:"臣谨查每年粮船回空,多因自坝转天津卫至德州境,沿途挨让重运,以及临济上下各闸守板开放,是以稽迟违限。臣逐帮查验其回空抵淮限单,自坝至卫有迟至二十日及十余日不等者,而沿途地方官亦有填注,水大难行,亦有填注,因风顶阻各原由,但此限单例俟通漕过完,臣咨送各省抚臣核实查参报部。再据臣标员在德州桑园盘查私盐报称,十月二十一日,湖南二帮头舵水手倚藉装有部发制钱不服盘查,复抢盐店等语。"⑤ 由上可见,施世纶颇为称职。

　　① 《汇编》第 1683 号《漕运总督郎廷极奏报回空漕船尽数过淮折》,康熙五十三年十一月十六日具折,第 5 册,第 860—861 页。

　　② (清)钱仪吉纂:《碑传集》卷 68《郎廷极》,中华书局 1993 年版,第 6 册,第 1934 页。

　　③ 赵尔巽等撰:《清史稿》卷 277《施世纶传》,第 33 册,第 10096 页。

　　④ 《汇编》第 2533 号《漕运总督施世纶奏报驻地米价并漕船回空只数折》,康熙五十六年十月初六日具折,第 7 册,第 1209 页。

　　⑤ 《汇编》第 2556 号《漕运总督施世纶奏报遵旨严查漕船回空多迟缘由折》,康熙五十六年十一月初五日具折,第 7 册,第 1260—1261 页。

四　结语

　　顺治初年，清军征战不已，清廷财政窘迫，迫切需要得到漕粮。为了保证漕运的正常进行，清廷不断派遣官员巡视漕运，要求吏部稽查好漕运官员，以保证漕粮的完纳。清廷对于漕运总督、有漕省份督抚的职责甚为关注，要求督抚督率所属各粮道、州县卫所等官，恪奉漕规，冬兑春开，务依限到淮；其到淮以后，漕运总督察验催儹，抵通交纳。河南、山东，督抚督率所属各官徵兑开行，知照漕运总督，察催北上。为了漕粮顺利运抵京师，清廷重视祈求神灵保佑。顺治二年（1645）十二月，封运河神为延休显应分水龙王之神，仍命总河臣致祭。清朝注意保护运河，绿营分防运河。清朝也谋求治理运河，当时黄河东出徐州经云梯关入海，洪泽湖以东的清口黄淮交汇，为运河出入咽喉。顺治九年（1652）七月，户部左侍郎王永吉条陈治河事宜。大意是由于黄强淮弱，淮不敌黄，淮泗南趋，建议疏浚海口。然而终顺治一朝，并未见治理运河有较大起色。

　　康熙初年运河与漕运仍得不到保障。特别是康熙十五年（1676）大水后，运河的问题进一步严重，治理运河保证漕运更加紧迫。康熙帝升任安徽巡抚靳辅为河道总督，决心整治河道。靳辅于康熙十六年（1677）三月受命后，鉴于河道敝坏已极、修治刻不容缓，提出经理河工的八疏，关于运河的第五疏得到通过。除了挑浚运河外，靳辅疏请挑新河以七里闸为运口，保证运河不为黄水所灌。康熙时期制定了保证治河的条例。康熙中叶，直隶、山东境内运河出现一些问题，康熙帝尤为关注。康熙帝主张治河关键在于上流，因此否定漕运总督桑额等开浚下河的主张。康熙帝六次南巡，特别是后三次南巡对于治理黄运多有探讨与指示。康熙帝还指示大臣裁直运河增筑运河堤岸。三十九年（1700）三月于成龙病故，康熙帝调任张鹏翮为河道总督，河工也发生新的变化，张鹏翮提出治理运河的新措施。

　　先后担任直隶巡抚与总督的赵弘燮、漕运总督郎廷极与施世纶以及江宁织造曹寅等人的奏折，多有关于运河、漕运的内容。赵弘燮于康熙四十五年（1706）任直隶巡抚，他深得康熙帝信任，对于运河颇为重视。赵弘燮奏折记载了他对于运河通州到武清一带堤岸的维护，康熙帝对于直隶运河"每年派出富户承修，又令工部主事牛钮留工指示监督"。此点尤其值得注意，康熙皇帝竟让满族富户官员承包河工修缮工程，显示出高度的责任感与国家认同。郎廷极康熙五十一年（1712）至五十三年（1714）奏折，保留了他奏报的漕运及运河情况。

总之，由于康熙帝统筹安排治理黄淮与运河，使得运河河堤得到保护，运河河水得到保障，最终保证了漕粮按时按量经运河运至北京。换言之，运河在康熙时期得到了有效治理，发挥了应有的功效。

（作者单位：南开大学中国社会史研究中心）

漕限、江程、土宜：清代漕运中的
几个重要问题*

吴 琦

清代漕运乃"天庾正供"，朝廷以国家与政府的名义，举中国最富裕的东部数省之力，年复一年、连绵不绝地向京师输送粮食，供养朝廷。每年运漕之时，漕道之上六七千艘漕船①，前后相连，遮天蔽日。漕运既是一项活动，也是一项制度，对于朝廷而言，粮食运输必须是有序的，否则规模巨大、费时漫长、涉及数省、船只众多的漕运根本无法年复一年、连绵不断地转输接运下去。清廷对于漕运行程及其相关环节进行了十分具体而明确的制度规定，以规范漕粮运输的有序进行，并在尽可能保全质量的前提下，保证各省漕运船只按时完成漕运的往返。

一　期限与秩序

清代，承担漕粮运输任务的是所谓的有漕八省，即山东、河南、江苏、浙江、安徽、江西、湖北、湖南，其中，前四省在运河沿线，后四省在长江沿线。漕运是把粮食运至京师，自然便以京城为中心，主要考虑水道运输的便利与否，以及距离与行程的适宜。而符合这一条件的只有这八

---

　* 该文属于国家社科基金项目重点项目"清代漕运对于区域社会环境影响的实证研究"的中期研究成果。
　① 《漕运则例纂》卷2《通漕运艘》记载：各省原额漕船共10129只，雍正四年清查各省额船共7980只，除去减存的船只外，实际运船数量为7120只，题准作为定额（杨锡绂纂、乾隆三十一年刻本）。《钦定户部漕运全书》卷17《通漕运艘》有同样记载，并另载：嘉庆十六年核明，实存现运漕船6337只（托津等纂、嘉庆十七年户部刻本，载龄等纂、光绪二年户部刻本）。

个省份。当然，长江上游尚有四川省等，但四川省在一年的时间内无法完成一次漕运的往返。因此，清代漕粮的征运任务主要落在了这八个省份身上。当然，粮食生产水平也当在考虑的因素之列，生产水平不能过于落后，至少列于全国的中等以上，否则难以胜任巨额的漕粮征收。

应该说，征漕地区及其数量的确定，一定是这些因素综合考虑的结果。但是，事实上清代有漕八省在地理条件、生产水平等方面存在较大的差异。山东、河南距离京城较近，但农业生产水平不如长江中下游各省；长江中下游各省生产水平处于全国领先地位，但漕粮的运输既要历涉运河，还必须经历长江，尤其是安徽、江西、湖北、湖南四省。由此，在清廷的漕运规制中，关涉行程和运输的诸多环节都是有所差别的。

每年漕运始自兑运，即漕船前往派定的州县按指定地点、次序进行兑运。此前，州县官吏主持漕粮的征收入仓，由州县政府预先颁发易知由单，通告开仓日期，听粮户自行完纳。漕粮征收完毕，即是州县与漕船之间的交兑。运军到各州县水次兑粮，有严格的期限，山东、河南确定在冬季或翌年的春季兑粮，而湖南、湖北、江西、安徽、浙江、江苏则以冬季兑粮为原则，十月开仓，十二月兑完。如果船到无米或有米无船，致使兑粮超过十二月，州县卫所官罚俸半年，过正月者罚俸一年，过二月者降二级留任。各州县由总漕颁发全单，粮道颁发号单，开明船米数目，刊定赠耗若干；每兑完一单，卫官填注所收粮数；一船兑足，勒令开帮。收兑漕粮，粮道先将各卫丁船派定前后顺序，临兑之时，州县悬牌，挨次轮兑，不得凌越。漕粮开兑开帮之日，总漕务必将各粮道所属船粮数目、运丁数量造册预先送部。同时规定，漕粮兑运事竣，奏报漕船过淮日期、船粮数量，巡抚不得过二月，总漕不得过三月，河道不得过四月。军船一旦受兑完毕，已报开行，则立即督令前进，"如有报早开迟逗留水次者，一经查出，将运丁捆打，粮道、押运等官分别议处"。①

漕船开行之后，漕运全程有两个节点至为重要，一为"淮"，一为"通"，"淮"为淮安，"通"则通州，淮安是漕运总督的治所，是漕运中途盘验的总站，而通州是漕运的终点。漕船如果在期限内正常抵淮，则说明漕运任务完成过半，如果按期限安全抵通，则漕运任务顺利完成。正因为如此，漕船过淮和过通都有严格的时间限定。

---

① 以上材料均见《钦定户部全书》卷12《兑运事例》，嘉庆十七年户部刻本。

漕船过淮渡黄①例有定限：山东、河南或本年冬兑冬开，限于次年正月尽数开行，或春兑春开，限于次年二月尽数开行，屡有变动，但总体以春兑春开为多。江南的江北各属州县限于本年十二月内过淮，江南的江宁、苏、松等府限于次年正月内过淮，安徽各属也当限于此期过淮。浙江、江西、湖北、湖南限于次年的二月内过淮。粮船过淮限期原按各省程途酌定，未分各府远近以及道路难易，然而江南的松江府与浙江道路相等，湖南省的漕船涉历洞庭湖，而江西省的漕船必须经由鄱阳湖，皆不能遄行前进，各帮到淮均在浙江、湖北等省之后，因此，乾隆九年（1744）准将这些省府帮船的过淮原限宽限十日。②

漕船过淮违误定例：违限 1 个月以上者，督抚应罚俸 3 个月，粮道、监兑官罚俸 6 个月；违限 2 个月以上者，督抚罚俸 6 个月，粮道、监兑官罚俸 1 年；迟至 3 个月以上者，督抚停俸戴罪督催抵通完粮，粮道、监兑官等各降一级调用。康熙四十一年题准各宽限 1 个月，但处分仍照旧例。五十一年进一步修订条例，违限 2 个月以上或 70 日者，督抚降一级戴罪督催，粮完开复，粮道官、监兑官等各降二级调用；违限八九十日者，督抚降一级留任，粮道、监兑等官各降三级调用。五十七年（1718），恢复旧例，停止加倍处分。③ 此外，条例规定，运官过淮违限革职戴罪，督押官停其日后升转，只有在漕粮全完之后，题请开复，方可恢复推升。条例的反复变动及其严苛程度，反映了朝廷对于漕船按时过淮的重视。道理很简单，漕船只有按时过淮，方可保证其从淮到通的有序行进，而这段运河是整个漕程中难度最大的一段，漕船的运行秩序至为重要。

各省漕船抵通的日限十分明确，山东与河南皆为三月一日，江南的江北各属州县为四月一日，江南的江宁、苏、松等府为五月一日，安徽各属也为五月一日，浙江、江西、湖南、湖北皆为六月一日。

对于漕船到通的违限则处罚如下：违限不及 1 个月者，押运官罚俸 3 个月，领运官罚俸 6 个月；违限 1 个月以上者，押运官罚俸 6 个月，领运官罚俸 1 年，降一级留任；违限 3 个月以上者，押运官降一级留任，领运官降一级调用。其他沿河大小相关官员都有责任，清例规定，"过淮及期

---

① 漕船过淮渡黄是一个连贯的过程，所以时间上是一致的。
② 《钦定户部漕运全书》卷 13《兑运事例》，嘉庆十七年户部刻本。
③ 同上。

而到通迟误者，河、漕二督及沿河镇道将领、州县等官，各照督抚迟误过淮例议处"①。

漕运路途遥远，需时长久，行走艰难，所以漕运过程帮船秩序十分重要。为了防止漕船在河中相互争越拥挤事件的发生，对于各省帮船的行走顺序规定如下：（1）山东德正帮；（2）河南之通州、天津二帮；（3）山东之济左、济右等九帮；（4）河南之德左、临前、临后等八帮；（5）江南省帮船；（6）浙江帮船；（7）湖南、湖北帮船②；（8）江西帮船。

航行的顺序主要根据距离京通的行程远近，山东、河南帮船在前，湖北、湖南、江西帮船在后。如果江西帮船与江浙帮船一同到瓜洲口，江西帮船须让江浙帮船先行；如果湖北帮船先于江浙帮船到淮，须在清江闸等河身宽阔之处让行，待江浙帮船过后再行北上。当然，行船顺序主要是针对运河河段，尤其是过淮之后，而帮船在长江中的限制不是十分严格。但各帮船往往由于过淮之后不得僭越的限制，常常不即开行，如江西帮船，一般在确定湖北、湖南船只行过九江之后方才开行。其他各省帮船均大体如此。而各省帮船也应依序而行，如湖南、湖北，两省漕船各分三帮——头帮、二帮、三帮。③ 兑、运漕粮皆需按序进行。

而各帮各船恪守时限亦十分重要，为了预防漕船延误航程，何日行至何地，颁发有日程限单。漕船重运北上，航程分为两大段，由各州县兑粮水次到淮安为其一，由江苏、浙江、安徽、江西、湖北、湖南各地巡抚衙门按帮各发给限单一张，到淮安由漕督衙门检验；由淮安至通州为其二，由漕督衙门按帮再各颁发限单一张，抵通州之后呈缴仓场衙门。漕船卸粮

---

① 《钦定户部漕运全书》卷 13《兑运事例》，嘉庆十七年户部刻本。

② 乾隆四十年令，湖北漕船已入仪征河口抵三岔河时，如果浙江帮船尚未全到，湖北漕船可以越次先行（《钦定户部全书》卷 14《兑运事例》，光绪二年户部刻本）。

③ 湖北各帮船每年在武昌、汉阳、黄州、安陆、德安、荆州 6 府水次兑运漕粮。湖北头帮，兑运江夏、咸宁、嘉鱼、蒲圻、崇阳、通城、通山、汉阳、黄陂、孝感、当阳、安陆、云梦、荆门、应城、随州、应山、黄冈 18 州县水次；湖北二帮，兑运江夏、汉阳、当阳、荆门、武昌、通山、沔阳、蕲水、天门、江凌、罗田、潜江、大冶 13 州县水次；湖北三帮，兑运江夏、通山、大冶、汉阳、蕲州、沔阳、当阳、荆门、江凌、监利、松滋、兴国、公安、广济、石首、黄梅 16 县水次。

湖南各帮兑运长沙、衡州、岳州 3 府和澧州 1 州水次漕粮。湖南头帮，兑运湘阴、醴陵、宁乡、茶陵、湘乡、常宁、华容、澧州、安福、长沙 10 州县水次；湖南二帮，兑运善化、攸县、浏阳、益阳、临湘、巴陵、衡山 7 县水次；湖南三帮，兑运湘潭、衡阳、青泉、耒阳、安仁、平江 6 县水次。

漕船兑运的州县常会有所调整，每帮拥船一般为 60 只。

之后回空返程大体也是相同的程序，在通州由仓场衙门按帮发给限单，到淮安缴验，由漕督衙门另换限单，回到原兑粮州县水次再行查验。漕粮兑运的一个完整过程至此完成。

漕船到通州，限十日内回空。漕船回空不限帮前进，仓场侍郎制定限单，将经过州县界址照原定限日刊入单内，并令沿河州县注明出境入境时间，勒限一个月至淮投验，至淮之后由总漕查验，另给抵次限单，也须沿河州县注明出境入境的时间，各船抵次的时限不能超过十一月，最后由巡抚查验限单。漕船回空之始，由仓场侍郎责成押运官依照限期到淮，沿河督抚镇道等官遇回空粮船入境，立即驱行。如若逾期，均有责任，按例议处。①

清代漕运干道只有一条，且运河河道狭窄、水情复杂，但必须承载每年重运北上、回空南下的数千只漕船，保证漕运的顺利完成。因而，对于有漕各省的漕船运行期限的规定，成为维系漕运秩序的重要条件。清政府对于各地漕运的各个环节诸如漕粮开征、漕船启程、过淮渡黄、抵通、回空等的期限都做了十分具体的规定，并为此制定了一系列配套的规制。期限与秩序紧密关联，漕运期限不仅维持漕船的有序行进与漕粮抵京，更重要的是保证每年周而复始的漕运活动的顺利完成。秩序之于王朝的意义在这些重大事务中都体现无遗。

二　江程与水情

漕运行程以湖南、湖北二省为远，其中又以湖南最远，所谓"夫有漕八省，湖南道最远"②。湖南、湖北、江西、安徽等省漕船均经由长江入运河，因此其行程谓之"江程"与"河程"两大部分。以下，根据史料记载，从湖南漕运始发点起算，对于漕运"江程"的道里、水情进行梳理与统计。

湖南的粮储道署在长沙府，据《钦定户部漕运全书》"湖南运道考"记载，漕运从长沙县北行，历临湘县境之后，至嘉鱼县，经汉阳府，至汉

①　《钦定户部漕运全书》卷13《兑运事例》，嘉庆十七年户部刻本。
②　董恂辑：《楚漕江程·序》，载马宁主编《中国水利志丛刊》，扬州广陵书社2006年版。

口、武昌府，此运道共计 730 里。① 《楚漕江程》的作者董恂则按曰，据其亲历行程，湖南漕运从长沙县北行之后，历湘阴、巴陵县、临湘、监利、沔阳、汉阳、江夏，以此计算，自湖南省城到湖北省城，漕程共计920 里。② 此二文本记载的乃同一条运道，然里程差别为 190 里，其中的缘由不得而知。武昌以下，湖南运道与湖北运道相同。

湖北武昌府江夏县再行，经黄陂、黄冈、武昌等县，再经蕲水、大冶、江西九江府德化县。此段江程湖北、江西分立长江北、南两岸，漕运分别经历两省的兴国、瑞昌、广济、黄梅、湖口等州县。自汉口到湖口县，总计运道 610 里。从湖北到江西的此段里程，《楚漕江程》与《钦定户部漕运全书》的记载是一致的。

江西湖口往下，经彭泽，至望江县入江南界（安徽境）。又入东流，至安庆府城。自湖口至安庆 290 里。这是《钦定户部漕运全书》记载下来的路程，即从汉口至湖口共计 900 里，而这段路程在董恂的记载中为880 里，二者相差 20 里，误差不大。

安徽安庆府怀宁县至贵池、桐城至铜陵，再至无为、繁昌、芜湖、当涂、和州。和州之后，江程进入江苏境内。首先即是江宁府江宁县，与安徽的和州隔江相望。《钦定户部漕运全书》"上江运道考"记载，自安庆至江宁仪征坝计运道 670 里。董恂按，《钦定户部漕运全书》运道考记载"自安庆至江宁府龙江关五百七十里，较示我周行之六百三十五里，计缩六十五里"③。

接下来的江程自江苏江宁府上元县始，经六合、句容、仪征等县，在仪征沙漫洲往东北方向航行，历经拦潮、罗泗、通济、响水四闸，进入运河。50 里左右入江都境，抵扬州府城。府城附郭二县：江都、甘泉。江苏江宁府上元县至扬州府江都县甘泉县，计程 193 里。

《钦定户部漕运全书》对于江程水路的距离进行了分段里程的记载，经过统计，通计为 2393 里。而董恂在《楚漕江程》中的统计则为，湖南长沙府城至江苏扬州府城，通计水程 2628 里。虽然存在差异，毕竟有具体数据可依。有所遗憾的是，《钦定户部漕运全书》和《楚漕江程》均未

---

① 《钦定户部漕运全书》卷 41《漕运河道》，光绪二年户部刻本。

② 董恂辑：《楚漕江程》卷 4，载马宁主编《中国水利志丛刊》，扬州广陵书社 2006 年版。

③ 董恂辑：《楚漕江程》卷 12《右江苏江宁府江宁县上元县》，载马宁主编《中国水利志丛刊》，扬州广陵书社 2006 年版。

对扬州以下水程的具体里数做详细的记载，尤其是董恂亲历漕程却没有将每一天或每一地、每一段的时间记录下来，使我们无法进行十分具体的每一程的感知。

漕船进入运河之后，在江苏境内要经历数段运河。首先是"瓜仪运河"，即仪征至瓜洲段运河，"上江及江西、湖广之粟八十八万余石由仪征坝以达于扬州。瓜仪淘运道之襟喉矣"①。随后，各省漕运经历"高宝运河"，宝应县至高邮县的运河段。之后，进入淮安运河段，该段运河为"淮、黄交汇之区"②，淮河、黄河的交集，导致了该段运河复杂的水情。江苏境内的数段运河也多采用闸、坝的方式来构建漕河运道，但其水量相对比较充裕。

湖南、湖北二省漕船开启日期都在次年的一月内，而过淮渡黄日期在次年的二月内。如果按照1个月左右的时间计算，湖南漕船在如此短的时间内涉湖泊、历长江、行运河、过淮渡黄，可能性很小；如果是一月初启程，二月底过淮渡黄，那么其间的时间便有50余日，以《钦定户部漕运全书》中江程距离计算，湖南漕船每日行进的平均速度是大约48里，如果按照董恂记载的江程距离计算，漕船的江行平均速度则为52里余。清代文献中，我们未见漕船在江程中的具体的日行速度，客观说，漕船每日的行程里数，因顺流逆流、江河水情等的不同以及漕船的重运回空、携带与买卖土宜等，而存在很大的差异。清廷规定，重运北上，南段由山阳南至浙江、北段由天津至通州，每日航程顺流40里，逆流20里。还有一些具体的日限规定，诸如直隶安陵汛北至天津，计程578里，河道通畅且为顺流，每日限行58里；而临清州境内河道虽然不过数十里，定限为3天；台庄至临清，谓之"闸河"，数百里水程，期限为42天。③

前文言及，为了保障漕船航行的速度与秩序，过淮抵通都有严格的期限，但各省漕船真正能够如期者很少。

在整个运道中，以过淮渡黄、山东闸河的行进最为困难。但此外的数千里的漕运水道漫长而复杂，江河行程中，漕船所必须经历的艰难险隘之处，可谓在在皆有。清廷规定，"各省河道经行漕船，如遇险隘地方失风

---

① 《钦定户部漕运全书》卷41《漕运河道》"瓜仪运河考"，光绪二年户部刻本。据此记载，康熙、雍正年间反复在此一带或挑旧河口或改新河口，希望能够便利漕运。

② 《钦定户部漕运全书》卷41《漕运河道》"淮安运河考"，光绪二年户部刻本。

③ 参见李文治、江太新《清代漕运》，中华书局1995年版，第162—163页。

者，非人力所能防范，失防职名准其免议"，《钦定户部漕运全书》记载了各省运道险隘名目。① 湖南运道最远，所列险隘之处都是该省漕船的必经之处，湖北省漕船则必须经历湖北以下的险碍之处，以下类推。以湖南省经历的所有险隘之处为例，统计如下，足可窥见该省漕运所历之险。

湖南省：巴陵县7处，临湘县8处，共计15处；

湖北省：嘉鱼县13处，江夏县13处，江夏县6处，武昌县12处，大冶县6处，兴国州12处，汉阳县16处，黄冈县1处，蕲水县11处，蕲州15处，广济县7处，黄梅县2处，共计114处②；

江西省：德化县39处③，湖口县2处，彭泽县52处，共计93处④；

江南省：怀宁县64处，桐城县22处，望江县8处，贵池县32处，铜陵县29处，东流县46处，无为县145处，当涂县31处，芜湖县23处，繁昌县21处，和州33处，上元82处⑤，江宁县27处，江浦县12处，六合县37处，仪征县83处，山阳县6处，清河县50处，共计751处⑥；

山东省：鱼台县53处，济宁州61处，济宁卫8处，巨野县15处，嘉祥县18处，汶上县41处，滕县31处⑦，峄县106处⑧，聊城县14处，堂邑、博平2县7处，清平县3处⑨，临清1处，共计358处。

以上各省的险隘之处通共1331处。如果湖南省漕船重运北上以6个月计算，则平均每天均须经历7—8个险隘之处。这些险情大小不一，类型不一，江、河有别，对于漕船的航行危害极大，另外还有大风大雨等诸

---

① 《钦定户部漕运全书》卷46《漕运河道》"险隘处所"，光绪二年户部刻本。

② 湖北境内的险隘处所当为湖北、湖南二省必须所共历。

③ 其中，25处为湖南、湖北二省经历，14处为湖南、湖北、江西三省所共历。

④ 江西省各帮漕船入江前尚需经历的险隘处所有新建县61处、星子县32处、都昌县32处、湖口县5处、鄱县7处。

⑤ 其中，60处为大江险隘。

⑥ 江南宿迁11处、邳州12处、沛县46处、江都县11处、丹徒县14处、上海县91处等均是本地漕船经历之处，湖南、湖北、江西三省漕船无须历涉。

⑦ 以上诸州县卫河道"俱系水势平缓，每逢伏秋汛涨，坡水汇归，穿运渲泄，如开放越河分泄水势，则越河头掣溜吸舟，越河尾出水横截，兼之闸门溜势湍急，漕船经行每虞走溜，最为险隘"（《钦定户部漕运全书》卷46《险隘处所》，光绪二年户部刻本）。

⑧ 峄县境内各闸地势较高，"河水湍急，处处危险"（《钦定户部漕运全书》卷46《险隘处所》，光绪二年户部刻本）。

⑨ 以上聊城等县各处"每逢伏秋汛涨，开放越河分泄水势，则越河头掣溜吸舟，越河尾出水横截，兼之闸门溜势湍急，漕船径行最为险隘"（《钦定户部漕运全书》卷46《险隘处所》，光绪二年户部刻本）。

多不可预见的天气现象带来的事故。所以漕船在江河中翻沉实属常见。

清代漕运可谓道远路险,无论是江程抑或河程,"险隘处所"随处可见,仅此一难便可体会漕道水情的复杂和漕运的艰险。由此所导致的直接后果是漕运的高成本、高代价,所耗费的人力、物力和财力不可胜计。集权政治具有强大的资源调配效能,但是其所造成的社会性消耗也是巨大的。

三　土宜与商品

土宜,主要指出自当地的各类产品,类似今天所谓的土特产。

漕船运粮,贯通南北,自然是最为便利的南北物质交流的渠道。南粮北运成为惯例之后,便不乏漕运人员利用漕运之便,贩鬻货物。宋代文献中已见相关记载,明代文献记载益多,对于这一现象,各时期的皇帝及各级官员的看法与态度并不一致,但一个共通的观点就是漕船贩运货物不能影响漕粮运输,也不能影响民运秩序。不过朝廷一直没有把这个问题纳入制度限定的范围,原因很简单,漕船附载土宜可"补助正粮盘费"①。然而,随着明中期风气渐开,在利益的驱使之下,沿途的贩买贩卖活动愈演愈烈,直接影响漕粮的安全以及运输秩序,于是朝廷开始从制度层面予以规范。成化十年(1474),明朝廷规定,允许每船附带土宜10石,并只能"易换柴盐"②,弘治时重申这一规定。制度与现实、限定与需求尚存较大差距,因此漕运中的贩私现象有增无已。嘉靖时明朝廷不得不将漕船附载土宜的数量增加至40石,万历六年(1578)再增至60石。不过,在晚明的逐利浪潮下,制度的限制往往苍白无力。天启二年(1622),工部尚书王佐言及:"漕之迟,迟在贸易。漕规,每船正粮不过五六百石。乃转载私货,不啻数倍,沿途贸易,辗转迟误。今后造船定以千石为限,不许多带私货。"③可见,漕船附载土宜已成必须为之的事情,关键在于朝廷如何把握,将其对于漕运的影响降低到最低限度。但客观地说,漕船逐利并无理性可言,制度的规范也较有限。

清代,土宜问题仍然是朝廷关注的重要问题之一,但显然清廷不得不

---

① 《明宪宗实录》卷84,成化六年十月。
② 《古今图书集成·食货典》卷164《漕运部汇考》,第5页。
③ 《明熹宗实录》卷20,天启二年三月。

顺应时变。康熙二十二年（1683），清廷额定：每只漕船除运载漕粮 500 石外，许附带"土宜"60 石[①]，这是沿袭明万历年间的土宜额限。雍正七年（1729），于 60 石之外，加增 40 石。[②] 雍正八年（1730）再次放宽限量，每只漕船头、舵二人各准带土宜 3 石，水手无论人数多寡共带土宜 20 石，加上雍正七年的定额，共计 126 石。[③] 这个额限一直沿袭于清代的中后期。以湖广漕船 6 帮 358 艘计算，湖广漕运人员共可随船捎带土宜 45120 石，结合下文所列举的清代土宜的论石标准，湖广漕船附载土宜的数量便十分可观了。当然，南方其他各有漕省份的漕额更大、漕船更多，土宜的附载量则更大。

清代湖广漕运附带的土宜品种繁多，但"各项货物粗细不同，按石计算漫无一定"，为了防止土宜数量超漕船负荷，乾隆四年（1739）题准："分别货物粗细，酌量捆束大小，定数作石，统归画一，立榜晓示。"[④] 兹列湖广土宜及其石数标准于下（见表1、表2）：[⑤]

表1　　　　　　　　　　　　　　　湖北土宜及其论石

土宜分类	土宜及论石标准		
文献记载中，湖北土宜未作分类	桐油大篓一篓小篓二篓	梧子大一包小二包	乌梅一包
	八角茴二包	木耳大一包小包二包	红矾二篓
	枝圆二箱	倭元一捆	花椒二包
	蕨粉二包	衡烟二箱	木油三篓
	苏木大捆一捆小捆二捆	黄柏皮一捆	青元皮一捆
	柳桂一捆	厚朴一捆	杜仲一捆
	苍术一包	松香一桶	表青纸大二块小四块
	面盆一百个	茶盘一百二十个	草纸一百块
	棕四捆	石膏一百二十斤	白矾一包
	肥皂二篓	橡碗二包	烟叶二篓
	姜黄二包		

---

① 《清朝通典》卷11《食货·漕运》。
② 《清朝文献通考》卷43《国用·漕运》。
③ 《漕运则例纂》卷16《重运揽载》，第53页。
④ 《漕运则例纂》卷13《过淮签盘》，第9页。除窑货，扫把、扁担、木炭、竹子、杉篙、木头俱不算货。
⑤ 《漕运则例纂》卷13《过淮签盘》，第9页。"土宜论石"基本按照原文记载，少部分文字按照现在汉字的书写习惯进行了转换，诸如"快"—"筷"、"磁"—"瓷"。

表2　　　　　　　　　　　　　　湖南土宜及其论石

土宜分类	土宜及论石标准		
杂货	苏木半捆	梧子一大包小包二包	白蜡二篓
	麻二大捆小十六捆	黄丹二包	桐油大方篓
	烟叶二大篓	银朱六箱	木香二包
	紫草二篓	粉二箱	牛皮十张
	筷子四包	艾四大篓	枝圆四大箱
	胡椒二包	洋糖二包	乌梅一大包小篓二
	藕粉一桶	柏油一篓小篓二	莲肉二包
	笋二包	香蕈二包	
药材	川芎一大篓	黄蘗二包	茯苓二包
	苍术二包	栀子四包	各色药草二包
	黄柏一大捆	石黄一篓	
铁器	耳锅三十六口	条铁四捆	包铁二包
	钢条二包		
纸张	表青纸二大块	色纸四块	九江纸二十小块

　　表格中的土宜包括两大类:农产品（或农副产品）、手工业制品,在分类中,杂货类基本都属于农产品或农副产品。在文献的记载中,湖北土宜未做分类处理,湖南土宜则做了分类处理,原因应该是湖南的土宜更为丰富一些。就品种而言,两湖地区的土宜大体相似,只是在铁器和纸张等方面,湖南多了几项。铁器和纸张都属于手工业制品,能否就此认为清代湖南的手工业要强于湖北,可能过于武断。清代,两湖地区在经济发展水平、区域经济类型、经济发展特点等方面大体是一致的。

　　为了更有效地揭示清代漕船附载土宜的盛况,我们把江南、浙江、江西等其他各省的土宜种类及论石标准一并列出（见表3至表5）。

表3 江南省土宜

土宜分类	土宜及论石标准		
纸张	扛连纸六篓	官方纸四块	毛边纸四块
	花尖纸二块	色纸一箱	表料纸二块
	阡张六块	连七纸十六块	连四纸四块
	火纸二块	荆川纸六块	淌连纸一块小二块
	油纸一箱	小连四纸六块	辉屏纸二块
	川连纸四篓小六块	沙缘纸一箱	神马纸二块
	黄塘纸二块	毛厂纸二块	表心纸二块小四块
	申文纸二块	元连纸三块	竹棉纸四块小六块
	左柬纸四块小六块	黄表纸四块	对方纸四块
	文号纸六块	毛六纸八块	桑皮纸八块
	古篓纸二十四块	古连纸二十四块	九江纸十六块小四十块
	小桑皮纸十六块	金砖纸一百块	卷筒纸四十块
杂货	苏木十支小枝捆半	扇子一箱小二箱	芭蕉扇四包
	肥皂大篓	矾一篓	皂矾百个
	烟煤二十篓	黄丹二箱	山粉二包
	麻百斤小捆八十六捆	锡箔箱二个	靛箱三个
	铜缘一包	胭脂四箱	松香一桶
	银土四块	梧子一包	白蜡二包
	末香二篓	漆二桶	中草席八十条
	大草席八十条	红曲二包大一包	鱼膘二包大一包
	篾笆一箱	泥人子二箱	烟叶每百斤
	梧子二篓	银朱每百斤	烟袋杆每十捆
	柱纷千盒	靛花每百斤	水银每百斤
	紫草百斤		
食物	橘饼一桶	笋一篓小篓二篓	枝圆大箱二箱小四箱
	香蕈二篓	藕粉一桶	麒麟菜一包
	密果一桶	酱姜一桶	闽姜一桶
	烟一箱	大海岱一包	乌梅一包
	果桶一个	莲肉百斤	胡椒一包
	腐乳五大坛小百坛	皮蛋二坛	落花生一包
	生姜大一篓蒜二石	火胆每百斤	生姜小二篓蒜一石
	鸡脚茶每百斤	木耳一包	海粉每百斤
	醋二坛小四坛	紫菜每百斤	大茴香一包
	淡菜每百斤	干菌二包	子鯚鱼每百斤
	盐卤一坛小二坛		

续表

土宜分类	土宜及论石标准		
竹木器	小镜架一百二十个	木面桶一百个	小漆盒一百个
	澡桶四个	筷子四包	木屐百支
	伞一百把	马桶三十个	箭杆十个
	笔管六捆	笔帽四篓	藤鞭杆一大捆
	藤一大捆	棕一大捆	圈篾四捆
	篾笋一百个		
油	柏油一大篓小二篓	柏烛二箱	桂油二坛小四坛
	桐油一大篓小二篓	香油二坛	虾油百斤
糖	冰糖一桶	大糖包一个	中糖包一个
	小糖包二个		
药材	药材一篓	薄荷一大包小二包	陈皮二包
	丹皮二篓	仓术一大篓小二篓	竹叶二十捆
	黄宣一大包小二包	药草二包	栀子二篓小四篓
	硼砂一包	砂仁大篓小二篓	石膏一百斤
	石黄一桶	艾二篓	川芎一包
	人中黄一百斤	人言一百斤	七茯苓一百斤
酒	大酒二坛	中泉酒八坛	泉酒四坛
	小泉酒十二坛	包酒十六包	绍兴酒三坛
瓷器	瓷器一大桶	中瓷器篮一篮	瓷器一中桶
	小瓷器二篮	瓷器二十四子	
铁器	条铁四包	小锅二十四口	大酒锅六口
	耳锅三十口	大锅十二口	钢条包半小二包
	中锅十八口	铜铁丝二小包	
布匹	浜布六卷	水纱布六包	袜箱一个
	黄唐布二捆	生白布十二筒	杂色布十二筒
	手巾一大箱		
绸缎	缎子二箱	包头一百联	丝绵一百斤
	线二箱		

表4 浙江省土宜①

土宜分类	土宜及论石标准		
纸张	高白块二块		
杂货	明瓦一篓	灯草八捆	
食物	包米二包	蚕豆二袋	台鲞每百斤
木竹器	棕八捆		
酒	花露酒三坛		

表5 江西省土宜②

土宜分类	土宜及论石标准		
杂货	中草席八捆		
木竹器	紫篾每捆		
油	茶油每大篓		
糖	中糖桶每个	大糖桶每个	
药材	姜黄每篓		
瓷器	瓷器每大桶蒜二石	封包俱蒜一子小子二十四子	中桶蒜一石
铁器	铁丝二包		

以上江南、浙江、江西在土宜方面呈现出的特点值得我们关注：第一，浙江土宜注明"与江南省相同者不用复开，无者并石头不同者开复"，江西土宜也注明"与江南省相同者不用复开，无者并石头不同者开复"，反映这几个地方的土宜相似程度或雷同程度比较高，或曰在生产与产品等方面多有相似，被视为一个大区。第二，这几个地方的土宜品种十分繁多，远较两湖地区丰盛，仅纸张③一项的数量便多于两湖中的一省土宜的总数。虽然其土宜总体上仍然在农产品（或农副产品）和手工业制品的范畴，但确实与其他地区绝然不同。第三，如果我们再做设想或计算，江南、浙江、江西数省每年通过漕运的渠道流入北方的以各地土宜为

---

① 与江南省相同者不用复开，无者并石头不同者开复（杨锡绂：《漕运则例纂》卷13《过淮签盘》）。

② 同上。

③ 江南等地如此多的纸张运销北方各地，说明江南等地造纸业发达的同时，应该关注到京城和其他各地何以对纸张有如此巨大的需求。

主的商品的数量可谓巨量，从这个角度讲，漕运在南北商品流通中的作用至大。

对于回空南下的漕船，清廷也规定了具体附载物。康熙二十二年（1683），议准回空船只"量许揽载货物家口"①。乾隆三年（1738），奏准舵工，水手可以零星捎带梨、枣 60 石；十年（1745），进一步明确，船回空行至山东境内，如无梨、枣可带，准携带核桃、瓜子、柿饼等物 60 石作抵。②乾隆二十五年（1760），禁止麦子南流，除此之外，回空船只每年许带梨、枣、瓜、豆四种食物及其地物产合共 84 石，过关免税，如有多带，各关照例征税。③漕船回空之时，船舱空置，因此清廷对回空船只携带方物的限制并不严格。

清代漕船携带土宜或往京师，或于漕道各水次、城镇交易。《清世宗实录》卷 81 记载，雍正帝言："若就粮艘之便顺带货物至京贸易，以获利益，亦情理可行之事。"所以，对于漕船例带货物，清廷实行免完厘税的政策，"俾得稍沾余润"④。《清朝通典》卷 11 记载："贸易土宜，利倍十一。"

事实上，清代漕运人员无论是重运还是回空，随船携带土宜远超过清廷规定的数量和种类。芜湖关报告，江西、湖广漕运人员"任意将货物满载，船尾拴扎木筏，不令检查"⑤，以图"多带货物，射利营私"，即使关卡严厉，仍"多有夹带，私贩货物"⑥。对此，清廷采取了一些措施，如规定湖广粮道每年兑漕时必须亲临汉口稽查，防止旗丁违例多载和拴扎木筏，但总的宗旨是"不得过于吹求"⑦。

清廷真正严厉禁止的是漕船包揽货物以及漕运人员通同商贩大量私贩货物。清代，漕运人员频繁地利用漕船私自附载商贩的货物，或"沿途包买"，通过各种途径牟取私利。每当"漕船到水次，即有牙侩并说，引载客货，又于城市货物辐辏之处，逗留迟延，冀多揽载，以博微利"⑧。

① 《古今图书集成·食货典》卷 170，漕运部汇考十六，第 11 页。
② 《漕运则例纂》卷 16《回空夹带》，第 65 页。
③ 《水运》第五章第一节"船政"，第 65 页。
④ 《清朝续文献通考》卷 75《国用·漕运》。
⑤ 《清圣祖实录》卷 285，康熙五十八年八月。
⑥ 《清朝文献通考》卷 43《国用·漕运》。
⑦ 《清朝通典》卷 11《食货·漕运》。
⑧ 《清史稿》卷 122《食货志·漕运》。

漕运官吏多图商人之馈献，商人则借以逃免课税。运官还怂恿、放任运丁揽货。清廷屡颁圣谕，制定法规，并采取了一系列措施以革职和降级调用处罚违例官吏，但是效果并不明显。如康熙四十六年（1707）上谕刑部，运丁人等夹带私钱、私盐并装载一切货物，遇有稽查员役，动辄抗拒、伤人、放火、诬赖。①

由此看来，清代漕船附载土宜，并非单纯地将土宜运到北京或北方，而是深度地参与了长江、运河沿线的贸易活动，一方面，将初始附载的土宜随处贩卖，之后又随处买入，循环地买卖交易；另一方面，又利用漕船载货与免税的优势，大量地包揽商人的货物，与商人协作贩运。漕船及漕运人员公私兼顾，当然公事乃例行之事，私事才是重心所在。正因为如此，所以我们不难看到清代大量的漕运条例形同虚设，并无实际制约的成效。当然，长江中下游和运河沿线也因为漕船的到来而商事兴旺、民生丰实。嘉庆十四年（1809）上谕："舟行附载南省百货，若遇行走迅速，货物流通，商贾居民咸资其利。"②湖广等省漕道最长，货物的转销点最多，存在更多沟通商品经济的可能。

中国古代社会，许多事象的客观结果与最初的主观设计背道而驰。漕船附载土宜意在解决漕运人员的生计问题，但客观上引发了漕运人员沿途的商业贸易活动，并将漕运活动推入长江中下游尤其是运河一线的商业链条中，成为沟通南北物质交流的重要渠道。因此，在社会变迁中，国家事务必然与社会发生深度的交涉与互动。

（作者单位：华中师范大学历史文化学院）

---

① 《古今图书集成·食货典》卷170，漕运部汇考十六，第18页。
② 《清朝续文献通考》卷75《国用·漕运》。

从折布到折漕：论明清嘉定县
漕粮改折的历史进程

吴 滔

田赋折征在明初已不乏其例，唯多限于实物之间的互折。明中叶以降，赋役折银的趋向渐成不可逆转之势，作为田赋重要组成部分的漕粮，也没有游离于这一进程之外。然而，在"全征本色"的指导方针之下，明王朝对漕粮折征的条件和数额作了极为严苛的限制。虽然明后期漕粮常年折银的比例一般都维持在总额的四分之一强（即 100 万石左右），但多为应对天灾人祸和漕运制度废弛的临时性举措，真正能够享受到"永折"的州县屈指可数，万历朝之前，全国的永折数额一直不足 20 万石，直至明亡，亦从未突破 36 万石之谱。① 其中的增额绝大多数来自万历年间苏州府嘉定县 10 万石余漕粮的永久折征。

嘉定县争取"折漕"的过程并非一蹴而就。至迟在宣德、正统间，该县即已专享赋役改革的种种优惠，部分漕粮获得了改征官布的特权，从此在当地开启了折征之例。至万历朝，经过官民乡绅的不懈努力，历时十余年，终于谋成永折之局。不过，令人始料未及的是，历史机遇和历史误会就像一把双刃剑，不断挑战着当地人的心理底线。他们甚至未暇享受胜利的果实，即被迫陷于应付各种新出台的政策所带来的严峻考验之中，先是官布征解被纳入官员考成，接着无论是面对明末"三大征"还是清代的每一次重大漕运赋役改革，嘉定县均由于与附近的苏州府、太仓州其他

---

① 有关明代漕粮折征制度的研究，可参见鲍彦邦的系列论文［如《明代漕粮折征的形式及原因》，《明史研究》第 2 辑，黄山书社 1992 年版；《明代漕粮折色的征派方式》，《中国史研究》1992 年第 1 期；《明代漕粮折征的数额、用途及影响》，《暨南学报》（哲学社会科学版）1994 年第 1 期等］。

属县的赋役结构存在巨大差别而显得举步维艰。从某种程度上说，这或许就是"改革的代价"，清道光间人程钤辑、光绪间人杨恒福续辑的《折漕汇编》对之有相当全面的展示。仔细研读这部十万余言的折漕文献总集①，不仅有助于我们了解"折漕"的来龙去脉，而且可以加深对明清赋役改革复杂性的认知。

一　官布之始

明初，由朱元璋亲手制定"画地为牢"的实物财政原则，同时也兼顾运输因素。国都金陵的漕粮输纳任务主要由南方诸省承担，而向北部边防输纳钱粮的任务则是由山西、陕西、河南、山东、北直隶等华北诸省担负。② 此时，南方诸省向京师供应税粮，尚不十分困难。据马文升的《革大弊以苏军民疏》载：

> 洪武年间，建都金陵，一应京储，四方贡献。蜀楚、江西、两广俱顺流而下，不二三月可至京师。福建、浙江、直隶苏松等府，虽是逆流，地方甚迩，不一二月可抵皇都……所以民不受害。③

永乐北迁后，漕粮总额虽没发生重大改变，但由于运输距离加大，税粮输送的负担迅速增大，不仅需要更多的人力，运费也成倍上涨，这突出表现在各种剧增的加耗上，甚至出现了加耗多过原额的现象，尤以备受重赋困扰的江南地区为最厉害。诚如陆容所云：

---

① 按：《折漕汇编》刊刻于光绪九年，但文献来源相当之丰富，贯穿三百余年，据该书凡例和序透露，主要有明万历间熊密辑《改折漕粮书册》、王福征辑《岁漕永改编》，崇祯间《复折奏疏》和顾际明的《折漕纪略》以及清代孙敬岻的《永折漕粮志略》等。另，美国学者邓尔麟（Jerry Dennerline）在其嘉定忠臣的研究中，虽曾重点关注过侯氏祖孙三代在折漕过程中的功绩，但并没有参考《折漕汇编》，更未从制度层面留意"折漕"的前因后果。（参见 Jerry Dennerline：*The Chia-ting Loyalists：Confucian Leadership and Social Change in Seventeenth-Century China*，Yale University Press，1981，Chap. 3 - 7。）

② 参见寺田隆信《山西商人研究》，山西人民出版社 1986 年版，第 27 页。

③ 马文升：《革大弊以苏军民疏》，《明经世文编》卷 63，中华书局 1997 年版，第 1 册，第 522 页。

洪武间，运粮不远，故耗轻易举。永乐中，建都北平，漕运转输，始倍于耗。由是民不堪命，逋负死亡者多矣。①

然而，由于祖宗之法不能轻易更改，地方官员不能随意减轻赋役的总额，重赋问题很难一劳永逸地加以解决。各级官员只能在均平负担的层面作一些改革，而这一切都是围绕着如何使国家的贡赋体系更好地进行运转。宣德、正统年间，由应天巡抚周忱制定的一系列改革措施，即在这一指导思想下渐次推行。尽管周忱经过与户部的反复"谈判"，最终奏减了苏州、松江二府的部分税粮，但重赋和官民田税则不一及纳粮户中小民阶层与大户阶层之间的矛盾等问题仍然没有得到根本性的改变。对此，周忱先后采取平米法（又称"加耗折征法"）调节官民田之间税粮负担的严重不均，把一两折税粮四石的金花银分派给重则官田的耕种者，又将二十万匹官布（亦有十九万匹之说）按照一石一匹的标准，派给出产棉布的嘉定等县。如此等等，不一而足。② 金花银和官布属于轻赍折纳物，运费较谷物便宜得多，故在一定程度上减少了因永乐北迁田赋起运距离加大所带来的加耗。

因金花银主要派于不产棉布的长洲、吴县、吴江、常熟四县③，与官布改折无涉，故在此略过，专谈官布问题。按照昆山人归有光《论三区赋役水利书》的说法，该县的十一、十二、十三等保（又称昆山"三区"），似乎也在折纳官布的范围之内，这与学界一般认为的官布专派嘉定一县之说有所抵牾④，其文梗概如下：

> 窃惟三区，虽隶本县，而连亘嘉定迤东沿海之地，号为冈身，田土高仰，物产瘠薄，不宜五谷，多种木棉，土人专事纺绩。周文襄公巡抚

---

① 陆容：《菽园杂记》卷5，中华书局1997年版，第59页。

② 有关周忱改革的研究可参见森正夫《明代江南土地制度的研究》，同朋舍1988年，第3章；罗仑主编、范金民、夏维中著：《苏州地区社会经济史（明清卷）》，南京大学出版社1993年版，第2章；伍丹戈：《明代土地制度和赋役制度的发展》，福建人民出版社1982年版；郁维明：《明代周忱对江南地区经济社会的改革》，台湾商务印书馆1990年版。

③ 参见郁维明《明代周忱对江南地区经济社会的改革》，第57页；另据《金花官布各有浮额》（佚名：《苏松历代财赋考》，康熙刻本）："昆嘉太为产布地方，故独派官布，余以金花凑数。长吴吴常不产棉布，故止派金花而无官布。"

④ 参见罗仑主编，范金民、夏维中著：《苏州地区社会经济史·明清卷》，第83—112页；西嶋定生《中国经济史研究》，中国农业出版社1984年版，第587页。

之时，为通融之法，令此三区出官布若干疋，每疋准米一石，小民得以其布上纳税粮，官无科扰，民获休息。至弘治之末，号称殷富。正德间，始有以一人之言而变易百年之法者，遂以官布分俵一县。夫以三区之布散之一县，未见其利，而三区坐受其害，此民之所以困也。①

为此，笔者翻检了《明实录》，发现宣德正统年间竟然没有关于官布改折的任何记载，仅有的两次涉及官布的内容，全都出现在万历年间，其中万历六年（1578）六月巡按直隶御史林应训的题奏，涉及的主要是昆山县的官布，而万历四十四年（1616）工科给事中归子顾上疏，虽言及嘉定官布，但他将周忱巡抚江南、改派官布的时间定在永乐年间。② 这似乎与目前学界流行的看法有一定差距。

明初曾对改折布有严格的规定，据《明实录》记载，洪武三年（1370），"户部奏，赏军用布其数甚多，请令浙西四府秋粮内收布三十万匹。上曰：松江乃产布之地，止令一府输纳，以便其民，余征米如故"。③可见，除了松江一府，浙西其他府县均无折布之例。作为苏州府属县的嘉定县和昆山县都没有折纳棉布的"特权"。那么，二县是什么时候开始折纳官布的呢？《折漕汇编》据康熙十年《本县请减浮粮议》将嘉定县官布之始定于"正统年间"④，未知所据，欲要了解详情，恐怕还得从与周忱本人直接相关的文类中寻找线索。

现存的周忱文集和年谱（《双崖文集》和《周文襄公年谱》），虽均是清光绪年间的刻本，但《周文襄公年谱》据说是由周忱之子亲自编纂，《双崖文集》更是文襄亲笔，两书记录了周忱的各项改革措施，却只字未提及官布问题。⑤ 最早将周忱和官布扯上关系的文献出自成弘间人彭韶所撰《巡

---

① 《震川先生集》，上海人民出版社 2007 年版，第 167 页。

② 参《明神宗显皇帝实录》卷 76，"万历六年六月辛巳"条，《明实录》第 53 册，台北："中央研究院"历史语言研究所校印本，1962 年，第 1629 页；卷 548，"万历四十四年八月癸亥"条，第 64 册，第 10386 页。

③ 《明太祖高皇帝实录》卷 56，"洪武三年九月辛卯"条，《明实录》第 2 册，第 1089 页。

④ 程钦辑：《折漕汇编》卷 4《加减漕粮疏议书启》。

⑤ 参见周忱《双崖文集》，光绪四年山前崇恩堂刻本；佚名：《周文襄公年谱》，清光绪己丑校补集刻本。按：据陆鼎翰《校补周文襄公年谱后序》曰："周文襄公年谱一卷，不著撰人名氏，盖公诸子仁、俊等所纂也。姑苏郑氏钢序于天顺二年，未言付刊。至嘉靖丁亥，距公殁已七十余年矣，华亭顾氏清得钞本，重为删校，序而刻之家塾。"（《周文襄公年谱》，第 1 页），由此可见，《周文襄公年谱》乃其子所撰，曾有过嘉靖顾清刻本。

抚文襄周公碑》①，实际上就是周忱的传记，在焦竑的《国朝献征录》里题作"资政大夫工部尚书谥文襄周公忱传"②，两者内容基本一致，原文如下：

> 其嘉定、昆山等处折纳官布，每疋该正粮一石，旧例验收务重三斤，粮解领布到官，率因纱粗不堪官验，十退八九。公（指周忱——引者注）知之，奏称：布疋斤重纱粗，其价反贱，纱细布轻，其价乃高。乞不拘斤重，务在长阔如式，两头织造色纱，以防盗剪之弊。从之。

明嘉靖后开始流行的版本各异的《周忱言行录》③，几乎一字不差地引用了彭韶的文字。由彭韶的周忱传我们不难发现，或许在周文襄公巡抚江南之前，嘉定、昆山等处似乎已经有折纳官布之例，周忱不过将官布的查验标准加以改变而已，其本人并非官布的发明者。由此看来，上文归子顾将嘉定官布出现的时间定在永乐年间，亦不无可能，只是他将推行者算在周忱头上有些草率罢了。永乐年间，正是漕运加耗激增的年代，当时或者稍迟出现官布改革，于情于理都说得过去。当然，考虑到宣德、正统间周忱在应天巡抚任上前后近二十载，并不排除折纳官布与更改查验标准二事均是其一人所为的可能性。但可以肯定的是，改折官布无论起于何朝，其始不限于嘉定一县，当无可辩驳。一些学者之所以将具有轻赍性质的"官布"全都算在嘉定一县头上，显然是受了后人（主要是嘉定县人）有选择的历史记忆的"误导"。上述归子顾即为嘉定人士，其立场不言自明。而影响更为深远的史料出自万历《嘉定县志》：

> 公尝微服徒步行田间。一日至县西南乡，入民舍，问主人，有老媪对言：儿闻周大人当来，今入市买酒肉，为治饭。公言：我周大人也，吾与从人当就妪家饭。已而，其子归，如见坊长里魁，公因视其

---

① 万历《嘉定县志》卷4《营建考下》。

② 彭韶：《资政大夫工部尚书谥文襄周公忱传》，焦竑《国朝献征录》卷60《都察院七》，万历四十四年徐象橒曼山堂刻本。

③ 《周忱言行录》较早的刊本主要有陈九德辑《皇明名臣经济录》（卷9《户部二》，嘉靖二十八年刻本）、万表辑《皇明经济文录》（卷6《户部上》，明嘉靖刻本）和徐咸辑《皇明名臣言行录》（前集卷7，明嘉靖刻本）等。

耕耘纺织之具云。是家且世世丰衣食，至今人谓其地曰"周公村"。公见嘉定土薄民贫，而赋与旁邑等，思所以恤之，谓地产绵花而民习为布，奏令出官布二十万匹，匹当米一石，缓至明年乃带征。盖布入内帑，中官掌之，以备赏赉，视少府水衡钱较缓，公实用以宽瘠土之民。已而割地以置太仓，分布一万五千匹，正德之末，抚臣为一时挪移之计，以一万匹分之宜兴，以四万六千匹分之昆山，而当米一石之额一减而为八斗，再减而为六斗。文襄公之遗意鲜有存矣。官布所始①

不仅将 20 万匹官布的由来传奇描述得绘声绘色，更将昆山、太仓等地所纳官布视作由嘉定所分拨，如果不是现存有时间更早的彭韶版《周忱传》《周忱言行录》和归有光的《论三区赋役水利书》等文献，万历《嘉定县志》的说法恐成众口一词。然而，即使在嘉定县内部，仍然有着与官布分拨说不同的另外一种说法：

> 万历四十七年全书开载金花官布银派法：……查得嘉定地土高阜，不宜禾稼，止种木棉，太仓、昆山接壤嘉定者次之，先臣周文襄公因地制宜，故以棉布酌量分派三州县办解。②

太仓州系弘治十年（1497）从昆山、常熟、嘉定三县割出，故这条史料与嘉定、昆山同派官布之说并不矛盾。在正德《大明会典》中，也将弘治十五年（1502）苏州府的起运数目中之"阔白布一十九万疋，准米一十九万石"系于整个府的名义下，而不是专属于其下的某一个属县。③ 更为巧合的是，万历嘉定志将昆山始纳官布的时间定在正德年间，正与归有光所云三区之布"分佫一县"的时间相吻合，内中细节，已不可考详，但正德间昆山县官布输纳机制有重大变化，当可推断。对于我们来说，考究这段"官布公案"的真相固然重要，但更为重要的是，由此可以认识到官布（以及金花银）对于江南部分地区的重要性：正由于派

---

① 万历《嘉定县志》卷 5《田赋考上》。
② 康熙《嘉定县志》卷 7《赋役上·官布始末》。
③ 参见李东阳等纂《大明会典》卷 26《会计二·起运》。

官布的地区和不派官布的地区赋役负担有着很大的不同，各种关于官布来源及衍化的故事才不断涌现。归有光的牢骚由官布而发，嘉定人的呼声也因官布而渐隆渐远。万历《武进县志》引嘉靖七年宜兴知县丁谨疏曰："宣德间，巡抚周忱独怜〔武进、宜兴〕二县粮重，奏乞……官布捌万匹，每疋折米壹石"①，亦将宜兴等县派征官布的时间上限直接上溯至宣德年间。这些官布来源故事的背后，无疑凝聚着错综复杂的地方利益之争。

以往学界多将缴纳官布的田土简单地理解为重额官田，从归有光的《论三区赋役水利书》等文献中我们可以发现，被征派官布的田土也可以是五升的轻则"民田"②，如此来看，有关周忱改革受益者的探讨，并没有人们想象的那么简单。在通盘厘定具体的受惠对象时，土地之肥瘠也应是被考虑的因素，至少不比税则之轻重所占的权重小。森正夫依据正德《松江府志》、万历《武进县志》、崇祯《常熟县志》和《云间据目抄》等文献，推断出周忱改革时将折征的对象除了向每亩粮额特别沉重的官田倾斜外，资产较少的下户也是利益的既得者。③ 那么，五升的轻则"民田"的耕作者是否可以直接地理解为极贫下户呢？恐怕并不能将两者直接画等号，这背后还纠缠着掌握了大量民田的大户阶层与小户（下户）之间的激烈矛盾。④ 但不论如何，嘉定县因部分漕粮派征官布，从制度中直接获益，当为不争之事实。不仅如此，嘉定、昆山二县官布之成色、质量，亦难以与松江府向官方缴纳的高级布匹"三梭布""飞花布"等相比，"嘉定四先生"之一的唐时升称："所谓官布者，即民间市卖之布，其直银不能二钱，而充米一石，解入甲字库，为宫中拂拭盘盂几席之用，而已积久不用，多朽败为尘。"⑤ 按照西嶋定生的说法，"三梭布""飞花布""尤墩布""眉织布"等交织高级品由松江府的城市手工业者生产，而"标布""中机""扣布"等平织粗布则由农村生产，前者直接供给政府，后者则通过基层市场渐次销往全国。⑥ 官布既然被归为民间市买之

---

① 万历《武进县志》卷3《钱谷一·额征所收》。
② 《震川先生集》，上海人民出版社2007年版，第168页。
③ ［日］森正夫：《明代江南土地制度的研究》，第294—299页。
④ 同上书，第228—238页。
⑤ 唐时升：《征布本末序》，《三易集》卷9《序》，明崇祯刻清康熙补修嘉定四先生集本。
⑥ ［日］西嶋定生：《中国经济史研究》，第531、532、623页。

布，对它的规格、品质的要求相对不高，基本上和民间流传的普通棉布相埒，甚至被用作宫中的专用"抹布"，显示出与松江府城市织布业完全不同的经营模式。个中变化，或与前述周忱变更官布缴纳标准有关。

更有甚之，"其布备朝廷赏赍止取，长阔不限，觔数与铺宫细布、赏军花布不同，更不入奏考名，虽额设，实有派无征"。① 不必参与考成，就无形中造成了"折上加折"。虽然这并未逃过户部的法眼："后司农以其不征不解，谓准米一石太多，一改为八斗，再改为六斗"，大大降低了改折的实际比例，但终因官布缴纳游离于州县官正常考成之外，"其时征解者，不过十一二耳"②，尤其是本色布，"上未闻有催科之令，下未尝有尺寸之输"③，无疑对当地民力之纾解仍大有裨益，所谓"官布一项，有额无征，较之金花缓急尤别，是明为疲邑，宽此五六万金钱也"。④

伴随着赋役折银化的进程，官布折银征解的事例也越来越多。金鸿的《粮额总论》中称："寻改折，太仓、昆山、嘉定布五百匹，匹征银三钱，输之户部，其马草每束折银三分，此各色折银所由起也。"⑤ 自此官布始有本色、折色之分。所谓"折色"，系指官布折银的部分。正德以后，总的趋势是折色布的比重逐年增加，到后来，即便是本色布亦开始征银。至归有光所生活的嘉靖年间，官布和金花银已不分轩轾，可以相互折算："今之赋役册，凡县之官布，皆为白银矣。独不思上供之目，为白银乎？犹为官布乎？"⑥ 时嘉定所存官布，"除派折色布三万一千三百五十九匹，每匹折银三钱征解外，实派本色布九万五千五十匹，每匹连价扛银三钱，该银二万八千五百一十五两"。⑦ 本色和折色除了会计上的差别外，在实征过程中渐无二致，官布"悉征银贮库，另点解户别处收买"。⑧ 白花花的银子与原本无人瞧得上眼的粗布相比，无疑更吸引人们的眼球。至万历

---

① 康熙《嘉定县志》卷7《赋役上·官布始末》；另，张国维《抚吴疏草》（不分卷，第429、430页，崇祯刻本）亦云：官布"充后宫拭抹之用，原非抵充赏军花布之需，名虽额编，毫不征解"。

② 唐时升：《征布本末序》，《三易集》卷9《序》。

③ 康熙《嘉定县志》卷7《赋役上·官布始末》。

④ 唐时升：《征布本末序》，《三易集》卷9《序》。

⑤ 金鸿：《粮额总论》，乾隆《镇洋县志》卷4《赋役类》。

⑥ 《震川先生集》卷8《书》，第168页。

⑦ 《（康熙十年）本县请减浮粮议》，《折漕汇编》卷4《加减漕粮疏议书启》。

⑧ 周大韶：《三吴水考》卷九《委查昆山嘉定荒田揭》，《四库全书》本。

初，"天下以掊克为功效，有县令始欲取盈以起声誉，布入，而中官生收铺垫之利，遂岁岁督趣"。① 万历十七年（1589）经赋册开官布金花派法条例甚将金花官布总为一项，"计银算派，如太仓、昆山、嘉定三州县，除官布外，仍以金花补足之，其余各县只派金花，盖其银数同其为京库钱粮同也"。② 以上诸趋势，为后来官布银计入官员考成埋下了伏笔。

二　从改折到永折

如前所述，明代嘉定县漕粮改折的事例，至少可以追溯至宣德正统年间周忱的官布改革。在苏州府属，派官布的地区和不派官布的地区赋役负担有着很大的不同，明中叶，围绕官布的生产和征纳，嘉定县的植棉业逐渐兴盛起来。③ 然而，该县的赋役结构并未因此得到相应调整，其地"国初……得藉以灌输十田五稻，以土之毛输国之贡，本色之派所从来也"。④ 欲完成官布（银）之外繁重的税粮征解任务，百姓必须将棉花或棉布兑换成白银，再将白银兑换成本色米缴纳，"其间折阅倍蓰无算，奸商又乘其乏，而重要厚值，民以愈困"。⑤ 至成弘间，"人民逃亡，逋赋廿万，建议废县"。⑥ 即使到了赋役大幅折银的明中叶，漕粮仍以征收本色为主，官布所能起到的调节作用无异于杯水车薪。万历初年，嘉定县"该平米三十七万八千六百三十五石五斗六升九合八勺，除折征京库金花、米麦折、草折、盐钞、绢布、蜡茶并各项料价及兵饷等银共一十三万一千一百两有零外，余俱征纳本色，内该漕运正改兑米一十万六千六百七十一石八斗九升，南北二运京粮米二万六千四百一十九石九升一合五勺，存留儒学军储共米一万一千五百九十七石八升七勺"。⑦

漕粮征本色不仅持续困扰着嘉定县民，亦令当地的父母官焦头烂额，

① 唐时升：《征布本末序》，《三易集》卷9《序》。
② 《万历十七年经赋册开官布金花派法条例》，康熙《嘉定县志》卷7《赋役上·官布始末》。
③ 参第二章。
④ 《士民请复折疏（侯峒曾代）》，程铦辑：《折漕汇编》卷3。
⑤ 顾际明：《折漕纪略》，《折漕汇编》卷6《纪述始末》。
⑥ 《士民请复折疏（侯峒曾代）》，《折漕汇编》卷3。
⑦ 《折漕汇编》卷1《改折疏议书启·兵粮道覆议》。

"以阙兑坐不法去官，自弘治至嘉隆，不知几去任也"。① 为此，知县李资坤、楼如山、高荐等先后做过改折的尝试，均未果。其中尤以万历十年（1582）高荐策划的那一次最为可惜，他曾"与邑民顾国、瞿仁等计议折漕，未及举而去任"②，有迹象表明，高荐的行动实出于乡宦徐学谟的授意，这从徐学谟给高荐的书信中可以窥见：

> 所论折兑一事，此议原起于区区，业欲即成之。已与申老先生讲过，而大司农亦无推阻之色，但元辅以病在告，未曾面与一言。今闻又欲转假，似尚无可言之期。若不言而私自行之，准本特易，他日抚按覆来，终不能脱元辅之手，恐生计较，反至坏事。……容徐图以复，想今岁不得成矣。③

深谙官场运作规则的徐学谟，此时高居礼部尚书，自然非常清楚，绕开首辅张居正就想把事情办成简直是天方夜谭。因此，与其说这次折漕的努力是因高荐的去职戛然而止，不如说时机尚未成熟。高荐的接替者朱廷益甫下车，嘉定县即遭遇严重的飓风灾害，漕兑任务显得异常艰难。人民"冻馁剥肤，瘟疫缠绵，死亡相枕，以致抛荒连陌，逋欠日增。地方视诸畴昔已百倍，其狼狈不可收拾"。虽然朝廷"将万历十一年分漕粮全折，而遗黎稍得安生"④，可灾蠲之年一过，该县"卖花易米，以充漕粮"的窘况会一仍过往，得不到任何改善。对此，徐学谟深为"县人近日膏肓之疾"而忧虑，专门写信给知县朱廷益，出谋划策："欲为地方建置长利，第乡人之意尚有异同，而加米于他县，则主计者恐或难之，须令百姓建白于抚台，拟之而后动可也。"⑤ 既然将嘉定县的漕兑负担转嫁至别处行不通，则自下而上争取永久改折或不失一条可行之路。于是，在朱廷益的默许下，乡耆瞿仁率合县粮里，精心撰写了《吁部请折状》，并备揭帖四份，分别送至府道抚按，在得到巡抚郭思极和巡按邢侗会题后，派专人

---

① 顾际明：《折漕纪略》，《折漕汇编》卷 6《纪述始末》。
② 《折漕汇编》卷 6《诸贤事略》。
③ 《徐学谟复高邑侯书》，《折漕汇编》卷 1《改折疏议书启》。
④ 万历《嘉定县志》卷 7《田赋考下·折漕始末·本府查议》。
⑤ 《徐学谟与朱邑侯书》《又复朱邑侯书》，《折漕汇编》卷 1《改折疏议书启》。

赍疏北上呈户部。① 整个程序基本按照徐学谟的授意而动。在《吁部请折状》中，也体现出类似的腔调：

> 嘉定之积疲，其微惠宜莫有急焉者，草野愚民不敢妄觊减额，乞将本县漕粮查照改折事例，奏请尽数征银解京，永免拨兑。②

所谓的"改折事例"，系指当时山东、河南、湖广三省的改折漕粮177000 余石，具体数额分别为"山东河南各七万石，内各二万每石折银八钱，五万每石折银六钱，解蓟州；湖广三万七千七百三十四石七斗，每石折银七钱，解太仓"③，在全国 400 万石的漕粮总数中，永折额度仅占不足 18 万石，当知该项之审批确认应相当严苛，而嘉定县申请折漕的难度亦可由此预见。果然不出徐学谟所料，户部官员在看过请折状后，只认可将嘉定县本色岁粮全折一年，至于永久改折，则坚决没有松口，认为这样会"有亏本色原额"，转而建议该县可申请在万历十一年（1583）后将漕粮继续全折一年，但需提供"田地堪种稻禾，应征本色者若干，堪种花豆等项及荒芜应征折色者若干"以及如果折色"应将所辖何项钱粮照数处补"等信息。④ 朱廷益在收到部复后，即刻上报全县实征田地涂荡等项，"共一万二千九百八十六顷一十七亩四分七厘六毫，内有板荒田地一千三百一顷九十余亩粮累里甲包赔，其宜种稻禾田地止一千三百一十一顷六十余亩，堪种花豆田地一万三百七十二顷五十余亩"。⑤ 堪种水稻的田亩不足 10%，显然有些夸大其词，不能忽视这当中朱廷益为达到折征目的而故意扩大棉田面积的动机⑥，既然水稻面积不敷征派本色，嘉定县"并无别项钱粮堪补〔折色〕"也就变得顺理成章了。⑦

就在嘉定县呈经府道抚按层层上达的同时，徐学谟也没闲着，而是试图通过谒见张居正，以增添此事的可行性。他先是"极言嘉民无米而为有米之征，乞将本色为折色之便"，并以曾任湖广按察使的经验进行游

---

① 参见顾际明《折漕纪略》，《折漕汇编》卷 6《纪述始末》。
② 《吁部请折状（徐学谟代）》，《折漕汇编》卷 1《改折疏议书启》。
③ 万历《嘉定县志》卷 7《田赋考下·折漕始末·本府查议》。
④ 万历《嘉定县志》卷 7《田赋考下·折漕始末·户部移咨查勘》。
⑤ 万历《嘉定县志》卷 7《田赋考下·折漕始末·本县查议》。
⑥ 参见范金民《明清江南商业的发展》，南京大学出版社 1998 年版，第 12 页。
⑦ 万历《嘉定县志》卷 7《田赋考下·折漕始末·本县查议》。

说："见荆土产米而折银，民甚苦之。荆民苦银，吾嘉苦米，是两病也"，"愿以嘉定之兑米，易荆土之折银，两县相易是两便也。"张居正对这一提议颇有些兴趣，但是唯一担心的是："两易而两县拖欠奈何？"徐学谟于是提出自己的应对之策："两县既便，其肯自误而贻两不便乎？今始议每三岁题请，有拖欠则银还嘉定，米还荆土可也。"① 又鉴于当时"京仓正值充盈，而边廪率多委积"②，张居正的后顾之忧终于被打消，遂定下按岁题请改折的基调。其后，徐学谟亲自参与票拟部议，为嘉定县改折的实施迈出决定性的一步。③

户部尚书王遴以此复奏。但在奏疏中，不仅将永折之议束之高阁，而且将三岁题请改为逐年题请。④ 这一切均是出于预防"逋负"及"致失本额"的考虑。万历十二年（1584）三月十六日，圣旨传下，"将嘉定一县除岁办南北运京粮及存留军储等项共用本色米三万八千一十六石一斗七升二合一勺外，其应运漕粮十万六千六百七十一石八斗九升，俱准于万历十二年为始，查照议定价值，尽行改折，每年征银解部正兑每石七钱，改兑每石六钱，席板脚耗俱在内，兑粮时一并起解，不许拖欠。如果以时输纳，听其逐年题请。"⑤ 嘉定县的改折努力终于取得阶段性成果，争取到了常年漕粮折征的权利。

万历十三年（1585），按照逐年题请例，又将嘉定漕粮尽数改折一年。⑥ 这样，自万历十一年至十三年（1583—1585），嘉定县已连续三年折漕。"自改折之后，民咸称便，银亦早完。"⑦ 万历十四年（1586），熊密出任知县。为"免岁岁题覆之烦"，"恳抚按题疏，巡抚王元敬、巡按邓练会题，乞将本县漕粮再准改折三年"⑧，户部尚书宋纁复议准改，"将嘉定应征漕粮，自万历十四年为始至十六年止，准令改折三年，俱要当年全完，不许分毫拖欠。如果依期征解，以后年分再行议请，若有逋负，即

---

① 顾际明：《折漕纪略》，《折漕汇编》卷6《纪述始末》。
② 万历《嘉定县志》卷7《田赋考下·折漕始末·抚按会题》。
③ 顾际明：《折漕纪略》，《折漕汇编》卷6《纪述始末》。
④ 万历《嘉定县志》卷7《田赋考下·折漕始末·部覆》。
⑤ 参见顾际明《折漕纪略》，《折漕汇编》卷6《纪述始末》。
⑥ 万历《嘉定县志》卷7《田赋考下·折漕始末》。
⑦ 《万历十四年请折缘由》，《折漕汇编》卷1《改折疏议书启》。
⑧ 顾际明：《折漕纪略》，《折漕汇编》卷6《纪述始末》。

行停止，照旧运纳本色"。① 由此，徐学谟"每三岁题请"的设计终于演变成现实。

万历十五、十六两年（1587、1588），嘉定县虽连遭水旱，但为信守不拖欠的承诺，"所折粮银俱征解完足"②，然而，万历十七年（1589），该县"复旱，米益贵，人又疫，沟底尘飞，花稻不能下种"③，想要继续按期完纳折漕银两变得越发不现实。至秋季，又出现"会计复征本色"之传闻，县民大骇。④ 后来证实纯系谣言。是年漕粮以灾例轻折，不在三年一题之例。⑤ 但百姓对这种"提心吊胆"的按期题请的日子已逐渐失去耐心，于是"永远改折"的呼声再度响起。⑥ 万历十八年（1590），又当请题之期，熊密照依十四年事例力请抚按，拟继续折漕，却遭到了拒绝，理由是前旨原云："及时完纳起解，方许题请"，而17年的违限，破坏了多年以来形成的规矩。熊密据理力争，"极言岁歉所致，非民之辜，不惟求蠲，益且求赈，涕泣顿首，抚按为之动容。于是巡抚周继、巡按李尧民题同前事，尚书石星覆议准折"。⑦ 嘉定县又迎来了下一个三年的缓冲期。

熊密在任6年，先后经历两次题请。至万历二十一年（1593），复当请期，熊恰好去任，署篆者为别驾黄公。"时苏松道韩公为其父尚书公门下，黄公谒见，以手揭呈之。韩即具申抚按题请，又得俞旨"折漕。⑧ 至此，嘉定折漕已连续十年，但仍未成定局，不能说不是一个遗憾。黄公只不过是个匆匆过客，甚至连大名都没留下，知县的位子很快由王福征接替。王福征上任以后，深悉县民渴望永折的强烈愿望，专门拜会了时任兵部职方郎中的县人殷都，寻求支援，殷都告诉王福征说，户科给事中李先芳、尚宝司少卿须之彦、柳州知府陈舜道，皆"为桑梓效力者"，可助一臂之力，王福征决心益大。万历二十三年（1595），在王福征的支持下，县民瞿仁、吴应麟等联名呈抚按《永折民疏》，推举徐行、须瀹赴京

---

① 《万历十四年请折缘由》，《折漕汇编》卷1《改折疏议书启》。
② 同上。
③ 顾际明：《折漕纪略》，《折漕汇编》卷6《纪述始末》。
④ 《本年秋传闻部派本色乡士夫呈词》，《折漕汇编》卷1《改折疏议书启》。
⑤ 《折漕汇编》卷1《改折疏议书启》。
⑥ 《万历十七年请折缘由》、《本县申文》，《折漕汇编》卷1《改折疏议书启》。
⑦ 顾际明：《折漕纪略》，《折漕汇编》卷6《纪述始末》。
⑧ 同上。

上奏。①

《永折民疏》在回顾了万历十一年（1583）以来的折漕历程之后，痛斥现行体制的弊病："以改折之法终出特恩，未为定制，事须岁请，则控诉或嫌于烦渎，议历多官，则知会未必其如期"；接着针对改行永折所面临的主要顾虑发表了意见："若谓防其拖欠，不宜轻准，则改折既行之后，较改折未行之先，孰完孰欠，册籍昭然，操纵原在朝廷，以完纳而准行，亦可以拖欠而革罢也，岂必预设不然之疑"。最后，恳请将嘉定县十万余石漕粮，尽行改折，"载入会计，永为定规"。②

疏至通政司，通政司怀疑嘉定有拖欠漕银的不良记录，本拟不予受理。后经选掾吏黄世能与徐行、须瀹再三解释，力陈户部有缴纳粮数备查，可证实该县并无拖欠。通政司才送户部会议。由于李先芳乃首辅王锡爵的受业门生、内阁学士许国的考中门生，"二相雅重之，凡有所议，无不力为吹嘘。……而为之效力者，亦以二相之重重之也"。③ 户部的办事效率加快了不少，迅速讨论出了结果，并立即发文至苏松抚按，稽查嘉定县是否果真"逐年通完，不致负欠"。④ 抚按也没做过多耽搁，回复户部说明该县"改折既无所欠"。户部复奏，遂得永折。嘉定县岁额漕粮"自贰拾肆年为始，正兑每石永折柒钱，改兑每石永折陆钱，载入议单，著为定例。务要当年尽数征完，与同各县本色一齐起解。如有毫厘拖逋，本部题参请旨，仍征本色，以示惩创"。⑤ 嘉定县遂成为全国唯一恩准享受全部漕粮永折的县级单位⑥，且数额相当巨大，这在当时是何等的荣耀！之所以能够几经波折而终获成功，其中既包含着老乡贤和地方官员的不懈努力，更有朝野乡宦的斡旋经营，"殆不一人而兑运始得以寝事"。⑦

---

① 参见顾际明《折漕纪略》，《折漕汇编》卷6《纪述始末》。

② 万历《嘉定县志》卷7《田赋考下·折漕始末·万历二十一年本县民本》；《永折民疏（殷都代）》，《折漕汇编》卷2《永折疏议书启》。

③ 顾际明：《折漕纪略》，《折漕汇编》卷6《纪述始末》。

④ 万历《嘉定县志》卷7《田赋考下·折漕始末·部咨》。

⑤ 万历《嘉定县志》卷7《田赋考下·折漕始末·部覆》。

⑥ 据万历《嘉定县志》卷7《田赋考下·折漕始末·部覆》："山东、河南每省各折七万石，派之各府，非专一县。湖广先因安陆、荆州二卫改为显陵、承天，改折三万七千余石，又非他邑所得例论者也。"

⑦ 顾际明：《折漕纪略》，《折漕汇编》卷6《纪述始末》。

三　明末围绕永折的几次斗争

　　然而，永折令刚下仅仅三年，即遭受首次考验。万历二十七年
（1599），户部下札，内称："仓场总督以太仓见米不满三年之蓄，要将额
派漕粮俱征本色兑运。"这本是针对暂请改折者而言，试图对那些因地方
灾伤而擅请改折的事例加以必要的限制，嘉定县应不在此列，但是，户部
原题中有一句非常扎眼的话"除旧例一十七万七千七百余石以外"，恍惚
间将嘉定重新框进了暂请改折的范围之内。其时，嘉定"民不习兑，官
无漕规，仓廒之颓废已久，斗甲之裁革殆尽"，一朝议复，弄得民心惶
迫。据殷都推测，这或许是文牍主义所致："何独嘉靖年间之旨则为例，
而万历年间之旨不为例乎？此必原题，但据会典所开，而本县奉旨在续修
之后，未及载入此例耳。"① 一下子将制度的起点又拉回万历之前，嘉定
县人不得不为此继续奔走。恰逢新任知县韩浚身患足疾，不能视事，而县
民犹"徘徊观望，莫有奔赴上司哀号请命者"。身在朝中的殷都，看在眼
中，急在心里。亲自致书韩浚，责成粮衙，拘集耆老具呈，代替韩浚草禀
揭，急申抚按两台。② 抚按两台分别为申时行和王锡爵的门生，殷都"力
请两相书，走金坛揭按台，走句容揭抚台"，"极言漕兑之为民害"，抚按
二台均为之动容，遂许具题。县民卢诚又赍书渡淮，恳驻淮安的漕运总督
暂止兑单。后经两院会奏，嘉定县仍得永折。③ 然而，经过此番折腾，户
部对嘉定县的赋役情况也格外"关照"了起来，"官布"长年不入考成的
问题被提上台面。万历三十五年（1607），户部尚书赵世卿向甲字库借
布，该库不应④，部议遂"以布额有派无完，赏赉缺用，题将此项载入考
成"，并提议"官布与金花合一考之"，自此"除了本折布价，每疋犹止
三钱"外⑤，历任知县多有"往俸追比"之事⑥，官布原本带给该县的种

---

① 殷都：《奉漕台请止兑运书》，万历《嘉定县志》卷20《文苑考下·文编二》。
② 殷都：《又与韩邑侯书》《又代韩邑侯申漕台并两院禀揭》，《折漕汇编》卷2《永折疏议书启》。
③ 顾际明：《折漕纪略》，《折漕汇编》卷6《纪述始末》。
④ 《天启元年通县条议减折官布由呈》，康熙《嘉定县志》卷7《赋役上·官布始末》。
⑤ 康熙《嘉定县志》卷7《赋役上·官布始末》。
⑥ 《天启元年通县条议减折官布由呈》，康熙《嘉定县志》卷7《赋役上·官布始末》。

种优惠几乎荡然无存。①

经过这次不大不小的波折以后，至天启四年（1624），改折已平稳运行五十余年。随着北方战事渐紧，"熹宗皇帝因户部军需昔盈今绌，召问廷臣，其咎安在。时在廷鲜有知故事者，但以诸处漕粮折色对，而嘉定亦与焉"。户部遂有漕粮暂兑一年之议。② 由于上年夏季，嘉定霪雨为灾，"贾舶不至，斗米价复二钱，民间屑豆饼、麦皮、穄核为食，嗷嗷无措"。而复漕之议又起于除夕，无异雪上加霜，一时，"阖邑仓惶，莫知所以"。谢政居乡的尚宝司少卿须之彦目击此惨状，顾不上过年，当即与都事金兆登合议应变救挽之计，并召集庠生宣嘉士、殷亢宗、金德等，一同撰写公移文稿，上呈署嘉定县事苏州府推官张承诏。张承诏全力支持诸绅的举动，于正月十四日，偕须、金二公及其他士民一道前往苏州，要拜谒苏州知府寇慎和苏松巡按御史徐吉。寇慎素与县人柳州知府陈舜道友善，非常爽快地应允了请愿者的要求，并加入队伍，拟同谒巡按诉说详情。在巡按衙门前，众人偶遇状元文震孟和乞假归乡的周顺昌，二人亦慨允陪同入见。徐吉得知漕折始末后，殊为动容，遂允题疏。③ 在疏中申称：嘉定"民知输银而不知输米，官习于催银而不习于漕运"，且"仓厫无备，运道久淤"，即便漕粮改征本色，亦绝"不可责成于一旦"，题议将嘉定县漕粮"仍照旧改征折色"。④ 据闻，当时的情况万分危机，派兑漕单已下至淮安，一旦递至县中，后果不堪设想。幸亏漕运总督松江人朱国盛是须之彦的姻家，"须公以书付居民封完致之，乃姑止，漕舶以待命下"。⑤ 度过了缓冲期后，全县绅民公推须大任、张炯、朱烨三人赍疏赴京。张炯"曾往京请宽官布并征之害"，有着丰富的经验。时朝中魏阉专权，很多官员都不敢轻易表态，县人太仆寺少卿归子顾、兵部员外孙元化、刑科右

---

① 按：明末嘉定知县卓迈曾著《布征录》一书，"集部省院监司府县往覆之文，汇而成帙，盖欲使后之莅兹土者有所考"（参唐时升《征布本末序》）。光绪《嘉定县志》卷25《艺文·史部·政书类》仍对该书有著录，并题记曰："《布征录》，知县卓迈辑，唐时升序。布征向不列于考成，民欠积多，万历甲辰后，以一岁征数岁之逋，民不堪命，迈申请减半，即因公牍参录是编。"从中可见《布征录》的成书动机。惜乎是书至今似已散佚，康熙《嘉定县志》卷7《赋役上·官布始末》对之有所节录，内中交代，卓迈之请，终以部覆"缓一征二""逐年带征"告一段落。

② 参见谢三宾《永折漕粮碑记》，《折漕汇编》卷6《纪述始末》。

③ 参见顾际明《折漕纪略》，《折漕汇编》卷6《纪述始末》。

④ 徐吉：《照旧永折疏》，康熙《嘉定县志》卷20《奏疏》。

⑤ 顾际明：《折漕纪略》，《折漕汇编》卷6《纪述始末》。

给事中陆文献、原任吏科给事中侯震旸等相率动用各自的人脉，上下打点疏通，曾在嘉定出任知县的户部漕郎胡士容，亦从中援手。几经周折，终于"得奉旨，照旧永折"。①

崇祯年间，三饷之征愈亟。六年（1633），有复漕之议。此时，"归、须、侯三君子相继长逝，辇下遂无一人语及民间疾苦者，乃孙、赵两君同一时蒙谴于雷霆之下，无一亲故可相引手所望"。知县谢三宾经抚按陈乞报罢。② 十年（1637），又有永折地方加编之旨，嘉定折漕由每石六七钱增至每石折银九钱③，"顿加漕折银二万一千二百有奇，是直省所无，嘉定独有"。④ 漕兑负担大大加重。

明末对嘉定折漕成果最大的一次挑战，来自崇祯十四年（1641）。该年九月二十日，户部依议将折漕州县"原改折漕米，俱照数复征本色加带"，"每石再加米四升"。嘉定县按照"永折半征"的标准缴纳部分本色，折合漕粮五万三千二百四十六石三斗四升九合。"民闻之，震惊如鸟兽，散殆不可止"。⑤ 由于当地漕粮多年折银，"水次已非故道，仓厫悉属倾颓"，贮粮仓库、运船、运道均需整饬，运军也要支付月粮、工食。行粮造船建廒疏浚等费甚巨，难以猝办。⑥ 对此，苏松兵备道詹时雨曾经算过一笔账：

> 试请就漕言之，粮船在所，首急议兑本县五万三千二百四十石，计应派一百零七只，每船官价三百五十两，该造船银三万七千四百五十两，此项必取之朝廷公币以应用者也。次计仓厫，本县旧设四仓，瓦砾久已无存，计其旧额，每仓置造七十八间，通共仓厫三百十二间，每间工料银十两，通共该银三千一百二十两，此必取之嘉民脂膏以建造者也。既而运军月粮，每船派拨十四名，计一百七船，该夫一千四百九十八名，每名酌给工食银十两，该银一万四千九百八十两，此又必取之朝廷公帑以给发者也。运河自盐铁抵嘉定，通长五十六

---

① 顾际明：《折漕纪略》，《折漕汇编》卷6《纪述始末》。
② 唐时升：《又与谢侍御象三书》，《折漕汇编》卷3《复折疏议书启》。
③ 参见唐时升《又答张玉笥中丞书》，《折漕汇编》卷3《复折疏议书启》。
④ 《本道请免复漕详文》，《折漕汇编》卷3《复折疏议书启》。
⑤ 侯峒曾：《与朝士论嘉定复漕书》，康熙《嘉定县志》卷20《书》。
⑥ 《本道请免复漕详文》，《折漕汇编》卷3《复折疏议书启》。

里，潮汐淀淤，河流一线，势不得不开浚通船，其计一万八十丈，每丈约计工费四两，该银四万三百二十两，此又疲通县额外之民力以鸠工者也。凡此四项，共计银九万五千八百七十余两。①

九万五千八百七十余两之花费或许有些言过其实，但重新征收一半本色所需付出的配套成本绝对不会是小数目，这显然有些得不偿失。况且，一旦复漕，"金旗之驿骚，军船之窝盗，旗纲之嚼民，如虎斯翼流毒无穷"，"斗级仓夫库子等役，一复则尽复，纤悉皆民膏"，② 对于当地社会更是贻害无穷。因此，"猝下半兑本色之令，万民惊骇泣控"。③ 当年，绅民虽试图力请仍旧例折兑完漕，但"兑期已迫，万难请免"④，地方官员不得不"力图多方撮借，极力劝输"。⑤ 先由应天巡抚黄希宪据"权宜酌覆，豆麦搭兑，仍无所出"，后漕运总督史可法"深悯荒瘠，酌用麦抵"，最终由署理嘉定县推官倪长玗"多方设法劝输，淮买海运"，才勉强毕事。⑥ 经过这番折腾，本年漕粮总数较旧额多交了七万二千余两。如果考虑到历次加征加编，从永折令下至此，嘉定漕兑已渐增一倍："嘉定自改折以后，通计岁输粮银十五万一千余两，兵兴以后，叠加三饷五万余两，官布丝绢复入考成，原编加编四万余两，一年国课几及三十万两。"⑦

转眼到了崇祯十五年（1642），漕事又至。生员张鸿磐、侯元泫、申荃芳等唯恐县民继续遭受半复漕兑之累，为了将嘉定县漕粮"永永全折"，公推张鸿磐主撰《请照旧永折疏》。⑧ 其时，华北地区战乱频仍，时局动荡，张鸿磐"以饥寒煎迫之残生，载通邑黄童皓首之血诚，蹈三千里盗贼炎歊之危境"，不惜冒着生命危险，于七月赍疏赴京，乞准复折。⑨ 经江西提学参议新升广东督粮道副使侯峒曾等人的上下疏通，八月二十二日，户部尚书傅淑训题复。九月初四，圣旨下："这嘉邑漕粮永折事宜，

---

① 《本道请免复漕详文》，《折漕汇编》卷3《复折疏议书启》。
② 同上。
③ 赵昕：《永折漕粮始末》，《折漕汇编》卷6《纪述始末》。
④ 《乡绅公揭》，《折漕汇编》卷3《复折疏议书启》。
⑤ 《本县请复折揭》，《折漕汇编》卷3《复折疏议书启》。
⑥ 《疏下部后投大司农呈词》，《折漕汇编》卷3《复折疏议书启》。
⑦ 《乡绅公揭》，《折漕汇编》卷3《复折疏议书启》。
⑧ 参见张鸿磐《请照旧永折疏》，康熙《嘉定县志》卷20《奏疏》。
⑨ 《疏下部后投大司农呈词》，《折漕汇编》卷3《复折疏议书启》。

民隐边储，并宜筹酌，着总漕臣会同该抚察何项可抵足前额，确议具奏，别县不许妄援。"① 在此道圣旨中，"何项可抵足前额"成为解决嘉定困境的关键，虽然在万历年间呈请折漕时知县朱廷益曾明确宣称该县并无别项钱粮抵补本色，但值此非常时期，无论如何都有必要在类似的问题上改换一下思路。应天巡抚黄希宪提出了一个相对巧妙的解决方案："今北方米贱，以臣愚议，不若每米一石折银一两，勒令本年之内尽解天津，就于彼处召买，不许分毫逋欠，时刻迟延。如该县或欠或迟，即以违误军需从重参处。"② 而"别县不许妄援"，则在一定程度上杜绝了其他州县随意效仿的可能性。这一变通而灵活的处理方式，可造成事实上的"折征"，得到漕运总督史可法的大力支持。崇祯十六年（1643）九月二十八日，圣旨确认了这一折中之法："这嘉邑漕粮照数改折，解津召买，即算截津之数。"③ 勉强算是维持住了万历二十三年（1595）以来屡经冲击的永折之局。

四　属漕粮？还是地丁？

清朝开国，"诏颁天下，首除启祯末年加派"。但具体到实际运作层面，"蠲除滥加，仍循旧额"的现象却相当普遍，嘉定县也不例外。首先，每匹官布"折银六钱，除原编三钱外，加编银二万五千二百五十三两四钱"④，已远远超过明末所缴数额；其次，对于官布银的性质问题亦渐混淆不清，造成"官布加而金花不加"⑤，对此嘉定县不得不重申明代延续下来的传统："部加于嘉定者，原应均摊于长吴四县之内，盖嘉定既为四县而代官布，则四县自应代嘉定而摊部加〔金花银〕也。"⑥ 理顺与苏州府属县之间官布银和金花银的责任分担难度固然不小，将明末逐年加派的折漕银两之减免如何落到实处则难度更大。顺治三年（1646），县民项臣集衿耆潘润、刘世厚、金邦闻等，针对难以根除的浮额问题合词上

① 《户部覆疏》，《折漕汇编》卷 3 《复折疏议书启》。
② 《抚院覆疏》，《折漕汇编》卷 3 《复折疏议书启》。
③ 《户部再覆疏》，《折漕汇编》卷 3 《复折疏议书启》。
④ 《（康熙十年）本县请减浮粮议》，《折漕汇编》卷 4 《加减漕粮疏议书启》。
⑤ 苏渊：《上赵邑侯请减浮粮议》，《折漕汇编》卷 4 《加减漕粮疏议书启》。
⑥ 康熙《嘉定县志》卷 7 《赋役上·官布始末》。

控，知县唐瑾也力请宪府，拟减明末加派"折漕银二万七千有奇"。事情远不如想象的那样顺利，粮道对此屡行参驳，终于架不住唐瑾的不断坚持，"究得减去，嘉民永享其惠"。① 然而，良好的局面仅仅维持了 10 年左右，即遭遇运军"加漕"事件。

顺治十一年（1654），因江宁等处运军行月二粮②不敷，遂有本折均平之议③，嘉定田赋因此突增"加漕"一项。这一方面与明末以来不断加强的漕粮"官运"的总体趋势密切相关；另一方面，也是由米价腾贵所致。顺治十二年、十三年（1655、1656）之前，江南"秋冬间有〔每石〕二两之价"④，运丁困苦莫支。江宁省卫，向"无屯田赡运其月粮"⑤，运粮卫官马明宇以"行月二粮"不敷生计，上其事于漕运总督，想趁粮价高昂之机，将行粮亦比照月粮支发折色。⑥ 漕运总督下其议于司道，司道定自顺治十四年起，行粮改作半本半折，"以半本给米，半折易银"，月粮折色原每石折银五钱，拟加价一倍，"改每石一两"⑦，行粮则以十三年平均米价为参照，"每石〔折〕一两二钱"。十四年（1657），江南粮价逐渐回落至正常价格，每石五六钱。⑧ 行、月二粮每石均已折银一两以上，可见，运军确实从中捞取了不少实惠。此外，另有一批人也伺机而动，闪转腾挪，企图搭上制度的便车。

当时，"江南省卫现运之船，为一千二百七十四只有额也，以每船行粮三十六石计之，为四万五千八百六十四石有数也，以每船月粮半折七十二石，为银三十六两计之，则四万五千八百六十四两之数亦自明也"。⑨ 行粮自十四年改半本半折后，"仍照旧支米二万二千九百三十二石，其一半折色，照部议每石折银一两二钱，共该银二万七千五百一十八两四

---

①　赵昕：《永折漕粮始末》，《折漕汇编》卷 6《纪述始末》。

②　按：所谓"行月二粮"系指，江南漕运卫所每运船一只，"额派旗丁八名，水手四名，每名行粮三石，月粮十二石，计每船一只，该行粮三十六石，月粮一百四十四石"；行粮全派本色，月粮本折兼支。（参见康熙《嘉定县志》卷 7《赋役上·加漕始末》。）

③　《特参加漕疏》，《折漕汇编》卷 4《加减漕粮疏议书启》。

④　佚名：《加漕纪略》，《折漕汇编》卷 6《纪述始末》。

⑤　张中元：《题减加漕疏》，《折漕汇编》卷 4《加减漕粮疏议书启》。

⑥　佚名：《加漕纪略》，《折漕汇编》卷 6《纪述始末》。

⑦　康熙《嘉定县志》卷 7《赋役上·加漕始末》。

⑧　《愬部加漕揭》，《折漕汇编》卷 4《加减漕粮疏议书启》。

⑨　冯班：《特参加漕疏》，《折漕汇编》卷 4《加减漕粮疏议书启》。

钱"，① 可该年实际征收的行月二粮之折色竟然高达十一万六千两之多，中间浮派四万二千六百余两，全被婪军司役苟同县蠹领给瓜分。更为离谱的是，十一万余两的行月银并没有按照比例均摊至江南省的所有纳漕州县，江安粮道傅作霖将之全部派给泗州、高淳、嘉定、兴化、安东等五个有折漕经验的州县，其中仅嘉定一县就加派了五万三千八百八十八两②，占总数的一半左右。

就嘉定县而言，"当年为土瘠无米而折漕，今反为土瘠无米而倍漕矣"。③ 自万历十一年（1583）起，该县已基本上没有漕兑，也无专门运丁，故本没有道理再加征行月二粮；而"江宁省各卫，自有原坐派州县"，亦固与嘉定毫无瓜葛。④ 嘉定漕折正银，不过"七万三千九百三两"⑤，凭空增加如此重的负担，县民当然会愤愤不平。怪只怪当初全县折漕时，与那些继续缴纳本色的州县之间的界线画得太过分明。仅考虑到折漕所带来的荣耀和实惠，没有想到它还会带来无尽的烦恼。面对傅作霖近乎"无理"的决策，耆民倪国柱、陆秀德等人并不甘心，他们赴京具揭各衙门，竭力争取挽回颓局。此时，朝中嘉定籍官员"虽有正人，无显位"⑥，没能帮上什么大忙。几经努力，本来将加漕派诸通省州县的对策未能成为现实，但勉强取得了户部复核减半的优惠。自后，嘉定每年实加银二万六千七百六十九两三钱八分二厘。⑦ 顺治十八年（1661），嘉定遭遇严重的旱灾，漕银征解异常困难，然"差提日急"，知县潘师质力请缓征，才勉强渡过难关。康熙元年（1662），追比更严。倪、陆以误漕获罪，倪死于杖下，陆亦垂死⑧，潘师质平日为人简傲，"不听吏胥言，不通贿赂，不屈于权贵"，也因上年不征漕银遭受弹劾，后不堪凌辱，投秦淮河自尽。⑨

流血和牺牲，并没有使嘉定县摆脱尴尬的境地。先是官布加编之外又

---

① 《粮道查覆按院行月二粮细数》，《折漕汇编》卷4《加减漕粮疏议书启》。

② 《恳部加漕揭》，《折漕汇编》卷4《加减漕粮疏议书启》。

③ 同上。

④ 马腾陞：《特参加漕疏》，《折漕汇编》卷4《加减漕粮疏议书启》。

⑤ 赵昕：《本县请减浮粮议》，《折漕汇编》卷4《加减漕粮疏议书启》。

⑥ 陆时隆：《二义传》，《折漕汇编》卷6《纪述始末》。

⑦ 《题覆加漕疏》，《折漕汇编》卷4《加减漕粮疏议书启》。

⑧ 佚名：《加漕纪略》，《折漕汇编》卷6《纪述始末》。

⑨ 陆时隆：《潘邑侯传》，《折漕汇编》卷6《纪述始末》。

增扛银、解费①，接着康熙二十六、二十七两年（1687、1688）围绕折漕银的归属问题又引发一起大案。对于后者还得从万历四十七年《赋役全书》说起，《全书》曾将嘉定折漕银另列一条于地丁之外，"嘉民但知输银，而国家仍同漕解，令甲漕项钱粮，遇赦不赦"。② 从此开启了永折银到底是属于地丁还是属于漕粮的争论。从实用主义的立场看，当然最好是怎么有利就怎么选择其归属。康熙十三年（1674），蠲江南苏松常镇淮扬六府地丁之半，知县赵昕曾试图将永折银两造入蠲款，结果以永折银自身业已免征而罢。两年后，"复准漕抚移咨，仍行〔漕粮〕比解"。之所以长期不能明确归属，亦由于制度上的安排所致："盖以地丁隶户部江南司奏考永折，则与漕项一体隶户部云南司奏考故也。"③ 康熙二十三年（1684），蠲漕粮三分之一，嘉定县民咸谓："前不蠲于丁者，今蠲于漕无疑。"江苏巡抚汤斌咨请户部，"部议嘉定无米可蠲，仍不准行"。康熙二十六年（1687），蠲二十六年未完钱粮并二十七年地丁银两，"嘉邑永折，积二年计之，其一十二万两有奇"。二十七年（1688）春，"抚院田公具文请蠲，复奉部咨，以漕粮改折不准"。当时的情形是，"永折一项，归之漕则非漕，归之地丁则非地丁，蠲漕则谓之地丁，蠲地丁则又谓之漕"，④ 于是，嘉定县民特别渴望走出这种"非漕非地丁"抑或"亦漕亦地丁"的暧昧状态。

绅士汪良秉、戴冰揆、张余度等率先为民请愿，得到了知县闻在上的支持。当时"嘉定无显宦"，仅有孙致弥、赵俞两名新科进士，在朝廷的关系网络远不如明朝末年那样强大，而"〔户〕部权甚重，凡章奏必着该部议覆，有公费则如请，不然则否"。赵俞、汪良秉数十人诣神庙立誓，"议每户输公费十分之二，实收银二万有零"，闻在上"又于中取三百金，偿众人盘费"。⑤ 像这样的摊派，并非赵、汪等人首创，明代每一次申请折漕或者复折都要上下打点，运作经费基本上都以类似的方式筹集。⑥ 殷都对此曾有过非常精辟的论断："夫济大事者不惜小费，宏远谋者不执细

---

① 《（康熙十年）本县请减浮粮议》，《折漕汇编》卷4《加减漕粮疏议书启》。
② 佚名：《蠲粮始末》，《折漕汇编》卷6《纪述始末》。
③ 同上。
④ 同上。
⑤ 同上。
⑥ 参见顾际明《折漕纪略》，《折漕汇编》卷6《纪述始末》。

谅。今诸台院科部孰不委吏胥？而吏胥孰不好钱神者?"① 清顺治年间，倪、陆二人请减加漕，也是"揭布行债二千两为部费"才得以成行。② 不过，这一次与以往最大的不同在于公费数额过于巨大，难免其中会有人不是出于情愿，为后来的"蠲粮案"留下隐患。在京疏通关系的过程中，众人"遍赂合部有力者，约费万五千金，其南边杂货，又约五千余金，令议如所请"。有钱能使鬼推磨，事情办得出奇顺利。十一月初一日，"得准蠲免"。③ 然而，人们甚至还没来得及欢庆，"蠲粮案"就接踵而至。

次年（1689）正月，恰逢康熙皇帝南巡。有一小撮对这一做法心怀不满的人趁此良机，拿着输公费的收据，以"私征加派"罪上控。其后，参与此事的诸色人等甚至包括知县闻在上均被株连入狱。因此案贿赂数目巨大，牵扯人员复杂繁多，逐渐演化为王鸿绪、徐乾学、两江总督傅腊塔、江苏巡抚洪之杰、郑端④相互之间政治斗争的工具。历时三整年，才由康熙皇帝从宽处置完毕。全案"革大司农一人，庶常一人，县令二人，文进士一人，武进士一人，孝廉一人，候选州同一人，生监共九人，问辟者四人，徒者四人，杖者十八人，邑之破家者六七十人，受诈者五六百人，死者二人"。付出如此沉重的代价，终于换取来《赋役全书》将永折改入地丁的"好结果"。⑤ 雍正三年（1725）和乾隆二年（1737），苏松减免浮粮，嘉定县分别减额征地丁银六万二千四百八十五两四钱三分五厘三毫、一万三千八百四十一两八钱五分九厘六毫。⑥

同治二年（1863），曾国藩、李鸿章以太平天国后休养生息故，奏请减苏松太三属漕额，"经户部议奏，统按原额减去三分之一"。在具体操作的时候，江苏布政使刘郇膏坚持轻则不减的原则，"酌定五升以下轻则不减"。苏松太三属各厅州县皆按则递减，只有嘉定、宝山⑦二县，"以合境田亩科米在五升以下，独不得与，后以沿海区图地多瘠薄，量予优减，

---

① 殷都：《又与韩邑侯书》，《折漕汇编》卷2《永折疏议书启》。
② 佚名：《加漕纪略》，《折漕汇编》卷6《纪述始末》。
③ 同上。
④ 参见《折漕汇编》卷6《诸贤事略》。
⑤ 佚名：《蠲粮始末》，《折漕汇编》卷6《纪述始末》。
⑥ 《（雍正三年）请减浮粮疏》《（乾隆二年）部咨》，《折漕汇编》卷4《加减漕粮疏议书启》。
⑦ 按：宝山县系雍正二年（1724）从嘉定县分出。

故常昭华奉金山南川太镇等各厅州县于按则递减外再加核减，而嘉宝二县，素称沿海最瘠之区，以业在轻则不减之列，仍不得与"。"统计江苏五府州减漕案内，独此二县未减分毫"。① 之所以如此，乃因"额征条编银内有漕折银，嘉定二万四千二百余两，宝山二万二千二百余两"，皆归地丁并征，与漕粮正款无涉。② 康熙间永折银归属的解决，到此时却帮了个大大的倒忙。致使嘉定、宝山二县之赋额，绝大多数被归类为地丁，漕粮款项甚少。虽然县人翰林院编修廖寿丰等再三解释"银多米少"之原委："此虽非漕粮改折之正款，而实为折漕加派之钱粮也"，"其折漕之编入地丁者，实则漕而名则丁"③，仍无济于事。经过十余年的交涉乃至扯皮之后，光绪五年（1879），户部终于体谅到"减赋之际，该二县绅民漏未陈明，刻下定案，业经十余年，本亦未便率更奏案"的苦衷，"将该二县前项漕折银两，照原折银数，仍旧复还本色，按亩验分，加入现征米内合算，科则如在五升以上者，仿照常镇各属之案酌减米额十分之一，仍在五升以下者，不准核减"。④ 照此标准，自光绪六年（1880）始，嘉定核减一千七百二十石七升三合六勺，宝山核减四百七十五石六升九合。⑤ 嘉、宝二县终于获得名义上的"小恩小惠"。

五 结语

《折漕汇编》的作者辛辛苦苦将 300 多年间有关嘉定县漕粮征解的文献汇集成册，本是为了纪念从万历折漕到光绪减漕的"来之不易"，却无意间为我们弄清明清江南赋役制度改革动态而复杂的历史过程提供了些许可能。从永乐后部分漕粮改征官布到明末全县永折漕粮的成功，极大地简化了漕粮缴纳过程中层层叠加的中间环节，减轻了百姓繁重的折兑负担，"漕折以来，田价倍增，故民间讼事多起于赎田"⑥，当地以棉业生产为核心的社会经济结构亦日益成熟。然而，嘉定县却从此逐渐与周边地区分道

---

① 《京官请免加漕银两呈词》，《折漕汇编》卷末《减漕议疏》。

② 同上。

③ 同上。

④ 《部复奏疏》，《折漕汇编》卷末《减漕议疏》。

⑤ 光绪《嘉定县志》卷 3《赋法沿革》。

⑥ 顾炎武：《天下郡国利病书》，第 6 册《苏松·嘉定县志·风俗》，上海科学技术出版社 2001 年版，第 397 页。

扬镳，为了应付诸多专门针对折银州县的政策，地方官员和乡贤们常常不得不殚精竭虑，奔走于朝野之间。崇祯十年（1637），侯峒曾在给户部尚书程国祥、应天巡抚张国维的数通书信中，多次将"折漕"和"官布"二事并举①，清初苏渊《上赵邑侯请减浮粮议》亦称："嘉民倒悬之闲，莫如前所言，加漕、官布二条矣"②，从中可见鼎革之际嘉定县地方行政之侧重。虽然官布折征在明清嘉定赋役改革的进程中可视为全面折漕的一个中间环节，但是直至清初，它仍具有相对的独立性，经受着与折漕几乎同样的历史考验。顺治年间的运军"加漕"事件，将"折漕"的反面形象作了一次几近彻底的曝光，康雍乾时期，围绕折漕的归属问题，则以"血的代价"换取到了地丁的大幅蠲免。后者成为同光间嘉定、宝山二县减赋的"绊脚石"，最后虽勉力得以解决，但折漕的"负面效应"在清代表现得越来越明显。这或许可以令我们对"清承明制"的说法持有更多的反思。

制度运作中人的因素同样非常重要。明代之所以能够轻易成事，与当时嘉定籍官员的关系网络和社会动员能力之强大密切相关，每一次遇到强大阻力，都会有"贵人相助"。清初嘉定人在朝廷的声音完全被淹没，运用与明代类似的沟通方式，不仅要付出更大的代价，而且也很难达到良好的效果。腐败的吏治和严格的考成，将明清嘉定历史上最黑暗的时刻定格在了 17 世纪下半叶，诚如时人陆时隆所云：清初之"浮粮，不由明祖，而由墨吏狡胥之私派滥加也明矣"。③ 所有的制度都有其多面性。不光是嘉定的折漕改革，在明清时代江南推行的"均田均役""版图顺庄"法等，或亦可如是观。

（作者单位：中山大学历史地理研究中心）

---

① 《折漕汇编》卷 3《复折疏议书启》。
② 《苏渊上赵邑侯请减浮粮议》，《折漕汇编》卷 4《加减漕粮疏议书启》。
③ 陆时隆：《浮粮辨》，《折漕汇编》卷 6《纪述始末》。

运河与漕运的历史逻辑

吴士勇

这些年随着运河申遗工作与南水北调东线工程的不断推进，运河和漕运逐渐成为学界关注的热点之一，相关研究成果亦层出不穷。然而，从历史和理论角度回答运河与漕运的内在逻辑关系的研究却极为罕见。大家想当然认为，大运河虽完全违背了中国大河东西走向的自然规律，且在历代运转中耗费了惊人的人力、物力，但毕竟有大功于漕运，进而对维护王朝的长治久安产生不可估量的积极影响。倘若如此，作为漕运载体的运河必然开凿疏浚在前，而作为运河主要功能的漕运则运作于后。如果运河与漕运之间存在着因果关系，那么运河为因，漕运为果，而不是相反。这种未经详细的历史考察和理论论证的论调，其实经不起审慎的推敲。本文从考察漕运的原始含义与漕运制度形成的历史动因入手，探讨运河与漕运的因果律与中间媒介，认为漕运乃运河政治化的产物。管窥之见，尚请方家指正！

一 运河与漕运的因果律

我们公认的运河与漕运的因果律是运河为因，漕运为果。原因必然发生在结果之前，这是一切自然科学和社会科学都承认的科学因果律，否则便是形而上学或神学的理论。可是，当我们考察漕运的原始含义与漕运制度形成的历史动因时，却发现其中大有深究之处。

许慎《说文解字》云："漕，水转谷也。一曰：人之所乘及船也。"①

---

① 许慎：《说文解字》卷 11 上，中华书局 1963 年版，第 237 页。

司马贞《史记索隐》："车运曰转，水运曰漕。"① 这两种说法大同小异，均认为漕运的本义为水运，尤指谷物水运。人类开始舟行水上，运输物资，便有了漕运。明代学者丘濬对此持有异议，他认为自古漕运陆、河、海三种皆有。② 清人段玉裁作注时，认为"人之今乘"后脱一"车"字，"盖车亦得称漕"。③ 近人张舜徽在《说文解字约注》"漕"字按语中引《汉书·赵充国传》及注："臣前部入山伐材木，大小六万枚，皆在水次，冰解漕下。颜注云：'漕下，出水运木而下也。'"张氏认为，漕之为用，不专于转谷也。④ 何乔远认为："漕之道有三，曰陆、曰海、曰河。陆之运费，海之运险，惟河为宜。"⑤ 由是观之，漕运可陆、可河、可海，其运输对象亦不限于粮食一种，只不过所费人力、财力有多寡。河运视陆运要省力，视海运要安全，除元代外的历代王朝漕运均首选河运。总之，自然水道作为漕运载体，出现较早，且渐广为接受⑥，而运河显然是作为自然水道的补充呈现于世的。如此来看，运河并非漕运的必要条件。

漕运的历史动因是多方面的。从历史发展来看，先秦分封体制下，虽有"普天之下莫非王土，率土之滨莫非王臣"之说法，但"天子中千里而为都，公侯中百里而为都。天子之都，漕运东西南北所贡入者不过五百里；诸侯之都，漕运所贡不过五十里。所以三代之前漕运之法不备"⑦。诸侯、卿、士大夫对于上级的贡赋极其有限，甚至徒留形式。这一方面与诸侯及以下的统治者统辖的采邑保持着政治、经济的相对独立性有关；另一方面，在生产力相当低下的条件下，大规模、长距离的物资运输不太现实。正如《管子》所论："粟行三百里，则无一年之积；粟行四百里，则

① 司马迁：《史记》卷 30《平准书第八》，司马贞《索隐》，中华书局 1959 年版，第 1422 页。

② 参见丘濬《大学衍义补》卷 34《治国用·漕挽之宜下》，京华出版社（北京）1999 年版，第 309 页。

③ 段玉裁：《说文解字注》十一篇上，上海古籍出版社 1988 年版，第 566 页下。

④ 张舜徽：《说文解字约注》卷 21，中州书画社 1983 年版。

⑤ 何乔远：《名山藏》卷 49《河漕记》，张德信等点校，福建人民出版社 2010 年版，第 1350 页。

⑥ 参见杨文煊《历代漕运评述》[《中国学报》1944 年第 12 期] 最早关注了漕运本义问题。吴琦在《漕运"辨义"》（中国农史）1996 年第 4 期] 中转述之，并探讨了漕运的原始意义与社会意义。倪玉平的博士论文《清代漕粮海运与社会变迁·绪言》（上海书店出版社 2005 年版，第 8—9 页）对此探讨最为全面。

⑦ 吕祖谦：《历代制度详说》卷 4《漕运》，两淮马裕家藏本，江苏广陵古籍刻印社（扬州）1983 年版。

无二年之积；粟行五百里，则众有饥色。"① 所以，春秋战国时期虽也有邗沟、鸿沟等人工运河与"泛舟之役"②的粮食水运，但国家层面上制度化的漕运是不存在的。③

漕运的制度化始于秦，丘濬认为，"飞挽始于秦，秦以欲攻匈奴之故，致负海之粟，输北河之仓"④。那么，是什么样的历史因素导致漕运制度化了？鲍彦邦认为，漕运是一种因封建社会地区间经济发展不平衡，商品交换关系不够发达，封建政府为了供应政治中心粮食，以赋役形式，进行地区间粮食调拨的方法。⑤ 彭云鹤认为，漕运制度的产生，是由于自给自足的自然经济占主导地位的封建社会，地区间经济发展不平衡，商品交换尚不发达，全国经济中心不断南移，与政治中心、军事中心相去日远。封建政府于是以国家政权的力量，以田赋形式，从重点产粮地区，攫取巨量的粮食与物资，再通过水道运往京师或其他地区。此类专业运输，便是漕运。围绕这一活动而制定的各种制度，即漕运制度。⑥ 此二说均认可漕运制度化的前提是一个强大的中央集权政府，以及小农经济形态下的经济中心、政治中心分离的社会形态。不过，这样的概述缺乏对漕运制度演变的分析，对漕运的具体特征也没有具象的界定。李治亭认为，漕运由国家经营，处于中央政府的直接控制之下。通过水上运输，把征收的税粮及上供物资，或输往京师，或实储，或运抵边疆重镇，以足需要，并借此维护对全国的统治。⑦ 此论比起星斌夫"漕运就是把税粮为主的官有物资，通过水路由地方送往京师，有时则从京师运送到地方的一种制度"⑧之说要详尽得多，将漕运的基本特征胪列殆尽。此外，吴琦认为，中国漕运是封建社会中央政权通过水道强制性运转官粮物资的一种形式，主要满足京城皇室、官兵及百姓的用粮需要。它与中国封建社会相始终，它以封

① 《管子·八观第十三》。

② 《左传》僖公十三年。

③ 有关这个问题，可参阅史念海先生的《中国的运河》第二章"先秦时期运河的开凿及其影响"（陕西人民出版社 1988 年版，第 11—64 页）。

④ 丘濬：《大学衍义补》卷 33《治国用·漕挽之宜上》，京华出版社 1999 年版，第 301 页。

⑤ 参见鲍彦邦《明代漕运研究·明代漕运的形成及其赋役性质》，暨南大学出版社（广州）1995 年版，第 1 页。

⑥ 参见彭云鹤《明清漕运史·前言》，首都师范大学出版社 1995 年版，第 1 页。

⑦ 参见李治亭《中国漕运史·序言》，台北：文津出版社 1997 年版，第 1 页。

⑧ ［日］星斌夫：《明代漕运的研究·绪言》，日本學術振興會（东京）1963 年版，第 1 页。

建集权政治为母体，以小农经济为经济土壤，以优良的水道运输系统为运输载体。① 类似的观点在陈锋《漕运与中国社会》② 一书中也有反映。以上学界诸说各富特色，但大都忽略了漕运的内在历史演进。倪玉平博士认为，传统社会早期的漕运泛指官方物资的水运，它的内容多样，诸如粮食、木材、金属等物质的运输，均可视为漕运。到了宋元以后，随着漕运制度的发展，漕运便专指漕粮运输。③ 此良为确论。

秦汉以降，帝国庞大的中央官僚机构、军队体系为维持正常运转，发挥其政治、军事功能，需要巨量的粮食与其他物资供应。另外，国家为应对各种突发事件，也需要储备相当数量的粮食。专制王朝对粮食的政治渴求，使得漕运成为帝国母体须臾不可废止的附属物。自给自足的小农经济在强大的集权统治下分散而软弱，只能源源不断地提供赋税。聪明的统治者往往扶植小农生产，巩固其赋税之源，从而维系王朝的长治久安。很明显，帝国专制体制与小农自然经济的结合，才是漕运制度出现并发展的最根本原因。至于运河开凿与疏浚之类的大型水利工程，亦完全是历代王朝利用已有的自然水道而实施的政治行为，运河只能是漕运产生与发展的客观条件之一，甚至不能算是漕运的充分条件。

质言之，无论从漕运的原始含义，还是从漕运产生的历史动因来说，运河与漕运之间都存在着因果关系，但远非唯一直线式。运河既非漕运制度化的必要条件，也非充分条件。

二　政治：连接运河与漕运的纽带

既然如此，那么连接漕运与运河的媒介又是什么？答案是政治。历代王朝的政治诉求，多通过运河的漕运功能彰显。正如前文所言，制度化的漕运是中央集权王朝对各经济区施行的政治行为，它以人工运河沟通自然水道作为漕运的客观条件，亦可谓由于对漕运的需求，王朝政治渐渐与运河紧密相连。

---

① 参见吴琦《中国漕运产生的历史动因》，《华中师范大学学报》（人文科学版）1995 年第 3 期，第 105—109 页。

② 参见陈锋《漕运与古代社会》第一章"漕运，集权统治的产儿"，陕西人民教育出版社 2000 年版，第 1—19 页。

③ 参见倪玉平《清代漕粮海运与社会变迁·绪言》，上海书店出版社 2005 年版，第 10 页。

经济决定政治，政治与运河联姻是一个渐进的过程，其关键原因在于历代政治中心与基本经济区不断转移。① 历来王朝大政，莫不以供奉政治中心（京师）为先。所谓"事在四方，要在中央。圣人执要，四方来效"②，便是这个道理。自秦以来，中国古代的政治中心始终在变化中：秦至北宋的政治中心变动轨迹大致沿着长安—洛阳—开封这一纬线做由西向东运动，政治格局主要表现为东西关系。三国两晋南北朝、五代十国时期大体可以看作政治格局由东西关系向南北关系转变的一种过渡形态。南宋至清末的政治中心变动轨迹大致是由杭州—南京—北京这一经线做由南向北运动，政治格局主要表现为南北关系。政治中心的转移，与王朝山川形势、政治军事环境有关。

与之不同的是，古代基本经济区③不断南徙，走上了与政治中心不同的发展轨迹。从关中到关东，从巴蜀到江淮，从两湖到江南，这些基本经济区都曾对王朝政治产生过决定性的影响。为了保障对政治中心的长期稳定供给，统治者对水利事业施以始终如一的关注，"用政治手段执行了经济职能，即举办公共工程的职能"④。马克思用"亚细亚生产方式"理论解释此类东方专制主义社会，德国学者魏特夫则进一步加以发展。他认为，东方专制主义社会形态起源于干旱和半干旱地区的治水活动。在这类地区，只有当人们利用灌溉，必要时利用治水的方法来克服供水的不足和不调时，农业生产才能顺利和有效地维持下去。这样的工程需要大规模的协作、严明的纪律、从属关系、强有力的领导以及遍布全国的组织网。因此，控制这一组织网的人总是巧妙地准备行使最高政治权力，于是便产生

---

① 我友张文华博士曾与我讨论过这个问题，文华兄示我其大作《运河与中国政治中心的变迁》（《淮阴师院学报》2007 年第 5 期）。此段文字部分参阅其研究成果，谨谢之。

② 《韩非子·扬权第八》。

③ 冀朝鼎最早提出中国古代基本经济区的概念，并以此论证古代水利事业发展与其关系，从而揭示基本经济区变动与中国历史上统一及分裂的内在联系。见氏著《中国历史上的基本经济区与水利事业的发展》（中国社会科学出版社 1981 年版）。李伯重在考察江南经济区时认为，经济区的选定须基于两点：一是该地区必须是一个自然—生态条件相对统一的区域；二是长期的历史发展所导致的该地区内部经济联系的紧密与经济水平的接近，使此地区被人们视为与毗邻地区有着显著差异（《简论"江南地区"的界定》，《中国社会经济史研究》1991 年第 1 期）。本文的基本经济区服膺李氏之说。

④ 马克思：《不列颠在印度的统治》，《马克思恩格斯选集》第 2 卷，第 64 页。马克思对东方社会用政府力量干预水利事业产生过浓厚的兴趣，并试图用生产力状况分析东方专制主义国家的这种特殊职能。

了君主专制为主导的东方专制主义。① 魏特夫的"治水社会"理论，与马克斯·韦伯的先有新教伦理，后形成资本主义生产方式论断颇有异曲同工之处，然而这种社会意识决定社会存在的逻辑，正好与马克思的论述相反，也违背了中国历史发展事实。只有当强有力的中央集权政府形成后，才能对大型水利工程有效地规划、运作和管理，而不是相反。② 此外，官僚阶层的经济职能取决于专制政权的政治目的，而远非魏特夫所言的对人民大众的义务感。

冀朝鼎同意马克思的说法，认为国家机器把开凿运河之类的水利事业当作政治斗争的一种主要手段，目的就在于管理那些在不同程度上独立自给的基本经济区，"这种国家内部组织的松散性与各地区自给自足的特性，大大扩充了地区关系上的重要性与困难，从而也就显示了作为统一管理的物质基本的基本经济区是多么的重要"。③ 很显然，中央政府无论是发展与维护基本经济区的经济活动，还是举办大型水利工程（如运河）都属于统治手段，其本质上仍是政治行为，真正的目的在于维系政治中心地位的稳固。

在这样的背景下，运河自诞生之日起，其选线就与政治中心和基本经济区的连线大致重合。秦汉至南北朝的政治中心与基本经济区都在中原，运河大致是东西走向，中原之外的运道也大都是指向中原。隋代形成了以东都洛阳为中心的向西北、东北及东南辐射的全国性运河网络体系，其走势"犹如一把张开的纸扇，沿扇形的两边，分别开凿了通向东南和东北的运河，穿越黄河下游南北和长江下游富庶经济地区的中心，其柄端又直插关中平原的中央"④。唐宋两朝特别倚重汴河，而永济渠则经常断航。北宋亡国，南宋僻居杭州，汴河繁荣不在，500 多年国命所系的大河，陷入了无可奈何花落去的颓境中。元代建都于华北平原北端的北京，离开了东西横向的轴线，不过此时的基本经济区已远在江南，原有运河或淤或塞，不能满足漕运需求。这样，南北贯通的京杭大运河应运而生。元代漕

---

① ［德］魏特夫：《东方专制主义·前言》，徐式谷等译，中国社会科学出版社 1989 年版，第 2 页。

② 解释中国式的专制主义社会形成比较流行的理论是"酋邦"说，可参阅谢维扬《中国早期国家》（浙江人民出版社 1995 年版）。

③ 冀朝鼎：《中国历史上的基本经济区与水利事业的发展》第四章"作为中国国家经济职能的治水的起源"，朱诗鳌译，中国社会科学出版社 1981 年版，第 61 页。

④ 马正林：《中国运河的变迁》，《陕西师大学报》1978 年第 1 期。

运以海运为主，运河的漕运作用并不明显，其主要作用在于为明清两代河漕的发展奠定了坚实的基础。历史上运河经历由东西走向向南北走向的巨大转变，主要原因就是国都与基本经济区连线的变迁，国都变了，运河随之变；基本经济区南迁，运河随之南迁。谭其骧先生认为，唐宋以前的运河以中原为主，呈多枝形发展，将众多地区联系起来，对于平衡调剂各地经济文化有重大作用。元明清运河的南北向线性布局，将政治军事中心的北京与基本经济区的江南连接起来，在形成东部交通大动脉的同时，将广大的中部和西部摒之于主要交通线之外，这既不利于中西部地区自身的发展，也不利于全国各地的经济文化交流。① 此诚灼见也！

　　运河与漕运结合的原因还在于，政治行为而非经济活动决定了漕运的制度化运作。帝国中央集权统治是漕运制度化的母体，漕运乃超经济的政治行为，因而自漕运制度化始，中央王朝就拒绝了以商品流通的方式调节市场粮食供应的可能性。马克思认为，农业社会的小农群体生活条件基本相同，彼此间类似的生产方式并不让他们相互交往，而是相互隔离。大多数农户自给自足，消费自己生产的消费品，他们取得生产资料的方式也主要依靠自然，而不是社会的商品往来。小农之间存在着地域联系，但他们的利益共同性并不形成全国性的共同关系，形成一种政治组织。由于小农不能代表自己，于是便有了站在小农头上的权威代表他们、主宰他们，形成不受限制的政治权力。马克思称为"行政权力支配社会"。② 中国秦汉以来的社会与马克思笔下的法国农村极为相似。统治者的行政权力（政治权力）最大的外化表现便是掌控经济资源，如果某一权力主体掌握着财产，并对经济生活的各个领域进行管理，那么他就能够对他人实行控制并对国家政策施加决定性的影响。③ 马俊亚归纳得好："即使政治权力起源于某些经济权力，但政治权力始终对经济权力起决定性作用。"④ 政治权力能够决定社会财富的流向，并且这种流动还可以被纳入统治者预先设定的、可控制的通道中。既然如此，政府就失去了发展商品经济，以市场

---

　　① 参见谭其骧《黄河与运河的变迁》，《地理知识》1955 年第 9 期。

　　② 马克思：《路易·波拿巴的雾月十八日》，《马克思恩格斯全集》第 8 卷，人民出版社 1961 年版，第 218 页。

　　③ 参见卢少华、徐万珉《权力社会学》，黑龙江人民出版社 1989 年版，第 114 页。

　　④ 马俊亚：《被牺牲的"局部"——淮北社会生态变迁研究（1680—1949）·导言》，北京大学出版社 2011 年版，第 10 页。

原则进行物资流动的动力。这种理论很好地解释了在帝国集权体制下，国家所需物资只能通过漕运，而不是通过商品自由流通来供给的历史事实。①

我们还可以从明代漕运的实践中找到例证。樊铧考证出明廷停海运的决定是在永乐十二年（1414）闰九月作出的，而其时清江浦尚未开凿，因而"朝廷放弃海运专行运河的决定导致了清江浦的开凿，而不是反之"②。顺着这个思路，我们再仔细审视王琼《漕河图志》收录的两篇奏疏《始罢海运从会通河攒运》《始议从会通河攒运北京粮储》，不难发现，明廷在永乐十二年（1414）九月做出河运的政治决定时，作为河运重要的配套设施五大水次仓（淮安、徐州、临清、德州、天津），只有淮安仓粗具规模，用于漕运的浅底船亦只有 500 艘，远不足敷用。③这些史实说明，先有内河漕运的政治决定，后有开凿清江浦、扩建五大水次仓、大建浅底船等相关运河与漕运的配套建设，因此，明代内河漕运绝非南北物资流通水到渠成的经济行为，而是附庸于中央集权体制下不计成本的政治决策，并最终导致了明代漕运的制度化运作。

三　漕运：运河的政治化

现代汉语的"化"加在名词或形容词后面，形成词缀，表示转变成某种性质或状态。运河的政治化，表明运河的开凿、疏浚、运行、维护等实践行为，均为集权政体政治运作的结果，并且首先服务于漕运这一政治主题。正如诗分"有我"和"无我"之境一样，一条静静的运河，正是"明月松间照，清泉石上流"的"无我"之境。作为"他者"的潺潺流水，并不牵涉成王败寇的兴衰往事，更不会激荡起历史的"一池春水"。只有行走于运河及两岸的人，才会在特定的历史背景下，依靠运河的广阔舞台，上演一幕幕历史悲喜剧。跋涉的旅人、劳碌的运丁、哀怨的思妇、

①　欧洲在资本主义萌芽之前的中世纪，有包买商制度，调节市场粮食供应。这与明代开中制颇有几分相似，不过东方专制主义社会与马克·布洛赫笔下的欧洲封建社会发展道路不同，一如两条互不相交的平行线。强行将这两种范式放在一起比较，是不合时宜的。

②　樊铧：《政治决策与明代海运》第二章"海运时代海运的实行与停罢"，社会科学文献出版社 2009 年版，第 79—82 页。

③　笔者未刊稿《明代支运法创设考》另有详述。

枕水的土著等各色人等都曾在这个舞台上演出过自己的剧情，然而，尽管王朝频繁更迭，但真正的主角却从来都没有改变，那便是"有我"之境中的"我"，用政治手段管理和维护运河的统治者。

由于漕运的需要，王朝大政向运河倾斜及运河的政治化几乎同时进行，或者说，二者就是孪生的兄弟，彼此的基因相差无几。运河的政治化首先表现为历代王朝设职官对运河及漕运进行有效的管理。①

设官员开凿河渠、管理水利事业可追溯至传说中的尧舜禹时期，"虞舜命益作虞，以掌山泽。周官有林衡、川衡二官，掌林麓川泽之禁"②。秦统一后，在诸卿之中设置两名治粟内丞（也称治粟内史），其属官都水长丞和太仓令，其对运河与漕运管理属于兼职性。汉袭秦制，只是作了一些细微调整。至魏晋南北朝时，运河及漕运职官制度一直处于萌芽阶段，没有革新性的变化。隋唐以来，京师长安所产有限，不足以应对庞大开支与战略储备，于是开始转运东南之粟。唐玄宗任命陕州刺史李杰充陕州水陆发运使，负责黄河上游关键一段水路的漕务。宣州刺史裴耀卿建议增置转运仓，在危险河段配合使用陆运方式运输。裴耀卿的建议获得了唐玄宗的同意，这次改革亦使东南漕运转输法成为制度，此后，转运使的设置逐渐增多，运河及漕运管理逐渐走向专职化方向。北宋中央的三司（元丰之后则为户部）负责运河与漕运的主管部门，地方上的转运司和发运司协作管理漕运，运河与漕运的职官制度化基本形成。南宋偏处一隅，无须大规模转运。元代大运河南北贯通，中央设都水监总理漕运。运河时有淤塞，漕运遂以海运为主，主管机构是海道运粮万户府，以蒙古人担任达鲁花赤，汉人担任万户长。明清两代运河与漕运职官制度日趋成熟。明初承袭元代海运之制，随着运河的全面疏浚，漕粮的运输主要转向河漕。明自永乐帝迁都北京后，逐步制定了南粮北运的漕运规制，并设总漕、总河分治漕、河。至此漕运部门从其他部门中分离出来成为一个独立管理机构。清代漕运已发展成为完整的经济系统，运河与漕运管理机构健全，组织严密，形成了一整套严密的职官制度。

由上可知，运河与漕运职官制度伴随着漕运而生，当漕运弊端丛生

---

① 此类著述甚多，历代正史职官志均有表述，安作璋主编的《中国运河文化史》按时代顺序胪列甚详，足资参阅，这里只探讨运河与漕运职官的大致演变规律。

② 杜佑：《通典》卷27，浙江古籍出版社1987年版，第162页。

时，才设置相应的官员去解决问题。随着国家对漕运需求的不断增长，政治对运河的影响力也在不断增强，表现为：运河与漕运职官逐步走向专职化、制度化，至明清已趋于完备与成熟；运河与漕运最高长官从地方行政系列逐渐升格为中央官员，至清代时已臻顶峰。

运河的政治化还表现为，为了维护漕运的畅通，中央政府动用一切政治资源，不惜浪费人力、物力，牺牲局部利益，并由此形成一股庞大的政治利益集团。① 这一点在明清两代表现得尤为明显。

正如前文所云，国家政治中心与基本经济区之间的通漕河道往往是王朝政治生活的生命线，尤其是明清两代定都北京，贫瘠的华北平原无法满足奢华的皇家需要，江南转漕之粟便成为国家紧关命脉，即所谓"一日不得则饥，三日不得则不知其所为命"②。有鉴于此，国家为了保漕，往往不计经济成本。如成化十年（1474）开凿仪真罗泗闸之前，"其各船至坝，经旬需次，起若凌空，投若入井，财废船坏，不可胜算"。③ 利玛窦等认为，运河行船，需要走征调民夫拉纤；过闸时，又耽搁良久，且在闸坝出入口，常有船只覆没，水手们很少能幸免于难。④ 漕运制度是以巨大的人力、物力、财力的耗费为代价的，为维持漕粮河运、修浚运道，设置职官、修造漕船、设置屯田等事，是一笔极大的开支。据李文治统计，清乾隆年间每运一石米至京，则要支付三石米以上的代价。⑤ 以明清两代每年运送漕粮 400 万石计，其直接运费即达 800 万石米，又以每石米值银 2.2 两计，则百姓每年要为河运多花费 1000 多万两白银。加上维持运道的每年数百万至千万两白银费用，这几乎占据了清代中期中央政府每年直

---

① 有关这方面的研究，马俊亚《集团利益与国运衰变——明清漕粮河运及其社会生态后果》（《南京大学学报》2008 年第 4 期）及著作《被牺牲的"局部"——淮北社会生态变迁研究（1680—1949）》第一章"淮北治水事务中的地区冲突与政策偏向"（北京大学出版社 2011 年版，第 28—117 页），郭孟良、孔祥君《大运河漕运与中国封建社会长期延续》（《黄淮学刊》1992 年第 3 期），吴琦《漕运与中国封建社会的长期延续》（《中国农史》2000 年第 4 期）等皆有论述。

② 王在晋：《通漕类编·序》，《四库全书存目丛书》史部第 275 册，第 242 页下。

③ 顾炎武：《天下郡国利病书》第 12 册，载《续修四库全书》"史部地理类"，第 596 册，第 64 页上。

④ 利玛窦、金尼阁：《利玛窦中国札记》，何高济等译，广西师范大学出版社 2001 年版，第 229 页。

⑤ 参见李文治、江太新《清代漕运》第十二章"道光后漕运改制政策（下）"，社会科学文献出版社 2008 年版，第 361 页。

省 4000 万两左右财政收入之半壁江山。① 如此的非人道之举，如此的财政浪费，既让国家背上沉重的财政负担，又使得最后被转嫁负担的升斗小民日趋贫困下去。

为了漕河的整体畅通，统治者还不断牺牲苏北、皖北、鲁南等地的局部利益。1128 年，宋人掘开黄河大堤以阻挡金兵南下的铁骑，从此黄河夺淮，改变了淮河流域的水系。明弘治年间，刘大夏建黄河北堤，以解决黄河北岸的溃决之虞，自此"淮北始有河患。水道之迁徙，此后益开其扁钥，实自禹以来未有之变局也"。② 明廷对治黄保运有明显的政治目的，"祖陵水患为第一义，次之运道，又次之民生"③。清代治河虽抛弃了明人维护泗州祖陵的心头悬剑，但在运道畅通高于民生安危这一认识上是高度一致的。如为了保证潘季驯制定的"束水攻沙、蓄清刷黄"的治黄方针得以顺利实施，明后期及有清一代，罔顾淮河中游平原地带不宜修建水柜这一事实，不断加筑高家堰，形成了巨大的人工湖泊洪泽湖。繁华的泗州城及周边乡镇，终成烟波万顷的水乡泽国。又如微山湖，地势本低于运河河床，清代强行将之纳入为蓄水济运的大水柜，致使微山湖淹没的农田与村舍越来越多，乾隆年间，微山湖的面积竟达 2055 平方公里。魏源沉痛地说："山东之水，惟许害民，不许利民，旱则益旱，涝则益涝，人事实然，天则何咎!"④ 对苏北、皖北、鲁南等地区而言，这条政治的运河以威权力量，破坏了原有的自然环境，极大地阻碍了当地社会经济的发展。隋唐时还是富足天下的鱼米之乡，明清以后竟成了水旱频仍的穷乡僻壤。⑤ 即便被称为点缀在运河沿线的明珠——运河城市，也是建筑在沙滩上的虚假大厦。它们依靠漕运政治的表面商业繁荣，并无城乡实体经济的强力支撑，其积聚的商业资本多为政治的附庸，一旦漕运大政改变，繁华的浮萍随风而逝，就只能永远地停留在后人的追忆中。

运河及漕运的职官制度至明清两代日益完善，这种制度下的官僚群体和乞食运河而生的人群，形成了一股强大的政治利益群体。运河政治化的

---

① 参见王庆云《石渠余纪》卷 3，北京古籍出版社 1985 年版，第 50 页。

② 武同举：《江苏淮北水道变迁史》，载《两轩滕语》，1927 年（印本），第 5 页。

③ 《部复分黄导淮告成疏》，载朱国盛编《南河志》卷 4，第 14 页下，天启五年（1625）抄本。

④ 《魏源集》上册，中华书局 1976 年版，第 408 页。

⑤ 此段文字部分参阅马俊亚《集团利益与国运衰变——明清漕粮河运及其社会生态后果》（《南京大学学报》2008 年第 4 期），谨致谢忱。

最大受益群体是漕运与河工大臣，他们获益方式多样，最主要的便是不断制造水灾，兴办治河工程，进而中饱私囊。"自乾隆季年，河官习为奢侈，帑多中饱，寝至无岁不决。又以漕运牵掣，当其事者无不蹶败。"[1]上行下效，通漕之省大小官员，对于名目繁多的剥浅费、过闸费、过淮费、屯官费、催儹费、仓胥费利益均沾，即便是运丁中看似无足轻重的伍长，也"鲜衣怒马，酒楼歌馆，举百万金钱荡而化为灰烬"[2]。还有一些不守成法之奸顽官役，利用漕船南回机会，夹带私货牟利，甚至"隐藏犯法人口，倚势恃力，行凶害人。借名阻碍河道，殴打平人，托言搜寻失物，抢劫民船。且有盗卖漕粮，中途故致船坏，以图贻害地方"[3]，成为引发社会矛盾之蠹虫。运河政治化的利益群体是明清专制主义中央集权不断加强的产物，其政治、经济利益的习惯性膨胀，损害了商业阶层、普通百姓甚至王朝的利益，成为社会改革与发展的绊脚石。

四　结语

中国地图上雄伟的长城与悠长的大运河组成的一个大写的"人"字，面对长城大漠孤烟、运道长河落日的景象，诗人们吟咏之余，也曾展开过无限的想象：这阳刚的长城与阴柔的运河不正是中国文化阴阳和合的真实写照吗？长城是凝固的历史，运河是流淌的文化，这动静之间微妙组合不也是中国人对自然、社会与人生的独特思考吗？即便抛却文学的诗情画意，当我们直面长城的一砖一石和运河的一闸一坝，也不由得为我们祖先伟大的创举而惊叹自豪！中国历史上的运河很多，但老百姓习惯性地将隋代开始开凿的京杭大运河视为狭义上的运河代称。今天大运河的北段早已淤塞，甚至变为良田，但中国政区地图上的运河依然以连贯的蓝色线条表明大运河贯通南北。这些足以说明，大运河已经超出了历史遗迹与现实航运的社会存在，它同长江、黄河一样，成为中华民族希望南北畅通、天下一家的心灵图腾。

---

① 汪胡桢、吴慰祖编：《清代河臣传》卷 3，中国水利工程学会（南京）1937 年版，第147 页。

② 刘锦藻：《清朝续文献通考》卷 75《国用一三·考八三三四》，浙江古籍出版社 1988年版。

③ 《清朝文献通考》卷 43《国用五·考五二五一》。

大运河的文化符号其实便是历代王朝对其施加的政治影响的结果：从一开始的漕粮运输，到政治化的管理，再到为了维护大运河而牺牲运河区域的局部利益，这些历代不断重复发生的举措效应叠加起来，便形成了运河的政治化过程，其核心目的均为出于王朝政治需要的漕运。尽管漕运陆、河、海三种途径皆可，漕运与运河之间也不存在唯一的直线式的因果关系，但除元代外的历代王朝无不视河运为首选，并不断向民众灌输河运文化的思维定式，培育因运河而生的利益集团，从而让民众从心理上弱化了这条违背自然规律的长河所带来的负面效应，强化了人们对祖先建造这一宏大工程的自豪感，以及基于祖先崇拜而孕育而生的国家与民族的共同认同感。此种结果，恐怕也不是当初设计与开凿大运河的统治者所能料及的了。

（作者单位：淮阴师范学院历史文化旅游学院）

明代漕军的收入研究

李　想　杨绪敏

近年来，伴随着社会史、新文化史乃至后现代主义史学的发展，下层社会群体及其文化引起越来越多学者的兴趣。在此背景之下，作为明代漕运的主要运输者——12 万的漕军受到了不少学者的重视，但漕军收入这一问题基本没有学者深入研究。学者们在遇到此问题时，大多直接引用史料中的一些总结性的说法。漕军收入这一问题虽然不大，却是研究漕军生存状态的必要前提。漕军的收入复杂多样，在各个时期又呈现不同的状态，是随着明政府的政策和漕运的现实状况不断变化的。本文不揣浅陋，试图通过定量分析，比较全面地考察漕军多样且不断变化的收入问题，以求推动这一问题乃至下层社会群体研究的深化。

"大抵驱人于所避必有利必尝之，见其利而忘其害，人乐为趋。"① 明代自永乐时渐行军运，之后军运最终代替了民运，这是中国漕运发展史的一大创举。在军运建制之初，明政府为了稳定漕运，使广大漕军安心为国家服役，在加强对漕军控制的同时，也给予他们一定的报酬与待遇。随着漕运体制的不断完备，漕军的收入也逐渐形成了以行粮、月粮、耗米、轻赍银为主的一个体系，辅之其他一些待遇。这些报酬和待遇在前期还是起到相当大的作用的，漕军都乐于运事，漕运也维持了一段稳定的时期。明中叶之后，随着漕政的败坏与贪官污吏的盛行，漕军的报酬被大量克扣、贪污，广大漕军失去了生活的基本保障，陷入了困苦境地，这反过来对漕运产生了诸多不良影响。

---

① （明）王在晋：《通漕类编》，《四库全书存目丛书》史部第 275 册，齐鲁书社 1996 年版，第 247 页。

一 行粮与月粮

（一）行粮

行粮，又叫口粮，是发给漕军于运粮途中食用的粮食，是保障漕军完成粮运的最基本物资。行粮的定制是一个逐渐的过程，它随着漕运方式的变化而变化。行粮的发放起源于洪武时的海运，洪武二十六年（1393）以前每年海运官军俱自三月十五日起至九月十五日止，每员名日支口粮二升；二十七年（1394）以后每员支口粮米四斗。① 永乐时开始内河漕运时也沿袭了这一做法，漕运官军的行粮，"不分远近俱支（米）三石"。之后在宣德、正统年间行粮数额增减不常。随着军运逐渐代替民运，长运逐渐代替支运，以路途远近作为行粮多少的标准逐渐形成。景泰六年（1455），规定"扬州迤南各卫所每员支米三石，淮安迤北各卫所每员支米二石"。② 至成化初年，漕运方式也最终确立，明政府对行粮按地里远近作了更具体的规定：浙江、江西、湖广、江南直隶卫所并南京各卫，俱于本处支米三石。江北凤阳八卫所并直隶州、安庆、六安、滁州、泗州、泰州、仪真、扬州八卫俱于淮安仓支米麦二石八斗。高邮、淮安、大河、邳州、行州、徐州左六卫，俱于徐州仓支米麦二石六斗。遮洋船并南京水军左等八卫于南京各卫仓，大河五卫于淮安常盈仓，山东于临清仓，俱支米二石四斗；德州、天津等九卫于德州仓支米二石。③ 成化时行粮建制之后，直至明末，数额上都基本没有变化，变化的是发放行粮的地点。如上所述，成化时漕军领取行粮地点主要在本卫所粮仓和淮安、徐州、临清、德州水次四仓。但时过不久就因为水次四仓缺粮等原因，很多卫所"难拘定旧制"，于是自嘉靖二年（1523）起，"浙江、江西、湖广、遮洋四总照旧本处并本卫仓分关支"，江南、江北、中都、山东、北直隶六总"以应运某府某州某卫某所仓米麦照数征兑，就令民户运赴水次听监兑委官查算官军实数，照数兑于该卫所官军"。④ 也就是行粮同正粮一起在交兑水次发放，这是行粮定制后一次大的变革。之后行粮随正粮在水

---

① （明）王琼：《漕河图志》，《续修四库全书》第835册，上海古籍出版社2003年版，第678页。

② 同上。

③ 《明宪宗实录》，"中央研究院"历史语言研究所1983年影印本，第951页。

④ （明）杨宏、谢纯：《漕运通志》，方志出版社2006年版，第190页。

次交兑逐渐成为一种趋势，在本卫所支行粮的逐渐减少。

因为行粮是供漕军运途中食用的基本物资，行粮不足，运军势必会侵盗正粮，明政府为了不使正粮受损，对行粮发放采取十分严格的措施，以此来保证行粮能足量，定时地发放到运军的手中。第一，行粮必须"随粮而兑"，就是必须随正粮一起派兑，不准迟延。如正德十五年（1520）规定"今后各卫运军行粮，务与正粮一时兑之完足"。① 同时下令地方有司要重视漕军行粮的征解，务必要预期征完，同正粮一并交兑，"不许先尽正粮，将行粮落后"。第二，行粮必须足量发放。当粮仓缺粮，或地方有司征收不齐时，就折银发放，务必使运军能领到足够的银两。如弘治十七年（1504）规定，浙江领运官军的行粮如果不敷，就领布政使"每石折银四钱，给散运军"。② 嘉靖四十四年（1565）又规定，如行粮征收不齐，"江浙、湖广每石折银五钱，扬州等卫，该凤、淮二仓支者，每石折银四钱"，这些银两"于库贮别项银两借支补还"。③ 第三，由运军亲领。为了防止漕运军官贪污侵扣下层军士的行粮，明政府规定行粮由每名运军亲自支领，不得经由运官之手。在嘉靖时，每当发放兑支行粮，"务要各船旗甲亲领，不许冒名代支"。④ 明后期，行粮部分折银，监兑官员在发放银两时也需"凿碎包封"，唱名后由运军亲领，重申"不许运官代领"。⑤ 总之，这一系列措施的实行主要就是出于行粮对漕军的特殊重要性考虑的，它是漕军能安心服役的最基本保证。

（二）月粮

行粮是供漕军途中食用，而月粮则是漕军养赡家人的。漕军虽是一支颇为特殊的部队，但究其根本，仍属于明代的军籍，所以漕军与其他性质的卫所军士一样有基本的月粮。明初洪武时就制定天下卫军月粮之例，"令京外卫马军月支米二石，步军总旗一石五斗，小旗一石二斗，军一石，城守者如数给，屯田者半之"。⑥ 漕军部队中绝大部分都是普通的卫军，所以

---

① （明）李东阳、申时行等：《大明会典》，台北：新文丰出版社1976年版，第507页。

② 同上书，第507页。

③ 同上书，第508页。

④ 同上书，第707页。

⑤ （明）王在晋：《通漕类编》，《四库全书存目丛书》史部第275册，齐鲁书社1996年版，第329页。

⑥ （清）张廷玉等：《明史》，中华书局1974年版，第2004页。

按规定月粮为一石，在宣德时，月粮曾一度削减为八斗的，但不久又恢复为一石之制。月粮同行粮一样，对漕军来说至关重要。明代自确立长运法之后，漕军一年要有十个月以上的时间都在运途之中，"身一入运，其势不得以一刻治他生业"①，这样他们的父母妻子得不到其他的生活补助，就仅靠月粮来养活。所以说，月粮也是保证运军家人正常生活，漕军安心服役的基本物资。需要说明的是，由于漕运任务的复杂性，当漕军某些年份不参加运粮时，月粮就会被扣减，如万历十六年（1588），南京水军左等三十四卫减存运军"有妻者每月量给月粮五斗，无妻者正军量给三斗，有妻余军每月量给三斗五升，无妻余军没月量给二斗"。② 这主要是因为这些减存漕军在歇运期间可以自营生理，获得养家糊口的收入。

月粮一般由运军本卫所仓内支给，但正统以后，由于军屯制度的逐渐败坏，屯田的收入锐减，当本卫所无粮时，也有在别地支给的。如扬州、高邮、仪真、通州、泰州等七卫所运军的月粮都是由苏州、常州二府解到扬州府，在扬州府关领的。③ 当遇到"征有不及或灾伤停免时"时，也和行粮一样折银发给，"听各仓库别项钱粮，预行通融处给"。④

（三）行粮、月粮折银

明中叶之后，随着社会生产的发展和商品经济的繁荣，白银逐渐成为最主要的流通货币，这也使得行粮和月粮由本色发放改折银发给成为可能。

行月粮改银发放确切年代已不可考，但在万历初年已经有部分折银。当时户部议准"淮、大、邳三卫运军月粮十个月在江南帮者，给济漕商税银内六个月，屯粮内四个月；在遮洋帮者给济漕商税银内七个月，屯粮内三个月"。⑤ 在万历中期，则规定"官军行月二粮不拘本折，船到时即为给放，不得迟延"⑥，这些都说明此时行月二粮都已有折银发放。明末

① （明）陈子龙等选辑：《明经世文编》，中华书局1962年版，第3637页。

② （明）王在晋：《通漕类编》，《四库全书存目丛书》史部第275册，齐鲁社1996年版，第329页。

③ 同上。

④ （明）李东阳、申时行等：《大明会典》，台北：新文丰出版社1976年版，第506页。

⑤ （明）张学颜：《万历会计录》，北京图书馆珍藏古籍复印中心1995年版，第1106页。

⑥ （明）王在晋：《通漕类编》，《四库全书存目丛书》史部第275册，齐鲁社1996年版，第329页。

清初的谈迁记述明末时每船运军得"月粮四十金，行粮十六金"[1]，以银两数量来代替以前所称的本色石数，说明在明末时二粮改银发放的比例更大。行粮和月粮折银从根本上讲是适应当时的社会趋势的，明代自嘉靖之后，赋役折银上纳成为一种趋势，特别是万历初年的张居正改革，大力推行"一条鞭法"，赋役折银的比重更大。既然明政府的财政收入多为银两，则发给漕军的报酬也会有银两，这两者是相对应的。当然，因为行月二粮主要是供漕军及其家庭所食用，所以虽然有折银，但不可能全部改为银两发放，这也是由漕运的特点所决定的。

二　耗米与轻赍银

严格来讲，耗米和轻赍银并不能完全算作漕军的收入，因为耗米主要是作为漕军运粮的路费和进仓时的费用，而轻赍银则是耗米的部分折银，只有除去必要的花费之后所余的部分才算是漕军的收入。随着漕政的败坏，耗米和轻赍银所余部分也渐渐被官府挪为他用，所谓"耗亦纳官"，漕军真正能够获得的部分微乎其微，这同之前的"正外诸羡，尽归其卒，官无利焉"[2] 的局面形成了鲜明的对比。

（一）耗米

耗米，又叫脚耗，加耗，主要是作为漕军运粮的路费和进仓时的费用。明代漕粮的加耗随着漕运制度的演变而有所不同，在永乐时行支运法，军民共运，卫军参加运粮的时间并不是太长，所以此时只给运军行粮而没有加耗之项。宣德六年（1431），陈瑄奏行兑运法："令民运至淮安、瓜洲，兑与卫所官军运载至北，给予路费耗米，则军民两便。"[3] 至此才出现"加耗则例"。加耗的原则是"以地远近为差"，实际上就是由纳粮民户出支路费，而由漕军代运。加耗的具体数额是"每石湖广六斗，江浙七斗，南直隶六斗，江北淮扬、凤阳五斗，徐州四斗，北直隶、河南、山东三斗"[4]，

---

① （明）谈迁：《枣林杂俎》，中华书局 2006 年版，第 39 页。

② （明）曹溶编：《漕运志》《丛书集成初编》本，台北：新文丰出版社 1985 年版，第617 页。

③ （清）张廷玉等：《明史》，中华书局 1974 年版，第 1917 页。

④ （明）李东阳、申时行等：《大明会典》，台北：新文丰出版社 1976 年版，第 511 页。

之后在宣德十年（1435）对耗米数额又作了一些调整，比初行时有所减轻，除正耗外，还规定征收"两尖米"，这在原来的基础上每石加收一斗左右。宣德年间的"加耗则例"奠定了明代漕粮加耗的基础，以后加耗数额的变化都是在此基础上作稍许调整。成化七年（1471）实行改兑法后，长运至此定制，纳粮民户不需要再运粮到瓜洲和淮安水次交兑，而由漕军驾船赴江南水次兑粮，相应地，纳粮民户再加适量耗米，"浙江等处每正粮一石外加过江米一斗，南直隶等处每正粮一石外加过江米一斗三升"①。所以，至迟在正德年间，各地兑运粮米和改兑粮米的加耗数额就已经确定，具体如表 1 所示。

表1

兑粮省份	兑运加耗（每石）	改兑加耗（每石）
湖广、江西、浙江	0.76 石	0.42 石
江南直隶	0.66 石	0.32 石
江北直隶	0.56 石	0.27 石（其中徐州为 0.22 石）
河南、山东	0.41 石	0.17 石

资料来源：《通漕类编》，第 310 页。

上述所示只是基本的加耗之例，在实际运行中，还有部分地区因为兑粮地的不同另有加耗的，"如河南米在小滩交兑的再加耗米三升"，"山东东昌府属观城、朝城、莘县、冠县在小滩交兑者加耗米三升"②，此被称为"盘剥折银米"。江西的九江、饶州等府有加征的"过湖米"等。另外，耗米的数额因为某些原因还会有局部调整，如万历元年（1573）建成瓜洲闸，漕军可以驾漕船径赴江南水次兑粮（之前漕军都将粮船停泊在瓜洲坝边，而雇民船过江兑粮），省却了雇船的费用，所以过江米从一斗三升削减到了六升。

明中叶之前规定漕军将正粮如数缴纳上仓之后，所余耗米都归漕军支配，应该认为这个数额还是比较大的，所以当时才会出现"旗卒富饶，粮运于斯为盛"的局面。但从正统十三年开始，漕军上仓就要一尖一平

① （明）李东阳、申时行等：《大明会典》，台北：新文丰出版社 1976 年版，第 511 页。
② （明）张学颜：《万历会计录》，北京图书馆珍藏古籍复印中心，1995 年，第 1076 页。

缴纳，这样就比两平斛缴纳每石要多交若干升，万历时户部尚书张学颜认为"此进仓加耗之始"。从此，入仓交粮的加耗不断增加，运军所得的余耗则越来越少。至成化初年，仓场官吏贪图漕军的余耗，采用"淋尖""踢斛"等方法大肆科索，甚至"收粮一石，加耗三斗有余"，漕军不但不能获得丝毫余耗，反有倒贴之患。为此，明宪宗特别下令之后漕粮进仓明收加耗八升，此外仓吏不许多收，以杜绝此患。但即便如此，多收的现象还是屡禁不止，据《明史》记载，每年"仓场额外科取岁至十四万（石）"①，漕军的余耗被剥削的程度可想而知。

至于余耗的数量，各时期大不相同，如前文所述，初行兑运法时，因为政治清明，余耗较多，所以运军才能达到"富饶"的程度。但明中叶后，一部分耗米折银（即轻赍银），一部分被仓吏科索，再加上用以赔补漂流、挂欠等项，余耗已所剩无几。明后期漕军的余耗到底还能有多少，据万历时漕运总督王宗沐奏称的情况可以大概作一定量分析。王宗沐称当年纳粮完毕后，"每船余米多寡不等，俱有余剩"，其中"临清卫剩米二千五百四十五石零，济宁卫米一千一百九十三石零，任城卫剩一千一百一十六石零，徐州左卫剩米一千一百八石零，仪真卫剩米三百九十七石零，扬州卫剩米五百六十五石零，高邮卫剩米一千二百八十二石零"，其他如江北把总，"粮米虽少但亦有羡余"。② 现将以上数据结合各卫所应运正粮、折银后的加耗数量等做简单的计算，制表如下（单位：石）（见表2）。

表2

卫所	应运正粮	船数	折银后加耗	余耗	所占比例	每船平均余粮
临清卫	81845	265	20461.25	2545	12.43%	9.6
济宁卫	71128.38	203	17782	1193	6.7%	5.87
任城卫	18428	60	4607	1116	24%	18.6
徐州左卫	30855.51	101	7713.75	1108	14.3%	10.97
扬州卫	19270.94	44	4817.5	562	11.7%	12.84
高邮卫	11386.85	26	2846.5	282	9.9%	10.84

资料来源：《万历会计录》，第1095—1097页。

---

① （清）张廷玉等：《明史》，中华书局1974年版，第1923页。
② （明）张萱：《西园见闻录》，全国图书馆文献缩微复制中心，1996年，第839页。

从表 2 中我们可以看出，山东把总的这几个卫的余耗占折银后加耗数额 10% 左右，每只粮船可得余耗六石至十八石不等。按一船十名运军来计算，每名运军多者可得一石多余耗，少则半石，在当时的情况下虽说不多，但起码还有剩余。需要指出的是，当时处于万历初年张居正大力整顿漕运的时期，在经整顿后漕运有所发展的情况下才会有这样数量的剩余，在之前和万历中期之后漕政败坏的情况下是达不到如此数量的。况且这还是所剩余耗较多的帮卫，其他帮卫还不及此数。可见，虽然至万历时，漕军还能获得一些余耗，但数量已经极其有限，不足一石，比起兑运之初的数量可谓微乎其微。

运军的余耗一般来说是归各总自行支配的，在前期因为数量较多，不仅可以供回途中食用，还可以赍卖后充作修船、剥浅之费和补贴家用，是漕军一项重要的收入。正德七年（1512）户部规定将漕军的余耗按每石五钱折银收贮在官，"各总掌管，以备到京车脚等项之费，如有余利，漕运衙门查收紧急通融支补"①，这实际上是"以耗为正"，等于剥夺了本属于漕军的余耗。嘉靖之后，以上规定虽被废除，但余耗多归指挥和千百户等运官统一管理却成为定制，很多运官为了防止来年交仓不足额，往往不管普通运军是否同意，"不拘多寡，一体上纳"，作为第二年的"预兑粮"。② 由于嘉靖后一方面边患渐多，边粮需求量剧增；一方面漕政败坏，每年抵达京师的漕粮多不足额，所以明政府也愿意将运军的余耗收入太仓，作为预备粮储。万历初年，漕运总督王宗沐鉴于京师米贱，漕军余耗"卖之也不获多利"，于是建议以合理的价格将余耗收纳入仓，以充明年粮运之额，这样"一石入仓则国家先获一石之储"③，获得了批准。在万历四十六年（1618），明廷也下令"凡各卫所纳之剩米，该仓即具数呈报，督部酌量时价，动支官银收入，另入空廒，挨有挂欠，呈请拨补"，这样"官军得沾实惠，又便速回"。④ 虽然这是明统治者为维护自身利益而被迫采取的措施，但如果官买的价格比较合理的话，对漕军来说也不失为一种良法。

---

① （明）张学颜：《万历会计录》，北京图书馆珍藏古籍复印中心，1995 年，第 1084 页。
② （明）张萱：《西园见闻录》，全国图书馆文献缩微复制中心，1996 年，第 838 页。
③ 同上书，第 839 页。
④ 《明神宗实录》，台北"中央研究院"历史语言研究所，1983 年，第 10727 页。

（二）轻赍银

轻赍银是耗米的部分折银，但并不是有加耗时就有轻赍银的，加耗在宣德时已有，而轻赍银在弘治时才正式定制。在此之前，漕军的运粮路费都用本色耗米，在途中需要剥浅、雇车时就将耗米卖出，换银使用。由于各地的米价不一，临时易卖又耽误时间，所以在弘治十三年（1500），漕运总督张敷华与漕运总兵官郭宏才提议将耗米部分折银征收，在兑粮时将折银一同兑给运军，作为路费等花销。因为折银后可以就轻携带，故名"轻赍银"。①

轻赍银同耗米一样，也视各地远近为差，弘治时定下具体数额见表3。另外在嘉靖七年（1528），通惠河重新浚通，漕船可直接抵达京仓，省以前雇车之费，于是轻赍银在原有的基础上适当削减，现将削减后的数额也列于表3中。

表3

兑粮地	加耗总数（石）	折银数额（石）	轻赍银数额（两）嘉靖七年之前/之后
江西、湖广、浙江	0.76	0.36	0.18/0.17
江南直隶	0.66	0.26	0.13/0.12
江北直隶	0.56	0.26	0.13/0.12
山东、河南	0.41	0.16	0.08/0.08

资料来源：《春明梦余录》第647页与乾隆《淮安府志》第596页。

表3所列轻赍则例只是针对330万石的兑运漕粮而言的，改兑的70万石漕粮因为耗米数少，所以只将其中的二升耗米折银一分（0.01两）使用，称为"折易轻赍"。一般情况下，折易轻赍是远不够运费的，其不敷的部分就在本把总的轻赍银内"通融乞贴应用"。轻赍银在嘉靖七年（1528）重新更定后基本无大的变动，只是在万历元年（1573），瓜仪建闸后，浙东、浙西和下江三总因免于雇民船过江兑粮而每船扣减轻赍银二两二钱（2.2两）。

---

①　（明）孙承泽：《春明梦余录》，北京古籍出版社1992年版，第647页。

　　轻赍银是耗米的折色，本是漕军的路费花销，为漕军之物。在定制初期，使用剩余的轻赍银就归漕军支配，于是漕军颇得便利。至正德时，漕臣李蕙却"借公物以为私贿，希求宠庇"，建议将轻赍银的剩余收贮官库，归朝廷支配。各色运官和势要人等也纷纷染指漕军的轻赍银，或"虚立文约，逼夺轻赍"或"献羡为功"，漕军自己不复能支配轻赍银。为了防止以上诸弊影响正常的漕运，于是户部又制定了将轻赍"鞘封过淮"之法，具体方法是：在水次将各卫所应得的轻赍银征收完毕后，不先给运军，而是鞘封后由专船押运到淮安的漕司。待各帮过淮时，先给十分之三沿途使用，另外的十分之七再次鞘封由标船运至通州坐粮郎中处验过后寄库收贮，待各帮运粮完毕后验算各帮剩余，尽收入太仓使用。此法虽然在一定程度上防止了运官、势要人等的挪用，实际上却是明政府以一种冠冕的理由将漕军的轻赍银全部占为己有，是赤裸裸的剥夺，结果"银虽颇存而粮多侵盗，京储挂欠，官军益困"。① 嘉靖初，改革漕弊，漕运总兵官杨宏奏请轻赍银不必鞘封过淮，而直接发付漕军，听途中使用。此举遭到了科道官员的反驳，户部仔细衡量之后，决定仍行鞘封之法，但赢余不必再入太仓，一部分发给运军，一部分作为修船、修河等费用。② 实际上运军此时能获得的余剩轻赍银已微乎其微，但即使这样的规定仍然没能执行多久，嘉靖初年以后，轻赍银就以各种方式被挪用扣减，逐渐成为明政府可灵活动用的一笔专银，几乎无一年没有别用。行之既久，"司计者竟不知其故，以轻赍入有司考成"③，很多官员竟不知道轻赍银的来由，轻赍银余剩的多少也被作为考察运官政绩的标准，难怪乎有人感叹"尤可怪也"。

　　隆庆、万历之后，轻赍银一方面仍然被不断挪借，另一方面对于轻赍羡余的发放也控制得更加严苛。先给的三分轻赍由各帮运官收管，途中要使用时必须得到部司官员的批准才能动支，"粮船阻浅在卫河者呈请督押参政或沿途管理仓钞部属及兵备等官，查勘真实取有印信执照，才准于随帮三分轻赍内动支"④，手续如此烦琐且费时，有些运官嫌其麻烦，干脆

　　① （明）张萱：《西园见闻录》，全国图书馆文献缩微复制中心，1996年，第840页。
　　② 参见（明）杨宏、谢纯《漕运通志》，方志出版社2006年版，第194页。
　　③ （明）孙承泽：《春明梦余录》，北京古籍出版社1992年版，第649页。
　　④ （明）王在晋：《通漕类编》，《四库全书存目丛书》史部第275册，齐鲁社1996年版，第315页。

分毫不动，"反有守候陪累之苦"，轻赍银的使用已经失去了它应有的意义。至于羡余银的发放也很严格，交粮完毕后各帮先给一分羡余作为回南费用，其余的要"完擎通关，查无挂欠"后才能由运官领回。领回的羡余银也要先给运官，"把总二十两，指挥十两，千户六两，百户四两"①，剩下的才能分给广大运军。若粮船有漂流、挂欠等就不得支领羡余银，以之作为赔补，即使本船无挂欠等项，要是本帮本卫有之，也要连同赔补，羡余银多不可得。羡余银到底被扣减到一个什么样的程度，万历三十年（1602）发布的一条命令可以作为参考，"准给浙东、浙西、湖广、江西四总，每船增银一两，给银四两；江南上江、下江、锦衣、旗手、江北淮大、扬州并中都七总增银五钱，给银二两；每船山东、遮洋二总每船照旧给银一两"②，照一船十名运军，每军运三十石漕粮来计算，浙东等四总每人所得羡余银为轻赍银总数的 7.8%，未增之前为总数的 5.8%；南直隶七总每人所得羡余为总数的 5.5%，未增之前为总数的 4.1%；山东、遮洋二总每人所得占总数的 4.1%，扣减的厉害程度由此可知。这还是在完成粮运的情况下才可得的，如果发生赔补漂流、挂欠的话几乎是分毫不可得。其实，在嘉靖之后再计算漕军应得到多少轻赍已没有意义，轻赍银在本质上已经完全归明政府支配，运军能真正获得的只有完成粮运后的一小部分羡余。可以这样说，轻赍银在嘉靖之后对于漕军来说已成为一种十分奢侈的赏赐了。

三　私货贸易收入及其作用

明代漕军除了行粮、月粮、轻赍银、赏钞这些相对固定的收入外还有一项灵活的收入来源就是私货贸易的所得。私货，又称为土宜、土物、土货等，是明政府允许的，在漕军运送漕粮的过程中携带一定数量的商品，沿途贩卖后所得的利润用来补贴途中花销。这种贸易活动并不是明代首创，在中国漕运史中很早就存在这种漕运运输者利用漕运之便从事免税的私货贸易活动。在宋代，承担漕运任务的"漕卒"每年在回程的时候都

---

① （明）李东阳、申时行等：《大明会典》，台北：新文丰出版社 1976 年版，第 517 页。
② （明）王在晋：《通漕类编》，《四库全书存目丛书》史部第 275 册，齐鲁书社 1996 年版，第 314 页。

可以得到一定数量的官盐，贸易所得自行支配。到了明代，漕军每年要运送数百万石的漕粮，运送任务十分繁重，而明政府又不愿意支付他们足够的报酬，于是明政府就允许漕军从事一定数量的私货贸易作为补偿。有明一代，一方面明政府严厉禁止漕军超额的和非法的私货贸易，一方面漕军却为了生计想方设法地加大贸易量。

（一）明代官方对私货贸易的相关规定

明代漕军的私货贸易最早滥觞于洪武年间的海运，"洪武中海运给辽东，凡役官军八万余人，运军悉许附载私物资私用"。[①] 在运河全线畅通，军运渐盛时，明宣宗下令"今后除运正粮外，附载自己物件，官司毋得阻挡"[②]，即运军可以随船附载一定数量的土产私货，沿途贸易，易换一些生活物资，这种贸易是受官府保护的。此为明王朝准许漕军进行私货贸易之始。此后，明政府又陆续发布了一系列的条令，逐步规定私货限额，"成化中，许带土仪，免供课。弘治中，许每船附带不过十石……嘉靖中，许每船带土仪四十石"。[③] 在万历七年（1579），最终允许"每船许带土宜六十石"[④]，这是明代允许漕军携带私货的最高数额。从最初的十石到最终的六十石，由此可见，明政府对漕军的私货贸易活动还是持基本许可态度的，当然其根本目的还是"使之食用有资，不致侵损正粮"，从而保证漕军能尽量好地完成漕运任务。

明政府一方面对私货贸易持认可的态度，另一方面也对漕军种种"非法"的贸易活动采取严厉打击的政策，如针对漕军普遍超额携带私货就曾多次颁布禁令，弘治年间发布的一道禁令为"凡漕军人许带土产换易柴盐，每船不得过十石。若多载私货……听巡河御史、郎中及洪闸主事查验入官并治其罪"[⑤]；嘉靖十三年（1534）又申明运军不许"多带货物，以致阻浅"[⑥]；万历时，户部议准"（私货）六十石之外，俱行入官"。[⑦]

---

① （明）何乔远：《名山藏》，《四库禁毁书丛刊》第47册，北京出版社2000年版，第120页。

② （明）孙承泽：《春明梦余录》，北京古籍出版社1992年版，第650页。

③ （明）查继佐：《罪惟录》，浙江古籍出版社1986年版，第768页。

④ 《明神宗实录》，"中央研究院"历史语言研究所，1983年，第1874页。

⑤ （明）王琼：《漕河图志》，《续修四库全书》第835册，上海古籍出版社2003年版，第613页。

⑥ 《明世宗实录》，"中央研究院"历史语言研究所，1983年，第3707页。

⑦ （明）李东阳、申时行等：《大明会典》，台北：新文丰出版社1976年版，第517页。

除了发布禁令之外，明政府还在运河沿途布置大小各色官员进行盘验，一经发现漕军违规就就地没收并加以处罚。史籍上大小各级官员就有漕运总督和总兵官、巡按御史、督押御史、巡盐御史、巡河御史、沿河各兵备、各府州的管粮官员，淮安和天津的理刑主事等十数种，甚至连工部抽分厂管事和洪闸主事都有盘查货物、扣押粮船的权力。至万历时又制定了分程稽查制，"监队粮储等官水次先行搜查，督押司道及府佐等官沿途稽查，经过仪真（一个县）听攒运御史盘诘，淮安、天津听理刑主事、兵备道盘诘"。① 明代官方之所以这样层层稽查主要是为了防止漕军只顾私货贸易而耽误漕运任务，允许限额的私货贸易是为了保障漕运，当这种贸易活动影响漕运的时候，明政府当然会全力禁止。另外需要指出的是，由于明中叶后漕政的败坏和稽查官员的贪污腐化，这种私货稽查往往矫枉过正，稽查官员借口盘验私货，趁机敲诈勒索运军，如在正德时漕军船只只带"柴菜竹木等物"，沿途官员也要"拦阻搜查，求索虐害"，漕军虽流涕哀求也"终不悯恻"。到漕军空船回南时，"又假以盘盐为由，每处拘留三五日或十数日，勒取执结，不容放行，虽咸菜鱼腥之物亦皆搜去，甚至有将官军行李衣鞋公然挟制盗取"。② 嘉靖时也有沿河巡捕、稽查官员"不分土宜货物，一概拦阻搜盘，拘留索害，甚至将官军行李衣装攘抢一空"。③ 这种行为不仅严重影响了漕军正常的私货贸易活动，而且妨碍了漕军的漕运任务。

（二）漕军私货贸易的内容和方式

从有关记载来看，明政府并没有明确规定漕军可携带的私货种类，各个时期有不同的规定，如成化时，允许的货物种类有"土产、松杉、板木、篙竹等物"④，这时竹木是没有被禁止的，但到了万历年间则规定"竹木沉重之物"是禁止附载的。一般来说，酒类、丝绸、官盐等物是严禁运载的，而一些地方特产、普通食品、日用品是允许的。实际上，由于漕军的经济能力十分有限，所以他们能置办的私货多是一些廉价之物。尽

---

① （明）王在晋：《通漕类编》，《四库全书存目丛书》史部第 275 册，齐鲁书社 1996 年版，第 333 页。

② （明）张萱：《西园闻见录》，全国图书馆文献缩微复制中心，1996 年，第 841 页。

③ （明）杨宏、谢纯：《漕运通志》，方志出版社 2006 年版，第 188 页。

④ （明）张学颜：《万历会计录》，北京图书馆珍藏古籍复印中心，1995 年，第 1108 页。

管如此，广大漕军为了多赚取贸易利润，维持生计，往往进行多种"非法"的贸易活动。

其一，就是超额多带私货。一般而言，贸易额的增大就意味着利润的增大，所以超额携带就成为漕军多赚取利润的最简单也是最普遍的方法。早在实行兑运法之初就已经出现漕船超额携带的现象，宣德时有官员就反映粮船"所载私货多于官物，沿途发卖，率以为常"。① 成化时，有的漕军为了增加购买货物的本钱"多以原兑耗米尽卖轻赍，置办私货"。② 到明代后期，超额携带之势愈演愈烈，"漕规每船正粮不过五六百石，乃装载私货，不啻数倍"，③ 甚至部分漕军已经不满足于普通的多带，他们自行改造粮船，腾出更大的空间以载私货。嘉靖时有的粮船"身长厢阔，多添梁木"，与定制的漕船不同，这样改造主要就是为了"利于私载"。④ 天启六年（1626），户部尚书郭允厚亦称："浙、直、江、广船只广狭同而载米之多寡异，此皆为私货地也。"⑤ 另外，上文所列举的层出不穷的政府禁令也从侧面揭示了超额附带现象在明代的普遍。

其二，沿途多次交易，以增加贸易量。这其实是一种变相多带的方法，明代官方所规定的私货限额是指从交兑地点开始至纳粮进仓结束的整个过程中只能一次携带的私货数量，但漕军为了增加交易量，往往在沿途各市镇多次买卖，不断买进和卖出，如此交易的私货数量则远超过规定的限额，可获得更多的收入。这也是漕军常用的一种增加收入的方法，景泰时漕运总督王竑就指出当时漕军"但遇市镇，湾泊买卖，延住日久"。⑥ 嘉靖四十四年（1565），针对漕军因沿途多次买卖耽误运期，明政府重申"运粮到处，务照水程严限，不准夹带私货，沿途贸易"。⑦ 由此可见，沿途多次交易在漕军私货贸易中也相当普遍。

其三，揽运商人的货物。明代的大运河主要是作为漕粮运输的通道而存在，但随着商品经济的发展和南北交流的日益密切，大运河也越来越成为南北商品流通的渠道，但明代官府对这种蓬勃发展的商品流通并不重

---

① （明）余继登：《典故纪闻》，中华书局 1981 年版，第 165 页。
② 《明宪宗实录》，"中央研究院"历史语言研究所，1983 年，第 434 页。
③ 同上书，第 1031 页。
④ （明）席书、朱家相：《漕船志》，方志出版社 2006 年版，第 63 页。
⑤ 《明熹宗实录》，"中央研究院"历史语言研究所，1983 年，第 3750 页。
⑥ 同上书，第 5102 页。
⑦ 同上书，第 8863 页。

视，在长达两三千里的运河上设置了重重税卡，商人的货物每经过一处税卡都要缴纳为数不少的商税，一定程度上影响了商业的发展。与之相对的，漕军的私货却是免于课税的，而且漕船在航运的过程中还享有一定的优先权，所以商人从节省运费角度考虑，大多愿意将货物包揽给漕军运送，漕军为了获得运费也乐于与客商合作，于是包揽客商货物也成为漕军私货贸易活动的一种特殊形式。明政府对于这种包揽行为从始至终都持严禁的政策，但收效甚微，屡禁不止，明中叶之后，这种现象越来越普遍，这从明政府发布的有关禁令可以得到反证。弘治时，户部就发布一条禁令："凡漕运船只，除运军自带土宜货物外，若附带客商势要人等酒面、糯米、花草、竹木、板片、器皿货物者，将本船运军，并附载人员参问发问，货物入官。"① 正德时，禁止漕军"不将运船装粮，满载客货，妨误粮运"。② 在嘉靖和万历时明代官方也多次发布这样的禁令。这一系列的禁令正从反面反映了漕军承揽客货的普遍性。

总之，无论漕军从事的是合法的还是非法的贸易，无论采取的是何种方式，都说明了当时私货贸易是十分普遍和广泛的。

（三）漕军私货贸易的作用和影响

目前学者论及漕军的私货贸易的意义和影响时主要有两种观点，一种就是封越健先生在《明代漕船考》中认为的私货贸易活动弊大于利，"漕船附带土宜及违禁私货……明朝的税收因而减少。但明朝的漕运受到的冲击更为严重"③；一种是从商业繁荣方面肯定其积极作用，以林仕梁先生的观点为代表，"他们（漕军）这些贩卖活动客观上对促进沿河两岸的商品外销，加强各地之间的经济交流也起到了纽带和桥梁的作用"。④ 笔者认为，漕军私货贸易活动的意义和影响还有另外一个非常重要的方面往往被忽视了，就是在嘉靖之后，这种贸易活动是维持广大漕军生计的最重要手段，正是私货贸易活动在很大程度上保障了明晚期漕运能继续运行。

---

① （明）李东阳、申时行等：《大明会典》，台北：新文丰出版社 1976 年版，第 523—524 页。

② （明）孙承泽：《春明梦余录》，北京古籍出版社 1992 年版，第 651 页。

③ 封越健：《明代漕船考》，载王春瑜主编《明史论丛》，中国社会科学出版社 1997 年版，第 208 页。

④ 林仕梁：《明代漕军制初探》，《北京师范大学学报》1990 年第 5 期。

　　私货贸易作为漕军收入的补充手段，在定制之初并不占漕军收入的主要地位，漕军固定的收入有行粮、月粮、轻赍银和耗米的剩余等。正德之后，由于明代漕运制度的固有弊端和整个官僚政体的全面腐败，如前文所述，漕军正常的报酬被剥夺得所剩无几，如行粮和月粮多不能按时发放，被贪官污吏侵扣的现象更是比比皆是。广大漕军终年劳苦却生计日蹙，明政府也不能及时优恤，明后期许多官员都直接称之为"贫军"，其困苦状况可见一斑。在这样的背景下，私货贸易反而超过漕军正常收入，成为改善其生活状况，支持他们服役下去的唯一手段。在明后期，明王朝日薄西山，一片衰颓之势，而漕军各种"非法"的私货贸易在京城和运河沿岸的各市镇却呈现越来越繁荣的景象，远非明前期所能比。这种不正常的对比表明漕军只有不断地增加私货贸易活动才能获得一些额外的收入以维持生计，从而继续为大厦将倾的明王朝服役。万历中期以后，漕军制已完全衰败，广大漕军濒临破产的边缘，但即使这段时期漕军每年仍保持了二三百万石的运额，除了明政府的严厉督压之外，私货贸易在一定程度上提供了漕军的生计之需。从这个角度看，漕军的私货贸易活动对保障明朝经济生命线的畅通，维护明王朝的统治基础意义甚大。

（作者单位：淮安市大运河文化研究中心；
江苏师范大学历史文化与旅游学院）

明代漕抚创制史迹考略

——以王竑为中心

胡克诚

　　王竑（1413—1488）①，字公度，河州（甘肃临夏）人，祖籍江夏（湖北武昌），进士出身，历仕正统、景泰、天顺、成化三帝四朝，官至兵部尚书。作为明代政治史上一位关键人物，其事迹最为人称道者有二：一是"土木之变"后，以初仕给事中身份当廷率众捶死王振党羽马顺；二是长期出任督抚，特别是以文官身份总督漕运，开一代官制之先河。有学者指出，"王竑总漕在漕运制度史上意义重大，改变了明初以来漕运总兵官主导漕运的传统，开创文官总漕的先河，并成功地将总漕官职制度化"②。其实，王竑除作为明代首位文官总漕外，还身兼首任"漕抚"（即总漕兼巡抚）③，其巡抚区域为明代南直隶江北的淮安、扬州、庐州、凤阳四府，徐、和、滁三州，史称"凤（阳）抚""淮（扬）抚"或"江北巡抚"。总体来看，现存史籍和研究成果大都只强调王竑首任文官总漕的标志性意义，但对漕抚制度创设过程中的某些细节多有失察或误

---

　　① 谨以此文纪念明代首任文官总漕（漕抚）王竑诞辰600周年。

　　② 吴士勇：《王竑与明代文官总漕体制》，《史林》2012年第6期。关于王竑的研究成果，另见吴士勇《王竑政治事迹考略》，《求索》2012年第11期；陶柯《论王竑文化的性质、内涵及其不朽的社会价值》，《甘肃高师学报》2012年第3期；《王竑诗歌与陶渊明诗歌比较》，《陇东学院学报》2013年第4期，等等。此外，2014年5月由人民出版社出版、王沛编著的《千古人豪　百世衡健：王竑文化六百年》一书，除汇编了现存历代王竑史料外，还刊载有部分今人关于王竑的纪念诗文。

　　③ 按：从现存史料看，"漕抚"的说法大概起于明正嘉时期，如嘉靖年间总漕都御史马卿即著有《漕抚奏议》。"漕抚"一词在《明实录》中最早见于万历四年（《明神宗史料》卷49，万历四年四月戊辰条）。清乾隆《淮安府志》卷9《漕运》中有明确解释："总漕例兼抚事，称'漕抚'。"

解。鉴于此，本文以王竑为中心，探究明代漕抚的创设轨迹，重点考辨王竑总漕的起始时间、王竑之前的历任淮扬巡抚设置情况以及王竑两任总漕之间的权力流向，进而补充和修正现有职官年表中存在的史实遗漏和误载情况，以期促进明代漕运、督抚制度、南直隶行政区划以及江北淮安等处地方史研究的进展。不当之处，还请就正于方家。

一　王竑"总漕"起始时间考辨

关于王竑总漕的起始时间，史料记载不一，甚至同一史书中亦存在前后矛盾。如万历《明会典》中的"督抚建置"条载："总理漕运兼提督军务巡抚凤阳等处兼管河道一员。永乐间，设漕运武臣。至景泰二年，因漕运不继，特命都御史总督，与总兵、参将，同理其事。因兼巡抚淮扬庐凤四府、徐和滁三州。"[1]　而同书"督运官员"条则称："景泰元年，设淮安漕运都御史，兼理通州至仪真一带河道。"[2]　再如，清修《明史·王竑传》载："景泰元年……八月，竑以疾还朝。寻命同都督金事徐恭督漕运，治通州至徐州运河。"[3]　而同书《职官志》却称，"至景泰二年，因漕运不继，始命副都御史王竑总督，因兼巡抚淮、扬、庐、凤四府，徐、和、滁三州，治淮安"。[4]　此外，明人陆容的《菽园杂记》[5]、王世贞的《弇山堂别集》[6] 以及杨宏、谢纯的《漕运通志》[7] 中所载王竑总漕时间为"景泰二年"；正德《淮安府志》则称"景泰元年，（王竑）以金都御史奉敕总漕兼巡抚事"。[8]　今人研究多受此影响，书写不一。其实，仔细查阅明"景泰实录"（即《明英宗实录·废帝郕戾王附录》）即可窥知，王竑总漕的起始时间当在景泰元年末，而非景泰二年。史载：

①　万历《明会典》卷 209《都察院·督抚建置》，中华书局 1989 年版，第 1040 页。
②　万历《明会典》卷 27《漕运·督运官员》，第 196 页。
③　（清）张廷玉等：《明史》卷 177《王竑传》，中华书局 1997 年版，第 4706—4707 页。
④　（清）张廷玉等：《明史》卷 73《职官二·都察院·附总督巡抚》，第 1773 页。
⑤　（明）陆容：《菽园杂记》卷 9，中华书局 1985 年版，第 108 页。
⑥　（明）王世贞：《弇山堂别集》卷 61《卿贰表·总督漕运兼巡抚凤阳等处都御史年表》，中华书局 1985 年版，第 1139 页。
⑦　（明）杨宏、谢纯：《漕运通志》卷 8《漕例》，续修《四库全书》本。
⑧　正德《淮安府志》卷 12《官守·漕运·王竑传》，方志出版社 2009 年版，第 249 页。

（景泰元年十一月壬寅）户科都给事中马显奏：供给京师粮储，动以百万计，其事至重。比者，总督其事，惟都督佥事徐恭，请推选廉能干济在廷大臣一员，协同攒运。事下户部，会官推选，都察院右佥都御史王竑堪任其事，其把都指挥等官私役运粮军者，许即具奏执问。从之。①

（十二月丁酉）工部奏：近闻通州抵徐州运河一带，皆淤塞不通，不预疏浚，恐妨漕运。徐州等处，请敕佥都御史王竑；通州等处，宜遣在京大臣一员提督疏浚。诏：不必遣大臣，其令都察院择御史廉能者一人往理之。②

早在景泰元年（1450）七月，王竑因病已从提督居庸关军务任上解职还京③，故给事中马显在十一月奏请、户部推选"在廷大臣"时，王竑能得以入选；而次月工部奏请派员疏浚河道时，已经上任总漕的王竑才有机会奉敕兼管河道。到二年（1451）十月王竑再次奉敕兼巡抚淮、扬、庐三府，徐、和二州④，成为明代身兼漕、抚第一人。次年又奉敕兼巡抚凤阳、滁州二府州，兼理两淮盐课。⑤ 至此，除尚无"提督军务"之权外，基本奠定了有明一代文官漕抚的基础。

其实，在曾作为王竑家庭教师的名臣丘濬所撰《明故进阶荣禄大夫兵部尚书致仕王公神道碑铭》中，对王竑总漕时间有明确记载：

景泰改元秋，（英宗）车驾南还，公（王竑）以疾乞还。是冬（元年），用荐总督漕运，力疾以行。明年（二年），兼理巡抚江北诸郡。⑥

另外，明中期史家郑晓论述明代漕运制度时亦称：

漕运，有元戎间以卿亚提督整理。自河州休庵王公（竑）以景

① 《明英宗实录》卷198（废帝郕戾王附录第十六），景泰元年十一月壬寅。
② 《明英宗实录》卷199（废帝郕戾王附录第十七），景泰元年十二月丁酉。
③ 《明英宗实录》卷195（废帝郕戾王附录第十三），景泰元年八月庚辰。
④ 《明英宗实录》卷209（废帝郕戾王附录第二十七），景泰二年冬十月壬辰。
⑤ 《明英宗实录》卷220（废帝郕戾王附录第三十八），景泰三年九月庚戌。
⑥ （明）丘濬：《重编琼台会稿》卷24，文渊阁《四库全书》本。

> 泰庚午（元年）总督漕事，明年（二年）兼巡抚，于是或右都御史，或左右副佥，为常设之官矣。①

由此可见，王竑以景泰元年受命总漕、二年兼淮抚的仕途履历当确切无疑。而之所以出现大量矛盾、混乱的记载，当是前人混淆了王竑"总漕"与身兼"漕抚"的不同概念和时间次序。而包括实录在内的现存史料中又并未载有明廷颁给王竑总督漕运的第一份敕书，直到景泰二年冬十月令其兼巡抚淮扬三府二州的敕书中才提到，"特命尔仍依前敕，总督漕运，兼巡抚淮安、扬州、庐州三府并徐、和二州，抚安兵民……"② 此"前敕"显然应该是景泰元年末正式令其总督漕运的敕书。后世史家不察，或受史料局限，很容易混淆二者的时间概念，以至于到万历朝实录中，连户部官员和巡漕御史的奏疏都出现"景泰二年，命都御史王竑总督漕运兼巡抚凤阳等处"的错误概念。③

二　王竑之前历任淮抚史迹补正

如果说上节对王竑首任总漕确切时间的考辨尚属"细枝末节"，那么其身兼漕、抚的标志性意义则更值得深入探讨。以往史家多关注前者（漕）而忽略后者（抚），其实是忽视了"永乐北迁"这一重大时代背景及其后跨越明清两朝五百余年间的政治（制度）格局。

永乐北迁得以成行和稳固，必须解决两个问题，即南漕北运和加强对南直隶的行政管理。前者通过大运河的重新沟通、维护和漕运制度的建构得以实现，而文武双轨总漕制的创设即是其中的重要一环；而后者则是伴随着南直隶二巡抚的设立为旨归。如方志远指出，明代的"南直隶"作为中央直接管辖的地区，继承了历代"京畿"和元代"腹里"的遗意。"永乐迁都北京后，南京称为南都，虽仍有部院九卿，但形同虚设，无法对这一广大地区实行有效管辖。为此，明政府在南直隶分设苏松（后改应天）、凤阳两巡抚，其管辖范围奠定了江苏、安徽两省的基础。"④ 二巡

---

① （明）郑晓：《今言》卷3，"二百五十七"条，中华书局1984年版，第143页。
② 《明英宗实录》卷209（废帝郕戾王附录第二十七），景泰二年冬十月壬辰。
③ 《明神宗实录》卷365，万历二十九年十一月丙申。
④ 方志远：《明代国家权力结构及运行机制》，科学出版社2008年版，第289页。

抚的前身或者说初始目的，本是"总理税粮（粮储）"和"总督漕运"，前者保证江南重赋区税粮的足额征收，后者则保障漕粮的顺利北运。但与此同时，加强对南直隶的行政管理，也成为国都北迁后一种顺理成章的必然结果。而前人却大都忽视了永乐北迁至王竑身兼漕抚之间，南直隶江北地区行政管理体制不断调整并日趋稳定的史实。

早在王竑以总漕兼巡抚淮扬之前，明代已有数位大臣巡抚此地①，王世贞在其《总督漕运兼巡抚凤阳等处都御史年表·序》中即曾点出了蹇义、曹弘、王永和、薛希琏和赵新五人："（凤阳）巡抚，自永乐十九年命吏部尚书蹇义巡行南畿考察官吏，至宣德五年始命刑部右侍郎曹弘巡抚，正统八年又命工部右侍郎王永和巡抚，十三年又命刑部右侍郎薛希琏、吏部尚书赵新相继巡抚"，并强调"然未奉漕命，故另列表首"。② 此外，明代的几个版本《淮安府志》中均未载有王竑之前还有何人巡抚，甚至正德十一年（1516）筹建"督抚名臣祠"时，也是自王竑而下共选十人："自陈恭襄总督漕运，开府淮阴，历宣德、正统，专以帅臣［督］运。至景泰初，始选都御史素有才望者，综理其事。自江夏王公竑以下，迄今凡二十四公，功在漕运，泽在巡抚者，不为不多，然其间功德最著，淮人尸祝、食祭于今弗谖者，不可无崇报之典。正德十一年（1516），本府纂修郡志，适考论政绩间，提学御史张鳌山按临，议新崇祀祠宇，请诸总漕巡抚都御史丛公兰，议以克合。因檄知府薛□，择地构祠，帖下府、县二学素有志行师生，定论崇祀名位。询之乡宦耆民，参之往牒旧志，见得江夏王公竑等十公，俱有功德在人，所宜崇祀，并列事绩具呈，转呈抚按衙门。"③ 直到清乾隆年间重修府志的"总漕部院"条内，才在王竑之前模糊地提到"曹宏"（下注："宣德间任"）④。再有，《明史·王竑传》中曾提到景泰二年敕王竑兼任巡抚淮扬是接替耿九畴的班："是年（景泰二年）冬，耿九畴召还，敕竑兼巡抚淮、扬、庐三府，徐、和二州，又命兼理两淮盐课。"⑤ 吴廷燮大

①　按：此事向为学界忽略，目前只有靳润成在其博士论文《明朝总督巡抚辖区研究》（天津古籍出版社1996年版）中曾有所提及，称之为"山东淮扬巡抚"及其分析出的"凤阳巡抚"。

②　（明）王世贞：《弇山堂别集》卷61《卿贰表·总督漕运兼巡抚凤阳等处都御史年表》，第1139页。

③　正德《淮安府志》卷11《祠祀·祠庙》，第229页。

④　乾隆《淮安府志》卷18《职官·总漕部院》，成文出版社有限公司1983年版。

⑤　（清）张廷玉等：《明史》卷177《王竑传》，第4707页。

概有鉴于此，在其"凤阳（淮扬）巡抚年表"中即以耿九畴为起始。①

那么以上所举数人，是否即为王竑之前的淮扬巡抚呢？以下逐一考证说明。

首先，王世贞提到的永乐十九年（1421）吏部尚书蹇义等26人"巡行天下，安抚军民"，曾被明清以来不少史家看作"巡抚"创制之始或"巡抚之名"的由来之一。但经学者考证，这次"巡抚"仅仅是延续了太祖以来派中央官员以钦差身份短期巡视地方的一种惯例，其巡视范围也并非江北一隅，且"巡抚"之名也绝非始于此。② 有明一代派设于江北淮扬地区、真正具备"巡抚"性质的第一人，当是宣德五年（1430）九月同于谦、周忱等一代名臣同时外派的六位"巡抚侍郎"之一——曹弘。

> 升行在吏部郎中赵新为吏部右侍郎，兵部郎中赵伦为户部右侍郎，礼部员外郎吴政为礼部右侍郎，监察御史于谦为兵部右侍郎，刑部员外郎曹弘为刑部右侍郎，越府长史周忱为工部右侍郎，总督税粮。新，江西；伦，浙江；政，湖广；谦，河南山西；弘，北直隶府州县及山东；忱，南直隶苏松等府县。先是，上谓行在户部臣曰：各处税粮，多有逋慢，督运之人少能尽心，奸民猾胥为弊滋甚，百姓徒费，仓廪未充，宜得重臣往莅之。于是，命大臣荐举，遂举新等以闻，悉升其官，分命总督。赐敕谕曰：今命尔往总督税粮，务区画得宜，使人不劳困，输不后期，尤须抚恤人民，扶植良善，遇有诉讼，重则付布政司按察司及巡按监察御史究治，轻则量情责罚，或付郡县治之。若有包揽侵欺及盗卖者，审问明白，解送京师。敢有沮挠粮事者，皆具实奏闻。但有便民事理，亦宜具奏。尔须公正廉洁，勤谨详明，夙夜无懈，毋暴毋刻，庶副朕委任之重。钦哉。③

六人出巡名义虽是"总督税粮"，但其敕书中已经赋予其相当程度的民政、司法的便宜行事之权，特别是六人从此大都久任一隅，如吴政巡抚湖广8年，赵新巡抚江西9年，于谦巡抚河南、山西19年，周忱巡抚苏

---

① 参见吴廷燮《明督抚年表》，中华书局1982年版，第322—323页。

② 参见胡丹《明代巡抚制度形成之初的若干史实问题》，《古代文明》2010年第1期。

③ 《明宣宗实录》卷70，宣德五年九月丙午。

松 22 年，并不断扩大职权范围，凌驾于原有三司——府州县行政架构之上，形成了后世巡抚的基本职能，故一般被认为明代巡抚定制之始。

值得注意的是，实录中此条史料称曹弘巡抚区域为"北直隶府州县及山东"，但从其后对曹弘记载看，未见一条有关"北直隶"事迹，相反，除了山东之外，事涉南直隶淮扬地区的史料却比比皆是。① 故曹弘的实际巡抚范围，应该是山东和南直隶江北淮扬等处，前引实录文字恐有误载！② 到正统二年夏四月，实录中开始明确出现"巡抚山东两淮行在刑部左侍郎曹弘"③ 的说法。另外，在实录"曹弘卒传"中亦有载："宣德庚戌，朝廷以东南诸处粮赋不充，而民疲于趋事，特命廷臣荐可当重任者往抚治之，得（曹）弘等五人，俱拜为侍郎，弘受敕巡抚山东淮扬等处，事集而民不扰，一方赖之以安。"④ 可印证上述推测。

曹弘于正统三年（1438）死于扬州任上，此后继任巡抚淮扬者为何人？明人徐学聚的《国朝典汇》中称："（正统）四年二月，户部奏：山东、湖广并直隶淮安等府俱差侍郎巡抚总督税粮，近以事去，乞命侍郎巡抚。上曰：巡抚为民而设，苟其非人，适以扰之，今朝廷既无科差采办之事，税粮自有增置官员，不必侍郎巡抚。"⑤ 有学者据此认为，曹弘卒后，正统四年（1439）正月至十年（1445）五月间，淮扬区域无人巡抚。⑥ 那么王世贞所称"正统八年又命工部右侍郎王永和巡抚"⑦ 是否确有其事呢？

查阅《明英宗实录》可知，正统四年（1439）后，确有一条关于王永和"出巡淮扬"的记载，但并非出任"巡抚"，而是以钦差身份监督地方有司捕蝗："户部尚书王佐言：去岁南北直隶府州县俱蝗，恐今春复生，宜委在京堂上官前去巡视，提督军民官司寻掘蝗种，务令尽绝，遇有生发，随即捕灭。上允所请，特命兵部右侍郎虞祥往顺天永平二府，工部右侍郎王

① 见《明宣宗实录》和《明英宗实录》。

② 参见靳润成《明朝总督巡抚辖区研究》，天津古籍出版社 1996 年版，第 67—68 页。

③ 《明英宗实录》卷 29，正统二年夏四月壬戌。

④ 《明英宗实录》卷 49，正统三年十二月己卯。

⑤ （明）徐学聚《国朝典汇》卷 55《总督巡抚》，北京大学出版社 1993 年版，第 3665—3666 页。

⑥ 按：靳润成《明朝总督巡抚辖区研究》（第 67、69 页）虽指出正统四年正月以后罢巡抚，但又误引王世贞的说法，认为正统四年复命赵新巡抚山东、淮南等处。其实赵新直到正统十四年四月才任此职。

⑦ （明）王世贞：《弇山堂别集》卷 61《卿贰表·总督漕运兼巡抚凤阳等处都御史年表》，第 1139 页。

永和往凤阳扬州淮安三府，通政使司右通政吕爰正往大名广平二府，右参议王锡往真定顺德二府，光禄寺丞张如宗往河间保定二府，俱赐敕谕之。"①其实，有明一代经常派中央官员到地方监督农田水利、捕蝗、劝课农桑，时人谓之"劝农大臣"②。正统年间外派淮扬等处的提督捕蝗的"巡视"，除了王永和外，还有正统七、八年间的通政司右参议王锡。③ 但二王的"巡视"毕竟职权明确，事毕还朝，跟真正的"巡抚"还是有很大差距的。

　　正统朝在曹弘之后确有实迹的淮扬巡抚是刑部右侍郎薛希琏。正统八年（1443）九月，薛希琏曾奉敕前往直隶凤阳府所属清理田粮④，事毕还朝。正统十年（1445）五月正式奉敕巡抚北直隶真定、保定、河间、大名、顺德、广平六府及南直隶凤阳、淮安、扬州、庐州、滁州、徐州六府地方⑤，直到正统十四年（1449）夏四月，调任福建镇守告一段落。⑥

　　值得注意的是，在薛希琏巡抚的数年间，还有一位大理寺卿张骥也肩负巡抚之权，而二人在巡抚区域和时间上有所重合。正统十年（1445）五月，时任大理寺右寺丞的张骥本同薛希琏同时奉敕巡抚，只不过其巡抚区域在山东。⑦ 到正统十二年（1447）五月，升任少卿的张骥奉敕巡抚山东济宁以北、直隶淮扬二府，赈济灾民。⑧ 直到正统十三年（1448）冬十月调任浙江。⑨ 其实录"卒传"中亦称"骥，字仲德，陕西安化县人，由乡荐授监察御史。正统……壬戌，以荐署大理寺事，寻升右寺丞。乙丑，山东岁荒民流，特敕骥往抚济，所至罢不急，蠲逋负，事有不便民者，辄请革之。曹县旧本为州，地阔而民流聚者众，县不足以治之，骥请复设州，民赖以安。还朝，升右少卿，复巡抚山东直隶淮扬等处"。⑩

　　继薛希琏、张骥之后接任巡抚淮扬的是赵新。赵新本是宣德五年（1430）的六位"巡抚侍郎"之一，曾长期外派江西，至正统六年（1441）

---

① 《明英宗实录》卷112，正统九年春正月己卯。

② 胡克诚：《明代江南治农官述论》，《古代文明》2012年第2期。

③ 《明英宗实录》卷88，正统七年春正月癸未；卷100，正统八年春正月丁卯。

④ 《明英宗实录》卷108，正统八年九月戊寅。

⑤ 《明英宗实录》卷129，正统十年五月己亥。

⑥ 《明英宗实录》卷177，正统十四年夏四月庚申。

⑦ 《明英宗实录》卷129，正统十年五月己亥。

⑧ 《明英宗实录》卷154，正统十二年五月己亥。

⑨ 《明英宗实录》卷171，正统十三年冬十月丙子。

⑩ 《明英宗实录》卷183，正统十四年九月甲午。

因事被调回朝，直到正统十四年才再次奉敕以吏部右侍郎巡抚山东及直隶凤阳等四府。① 同年八月升尚书仍巡抚山东两淮。十二月命吏部尚书赵新巡抚南直隶江北，左副都御史洪英巡抚山东。② 自此山东、江北分为二巡抚。③至景泰元年十月，因受其孙赵理"贩私盐事觉"牵连，被迫致仕。④

继任淮扬巡抚为耿九畴。耿九畴在正统初年（1436）曾为官两淮盐运司，至正统十四年五月升刑部右侍郎，十一月奉敕到直隶凤阳府等处招抚赈济灾民⑤；景泰元年（1450）闰正月奉敕兼理两淮盐课⑥；十二月，"敕刑部右侍郎耿九畴曰：往者，命尔巡治盐法，今特命尔不妨前事，仍兼巡抚凤阳淮安扬州庐州四府滁徐和三州"⑦，正式接替赵新巡抚之任。直到景泰二年（1451）冬十月还朝，改由总漕王竑兼任淮抚。⑧

综上所述，明代漕抚的定制，除了在漕运制度史上的标志性意义外，更在明代南直隶行政区划史上具有划时代意义，它将宣德以来逐渐确立的南直隶应天（总理粮储兼巡抚应天等十府）和凤阳（总督漕运兼巡抚凤阳等七府）二巡抚的职权划分模式固定下来，并同漕运制度捆绑在一起，成为一代之规。是故，王竑身兼漕、抚的真正意义在于，它使永乐北迁后必须解决南漕北运和加强对南直隶行政管理得以有效兼顾。

附：

明代漕抚创制年表⑨

序号	人物	时间	辖区	职名	官名	备注
1	（蹇义等）	永乐十九年	南直隶	巡抚	吏部尚书等	
2	曹弘	宣德五年九月至正统三年十二月	山东两淮	巡抚	刑部右侍郎	正统三年十二月卒于扬州任上

---

① 《明英宗实录》卷177，正统十四年夏四月丁卯。

② 《明英宗实录》卷186，正统十四年十二月庚戌。

③ 按：之前曹弘、张骥均身兼山东、淮扬巡抚。

④ 《明英宗实录》卷197，景泰元年十月己卯。

⑤ 《明英宗实录》卷185，正统十四年十一月乙未。

⑥ 《明英宗实录》卷188，景泰元年闰正月癸丑。

⑦ 《明英宗实录》卷197，景泰元年冬十月庚辰。

⑧ 《明英宗实录》卷209，景泰二年冬十月壬辰。

⑨ 按：本表虽称"年表"，但并不以"年"为系，而是以人物供职先后为序排列。因本文主题是漕抚"创制"时期，故以王竑结束第二任漕抚的时间为下限。另，表中加括号的名字，为过去史家提及，但本文认为不确者。

续表

序号	人物	时间	辖区	职名	官名	备注
3	（王锡）	正统七年	南直隶淮扬等处	巡视	行在通政司右参议	巡视南直隶淮扬等处督有司捕蝗，事毕还朝
4	（王永和）	正统九年	直隶淮扬二府	巡视	工部右侍郎	同上
5	薛希琏	正统十年五月至十四年四月	直隶淮扬	巡抚	刑部右侍郎	正统八年九月曾奉敕前往直隶凤阳府所属清理田粮 正统十四年夏四月调福建镇守
6	张骥	正统十二年五月至十三年十月	山东、直隶淮扬	巡抚	大理寺右少卿	正统十年五月与薛希琏同敕，巡抚山东；十二年受命巡抚山东济宁以南、直隶淮扬二府，赈济灾民
7	赵新	正统十四年四月至景泰元年十月	山东并直隶凤阳等四府	巡抚	吏部右侍郎、尚书	
8	耿九畴	景泰元年十月至二年十月	淮扬四府三州	巡抚	刑部右侍郎	以巡治盐法兼巡抚淮扬
9	王竑	景泰元年十一月至二年十月	运河	总督漕运	右佥都御史	此为明代文官"总漕"的开端
		景泰二年十月至三年九月	三府二州	总漕兼巡抚	右佥都	此为明代"漕抚"创制之始
		景泰三年九月至八年（天顺元年）正月	四府三州	漕抚，兼理两淮盐课	右佥都、左副都	景泰四年十月升左副都御史；天顺元年二月，被贬为浙江布政司参政，随即罢为民，子孙永不叙用
10	（轩輗）	天顺三年至五年	凤阳、扬州、淮安等府、卫所	总理南京粮储	都察院左都御史	兼管凤阳、扬州、淮安等府卫所仓粮、屯粮
11	王竑	天顺七年三月至八年八月	四府三州	漕抚兼管两淮盐课	左副都	八年八月召还升任兵部尚书
12	陈泰	天顺八年八月至成化元年十月	四府三州	漕抚	右副都	成化元年十月致仕

　　职官年表是历史研究的重要工具，自西汉以来，向为历代史家所青睐。关于明代总漕（或漕抚）职官年表的研究，主要见于明人王世贞的

《总督漕运兼巡抚凤阳等处都御史年表》① 以及明以来不同时期《淮安府志》中的"职官志"部分。近代以来的研究成果主要是吴廷燮《明督抚年表》② 和张德信《明代职官年表》③ 中的相关篇章，张先生还曾撰文补正吴氏年表之误。④ 此外，靳润成的《明朝总督巡抚辖区研究》虽以督抚辖区沿革为考察对象，也在一定程度上涉及了相关地区的职官任职情况。本表是在前人研究基础上补充修正的。

三　王竑两任总漕之间的权力流向

王竑一生两任总漕，第一次是景泰元年（1450）十一月至八年（1457）初，当年正月，"南宫复辟"，改元天顺，二月，王竑为石亨等人弹劾，被贬为浙江布政司参政，随即罢为民，"子孙永不叙用"。⑤ 第二次是天顺七年（1463）三月，奉敕再任总漕⑥，次年八月被新帝（宪宗）召还，升任兵部尚书⑦。由此可知，王竑的两段总漕生涯间有一个空白期，即天顺元年（1457）二月至天顺七年（1463）三月。那么这七年间的总漕或漕抚为何人？或者说王竑去职期间的权力流向如何呢？

吴廷燮和张德信二先生的"年表"中均给出了一个答案——轩輗。二表均引用了实录中的相关记载：

> （天顺三年九月丙申）命总督南京粮储都察院左都御史轩輗兼理凤阳等处仓粮。⑧
> （天顺五年三月丁卯）命总督南京粮储左都御史轩輗兼管扬州、淮安等处仓粮、中都留守司所属及扬州等卫所屯粮。从户部奏请也。⑨

---

① （明）王世贞：《弇山堂别集》卷 61《卿贰表》，第 1139—1143 页。
② 吴廷燮：《明督抚年表》，中华书局 1982 年版。
③ 张德信：《明代职官年表》，黄山书社 2009 年版。
④ 张德信：《明漕运总督兼凤阳等处巡抚年表校补——〈明督抚年表〉校补之三》，《明史研究　第 11 辑》，黄山书社 2010 年版。
⑤ 《明英宗实录》卷 275，天顺元年二月庚子、戊申。
⑥ 《明英宗实录》卷 350，天顺七年三月甲辰。
⑦ 《明宪宗实录》卷 8，天顺八年八月辛卯。
⑧ 《明英宗实录》卷 307，天顺三年九月丙申。
⑨ 《明英宗实录》卷 326，天顺五年三月丁卯。

但仅凭上述两则史料证明轩氏曾"巡抚"淮扬还是值得商榷的。从实录可知，轩𫐓担任的本职乃是"总督南京粮储"，只是在天顺三年至五年（1459—1461），先后奉命兼管凤阳、扬州、淮安等府仓粮和卫所屯粮，仍属其"总督粮储"职权范围，充其量算接收了原属淮抚的部分职能。此外，实录中的"轩𫐓卒传"亦未尝提及其有总督漕运或巡抚凤阳等处的只言片语①，也可印证以上推测。

从现有资料看，王竑两次总漕之间的职位真空并无人填补，但其漕抚权力并非完全流失，而是有所分散、转移。

王竑的漕抚职权包括哪些内容？我们从明廷颁布的敕书可见其大概：

> （天顺七年三月甲辰）敕谕都察院左副都御史王竑命：特命尔总督漕运，与总兵官右都督徐恭等同理其事，务在用心规画，禁革奸弊。官军有犯，依尔先会议事例而行。水利当蓄当洩者，严督该管官司并巡河御史等官筑塞疏浚，以便粮运。仍兼巡抚凤阳淮安扬州庐州并徐滁和府州地方，抚安军民，禁防盗贼，清理盐课，救济饥荒。城垣坍塌，随时修理，守城官军，以时操练，或有盗贼生发，盐徒强横，即便相机设法抚捕，卫所府州县官员有廉能公正者，量加奖劝，贪酷不才者，从实黜罚，凡事利于军民者，悉听尔便宜处置。尔为朝廷宪臣，受兹简任，须殚心竭虑，输忠效劳，凡百举措，务合事宜，俾粮运无误，军民安妥，贼盗屏息，地方宁靖，斯称委托。如或恣情偏徇，乖方误事，责有所归。②

由此可知，漕抚职权大概包括以下几项内容：（1）漕运；（2）管河（疏浚河道）；（3）巡抚（四府三州）；（4）两淮盐课。其中巡抚之权名义上是"往来巡视，抚安军民"，实际内容非常庞杂。此外，从《漕运通志》可知，王竑在景泰二年（1451）兼巡抚三府二州时，即被授予监督淮安等府常盈仓粮储之权。③ 自宣德以来逐渐定制的明代漕抚，已经成为漕运制度，特别是江北地方管理上不可或缺的一环，天顺改元导致的王竑

---

① 《明宪宗实录》卷5，天顺八年五月丙子。

② 《明英宗实录》卷350，天顺七年三月甲辰。

③ 参见（明）杨宏、谢纯《漕运通志》卷8《漕例》，续修《四库全书》本。

去职，乃至文官漕抚的暂时罢设，并不能改变这一局面，原属漕抚的权力必然要寻找新的归宿。如上文分析，其辖区内府州仓粮、卫所屯粮的管理权被轩輗接收，此外，还有部分权力被漕运总兵接管。

明代的总漕制度，起先由武臣把持，特别是永乐至宣德年间平江伯陈瑄以"靖难功臣"身份开府（镇守）淮安，总领河、漕、海运大权，声威一时无两。陈瑄死后，继任的王瑜、武兴、徐恭等人资格平庸，明廷重文轻武之大势愈加明确，漕运总兵权力便不断遭到削弱。① 先是正统初年（1436）"镇守淮安"的兼职被剥夺：

> （正统二年冬十月甲子）命左军都督金事王瑜佩"漕运之印"，充左副总兵。后军都督金事武兴充右副总兵，率领舟师，攒运粮储，所领运粮官军，悉听节制。赐敕谕之曰："今命尔等专管漕运，不必镇守淮安。应有军民人等词讼，悉发军卫有司自理，庶几杜绝小人是非。尔等其钦承朕命无忽。"②

至景泰元年（1450），又正式添设文官总漕与之共理漕务，互相制衡。而随着王竑总漕后兼理河道、巡抚、两淮盐课等职，权力不断提升，名义上排在前面的漕运总兵，其实际职权反而被压缩在"漕运"事务之内。由于王竑本人功绩卓著、性格强势，从正统十四年（1449）即担任漕运总兵的都督金事徐恭资格虽老，但"为人小心谦谨，行事安静，然在漕运无所建明，亦不能革奸弊"③，与王竑搭档尚能忍让，彼此合作还算融洽。但当天顺改元，王竑去职之后，徐恭便试图恢复陈瑄时代漕运武臣的部分威权。

天顺元年（1457）二月王竑去职后数日，户部奏："旧例，漕运有总兵参将二员兼理，后因无参将，添差金都御史一员，今复召回，宜仍设参将督运。"上曰："官何必备？永乐间惟总兵一员督运，亦不误事，其只令徐恭管理，但迟误则罪之。"④ 可见，复辟后的英宗，一度试图恢复永乐年间唯一武臣总漕的"旧制"。这给徐恭"维权"提供了机会。同年四

---

① 吴士勇：《王竑与明代文官总漕体制》，《史林》2012 年第 6 期。
② 《明英宗实录》卷 35，正统二年冬十月甲子。
③ 《明英宗实录》卷 358，天顺七年冬十月丁酉，"徐恭卒传"。
④ 《明英宗实录》卷 275，天顺元年二月丙辰。

月漕运总兵官都督同知徐恭上奏："昔年平江伯陈瑄总兵漕运，且兼镇守淮安，督理河道。景泰间增设都御史巡抚，臣止督漕运。今都御史王竑已取回京，请敕臣如昔平江伯之事。"结果"上不允"。① 以往史家尝引此条证明明代总漕"文武双轨制"已成为大势所趋，难以倒退。但仔细查阅实录就会发现，实际情况并非如此：

> （七月）初，工部奏河道有郎中、主事及巡河御史管理，上敕右都督徐恭专管漕运。至是，恭言：平江伯陈瑄总督漕运兼理河道，今若令臣不得兼理河道，恐有误漕运。上从之，令如平江伯故事。②

由此可知，徐恭奏请的"请敕臣如昔平江伯之事"，即"镇守淮安"和"兼管河道"两项职权，虽在四月被英宗驳回，此次管河之权却得以奏准（可能跟南宫复辟后，石亨等武官群体的抬头有所关联），至于"镇守淮安"，也实际得以恢复：

> 敕湖广都指挥同知杨茂曰：今命尔充参将，协同总兵官右都督徐恭儧运粮储，循守旧规，提督湖广等都司及直隶卫所官军，各照岁定兑支粮数，依期运至京仓，遇有河道淤阻，随即督同委官设法疏理，仍镇守淮安，抚恤军民，修治城池，遇有贼寇生发，先机捕灭。尔为朝廷武臣，受兹重寄，凡事宜持廉秉公，庶不负委任之意，尔其慎之。③

由此可知，随着王竑去职，漕运总兵官、参将已经实现了恢复"兼理河道"，特别是"镇守淮安"之权，可以"抚恤军民，修治城池"和捕剿贼寇。虽跟文官"巡抚"的职权还有所差距，如尚无督农、管仓和对所属官员违纪的弹劾之权，但确有一定的民政管理性质，实际将触角伸向了地方民政管理之上。此外，天顺六年（1462），监察御史李杰在巡按南直隶期间，曾弹劾漕运都督徐恭"无综理约束才，乞各选文武大臣各一

---

① 《明英宗实录》卷277，天顺元年四月庚申。
② 《明英宗实录》卷280，天顺元年秋七月戊子。
③ 《明英宗实录》卷333，天顺五年冬十月壬申。

员代之"，还朝面君时，还推荐副都御史林聪"堪任其事"。① 于此可知，徐恭在王竑罢官后，一定程度上实现了对淮安地方军民的"综理约束"之权，但被文官集团认为缺乏相应才能，因此建议"各选文武大臣各一员代之"，此事虽因徐恭的反击而暂时告罢，李杰也随即受劾贬官四川南溪县典史，但此事为次年王竑再任总漕奠定了舆论基础，而且可以印证，在王竑去职之后，一部分原属文官漕抚的权力，实际为武官总漕获得。

四　结语

综上所述，以王竑为中心的明代漕抚创制过程，实际包含两条线索轨迹：一是由永乐以来单一的武职总漕，演变为文武双轨制；二是宣德以来对南直隶江北派设巡抚，演变为由文官总漕的兼职。明清以来史家多关注前者（漕）而忽略后者（抚），导致一方面混淆了二者的时间次序，另一方面则忽视了王竑兼职淮抚之前，南直隶江北地区的巡抚设置历史。此外，王竑两任总漕之间的六七年间，文官漕抚的职位虽无人填补，但其权力却有所分散转移，其中督理府州仓粮和卫所屯粮之权由"总督南京粮储"都御史接收，而管理河道和镇守淮安之权，则重新归属于总督漕运武臣之手。

（作者单位：聊城大学运河学研究院）

---

① 《明英宗实录》卷343，天顺六年八月己丑。

明代山东运河沿岸卫所

——以东昌府为中心的考察

朱年志

卫所是明代军队的基本组织形式。卫所制度是明代重要的军政制度。明代在全国普遍设立卫所,卫所作为明帝国基本的军事单位,管辖着一定数量的军户,承担军役。然而,卫所在很大程度上还是一种军事性质的地理单位,涉及明帝国的版图、管理体制、土地、户籍制度、人口迁移等一系列问题。① 明初设置的卫所可以包括在内卫所和在外卫所,即沿边卫所、沿海卫所、内地卫所。永乐帝迁都北京以后,京杭大运河重新疏浚,地处大运河山东段沿岸的德州、临清、东昌、济宁等城市成为这条南北大动脉上的交通枢纽、仓储重地。为对其加强守卫,明朝政府广泛设置了卫所。位于鲁西的东昌,早在元代会通河疏通以后,运河成为南北交通大动脉,这里即成为京师之咽喉。明代东昌府为南北两京之间的军事重地,东昌卫所的设置意义尤为重大。

一 明初卫所制度的建立

卫、所是卫所制度下军事管理的基本编制单位。明代的卫所制作为一种编制单位到制度的确立经过了较长的过程。卫所编制及其职官称谓的出现可以追溯到元代,甚至更早。元代的侍卫亲军是以"卫"为编制的,设都指挥使和副都指挥使统领,"千户"就是蒙古军的基本军事单位,是

---

① 参见邓庆平《明清卫所制度研究述评》,《中国史研究动态》2008 年第 4 期。

以十户—百户—千户—万户的十进位方法编制。① 朱元璋在起兵反元和与群雄争夺天下期间就非常重视军队的制度建设。自至正二十四年（1364），朱元璋在改造和统一所属各武装力量时，决定用卫所制来编组军队。起初规定，"有兵五千者为指挥，满千者为千户，百人为百户，五十人为总旗，十人为小旗"。② 明朝建立后，卫所制度被确定为治理国家的军政制度。据记载，"天下既定，度地害要，系一郡者设所，连郡者设卫。大率五千六百人为卫，千一百二十人为千户所，百十有二人为百户所。所设总旗二，小旗十，大小联比以成军"。③ 明初各地卫所建置差别很大，自洪武七年（1374）后，各卫所额制军数大都按"每卫五千六百人"的新标准作了调整，同时确定了"一卫五所"的编制。至明中期以后，各地卫所旗军大量逃亡，但卫所的建置已经没有太大的变化。

卫所是明代统军机构的基本单位。"自京师达于郡县，皆立卫所"。④ 卫所成为明代军队的基层组织，遍及全国。在管理方面，"隶外卫于都司，而都司及内卫各以其方隶五府"。⑤ 按照明太祖的设想，卫所外统于都司，内统于五军都督府。五府分领天下卫所，不相统属，互为牵制。另有兵部析分其权，即"明以兵部掌兵权，而统军旅、专征伐，则归之五军都督府。兵部有出兵之令，无统兵之权；五军有统兵之权，而无出兵之令。合之则呼吸相通，分之则犬牙相制"。⑥ "征伐则命将充总兵官，调卫所军领之。既旋则将上所佩印，官军各回卫所。"⑦ 卫所军户实行严格的世袭制度，且耕且守，寓兵于农，守屯结合，战时由朝廷临时派兵遣将，兵将分离，兵不识将，将不识兵。

洪武二十六年（1393），全国共设都司十七，留守司一，内外卫三百六十九。永乐以后，全国设十六都司，即浙江、山东、山西、河南、陕西、四川、江西、湖广、福建、广东、广西、云南、贵州十三省都司和辽东、大宁、万全三都司。另设有陕西、四川、湖广、福建、山西五个行都

---

① 参见彭勇《明代班军制度研究——以京操班军为中心》，中央民族大学出版社 2006年版。

② 《明太祖实录》卷 14，甲辰年四月壬戌条。

③ 《明史》卷 90，兵志二 卫所班军。

④ 《明史》卷 89，兵志一。

⑤ 《明会典》卷 124，都司卫所。

⑥ 孙承泽：《春明梦余录》卷 30，五军都督府。

⑦ 《明史》卷 89，兵志一。

司。都司分属于中央五军都督府，山东都司隶于五军都督府中的左军都督府。此外，中央还特置守御千户所，但不隶于卫指挥使司，而直属于都挥指使司。全国共设内外卫四百九十三，守御千户所三百五十九。

卫所由朝廷根据各地的防卫、战略需要而设置。由于各地所处的地理位置不同，内地、沿海、沿边卫所各有自己的特点。明代山东以其连接两京的重要形势，成为朝廷最为关注的地区之一。山东地区卫所的设置主要是出现在洪武后期及永乐初期。洪武后期，主要是对沿海卫所进行了全面部署。山东作为北方重要的沿海地区，抗倭为该地区卫所的一个主要职能。沿海地区很多卫所从一建立就带有抗倭的目的。永乐初期，由于迁都北京，漕运成为维持京师物资供应的主要方式，沿河卫所成为漕粮运输的重要力量。为了巩固大运河这一朝廷的经济大命脉，明政府加强山东境内运河沿岸卫所的军事力量，有的扩充卫所军员，有的则增设卫所。从整个明代山东地区的卫所数量上看，运河沿线与沿海地区的卫所数目及卫军员数尤多，山东多数卫所和主要兵源皆布局于此，可见朝廷之重视。

二 明代东昌府的卫所建置

元代以前历代帝王多建都中原，元代以后至明清两代统治者均建都北京。山东的地理位置更为显著。山东是北方的屏蔽，也是京师的门户。"山东之于京师，犬牙相错也"，"山东去京畿密迩，水陆往来，皆取途于此"。①"积贮，天下之大命也。漕渠中贯于山东，江淮四百万粟，皆取道焉"，"山东者，驭之得其道，则吾唇齿之助也；失其理，则肘腋之患也。吾尝俯仰古今，而知能为幽燕患者，必于山东"。②

洪武元年（1368）四月置山东行中书省，治青州。九年（1376）六月行中书省改为山东承宣布政使司，九月移治济南府，领府六，属州十五，县八十九。此前，洪武三年（1370）十二月置青州都卫，治青州府。八年（1375）十月，改都卫为山东都指挥使，统管山东的卫所。嘉靖《山东通志》记载："山东都指挥使司辖卫一十八，所一百有四，分隶于

---

① 顾祖禹：《读史方舆纪要》卷30，山东一。
② 顾祖禹：《读史方舆纪要》，山东方舆纪要序。

卫，守御千户所九。"① （清代记载，"山东都司领卫十九，属所七十五，守御千户所十二"②。）

东昌，早在元代会通河疏通后，运河成为南北交通大动脉，这里即成为京师之咽喉。元设东昌路总管所于此，置重兵镇守。"东昌府，元东昌路，直隶中书省。洪武初为府。领州三，县十五。东距布政司二百九十里"③。永乐帝迁都北京后，大运河重新疏浚贯通。此后，明政府添设和变更的山东卫所也大多属于运河沿岸卫所。东昌府地处鲁西的运河河道上优势地位更为明显，"襟卫河而带会通，控幽蓟而引淮泗，泰岳东峙，漳水西环，实齐鲁之会也。万国贡赋，四夷朝献，胥由此达，今言地之冲此其最焉"。④

明初的东昌府为驻兵、练兵的重地。"太祖命将取元都，亦先下山东，会师于东昌、临清之境，然后下德州，克长芦，逾直沽，舟师步骑，夹河而向元都"。⑤ 洪武元年（1368）七月，"敕徐达诏山东诸将会兵东昌"。洪武十年（1377）正月，"都督佥事蓝玉练兵东昌"。洪武十二年（1379）二月，命"信国公汤和率吉安侯陆仲亨、江夏侯周德兴、宜春侯黄彬、巩昌侯郭子兴等往临清练兵"，"以备北边"。洪武二十三年（1390）闰四月，"东平侯韩勋、西凉侯濮兴、沈阳侯察罕、左军都督佥事王宪练兵东昌"。⑥ 明太祖为了迅速统一全国，立即北征平定北方。东昌地处两京之要津，元朝北逃势力在北方，这里成为前方的后援基地。为了稳定北方，必须有足够的军事实力做后盾，东昌就成了集结重兵的军事重地。

明朝在东昌府设立了平山卫和东昌卫两个军事机构。其中平山卫设置较早。"洪武四年（1371）六月甲辰，置……平山卫于山东"⑦。因东昌城内古有平山而得名。指挥使司建在东昌城内今卫仓街西，辖千户所驻临清、濮州等地。卫辖五个千户所，千户所辖十个百户所，"大率五千六百人"。

东昌卫是宣德五年（1430）由前军都督府节制的湖广都司所辖武昌

---

① 嘉靖《山东通志》卷11，兵防。
② 光绪《山东通志》卷114，兵防志。
③ 《明史》卷41，地理志二 山东。
④ 万历《东昌府志》卷13，兵戎志。
⑤ 顾祖禹：《读史方舆纪要》，山东方舆纪要序。
⑥ 《国榷》卷9，洪武二十三年闰四月癸丑条。
⑦ 《明太祖实录》卷66，洪武四年六月甲辰条。

左护卫改置的。卫指挥使司在城内考院街东首路北。"东昌卫，在府治西南隅，宣德年间湖广武昌卫调属山东都指挥使"①。"武昌左右中三护卫，左改东昌卫，右改徐州左卫，中改武昌护卫"②。护卫制为洪武五年（1372）所定，每个亲王府设 3 个护卫指挥使，每卫设前后左右中 5 个千户所，护卫王邸。武昌是太祖第六子朱桢的封地。洪武三年（1370）封朱桢为楚昭王，十四年（1381）就藩武昌。宣德五年（1430），因北方军事紧急，遂将左护卫调往两京之要津、京师之咽喉、北方战略军事物资储备基地和练兵中心的东昌，更名为东昌卫，设指挥使司。这一时期明朝处于新中国成立以来最为稳定的时段，大运河位于东昌府城东门外，为了保护大运河的畅通，因而增建了东昌卫。

除平山卫、东昌卫外，还有临清卫。临清地处山东西北部，德州之南，"南北之喉襟，舟车之都会也"③。元代大运河畅通以后，临清就驻有运粮军守御。明初，临清设有千户所。大量的粮草储藏在运河沿岸的粮仓。正统十一年（1446）二月，"巡抚山东大理寺右寺丞张骥言三事……宜易临清千户所为守御千户所"④，由隶平山卫改隶山东都指挥司。十四年（1449）"土木之变"发生，朝廷以临清为必守之地，"公卿咸议，临清要地即不守则燕蓟不可居，而中原不可保"，于是派平江侯陈豫出镇临清。十一月"戊寅，徙济宁左卫于临清，改为临清卫，以临清守御千户所隶之"⑤。临清卫共辖左右中前后及原守御千户所六所，原屯地和屯田军仍坐落于济宁州境之内。景泰元年（1450）正月，朝廷命平江侯陈豫、右副都御使孙曰良镇守临清，调回在京操备军并增调鲁王府兖州护卫官军五百赴临清听陈豫提督操练。成化二十年（1484）山东设临清兵备道，整饬兵备，兼管河道、屯田，临清卫、东昌卫、平山卫皆属其节制。万历二十一年（1593），临清设协镇署，置参将。崇祯十一年（1638），改为镇，莅以总兵。

濮州千户所位于东昌府濮州境内，隶属东昌卫。濮州位于山东、河北两省的交界之处，地理位置十分重要。"盖三界之地，盗贼不时潜发，莫

---

① 万历《东昌府志》卷 13，兵戎志。

② 《明史》卷 90，兵志二 卫所班军。

③ 嘉靖《山东通志》卷 7，形胜。

④ 《明英宗实录》卷 138，正统十一年二月己亥条。

⑤ 《明英宗实录》卷 185，正统十四年十一月戊寅条。

能控"①。濮州所的设立也是在宣德年间。"宣德十年十一月辛未，山东布政司右参政王玺言三事：……泰安州、濮州各调一千户所守御，庶地方无虞"②。正统五年（1440），濮州民斗，六年董氏聚众攻打东昌，明廷遣卫兵平乱，并移"东昌卫中、左千户所军屯于（濮）州"③。另有记载"濮州千户所，在州治西，正统年间调濮州备御，属东昌卫"④。濮州千户所的设立是由地方盗贼作乱而置，以军事防御为主，后来运粮旗军人数增加。

自洪武年间始，各省最高的军事负责人是都指挥使。都指挥使的衙门及其辖区均称为"都指挥使司"，与"承宣布政使司""提刑按察使司"并称为"三司"，分别主管一省的军政、民政与监察事务。都指挥使司的主要长官有都指挥使（正二品）、都指挥同知（从二品）、都指挥佥事（正三品），其下属有经历司经历（正六品）、都事（正七品），断事司断事（正六品）、副断事（正七品）、吏目等。卫的长官有指挥使（正三品）、指挥同知（从三品）、指挥佥事（正四品）、卫镇抚（从五品），其下属有经历（从七品）、知事（正八品）、吏目（从九品）、仓大使、副使等。卫以下的千户所有正千户（正五品）、副千户（从五品）、所镇抚（从六品），其下属为吏目；百户所有百户（正六品）、总旗、小旗。

据记载，平山卫设指挥使三员，指挥同知七员，指挥佥事十二员，署指挥佥事四员，经历一员，卫镇抚二员。五所，正副千户二十八员，所镇抚五员，百户六十八员。东昌卫设指挥使三员。指挥同知二员，指挥佥事五员，署指挥佥事一员，经历一员，镇抚二员。五所，正副千户十五员，所镇抚二员，百户二十四员。临清卫设指挥使三员，指挥同知四员，署指挥同知一员，指挥佥事十一员，署指挥佥事二员，经历一员，卫镇抚二员。五所，千户三十四员，百户三十九员。濮州千户所设千户六员，所镇抚三员，百户七员。⑤

---

① 宣统《濮州志》卷2，兵防志。
② 《明英宗实录》卷11，宣德十年十一月辛未条。
③ 《明英宗实录》卷82，正统六年八月乙亥条。
④ 万历《东昌府志》卷13，兵戎志。
⑤ 同上。

三 东昌卫所的职能及演变

明初设置卫所的基本职能在于屯守，"是故练兵以重城守也，屯戍以给军饷也"①。卫所制赖以存在的经济基础是屯田制。"屯卫之设，近唐初府兵之制，亦古者寓兵于农之遗意也"②。洪武二十五年（1392）二月，"命天下卫所军卒，自今以十之七屯种，十之三城守，务尽力开垦，以足军食"③，即所谓"屯七守三"的则例。事实上，这只是原则性规定，随着变更的情况很多。卫所的防守任务大体按各地防守任务的轻重缓急以确定其屯田或戍守之职。"洪武、永乐年间屯田之例，边境卫所旗军三分、四分守城，六分、七分下屯；腹里卫所一分、二分守城，八分、九分下屯，亦有中半屯守者"④。在东昌府有记载"国初，卫每所设十百户，八百户下屯，分番转饷，戍京边，二百户守城"⑤。永乐二年（1403），"更定天下卫所。屯田守城军士，视其地之夷险要僻，以量人之屯守多寡，临边而险要者，则守多于屯；在内而夷僻者，则屯多于守；地虽险要而运转难至者，屯亦多于守"⑥。自永乐帝迁都北方疏浚运河后，因漕运、储粮以给京师之需，运河沿岸卫所进一步加强，其职能也以运河为中心全面展开。

第一，守御职能。明朝广泛设立卫所的目的就是守御地方。戍守、备边是明朝山东运河沿岸卫所的重要职能。明初北方战争频繁，山东运河两岸的卫所军是北征北边的重要兵力来源。比如临清即是洪武年间重要的集兵练训之地。洪武十二年（1379）二月，"信国公汤和率吉安侯陆仲亨、江夏侯周德兴、宜春侯黄彬、鞏昌侯郭子兴练兵临清"⑦。除了守备地方外，山东地区的卫所还要负责北方特别是京师的防御任务。如洪武二十四年（1381）正月，"于邳、徐、滕、兖、济南、平山、德州、乐安及北平都司属卫遴选精锐军士，训练以备边"⑧。正规的京操班军出现于永乐迁

---

① 嘉靖《山东通志》卷11，兵防。
② 乾隆《临清直隶州志》卷10，兵防。
③ 《明太祖实录》卷216，洪武二十五年六月庚辰条。
④ 《明宣宗实录》卷51，宣德四年二月乙未。
⑤ 万历《东昌府志》卷13，兵戎志。
⑥ 《明成祖实录》卷30，永乐二年四月甲午条。
⑦ 《明太祖实录》卷122，洪武十二年二月丙寅条。
⑧ 《明太祖实录》卷207，洪武二十四年正月戊申条。

都以后，"班军者，卫所之军番上京师，总为三大营者也。初，永乐十三年诏边将及河南、山东、山西、陕西各都司，中都留守司，江南、北诸卫官，简所部卒赴北京，以俟临阅。京操自此始。"① 这些京操军主要是用于防御北京，有时候也用来备边。据记载，在平山卫有京边两班操军一千五百六十二名，临清卫有京边两班操军一千九百三十名。在东昌卫有守城实操军舍二百零三名，濮州所有守城实操舍余四十八名。② 各地驻守卫所对安定一方起到了较为明显的作用。运河沿岸卫所的军事地理意义十分重要。

第二，安置达官、达民。明代山东运河沿岸地区的很多卫所如济宁卫、平山卫、东昌卫、德州卫等都是安置达官的重要据点。"达官"是"鞑官"的异称，是以蒙古族为主的北方少数民族供职于明帝国诸卫所内各官军的通称。被安插于内地的少数民族士兵称为"达军"。"洪武二十一年春正月己卯，命曹国公李景隆、定远侯王弼、鹤庆侯张翼往中都留守司及徐邳等卫调官军防护漠北新附鞑军南来，又命永平侯谢成往鲁府率护卫、士马以所送鞑军分隶济南、济宁等卫与军伍错居。"③ 对于达官是否真心归附，明政府并不放心，因而派李景隆等调卫军防范，同时将这些达官、达民安置在卫所内，也起到监视的作用，力图将归附达官牢牢控制在可支配的范围之内。正统十二年（1447）八月，平山、东昌二卫安置达官都督喃哥等部属，"恐后生养蕃庶，泛滥为非，难以制服。宜分遣往各都司卫所安置"。④ 九月，"敕都指挥佥事曹广于东山、平山二卫提督安插来降头目夷人耕种生业"⑤。

朝廷给予这些达官很优厚的抚恤和待遇。这些被安置的达官都被政府授予世袭武职，并参与明朝的军事行动。正统十二年（1447）三月，"沙州卫都督佥事喃哥等率部属二百余户、一千二百三十一人来归。上命官舍头目于山东平山、东昌二卫管束，带俸城内居住，赐都督米二十五石，地二百五十亩；都指挥米二十石，地二百亩；指挥米十五石，地一百五十亩……分其部落于青平、博平二县，为三屯居住，各赐米三石，地八十亩，

---

① 《明史》卷90，兵志二，卫所班军。
② 万历《东昌府志》卷13，兵戎志。
③ 《明太祖实录》卷188，洪武二十一年正月己卯条。
④ 《明英宗实录》卷157，正统十二年八月癸未条。
⑤ 《明英宗实录》卷158，正统十二年九月癸巳条。

仍赐钞、彩币表里、纻彩、袭衣、绵布、房屋、床榻、器皿、牛羊等物，支与俸粮、月粮"。① 十三年（1448）四月，沙州卫达民矮尔丁等来归，"上命于山东东昌卫安插，赐钞布、彩丝、袭衣等物"。② 六月，鞑靼苦述贴木儿来归，"上命隶山东平山卫，月支米一石，赐钞、彩币、表里、房屋、器皿等物"。③ 十四年（1449）九月，"上命户部主事陈汝言等往宣谕东昌、平山、德州、德州左、河间、沈阳中屯、大同中屯各卫，新旧安插达官达军达民，每人赏银二两，布二匹。令各安究守己，毋或生事扰人"。④ 此时为正统十四年（1449），正值土木之变，为防止内地归附达官与蒙古旧势力相勾结，明政府不得不对这些达官、达民进行安抚。达官的数量很大，明政府一直非常重视对他们的管理。十四年（1449）八月，"户部给事中王竑言二事：一原取沙州达官于东昌府卫安插者，其人素习凶犷，平民无事常为盗贼，今虏寇犯边，尤宜提备，乞设法俵散各人于江南远方，庶不乘机为患。一前日出征，调取河南、山东等处官军，闻在途中恃强劫夺，今恐又蹈前非，动摇人心，乞严加禁约，从之"。⑤ 这些达官达军参与卫所军出征的行动可见于正统十四年（1449）九月，"左军都督毛福寿奏，蒙差往云南、贵州杀贼，宜选东昌、平山、德州、河间等卫安插达官、达军随征协助，其都指挥使克俄罗领占等量加升赏……帝从之"。⑥

第三，漕运职能。卫所的漕运职能最初是不存在的。明初卫所旗军的两项最重要职能是屯田和戍守。自明成祖迁都北京后，轮番操练（班军）和运送漕粮（漕军）日益成为卫所旗军的重要职责。明朝以前各朝承担漕运的或为民夫，或为商贾，或暂调军队，真正建立独立而完备的漕运组织——漕军，则为明朝首创。⑦ 为解决北京城的粮食供应问题，明政府重新疏通了大运河，自永乐十二年（1414）开始大规模地抽调各地卫所旗军从事漕粮运输。但此时尚未建立严格的制度，直到成化年间才实现了整编定制。

就山东地区而言，与明政府的漕运制度相对应，运河沿岸卫所旗军在

---

① 《明英宗实录》卷151，正统十二年三月乙卯条。
② 《明英宗实录》卷165，正统十三年四月庚辰条。
③ 《明英宗实录》卷167，正统十三年六月甲申条。
④ 《明英宗实录》卷183，正统十四年九月甲辰条。
⑤ 《明英宗实录》卷181，正统十四年八月甲戌条。
⑥ 《明英宗实录》卷183，正统十四年九月甲午条。
⑦ 参见林仕梁《明代漕军制初探》，《北京师范大学学报》1990年第5期。

运输漕粮的职能上也经过了一个演变过程。山东运河沿岸的卫所都有数量不等的运粮军。在东昌府平山卫有运粮旗军一千一百一十七名，东昌卫有运粮旗军五百三十三名，临清卫有运粮旗军二千六百六十五名，濮州千户所有运粮旗军二百六十名。其中的临清卫还有京边两班操军一千九百三十名，实操军舍一千六百六十二名。① 运粮旗军几乎占本卫总人数的一少半，漕粮运输成为主要职能。永乐十年（1412）十一月，"山东都指挥佥事李凯等督运卫辉等处粮百六十五万九千二百七十余石至北京"②。十二年（1414）一月，命山东等卫"不分屯守，各选军士，以指挥千百户率领，都指挥总率，随军运粮"。③ 东昌卫是在宣德年间由湖广武昌卫调设的，这也反映出运河开通后在东昌府内增设另一卫所在某种程度上是为了充分发挥大运河的漕运职能。其他运河沿线卫所的运粮军也有所增补，运军占卫所军总数的几近一半。

卫所旗军从事漕粮运输最初并非专职。除了运粮外，还要经常承担其他军事任务。宣德年间"以南北诸卫所军备边转运，错互非便，请专令南军漕运，北军备边"④。正统年间，又规定"运粮旗军不与操守之事"，管运指挥"专管漕政，不与军政"。从此，漕军从原来的屯戍之士演化为专职运粮军。运河沿岸卫所除了运送粮草外，还要担负输送其他物资。明代在临清设有砖厂，供给营建京城所需。烧砖、运砖成了运军固定的任务。隆庆元年（1567）五月，诏"运船过临清免其带砖，以漕军重困也"⑤。万历十三年（1585）四月，诏"临清砖厂凡军民船户纳价雇运，其价以船之大小为差"⑥。此外，运河沿岸卫所与漕运有关的职能还涉及疏浚修理河道、修理闸坝、修造船只等。

第四，其他行政职能。明代的疆土管理体制是由行政系统和军事系统构成的，行政系统的省、府、州、县是一种地理单位。军事系统的都司、卫、所在绝大多数情况下也是一种地理单位。（顾诚先生观点）卫所作为一种地理单位，也具备民事职能。据记载，卫的长官"分理屯田、验军、营操、巡

---

① 万历《东昌府志》卷13，兵戎志。
② 《明太宗实录》卷134，永乐十年十一月丁酉条。
③ 《明太宗实录》卷147，永乐十二年一月庚子条。
④ 《明史》卷145，列传第三十三。
⑤ 《明穆宗实录》卷8，隆庆元年五月癸亥条。
⑥ 《明神宗实录》卷160，万历十三年四月戊辰条。

捕、漕运、备御、出哨、入卫、戍守、军器诸杂务……征行，则率其属，听所命主帅调度"①。明政府对卫所旗军户籍管理有严格的规定。卫所军户的身份一旦确定，世代为军。不同的军户有不同的黄册。每个卫所都有数量不等的屯地，并进行征收钱粮。平山卫有屯地二千九百一十三顷一十一亩，坐落聊城等县地方。东昌卫有屯地一千一百八十二顷，坐落濮州、范县、堂邑县地方。临清卫有屯地二千八百六十二顷九十九亩，坐落济宁、嘉祥、巨野、郓城、鱼台、清平、临清地方。濮州所有屯地三百一十六顷九十五亩，坐落濮州、范县地方。② 另外，卫所还具有管理刑名的职能。

明中期以后，各地卫所官军不堪重役，大量逃亡。卫所制度本来是以屯田制度为经济基础的。自正统后，"屯政稍弛，而屯粮犹存三之二。其后屯田多为内监、军官占夺，法尽坏"。成化年间"视旧所入，不能什一矣"。弘治年间，"屯粮愈轻，有亩止三升者"③。在东昌府，"今之屯田所种，半非其主"④，卫所军官又不断侵占军屯田地、私役士兵耕种。漕运旗军的情况也很不好。弘治以后，因漕军逃亡改差日益增多，管运官员"乃以军粮募市人代驾"，或"雇觅游食光棍凑数"。⑤ 至万历年间，雇募民船民夫已成为补充漕军的重要来源。在兵额严重不足的情况下，朝廷开始采取募兵等其他办法，以保证整个军事系统的正常运行。由于卫所漕军长年在运，既无时间习操，也无法再承担军务，年岁既久，已逐渐丧失了军事战斗力，卫所制的军事职能已大大削弱，但漕军制依然在艰难地维持着。

从明朝中期以后，卫所内部的"民化"、辖地的"行政化"就已开始，卫所与州县的差异越来越小。明朝灭亡以后，清廷承袭明制，将卫军改名为屯丁、运丁，将不运粮卫所归并附近州县管理。顺治三年（1646）"定屯田官制，卫设守备一，兼管屯田……改卫军为屯丁"⑥，漕运卫所逐渐成为半军事性的专职运输机构。顺治十二年（1655）"裁……平山卫右、后二所"，同时"裁东昌卫中所、濮州所"⑦，康熙二十五年（1686）裁平山卫

---

① 《明史》卷76，职官五。
② 万历《东昌府志》卷13，兵戎志。
③ 《明史》卷77，食货一。
④ 万历《东昌府志》卷13，兵戎志。
⑤ 《漕运通志》卷8，漕例略。
⑥ 《清史稿》卷120，食货志一。
⑦ 《清世祖实录》卷93，顺治十二年八月壬寅条。

并入东昌卫（另有记载"康熙二十七年巡抚钱某疏奏裁平山卫归东昌卫"①）。平山卫运军及漕船由东昌卫接管，继续执行漕运任务。一般认为，明代的卫所在清代广泛地延续了80多年。由于漕运任务的存在，运河沿岸的卫所裁革时断时续，这种情况一直持续到光绪二十八年（1902）。

四　运河沿岸卫所对地方社会发展的影响

明初因北方战争的需要，运河沿岸地区设置卫所用以保护交通或集兵训练发往北方。大运河重修疏通之后，运河沿岸卫所进一步加强。因漕运、储粮以供给京师的需要，各地卫所几乎都设有大量运粮旗军，另外还有相当数量的京边两班操军。明中后期虽然各地卫所旗军逃亡，编制形同虚设，但运河两岸的卫所却一直在维持着。它们对当地社会的政治、经济、文化等各方面都产生了重要影响。

东昌府既是一个地方政治中心城市，又是一个军事重地。大运河的全线贯通为其商业发展带来了巨大的契机。随着漕运的兴起，东昌府逐渐发展成为鲁西平原上的物资交流中心。"卫仓"是明清时期的军用粮仓。洪武年间，平山卫指挥使司设于城内卫仓街南首路西，而平山卫的仓库即设在卫仓街的中段。宣德年间，武昌左护卫调至山东，更名为东昌卫，建卫指挥使司于城内考院街东首路北。又有广盈仓，"在府治东南，设仓官一员，岁收州县存留米麦，支给平山、东昌两卫官军俸粮"。②据考察，平山卫与东昌卫的界碑在古城内羊使君街东段路口西南角，平山卫负责界碑以南至龙湾减水坝之间运河漕粮的运输安全，东昌卫负责界碑以北至梁水镇之间的漕粮运输，还有东昌府辖区的治安。维持地方治安本是卫所军的基本职责之一。运河开通后，随着漕运活动的繁荣，运河城镇商业贸易往来繁多，维持运河沿岸城市的治安自然成了当务之急。军屯是与卫所设置相配而行的。运河沿线设有大量的军户屯田。但后来随着屯田制的破坏，许多屯地沦为城镇聚落或村落。在今聊城地域内，仍存在着许多与"卫所制"有关的地名。

另外，明中期以后，随着卫所制军事职能的削弱，有些卫所士兵开始

---

① 乾隆《东昌府志》卷7，山水二，漕渠。
② 乾隆《东昌府志》卷16，建置六，仓储。

挣脱自己的人身束缚，或出外营商，或乞请习文，改从他业。在东昌五大家族中的任、邓两家，其先祖均为卫所军官。任克溥先祖四代世袭平山卫指挥金事。状元邓钟岳，其先祖邓浒为东昌卫指挥。明末忠烈军官邓之荣，为邓浒的第七世孙，崇祯二年（1629）"袭东昌卫指挥金事，尝从戚继光学兵法，得《兵诀秘书》与《虎铃经》，尽究其蕴"。① 后来在与贼兵交战中，被敌围数重，力屈战死。许多的卫籍官军及其后代在保君卫国的第一线作出了贡献。

处于会通河与卫河交汇之处的临清，本是一个偏僻的小县。随着大运河交通作用的发挥而迅速繁荣起来，成为北方的重要都会。洪武年间，临清仓储粮 16 万石"以给训练之兵"。保护粮仓是临清守御千户所的重要职责。会通河疏浚以后，大运河成为主要粮道，至宣德年间增造临清仓，可容漕粮 300 万石。为确保漕粮的安全储运和妥善管理，卫所官军的漕运职能日益明显。宣德年间，临清卫的设置在明清两代的漕河上都发挥了重要的作用。"先有临清仓，后有临清城。"景泰元年（1450），临清始于会通河北岸修建砖城。弘治二年（1489）升为州，又于嘉靖二十一年（1542）扩建城垣。临清城在建筑之初，几乎完全是为了保卫国家漕运仓储的需要，以后的城市扩建及建置也都主要是为了保证政府和军队以及朝廷财政税收上的需要。

明政府为了漕运而对运河不断修浚，随之带来的是商品流通的发展。有明一代及清代前期，政府每年役使大量军籍运丁将数百万的漕粮解运到京师及有关仓廒，同时准许漕运官军利用漕船搭运一定数量的私人货物，沿途贩卖，免其抽税，"以资运费"，"以恤军困"。每年经由临清往返的漕丁即达 24 万人次。这批不是商人的商人，在促进临清的商业繁荣中也起到了重要的作用。因而，运河沿岸卫所的功能是多重的，既有其本身的军事属性，又要维持漕运，保证国家的政治需要，还与社会经济的发展密切相关。入清以后，统治者又对卫所制度进行调整与改革，确保对清代社会稳定起到积极的作用。

（作者单位：聊城大学运河学研究院）

---

① 乾隆《东昌府志》卷41，列传六，忠烈。

从商人经商类书[①]看明清运河航路的秩序

王日根　曹　斌

　　明代中期以后，随着商品经济的日渐活跃，运河航运业也呈现出了前所未有的繁盛局面。无论是短途的镇市赶集，还是长距离的大宗货物贩运，舟船都成为商业与社会发展不可或缺的重要交通运输工具。官方的漕运姑置不论，这时，民间的客货运输也在不断地发展。明清的商人们乘坐舟船在内河航道上日行夜宿，饮风啜露，进行着货物的南北转输、东西互易。为了追逐什一之利，水路行舟的经商者不但面临风波覆舟的危险，而且还时时遭受以杀人劫货为业的盗贼的侵扰。经商途中商人们所遭遇的种种盗贼劫骗的危险，在明清时代出版的商书中也多有记述。明清时代的商业书籍，是伴随着明代中期以后商贸业的大发展，经商人数增多，人们对经商知识的广泛需求而出现的。陈学文在对明清商书进行整理和研究的基础上，按商书的内容将它们分为五种类型，从中可见商书在记载经商知识方面的面面俱到[②]。商业类书中所包含的有关明清社会生活的丰富内容，也吸引着学界给予关注，学者们从交通史、商品流通、商业史、知识与文化传承等角度，以明清商书为基础分别展开论述，

---

　　① 据当代学者陈学文的研究，明清时期的商书较为重要的有二十余种。而其中同书异名、相互抄袭的现象也多有存在。本文的撰写主要依据明清商业书籍中《天下水陆路程》《天下路程图引》《士商类要》《新编杜骗新书》等出版较早和较重要的几部商书。

　　② 这五种类型分别是：（1）标准商书；（2）水陆行程书；（3）集商业经营和水陆路程于一体的商书；（4）商业道德与伦理书；（5）防骗类书。见陈学文《明清时期商业书及商人书之研究》，台北：洪叶文化事业有限公司1997年版，第14—17页。

取得了丰硕的成果①。但是对于商书中屡屡提及的有关经商者在旅途中所遭遇的种种盗贼劫骗偷抢等社会现象，因为记载相对较少的缘故，没有引起学界的注意，至今仍少有专论。本文拟以明清商书中关于江河湖泊盗贼活动的零星记载为背景，参照明清其他文献，试对明清商人经商途中所经历的盗贼侵扰的情形作一论述。

一　明清商书中对经商者行舟途中避盗情形的规诫

有关商人经商行舟途中遭遇盗贼劫骗的记述，虽然在商书中只占到很小的部分，却是商人经商知识储备中很重要的一个部分。因为商人一旦身逢其厄，往往失财乃至于殒命②。所以如何避免行途中发生与盗贼邂逅的危险，成为经商者必备的一项知识。归纳起来看，明清出版的商书主要从以下几个方面对经商者提出规诫。

（一）对沿途的盗贼活动情况加以标志

路途中是否有盗贼活动，是商人们出行时必须首先了解清楚的。若经行路段劫案多发，盗贼活动猖獗，经商者的舟船往往会绕道而行。若经行路段治安良好，则经商者自然可以放心经过，从而节省了旅行的时间和费用。因此商书中对路途中有无盗贼活动的情况记录颇多，如《天下水陆

---

① 陈学文是较早开展明清商书研究者，成果也比较突出，除了上引著作之外，他还有相关论文多篇：《明清时期江南的商品流通与水运业的发展——从日用类书中商业书中有关记载来研究明清艰难的商品经济》，载《浙江学刊》1995 年第 1 期；《明清时期商业文化的代表作〈商贾便览〉》，载《杭州师范学院学报》1996 年第 3 期；《明代一部商贾之教程、行旅之指南——陶承庆〈新刻京本华夷风物商程一览〉评述》，载《中国社会经济史研究》1996 年第 1 期。其他如杨正泰利用商书对明代的驿站和交通线路的研究，见《明代驿站考》，上海古籍出版社 1994 年版；张海英对明清江南商路和商品流通的研究，见张海英《明清江南商品流通与市场体系》，华东师范大学出版社 2002 年版；吴量恺等《中国经济通史》（明代卷）（湖南人民出版社 2002 年版）也把商贾书的涌现作为明代商品经济发展和社会结构异变的一个重要方面加以论述。有关商贾书的研究成果，可参阅陈学文《明清时期商业书及商人书之研究》（台北：洪叶文化事业有限公司 1997 年版）一书附录二"商书研究论著目录"，系对 1996 年以前学界对于相关问题研究成果的一个汇集，其中日本学者的研究成果尤可关注。

② 《喻世明言》中就讲述了一个商人陈商，乘船路经湖北枣阳时，遭遇一群强盗的打劫，随从被杀，"陈商眼快，走向船艄舵上伏着，幸免残生"。由于钱财被劫，身无分文，再加上受到情感的打击，陈商最终在贫病交加中客死异乡。见冯梦龙辑《喻世明言》卷 1，"蒋兴哥重会珍珠衫"，岳麓书社 1989 年版，第 17 页。

路程》云："仪真闸通上江运舡，五坝过客货，须邻大江，昼夜无盗"①，这是一条从南京出发，经漕河通往北京的驿路，又"嘉善由三白荡至苏州，无牵路，亦无贼，且近，可行"②。《士商类要》在介绍从苏州至芜湖的水路时，特别指出经由东坝至芜湖，路途既近便，又可以避开长江盗贼截杀的凶险："如避长江而走芜湖者，此路近便无盗，但冬月水干，盘剥多费事耳。"③ 江南地区，私盐充斥，私盐贩卖者横行，他们贩私盐之外，也时时对过往商客进行掳掠，所以商书中对盐徒的活动也屡有记述，如在扬州府以北的邵伯湖一带，即是盐徒活跃的地区："邵伯以北，湖荡多，人家少，西高而东卑，水大之年，最怕西北风，巨浪能倒塘岸。舡不能过。贼有盐徒，晚不可行。"④ "小安丰至朦胧五十里，盐徒卖私盐为由，实为强盗，谨慎。"⑤ 对于以上所载路途多盗的地方，商书提醒经商者在经过该地时要倍加小心谨慎。

　　夜航船是明清江南地区流行的客货运输模式，但是若路途多盗，也会影响夜航船的运营："苏州以北，有日船而夜不行。苏州以南，昼夜船行不息。至湖州日夜船，苏州、灭渡桥、平望并有。嘉兴至平湖日夜船，在东栅口。嘉兴至松江船，昼去而夜不行。此路多盗。"⑥ 我们看到，在出版时间较早的路程图引类商书中，往往对沿路行船中有无盗贼的情况加以标识。但是稍后的多数商书中则要么省去这部分内容，要么一笔带过，叙述极为简略。究其原因，并非盗贼劫掠活动减少，对商人经商的威胁减小的缘故，而是盗贼劫掠往往事出突然，并且与一时一地的治安好坏和社会状况有很大的关系，商书作者根据自己的亲身经历或者道听途说得来的零星记载很难对实际的情况作出普遍性的反映。将它们记录下来，并不能给商人在旅行途中规避危险提供全面的参考，所以在稍后出版的商书中有关某地有无盗贼活动的记录就逐渐消失。

---

　　① （明）黄汴：《天下水陆路程》卷5，杨正泰校注，山西人民出版社1992年版，第146页。

　　② （明）黄汴：《天下水陆路程》卷7，第210页。

　　③ （明）程春宇：《士商类要》，载杨正泰《明代驿站考》附录，卷1，上海古籍出版社1994年版，第255页。

　　④ （明）程春宇：《士商类要》，载杨正泰《明代驿站考》附录，卷5，第147页。

　　⑤ 同上书，第152页。

　　⑥ （明）程春宇：《士商类要》，载杨正泰《明代驿站考》附录，卷7，第233页。

（二）慎雇船户

船户又称为舟子、舵公，他们一般以驾船为生，受雇于来往商客，赚些微薄的赁资。因为收入较低，生活艰苦，往往发生船户谋害商客的事件，所以明清商书里也提醒经商者外出经商时要慎雇船户。《士商类要》有"船脚总论"一节，专论雇用船只时的各种注意事项，开篇它即讲到了慎雇船户的重要性："且以雇船一事，必须投牙计处，询彼虚实，切忌贪小私雇，此乃为客之第一要务也，虽本地刁钻之人，尚难逃其术，何况异乡孤客哉。如新下水，新修捻，件物家伙不齐整，或齐整家伙，与船大小不相对，乃借来之物。及邂遢旧船，失于油洗，人事猥衰，必是少债船也。其看船之法，须是估梁头，算仓口，看灰缝干湿，观家伙齐整，方可成交。谚云：'雇船如小买'，诚哉斯言也。"商书作者似乎对于船户的印象普遍较差，认为船户十有六七都是奸恶之徒："虽然船脚之奸，甚于劫盗，间有二三良善者，客人亦不可加之于刻薄也……"① 《士商类要》亦云："船家乃暗贼，往来介意提防。"② 当然，商书中也有评价船户良善的，如《天下水陆路程》云："（浙江）衢州船户良善"③，又《天下路程图引》记载："杭州至镇江路七站，水皆干，古称平江，盖自有来矣。船户和柔，官塘河岸拽牵可穿鞋袜。"④ 然而，对船户有良好评价的毕竟不多，更多的是提醒经商者要对船户保持戒心，诸如"（扬州以北）舡户不良，宜防"⑤、"（黄河亳州段）舡户谋客，可防。虽有船伴，亦须谨慎"⑥、"由淮安南、北二河而去者，有船户谋客、黄河水走之防"⑦ 等。虽然在商人眼中，船户不良者居多，但是商人出行，又必须要雇用船只，对船户的依赖性很大，所以商书作者又建议商人一方面对船户加以防范，一方面又要体恤船户，不能在船钱上任意刻薄："客人亦不可加之于刻薄也，脚夫一担在身，百骸俱动，船

---

① （明）程春宇：《士商类要》，载杨正泰《明代驿站考》附录，卷 2，上海古籍出版社 1994 年版，第 294 页。

② 同上书，第 301 页。

③ （明）黄汴：《天下水陆路程》卷 7，杨正泰校注，山西人民出版社 1992 年版，第 203 页。

④ （明）憺漪子：《天下路程图引》卷 1，杨正泰校注，山西人民出版社 1992 年版，第 375 页。

⑤ （明）黄汴：《天下水陆路程》卷 5，杨正泰校注，山西人民出版社 1992 年版，第 147 页。

⑥ 同上书，第 149 页。

⑦ 同上书，第 157 页。

户以外财而包内财，用人工而使盘费，一船干系，岂小小哉。"①

（三）慎择泊船地点和时间

关于泊船地点和时间的选择，商书大体上在三个方面提请经商者注意，一是不能泊靠荒郊野地，二是夜晚泊船应当谨慎，三是凶荒年份应当防盗贼。即如《士商类要》的作者所说的："凡行船，宜早湾泊口岸，切不可图快夜行。"②《天下路程图引》云："（杭州至镇江路七站）人烟稠密，是处可泊，帷滥溪小路，由塘栖至平望，人家少而水荡多，荒年勿往，早晚勿行。……平望、八尺、五龙桥、虎丘山脚数处，凶年多盗，宜防。"③ 所谓"荒年""凶年"，是指地方州县因为水旱灾害、庄稼歉收等缘故而发生饥荒的年份。这时，受饥寒所迫，更多的人铤而走险，拦路截抢，所以商书作者提醒经商者尤其要在凶荒年份注意防盗。

（四）慎露财

如《商贾一览醒迷》云："逢人不令露帛。乘船登岸，宿店野行，所配财帛，切宜谨密收藏。应用盘缠，少留在外。若不仔细，露帛被人瞧见，致起歹心，丧命倾财，殆由于此。"④《士商类要》云："若搭人载小船，不可出头露面，尤恐船夫相识，认是买货客人。"⑤ 在这则材料中，商书撰者甚至要求经商者要尽量地掩盖住自己的商人身份，以免使人生歹意，谋钱财。

（五）慎选经商旅行的伙伴

明清时代，商人外出经商，最忌孤身一人，遇事时既缺乏照应，又往往容易被歹人觊觎。但是，选择经商和一起旅行的伙伴又需要慎之又慎，不然就会轻则受骗，重则失财殒命。正如《士商类要》所说："凡出外要

---

① （明）程春宇：《士商类要》，载杨正泰《明代驿站考》附录，卷2，上海古籍出版社1994年版，第294页。

② 同上书，第295页。

③ （明）憺漪子：《天下路程图引》卷1，杨正泰校注，山西人民出版社1992年版，第375页；又（明）程春宇《士商类要》卷1，第252页，所记与此处全同。

④ （明）李晋德：《商贾一览醒迷》，山西人民出版社1992年版，第281—282页。

⑤ （明）程春宇：《士商类要》，载杨正泰《明代驿站考》附录，卷2，上海古籍出版社1994年版，第292页。

择的伴，庶几有辅。若路逢非熟识之人，同舟同宿，未必他心似我，一切贵细之物，务宜谨慎防护，夜恐盗而昼恐拐也。"①《杜骗新书》中有一则故事"成锭假银换真银"，即是讲同船客人借同乡的名义，故意套近乎，用假银骗取了客商银钱的事情。而经商者在路途中因为结交和搭载陌生人而被劫的事例在明清文献中更是经常见到。

明中后期以来出版的商书中对经商者在内河行船途中回避盗贼劫骗的种种规诫已如上述，从中可以看到，随着商品流通的发展和外出经商活动的频繁，商人经商所遭遇的人为因素的凶险也日益复杂，而商书的编撰对这方面的问题也适时地作了总结，给经商者提供了很好的出行参考。但是，用文字记录下来的商书内容部分得自作者的亲身经历，一部分得自口耳相传的经商故事，虽然对明清时代商人出行所遇到的一些问题进行了记述，却因为受到时间与地域的限制，未免流于僵化，失之片面和简略。实际上，明清时代商人在内河行舟遭遇骗、盗、劫等凶险是一幅生动的社会活动图景，明清文献中对此方面的情形也多有记载，它们是对明清商书中所述内容的更为具体化的描绘。

二　明清其他文献中对经商者行舟途中遇盗情形的记载

商人外出经商，在资金汇兑业务很不发达的明清时代，往往必须随身携带数目不菲的银钱货物，孤身在江湖上行走，因而容易成为图谋不轨者觊觎的对象②。对于这些觊觎者而言，为了获得商人的财物，他们处心积虑，采用各种办法进行攫取和劫夺。他们要么堵塞河道，趁机哄抢；要么

---

①　（明）程春宇：《士商类要》，载杨正泰《明代驿站考》附录，卷2，上海古籍出版社1994年版，第298页。

②　如沈起潜《八坼行》一诗，讲述了一个从外地来的商人，停靠在吴江县八坼湖边，半夜被盗贼残忍地杀害的事情，全诗曰："吴江有塘名八坼，往来行李如络绎。水路平通吴会船，陆程近接金昌驿。有客云自平川来，一舟满载多货财。到此停桡日已暮，苦无仆从相追陪。原知慢藏终海盗，低声私向营兵告。今夜无忘击柝严，诘朝定有多金报。几度叮咛始下船，坦怀无患高枕眠。南柯一梦不复醒，那知此梦常游仙。贼舟猛于虎，抽刀刳肺腑。血肉六裁分，金银满囊取。营兵怒号，白刃急操。追及十里，贼无可逃。虽报仇人获，重泉命难续。恨血千年江上红，游魂半夜船头哭。我亦孤客栖头舱，一叶漂泊芦中央。寻思此事不成寐，篷窗独坐徒彷徨。吁嗟！远游道，何如在家好。行路而今难更难，孤舟孤客摧心肝。"（清）张应昌辑：《国朝诗铎》卷10，见《续修四库全书》第1627册，上海古籍出版社2001年版，第542页。

巧设骗局，引商入瓮；要么假扮客商，相机劫财，甚或直接横截津路，杀人越货，其他诸如鼠窃狗偷、设谋讹诈等手段，不一而足。以下将明清时代商人经商行舟途中所遇到的骗、窃、讹诈、盗劫等各种情形作一分别论述。

（一）堵塞河道，趁机哄抢

在商舶穿梭来往的河道，沿岸居民选择在窄浅的地段将砖石抛于河中，使船只经行时搁浅，居户则趁机向商人讹诈财物，或者上船哄抢财货。如道光《江阴县志》转述了明代中期时江阴县的情况："黄志有云，沿江居民遇客船滞阁则啸其党剽掠之，并其船剖分之。月城居民深夜运土塞河，客过则舟膠，乃倩以分剥，因攫夺其货物。"① 到了清代道光年间，这种阻船哄抢的情况在江阴渐少："黄志所载沿江、月城两地膠舟剽夺情事数百年来风移俗变，有异曩时，窃贼自设立自新所豢养后，两年来绝少逾贯报案。"② 这种利用阻塞水道以便趁势抢劫的行为，在地方志的编纂者看来，是因为该地教化未行、人心贪利所致，故而将这种行为发生的原因归结于地方风俗之未淳。江阴在道光年间通过设立自新所，移风易俗，使阻塞水道以利于抢劫财物的情形变得"绝少"。

江阴的地方官员认为它属于地方上的一种特殊风俗民情，可以采用设立自新所等教化民众的方式来移风易俗。据光绪年间编订的《大清律例增修通纂集成》中有关"白昼抢夺"的表述云："凡白昼抢夺人财物者（原注：不计赃），杖一百，徒三年。计赃重者加窃盗罪二等（原注：罪止杖一百，流三千里）。伤人者，斩（原注：监候）。为从者各减一等，并于右小臂膊上刺'抢夺'二字。若因失火及行船遭风著浅而乘时抢夺人财物及拆毁船只者，罪亦如之"③，此处只规定了对行船遭风搁浅后趁机抢夺的惩处，这是自然原因（失风）导致的行船搁浅，而人为地填塞水道、故意拦劫行船的行为，与之相比，无疑性质更为严重，但是清律中并没有做出相应的规定，这使地方官在应对此类劫案时增加了按自己的意志量刑的权重。

---

① （清）陈廷恩修，李兆洛等纂：《江阴县志》卷9，风俗，道光二十年刊本，第839—840页。按：黄志是指明弘历年黄傅修，正德十四年刊本《江阴县志》，北京图书馆藏。
② 同上。
③ （清）陶骏等增修《大清律例增修通纂集成》卷24，光绪二十六年刊本，第5页。

如上所述，若没有特殊的因素（如会匪）影响，地方官员更愿意把这种截抢方式视为地方风俗的范畴，更倾向于用教化而不是剿捕的方式加以解决。借助绅士的力量来教化民众，是明清的地方官员治理地方时经常采用的手段。他们期望通过教化来改易地方风俗中不好的方面，力图为商旅行舟提供安全通畅的水道，为地方创造安定静谧的社会秩序。

（二）闷香迷客，老鸦讹商

经商者水路行舟时遭逢的凶险，有时是在懵懂不觉中就落入劫盗者的瓮毂之中，任人摆布却又无可奈何。如闷香迷客，即是如此。闷香是一种熏人能使之昏迷的香，与蒙汗药①一样为江湖劫盗所经常使用。清末小说《七剑十三侠》中有段描述闷香的文字："那些小和尚头陀却闻着此香个个骨软筋酥，比蒙汗药还要加倍的利害。……这香俗名闷香，又叫鸡鸣香，其实江湖上叫做夺命香，能夺去人的魂魄，你道利害不利害？"② 这种比蒙汗药还要厉害的闷香，在清代以前未见有被用来做劫盗的记载，较早的谈到闷香能够致人昏迷的是成书于清代康熙中叶的《坚瓠集》，该书记云："五行各有利用，而水更能辟邪，如人出行，舟行及旅店中夜卧，贮清水一盂，则闷香无效。"③ 雍正年间户部右侍郎景日□在奏折中称："又闻南方水程之上有一种船贼，驾艇揽载，诱致行旅。或孤单，或三五伴，一入其舱，总隶冥录。暗投蒙汗药于茶饭中，入咽辄晕，遂勒项毙之，而掷之于深渊，名曰闷香船。"④ 可见闷香船不仅在雍正年间仍很活跃，而且其作案手段异常残忍，身罹其祸的商旅往往难以幸免。

明代后期，商旅行舟中又会遇到另外一种讹诈性的勒索，即扬州水老鸦："水老鸦者，扬州舟猾也。舟人多托故与客哄，其一即跳入水中，久不出。其一与索命，行旅亦爽然自失，不得不多与金帛求息。然跳水者伏

---

① 韩世琦《抚吴疏草》云："臣看得吕魁吾惯造蒙汗之药，恣行杀劫之凶。于顺治十二年十月内，睸徽商吴子宜等五人写船回籍，饶有资囊，遂同盗伙汪本仲、方廷印借附同舟，阴图俟便，于开舟次日诈备祭品享神，邀聚宜等散胙，将药物等暗投食物之中，宜等五人同时昏仆。而魁吾等当将五命尽掷波心，与船户吴贞等分赃各散。"（清）韩世琦：《抚吴疏草》卷16，《四库未收书辑刊》第6册，第278页。

② （清）桃花馆主人编次：《七剑十三侠》卷2，录自《古本小说集成》第81辑，上海古籍出版社1990年版，第97页。

③ （清）褚人穫：《坚瓠集》第3册，广集卷4，"水能辟邪"，浙江人民出版社1986年版。

④ 第一历史档案馆编：《雍正朝汉文朱批奏折汇编》第33册，第112—113页。

行水中已在二三十里外登岸矣。"① 商客在毫无防范的情况下落入船户的圈套中，这是水老鸦和闷香船两种危害商旅方式的共同之处。不同的地方在于，闷香船是明抢，水老鸦是暗胁；闷香船是劫杀，水老鸦则是讹诈。水老鸦利用了出门在外的商客害怕摊上官司的心理，设局诱骗客商。而客商为了息事宁人，也不去深究事实真相，只能拿钱消灾。明清时期舟子半渡敲诈商客的情况仍不鲜见，如明末钱塘江的舟子，"最横，每至波涛险处，则谓一舟性命死生尽在吾手，辄索财物"②。多数商客在舟子的威迫下不得不屈服，然而也有不甘心受讹诈而奋起抵抗者："左宗鲁，字培元，兆兴集人。……中康熙戊子科武举，壬辰科进士。授四川夔州府梁万营守备。……又船户有素号八杆船者，习于凶恶，适孤客姓萧乘舟不受诈骗，遂群殴，推入水中，幸冲至江岸未死。鲁查江适相值。拯问其由，将船户极刑重惩，恶风渐息。"③ 从材料看来，半渡诈客乃至杀人在长江上游是经常发生的，而像萧姓客人这样幸免于难的却是少之又少。

（三）假扮客商，乔装劫财

客商携带重资渡江涉湖，一路上选牙行、雇船户、择行伴、慎泊舟，对于久历江湖风波的商人而言，每一件事情都是认真考虑并且谨慎小心地去做的。官府对于盗贼截杀商旅的案件也比较重视，在沿江湖泊地带严防汛、设巡船、颁保甲、督缉捕，虽然不能完全遏制住盗贼截杀商旅案件的发生，但是对于他们的活动还是起到了威慑和限制的作用。

为了避开官府的追剿，同时为了欺骗商客，使他们疏于防范，劫盗者也狡计百出，往往自身乔装为商客，以便趁机行劫。如顾炎武记云："（太湖）定跨港、乌溪港、兰后港，以上三港，在县东南五十里，迤逦相连，并入太湖，以达杭、嘉、湖三府之境。盐徒劫寇，往往作商贩行

---

① （明）姚旅：《露书》卷9"风篇中"，第661页，载顾廷龙主编《续修四库全书》子部第1132册，上海古籍出版社1995年版。

② （明）王应魁：《柳南随笔》卷1，第2256页，载《清代笔记小说大观》第3册，上海古籍出版社2007年版。

③ （清）周玑纂修：《杞县志》卷16，人物志四，第1048页，乾隆五十三年刻本，台北：成文出版社1976年版。

色，乘间入耗地方。及有强民，以盘诘为名，截害往来商舶，并由此路。"① 成书于天启年间的《南京都察院志》记载江防"巡约十八则"，其中一条也谈到了明后期长江劫盗的特点："一、救孤商。长江上下飞舸如织，其中有等流棍，设计害人，三五成群，顾觅船只，在人烟辏集之处湾泊。以一二人妆为客商，或扮为差，使先登船内。三四人为驾船水手，招呼本船便带人货。夥内又将一二人投落饭店安歇，窥有行商财帛，哄诱其人一同附搭。人货上船，开行江上。先以善言蛊惑，或赌钱、或赛牌，遂将药酒迷昏绑缚，黑夜丢弃孤洲，甚之抛投下水，以灭其迹。或有得财数多，弃原船而逃陆者。"② 从该段材料可以看出，劫商团伙的内部已经有了相当严密的分工，装扮成客商或者公差，意在解除搭船商人的戒心。且有专门揽客者，到客店去拉拢客商，将其哄骗上船，然后趁机劫财。这种冒充客商的作案手法也常常使官府感到难于缉捕，康熙年间两江总督于成龙称沿长江一带的情况是："乃访闻迩来巨盗每多妆扮客商，将器械藏匿舟中，湾泊滨江无人之处，窥伺客船，肆行劫夺，以致官兵不及觉察……"③

（四）横截津路，杀人越货

商旅搭乘舟船出行，遭遇堵塞水道的地方居民，或者是以阿香迷人、半渡诈财的船户，甚或是冒充商人、水手、舟子的劫匪，虽然危险重重，但仍会有失财而保命的机会。并且经商者若在经商途中倍加小心，上述这些危险都是可以避免的。然而，若路遇那些明火执仗、公然行劫而又人数众多的劫匪，商人们不但财物尽失，而且性命难保全，往往是名登鬼录，魂游水府。鄱阳湖位于江西境内，是客商南北往来的重要通道，湖中不但盗贼活动猖獗，而且极其残忍："湖有三山、四山，屹立波涛中，为盗出没薮。他盗志在取财，湖中盗则必杀人，谓不杀人则有失主，赃易败。而

---

① （清）顾炎武撰：《肇域志》卷9，谭其骧等点校，上海古籍出版社2004年版，第327页。

② （明）施沛：《南京都察院志》卷9，职掌二，第242页，载《四库全书存目丛书补编》，第73册，齐鲁书社2001年版。

③ （清）于成龙：《于清端政书》卷7，第752页，载《文渊阁四库全书》集部二五七·别集类，台北：商务印书馆1986年版，第753页。

李再豪者，所杀尤多"①，这是清代康熙初年的情况，与商书中所记大致相同。

太湖及其支脉水域的盗贼也是异常凶恶，如明末盗贼"劫太湖贾客，皆白昼阴伏渔舟中，客舟至，则撒网以包之。其波荡入波涛中，不知几十百人"②。又如康熙二年（1663）所捕获的太湖盗袁二，"于顺治十二年正月二十一日风雨黄昏，遇有布商张奎等满载前来。二等两舟夹劫，且将奎子张建砍堕河中，客侣惧威惊窜，任其席卷饱飏"③。人数多、声势大是此类劫盗者共同的特点，盗贼一出现便亮出刀斧、入舱即四处乱砍，目的在于未劫之前首先从气势上夺去商客的魂魄，使他们乖乖就范；既劫之后又能从容撤去，而此时商客则往往惊魂未定，无暇叫喊报官。盗贼劫掠商客往往是在夜晚趁孤客身单力弱的时候下手。若商人能多寻伴侣，慎择泊舟地点，夜晚泊舟的时候加意防范，使盗贼没有劫抢的机会，是可以减少或者避免盗贼的劫掠的。由此也可以看出商书在这方面对商客提出的建议并非纸上空言。

（五）兵为盗党，商客失怙

为了尽可能地避免在旅途中发生盗贼焚劫的危险，商人们除了自己在旅行时格外小心谨慎之外，还时时依赖沿途兵防塘汛的保护。明清两朝的官府，一般都在地势险要或者人烟较为荒凉、盗案多发的江河湖泊沿岸设有巡检与守汛，以镇守地方、拱卫行旅。因而舟船出于安全方面的考虑，在夜间停船时，也往往选择在有塘汛驻兵的地方附近抛锚。但是，如果驻防塘汛的官兵与盗贼猫鼠同穴、相互勾结、沆瀣一气，那么过往商旅却是连这点保护的屏障也不能依赖了。在长江水域，劫案多发，官府禁止造多

---

① （清）曾王孙：《清风堂文集》卷23 杂记，见《四库未收书辑刊》第 5 辑第 29 册，北京出版社 2000 年版，第 296 页；按：前引商书《天下路程图引》卷七亦云："自湖口至于康郎山，盗贼不时而有，江中强盗得财便休，惟此湖贼凶贪无厌，杀人常事。"记述略有不同。毛奇龄在《西河集》中也记录了饶州籍商人彭万年与同伴邹三、黄寿分乘三艘船只结伴经商，途经鄱阳湖时彭万年因避风而与两人失散。后得知邹三与黄寿均已被盗杀死。见毛奇龄《西河集》卷 79，"湖中二客传"，见《文渊阁四库全书》（第 1320 册）集部·别集类，第 728 页。

② （明）熊明遇：《文直行书诗文》卷 17，见《四库禁毁书丛刊》第 4 辑第 106 册，北京出版社 1998 年版，第 595 页。

③ （清）韩世琦：《抚吴疏草》卷 20，"袁二等招由疏"，录自《四库未收书辑刊》第 8 辑第 6 册，北京出版社 2000 年版。

桨渔船，并不许商船夜行，冀望借此消弭盗贼。但是，一弊方革，一弊又兴，兵盗勾结共劫商财的问题又不时发生，据《南京都察院志》云："江洋贼船，多与商船杂行，先时尾跟，伺夜劫掠，此其故习。往时革多桨沙船渔船，及禁商船不许夜行。商船停住，谕于人烟辏集及兵船湾泊去处，谓可恃以无恐。然狡黠之兵偷闲上岸，江多弛怠。甚则兵与盗通，又甚则兵自为盗，及又假名盘诘，卖放真盗。邀劫行商，索财肆横，莫可究诘。"① 有时，是沿岸商铺的经纪与盗贼、守兵串通一气，共同行劫："又有一等违禁双桅沙船，交通积年埠头经纪，揽装客货，至于夜深僻地，或勾引贼船，或谋杀商命，甚至夹带硝磺等物出海通夷，不可不慎。究其所自，皆由不肖营官受其常例，任伊出没，实为厉阶。"② 埠头经纪与汛营守兵都是外地行商进入本地商业市场的重要依赖，他们若与盗贼勾结串通，商人是很难逃开被劫掠的厄运的③。

以上所言，营汛守兵还只是接受盗贼的月钱贿赂，对于盗贼劫掠商旅船只的行为视而不见，而自身并不参与到劫掠中去。然而，更有一种情形，营汛官兵不但对盗贼劫掠包庇纵容，而且直接充当盗贼的眼线，为盗贼通风报信，使盗贼知道何时有船停泊，以便他们劫掠。海螺牛角本来是营汛守兵互通声气的用具，却被用来向劫盗者传递信息。通过螺角的声调变换，传达出停泊货船装载财物的多少、人员配备、有无防备等各种不同的信息，这种完备的暗号传递方式也说明了该地区守兵与盗贼相互勾结由来已久。同时，用螺角向盗贼传递信号，商船上的商人也完全想象不到，因而全无防备，待到盗贼突入，就只能任由其宰割。

（六）商客的自救

商书的规诫既不能面面俱到，旅途中盗贼劫掠的凶险又千百不同，而

---

① （明）施沛：《南京都察院志》卷14，职掌七，第404页，载《四库全书存目丛书补编》第73册，齐鲁书社2001年版。

② （明）高汝栻：《皇明续纪三朝法传全录》卷13，第150页，见《四库禁毁书丛刊补编》第11册，北京出版社2005年版。

③ 也有牙行为了赚钱，不负责任，不认真查问船户是否奸盗就介绍商客雇用的，于成龙云："凡商贾军民人等携带辎重远行，必投牙埠写船者。以船户之来踪去迹，惟牙埠知之最详，为可倚而可托也。乃有等无赖船埠，只图兜揽，多趁牙钱，竟不察询船来历，轻为揽载，以致匪类寄舟，往往于中途僻处劫财害命，深可痛恨。"——《于清端政书》卷7，第755页，《文渊阁四库全书》集部·别集类第257册。

塘汛守兵又难以倚为屏障，商旅在经商途中的每一步都充满了凶险。因而，为了避免旅途中财物损失或者成为盗贼刀下冤鬼，商人们有时也在乘舟经商的过程中采用一些自救的措施。

初刻于天启年间（1621—1627）的《士商类要》一书中有"船脚总论"一小节，专论客商雇用舟子和脚夫时应该注意的事项，尤其详述了商人装载货物的各种技巧。它告诫商人："千货千弊，百狡百计，是货皆在装卸之中动手，是船个个俱会窃偷，谚云：'十个船家九个偷'，信哉！"① 商人们在实际经商过程中也摸索出了一些行之有效的防盗窃的方法。清代人王椷就记述了一位徽商防止舟子盗窃所运粮食的技巧，记云："江南舟子载客粮，每多侵盗。有徽商某，屡年贩易，不少升合。其法俟载满时，拈釜底灰洒乌龙为记，奇状蜿蜒，势欲振跃，善绘者咸叹为绝技，以故舟子莫能行其弊。一日，买舟十余，贩米淮上。一舟子见而垂涎，苦无术可致，忧形于色。其幼女问之，曰：'尔发未燥，徒语奚益？'女曰：'姑语之，安知无分忧策耶？'舟子告以故，女曰：'此事易耳，第取米，我当效为之。'舟子从其言。女乃如法印记，神形毕肖。及卸载，商验龙不殊而米顿减，怒曰：'必有盗吾粮者。'舟子曰：'君灰龙在，何以盗？'商曰：'形虽相似，有真赝之分耳。'乃过几船，以火燃灰，龙瞬息金光激射，鳞甲皆赤。顷之，火灭，复变为白龙，更觉飞动。至舟子舱内，爇之不验。观者莫不叹异，舟子亦无辞以应。商曰：'不实告，必鸣于官。'舟子不得已，始吐实。呼出见，乃一垂髫稚女耳。试之不谬，商惊曰：'吾习此术数载始成，尔女一见即能得其形似，其非天授？若肯为我儿媳，一切勿问也。'舟子喜，乃与缔婚。"② 这位专营粮食贩卖的徽商刻绘乌龙以防止舟子盗窃，比《士商类要》所说的"预用纸雕灰印"的方法又复杂了很多。据他自己所说，学习这项防盗技术花费了他数年时间，由此也可见商人对于经商过程中防盗技术掌握的重视程度了。又明代

① （明）程春宇：《士商类要》，载杨正泰《明代驿站考》附录，卷2，上海古籍出版社1994年版，第294页；该处详记用船贩运粮时的注意事项云："如装粮食，务要防慎，后舱马门、梁眼、梁缝，于补缺的小板，防是活印子，俱要先用封条贴过，方许铺仓。又有死夹梁，更加双夹柜，并椠卖筹数，卸亦如之。受载之时，各仓俱记小数，不可听其混装，常观前后，照管两旁。前藏尖嘴、睡头、什物家伙之下，后匿稍仓、箱柜坛桶之中，两旁递过邻船，人散从容再取，预用纸雕灰印。"

② （清）王椷：《秋灯丛话》卷11，见《续修四库全书》子部第1269册，上海古籍出版社2001年版，第524—525页。按：据卷首序言，知王椷主要活动时间在清乾隆朝前中期。

人记述，货船在夜晚停泊的时候，总是要离岸数尺，以防窃盗上船偷窃①。

防止舟子偷窃货物，商人可以通过严查舱板或者是撒灰雕印等途径加以预防。若是遭遇持械抢劫的凶狠劫匪，商人也有自己应对的办法。一些商人会拉上几个经商的同人，结伴而行，以壮声势，以吓退盗贼②。而一些商人则因为久历江湖，对于盗匪的劫掠事先都会有所警觉，因而提前加以防范。

明清文献中有关商人在行舟经商途中遭遇凶险的记载，可以补充明清商书中相关部分记述过于简略的不足，使我们对明清时期商人经商所付出的艰辛有了更加具体而微的认识。当然，商人在乘舟行商的途中，遭遇的危险并非只来自劫杀或者窃骗，有时候，江湖变幻莫测的风浪、沿途官员巡兵的敲诈勒索也会给他们带来很大的麻烦。而商人应对盗贼的措施，也不局限于以上几点。往往在实际行商途中，商人们也能根据实际情况的变化，对商书中的规诫或者口耳相传的经验作出某些具体的变更。

三 影响明清商人运河行舟安全诸因素分析

明清商书中在论述水路多盗的原因时，主要归之于两个方面，其一是区位因素，即湖泊、大江等处的荒僻地段易于潜藏匪类；其二是社会因素，即发生灾荒的年份，盗贼活动也较为猖獗。就实际情况而言，除了这两方面的因素之外，商业经济的发展、塘汛防御的弊病等，都是明清时期水路劫盗难以根绝的重要原因。

（一）商人经商对舟船的依赖

商业的发展和从事经商事业人数的增多推动了民间造船业的发展和舟船的普及，而舟船所提供的出行便利及在运输货物上无可比拟的优越性，使商人对于舟船有着很深的依赖，凡是能够通舟楫的地方，他们往往都会舍陆行而乘舟船。明代的士大夫赵维寰经常奔走于南北各地，他曾经比较

---

① 参见（明）赵维寰《雪庐焚余稿》卷10，第575页，"狎盗"，该书云："余尝从毗陵还宿无锡之南门，与一货船同泊。凡货船夜泊，必悬岸数尺，防偷儿也。"
② 参见（清）顾祖禹《读史方域纪要》卷76，第3237页，汉阳府沦水条，上海中华书局1955年版。

走陆路与水路之优劣，最后得出结论是走水路比陆路要方便："夫盗贼之虞，则水陆一也。陆路之苦，且勿论骡轿顿憨，及饭钱腾涌。只行李上下骡背，一日定有四次，其能堪乎？余往来南北，以性躁急，不尽从水。然再三熟筹，毕竟水道为便，识之以告来者。"[①] 赵维寰指出，走陆路不但颠簸劳顿，食宿的成本高昂，而且照看和搬运行李使人不堪其苦；走水路虽然迂回曲折，行驶迟缓，但是比较舒适，旅行成本也低廉。对于从事商品转输贩运的商人来说，赵维寰的观点也道出了他们在选择出行方式上的考虑。

明清时期，舟船是商人在出行时首选的交通工具，特别是在商品经济活跃而又河湖纵横、水网密布的南方地区，商人对舟船的依赖更是深刻。这是明清时期水路针对过往客商的劫盗事件多有发生的重要背景和客观上的因素之一。

（二）　商业经济发展刺激了针对商客的劫盗案件的频发

明清商品经济的发展使从事经商事业者人数增多，这推动了民间造船业的发展。而造船业的发展又使舟船日益普及，便利了商品运输和商人流动，并且水路出行的成本也较陆路更为低廉，因而乘坐舟船走水路成为商人最常选择的出行方式，这就为盗贼拦路劫财提供了机会。生活于康熙年间的景星杓在他的笔记体小说《山斋客谭》中讲述了一个盗贼的故事，他专门劫杀来往客舟，每夜必杀数人，数十年间所杀商客近万人[②]。在这个令人瞠目的数字背后，隐藏的是明清商品经济大发展带来商业流通的发达和经商者的众多，相应的针对商客的劫盗案件也多了起来。

商船丛集的地区，往往也是盗贼活动较为频繁的地方。如明代江防中的扬州营，管辖着长江下游的一段水域，该地"乃陵寝之门户，漕粮之咽喉。南北通衢，商贾辏集。素负繁华虚名，奸宄易发，强盗每垂涎于兹"。而狼山营辖下的任家港，"在狼山西北，客商由此经过，盗贼昔常

---

① （明）赵维寰：《雪庐焚余稿》卷 10，第 580 页。

② 参见（明）景星杓《山斋客谭》，该书卷 7 "老盗"条云："童新郎者，江湖老盗也。以舟为巢穴，凡至一处，必购其地之舟以载客，舟夜歼之，而有其财货。每夜必杀数人，剖腹而沈之，令不浮露，故其党号□鱼大王。历江湖凡数十年，沈客盈万。既老，犯于衢而获于苏大中丞张公，奏斩之。"见《续修四库全书》子部第 1268 册，上海古籍出版社 2001 年版，第 72 页。

危害"。① 又崇祯六年御史吴振缨上疏称："自徐、邳而下，大江而上，千余百里，以商贾辐辏之区，为盗贼依据之所。"②

商业的发展和商人的经商活动，成为官员和士大夫眼中地方盗贼活动猖獗的刺激因素。在传统时代，人们谋生的途径较少，生活对每一个普通老百姓来说都是很艰难的。而商人则是一个相对富有的阶层，即使是小商人，他的经商资本金在一般民众看来也是一笔数额不菲的财富。所以，一部分人先是垂涎，既而偷窃，乃至于铤而走险，公然劫掠。劫盗中的许多参与者都是为生计所迫，商贾聚集而官方管理相对薄弱的水面则是劫盗者眼中的利薮。

（三）水域地形的复杂容易潜匿奸盗

在传统时代，无论是在内河还是海洋，水面历来是官府控制和管理比较薄弱的地方。江河湖泊往往跨州过县，州县交界地带也是盗贼滋生的巢穴③。如在北方："东平安山左右乃盗贼渊薮，客舟屡遭劫掠。武德亦多盗之地，以北直、河南三界往来，易于窜匿。"④ 东平安山位于通往临清的漕河岸边，上接济州河，下通卫河，是水流交汇、商船云集的地方，而武德则处于黄河支流沁水的岸边。另如"河北旧有演武厅一处，乃荥泽等四县联界之区，盗贼出没，水陆为害"。⑤ 可见无论南北、无论水域大小，水流汇集的交界地方都号称难治。清朝政府也曾尝试将濒连数县、地跨两省的太湖防御力量统一起来，于康熙四年（1665）设立太湖营，分辖浙江、江南两处水域⑥。然而就全国来看，这样特定水域专辖权的设置却甚是寥寥。道光十三年（1833）两江总督陶澍抱怨说："洪泽湖地方为江南、安徽两省交界。江南系河标中、右两营及漕标淮安城守营汛地，安

---

① （明）施沛：《南京都察院志》卷12，职掌五，第310页。

② （清）傅泽洪：《行水金鉴》卷45，见《文渊阁四库全书》史部·地理类第580册，第617页。

③ 参见冯贤亮《明清江南地区的环境变动与社会控制》，上海人民出版社2002年版，第357—359页。

④ （明）王仕性：《广志绎》卷3，见《四库全书存目丛书》第2辑第251册，史部·地理类，齐鲁书社1996年版，第735页。

⑤ （明）潘季驯：《河防一览》卷11，《文渊阁四库全书》史部·地理类第576册，第349页。

⑥ 参见（清）金友理《太湖备考》卷4，兵防，江苏古籍出版社1998年版，第148页。

徽系泗州营管辖。该湖收纳汝、颍、淮、沘、涡、淝、雒、泗、睢、浍，大小十数水，周回五、六百里，水面宽阔，四通八达。庐、凤、颍、泗、徐、淮各处棍徒，以及山东之沂、郯、滕、曹、单等处回匪往来其间，为逋逃薮。其形势与江浙两省界连之太湖相同，而纳污藏垢为更甚。太湖设有内河水师专营，巡防严密，以故奸宄未易潜滋。洪泽湖为江、安两省商贾民船往来要道，并未设有内河水师专营，匪徒出没湖中，往往有乘机纠抢之案。且两省营汛遥远，声气未能联络，此拏彼审，稽查难周"。① 陶澍因而建议在洪泽湖设立都司，统辖洪泽湖水域。兵汛分防，事权不一，使这些水流四达之地既是商船鳞集的交通要道，又是劫案频发的盗薮。

有些水域虽然不是州县交界地区，但是地方荒凉僻远，有时商船夜行至此湾泊，给了盗匪可乘之机，即所谓清代文人吴庄的议论："大凡盗贼出没，多在汪洋浩淼之中，叫应不闻之处，窥伺民船。"② 又如绰墩湖是江苏昆山县境内的一个小湖泊，地方荒僻，行舟被劫时有发生，明末清初人孙永祚《泊雨绰墩湖》一诗云："绰墩湖边烟数树，野塘沉沉云水暮。问津前向不见人，风雨孤舟何处住。咯上行人怕昏黑，暴客纵横劫商客。渡头昨夜满腥风，官长差人捕不得。吁嗟出门多畏途，风波贼盗无时无。安得龚君满州县，佩刀带剑皆农夫。"③ 像这样荒僻的地方，一旦发生商舟被劫的案件，官府往往也无从展开侦讯，更遑论破案。

除了交界难治、荒野海盗，商船遭劫在区位上的另一个因素是地瘠民贫。有些濒临江湖的地区，百姓穷困，即使丰收年份，土中出产也不足以敷衍生计，因而民众相率为盗。

综上而言，水域空间特殊的地理环境因素给盗贼劫掠提供了滋生的温床。但是，并不能由此将它看作盗贼多发的充分条件。因为若是江河湖泊沿岸地区人民衣食无忧，社会矛盾缓和，地方兵汛又能勤于职守，所谓的水域地理形势的复杂造成的控制薄弱问题将会迎刃而解。

---

① （清）陶澍：《陶文毅公全集》卷22奏疏"洪泽湖移设都司折子"，第158—159页，顾廷龙：《续修四库全书》集部·别集类。

② （清）吴庄：《豹留集》，防湖论略二，见《四库未收书辑刊》第8辑第28册，北京出版社2000年版，第635页。

③ （明）孙永祚：《雪屋集》卷37言古，见《四库禁毁书辑刊》第4辑第110册，北京出版社1998年版，第423—424页。

（四）灾荒与季节性因素及其对劫盗案件多发的影响

运河沿线各地水网纵横，容易发生水灾。一旦灾害来临，庐舍漂没，庄稼颗粒无收，农村中本来就已脆弱的家庭经济立即陷入解体，灾民遭遇饥荒的威胁。为了得到尺布以蔽体挡寒、斗粟以苟延续命，灾民铤而走险，加入劫掠过往商船的行列。清人有云："夫人一日不再食则饥，饥则为饿殍，试之盗劫，则不免于横尸。夫民岂乐为横尸哉？饥驱之也。"① 道出了饥荒之年多盗贼的原因。

因为水灾多发生于春夏之交雨水充沛的时候，所以季节性因素在考察盗贼活动猖獗与否时也值得注意。万历年间，太湖地区发生灾荒，殷应采盗贼团伙"以五月乘夏水操轻舟十余艘，往来茭渎、沙塘港之间"。② 又如雍正五年（1727）七月，署理湖北总督傅敏上奏称："今年五六月间，因雨水过多，米价未平，当有湖南之安乡、龙阳等处奸徒乘机抢劫行舟。"③ 但是，也有官员奏称秋季是商船劫案多发的时候："该如皋县知县李衷纯看得新旧沙洲皆在大江中，四面白浪滔天，无一护卫。江南江北盗舰络绎，不肆劫客舫，即行掠沙民。甚至杀人如草，抗拒官兵，至秋收之候尤为盗所觊觎。"④ 之所以该地秋收之后盗贼劫掠更甚，是因为此时众多商人趁秋收之后收购粮食，并装船运往异地贩卖，商人的活跃使针对商人的劫盗案件增多。而冬季则因为天寒地冻，此时的穷民为衣食饥寒所迫，多从事盗贼劫掠的活动。由上可见，虽然具体情形不同，但是季节性因素在商船劫掠案件多发方面起着重要的作用。

总而论之，灾荒促使饥饿的百姓加入劫盗的行列。季节性因素不但影响江湖水势的涨落，给盗贼活动提供了肆劫与藏匿的便利，而且它还影响了灾荒发生的时间，使春夏之交（在南方水乡）成为灾害频发的时段，因而针对商船的劫案也相应地多发。粮食一直是传统时代商品流通中的大宗，秋收后贩粮商贾的活跃也使劫盗者觊觎和垂涎。而在冬春季节，衣粮

---

① （清）顾九锡辑：《经济类考约编》卷下，第 367 页，《四库未收书辑刊》第 5 辑第 15 册。

② （明）瞿九思：《万历武功录》卷 2，台北：艺文印书馆 1980 年版，第 137 页。

③ 中国第一历史档案馆编：《雍正朝汉文朱批奏折汇编》第 10 册，江苏古籍出版社 1991 年版，第 162 页。

④ （明）施沛：《南京都察院志》卷 12，职掌五，第 73 册，第 362 页。

容易发生短缺，也催增了劫盗活动。

（五）兵汛防守中的推诿与渎职

为了加强对江河湖泊等易于容藏奸宄之处的管理，明清政府在江河湖泊沿岸地方都设营立汛，分兵驻守。这在很大程度上震慑了阴怀不轨者的劫财图谋，有利于肃清商路，保障行旅的安全。但是，明清营汛防守体系中出现的一些问题又影响了其控御效能的发挥，给了盗贼以可乘之机。

首先是制度衍生的弊端。明清的营防塘汛都是分营管辖，划界防御，水陆互不统属。如上引太湖与洪泽湖，同是一湖，却隶属地处两省的不同守卫营管辖。而上下千里的长江则更是塘汛林立，隶属各异。这导致了当发生盗案时，各守营或塘汛互相推诿，将失事的责任推卸给对方。或者彼处发生盗案，因为不在自己辖区之内，坐视不救。雍正年间，太湖营增设参将一职，以加强对太湖地区的控制。但是，因为太湖营分隶两省，各分疆界管理，推诿现象时有发生。正如乾隆初年江苏巡抚陈大受所言："但全湖汛守，原系一局，大员统辖，则呼应灵而责成专；分员各管，则推诿多而缉捕懈，此事势之必然者。况湖中江浙分界处，此不过就湖面约计，非如陆路之可以定立确界也。偶有失事，彼此互诿，各自通详上司会勘，动至数月，难免歧误。"① 他建议在太湖设立副将，打破疆域界限，统辖太湖全营，以革除推诿的弊端。然而，无论是在临水州县，还是在沿江防汛，终明清两朝，推诿现象并没有完全消失。

其次是防兵的渎职。防兵渎职主要表现在虚应差事。塘汛防兵地位低下，兵俸微薄，并且时时还要受上级的层层盘剥，因而防兵往往通过其他途径来维持生计。水路上的营防塘汛原本是为消弭盗贼、保护行旅而设，却因为种种原因滋生了诸多弊端。这不但削弱了兵汛防护地方的能力，也使盗贼在利用地理环境中于其有利的因素而对商船进行劫掠时更加有恃无恐。

（六）其他因素

明清时期针对内地江河湖泊上过往商船的劫掠，除了上述经济、灾荒、地理环境、兵汛渎职等因素的影响之外，还有一些其他因素。

---

① （清）金友理：《太湖备考》卷4，兵防，江苏古籍出版社1998年版，第157页。

一个因素是明清时期各地存在的游民问题。所谓游民，既指本地游手好闲、无所事事的闲民，又指来自外地而居无定所、游移四方的流民。随着人口激增、土地兼并加剧及商业的发展，明清时代游民问题日益受到社会的关注。游民的存在对以里甲和保甲为社会控制基础的明清统治秩序造成了很大的冲击，地方世族也利用游民来从事违法的活动。游民与窝主，相互结合成了一个通过劫抢来牟取财物的利益共同体，这种情况，较为普遍地存在于明清社会。江河湖泊中的舟船劫案也不例外。户册上无名姓，乡里间无田土，一旦劫掠商人的罪行被官府察觉，远走他处，使官府无从缉捕，这是当地居民充当窝主，利用流民劫掠的重要原因。而当时的江南常熟、江阴一带，大户也是纷纷造船"招纳亡命、聚集游手"，从事贩私劫掠的勾当①。

船户贪走捷径也是导致行舟被劫的一个因素。康熙中叶江苏巡抚汤斌称："苏郡为南北通衢，商贾往来如织。又素称泽国，河港繁多，经商贸易之人，皆赖舟楫以利攸行。应由官塘大河而走，晓行夜泊，以保无虞。且沿塘各处巡船汛兵，联络防守，稍有警息，亦可呼应追捕。乃有无知船户，或贪捷径，或图赶路，每每竟由荒僻冒险夜行，以致盗贼乘机窃发莫能救援。"② 此处汤斌指出的是船户贪走捷径而致商船遭劫，另有一种情况，是商人为逃避关卡收税、走荒僻水路而被劫。有时，商人为贪图雇资的便宜而误上贼船。汤斌说："至于客商雇船，俱由牙埠。此辈熟知船户来历，客商远来，投牙雇载，自无疏虞。常由贪鄙之夫，吝惜小费，不由船牙写载，私自雇觅，遂至奸恶水手，瞰有重资，故意行走僻路，勾盗劫掠。甚亡命之徒，以舟为饵，减价揽载，诱令入彀，行至中途，肆行谋害，不特资财一空，且有性命之忧。"商人雇用船只，必须通过正规开设于埠头的牙行，官府对此一再强调。商书中也告诫商人雇船要通过牙行，并且对船户不可过于悭吝。但是，总有商人贪图小利，以至于给了劫盗者可乘之机。

对于商人而言，时间就是金钱，光阴即是财富。趁时赶节，不耽误贸易时机，就能够抓住机会，赚取利润。因而商人们往往起早摸黑，昼行夜

---

① （明）孙旬辑：《皇明疏钞》卷63，黄绾"弭江盗疏"，见《续修四库全书》史部第463册，第679页。

② （清）汤斌：《汤斌集》卷9告谕"禁止船户涉险夜行以弭盗贼以安行旅告谕"，范志亭、范哲辑校，中州古籍出版社2003年版。

走，奔波在水陆旅途中。雍正二年（1724）鸿胪寺少卿葛继孔奏称："伏思臣任江苏臬司时，察审盗案大抵于河道内行劫者居多。夫从来河道船只，夜行原所禁止，奈江浙差务繁多，遇夜势难停泊，远乡粮户拮据，银米赴纳稍迟，有违比限。加以各路客商云集，赶程心急，或所载系水鲜时物，不可越宿，更临年趁节，恐贸易失时……"[①] 为了赶时间，内河行旅突破了官府禁止夜行的限令，这也是造成内河劫盗发生的一个因素。

综上所言，明清时期运河沿线商人行舟遭劫的原因是多方面的。商品经济发展和经商行舟者的相应增多，是劫案多发的社会背景。受一时一地社会治安情势的差异及地理环境复杂程度的不同，劫盗案件发生的频率也因之在各地迥异。而营汛守兵的渎职，商人与船户的贪走捷径、图赶时间，也给了劫盗者以可乘之机。

四　结语

商人在运河水路上行舟遭遇劫、窃等江湖凶险，并不是明清时代独有的现象。在明代以前的历朝历代，同类现象都有发生。但是，明清时代却是商人行舟遭遇劫窃等凶险情况见诸载籍最多的时期，这与流传于世的明清文献相对较为丰富有一定关系。然而，更重要的原因是，随着明代中期以来商品经济的发展，经商人数日益增多，运河运输以其运行便捷、价格低廉而受到青睐，运河水道日渐喧嚣，因而针对内河商人财货的犯罪活动因为有利可图而大大增加了。

明清商书对于商人行舟途中可能遭遇的凶险从多个方面提出规诫，给予商人以有益的参考，却又失之于简略。并且，劫掠商财者的方式和手段是多种多样的，诸如上述堵塞河道、使用迷药、勾结汛兵与牙行经纪、假扮客商等，往往使商人防不胜防。而影响劫案发生的因素又受到地域经济发展状况、灾荒、地理环境、驻防汛兵尽职程度等地理与社会状况的影响。因而，面对如此情况复杂而又社会图景多变的内河劫掠，明清商书又难掩其绍述商人行舟遇险时内容的贫乏和对商人提出规诫时的无力。

通过对明清时期商人运河行舟过程中遭遇的各种劫窃凶险的研究，我

---

① 第一历史档案馆编：《雍正朝汉文朱批奏折汇编》第3册，江苏古籍出版社1993年版，第833页。按：葛继孔任江苏按察使是在康熙末年。

们可以看到，明清运河的盗贼劫掠自明代中期以后日渐活跃，商人既有风波覆舟之忧，更有盗贼劫财之患。而对于官府来说，管理上的重陆轻水，又使盗贼的劫掠难以根治，反而是愈演愈烈。明末的江南、清末的长江中下游一带，都是盗贼和会党异常活跃的地区。商人却步、商路梗阻，乃至于社会秩序陷于混乱，都与此紧密相关。

（作者单位：厦门大学历史系；福建省地方志编纂委员会）

京杭运河沿线驿站与地方社会

王春花

明清时期京杭运河沟通南北，客观上成为一条繁忙的驿道。处在运河沿岸的驿站承受了繁重的驿务。往来京杭运河驿站主体人群包括官员或专差、朝贡使者、商人三类。官员为解决陆路奔波劳累之苦，选择由大运河乘坐船只；乌思藏、东南亚、朝鲜、日本等国朝贡使客由大运河北上，运送贡物；行商往来于大运河之上，将驿站视作衡量路程的标记。京杭运河沿线驿路承担了比其他驿站更加繁重的驿务，其在明清政治、经济、文化和外交中起着非常重要的作用。

京杭运河驿路为沿线驿站带来了频繁的乘驿人员，同时也为驿站所在地区的发展提供了充足的人流与供需关系。官员、文人以及国外乘驿人员住宿，以吟咏诗词为乐，驿站成为文化交流良好的中介。与此同时，繁重的夫役金派以及官员的大量需索折干给当地百姓以及驿站的运营带来了困难。

一　驿站与聚落发展

《周礼·地官·遗人》所载："凡国野之道，十里有庐，庐有饮食；三十里有宿，宿有路室，路室有委；五十里有市，市有候馆，候馆有积。"① 王越在《明代大运河沿线驿站选址初探》中认为，驿站在选址时会因"驿站与商市自古以来就是天然同盟"而选择"与商市相结合"，但是笔者并不同于王越的观点。驿站在选址时并不会考虑商市，而是当驿站

---

① 姬旦：《周礼》，钱玄等注译，《地官司徒第二》，岳麓书社 2001 年版，第 123 页。

建立后，其流动人口会大增，供需市场形成。商贾趁供需市场形成之际在此投资，因此便可认为因为止息之所的驿站的存在而形成商市与驿站的同盟关系。王越为了证明自己的观点，列举盂城驿一例，"'三塘'一带最多的是经营粮食的'六陈行'，方圆数百里都来此采购粮食，如今这一带还有粮行旧址数十处。此外，还有经营土特产的八仙行，以及油行、鱼行、草行等。南门大街两侧多为各类商店，有南北杂货店、银匠店、药店、酱园店、布店、茶馆、酒楼等"。① 而盂城驿的建设与三塘的繁荣时间先后关系并没有确切的材料加以证明。笔者以为，驿站的人流为经济发展提供了良好的市场，从而带动了附近的经济发展。

驿站为聚落的发展提供了良好的机遇。例如处在京杭运河卫河段西岸的泊头镇，河北交河县东五十里，商贾辏集，便筑城于此，并有泊头镇巡检司与新桥驿（俗名泊镇驿）等公廨。新桥水驿发挥驿站功能时，"昔本巨镇"②，谢肇淛在《北河纪余》里描述泊头镇，在"运河之傍，商贾辏集，南北一大都会也"③，此地自驿站奉裁后便成了荒凉之地。县志中记载的两首诗见证了新桥水驿对泊头镇发展的重要推动作用。《新桥夜泊》为介绍新桥水驿繁华景象，"新桥水驿下津门，独镇河西胜古村，曲港东连扁渡里，轻舟北泊小营屯，几家蟹断留霜印，两岸渔灯照酒痕，夜半钟声苏客梦，一帆隐隐上朝暾"。后者一首则说明新桥水驿迁移后荒凉的景象，"夜色苍茫客路遥，孤舟一棹泊新桥。半竿酒旆临崖闪，数点渔灯隔岸挑……当年水驿今何处，剩此慌村听采樵"。④ 新桥水驿迁移之后，繁华景象再也不见，只有荒村孤独零落的村庄。

当崔溥乘驿船沿运河航行时，驿站所处地方大多是人声鼎沸的大聚落。"今流河驿北通曰潞河，驿旁一大聚落也，耗于屡寇……武城之甲马营驿，一大聚落也"⑤，驿站所处聚落规模较大。明人李东阳在《望开河

---

① 王越：《明代大运河沿线和与九边地区驿站对比研究》，中国建筑设计研究院，2007 年。
② 《交河县志》，《艺文志》，民国五年刊本《中国地方志丛书》，台北：成文出版社印行，1968 年第 8 期，第 217 页。
③ 谢肇淛：《北河纪余》卷 5《文渊阁四库全书》，台湾商务印书馆 1985 年版，第 576—774 页。
④ 《交河县志》卷 9，民国五年刊本《中国地方志丛书》，台北：成文出版社印行，1968 年第 8 期，第 53 页。
⑤ 谈迁：《北游录》，《纪程》，中华书局 1960 年版，第 41 页。

驿》一诗中有"小市千家集，长河两派分"①的诗句，说明当时开河驿周围是一个繁华的集市。

杨青驿嘉靖十九年（1540）移至天津，在杨青驿移至天津杨柳青前，这是一个普通的村落，建驿后渐渐变成一个大村落。行驿人员驻足在此，给当地带来了大量的流动人口。同时杨青驿给杨柳青人输入南方优秀的民间文化，杨柳青的年画远近闻名。

湖州府德清县所属塘栖镇，在宋时默默无闻，明初新开运河通杭州经过塘栖镇。正统年间，修筑塘岸以利漕运，德清县成为南北交通要道，史载"弛驿者舍临平由唐栖，而唐栖之人烟以聚，风气以开，巨族蔚成，别墅园林，甲于两邑，官道所由，水陆辐辏，商货鳞集，临河两岸市肆萃焉"。②塘栖成为乘驿者首选之地，"人烟以聚，风气以开"，商贾在此交换物品，热闹非凡。

驿站建设为村落的发展提供了契机，这些原为零零落落的小村子，驿站建成之后，流动人口增多，小村庄渐渐成为繁华的大聚落。

另外，驿站同样为民情上达提供了一个有效的途径。航行于运河的官员们可清楚地看到民间社会，有些官员则与底层官吏交流。以杨士奇为例，他注意各地民情。行至临清清源驿时，问当地人雨水如何，当地人说："三月不雨矣，麦不收。"过清阳驿时看到地方官因"麦无颗粒之获"而祷雨并"于外市禁屠宰"。此一行人至和合驿时又问民事"同杨村，麦下田半收，高田旱无收"。③李东阳过渡口驿时，当地官员冒雨来见，兵备副使李善、守备都指挥刘金、郎中方璘、主事王铉、主事徐琏、主事童器、主事王纳诲，及镇守临清朱太监，各官员"喜甚，谓自春以来未见此雨"④，对庄稼生长甚好。

驿站一方面为聚落发展提供了良好的契机，另一方面也是国家与地方社会交流的中介，使民情得以上达。

　①　李东阳：《怀麓堂集》卷93《文渊阁四库全书》，台湾商务印书馆1985年版，第1250—995页。

　②　孙忠焕、王同、何琪：《杭州运河文献集成》，（光绪）《唐栖志》卷1，杭州出版社2009年版。

　③　杨士奇：《东里续集》卷50《文渊阁四库全书》，台湾商务印书馆1985年版，第343页。

　④　李东阳：《怀麓堂集》卷96《文渊阁四库全书》，台湾商务印书馆1985年版，第1250—1041页。

二 驿站与文化交流

自古驿站除作为旅客的止息之所外，也承载了文化交流的功能。行驿人员在驿站留下了丰富的诗文，这些诗文或是抒发自己旅途劳顿之苦，或是观景怀古，或是唱和前人留下的驿壁诗文，或是对当地风土民俗以及百姓是否安居乐业有感而发。同时，官员或文人留宿驿站时，经常参观当地名胜古迹，用诗文的形式表达自己的心情，并将诗文收集到自己的文集里。京杭运河作为沟通南北的官道，驿站所宿官员之多，文章已经大略叙述。他们所留下的诗词数量很大，这些诗文大体可分为驿壁题诗和在驿站所作驿站诗两种。

驿壁诗是诗人相互唱和而作。这些诗作经过岁月蹉跎，有些留在斑驳的墙壁上供后人评鉴，而大部分则随着时光流逝消失不见。现将能见到的几首驿壁诗摘录如下。

《桃源驿壁诗》是清人阮葵生在桃源驿壁所见，并抄录在自己的文集《茶余客话》中，"桃源驿见壁上题诗云：走马张弓四十年，封侯无路且归田。芭蕉夜雨梧桐露，注到孙吴第几篇。后未题名字，亦不凡之才"。[1] 诗人年轻时的鸿鹄大志、年老时壮志未酬落寞归田的情景一览无余。

《曲山王暐书开河驿壁》："昨夜寒仍剧，层水起白波。心悬淮北岸，舟阻汶阳河。上邑民风美，中都遗教多。驱车合行役，扰扰一经过。"[2] 归心似箭的诗人在开河水驿受阻，不知是不是会通河水少不能开船。

《题安德驿壁诗》，"二十年前官柳条，春风绿遍德州桥。于今秃尽如僧老，怪得行人鬓易凋"。[3] 观物感伤，二十年光阴似箭，与诗人的境遇或许一样。

留宿驿站的官员经常观看并唱和驿壁诗，驿壁成为很好的文化交流的载体。

描述驿站厅堂建筑或思想的诗文，现今遗留最多。它们大多被收录在

---

① 阮葵生：《茶余客话》，江苏广陵古籍刻印社 1995 年版，第 319 页。

② 万历《汶上县志》卷 8 艺文志，《中国地方志集成》，《山东府县志辑》78，南京凤凰出版社 2004 年版，第 18 页。

③ 乾隆《德州志》卷 12 艺文志，《中国地方志集成》，《山东府县志辑》10，南京凤凰出版社 2004 年版，第 6 页。

地方志或文集中。如明正德丁丑年（1517）进士陆金《宿京口驿》，"风帆如马过淮扬，满目烟花路渺茫……今夜月明京口驿，计程应喜近家乡"。① 有些则是描述驿站等候开闸放水的诗文，如明代周伦《崇武驿候水》，"崇武堤边柳，维舟候驿亭。月高沙浪白，溜减石痕青。独夜风前漏，行踪水上萍。满溪春涨发，蓬底雨溟溟"。因运河缺水，经常候水，明人在崇武水驿候水多达五天。有些描述航行在运河的情形，《过黄河清口驿》"清口驿前初放船，长淮东下水如弦。"② 抒发旅途忧伤的心情，谢迁《杨青驿》，"直沽南头杨柳青，昔时杨柳今凋零。霜风满地散黄叶，河边寂寞双邮亭。人道垂杨管离别，北往南来竞攀折。我来袖手怜枯枝，踟蹰临河驻旌节。五云回首怀汉宫，丹枫转眼经霜空。李梅冬实岂佳味，垂涎奔走嗤狂童。阳回万物自生色，斡旋造化惭无力。百年心迹几寒同，却忆两山旧松柏"。③再次过杨柳青，景色一片萧条，让诗人不禁感伤，幸好有"李梅冬实"、"狂童"让感伤的心情"自生色"。

另外，除了诗文外，乘驿人员在逗留驿站期间，参观当地的名胜古迹，驿站成为文化交流的"中转地"。由于往来于大运河持驿行走的官员、使节人数众多，且地位大多比较显赫，驿站在选址及建造上都考虑与周边景物相结合，驿站选址注重"形盛"，更好地起到"门户"作用。驿站本身也成为良好景观的一部分，并成为观赏周围秀丽景色的绝佳地点。如嘉靖十九年（1540）十二月二十二日策彦周良在淮阴驿住宿，游览离淮阴驿七八里的韩信庙以及漂母祠等名胜④。策彦周良将这些建筑描述下来的文集带到日本，使得中国文化传播到日本。

往来运河乘驿官员撰写诗词、参观各地名胜等活动，对文化交流起到了不可忽视的作用。

三　驿夫佥派等驿弊对当地社会影响

明清两代，驿弊一直是让统治者十分头疼的事情。明朝建国初期，朱元璋立志革除元代站赤之弊端，多次严厉处治违反驿律的高官贵族，驿递

---

① 朱彝尊：《明诗综》卷41，《文渊阁四库全书》，台湾商务书馆1986年版。
② 刘广生编选：《中国古代邮亭诗钞》，北京邮电学院出版社1991年版，第319页。
③ 朱奎杨、张志奇、吴廷华：《乾隆天津县志》卷20艺文，乾隆四年刊本，32。
④ ［日］牧田谛亮：《策彦周良入明记的研究》，昭和三十年十月二十五日，发藏图，112。

一时"清乐","里甲不扰"。① 嘉靖三十七年（1558），兵部提出裁减驿船驿马，削减驿船费用。但这次改革最终因驿站钱粮短少，无法应对文报传递、接递使客等职能，宣告失败。嘉靖四十二年（1563）"驿递钱粮宜复旧规"。张居正于崇祯年间的改革正是为了解决驿递扰民的弊端，重整驿递制度，都以失败告终，而崇祯裁驿直接引起明末大起义的爆发。清代顺治、康熙、雍正与乾隆四朝，陆续实行"裁驿丞，归州县"的政策。自驿站归州县管理之后更是弊端百出，驿站因无人管理陷入混乱，州县任意向民间摊派人财物，官吏不论公私事情，都可动用驿船，致使"官座船只，盈满河路，不知真假，不辨大小"。② 京杭运河沿线驿站所费驿额数量巨大，驿夫佥派量大，给当地百姓带来困扰。

（一）夫役佥派

如前所述，京杭运河驿站驿务繁忙，又因京杭运河驿道利用自然河道与人工河道，其航行情况受水流限制较大，且让位于漕船。乘驿官员为了加快航行速度，索要额外纤夫拉纤。驿站额设驿夫不敷用，"纤夫募诸民间，夫给银一钱"③，驿站"强捉人夫，挽舟负舆"④。百姓无法应对繁忙的临时差役，"民争逃匿，计里均派"。驿站为了能够召集足够的纤夫，将百姓"先期拘集"，致使百姓食宿在一个地方，不得自由，饥寒踣顿。

以康熙年间张秋的荆门驿为例，借关者络绎不绝，一天甚至用驿夫数百人。而所雇用驿夫每天只能获得工食银二分八厘，超出政府规定的雇用数量，而额外雇用驿夫价额，则大致为五六分。如遇农忙时，需要成倍之价才能雇用到。遇到豪强官吏，或雇用不到，或服务不满意，便凌虐夫头。其余不用夫便要折干银两，每个夫役少则三四分，多则五六分。清制规定只有贡鲜船才可用大米，其余官吏只用小米，但是过往官吏往往勒索大米。这样数量的驿费让驿站无法支付，所以，驿费常常预支，预支不够用则向州县"贷款"。⑤ 因南方经济发展较好，高额驿费尚能应付。

---

① 顾炎武：《天下郡国利病书》卷 61《续修四库全书》，上海古籍出版社 1995 年版，第 569—517 页。

② 魏源：《魏源全集》第 15 册，卷 53 户政，岳麓书社 2004 年版，第 514 页。

③ 赵尔巽：《清史稿》卷 278 列传 65，中华书局 1976 年版，第 10100 页。

④ 赵尔巽：《清史稿》卷 244 列传 31，中华书局 1976 年版，第 9613 页。

⑤ 参见康熙《张秋志》卷 6《中国地方志集成乡镇志专辑 29》，江苏古籍出版社 1992 年版，第 75 页。

　　巨大的驿夫数量除驿站无法应对外，百姓自身也深受其苦。清初黄敬玑将沿河地方夫役分为四苦，一为金派之苦，二为守候之苦，三为拽船之苦，四为过站时之苦。"有司一遇用夫，每每多派数倍"即金派之苦；"十日半月之前，将夫拘齐，盈千累百，锁禁寺庙之中，寒天有冻馁之忧，暑天有疲疠之患，其间有离家二三十里者，有离家五七十里者，家属馈送饭食，以致农务尽废"，即为守候之苦，不论寒天或暑天，百姓被拘禁在寺庙中，没有人身自由；拽船之苦"及船只一到，各船水夫如狼如虎，凌虐百端，或逼索银钱，或夺其口粮，稍不如意，鞭棍交加"，百姓被凌虐无度；过站时之苦，"若前途有夫更换，尚可早回，万一前途夫役不齐，即将见在之夫运送百余里，或二三百里不等，各夫粮已尽"。[①]一旦前站未有接递水夫，百姓只得拉纤二三百里，疲惫不堪。这四苦如实地描述了驿夫艰苦的劳作状态。

　　顺治八年（1651）四月十八日，兵部上奏解决临清等处沿河水驿纤夫甚重的问题，"原有额设纤夫，凡经过船支应用纤夫"，驿站如按规定运作，"自应悉照勘合内填定数目应付，何得累及百姓？"除渡口水驿外，"自通湾水路，以至江浙地方，皆以派扰民夫为害，相应通行严饬，照旧责成该驿应付"，兵部为了解决金派水纤夫对百姓的影响，责成驿站内负责水纤夫的工食银问题，"其额设夫价银两，须令州县发给充足……"[②]

　　正德十四年（1519）乘船南下，沿途备夫数十万，官府捉拿百姓，妨碍农务，又不给饭食，瘟疫流行，死者无数，"驿递衙门半已逃亡，河道阻塞，粮运稽迟，商贾不通，物价踊贵，政务俱废"。[③]致使运河各种事物陷入瘫痪。

　　驿夫金派严重影响百姓日常生产生活，百姓经常被强捉困在寺庙，动辄受凌虐或流行疾病的骚扰，不堪重负。

（二）折干

　　折干，所谓折干，即敲诈勒索。各种折干名目不同，"若夫水驿，官

---

　　①　乾隆《济宁直隶州志》，《新修方志丛刊》卷12艺文志，台湾学生书局1968年版，第40页。

　　②　《清代档案史料丛编》第七辑，中华书局1981年版，第9页。

　　③　《武宗正德实录》卷179，台湾"中央研究院"历史语言研究所校刊，1966年，第1175页。

船一到，则船夫有索，长行吹手有索，家人有索。或锁驿官，或毁驿器，既索赶纤马，又索赶夫钱，多者以两计。若马快进鲜等船，甚且以十数两计"。①

各种索要折干情况层出不穷。马快船制度是京杭运河的一大祸害，除了多索夫役外，鲥鱼快船必须沿途索要冰块。明代押运鲜鱼的太监有时不是索要冰块，而是索要银两。官吏折干事例众多，以下列举正德年间折干事例。

正德十一年（1516），南京吏科给事中孙懋等言，织造太监史宣"在途酗酒作威，肆行凶恶，所过州县，纵令家丁索赂折干，多或百两"②。并且逼死宿迁主簿孙锦，杖死秦州船户孙。史宣"所过军卫、有司驿递、巡司、衙门，每处索要茶果分例"③，逼取折干起关等钱，多至一百六七十两，少亦不下一百三四十两。

正德年间，南京尚膳监奉御王敬进鲜过徐州，例外索折干钱，"不得"，被王良发王敬快船中私带硫黄各种违禁物品，"敬遂诬奏准、良，殴击之"。④

明嘉靖年间，庞尚鹏奉命前往江北地方，行至山东东昌府时，发现运河水如线，船不能前进。这是由于太监张恩率十六只"悬挂金字红牌"的马快船，皆载满商货，致使船只负重难行，"两岸粮船皆搁浅……行至济宁，据该州并驿递开称，共勒去折干银一十八两四钱"。有些驿丞或夫头因不给折干被严刑拷打，扬州站夫头李彩，"锁至徐州，见命在危急，放回淮安，身死"。⑤

明清马快船只，除索要廪给夫役之外，多揽载客货，勒要银两，甚为民害。

来往于运河沿线各驿站的另一类重要人群则是朝贡使者，有些朝贡使者仗势索取，骚扰驿站情况层出不穷。弘治八年（1495）六月，乌思藏阐化王贡使索南短竹等沿运河回西藏，行至扬州广陵驿，遇大乘法王贡

① 张萱：《西园闻见录》卷72，上海古籍出版社，第167—168页。
② 王世贞：《弇山堂别集》卷96，中华书局1985年版，第1825页。
③ 孙懋：《孙毅庵奏议》卷上，《文渊阁四库全书》，台湾商务印书馆1985年版。
④ 王世贞：《弇山堂别集》卷96中官考七，中华书局1985年版，第1839页。
⑤ 庞尚鹏：《百可亭摘稿》卷1《四库全书存目汇书》第129册，齐鲁书社1997年版，第125页。

使，两队使者"杀牲饮酒三日不去，见他使舟至，则以石投之，不容泊"①。

夫役金派干扰了当地百姓的正常生活，不分农闲与否，被强迫拉去为驿船拉纤，给农业生产带来了一定程度的负面影响。无论是马快船或是官员行驿，任意需索折干成为干扰驿站日常运营的罪魁祸首。这些驿弊对驿站的日常运行、国家的财政、当地百姓的日常生活与生产都产生了一些负面影响。

京杭运河沿线驿站往来驻驿人员络绎不绝，为驿站所在地带来了文化与经济发展的契机。驿站为经济发展带来了大量流动人口与购买力，零零散散的小聚落渐渐变成巨族聚居的大聚落。与此同时，往来不息的人群带来了不同的文化，不同文化相互融合与碰撞也成就了很多有特色的地方文化。乘驿官员以吟咏为乐，创造了脍炙人口的诗词；朝贡使者在留宿驿站期间参观大量的名胜古迹，并将其载入文集，带入自己的国家，驿站因此成为文化的中转地。另外，京杭运河沿线驿站大量的金派夫役，使得当地百姓不分农忙与否，被强行关入寺庙中准备拉纤，破坏了百姓的日常生产与生活。大量的需索折干，致使驿费大增，驿站无钱应对，州县则强行摊派给百姓，加重了当地百姓的负担。驿站虽为小的机构，但在社会运营中却起着不可或缺的作用，是国家与地方社会互动的重要中介。

（作者单位：南开大学历史学院）

---

① 《孝宗弘治实录》卷100，台湾"中央研究院"历史语言研究所校刊，1966年，第636页。

明清鲁西运河区域的土地与农业生产

——以契约、碑刻、家谱为中心

吴 欣

在契约的研究中，学界对其要件的讨论不可谓不多，笔者也曾撰文就契约中的"中人"问题进行过分析，试图说明契约所反映的社会关系，以及传统社会的"人治"过程中，人及人际关系本身所具有的秩序性保障意义。事实上，契约所反映的社会状况又不仅于此，本文所要讨论的即是土地所有产权证中所见的土地类型即土质的差异问题，借此来观察明清时期鲁西运河区域农业经济的发展状况，并进一步深化运河与区域社会关系命题的研究。

之所以选择鲁西作为研究对象，原因有二：一是笔者的田野调查所得契约、碑刻、家谱等资料多集中于此，因此研究也就受制于此地。二是山东运河尤其是会通河段闸坝居多，更容易因为船舶的停靠而产生商品交流，刺激包括农产品在内的商品市场的形成，经济结构模式的改变，必然与土地及土质相关联。

一 鲁西运河区域情况概述

京杭运河在山东省内流经兖州府和东昌府以及德州卫。所谓鲁西即是指兖州府下辖寿张、阳谷、东阿及东昌府辖临清州、高唐州之恩县、夏津县、武城县和聊城县、堂邑县、博平县、茌平县、清平县、恩县等州县。从自然环境来看，山东属于旱作农业区，水旱灾害是影响其农业丰歉的主要因素。邹逸麟先生在其《黄淮海平原历史地理》一书中，曾经对该区域的灾害天气作过数量化的统计，他认为：1470—1909 年，计有涝年 84 次，旱年 59 次，合计 143 次，平均每 3.07 年即有一次较大的自然灾害。大体而言，在 16—19 世纪的 400 年中，灾年占到三分之一。① 同时，这几个县还位于黄河与运河的交界之地，受黄河的影响较大。

　　会通河通航，主要仰仗汶河在南望分流，其中六分水北流维持水量以便漕运。但每至春夏之时，汶河水量便不足以资之，所以弘治八年（1495）以前，在借助水柜储水加强水量的同时，还借黄行运。所借之黄水是黄河一条支流，由河南金龙口历经曹州、郓城至张秋入运。正如黄河与运河交汇之东阿县县志所云："惟张秋②地居上游金龙口，上下适当黄河南折之初。万一金龙巇溃，水势建瓴，而下横贯运河，其在西岸则灏漫浸湮。茫无涯矣。其在东岸，则由五空桥减水坝直注小盐河，夺大清河入海，实不能容。往往四出为患。是则不能不听命于豫省之治水者也。故河渠但言张秋。秋安则东阿安，东阿安则大清河③两岸之下游皆安矣。"④ 也就是说，张秋是黄河入运之口。借黄河之力，同时必受其害。至弘治八年（1495），面对不停的决口之黄害，张秋"两岸东西筑台立表联巨舰，实以土石穴而沉之，压以大埽。合而复决，随筑。凡三昼夜延成。又于上游皇陵岗筑堤二百余里，以断其流，于决口以南建减水石坝，以杀其势。盖不藉其利而亦不被其害"。⑤ 所以，在弘治八年（1495）以前，张秋包括阳谷、寿张、东阿在内的县份，屡受黄河之扰。

　　弘治八年（1495）以后，"独滋汶利，狂澜不惊"，但仍有一问题十分凸显，因为运河是为南北通航，随即将东西之河流全部斩断，而这带来的最大的问题，即是阳谷境内原有的东西流向的小河流无处流通，阴雨天水无处排泄。无处流通之流水又易造成内涝和盐碱。

　　据成淑君博士根据明代山东各府土地垦殖率的推算，"明代山东地区的土地垦殖存在着明显的地区差异，西三府地区在土地垦殖方面远远超过东三府，当时的文献资料对山东东西部土地垦殖不平衡状况的描述是基本

---

　　① 参见邹逸麟《黄淮海平原历史地理》第一章第五节，安徽教育出版社 1993 年版。

　　② 隶属东阿的运河重镇。

　　③ "所谓大清河者，乃汶水出洸河者，从张秋分流而入会齐东南诸山泉沟泽，北经长清齐河至历城，会泺水经济阳齐东武定青城滨州蒲台利津诸州县界入海。"《图书编》卷 54，《四库全书》。

　　④ 道光《东阿县志》卷 3 "山水"。

　　⑤ 康熙《张秋志》卷 3 "河渠志"。

符合客观情况的"。并且其中，东昌府是山东土地垦殖程度最高、经济最为发达的地区①。但是明代文献有关西三府各县的记述却是这样的：

> 济、郓、巨野、嘉祥、金乡、鱼台皆泽国也。故宋元时为河水之汇；今在漕渠两岸，地多沮洳，间或成膏壤。俗稍华侈。士好文采，民逐末利。济宁在南北之冲，江淮吴楚之货毕集，其中以名都也。河道军门重兵其上，兵使部郎佐之。五方之会，鹜与纷华，与邹鲁间稍殊矣。府以西北为东平、东阿、平阴、阳谷、寿张，诸郡邑鲁之西北也。左卫右齐，其俗淳雅和易，文质得宜。土壤瘠薄，民务稼穑，不通商贾。总其大都士廉而朴，不习进取；民质而惰，不善盖藏。四民之业，农居六七，贾居一二。②

事实上，地方志中的记载也说"书称兖州赋最薄，以地多卑下，阳谷四境多水，尤罹此难"③；"其地南多鸡谷北多原隰，土壤瘠薄，山水峻急，鲜有千金之室。两京孔道，征发甚剧，民弗堪也"④。崇祯年间至阳谷为官的知县在下车之际所见亦是如此："入境之初，周视原野，生齿贫悴；城中强半皆隐地，民之结茅聚庐而居者，仅东南一隅耳。为之喟叹曰：有是哉，邑之疲弊亦至此哉。"⑤ 如此之矛盾，是如何形成的？契约等民间文献中，或许可见其中之端倪。

二　契约文书中所见运河沿岸土质之莲花土、沙土

首先，契约中记录的"土地种类"给予了笔者土地分类的概念。

（一）莲花土

在运河沿岸的阳谷县进行田野调查时，笔者于运河岸边的吕场村收集

---

① 参见天津社会科学院博士论文选集编辑出版委员会编《天津社会科学院博士论文选集第一辑》，天津社会科学院出版社2011年版，第139页。
② 嘉庆《兖州府志》卷5"方域志"。
③ 康熙《阳谷县志》卷1"田土"。
④ 道光《东阿县志》卷2"方域志"。
⑤ 康熙《阳谷县志》卷1"田土"。

到一套张氏家族的契约簿，该簿共有 45 张契约，但大部已经毁坏，只能见到其中的部分内容。相对比较完整的契约中有民国年间的土地房产所有证，其中一张的内容如下：

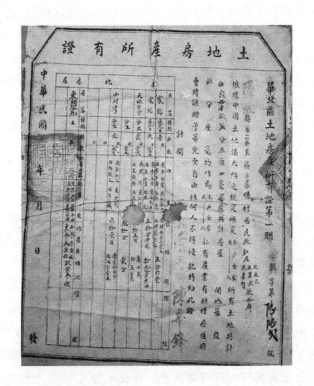

图中所示为"华北地区土地房产所有证第一联为：阳谷　字第六六二号"。

该契中有关土地的情况列表可见：

	坐落	种类	亩数	四至
土 地	家北	莲花土	一亩	东辛福业　南张□昌 西李少南　北张如□
	家北	莲花土	三亩七九五	东李文宣　南刘福庆 西张汝贵　北李九
	天堤子下	沙土	二亩一七八	南运河　　东张明□ 北夏振邦　西张如□
		沙土	二五	
	小河湾	沙土	三亩二一	南张如之　东运河 北杨振文　西张文盛

由契约分解出的表格可见如下之要素，一是从土地种类看，该家的土地实际有两种，一种是莲花土地，另一种是沙土地。二是沙土地有两块，一块位于天堤子下，另一块位于小河湾。从这两块的四至可见，两块都是靠近运河的土地（天堤子下的在运河以北，小河湾地在运河以西）。这似乎可以说明，运河沿岸的土地多以沙土地为主，而不靠近运河的土地则多为莲花土地。

那么什么是莲花土地？所谓莲花土，即一层白、一层黄、一层红的土地，似莲花。这种土的特点是黏中带沙，比较肥沃，适合种植粮食类作物。同时，也利于烧砖，烧成的砖既密实又细腻，强度较高。当地人说临清烧砖的黏土即为此种莲花土。《临清县志》也说："本县陶冶之术，惟临砖官窑创设最古，规模甚大，其制造优良，列为贡品。"

（二）沙土

黄河及汶泗诸水含沙量高，当伏秋汛发，挟沙而下，运河"每大水一次，必受淤一次"，所以沙地多位于运河之沿岸。阳谷县志中记载，明万历九年，知县贾应墀查勘本境土地，其中沙卤地占到四百二十一顷。[①] 而据《张秋志》记载，这种土地又名河滩地，即"运河两涯隙地"，河滩地分为麻地和租地两种，麻地交实物，以备河工所用。[②] 但是这种地并不适合种植农作物。据乾隆《东昌府志》卷8记载："是地经夏雨后，沙凝而草微长，若耕地，必于春间起土，土解则沙飞，乘春风之猛烈，彼萌芽甲拆者，连根悠扬矣。及细查其所为菁菁滞目者，皆长不踰寸坚劲异常之茅草。盖见贫之至者。"[③] 这说明，在东昌府所属的各县域内，运河沿岸村落的土质并不完好，再如隶属阳谷的白洋村的碑刻之中有这样的记述：

> 白杨在安平镇之西，去镇三里也，庄杨氏、曲氏、桑氏、肖氏四姓居焉。自外□后居者又不知其几姓。然□□白杨耻悦分风华人人常态也。此中男务于耕，女务于织，无作奸、无争讼而蒙□□□□乎，有右遗，又□□又□。但地薄土沙，有粪多，力勤仅能糊口，稍怠惰，则室如悬□一，至于□□□念富岁，凶岁不谷。旧有三圣祠，塑

---

① 光绪《阳谷县志》卷1"田土"。
② 康熙《张秋志》卷6"赋役志"。
③ 笔者田野所得白洋村之碑刻。该村现名张段营。

像俨然。即有疾疫祷之，凡……

　　嘉靖三十九年六月中旬之吉

　　寿张县人少间屈弦直甫撰于白杨村精舍题额并书

　　运河沿岸的另一村落王营村王氏家谱中也记载了其家族自白洋村搬迁的原因，其中也讲到其土地地质之劣：“皇明洪武年间从山右洪洞迁居山左兖州府阿邑，漕河西之白杨村地帮坑，托足未久，见地弗良，移于清河寺西鸡鸣庄居焉。”[1]

（三）青沙土

　　事实上，沙土地是一种统称，在另一张契约中，又出现了沙土地的另外一种形式——青沙地。

　　以下为 1950 年“平原省土地房产所有证”。

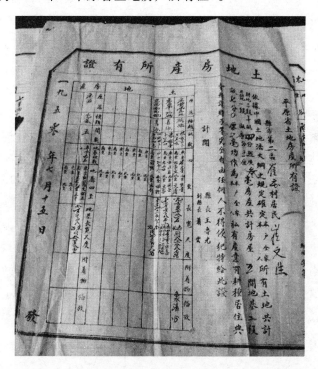

---

　①　笔者田野所得张秋镇王营村《王氏家谱》序。

	坐落	种类	亩数	四至
土地	庄前南北地	碱土	三亩二分二厘二	东至崔文贵　西至怀贵 西至邢家文　北至文清
	庄西南北地	青沙	三亩一分一厘四	东至孙廷和　西至怀兴 南至九安　北至文季
	庄西南北地	青沙	四亩一七八	东至孙合令　西至姚姓 南至罗姓　北至文彬

该表中出现的青沙地是否等同于沙地？从该约所记其为"可耕地"来看，青沙地应该是一种略好于岸边沙地的土地。这种沙地在一定程度上比较适宜种植棉花。而本契约的来源地——平原正是棉花种植的大县。同时道光《冠县志》中亦说："邑多沙地，土性与木棉宜，河北清水各庄种木棉者多，夙称富庶。其余尽种树、五谷。丰年谷贱伤农，遇风旱则所入不敷出，民所逃移，田卒汙莱。余周履四境，业将沙压遇甚者详查豁除，屡谕民改种木棉，近日试种者多获其利，顾因土之宜广为布种，则数年之内，不难变瘠土为沃土矣。"① 清沙地较为适宜种植棉花。

（四）盐碱地

上表中另一种土地即为盐碱地。盐碱地的形成有多种原因，但是在运河区域，盐碱地的大量存在应与运河有一定的关系。运河是为南北通航，其将东西之河流全部斩断，而这带来的最大问题，即是原有的东西流向的小河流无处流通，阴雨天水无处排泄。无处流通之流水逐日增加会使得土地的饱和度增加，进而形成盐碱地。如《重修皇姑冢至张秋通运沟德政碑记》中谈道："寿阳交界，自皇姑冢至张秋通运沟，所以泄十二连洼之水，利农田而济漕运者也。奈失修百□余年，兼之同治年间黄流西溢于垫皆平，每值伏秋大雨积潦淹稼田之，卑者成泽，高者生盐碱，变沃壤为瘠，灾黎实难谋生。"② 而另一通发现于孙家楼孙氏家族中的碑刻则记载了民众为解决这一问题而开挖的沟渠：

---

① 道光《冠县志》卷4"食货"。
② 光绪二十二年十月《重修皇姑冢至张秋通运沟德政碑记》。

康熙三十九年监生孙健、生员张训、乡民孟武功等，庄地处低洼下积水无归，详请开沟。蒙苏老爷申详各宪，蒙捕河厅史批，候各宪批示，蒙济宁道罗批，蒙总河部院王批，详请开沟。由下开月河入运，无妨运道。如详。缴蒙巡抚部院王批，仰司饬催兴功。蒙此，遂里民挑浚于本年，告成于雍正十一年。奉旨大兴水利，蒙总督部院王檄文本县梁老爷票差督挑，沟道大成，永无水患。为此勒石永垂不朽。

乾隆元年四月十八日①

一条泄水沟渠的开挖，尚需层层详报，由总河及巡抚来决断，这说明，漕运的地段，任何一点与漕运和运河有关的事宜，都是极其谨慎的。而对于运河沿岸的民众而言，"运河之害"亦可见一斑。如此之运道不仅影响了其农业生产，在一定程度上也影响其心理以及对运河的看法。也可以说，对于他们，运河利、弊的天平或许是一个难以评定的问题。

从地势来看，南旺是整个运河地势最高的地方，其北以临清作为比较之地点来看，其落差达至 52 尺（南旺 170—临清 118），而寿张、阳谷、东阿是距离南旺之高点最近的地区，也是落差最大的区域之一。这在一定程度上说明，黄河之泛滥在这一区域极易积淤，同时水流只能向北而无法向南或者向东。例如，"起自罗家海南川庄北流三里许，入前中后左家洼西头，地势甚下，雨大则一带汪洋。由中左洼东北至孟家洼之北辛家洼盐场入辛庄东南，来北与十二连洼通，雨小不能东出，北由杜庄之东、杨庄之西至于家营，东南水势愈紧。北沟半多淤塞，兼有邢家洼诸水，东又不能下咽"。② 盐碱地很难生长庄稼，土地盐碱化不仅危害作物赖以生存的土壤条件，也阻碍农业的发展。

（五）草地

所谓草地，并非指青草之地，也并非肥沃的土地，而是荒地。具体土质情况可从以下契约中得见。

---

① 笔者田野所得孙楼《孙氏家谱》中所藏《阳谷南十八（都）开沟碑文》。
② 光绪《阳谷县志》卷1"山川"。

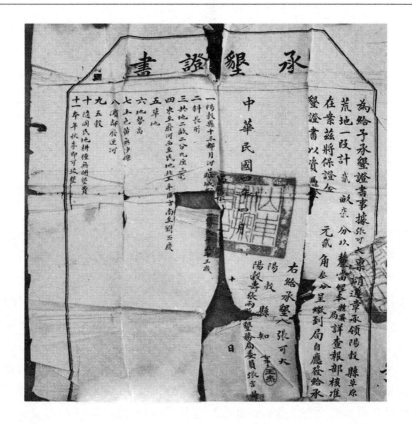

该契的内容为：

为给予承垦证书事。据张大可禀请，遵章承领阳谷县草原荒地一段。计二亩二分九厘。当经本县署（局）详查报部核准在案。兹将保证金　元贰角叁分呈缴到局，自应发给承恳证书，以资凭证。

右承垦人　张可大

阳谷县知事　王杰

阳谷寿张两县垦务局委员张言昌

中华民国四年四月十日

一　阳谷县十三度月河口距城□□□□张可大五十三岁

二　斜长形

三　共第二亩二分九厘三毫

四　东至废河西至民地北至辛广言南至刘丕庆

五　草地

六　地势高

七　土色黄无砂砾

八　濒临废运河

九　五谷

十　随同民地耕种无开垦费

十一　本年秋季即可竣垦

从诸上内容来看，草地濒临废运河，但是又并非沙地，"土色黄无砂砾"；其一般地势较高，多长草，经过开垦也可以种植五谷。

三　余论

诸上契约、碑刻、家谱中对于鲁西区域运河土地的一种侧面的记录，可以一定程度上反映出运河区域土质的多样化，并且这种多样化与运河的关系至密。虽然从现有的资料中，我们对于各种土地的比例关系并不能得出一个数据，也无法在此基础上形成对鲁西农业生产的细致化的分析，但是土地的多样化就意味着土地肥沃只是相对意义上的，土壤瘠薄也只是地方志中的一种表述方式而已。由此，亦可以对鲁西农业生产的状况作简单的分层分析。

从产业结构来讲，尽管运河作为贯穿南北的商业通道，但是区域本身所生产的产品专业化的特点不明显。以粮食为例，虽然这一区域在明代的山东六府之中，兖州府和东昌府是运河的经过之地，粮食种植结构变化是小麦、大豆取代粟谷成为山东主要粮食作物，提高了小农的经济收益。小麦在粮食作物中品位最高，市场需求也大，价格大大高于杂粮，种植小麦正是小农提高土地收益的重要手段，但是临清、高唐、夏津等州县还需经常输入粮食。因此总体而言，在这一区域，粮食仅能自足，可以进行商业买卖的粮食产品并不多。

再从棉花经营来看，明末山东的棉花种植，"六府皆有之"，兖州府也成为主要的商品棉产区，兖州"多木棉……转鬻四方，其利颇盛"，"其地亩供输与商贾贸易甲于诸省（府）"。明清时期，山东省是产棉大省，这好似形成了学界的共识，学界所引用的材料大致相同，即以东昌府的高唐、恩县和兖州府的郓城为例，但是在阳谷和东阿、寿张三县，以及其临近的朝城、冠县等县棉花的种植却并不普及。

李令福的研究认为，山东的棉花产业经历了从明初到清末的变化，呈现出如下的规律：在政府的扶持下，明初期棉花引种山东省并得以迅速推广；分布上的广泛均衡性是自给自足自然经济的体现；明中叶以后，山东省棉花种植在北方率先走向专业商品化，逐渐形成了鲁西北与鲁西南两大商品棉产区；后来由于供销地理的变化，鲁西南产区衰落下去，而鲁北平原却发展成为重要的棉产区；清末山东引种推广了美国长绒棉，全省植棉260 万亩，平均亩产籽棉65 斤，总产籽棉169 万斤，其中长距离贩售率为40%。许檀教授的研究则更加细致，考虑到了区域的细致化，将产棉区分为鲁西南、鲁西和鲁西北三个区域。即便如此，从地理位置看，从属于鲁西的阳谷、东阿和寿张以及朝城等地的棉花种植从明初到清中期并未有大面积种植到逐渐专业化的过程。在这个区域交流的贸易并不以棉花为大宗，棉花多自能自给，或者尚需外界的补充。

所以，鲁西运河区域的土地特征，决定了运河区域经济的特征只能如《临清志》中所言："州中所生之物与他州邑多同，所聚之物与他州邑多异。盖州为达国，而百货之薮也。虽尺有短寸有长，以州之所有余易他州邑之所不足，亦犹是也。"①

（作者单位：聊城大学运河学研究院）

---

① 　康熙十二年《临清州志》卷2 "物产"。

明清时期山东运河区域植被破坏
及其影响初探

高元杰

明清时期山东运河是大运河漕运的关键河段，其水源之浅涩、河道之淤阻历来是各届政府头疼的难题，这与运河水源地的森林植被状况密切相关。那么明清时期山东运河流域的森林植被状况如何？运河修防维护又与植被发生了怎样的互动？这又如何影响了运河地区民众的日常生活？目前已有学者就河工物料对环境和社会的影响进行了分析探讨①，笔者拟在前人研究基础上，从生态环境史的角度对这一问题进行较为系统的分析。

一　丘陵西麓的植被破坏与山洪频发

山东地区，尤其是鲁西平原地区，是中国农业开发最早的地区之一。传说在三皇五帝时期，山东境内已经有农业的发展，《史记·五帝本纪》记载："舜耕于历山，渔雷泽，陶河滨，作什器于寿丘"，就活动在鲁西平原一带。龙山文化遗址的发掘更是能够证明4000多年前山东平原文明的发达程度。夏商两朝都跟山东关系密切，尤其是商朝，汤之前更是以山东为活动中心。② 周公东征以后在山东封建诸侯，尤其是齐鲁两国都先后进行了田

---

① 例如：〔美〕彭慕兰：《腹地的构建：华北内地的国家、社会和经济（1853—1937）》，马俊亚译，社会科学文献出版社2005年版；王建革：《传统社会末期华北的生态与社会》，生活·读书·新知三联书店2009年版；李德楠：《清代河工物料的采办及其社会影响》，载《中州学刊》2010年第5期，等等。

② 参见安作璋主编《山东通史·序二》，人民出版社2009年版。

赋改革，极大地推动了农业的发展，甚至已经开始了土地的精耕细作①，出现了"郓田""济西田""汶阳之田""洙田""漷东田"等有名的粮产区。到秦汉时期这里已经是"膏壤千里"，"宜五谷桑麻六畜，地小人众……好农而重民"② 了。此后，在相当长的历史时期内，山东的农业都处于领先地位，中国古代四大农书中就有三种（《氾胜之书》《齐民要术》《王祯农书》）出自山东人之手，可见山东农业之领先和发达。

不过伴随着农业的极早成熟，森林植被也遭到了剧烈的破坏。早期的农业是刀耕火种，《孟子》说："舜使益掌火，益烈山泽而焚之，禽兽逃匿"，这种传统一直持续到先秦时期，对森林植被造成很大的破坏，因此春秋以后各国都开始对野外放火进行严格控制。随着人口的增加，使用铁器和牛耕的时候，人类活动对自然植被的影响越来越大，这在山东地区的表现也尤为明显。《山东植被》指出："鲁西和鲁北平原……除西南部的大野泽、菏泽等沼泽以外，其他部分均适宜农作，因之成为山东省农业发展最早的地区，也就是天然森林毁灭最早和最彻底的地区。"③ 此后鲁中山地丘陵的森林植被也不能幸免，比如战国时期临淄城郊的牛山，"牛山之木尝美矣，以其郊于大国也，斧斤伐之，可以为美乎？是其日夜之所息，雨露之所润，非无萌蘖之生焉，牛羊又从而牧之，是以若彼濯濯也。人见其濯濯也，以为未尝有材焉，此岂山之性也哉！"④ 此后经过长期的垦伐，到北宋时已经是"今齐鲁间松林尽矣"⑤ 的景象了。

山林被破坏以后，山民进而挖树根、扒草皮和顺坡开垦种植荞麦以维持生活，导致丘陵地区，绝大部分都变成了荒山秃岭。比如万历《滕县志》言"滕地半山皆童童然，非如他山有材木、竹箭、奇石之饶也"。康熙《泰安州志》说泰山也是"人见其濯濯也"。⑥ 康熙《滕县志》说滕山无"材木

---

① 《国语·齐语》："及耕，深耕而疾耰之，以待时雨。"

② （西汉）司马迁撰；（南朝宋）裴骃集解；（唐）司马贞索隐，张守节正义：《史记》，中华书局 1959 年版，第 3265 页，卷 129《货殖列传第六十九》。

③ 王仁卿、周光裕主编：《山东植被》，山东科学技术出版社 2000 年版，第 28 页。

④ （清）焦循：《孟子正义》，中华书局 1954 年版，《诸子集成》第 1 册，卷 11《告子章句上》，第 456 页。

⑤ （宋）沈括：《梦溪笔谈》，中华书局 1985 年版，《丛书集成初编》本，卷 24《杂志一》，第 155 页。

⑥ 康熙《泰安州志》，《中国地方志集成·山东府县志辑》第 63 册，第 29 页，卷 1《物产》。

竹箭金锡之饶"。① 康熙《东阿县志》说："无有林泽之饶，生物不殖。"②
乾隆《曲阜县志》说："但迩来阖境少乔木，径尺之树即难得。"③ 光绪
《嘉祥县志》言："嘉祥弹丸区耳，而山半之，崔巍盘礴，民不知有树植，
几于不毛矣。"④ 民国《东平县志》也说其邑"山多童山濯濯，草木不
殖"⑤。

这一区域野生动物的种类变化也能佐证其植被的破坏。查阅《古今
图书集成·博物汇编·禽虫典·虎部》，我们可以看到跟本地有关的老虎
记载集中在春秋战国时期，战国以后仅有一条相关记载，为明初东阿人师
逵遇虎的故事：

《见闻录》："师逵字九达，山东东阿人。少孤，事母孝。年十三，母疾
危殆，思食藤花菜。地不常有，逵亟出求，至城南二十五里得之，及归，
夜已二鼓，道遇虎，逵惊而呼天，虎舍之去，持菜还。母食之，遂愈。"

而在明清方志中，更是难以寻得老虎等猛兽的踪迹，笔者仅在康熙
《泰安州志》和光绪《嘉祥县志》中看到过记载：

> 自孔子过泰山闻有母哭其子被虎食者，自后千余年间未闻有虎
> 至。至顺治十一年州东转山有虎，嗣后有虎迹出入无常。
> 顺治十六年春，有虎见于城南窦家村。州守曲允斌率百骑往捕
> 之，马见虎皆惊奔不前。⑥

顺治时嘉祥县现虎，县令率马队往捕之，邑人董方大特撰文以记之，
其文如下：

> 邑小青山之麓有虎焉，人传自金乡来者，一时途之人惊相告曰：
> "有虎，有虎在山之隅"，或信之，或疑之，或信且疑者半。俄见里
> 人无少长自山以西嘻嘻然操兔罝呼群犬而来，以为是物之可以网络得

① 康熙《滕县志》卷3，《方物》第13页，国家图书馆数字方志本。
② 康熙《东阿县志》卷1，《物产》第29页，国家图书馆数字方志本。
③ 乾隆《曲阜县志》卷37，《物产》，第73册，第274—275页。
④ 光绪《嘉祥县志》卷1，《方舆》，第79册，第225页。
⑤ 民国《东平县志》卷4，《物产志》，第66册，第30页。
⑥ 康熙《泰安州志》卷1，《舆地志·灾祥》，第63册，第37—38页。

也。比至虎咆哮而起，声振山谷，其气上浮若白虹之贯日，须臾捕数人，无异猫之捕鼠然。于是犬相与垂首曳尾逃匿深谷中，人弃兔置而奔于石岩之上，途人望之却走，或棲于木或伏于堑土，无不相顾错愕，骇然变色。呜呼雄哉，语云："山有猛虎，藜藿不探"，果验。已而邑令闻之，从容策马以行，……既行，去虎所里许，欲俟其定，设槛械之。虎须臾由小青山下南行，令尾之。虎徐驰至郭家村，入一室中。令率从者持弓荷戈矛从事。须臾，虎乃歼。……邑令为谁？姓张氏，字太升，辽东人，时顺治七年十二月十三日也。①

这则故事十分有趣，在这个离当年传说中武松打虎不远的地方，突然出现一头老虎，邑人竟然不分老幼嬉笑欢闹着以为引来老虎，利用狗群就可以将其逮住。看来是太长时间没见过老虎，已经忘记老虎的危险了，结果导致老虎像猫逮老鼠一样须臾即捕数人。来自辽东的县令则头脑相当冷静，避开与老虎在山林旷野的冲撞，待老虎进村入室再困而歼之。当时的辽东老虎还是众多的，这应当给张县令以一般的经验，只是不知窜入郭家村农户家的老虎有没有再行伤人。

由上面的记载可知，明清时期山东运河地区发生的寥寥几例现虎事例都在顺治年间，是为明清鼎革人口萧条之际，这可能是老虎出现的重要原因。

相较而言，这里存量更为普遍的是狼和鹿。搜查明清时期山东运河区域各州县的方志，我们可以得到该地区鹿、狼分布时代和地区（见表1）。

表1　　　　山东运河地区方志中可见各州县鹿、狼分布时代地区

修志时代	鹿（麋鹿、麃、獐）	狼
嘉靖	莱芜	莱芜
崇祯	郓城（鹿、獐）	
康熙	泰安（麃）、东平（獐）、肥城、莱芜、平阴、朝城（獐）、郓城（鹿、獐）、滕县、邹县（獐）、滋阳（鹿、獐）、曲阜（麋鹿）、泗水（麃）	肥城、东平、莱芜、平阴、临清、邹县、滕县、曲阜、滋阳、泗水

① 光绪《嘉祥县志》卷4《艺文》，第47页；《嘉祥县尹张公歼虎记》，第79册，第364页。

续表

修志时代	鹿（麋鹿、麚、獐）	狼
乾隆	曲阜（麋鹿）、东平（鹿、獐）、新泰、济宁（獐）	峄县、东平、新泰、东明、临清
嘉庆		平阴
道光	滕县（鹿、獐）、东平（鹿、獐）	滕县、东平
咸丰		嘉祥、鱼台
光绪	东平（鹿、獐）、莱芜（鹿、獐）	宁阳、峄县、东平、肥城、平阴、新泰
民国		东平、莱芜

资料来源：各州县方志《物产》《土产》《方物》等志。其中麚为一种中型鹿类，獐为一种小型鹿类。

从表 1 可知，明清时期山东运河地区鹿、狼分布还是较为广泛的。其中鹿类的分布主要集中在莱芜、泰安、东平、肥城、新泰、邹县、滋阳、曲阜、泗水、滕县等鲁中丘陵西麓边缘州县，并零星出现在郓城、朝城等平原地区。而通过不同时代的方志记载可以发现，康熙、乾隆之际是该地区鹿类消失最快的时期，康熙之后，平原地区基本不再有鹿类活动的记载，而到民国以后，则整个地区都没有鹿类的记载了。至于狼，从表 1 中可以看到，它们基本上出现在丘陵山地，在平原地区极为少见，康熙之后分布地区也有所减少，但是没有像鹿类那样的剧烈。生态学告诉我们，动物种群数量的增长与减少，分布区域的扩大与缩减，是对生态环境及其变化的综合反映。王利华指出："鹿类作为典型的食植（食草）动物和重要的经济动物，其分布范围与种群大小，既与森林、草地，特别是其中可食林、草种类的分布与丰俭程度直接相关，更与人口密度、生产类型和经济活动强度有很大关系，人口增加、土地开发以及相应发生的森林、草地的减少，必定会导致鹿类种群数量的下降和分布区域的缩小。"[①] 狼的分布也能说明这一问题，狼是大型食肉动物，且喜群居，曹魏时期的高柔曾经估计"使十狼日共食一鹿，是为五百头狼一岁共食万八千头鹿"[②]，狼的

---

① 王利华：《徘徊在人与自然之间——中国生态环境史探索》，天津古籍出版社 2012 年版，第 194 页。

② （晋）陈寿撰：《三国志》（南朝宋）裴松之注，中华书局 1959 年版，第 689 页，卷 24《魏书·韩崔高孙王传》"裴注"引《魏名臣奏》。

食物来源肯定不只是鹿，但是有广泛的狼群存在也能说明这里有充足的可以维持它们生存的食草动物存在，这就要求这里有着良好的生态环境。随着人类的大量侵入，森林植被的破坏，生态首先难以维持大量鹿类的生存，使得这里的鹿类逐渐消失踪迹，这也在一定程度上影响了狼的生存，不过狼的食谱广泛，却是更多地延续下来。除了鹿和狼以外，这里就难以有什么值得一提的野生动物了，仅有诸如野猪、獾、狐、狸、狢之类，而且即便这些，分布范围也不很广泛。

大量的农民进山垦荒，山坡植被破坏严重，不但严重威胁了野生动物诸如鹿、狼的生存，更是加剧了鲁中丘陵的水土流失。古人也很早就注意到了山区植被破坏和水土流失与河流淤积泛滥的关系。元人李惟明《浚洸河记》就指出："近年泰山、徂徕等处，故所谓山坡杂木怪草盘根之固土者，今皆垦为熟地，由霖雨时降，山水涨溢，冲突沙土，萃贯汶河，年复若是，以至汶沙其浩浩者若彼，而洸因以淤垫也。"[1] 明人刘天和也说："汶水出泰、莱诸山，伏秋流亦混浊，率皆虚浮淤沙。……数百里之沙不可尽浚，且将复淤，所浚两岸之沙，终归河内，劳费无已。"[2] 乾隆《新泰县志》指出当地人"贫者但爬罗草根木叶给爨而已"。[3] 李希霍芬1896年在山东鲁西南一带观察到农民在荒坡丘陵地带挖灌木根以解燃料之急，他结合在其他地区观察到的情况指出，荒坡地植被破坏的顺序是先砍树，后砍灌木，再后是刈草和挖树根，最后连草根也被掘。[4] 宣统时日本林学博士本多静六作《山东省林相变化与国运之消长》的演讲亦指出：

> 实际山东省山林状况，早已超过滥伐之程度。此等状态，无以名，名之曰悲惨状态而已。今举山东省山林一般状态如下。
>
> （一）树木生者，不特即时伐而取之，极其根株，亦掘充薪炭之用，落叶搔取净尽，不留一叶。
>
> （二）草根种类，可供食用、药用者，早已无存。掘取之时，土

---

① （明）谢肇淛：《北河纪》，《影印文渊阁四库全书》第 576 册，第 600 页，卷 3（元）李惟明《浚洸河记》。

② （明）谢肇淛：《北河纪》，《影印文渊阁四库全书》第 576 册，第 701—702 页，卷 7《河议纪》。

③ 乾隆《新泰县志》卷 7《物产》第 11 页，第 66 册，第 359 页。

④ 参见王建革《近代华北乡村的社会内聚及其发展障碍》，《中国农史》1999 年第 4 期，第 17 页引［德］李希霍芬《支那旅行日记》。

壤每被搔起，土砂流失甚多。蕨根之类，亦掘取以供食用。……

（三）草根不足以供食用、药用者，则掘取之为燃料。草根之外，并及茅根，间有晒牛马粪于岩石之上，以供燃料者。则掘及草根，亦当然事也。山无一株之木，仅此草根，以为支持山地之土壤者，更掘而取之，土砂流失愈多，山肉愈落，则此稜稜山骨，现于外表者，不足怪也。

（四）采取之后，所余草木，牛豚山羊等，更从而食之，无有一株幸免者。

（五）苟有隙地，其土壤足以耕种者，虽深山幽谷之处，亦铺石为山田。

诸君，山地呈此状态，即如何强健之赤松，亦无由生育矣。即偶有生育者，而落叶下草，悉被掘取，终亦不能维持其生存。况土壤流失，止余山骨，植物仅于岩石裂隙保其余命，尚何林相之可言耶？

今观山东到处山脉，非为峨峨之岩山，即属土砂流下一种之砂漠。大抵皆属第四期林相之终者。林相至此，则气候不调，风雨不顺，降雨之际，无枝叶以杀雨水落下之力，无落叶下草以阻雨水打擊之害。故雨水直冲地面，溶解土壤，而成浊流。此等浊流，既无落叶藓苔以支持之、吸收之，一泻千里，即为暴流矣。其结果，山谷被削，山脚被冲，山崩石流，积于下方平地之河底，洪水既成，则田宅流失，人畜死伤之惨，亦随之而至矣。[①]

本多静六所言极为清晰地描绘了山东山地植被的破坏过程，以及植被破坏后造成的危害，而且他还以此与国家命运的消长相联系，直指其意义之重大。本多静六对山东山地植被的描述应当是准确的，他所言及的植被破坏后的灾害性后果，我们也往往能够找到佐证，比如在明清时期的方志中，我们就会发现，这一时期鲁中南丘陵及其边缘地区州县山洪暴发已经成为常态（见表2）。

---

① ［日］本多静六演讲：《山东省林相变化与国运之消长》，谢申图译，《学艺》（上海）1910 年第 2 卷第 2 期，第 5—6 页。

表 2　　　　　　明清方志中所见鲁中丘陵西麓州县山水暴发情况举例

时间	地点	山水暴发情形	出处
成化三年	济宁	汶泗等河……每岁山水冲坏堤岸，春时无水接济，夏则漫流湮没田禾，舟楫难行。	《明经世文编》卷41
嘉靖十六年	泰安	六月，泰山水，漂溺数百人。	康熙《泰安州志》卷1
嘉靖三十年	泰安	六月，泰山大水，御帐冲坏，人多溺死。	康熙《泰安州志》卷1
隆庆二年	莱芜	水河溢，漂没民居。	乾隆《泰安府志》卷29
隆庆三年	东平	七月十三日，山水泛涨，护城堤决，禾稼往往浮去，民乃饥。	康熙《东平州志》卷6
万历六年	峄县	夏大水，一望巨浸，居民庐舍荡然无一存者。	乾隆《峄县志》卷1
万历三十一年	泰安	六月，州大水发自泰山龙口，大石崩裂，御帐冲毁，大夫松仆，盘道皆阻塞，不可复识，上下殊艰之，居民填沟壑以千计，廛舍倾圮倍焉。	康熙《泰安州志》卷1
康熙五十五年	东平州	雨水过多，山水大涨，戴村土坝复行冲决。	康熙《东平州续志》卷1
康熙五十六年	泰安	六月六日，泰山大水，登岱者漂溺无算。	乾隆《泰安县志》卷末
乾隆十六年	泰安	六月二十日，泰山大水，南汶河溢。	乾隆《泰安县志》卷末
乾隆十六年	莱芜	六月，莱芜霖雨，泛孝义河，坏田禾。	乾隆《泰安府志》卷29
乾隆三十四年	东平州	七月甲申，东平山水泛涨，决城东南二隅，流入城中，仓廒民屋俱坏。	乾隆《东平州志》卷20
乾隆三十四年	泰安	七月初四夜，漆河雨水暴涨，漂没河旁庐舍无算，徂徕西麓水溢。	乾隆《泰安县志》卷末
乾隆三十七年	泰安	五月十五夜，泰山大水，盘道圮。	乾隆《泰安县志》卷末
道光八年	泗水	七月十三日夜间济河水大溢，临河村庄皆被冲，房屋倾塌，人多溺死。	光绪《泗水县志》卷14
道光十年	邹县	秋，泗河、白马河溢，县西南乡纪沟等十六村庄皆被水。	光绪《邹县续志》卷1
道光二十一年	邹县	县西南乡石里等社六十五村庄秋禾被水。以后西南乡岁岁被水，东北乡亦有波及者，皆由夏秋霖潦，泗河、白马河泛滥所致，其间被水村庄多至百余处，少亦数十村庄，轻重不等。	光绪《邹县续志》卷1
道光中叶以后	邹县	自道光中叶，泗河、白马河溢，数十年来，每逢霖潦，两河辄溢，则水利之不讲也久矣。	光绪《邹县续志》卷2
道光二十四年	滕县	五月十四日夜大雨，山水四涨，漂室庐牛马。	道光《滕县志》卷5

续表

时间	地点	山水暴发情形	出处
道光二十六年	滕县	闰五月二十七日，大水漂没数千家，邑西北尤甚。	道光《滕县志》卷5
同治六年	泗水	六月间霪雨数日，泗河泛滥，近河村庄多被水灾。	光绪《泗水县志》卷14
同治十六年	泗水	五月二十三日霪雨，济、泗两河俱溢，村庄皆被灾，东关尤甚，冲塌房屋，淹伤人口无算。	光绪《泗水县志》卷14

从表 2 中可以看到部分州县山水横发的情况，其中像万历三十一年（1603）的泰安县，"六月，州大水发自泰山龙口，大石崩裂，御帐冲毁，大夫松仆，盘道皆阻塞，不可复识，上下殊艰之，居民填沟壑以千计，廛舍倾圮倍焉"，看其描述，非常像是一次十分严重的泥石流爆发，这自然跟山上植被破坏严重尤为相关。此外我们还可以在清代官员的奏折中看到大量的相关记载，现仅列两例如下：

乾隆十二年六月二十六日山东巡抚阿里衮奏：

又泰安府属之莱芜县，于六月初九日大雨，汶河汇河之上流山水泛滥，沿河庐舍田禾多被损伤。[①]

乾隆三十四年七月初八日山东巡抚兼提督衔富明安奏：

据泰安府之泰安县、兖州府属之宁阳县俱禀，七月初四日雨水过大，上游山水陡发，汶河暴涨，水势高出河岸，近河民居田禾间有被淹。又泰安山水建瓴直下，西关外民房间被冲坍，人口亦有损伤，泰山盘道等处亦被冲坏等情。

臣查汶河在宁阳之北、泰安之南，因七月初三四日雨水过大，泰安以东山水陡发，一时汇注河流暴涨，水出河岸，以致泰安、宁阳近河之处受淹。

七月二十日富明安又奏：

今查勘……泰安县之西关，因山迅下，冲坏民房数十间，时值昏夜，致有淹毙男妇十四名口，已经照例抚恤。惟东平州一处地势最

---

① 水利电力部水管司、科技司，水利水电科学研究院：《清代黄河流域洪涝档案史料》，中华书局 1993 年版，第 173 页。

注，上游莱芜、泰安一带山水骤发，汶河溢岸，奔腾水势直冲戴村坝，建瓴北注，回绕州城，关厢民居多有坍塌。……①

从以上记载可略知鲁中丘陵西麓山洪频发的情况。由于山坡植被覆盖差，土壤松散，雨水冲激，致使这些山洪常常携带很多的泥沙，就如《蒙阴县志》的记载"凡蒙之山，大都不毛，稍有可耕之土，又岁岁冲决，非成河即沙压，沧海桑田，变幻顷刻，土瘠民穷，鹑衣蜗居……遇雨则万山建瓴，澎湃而下，田庐荡洗，遇旱则众壑扬尘，田枯泽竭，涓滴难求"②。

二　河工与植被

（一）柳木种植与堤岸防护

正如上文所讲，山区植被的破坏使得山洪频发，河流含沙量大增，极大地威胁了运河河道的安全。对于黄河来说更是如此，从中游带来的巨量泥沙在这里淤高河底，使得这段河道极不安全，河堤的防护成为重中之重。明清时期人民虽然已经认识到山区植被破坏和水土流失与河流泥沙含量以及泛滥决溢之间的密切关系，但是他们还没有能够从这一根源上解决问题的认识和行动。不过更为明显和急迫的，是他们对于河堤及附近土地植被意义的认识和努力，其中最值得注意的是柳树的种植。

对于黄运等河流来说，栽培柳株不但是补充河工物料的重要措施，也是巩固堤防的重要手段，比如明初戴村坝"屡修屡圮，营费不赀"，后来知州潘洪在坝上"植以柳"，才能保持多年不坏。因此潘季驯认为"宜令东平、汶上管河官督夫培土栽柳，悉如旧制，此系运河第一喫关键"③。此后治河官员基本上都持此论，比如叶方恒也说"督夫培土栽柳，乃运

---

① 水利电力部水管司、科技司，水利水电科学研究院：《清代黄河流域洪涝档案史料》，中华书局 1993 年版，第 274—275 页。

② 转引自高秉伦、魏光兴主编《山东省主要自然灾害及减灾对策》，地震出版社 1994 年版，第 264 页。

③ （明）潘季驯：《河防一览》，《影印文渊阁四库全书》第 576 册，第 193 页，卷 3《河防险要·山东·守戴村坝》。

河第一关键"①。

明清政府十分重视柳树栽培及其巩固堤防的作用，在弘治年间治理张秋决口时，白昂等河臣就"随河修堤二千余里，随堤植柳百万余株"②。又如正德嘉靖年间河道总督刘天和总结前人经验，创造了植柳六法：

> 一曰卧柳，用于春天植柳时节新筑之堤。二曰低柳，用于旧堤及新堤不系栽柳时月修筑者。三曰编柳，用于近河数里紧要去处不分新旧堤岸者。此三法可用于护堤以防涨溢之水四曰深柳，可用于黄河、运河频年冲决深要去处，防倒岸冲堤之水。五曰漫柳，凡坡水漫流之处难以筑堤，惟沿河两岸密栽低小柽柳数十层，俗名随河柳。不畏淹没，每遇水涨既退，则泥沙委积即可高尺余或数寸许，随淤随长每年数次，数年之后不假人力自成巨堤矣，可用于黄河。六曰高柳，照常于堤内外用高大柳桩成行栽植，不可稀少，黄河用之，运河则于堤面栽植以便牵挽。③

潘季驯对刘天和的"栽柳六法"评价很高，他指出"护堤之法，无如栽柳为最，而栽柳六法无如卧柳为佳，盖取其枝从根起，扶苏茂密，足抵狂澜也"④。刘天和为了明确植柳责任以减轻民间负担，还对柳树的管理进行了规定，"将本铺所管堤岸，每夫画地分管，专令修堤植柳，时阅而劝惩之"，并特别强调，"运河同，沧、德一带尤为甚切"⑤。潘季驯则进一步详细之，"每堤一丈栽柳十二株，每夫一名栽堤三丈，柳樟以径二寸为则，离堤以三尺为准，堤内栽完方及堤外，如有枯死随时补种，年终

---

① （清）傅泽洪：《行水金鉴》，《影印文渊阁四库全书》第582册，第324页，卷146引《山东全河备考》。

② （明）谢肇淛：《北河纪》，《影印文渊阁四库全书》第576册，第614页，卷3（明）王舆《弘治庚戌治河记》。

③ （明）刘天和：《问水集》，《四库全书存目丛书·史部》第221册，第256—258页，卷1《黄河·植柳六法》。

④ （明）潘季驯：《河防一览》，《影印文渊阁四库全书》第576册，第333页，卷10《申明修守事宜疏·立法增筑以固堤防》。

⑤ （明）刘天和：《问水集》，《影印文渊阁四库全书》第576册，第666—680页，卷6《河政记》。

管河官呈报各该司道"。① 根据谢肇淛的记载我们可以看到当时运河沿岸各州县都设有专门的巡守柳树的人员：

> 济宁州看树夫占十二名。
>
> 济宁卫巡树五名。
>
> 汶上县司府占役及巡树递文共二十八名。
>
> 东平州巡树一十五名。
>
> 寿张县巡树二十九名。
>
> 聊城县巡灌柳株六十九名。
>
> 平山卫铺夫一十五名，递送、濬筑、栽柳、巡守。
>
> 堂邑县递送公文巡灌柳株占役二十一名。
>
> 博平县递文巡柳占用一十八名。
>
> 临清州巡柳递文每铺占夫三名，一十九铺共占五十七名。
>
> 夏津县浇灌巡柳夫八名。
>
> 清河县递文巡柳占用一十六名。
>
> 恩县巡灌夫七名。
>
> 德州递文巡灌夫一十四名。
>
> 德州卫巡树、递文、应接座船、鸣道旗锣并催船催工占用四十名。
>
> 德州左卫递文、巡柳、鸣道旗锣占用六名。②

在政府的重视之下，黄河、运河两岸，湖泊周围以及堤防、闸坝之侧，多有官柳种植。比如潘季驯就曾在万历十七年（1589）四月二十五日前"督委府州县等官修筑过马场、马踏、蜀山、南旺、安山五湖土堤……栽过护堤卧柳一万六千一百五十株，封界高柳六千七十一株"③。柳株除了能够有效地加固堤防外，其枝条还是制作堵口埽料的极好材料，因此用量颇大，为了满足这一物料需求，清朝则自顺治十三年（1656）至乾隆三年（1738）

---

① （明）潘季驯：《河防一览》，《影印文渊阁四库全书》第 576 册，第 369 页，卷 11《河工告成疏》。

② （明）谢肇淛：《北河纪》，《影印文渊阁四库全书》第 576 册，第 666—680 页，卷 6《河政记》。

③ （明）潘季驯：《河防一览》，《影印文渊阁四库全书》第 576 册，第 369 页，卷 11《河工告成疏》。

间连续下发十二条有关栽柳的劝惩奖励条例来督促沿河州县文武官员努力种柳①。比如顺治十六年（1659）总河朱之熹疏陈河工栽柳事宜："责令沿河州县于滨河处所各置柳园数区，或取之荒地，或就近民田，量给官价，每园安置徭堡夫数名，布种浇灌。"② 又如康熙初年河官崔维雅说："旧例栽柳成活至三万株者，三年纪录合无再加酌议，如府州县各官岁前自十二月中旬栽植，本年九月中旬饬委道官查验，成活一万五千株者准纪录一次，成活至三万株者纪录二次，成活至六万株者加一级，每岁年终题报。"③ 乾隆时河道总督康基田也上奏请准"滨河州县各置柳园数处栽植柳株，秋冬验明，行以劝惩。定例能自置柳园，栽植至二万株以上者，验明成活，具题纪录；其动支官价置买柳园者，务至三万株方准纪录，如有怠栽及枯损不捕栽者，指名题添，分别议处"。因此地方官吏也有甚是热心栽种柳树的。清道光武城县令厉秀芳总结植柳之益，刻碑记之：

　　一柳根蟠结，则堤根自固，可免岁修之扰。一偶用防险即径取挂岸，可无远伐之劳。一土与根附，不致冲卸，可泯决口之虞。一间遇冲决，树木排列可省桩木之费。一种树挡沙，可保麦苗之损。一林木庇阴可资风水之益。一冬日木柴柳炭可获利息。一夏日阴浓树密可憩行旅。一入土辄活便于树艺。一伐条即种便于成材。一堤近河沿便于浇灌。一堤系闲地无任废弃。一堤畔之树无碍田禾。一手植之劳无妨民事。

　　因为植柳有厉秀芳总结的这诸多好处，所以运河沿线的很多地方都曾积极植柳。比如厉秀芳在其任期内就"劝促东岸二十八庄村种柳三千六百七十四株，西岸二十五庄村种柳二千五百四十二株"。④ 又如道光《滕县志》载赵邦清"植树表界，自界河而南数十里柳荫蔽日，左右引泉脉为渠，艺藕花"。⑤ 杨奇逢"康熙二十四年任滕……又协济南河工，解柳

---

① （清）爱新觉罗·允裪等纂修：《钦定大清会典则例》，台湾商务印书馆1986年版，《影印文渊阁四库全书》第624册，第190—191页，卷133《工部都水清吏司·河工三》。

② （清）康基田：《河渠纪闻》，《四库未收书辑刊》第1辑第29册，第189页，卷13。

③ （清）崔维雅：《河防刍议》，济南市：齐鲁书社，1996年版，《四库全书存目丛书·史部》第224册，第83页，卷4。

④ 道光《武城县志续编》，《中国地方志集成·山东府县志辑》第18册，第482页，卷14《艺文志》。

⑤ 道光《滕县志》，《中国地方志集成·山东府县志辑》第75册，第129页，卷6《宦绩》。

费几百倍，公察民隐，沿城凿池多种官柳，以备工需"。① 康熙《邹县志》载胡瓒"……春月植柳，每夫十株，责令成活……其附近居民不得堤旁作践及私取土坏，盗伐树株，违者许管泉官申报，比阻塞泉源例治罪"。② 康熙《堂邑县志》载武瑾"环城筑堤种柳"③。嘉庆《东昌府志》载王一凤"万历五年任，课种河柳万株"④；屠湘"河畔栽柳"⑤；赵知希"于城南栽官柳万余"⑥。民国《定陶县志》载毛澄"环城树柳万株"⑦。乾隆《曹州府志》载曹县赵景鸾"植柳护堤"⑧；张慎言"春行郊陌，令道傍树榆柳"⑨；单县孙福成"门前种柳数百株"⑩。康熙《张秋志》载陈善弋"成化……采石治堤……自沙河达临清，堤上植柳数百万株"⑪；毕瑜《按察副使陈公政绩碑》"成化……不五载，沿堤垒石鳞次，以里计之，张秋东岸十二里有奇，南旺西岸八十里有奇，而凡宂者陪之高，浅者浚之深，塞者疏之通，沙河达临清，植柳数百万，盘根环堤，浓阴蔽路"⑫；《弘治庚戌治河记》"随河修堤二十余里，随堤植柳百万余株"⑬。

---

① 道光《滕县志》，《中国地方志集成·山东府县志辑》第75册，第132页，卷6《宦绩》。

② 康熙《邹县志》，《中国地方志集成·山东府县志辑》第72册，第374页，卷1下《水利》。

③ 康熙《堂邑县志》，《中国地方志集成·山东府县志辑》第89册，第72页，卷11《名宦》。

④ 嘉庆《东昌府志（一）》，《中国地方志集成·山东府县志辑》第77册，第229页，卷15《职官一》。

⑤ 嘉庆《东昌府志（一）》，《中国地方志集成·山东府县志辑》第77册，第347页，卷21《名宦二》。

⑥ 嘉庆《东昌府志（一）》，《中国地方志集成·山东府县志辑》第77册，第359页，卷22《名宦三》。

⑦ 民国《定陶县志》，《中国地方志集成·山东府县志辑》第85册，第362页，卷4《职官志》。

⑧ 乾隆《曹州府志》，《中国地方志集成·山东府县志辑》第80册，第194页，卷12《职官志·名宦》。

⑨ 同上书，第196页。

⑩ 乾隆《曹州府志》，《中国地方志集成·山东府县志辑》第80册，第262页，卷16《人物志·孝义》。

⑪ 康熙《张秋志》，《中国地方志集成·乡镇志专辑》第29册，第70页，卷5《职官志·名宦传》。

⑫ 康熙《张秋志》，《中国地方志集成·乡镇志专辑》第29册，第110页，卷9《艺文志》（明）毕瑜《按察副使陈公政绩碑》。

⑬ 康熙《张秋志》，《中国地方志集成·乡镇志专辑》第29册，第111页，卷9《艺文志》（明）王舆《弘治庚戌治河记》。

　　这些沿运沿河州县大规模的柳树栽植能够有效地改善自然环境，甚至形成优美的自然景观。贾乃谦认为在河堤河道旁漫柳密植，是"改善生态环境的绿色工程，又是营造美妙景观的途径。夹堤栽柳，高下成行。堤柳成林，淡烟笼翠。翠荫交加，映蔽天日。云光四幕，莺簧蛙鼓"。① 李时珍云"弱而垂流，固谓之柳"。"柳树在春风中吐绿绽芽，随风起舞，摇曳生姿，极具风流。"② 柳树因其柔美的姿态、悠扬的意蕴加之五柳先生陶渊明对其品格的升华而备受古今词客骚人的喜爱，使其成为中国传统文化中尤其是诗词歌赋中与梅、竹、松等意蕴相并列的重要组成部分。因而在山东运河区域的秀美景观中，也往往能见到柳林的身影。

　　比如光绪《阳谷县志》载刘琰《柳园即事诗百首》，其中多有描绘张秋柳林景色之句，如"文昌阁后柳成园，消受连朝静里喧"③、"闯入深林草色齐，几行绿柳锁长堤"、"出门到处是通衢，烟柳差参即五湖"、"劝客飞觞犹未已，长林绿柳影参差"、"潦倒归来多醉景，错将柳浪看松涛"、"我爱柳林风景好，解鞍裸袖舞雕翎"、"借问风光何处有，沿堤处处看老柳"、"青草溪边好听蛙，柳枝掩映野荆花"、"踏过板桥水面平，闲来柳浪听莺鸣"、"参差柳树不成行，花自清芬草自芳"、"河边总有垂杨柳，不挂诗瓢挂酒瓢"、"一阵清风云一堆，郊原况复柳成阴"④。《秋镇柳市》诗称"（张秋）近城一带柳株无算，当盛春之时，野花铺地，百鸟唱鸣"，其诗曰"弱柳千株绕堞城，游人携酒听流莺。三杯醉卧深荫里，无数舟人款乃声"。《荆门晚渡》称"（张秋）地傍运河，岸多古柳"，诗曰"古柳长堤日影斜，暮烟霭霭笼人家"⑤。光绪《寿张县志》也有类似诗文记载，比如《子路堤》"洪水汪洋堤作岸，绿阴围绕柳成城"，《和武道台寿良村落良韵》"杨柳分官路，桃花映远村"。⑥

　　在清代盛行的八景诗中我们能够找到更多的这类记载（见表3）。

　　① 贾乃谦：《明代名臣刘天和的"植柳六法"》，《农业考古》2002年第3期，第217页。
　　② 关传友：《中国植柳史与柳文化》，《北京林业大学学报》（社科版）2006年第4期，第14页。
　　③ 刘琰：《刘琰诗文校注》，李印元校注，山东大学出版社1993年版，第3页。
　　④ 光绪《阳谷县志》，《中国地方志集成·山东府县志辑》第93册，第328—329页，卷16《题咏》。
　　⑤ 同上书，第329页。
　　⑥ 光绪《寿张县志》，《中国地方志集成·山东府县志辑》第93册，第517、521页，卷8《艺文志》。

表3 山东运河区域各州县著名景点中的柳林

州县	景名	赞诗	作者
德平	平昌八景之重平烟柳	垂垂杨柳舞腰轻，长日烟笼压故城。 翠黛偏宜残月晓，淡痕常伴夜钟清。 三眠带雨轻绸织，几缕随风媚眼明。 蓦地惊涛来四野，九龙归去变松声。①	沈志达
德平	重平烟柳	谁向东风解百忧，迷离总入望中收。 河阳昔是花为县，海域今疑柳作舟。 里饮三杯新社长，春衫半臂般侯。 肩舆借向浓荫息，敢谓他年蔽市留。②	陈景琇
武城	武城八景之柳林秋霁	堤柳阴初散，晴空雾乍开。 兼葭含宿润，原野净织埃。 坐听寒蝉噪，遥看塞雁来。 林间疏叶下，天外远砧催。 云敛山客瘦，风轻水面回。 不辞延伫久，屐齿印莓苔。③	沈廷觊
武城	柳林秋霁	织就丝丝翠带牵，沿堤缭绕拂晴烟。 青添春兴兼秋兴，绿暗村边到水边。 鸦影乱翻将落日，蝉声齐噪已凉天。 关津南北纷来往，一路疏阴送客船。④	徐宗干
武城	柳林秋霁	柳林环列画桥东，霁色秋来致不同。 时复栖鸦惊晓日，有谁系马感西风。 晴光扫尽疏烟白，衰缕翻残暮霭红。 转觉春阴太无赖，几番飞絮雨声中。⑤	秦太璞
武城	柳林秋霁	柳林未肯负韶光，秋霁如春荫草堂。 玉笛歌残三径月，板桥人去一天霜。 寻诗每爱归鸦晚，送客还嫌舞燕口。 最是武城清景好，西风潇洒似维扬。⑥	苏碧山
郯城	郯城八景之禹王台柳莺	禹台柳色绕长河，黄鸟啼花白雪多。 婉转无心逢丽日，风流遗韵似灵和。 暖烟叠翠飞如织，春水传声解是歌。 不负双柑兼斗酒，遥随十里飐风波。⑦	

① 光绪《德平县志》，《中国地方志集成·山东府县志辑》第8册，第466页，卷12《艺文志》。

② 同上。

③ 乾隆《武城县志》，《中国地方志集成·山东府县志辑》第18册，第384页，卷14《艺文下》。

④ 民国《增订武城县志续编》，《中国地方志集成·山东府县志辑》第18册，第647页，卷14《艺文下》。

⑤ 同上书，第649页。

⑥ 同上书，第650页。

⑦ 乾隆《郯城县志》，《中国地方志集成·山东府县志辑》第59册，第136页，卷11《艺文·诗》。

续表

州县	景名	赞诗	作者
曹州	曹州八景之 清邱烟柳	烟水迷茫十里滩，清邱柳色映回澜。 淡拖软翠笼春晓，倒挂斜阳隐暮寒。 莺燕频来歌舞地，旌旗曾佛会盟坛。 行人系马寻遗迹，剩有垂杨画里看。	王同枢
曹州	清邱烟柳	沧桑历历此遗邱，望遍垂柳系客愁。 春蔼回风迷近远，岚光危树任沉浮。 丝穿语燕深深出，青拂行人款款留。 玉敦珠盘俱寂寞，欲凭俯仰识千秋。	何远
滋阳	滋阳八景之 玉河烟柳	汉苑开青眼，隋堤拂翠眉。 不图千载后，更有万丝垂。 袅袅蘸春水，阴阴荫夕辉。 须知彭泽意，莫讶太昌枝。①	孙永祚
滋阳	玉河烟柳	御沟流水玉河通，柳色人烟一望中。 绮阁夕阳连幕翠，画楼春晚带霞红。 招风落絮飞将尽，听雨鸣鹍语未终。 独坐小桥浑欲醉，从骢催赴鲁城东。②	仲宏道
临清州	临清十景之 卫浒烟柳	无复东风廿四桥，玉钩寒雨锁空壕。 凭谁又染鹅溪绢？却写西湖二月涛。③	清榷使 李基和
冠县	冠县八景之 鲧堤春柳	境内名区推鲧堤，势长延亘鸭窝西。 春深柳色随堤转，碧浪翻空莺乱啼。④	杜若栋
曹县	曹县八景之 金堤烟柳	参天碧柳护金堤，曲荫湾环望欲迷。 万顷洪流掀浪静，三春翠霭与云齐。 红山远控汤陵右，白塔孤擎左寺西。 却喜黄河今北徙，田开绣陇认高低。⑤	姚汝江
朝城	朝城八景之 燕州烟柳	毵毵万柳夹平堤，烟霭萦纡入望迷。 深锁野桃随远近，淡笼流水失东西。 寻幽只许燕频唤，选胜何妨马独嘶。 若处芳洲春正好，吟来借认武陵溪。⑥	邑侯 邹楷

此外，在为运河提供水源的各泉源附近，一般也都有栽植柳树，用以预备本地方修河之用。比如峄县城北十五里的刘曜村泉，"夹岸皆植杨

---

① 光绪《滋阳县志》，《中国地方志集成·山东府县志辑》第 72 册，第 289 页，卷 12《艺文志下》。

② 同上书，第 290 页。

③ 孟昭贵主编：《齐鲁八景诗大观》，山东省地图出版社 2007 年版，第 535 页。

④ 同上书，第 544 页。

⑤ 同上书，第 711 页。

⑥ 同上书，第 559 页。

柳，弥望郁然，其东则姑嫂、大山诸峰环之，村落尤多梨、柿诸树，春时花开，浩若万顷碧雪，而田中庐舍时出没于树隙花缺间，便疑琼楼玉宇，寒光浸游人衣袂也"。① 又比如康熙时邹县诸泉：

白马泉：旧管老柳二十株，成活中柳九十四株，新栽补柳十八株。

陈家沟泉：旧管老柳三株，成活中柳二十一株，新栽补柳十八株。

孟母泉：旧管老柳二十株，成活中柳三十七株，新栽补柳十八株。

马山泉：旧管老柳二十一株，成活中柳二十一株，新栽补柳三十六株。

鳝眼泉：旧管老柳三十一株，成活中柳一百一株，新栽补柳五十四株。

新泉：旧管老柳无，成活中柳十一株，新栽补柳十八株。

程家庄泉：旧管老柳二十一株，成活中柳三十一株，新栽补柳十八株。

岗山泉：旧管老柳六株，成活中柳二十一株，新栽补柳十八株。

屯头泉：旧管老柳无，成活中柳七株，新栽补柳十八株。

黄港泉：旧管老柳一百三十三株，成活中柳三十七株，新栽补柳三十六株。

渊源泉：旧管老柳十一株，成活中柳十二株，新栽补柳五十四株。

柳青泉：旧管老柳八株，成活中柳十四株，新栽补柳十八株。

三角湾泉：旧管老柳五十六株，成活中柳十二株，新栽补柳五十四株。

胜水泉：旧管老柳二十六株，成活杂树四十株，新栽补柳三十六株。

白庄泉：旧管老柳九十五株，成活中柳六十二株，新栽补柳三十六株。

以上各泉柳株原备本地方修河之用，如遇河工需用柳枝卷埽，奉河院河道文，剪伐若干解送工所，应用管泉官时督泉夫栽植，禁民樵采。②

---

① 光绪《峄县志》，《中国地方志集成·山东府县志辑》第9册，第81页，卷5《山川考下》。

② 康熙《邹县志》，《中国地方志集成·山东府县志辑》第72册，第376页，卷1下《水利》。

（二）河工物料与植被破坏

1. 河工物料的种类和来源

有关明清时期山东黄运的河工物料问题，李德楠在其博士论文《工程、环境、社会：明清黄运地区的河工及其影响研究》[①] 中作出了系统深入的研究。黄运的河工物料种类繁多，其中最常用的是柳枝、芦苇、秸秆、砖石等，前三项属于软料，后一项属于硬料，本节主要讨论柳枝等物。李德楠将河工物料的演变分为了五个阶段，一是"有明一代，埽皆用柳"[②]；二是清康熙中期以前官柳逐渐代替民柳；三是康熙雍正间芦苇取代柳枝；四是雍正之后秫秸成为北方地区重要的河工物料；五是嘉庆之后碎石工程出现，道光十五年砖料开始使用。

从这个河工物料的演变中，我们能够明显地觉察出山东运河区域的植被变化。清代靳辅在《治河奏绩书》"酌用芦苇"条中说："护堤塞决之用，莫善于埽。卷埽之用，惟草柳二者而已。盖柳遇水即生，草入水而腐，为土性既宜之，且又费甚省而采易办也。"[③] 齐苏勒也说："埽以柳为骨，柳多则工坚而帑省，若柳不敷用，势必以苇代之。"[④] 至于芦苇，"苇料者，以粗大芦获为镶埽之料物也。……用以御水，不激水怒，不透水流，其入水也，可经三五年之久"。[⑤] 至于秫秸，为高粱之秸秆，清人刘成忠《河防刍议》言："柳入水经一二十年不腐，秸至一二年朽坏无存，柴不如柳，然犹胜于秸。"[⑥]《濮阳河上记》也说："其御水性略同苇料，做埽之后，经水三年，即行朽腐，不若苇料之耐久。……苇秸轻弱，易于蜇陷，以之作埽，每年必须加厢，三五年后，必须全部换新。"[⑦] 然而有学者指出即便是以秫秸为主的秸料，仍

---

① 参见李德楠《工程、环境、社会：明清黄运地区的河工及其影响研究》，博士学位论文，复旦大学，2008 年。

② 武同举：《再续行水金鉴》卷 157 引《刘成忠河防刍议》，水利委员会编印本，1942 年，第 4115 页。

③ （清）靳辅：《治河奏绩书》，《影印文渊阁四库全书》第 579 册，第 639 页，卷 4《治绩·酌用芦苇》。

④ 《世宗宪皇帝朱批谕旨》，《影印文渊阁四库全书》第 416 册，第 102 页，卷 2 上《朱批齐苏勒奏折》。

⑤ 郑肇经：《河工学》，商务印书馆 1934 年版，第 252 页。

⑥ 李德楠：《工程、环境、社会：明清黄运地区的河工及其影响研究》，博士学位论文，复旦大学，2008 年，第 64 页引（清）刘成忠《河防刍议》。

⑦ 引自郑肇经《河工学》，第 253 页。

然优于石料，"秸料有一定的弹性，所以修成的整个埽体，也具有一定程度的弹性，因而比用石料修筑的水工建筑物更能缓和水流的冲击和阻塞水流。如用来护岸，由于其粗糙系数较大，可以减低水流的纵向流速。如用来堵复决口，因能阻塞水流，比用石料更易于闭气"。①总之，在一定程度上，黄运河工物料以柳为最佳，其次为芦苇，再次为秫秸。

通过上面对黄运河工物料性能及演变的分析，我们惊讶地发现，明清黄运河工物料的演变并不是如一般技术那样逐渐向前发展，它竟然呈现出一个步步退后、步步衰落的进程。而造成这一进程的，主要是黄运河工用料之频繁、用量之庞大，始得民柳不足，然后办官柳补其不足而终不能补足，遂无奈而用芦苇，而芦苇亦不足，退而求秫秸，而最后秫秸亦终不足。

2. 河工物料的用量

明清时期为保运道计，违逆水性就下之原理，强迫黄河南流入淮，遂致黄河水患频发，政府每每堵筑加修，就需要大量的河工物料，而这些河工物料又不过仅仅维持数年即需更换。据康熙年间河道总督靳辅统计，康熙二十三年（1684）岁修竟需柳 100 余万束，其中山东东昌府属协柳 10 万束，兖州府属协柳 15 万束，济南府属之德、陵、平、禹等近河州县共协柳 5 万束，即山东州县共计协柳达 30 万束。②

《钦定工部则例》所载之数字则更为庞大，仅江南省黄运两河河工就需"用料亿千万束"③。为了较清楚地叙述物料用量情况，下面将通过列表列举具体事例，以勾勒大概（见表 4）。

表 4　　　　　元明清时期山东运河区域河工物料用量举例

时间	事件	用料	资料出处
元延祐四年	兖州修金口闸	木六千四百（株）	《行水金鉴》卷 103 引《山东全河备考》
元至治元年	济州改建会源闸	以材计木万一百四十有一。	《行水金鉴》卷 103 引《山东全河备考》

---

① 水利电力部黄河水利委员会编：《黄河埽工》，中国工业出版社 1964 年版，第 3—4 页。

② 参见（清）靳辅《文襄奏疏》，《影印文渊阁四库全书》第 430 册，第 602 页，卷 5《治河题薧·购办柳束疏》。

③ 张友渔、高潮主编：《中华律令集成（清卷）》，吉林人民出版社 1991 年版，第 810 页，引《钦定工部则例》卷 39《河工九》。

续表

时间	事件	用料	资料出处
元至元五年	改建埕城闸	用木工千人，用木大小以株计一万三百一十。	《行水金鉴》卷104引《山东全河备考》
明正统十三年	王永和、石璞张秋治河	材九万六千有奇，竹以竿计倍之，铁十三万三千斤有奇，铤三千，绳百八，釜三千八百有奇，麻百万，苘倍之，藁秸又倍之，石若土则不可以数计。	《北河纪》卷3《河工纪》
明景泰四年	徐有贞治沙湾	凡费木、铁、竹、石等物累数万。	《行水金鉴》卷109引《明英宗实录》
明成化七年	主事张盛改金口土坝为石堰	石以斤计余三万，桩木以根计余八万，灰以斤计余百万，以至黄糯米、铁锭、石灰，合用诸料俱不下千万。	《两河清汇》卷6《黄河·黄河北岸》
明弘治年间	张秋治河	徐溥《安平镇治水之碑》：凡用夫四万余，薪刍以束计者八十四万五千，竹木以根计者三万七千，麻铁……王鏊《安平镇治水功完碑》：军民凡四万余人，木三万七千，薪为束六十三万，刍二百二十万次。	康熙《张秋志》第112—113页
明弘治六年	刘大夏筑塞张秋决口	柴草一千二百万束有奇，竹木大小一万二百根有奇，铁生熟一万九百斤有奇，麻三十二万斤有奇。	（清）薛凤祚《两河清汇》卷6《黄河·黄河北岸》
明嘉靖十四年	刘天和修曹单长堤	木以根计一万七千四百余，稍草以束计一十九万五千余。	《名臣经济录》卷50《工部·都水中》《刘天和治河始末》
清顺治七年	阎廷谟治张秋决河	奉宪檄备椿木，鸠额夫采柳草，积柳草而贮至十五万余束，催椿木解者一万三千四百根，总数堤之费，共计料材支需者，椿有大小不等共一万一千零五十四根，麻共六千七百八十五斤，柳二万六千四百二十七束，草七万一千五百七十二束，夫役之工除徭役不计外，附近村落之助工者日有六七百名不等，三月余约阁之声不绝。	康熙《张秋志》第117—118页
清顺治八年	张秋重修五空桥	榷木选椿，役夫于浅铺之额，……共计巨木百有五十，灰万有五千，黍千有七百余。	康熙《张秋志》第116页
清康熙年间	南旺挑浚漕渠	岁需椿木数百株。	康熙《续汶上县志》第271页

续表

时间	事件	用料	资料出处
清康熙二十三年	协办黄河河工	靳辅奏疏称："康熙二十三年岁修必须柳一百万束始可保全。今臣拟令……山东东昌府属协柳十万束，兖州府属协柳十五万束，济南府属之德、陵、平、禹等近州县共协柳五万束。"	《文襄奏疏》卷 5
清乾隆四年五年	协办黄河埽料	定陶"两年通计办柴柳一千六百余万，夫二千五百名，椿木一百二十五株，陶民竭力措办，尚未报竣"。	民国《定陶县志》第 345 页

从表 4 中可以看到，明清时期河工用柳数量之巨，河堤以及柳园的柳树种植往往不能应付，官府往往派及民间，使民间的各类树木一再遭受劫难。

3. 生不敷用与植被破坏

明清之际的战火兵燹，就曾严重摧残运河地区的林木植被。而这一时期黄患更是严重，河工十分频繁，河工物料用量非常庞大，而杨柳树木的生长又比较缓慢，以致供不应求，康熙初年东明人袁佑就哀叹道，"十年以前风吹絮，十年以后渐成树。腰斧丁丁不敢私，一夕捆载双轮去"。①

管河官员也是频频哀叹河工物料之不足。顺治七年（1650）阎廷谟在其《张秋决口行漕说》中即说："奉宪檄备椿木，鸠额夫采柳草，积柳草而贮至十五万余束，催椿木解者一万三千四百根。总数堤之费，共计料材支需者，椿有大小不等共一万一千零五十四根，麻共六千七百八十五斤，柳二万六千四百二十七束，草七万一千五百七十二束，夫役之工除徭役不计外，附近村落之助工者日有六七百名不等，三月余约阁之声不绝。……但今日之可虑者不在水之复涨，而在料之已竭。椿麻需其买备者，朝廷之金钱固不敢轻费，柳草得于素积者，而弱夫之肋力，岂能卒办乎？考之前代，总河印川潘公云'治河者无一劳永逸之功，唯有救弊补偏之策'，今日之救补有赖于代斯任者。"② 康熙十二年（1673）河南巡抚佟凤彩上疏言："豫省民间栽柳供河工采办，岁需百余万束。自康熙七年以后，协济江南河工已二百七十余万束。去岁阳武险工，无柳可用，将民间桃、李、梨、杏尽

---

① 民国《东明县新志》，《中国地方志集成·山东府县志辑》，第 324 页，卷 12《诗》。

② 康熙《张秋志》，《中国地方志集成·乡镇志专辑》第 29 册，第 117—119 页，卷 9《艺文志》（清）阎廷谟《张秋决口行漕说》。

行祈伐，方事堵御。"① 可见数年间河南之民柳即告罄，而为了治黄治运，竟不惜以民间之重要副业桃、李、梨、杏等果木为补充，以致这些果木也都尽行祈伐。

除这些桃李梨杏之外，民间的重要林木如椿、槐等也被大量地用作物料中的桩料。这些桩料必须是质地坚密细致的木材，按其长短又可分为签桩、短桩（橛）和长桩，"长度在1.5米以下的叫签桩，1.5—3.0米的为短桩，3.0米以上的为长桩"。②"短桩一般用柳木，但受力较大的以用榆木为佳。长桩以用杨、榆、松等木料为适宜，如供应有困难，也可用其他如楝、椿、枣、槐、栗等杂木代替。"③ 桩料的使用量虽然不如柳草秫秸等正料，但是桩料较之柳草秫秸更为难以维持河工之消耗，只因桩料所需为长达数米，直径也需十数乃至数十厘米之木材，所谓"十年树木"，树木要成材所需时日甚久，遂致不敷河工之用。但是桩料不同于柳草秫秸等正料，它无法找到充足的代替品，因而乡里之柳、杨、榆、松等树往往受害甚巨。

因此，在长年累月的繁重物料的压力下，这里的民间植被遭到了巨大的破坏。到了雍正、乾隆时期，原为杨、椿出产之地，从前不采买杉木的山东、河南两地，也不得不就近采买杨、椿木用了，即便如此，他们还要承担江南河工的采办。河东河道总督白钟山在其《豫东宣防录》中指出："杨、椿乃民间田园隙地所植，河南省河工连年采伐，到雍正末年，堪用之椿更为稀少，于是有人建议到洛阳、济源等县采办；山东则在城武、定陶等处购买。"④ 几年后，白钟山即称"杨、椿日见其少，产地州县纷纷详报匮乏，甚难购办"。"豫、东两省素不产苇，杨、椿亦渐告乏，深为筹虑。"⑤

以上乃是就黄运河工的整体情形所做的概括，山东运河区域州县的例子则能够更清晰地反映出河工物料采办对地方的影响。

康熙前期山东曹县，民柳"生不敌用，昔之荟蔚者，今童储矣"。⑥康熙年间的《朝城县志》载朝城"至果木之利，在昔盛时，亦可估民用十分之一，经乱经荒杂木悉尽，今民间购一椽须取材于临封，而况桑枣之

---

① （清）赵尔巽等纂：《清史稿》，中华书局1977年版，第10038页，卷273《佟凤彩传》。
② 徐福龄、胡一三编：《黄河扫工与堵口》，水利电力出版社1989年版，第19页。
③ 水利电力部黄河水利委员会编：《黄河扫工》，中国工业出版社1964年版，第21页。
④ 李德楠：《工程、环境、社会：明清黄运地区的河工及其影响研究》，博士学位论文，复旦大学，2008年，第92页，引（清）白钟山《豫东宣防录》。
⑤ 同上。
⑥ 《古今图书集成》第81册，第50页，《方舆汇编·职方典》卷238《兖州府物产考》。

类，益复疏有"。① 光绪《峄县志》引《旧志总论》曰"柳生卑湿地，峄处万山中，原非产柳之乡。昔峄分司曾合东、兖二郡之河卒，大采山中。名为采柳，而所伐皆槐、榆、桃、杏、梨、枣、桑、拓之属，其间实非柳也"。② "迩来江南塞筑决口，取山中杂木以代之，运输之值名出公努，而闾阎所费实数倍焉。"③ 乾隆初年，城武、定陶、菏泽等三县恐四五两年之物料协办沿为定例，上书抚院、布政司，"三县地方除柳枝采折无遗，杨木斩伐殆尽，尚不敷额。至于秫秸谷草，灾后并无所出，士民只得往邻近地方购买交纳。按照所发之价赔垫已至十倍。又加装载运送，道路泥泞，驴死马毙不可数计。各县据工远者三四百里，近者一二百里，运料既难，远行交纳又多守候，均须十天半月始得宁家。而河工收料人役以三县从不办料，舞弊欺生，闻有八九斤始算一斤者。……是河工虽得暂解燃眉，而三县士民已情同刳肉矣"。④

频繁的黄运河工，巨额的物料用量，严重地破坏了山东运河区域的林木植被，甚至对运河区域农村社会生活的许多方面都产生了不可估量的深远影响。植被的破坏，导致了水土流失的加剧，这又加重了地区的旱涝灾害，导致沙荒、盐碱、蝗螭等灾害。除此之外，植被的破坏还会对农民的日常生活产生直接的影响，比如燃料的匮乏。

三 燃料危机

涉及明清时期山东运河区域燃料危机的著作主要有：美国汉学家彭慕兰的《腹地的构建：华北内地的国家、社会和经济（1853—1937）》（马俊亚译，社会科学文献出版社 2005 年版）和王建革的《传统社会末期华北的生态与社会》（三联书店 2009 年版）。其中彭著在第三章"生态危机和'自强'逻辑"中深入地"从毁林方面分析清末和民国时期中国国家

---

① 康熙《朝城县志》，《中国地方志集成·山东府县志辑》第 94 册，第 38 页，卷 2《物产》。

② 光绪《峄县志》，《中国地方志集成·山东府县志辑》第 9 册，第 138 页，卷 12《漕渠志》。

③ 《古今图书集成》第 81 册，第 49 页，《方舆汇编·职方典》卷 238《兖州府物产考》。

④ 民国《定陶县志》，《中国地方志集成·山东府县志辑》第 85 册，第 346 页，卷 3《赋役》。

对重商主义的偏重如何从根本上增加了黄运的生态问题"①。王著则在"探讨华北地区的生态要素时专列一节讨论三料危机（包括饲料、肥料与燃料）"，将燃料与饲料、肥料联系起来进行综合的考量，并对燃料不足状况下民生的疾苦进行了细致的分析。

　　两篇文章探讨的主要都是黄河改道以后运河区域出现的生态严重恶化下的燃料危机，由于黄河改道、运河断流以后中央政府逐渐退出了山东黄运的治理，河工物料也逐渐转向了砖石材料，所以两篇文章都没有重点提及黄运河工物料在燃料危机中的作用。但经过上文对黄运河工物料的演变、用量以及地方的详报匮乏等情况的介绍，我们有理由认为在黄河改道以前，运河区域就已经因为河工物料问题而加重了林木植被的破坏，并导致了一定程度上的燃料危机。

　　上文已经指出，运河区域柳树不敷用之后，杨、榆、槐、梨等杂树果木都遭到了祈伐，到后来则大量地使用秸料，这就造成了河工物料与燃料甚至是土壤肥料之间的矛盾。秸料主要指秫秸，也就是高粱的秸秆，"秸料者，秫秸也，即高粱之挺干也"。伊钦恒在其《群芳谱诠释》中指出高粱全身是宝，用途极为广泛，其"茎可织箔、编席、夹篱、供焚，稍可作筅帚……有利于民者最博"②。彭慕兰认为黍子和高粱秸秆为农村燃料供应的关键部分。③ 王建革也认为："普通人的燃料来源有二，一是野地树木和草，二是秸秆。"④《荏平县志·物产》也说"高粱……其秸为农户主要燃料"⑤。《东平县志·物产》也说"高粱秸，为薪柴之大宗，亦为薪柴之美品，故邑内种高粱者多，盖一则为食粮，一则为燃料也"。⑥

　　山东运河区域的野地树木，明代和清初时尚可以就地取材或就近采

　　① ［美］彭慕兰：《腹地的构建：华北内地的国家、社会和经济（1853—1937）》，马俊亚译，社会科学文献出版社 2005 年版。

　　② （明）王象晋纂辑：《群芳谱诠释（增补订正）》，伊钦恒诠释，中国农业出版社 1985 年版，第 22 页。

　　③ ［美］彭慕兰：《腹地的构建：华北内地的国家、社会和经济（1853—1937）》，马俊亚译，社会科学文献出版社 2005 年版，第 134 页。

　　④ 王建革：《传统社会末期华北的生态与社会》，生活·读书·新知三联书店 2009 年版，第 254 页。

　　⑤ 民国《荏平县志》，《中国地方志集成·山东府县志辑》第 90 册，第 352 页，卷 9《实业志·物产》。

　　⑥ 民国《东平县志》，《中国地方志集成·山东府县志辑》第 66 册，第 36 页，卷 4《物产》。

买，甚至能够供应江南河工，但到了即"因南北两河采办及民间伐用颇多，产地杨、椿渐少"，不得不"赴江南江宁采办杉椿"。因而经君健先生认为"从官方用木也可以看出，山东河南民间树木砍伐严重，杨、椿已少，不得不从江宁运销长江上游流下的木材了"。① 杨、椿等杂木的不足，也就更加彰显了荒草、荆棘、秸秆等燃料的地位。其中运河区域秸秆产量高并且产量稳定②，因而更是占有重要地位。

高粱秸秆不仅是农家的重要燃料，而且还是农田的重要肥料，现代农业研究表明"秸秆还田增加了土壤养分，特别是钾素营养；增加了土壤有机质，改良了土壤结构，容重下降，孔隙度增加；秸秆覆盖还有保墒调温抑制杂草生长减轻盐碱等作用"。③ 即便我们一般收割庄稼后留在地里的作物根茬，在土地翻耕，腐烂之后也有着相当的还肥效果。但是山东运河区域河工秸料用量巨大，以致对秸秆的燃料和肥料的用途形成了突出的矛盾。

黄运河工中所用的秫秸，有着具体的要求，即"宜新、宜干、宜长、宜整、宜带须叶、宜条直停匀，忌旧、忌潮湿、忌短、忌散乱、忌切根、忌弯曲参差"。④ 因此黄运河工州县在收取秫秸时，往往连根拔起，"作物收获后，地里难见秸秆和杂草"⑤，导致农田秸秆还肥率极低，影响土壤肥力和作物产量。河工物料需要大量的秸料，这就导致了燃料和肥料的危机。在运河区域，收获的秫秸往往首先被"用来修筑堤坝及平民的建筑"⑥，然后才作为农民的燃料，在有些地区，所剩之秫秸不足以维持燃料所需，只能"被迫燃烧畜粪（一种效果极差的燃料，且是一种绝对必需的肥料）"⑦ 解决。这种情况下，农田得到的肥料更加稀少，如此，则燃料、肥料、饲料层层挤压，以致节节恶化。

---

① 经君建：《清代前期民商木竹的采伐和运输》，载侯仁之、周一良主编，燕京研究院编《燕京学报》（新一期），北京大学出版社1995年版，第160页。

② 成淑君《明代山东农业开发研究》第234页认为"至迟到明末，高粱的种植面积在鲁西、鲁北平原的部分地区已超过粟而跃居第二或第三的位置"。

③ 曾木祥、张玉洁：《秸秆还田对农田生态环境的影响》，《农业环境与发展》1997年第1期，第7页。

④ 郑肇经：《河工学》（上），第253页。

⑤ 王建革：《传统社会末期华北的生态与社会》，第256页。

⑥ ［美］彭慕兰：《腹地的构建：华北内地的国家、社会和经济（1853—1937）》，马俊亚译，社会科学文献出版社2005年版，第135页。

⑦ 同上书，第125页。

因此在封建时期，穷苦人家往往要花费大量的时间用在拾荒、采薪上，以维持基本的温饱。而富裕人家掌握较多的土地，拥有较多的财力和资源，因而能够积累较多的柴薪。Carl Crow 观察指出"木材是一种非常宝贵的物品，是不能堆放在外面的，如果那样，一些木材就会遭窃"。① 一旦这些拥有柴薪的人家发了善心，为贫民提供柴薪，也就往往被地方志作为义士记录下来，下面略举几例说明。

茌平县前王屯有名王大鹏者，"性情忠厚，乐善好施，每遇凶荒赈粮无算，严冬积薪门外，任贫民取用，外畜一牛令贫民轮耕村中……一方感其德，公送匾额曰'望重里门'"②。又有监生崔五祥者，"性好施，邻里待以举火者甚众，冬月积薪门首，任寒乞负携为围炉赏，并置采薪器具以便人"③。又有北庆庄人刘栋周"多财好施……冬日积薪场中，屹如山，任贫丐取携，……至今口碑宛在"④。马庄人马明智"冬则堆薪于场，任贫民取用"⑤。又有李隽"岁寒煮粥济饥，积薪于场，任不能举火者自取之"⑥。然而，以上诸人的义举，仅仅像茫茫黑暗中几点人性的闪光，对于运河区域的燃料等的危机却无实际作用。

邹逸麟先生指出，随着历次河工的兴作，黄运地区"残存的次生灌木及杂草也先后被砍作薪柴及治河防汛器材，天然植被破坏殆尽，更无森林可言"。⑦ 以至于"山东的山地植被在 19 世纪已荡然无存，由此而引起的山体裸露导致大量腐殖土被洪水冲走，山地逐渐变成了贫瘠的荒岭"。⑧ 清代中后期，大量的秸料代替柳枝用于河工，这些秸料原本是农民的主要燃料，它们被大量征用，就引起了农民的燃料危机。李希霍芬 1896 年在山东鲁西南一带观察到农民在荒坡丘陵地带挖灌木根以解燃料之急，他结合在其他地区观察到的情况指出，荒坡地植被破坏的顺序是先砍树，后砍灌木，再

---

① 转引自马俊亚《被牺牲的"局部"：淮北社会生态变迁研究（1680—1949）》，北京大学出版社 2011 年版，第 304 页。

② 民国《茌平县志》，《中国地方志集成·山东府县志辑》第 90 册，第 155 页，卷 3《人物志·孝义》。

③ 同上书，第 159 页。

④ 同上书，第 174 页。

⑤ 同上书，第 175 页。

⑥ 同上书，第 177 页。

⑦ 邹逸麟：《中国历史地理概述》，福建人民出版社 1999 年版，第 15 页。

⑧ ［德］余凯思：《"在模范殖民地"胶州湾的统治与抵抗：1897—1914 年中国与德国的相互作用》，孙立新译，山东大学出版社 2005 年版，第 41 页。

后是刈草和挖树根，最后连草根也被掘。① 是以万历《滕县志》有"滕地半山皆童童然，非如他山有材木、竹箭、奇石之绕也"之说。民国《东平县志》有"山多童山濯濯，草木不殖"② 之叹。光绪《嘉祥县志》也说"嘉祥弹丸区耳，而山半之，崔巍盘礴，民不知有树植，几于不毛矣"。③ 更有一些士大夫在看到农民的悲惨处境后，顿感悲悯，写下诗篇，"有何方林麓可樵苏，竟日提筐入得无。风雨昏黄举火晚，一般儿女泣寒无"。④ 又有人写道："粮绝柴尽将何求？上年草梗不获收。伐木扫叶供灶头，今炊无谷伐无木。家家束手空仰屋，层材换钱草作薪。到处遍是拆屋人，撤椽拆瓦恨无声。一声一泪难为难，呜呼，毁屋愁，愁欲绝，灶下烟是心头血。"⑤ 郯城的王植也说："连年树艺不成秋，郯子遗黎邓侠收。屋上抽茅度冷窀，湖中扫糁慰饥喉。"⑥ 总之，到清末民初，全省"宜林地区占全省面积的30%，而林地却不足1%"⑦，这种情况在黄运地区尤为突出，最后这一情况"导致了山东对进口木材作为燃料和建筑材料的依赖"。⑧

四 清末民初的植树运动

咸丰五年（1855）以后，黄河截运、山东军兴，运河工程多有失修，仅以维持勉强通航为主。不过这一时期的地方修筑，仍然需要大量的物料。而且，从前文中我们知道，柳枝的消耗殆尽，使得这时的物料大量利

---

① 参见王建革《近代华北乡村的社会内聚及其发展障碍》，《中国农史》1999 年第 4 期，第 17 页，引李希霍芬《支那旅行日记》。

② 民国《东平县志》，《中国地方志集成·山东府县志辑》第 66 册，第 30 页，卷 4《物产志》。

③ 光绪《嘉祥县志》，《中国地方志集成·山东府县志辑》第 79 册，第 225 页，卷 1《方舆》。

④ 嘉庆《东昌府志（二）》，《中国地方志集成·山东府县志辑》78 册，第 214 页，朱坤：《咏博平风土诗》。

⑤ 民国《临清县志》，《中国地方志集成·山东府县志辑》第 95 册，第 419 页，卷 16《艺文·诗词》，陈恩普：《毁屋愁》。

⑥ 乾隆《郯城县志》，《中国地方志集成·山东府县志辑》第 59 册，第 137 页，卷 11《艺文诗》。

⑦ 张玉法：《中国现代化的区域研究·山东省（1860—1916）》，台湾"中央研究院"近代史研究所 1982 年版，第 41 页。

⑧ ［德］余凯思：《"在模范殖民地"胶州湾的统治与抵抗：1897—1914 年中国与德国的相互作用》，孙立新译，第 41 页。

用民间的秸料了，"这项负担——像大部分治水负担所要求的那样——落
在了黄河旁边的一个极为狭小的地区"①。彭慕兰估计，黄运的山东部分
因为河工堤坝修筑移用秸秆的数量"几乎肯定超过了 1 亿斤，并很可能
超过了 4 亿斤"②。这些原本被民间用作燃料的秸料大量地被用作河工物
料，导致了民间燃料的巨大缺口，这在上文已经述及，那么用什么来弥补
这一缺口呢？彭慕兰指出是泥炭和粪便，他假设如果用燃烧粪便来代替用
于河工的秸秆，"他们应该大约消耗了鲁西南地区固体废物的 11%（占这
些堤坝所在的 10 个县的固体废物的 38%），这项数字是惊人的，这些肥
料的缺失是这个地区所无法承受的"。③

　　在这种恶劣的形势下，晚清新政中开展了植树造林的运动，以防止水
土流失并满足当地的木材需求。从现有资料中我们可以看到，清末有规划
的以"保持水土"为理念的荒山野岭植树造林运动是由青岛的德国殖民者
首先发起的，这对清政府和民国政府具有极大的刺激和模范作用。德人占
据青岛以后，以科学的规划在崂山进行植树造林活动，"既能防止山坡土壤
流失，又能积蓄水源，改变了崂山的林相外观"④，其斐然的成绩致使"山
东省人民乃起而仿行"⑤。不久，光绪二十九年（1903），山东巡抚周馥即在
济南设立农桑总会，并通饬各属设农桑会⑥，次年（1904）即以"东省童山
居多，弃利于地，官不过问，农不知惜"为由，责令各州县劝民种树，并
饬农工商局拟订官山官地种树章程。⑦ 到宣统元年（1909），山东抚部院发
布《推广种树办法》，随后山东咨议局成立并对《推广种树办法》作了修
订，这些都对山东官民的植树造林运动起到了积极的推动作用。

　　此间运河地区较为突出的事例有定陶等州县。光绪三十一年（1905）
定陶知县盛廷森到任后，"汲汲以劝种树木为事因"，督导绅民种植各种
杂树 55000 余株，又刊印白话示谕数千张，详论植树利弊，交由绅首、士

---

　　① ［美］彭慕兰：《腹地的构建：华北内地的国家、社会和经济》，马俊亚译，社会科学文
献出版社 2005 年版，第 135 页。

　　② 同上。

　　③ 同上书，第 136 页。

　　④ 任银睦：《青岛早期城市现代化研究》，生活·读书·新知三联书店 2007 年版，第 256 页。

　　⑤ 《顺天时报》，光绪三十二年八月二十四日，转引自任银睦 2007 年版，第 256 页。

　　⑥ 《农工商部奏汇核各省农林工艺情形折并单》，《政治官报》宣统三年三月八日。

　　⑦ 姜虹：《地方政府与区域经济变迁——以 1900—1911 年的山东省为中心》，博士学位论文，
复旦大学，2005 年，第 67 页。

庶、村长、庄长及种树人等，遍为传布讲说。盛氏又定奖惩措施，优者给以执照，策励将来；劣者令具结补栽，再听复验。行之既久，县中大路200里夹道栽树23000余株，继又沿河渠两岸栽植，"数年以来，成活十万株"。① 此外从《东方杂志》的《各省农桑汇志》中我们可以看到清末新政中山东运河地区州县树株的栽培成效（见表5）。

表5　　　《东方杂志》等报刊所见清末山东运河地区植树事例

州县	栽植桑果杂树详情	资料出处
禹城	禹城县令近于徒骇河两岸并新旧两驿路及城壕等处，种植柳树五万余株，以为乡民劝导。	1905 年第 2 卷第 7 期，第 126 页
范县	某大令劝导各乡庄民在大路两旁及堤埝等处，栽种柳、榆、椿等树一万七千五百余株，并饬令乡民随时防护灌溉，具禀抚院，当蒙嘉许。	1905 年第 2 卷第 11 期，第 195 页
平阴	姚大令近奉抚札设农桑会，查得该县南关外有学堂闲地十余亩，土质松厚，拟暂借作试验场，各择土性所宜试种考验，以资取法，并于附近药王庙设立会所，派董赴乡考求，拟先购买桑秧数百株栽种试验，并当逐渐推广云。	1905 年第 9 期，第 162 页
寿张	黄大令留意树艺，则隙地种杨柳桑榆一万一千二百余株；该县又有硗薄卤碱之处百二十余顷，考西法知卤气入地最深，变易之法唯于附近开小沟通大河，俾雨水冲刷，卤气减淡，可种洋芋、甘薯，且能吸卤性而化为糖质，故已劝谕乡民如法办理。	1906 年第 3 卷第 2 期，第 52 页
邱县	曹大令光楷设立树艺局，捐廉倡导绅董承买荒地一百余亩，劝种新树一千八百余株，办理颇为得法。	1906 年第 3 卷第 2 期，第 52 页
兖沂曹济	兖沂曹济四属农桑总会开办二年，近兖州府城厢内外已有杂树二千余株、桑树四万余株，已报商部考验。	1906 年第 3 卷第 3 期，第 82 页
陵县	钱大令捐廉购买榆杨槐柳各项树秧八千株，雇工运至官道两旁依法栽种，其民间隙地以及沟畔道旁，凡可栽种之处，亦由各绅董劝导乡民多买树秧遍为种植，以收美利。	1906 年第 3 卷第 6 期，第 131 页
曹州	太守丁云樵提倡树艺，先于护城河堤广种柳树，并于传习所附近隙地栽种，计共成活数千株。	1906 年第 8 期，第 169 页
高唐	某刺史自莅任后，即捐廉购买树秧，于城垣内外隙地普为种植，成活者不下七八千株，谕归学堂绅董经理，长成材料历年抽补，冀得树价归入学堂，随即告示劝谕四乡推广种植，而民间见城关种树有效，亦皆踊跃乐为，计二三年来，阖境种植各色树株成活者约一百四十五万株。	1906 年第 10 期，第 192 页

① 《劝业道札饬各属仿照定陶县成活树株办法文》，《山东官报》1908 年第 13 期，第 32 页。

续表

州县	栽植桑果杂树详情	资料出处
曹县	曹州府曹县农桑支会以东关外佛寺业地三十一亩收租作为资本，务以开通农民智识，改良种植方法为宗旨，所种桑秧成熟多寡未定，四乡新种杨柳槐榆桃杏等树共有一万二千三百四十株。	1907 年第 4 卷第 2 期，第 46 页
邱县	临清州邱县树艺局开办后，共购官民各地一百十四亩零，所栽之树成活者已有二万八千八百七十一株，常年经费皆由官方捐助，年约需银二百五十两。	1907 年第 4 卷第 2 期，第 46—47 页
鱼台	周大令抵任后，即于城内设立农桑公所，以资提倡，近复捐廉在城濠两岸官地遍植树株，并于城濠及内外水塘布种莲藕、芦苇，而绅民等在城乡各处所种杨柳榆桑等树，亦有一万三千二百余株。	1907 年第 2 期，第 46—47 页
泗水	兖州府泗水县农桑支会以开民智通民情为宗旨，初办以除弊为先，而徐图兴利，兴利以育蚕植树为要，而开荒山浚水利以及试验新法次之，其开办经营则借考棚，岁修京钱一百千文，邀请入会人捐款二百余千文，共杂用京钱一百九十千文，所栽活杂色树株共六百余棵，小树约二千棵，邻近村甸有效法种树者十余村。	1907 年第 4 卷第 2 期，第 47 页
蒙阴	蒙阴县蚕桑学堂附设蚕桑厂，购买桑秧二千余株，在城外隙地及城壕沿边栽种，此外乡间亦有专设桑园者，亦有于地畔湾边栽种者。	1907 年第 4 卷第 4 期，第 75 页
夏津	夏津县令于城内千佛寺废基开地一顷，划分四区，作为林业、农业试验场，并捐廉购买柳及湖桑、美棉、马铃薯之类，分别试种以开风气，并劝民种杂树四万五千二百余株，桑树一百余株，拟定种桑成活赏格以资鼓励。抚部院认为其办理甚为得法。	《山东官报》1908 年第 2 期 "本省新闻" 第 1 页
临邑	陈大令自出示劝民种树后，近已查明合境新植树株共有三万五百余株，即禀报农工商局立案。	1909 年第 5 卷第 4 期，第 61 页
泗水	周大令礼原于去冬撰成白话告示，劝民树艺，凡荒场闲地及路边沿途均令广种树株，并分谕各社乡长、地保人等，责令认真催办，明定章程十八条，石印千余张散发城乡，遍行张贴，并派令亲信幕友、家丁分途周历各村，广为劝导，嗣后，据各乡长等陆续禀报，种杂色小树共已有十一万余株。另有报种荒山两座。	《山东官报》1909 年第 4 期，第 32 页
泰安	士绅高安容光绪三十三年（1907）购地十数亩，辟作试验场，遍植杂木及各种果木，灌溉培植一切均仿用新法试验。	《大公报》1909 年 10 月 30 日

注：资料出处中未标明杂志名称者为《东方杂志》。

　　从以上资料中我们可以看到，自 1904 年以后，山东运河区域州县官员于劝谕植树上十分积极，植树成效十分明显，他们纷纷上报植树成绩并获得上级的奖励。具体而言，此时植树的方法大约有两种：一是县令带领董绅士民在大路、城濠及河岸、堤埝两岸栽种，栽种的树木主要是杨柳榆槐等树，这些树木可以起到护堤、建筑、燃料等作用；二是于县境特别购置一块基地作为培育之所，这种一般种植桑树，可以发展桑蚕养殖事业。从表5中可以看到，这段时期的植树成效还是很可观的。第一种方法栽植的主要是柳树，比如禹城植柳五万余株、曹州柳树成活数千株等。正如前文所讲，植柳是防护河堤的有效手段，柳枝是河工物料的良好材料，因此这种柳树的大量种植对于防御河流泛滥决口、洪涝灾害有着积极的作用。第二种方法栽植的桑树，桑树是这一时期植树的重要项目，这点从各县成立的相关机构取名叫"农桑会"（1909年后农桑会逐渐改称农会）即可知晓，桑树种植的数量也是很可观的，比如兖州城厢内外就植有桑树四万余株，这些桑树在发展桑蚕丝织手工业以外，也能起到一定的水土保持的作用。另外我们可以注意到这一时期运河地区已经有在丘陵山坡上植树的事迹了（比如泗水等地即明确提出"开荒山浚水利"），这是保持水土流失，从根本上治理河流泥沙的办法。根据山东巡抚孙宝琦《汇报农林工艺情形折》记载，"除三十四年以前种树数目业经列表报部外，计元年栽种成活树三百二十九万九千二百六十余株，本年补栽及新植树木二百一十五万六千二百八十株"①，其所谓光绪三十四年以前种树数目刊列于《政治官报》宣统三年第1231号上，记"种植树株一千一百九十余万株"之巨。②

进入民国以后，林业的重要性愈益为社会所认识，一方面中央、省、县政府设置林政机构，划出荒山荒地，辟林场，建苗圃，兴园艺，营造公有林；另一方面民间团体也积极倡导推动，地方绅商设森林公司，营造私有林。③ 根据民国二十年（1931）编制的《山东农林报告》一书，我们可以看到民国年间山东运河地区植树造林的成效（见表6）。

① 山东巡抚孙宝琦奏《汇报农林工艺情形折》，《政治官报》宣统二年十二月二十六日第1168号第403页，又见《山东之林业》，《地学杂志》1912年第2卷第18期，第58页。
② 农工商部奏《汇核各省农林工艺情形折（并单）》，《政治官报》宣统三年三月初八日第1231号第152页。
③ 参见庄维民《近代山东林业技术的改良》，《古今农业》1996年第2期，第27页。

表6　　　民国二十年《山东农林报告》所见之运河区域各县林业情况

州县	树株（万株）			林场		苗圃		
	旧有	新植	合计	面积（亩）	株数（株）	数量（处）	面积（亩）	株数（株）
高唐	350						61	1200
夏津	46.155	13.043	59.178			2		160000
临清	51.7	5.6	57.3			1	50	66000
堂邑					6800	1	50	67000
聊城				90		1	20	
阳谷	253	35.6	288.6	200	41000	1	13	30000
寿张	30	2	32		27000	1	23	61000
东阿	114.254	33.6507	147.9047			1	39	55000
肥城	250	21.83	271.83	1880	55800	2	20	172000
滋阳	150	5	155		2040	2	88	100000
峄县	134	16.0189	150.0189		22979	2	48	109000
济宁	8.6	6	14.6	32.5	5100	1	16	2000
金乡	50	18	68	45	5000	2	92	261050
嘉祥	150	9	159	6440	975200	6	73.5	441000
鱼台	30	5	35	172.3	53500	2	78.9	63000
菏泽	90	17.8	107.8	3030	20020	3	101.03	32767
曹县	70	5	75	2200	10300	2	24	62000
单县	53	10.2	63.2	30	2100	2	113	130700
定陶	50	8	58	608.4	10600	2	73	150000
巨野	40	3	43	10	640	1	3.17	16000
泰安	3402	39.74	3441.74		46000	3	87.34	507530
新泰				5471		1	40	113800
平原								
德平				2040	155000	1	87	
蒙阴	139					1	30	490000
清平	20	4	24	7.5	800	1	50	93500
泗水		7.47		2130	204550	1	28	144900
茌平	60	16.5	76.5	400	20000	2	21	
宁阳	230	11	241	6770	360000	1	6	36000
冠县	50	8	58	105	5990	1	28	67500

续表

| 州县 | 树株（万株） | | | 林场 | | 苗圃 | | |
	旧有	新植	合计	面积（亩）	株数（株）	数量（处）	面积（亩）	株数（株）
汶上				47	2128	1	15	58300
平阴				5635		3	44	10400
齐河				306	62129	1	30	74900
武城	215.7411	7.1315	222.8726	7.39	980	3	41	106500
恩县				7819.5	53700	1	30	51000
莘县				75	7000	1	44	40600
范县				200		1	31	7000
曲阜				86685	25600	2	18.5	20000
濮县			109.27			1	50	15720
莱芜	160				14000	1	16	79300
郯城						1	44	80000
滕县	128	17.3	145.3	15.75	5780	1	35	142500
费县				250	13000	1	20	12400
观城	130			50	2000	1	14	11170
城武						2	50	420000

注：各县顺序按原书。苗圃面积按实际面积（除去其他占用和不再用作苗圃者）。此外，民国二十二年实业部也有山东各县的苗圃调查，数据载《中国实业志（山东省）》（戊）第403—410页。

表6数据是根据民国二十年（1931）山东省政府实业厅编制的《山东农林报告》统计而成，因原书中各项资料并非整齐划一，还有一些州县尚不确定是否把桑业（桑树）树木计算在林业之内，因此纰漏有所难免。但是从表6中我们可以看到一些基本的事实。第一，民国以后各县普遍设立了苗圃，一般为1处，多者可达6处（如嘉祥），面积少则数亩，多则上百亩，培植苗木少则数千株，多则数十万株（如金乡、嘉祥、泰安、蒙阴、城武等），有些苗圃发达的地方，不但能够满足自己的需求，还能够出售给附近州县，如金乡的里仁苗圃，"育成苗木树苗23万3000株，除销售本地外，济宁、鱼台、嘉祥、城武各等处多往购之"①。第二，鲁中丘陵各县如东阿、肥城、滋阳、峄县、滕县、泰安、蒙阴、宁阳、莱

---

① 山东省政府实业厅：《山东农林报告》，山东省政府实业厅1931年版，第252页。

芜等拥有树木较多，林业（森林公司、苗圃）较为发达，虽然其与这些地方荒山野岭较多有关，但也能显示政府对于山区植被保护、预防水土流失、缓解燃料危机的重视，并且必然能够取得一定的成效。其中许多森林公司的兴衰以及它们与当地民众的关系是很令人感兴趣的，限于篇幅，在此不展开讨论。第三，鲁西平原上一些州县如高唐、阳谷、武城等，令人意外地拥有最多的树木（泰安以外），如果它们的统计数字准确无误的话，实在是清末至民国年间植树造林运动的杰出榜样。第四，运河沿岸的州县，除了夏津（十九年运河东岸南自牛壁店北至七里亭长约 36 里，共植 7200 余株，实际成活者 5740 株[①]）、临清（十九年春运河沿岸栽种柳橡 3000 株，成活 2986 株；卫河沿岸栽种柳橡 500 株，成活 493 株[②]）外，并无特别提及运河者，究其原因，主要是这时期黄河和卫河之间的运河已经大半废弃，济宁到黄河之间也淤塞严重，这种植树种柳并不特别注重运河的情形与运河畅通时反差明显，却是符合实际情形的。

五　结语

综上所述，明清时期农民对丘陵地区的开发，破坏了丘陵地区的森林植被，造成了严重的水土流失，导致了频繁的山洪灾害。鲁中丘陵的山洪灾害与黄河的泛滥冲决一起对运道的安全造成了严重威胁，明清时期治河官员面对如此威胁推行了种植柳株以培固河道并提供河工物料的应对措施。然而柳株生不敷用，以致民间桑果树木都被波及，无奈之下改而为芦苇，再改而为秸料。大量秸料充作河工物料，对民间的燃料供应以极大挤压，造成了严重的燃料危机。为解决这一危机及其他问题，晚清、民国时期积极推行植树运动并卓有成效，不过由于运河的断流，此时的植树运动已经不再跟运河有密切的联系。

（作者单位：南开大学历史学院）

---

① 山东省政府实业厅：《山东农林报告》，山东省政府实业厅 1931 年版，第 35 页。

② 同上书，第 53—54 页。

大运河水利遗产现状问题
及保护策略探讨

吕 娟 李云鹏

中国大运河起源于春秋时期，在长达 2500 年的历史上为中国经济、社会、政治发展发挥了巨大的作用。大运河纵贯中国东部平原，全长 2000 多公里，自北而南沟通海河、黄河、淮河、长江、太湖、钱塘江几大水系，沿线最大地形高差达 50 米，多年平均降水量从 500 毫米至 1400 毫米不等，是世界上规模最大、自然条件最复杂、连续运用时间最长的运河工程，且至今仍在发挥航运、输水、行洪排涝、生态景观等水利功能。中国大运河的工程问题之复杂，其建造和发展投入的人力和物力之巨大，是世界上其他任何运河都难以比拟的，围绕它的运河而开展的治水活动同样是举世无双的。运河沿线产生了类型丰富、数量众多、具有鲜明地域特点的水利工程，集中代表了中国传统水利科技成就。在自然和人为活动的共同作用下，运河沿线相关河湖水系也发生了沧海桑田的巨变。沿线在长达 2500 年的历史时期，以都城为目的地的大运河持续减少与经营，留下了那个时期的政治、经济、技术、文化形态的深刻印迹。[①] 中国大运河是自然史与社会史的见证，是中华民族伟大创造力的标志性工程。

清咸丰五年（1855），黄河在河南兰阳铜瓦厢改道，夺大清河入海，在张秋冲断运河。至 20 世纪初漕运终止，大运河结束了其固有使命，国家对运河的统一管理机制随之退出，运河的功能、形态和管理发生了较大改变。近几十年随着经济社会的快速发展和大规模基础建设的推进，具有

---

① 参见谭徐明、王英华、李云鹏、邓俊《中国大运河遗产构成与价值评估》，中国水利水电出版社 2012 年版。

历史价值的运河河道、水利工程设施、水环境遭到严重破坏和退化。目前，山东济宁以南的运河仍保留水运功能，济宁以北已失去水运功能，部分河段如会通河河道形态甚至消失。大运河水利遗产的保护和可持续发展遭受严峻挑战。

2006 年在全国政协推动下，大运河遗产保护引起相关部门和社会的重视，国务院将京杭运河整体公布为全国重点文物保护单位，国家文物局随即将其列入申报世界文化遗产预备名单，并决定 2014 年申报。对大运河遗产的保护和申遗准备工作相继启动。2009 年 4 月，经国务院同意，由国家文物局牵头，设立了由 13 个相关部委和大运河沿线各省（市）共同组成的"大运河保护和申遗省部际会商小组"，水利部是成员单位之一。大运河遗产的主体和核心是水利工程。2010 年，水利部主持编制了《大运河遗产保护与管理水利专项规划（2012—2030）》。自 2012 年底至 2013 年，由水利部建管司主持、中国水利水电科学研究院具体负责、大运河沿线各省（市）水利部门及流域机构共同参与，开展了"大运河沿线河道及水利工程调查"。本文基于大运河水利遗产特性及调查成果，探讨大运河水利遗产保护利用现状问题及对策，并从宏观层面提出建议。

一　中国大运河水利遗产现状

大运河水利遗产是指当前或曾经具有水利功能的河道及堤防、闸、坝、涵等水利工程或遗址，和治水文献、管理设施等物质文化遗产，以及他们所承载的水利科技、文化等非物质文化遗产。下面仅就工程遗产及水利管理现状基本情况作一简单介绍。

（一）河道

大运河主线河道自北京至宁波全长 2092.6 千米，按自然地理及水系特点分为八段：通惠河、北运河、南运河、会通河、中运河、淮扬运河、江南运河、浙东运河。各河段基本情况如下表所示。地面高程以会通河上南旺枢纽为最高，海拔约 43 米。1855 年黄河铜瓦厢改道之后，大清河迅速淤高，目前张秋一带黄河河床高程已淤高至海拔 48 米，超过戴村坝高程，成为运河一线新的分水岭。除会通河黄河以北南水北调东线正在开挖施工、黄河以南至南四湖段基本失去河道功能之外，大运河其他河段均承担有行洪排涝、航运、输水等重要水利功能。

大运河分河段基本情况

河段	长度（km）	纵比降（‰）	年均降水量（mm）	现状水质	现状主要功能
通惠河	21	1—1.2	595	劣V类	防洪、排涝、排污
北运河	190.5	0.07—0.2	643	劣V类	排水、调水
南运河	509	0.1	500—800	劣V类	行洪、调水
会通河	480	0.047/0.083	836	劣V/Ⅲ类	废弃/南水北调在建
中运河	179	0.1	700—800	Ⅲ类	行洪、调水、航运、灌排
淮扬运河	160	0.03—0.1	800—1000	Ⅲ—Ⅳ类	行洪、调水、航运
江南运河	340	0.016/0.006	1000—1400	劣V类	航运、防洪、排涝、调水
浙东运河	213.1	<0.001/4.71	1100—1300	劣V/Ⅲ/Ⅳ类	行洪、航运

防洪排涝是大运河多个河段的重要水利功能。南、北运河分别是海河流域南系和北系干流，北运河设计防洪标准为 50 年一遇，规划最大泄洪流量 $400\text{m}^3/\text{s}$，南运河规划最大行洪流量 $150\text{m}^3/\text{s}$。中运河是苏北地区重要的排洪通道，骆马湖以北段设计防洪标准 50 年一遇，以南段 20 年一遇。淮扬运河防洪标准 100 年一遇。江南运河防洪标准为 20 年一遇，除涝标准也是 20 年一遇，其中杭嘉湖地区地势低洼，运河水系是排涝工程体系的重要组成。浙东运河上虞以东段暨姚江、甬江干流，是区域主要行洪通道。

南水北调东线自扬州三江营引长江水，经淮扬运河、洪泽湖、中运河、南四湖、梁济运河、东平湖，从地下过黄河，经原会通河黄河以北段（今称小运河）至临清与卫河立交，经吴渠至吴桥县入南运河，至天津九宣闸经马厂减河至天津东大港，全长 1156 千米。借用大运河干线的淮扬运河、中运河全部，及原会通河黄河以北段和南运河吴桥至青县段，共用河段约 750 千米。

（二）堤防、闸、坝

由于大运河各河段交通、水利功能的延续及工程建设的发展，相当部分历史时期建造的运河堤防及绝大多数闸、坝工程被新工程替代。济宁以南绝大多数运河堤防在航道升级拓宽进程中被改建，目前会通河、南运河大部分河段仍局部保留历史堤防，其他河段也有局部保留的古代堤段，如南运河上蔺家坝、浙东运河古纤道等。运河上的闸、坝等工程也大部分被废弃或改建，目前仍保留历史形态且仍在发挥功能的主要有戴村坝、金口坝、洪泽湖大堤（高家堰）、三江闸等。

另外，1949 年以来，随着社会经济对防洪排涝供水等水利功能需求及标准的提高，和水利建设及工程科技的快速发展，许多新的水利枢纽工程在运河上建成，并在区域水利工程体系中居重要地位。以淮扬运河为例，江都水利枢纽、淮安水利枢纽、淮阴水利枢纽是目前运河上的三个大型水利枢纽工程。江都水利枢纽在扬州境内，是南水北调东线工程的源头，也是集引水、灌溉、排水、通航、发电的综合利用工程。枢纽抽水站总装机容量为 53000kW，设计抽水能力为 400m^3/s。江都枢纽也是淮河洪水入江的控制枢纽，共有 5 座节制闸布置在入江水道上，其中规模最大的万福闸共65 孔，设计泄洪流量 7460m^3/s。淮安水利枢纽位于大运河与淮河入海水道、苏北灌溉总渠交汇处，是集防洪、灌溉、引水、航运等于一体的大型枢纽，主要包括淮安一、二、三、四站，运东闸，入海水道大运河立交，淮安三线船闸等建筑物。南水北调东线第一期工程总体规划将淮安枢纽列为第二梯级抽水泵站，总输水规模 300m^3/s，新建淮安四站，新增 100m^3/s 抽引能力。淮阴水利枢纽是大运河与二河、盐河、张福河、废黄河等交汇处的控制工程，也是南水北调的第三级抽水站，枢纽建筑物包括淮阴闸、盐河闸、淮涟闸、淮沭船闸、杨庄闸、淮阴船闸和淮阴二站、淮阴三站等。

（三）水柜

历史上为了调蓄运河水源，利用自然洼地、湖泊设置了"水柜"。由于自然及人为因素，有些水柜萎缩、消失，如北五湖即安山湖、马踏湖、南旺湖、蜀山湖、马场湖及练湖、鉴湖等。有些水柜保留下来，仍在发挥水利功能，如昆明湖、什刹海、南四湖（独山湖、南阳湖、昭阳湖、微山湖）、骆马湖、洪泽湖、高邮湖、宝应湖、邵伯湖、西湖等，曾经的运河水柜目前大多成了南水北调东线的调蓄水库。

（四）水利管理

大运河的管理主要涉及水利、航运、文物、城建、环保等多个部门，按职能分工共同管理。大运河的功能以水利和航运为主，因此各级水行政主管部门和航道管理部门也是与大运河遗产关系最密切的管理机构。大运河及大运河上被公布为文保单位的，由相应各级文物局与相关单位协同管理。主要水利管理机构包括水利部、相关流域机构、省市县各级水利或水务局。大江大河或流域性的重点工程或枢纽归流域机构管理，如南运河卫河段及四女寺枢纽由海河水利委员会管理，中运河由淮河水利委员会管理；其他地区性的河道或工程按照规模、重要性分别由各级水行政主管部门管理。已经失去河道形态和水利功能的河段或遗迹，则未被纳入水利工程管理体系，这以山东会通河东平至济宁段最为典型。总的来说，大运河绝大部分均有确定的水利管理负责单位，管理范围明确、管理单位职责清晰。

目前已颁布实施的水行政法律法规主要有：《中华人民共和国水法》《中华人民共和国防洪法》《中华人民共和国水污染防治法》《中华人民共和国河道管理条例》《中华人民共和国防汛条例》。由于各地具体情况又有不同，依据这些法律法规，各省（市）结合本地实际分别颁布了地方性的实施办法或管理条例。以浙江省为例，浙江省政府颁布的与运河相关的条例规章包括《浙江省实施〈中华人民共和国水法〉办法》《浙江省实施〈中华人民共和国水污染防治法〉办法》《浙江省河道管理条例》《浙江省防汛防台抗旱条例》《浙江省建设项目占用水域管理办法》《浙江省水利工程安全管理条例》《浙江省水资源管理条例》等。这些地方性的办法、条例、规章等成为本地各级水利部门对运河实施管理的具体依据。

二 大运河水利遗产保护面临的问题和挑战

（一）大运河遗产情况复杂

大运河长达 2000 多公里，线路长、范围广；涉及 6 个省（市），各段自然、社会条件不一，运河现状保存和利用情况差异很大；跨越六大流域，与之相交的河流水系数量众多，水系关系极为复杂；古代工程与新建工程、在用工程与遗址遗迹，全部分布在运河一线上，大量其他文化遗产也依托运河产生、发展和存在，大运河遗产是一个庞大而复杂的"巨系统"；其运行和管理涉及多个部门和专业领域，由于不同部门的职责、专业背景的差异，因此工作侧重、原则、程序也不同甚至存在矛盾或冲突。

中国大运河遗产的庞大规模和复杂性，是世界上其他任何运河都难以比拟的。这些复杂情况增加了对大运河遗产研究和认知的难度，也是保护和管理困难的根本原因。

（二）水利遗产保护利用现状不佳

大运河水利遗产保存现状不佳，主要表现在以下几个方面：（1）工程状况。绝大多数已失去功能但具有历史价值的古代水利工程遗产被遗弃、破坏、拆毁或被现代工程取代，大运河完整保留下来的传统工程遗产不多，河道断头情况较多，河湖水系连通状况遭到很大破坏。（2）环境状况。许多运河河道内或工程遗址附近垃圾堆积，环境杂乱。（3）水质状况。约 3/4 的河段水质在劣 V 类，部分河段如通惠河、北运河、南运河、会通河成为功能性排污、纳污河道。（4）管理缺失。部分历史河段如会通河尚未被纳入水利工程管理体系。

造成这种状况的原因主要有以下几点：（1）历史原因。20 世纪初漕运终止之后，大运河遂失去国家层面的统一管理和维护。（2）现实原因。近几十年社会经济的快速发展推动大规模基础建设，一切推陈出新，工程建设和管理同样"厚今薄古、厚用薄废"，运河及其古代水利工程遂大量被废弃、拆毁或改建，运河水利遗产遭到破坏。（3）人为原因。从整个社会的角度看，2006 年以前大运河水利遗产远未引起如此广泛的关注，政府和学术界对大运河保护和价值研究也未给予足够重视；而与大运河关系最为密切的水利和航道部门对运河遗产价值认识不够。

（三）保护与利用矛盾突出

随着经济社会的逐步发展，人们对生活质量的要求逐步提高。比如对水资源保障的要求，对放洪排涝安全的要求，对水环境水生态的要求，以及对精神文化的需求等，都在增加。从这个层面来看，社会发展对大运河水利功能的发挥及发展和文化遗产的保护与传承需求是一致的。大运河遗产保护与利用的矛盾主要存在于实施层面；不同部门的职责及依据法律法规的差异是造成矛盾的根本原因。如对水利和文物两个部门。大运河不同于一般的文物，它仍具有重要的水利功能和发展的需求；大运河又不同于一般的水利工程，它承载了厚重的历史文化和水利科技文明。2006 年大运河被整体公布为全国重点文物保护单位，运河上还有许多各级单体文保单位,这些文保单位的管理主要依据《中华人民共和国文物保护法》和《中华人民共和国文物保护法实施条例》。文物法是以"保护为主、抢救第一、合理利用、加强管理"为基本原则,对文保单位要求不改变原状;而水法、防洪法等则是以保障水利工程现状功能的有效发挥、保障防洪和供水安全为首要原则,不可避免地要对工程进行维修和建设。二者基于各自的职责,在对大运河的功能定位、处置原则和基本要求上存在一定分歧。到实施层面,由于行政审批归口不同,对审批程序、主体及相关建设的具体技术要求均不一致。大运河保护和利用的这类矛盾从一定程度来看是"刚性"的,只有通过改革创新才能根本解决。

(四) 管理体制机制不健全

大运河目前尚无统一的管理机构。大运河不论从概念还是价值上来讲都是一个整体,但目前对其管理和使用都是分段的。大运河的管理分属于水利、文物、航道、旅游等不同部门,不同地区之间又有行政区划的界限,即使在水利系统,仍有流域机构和地方水行政主管部门的区分。虽然2009年在国务院层面成立了"大运河保护与申遗省部际会商小组",初步建立了跨部门、跨地区的协调机制,但仅限于申遗有关的重大事件的协商,部门之间许多具体事务和实施层面的细节没有建立方便有效的协调途径和常态化的合作机制。大运河作为水利工程,水利管理虽然范围清晰、职责明确但不全面,缺少对大运河文化价值的足够重视和对水利遗产的保护意识。

相关法律法规体系不完善,文物法的部分原则和规定不适用于以大运河为代表的活态文化遗产的保护和发展。2012年,文化部颁布实施了《大运河遗产保护管理办法》,规定"近代以来兴建的大运河水工设施,凡具有文化代表性和突出价值的"也属于大运河遗产;"国务院文物主管部门主管大运河遗产的整体保护工作,并与国务院国土、环保、交通、水利等主管部门合作,依法在各自的职责范围内开展相关工作。大运河沿线县级以上地方人民政府文物主管部门,负责本行政区域内的大运河遗产保护工作,依法与其他相关主管部门合作开展工作,并将大运河遗产保护经费纳入本级财政预算"。① 对大运河遗产保护和发展所涉及各部门的职责

---

① 文化部:《大运河遗产保护管理办法》,2012 年。

和分工进行了协调，但仍有待进一步细化。亟须建立原则一致、层次分明、界限清晰、职责明确、协调统一的适用于大运河保护和发展的法律法规体系。

（五）研究基础不足

近年来对大运河的研究持续升温，相关成果也很多，但目前来看，大运河遗产保护利用的研究基础仍然不足，主要表现在以下三个方面：（1）基础研究。对大运河的历史演变、文化与科技价值、社会与自然背景等的宏观问题的研究已经比较成熟，而对部分区间、节点关键历史时期的演变情况研究仍不够深入，跨学科的综合性研究也较少。（2）保护利用理论研究。针对大运河文化遗产和在用功能的双重属性，如何进行科学有效的保护和传承发展，保护的目标、原则和策略在理论层面尚未形成共识，许多问题亟待深入研究和探讨。（3）技术研究。对大运河遗产保护利用规划、设计、监测、管理、施工材料和工艺等技术层面的研究还远远不够，对大运河保护利用的科技支撑不足，许多破坏性保护的直接原因就是缺乏科学专业的技术支持。

三　大运河水利遗产保护策略探讨

大运河水利遗产具有文化遗产和水利功能双重属性，这是科学保护和可持续发展的基础。当前涉及大运河水利遗产管理的部门机构和法律法规体系不可能短期内发生较大改变，只能逐步完善。未来文化遗产保护将越来越受到社会的重视，而对大运河水利功能的发挥也会有更高的要求，如何在世界遗产背景下统筹大运河的文化、社会经济和生态环境价值，保障大运河遗产的可持续发展，是一个庞大而复杂的课题。基于大运河水利遗产的基本特性，结合当前实际，考虑长远发展，本文仅就在当前条件下大运河水利遗产保护的宏观策略提出以下建议。

（一）统筹规划，区分对待，突出重点，逐步推进

对大运河全线各类遗产的保护和大运河及相关水系、地区的发展统筹考虑，进行统一规划。对已失去功能的工程、遗址、遗迹和仍在发挥水利功能的工程区分对待，制定不同的原则、策略和措施。由于大运河遗产线

路长、范围广、数量多，在实施保护不能全面铺开的情况下，应根据遗产价值、现状、条件等筛选重点项目，逐步实现全面保护。

（二）进一步加强地区和部门间沟通和协调，创新机制

定期组织多学科、跨行业、跨地区的座谈、研讨会等，重视交流意见和经验。在当前管理体制下创新工作机制，在水利、文物、航道等不同部门之间和不同地区之间逐步建立高效、便捷的协调机制并形成制度，加强不同行业间行政审批、行业规范或标准等的协调和对接，加强不同地区之间的交流和借鉴，为大运河的保护和发展在实施层面扫清障碍。通过多途径、多角度的宣传、展示，增加公众对大运河水利遗产价值和特点的认知，创新机制，使利益相关的公众能够参与大运河保护与利用的决策，使文化遗产能够真正惠及民众。

（三）推进文化遗产保护法律法规体系的完善

法律法规体系是法治社会中一切行为的基础依据。目前与活态文化遗产保护利用相关的法律体系尚不完善，已颁布的部分法规条文并不完全适用于大运河水利遗产的保护，不同法律之间甚至存在矛盾和冲突。应逐步推进文化遗产保护立法和相关法律修订，逐步形成系统完备的法规体系。由于立法和修订的周期较长，难度较大，可由相关行政主管部门根据现实需要，通过深入研究和论证，以部门法规、地方规章、行业标准、规范及其他规范性文件的方式，为文化遗产保护实施层面提供依据和指导，通过实践也可为未来法律制修订提供参考和经验。

（四）加强研究，保障基础支撑

针对大运河研究中仍较薄弱的基础研究、保护理论和技术等方面，推动多学科交叉研究，营造繁荣的学术氛围，定期研讨和总结研究成果，为大运河遗产的保护和传承提供基础支撑。

四　结语

大运河是中华民族千百年来改造自然、利用自然的伟大创举，是体现中华民族治水文明和智慧的标志性工程。大运河是在不断发展和演变的工

程，文化遗产和在用功能是其基本属性。大运河遗产的规模、价值、复杂性是其他运河无法比拟的，目前对其研究和认知还不充分，大运河水利遗产的保存现状不佳。部门分工侧重的差异和法律法规体系不健全，是造成当前大运河水利遗产保护与利用的根本原因。本文基于系统调查和当前存在的突出问题，提出大运河水利遗产保护应对遗产区域统筹规划，对废弃遗产和在用工程区分对待，突出重点，分步实施保护；在现行体制下创新机制，逐步建立不同部门和不同地区之间的协调机制，并逐步推进管理体制改革；逐步完善法律法规体系建设；进一步加强研究，为大运河水利遗产保护提供基础支撑。

（作者单位：中国水利水电科学研究院水利史研究所）

清口—洪泽湖水利枢纽
及其价值研究

王英华　吕　娟

　　清口以泗水入淮之口得名。南宋建炎二年（1128）黄河南徙夺泗入淮，黄、淮二水交汇于清口一带，黄强淮弱，清口便成为淮河的入黄之口。元代京杭运河全线贯通后，清口成为纵贯南北的里运河段与自西而东的黄河、淮河交汇处，也是漕船穿黄过淮的关键所在。明代洪泽湖基本形成后，承纳淮河上中游洪水，清口又成为淮水出湖入黄之口。可以说，明清时期，中运河、里运河、黄河和淮河交汇于清口上下数里间，"由是治河、导淮、济运三策，群萃于淮安清口一隅"。[①] 水系分布本已复杂，加之黄河泥沙淤积的影响，以及明清确保漕运畅通的治河目标，使得清口一带的治理更为困难。为解决黄河泥沙淤积问题，采取"蓄清刷黄"的方略，通过修建高家堰（今洪泽湖大堤）将淮水蓄积于洪泽湖中，通过修建湖口引河引淮水出清口冲刷黄河泥沙。为确保漕运畅通，既要解决漕船平稳穿过湍急黄流的问题，又要避免黄河泥沙淤积运口、倒灌入运。办法就是使南北运口（南运口即里运河出入黄河、淮河的口门，因在黄河、淮河以南而称南运口；北运口即中运河出入黄、淮的口门，因在黄、淮以北而称北运口）尽量接近，漕船少走黄河。同时采取"避黄引淮"方略，一方面通过修建御黄坝、挑水坝等建筑物使运口尽量远离黄水，以免倒灌入湖入运；另一方面引淮河清水入里运河接济。[②] 据此，自明万历六年（1578）开始在此持续兴建各种水工建

　　① 赵尔巽：《清史稿》卷127，中华书局1976年版，第3770页。
　　② 参见姚汉源《中国水利史纲要》，水利电力出版社1987年版，第535页。

筑物，最终形成明清时期最为复杂的水利工程体系——清口—洪泽湖枢纽。

一　枢纽构成

清口—洪泽湖水利枢纽主要由如下水工建筑物构成。

（1）拦河坝——洪泽湖大堤（见图1）。它位于淮河右岸洪泽湖东部，北至武家墩，南至蒋坝，全长67千米多。主要用来拦蓄淮河，抬高淮河水位出清口冲刷黄河泥沙，是"蓄清刷黄"的关键工程。

（2）溢洪道——洪泽湖大堤上的减水坝（见图1）。洪泽湖形成后，承纳淮河巨流。为防止汛期淮河洪水危及湖堤安全，清代于其上逐渐建成"仁义礼智信"滚水坝5座，各宽60丈或70丈不等，共宽640米。平时不开放，用于蓄水刷黄和济运。汛期洪泽湖水涨，清口宣泄不及，开坝东泄。

（3）逼黄引淮工程——洪泽湖口引河（见图2）。洪泽湖口引河位于洪泽湖出口处，口门宽度在96—320米，用以引湖水外出，增强淮河水势冲刷黄河泥沙。

（4）避黄引淮工程——束清御黄坝（见图2）。束清御黄坝位于洪泽湖口，口门宽度一般在60—280米。束清坝在御黄坝南，主要通过人工调节口门宽度进而调控洪泽湖水位以冲刷黄沙；御黄坝主要用来抵御黄河泥沙倒灌入湖。

（5）通航设施——运口工程（见图2）。这里是明清时期漕船由里运河出入黄河和淮河的咽喉，通过惠济、通济和福兴正越3组6闸的建置，使运河水位得以调节，航运条件得以改善。

上述不同功能的建筑物在布置上各得其所，联合调度，在近300年的持续运行中，有效地保障了漕运的畅通，延缓了黄河泥沙在淮河下游的淤积速度。

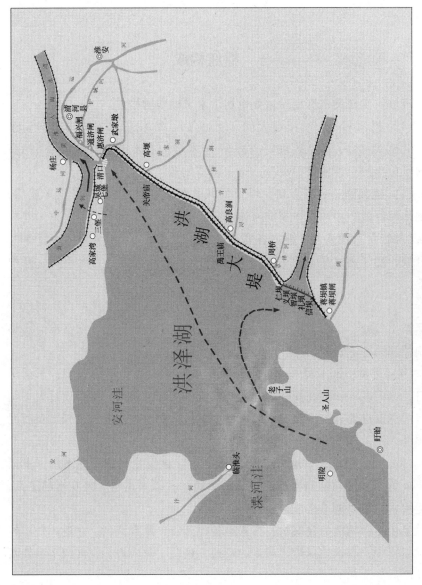

图1 清乾隆年间清口—洪泽湖所在区域水系（万全红绘）

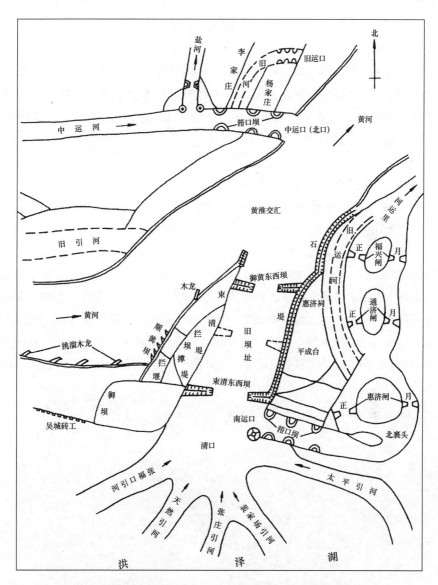

图2　清乾隆五十年（1785）清口一带水利工程示意图
资料来源：姚汉源《京杭运河史》。

二 建设过程

清口—洪泽湖水利枢纽是 700 多年黄河夺淮，以及自 16 世纪开始"蓄清刷黄"和确保漕运畅通而持续大规模兴建水利工程的产物。它形成于清康熙年间，乾隆年间趋于完善。1855 年黄河改道北流，1902 年漕运终止，清口—洪泽湖水利枢纽走向衰败。

（一）黄河夺淮前清口一带的水利工程

1128 年黄河夺淮前，清口一带已修建了一些水利工程，如悍淮堰（高家堰前身，汉代建）、南运口等，但没有形成工程体系。

南运口始于公元前 486 年吴王夫差开邗沟（今里运河前身）。邗沟在末口（今淮安东北）入淮河，经淮河至泗州与汴河相接。末口是清口一带最早出现的设施，也是最早的南运口。至宋代，里运河仍维持这一路线，这就带来两个问题：（1）里运河入淮口附近的山阳湾水流迅疾，行船不便；（2）泗州至淮安段淮河运道风大浪急，每年损失的漕船多达百艘。为此，宋代先后在淮河南侧开沙河、洪泽河和龟山运河，避开淮河行运（见图 3）。在开沙河的同

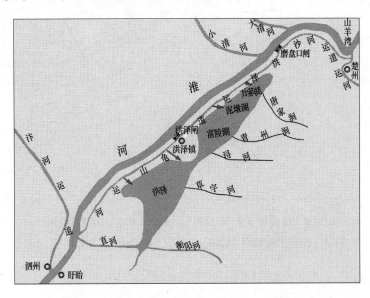

图 3 宋元时期清口一带形势示意图（万金红绘）

（资料来源：据《淮系年表全编》改绘）

时，创建了复闸，其运行原理近似现代船闸。复闸的创建克服了沙河地形上的限制，调节了水位差，平水过船，减轻了盘驳牵挽之劳。

沙河开通后，南运口由末口移至磨盘口，这是其位置的首次变迁。开洪泽河后，南运口迁移至洪泽镇。开龟山运河后，南运口移至盱眙东北龟山脚下，与汴河入淮口泗州仅隔 30 里，航运风险大为减少。

（二）清口—洪泽湖水利枢纽的形成

明万历年间河道总督潘季驯主持治河时，清口一带水利设施增多，并初步奠定了清口—洪泽湖水利枢纽的基本格局。清康熙年间的河道总督靳辅主持治河时，清口水利设施进一步增多，清口—洪泽湖水利枢纽基本形成。

万历六年（1578），潘季驯第三次出任河道总督。他在规划设计时充分考虑了黄河、淮河和运河三者之间的制约关系，把治黄、治淮与治运结合起来进行。针对清口一带，潘季驯规划思想的核心是"蓄清刷黄"，根本目标是确保漕运畅通，采取的主要措施如下。

（1）修筑洪泽湖大堤。为利用淮河清水冲刷黄河泥沙，修筑洪泽湖大堤，长 30 多千米，并于大堤中段砌石工墙防浪，淮水向东的出路被堵闭；在洪泽湖北部的王简、张福两个出口处筑堤，淮水北泄通路被切断。自此，淮水专出清口刷黄。

（2）改造南运口工程。针对永乐年间所开新庄运口逼近黄河，难免内灌；嘉靖年间所开三里沟运口虽远离黄河，但运口落差太大，且漕船需经黄淮交汇处淤浅，于两运口之间即码头镇北部甘罗城南开新运口。至此，清口水利枢纽的格局基本确定。

清康熙十六年（1677）靳辅出任河道总督，三十九年（1700）张鹏翮任河道总督，他们二人与康熙年间的其他河道总督均承袭潘季驯"蓄清刷黄"的治理方略，采取的主要措施如下。

（1）加高培厚洪泽湖大堤。康熙年间，洪泽湖大堤延长至 100 余里。大堤临湖面创筑坦坡，以增强其抗御风浪的能力。

（2）创建洪泽湖大堤减水坝。靳辅建减水坝 6 座，张鹏翮改建为滚水坝 3 座，平时蓄水刷黄和济运，汛期洪泽湖水涨，开坝东泄，以减轻洪水对大堤的压力。

（3）开挖洪泽湖口引河。靳辅于洪泽湖口开挖张福口、帅家庄、裴家场、烂泥浅和三岔口引河 5 道；张鹏翮增至 7 道，宽 300 余米，引淮河出洪泽湖刷黄。

（4）建清口东西坝。坝位于洪泽湖口，中留口门 70 余米。遇洪泽湖水涨，相机拆展，使淮河洪水得以及时宣泄；湖水跌落，相机收束，壅高淮河水位以抵御黄水。清口东西坝的创建实现了通过人工控制洪泽湖口门宽度进而调控洪泽湖水位来冲刷黄沙，使清口一带的工程格局更为完善。

（5）运口工程的改建。随着清口淤积的日益严重，潘季驯所建运口已逼近黄淮交汇处，靳辅将运口由甘罗城南移至七里闸（后改称惠济闸），与烂泥浅引河相接。具体措施就是，自文华寺淤高之永济河头起挑河七里，至七里闸，以七里闸为运口；折而西南，挑河七八里，至武家墩；再折而西北，挑河三里许，达烂泥浅引河上游。[①] 漕船北上，由文华寺出七里闸，绕武家墩，入烂泥浅引河上游，下达清口，转入黄河。如此，运口与黄淮交汇处相隔十余里，且河身弯曲，可防止或减轻黄水倒灌。后来又自新庄闸向西南挑河一道，至太平坝，亦达烂泥浅引河。两河共用一个运口，互为月河。烂泥浅引河之水，2/10 用来济运，8/10 用来刷黄。[②] 康熙三十四年（1695），于明万历通济闸旧址建永济闸，六年后，改永济闸为惠济越闸。雍正十年（1732），移惠济闸至七里沟。自后，惠济闸址再未改变。

（6）缩短南北运口距离。康熙二十五年（1686），靳辅开挖中运河，上接皂河，下至清河县仲庄入黄河，穿黄河与里运河相接。后因仲庄闸出口处黄溜南行，倒灌南运口，且南北运口距离较远，漕船穿行困难，将北运口改移杨家庄，是为杨庄运口。自此，南来漕船出清口后，顺流行七里，即可入杨庄运口经中运河北上。

（三）清口—洪泽湖水利枢纽的完善

乾隆年间，清口—洪泽湖水利枢纽日趋完善，主要表现如下。

（1）清口东西坝启放标准渐趋量化。以高堰五坝高于水面七尺、清口口门宽二十丈为准，汛期洪水五坝高于水面四尺时，将束水坝拆宽十

---

①　参见（清）靳辅《靳文襄公奏疏》卷 2《酌改运口疏》，《文渊阁四库全书》第 430 册，台湾商务印书馆 1983 年版，第 510 页，

②　参见（清）崔文升《靳文襄公治河方略》卷 2《南运口》，《中国水利要籍丛编》，文海出版社 1971 年版，第 81—82 页。

丈，湖水每增长一尺，清口拆宽十丈。秋汛后逐渐收至二十丈或十余丈。①

（2）分设束清、御黄坝。乾隆中后期，随着黄河下游河道和清口一带的日渐淤高，清口东西坝的位置几经改移，后又分设束清、御黄坝。束清坝在御黄坝南，靠近洪泽湖口，用于调节洪泽湖水位冲刷泥沙；御黄坝逼近黄河，用于防御黄水倒灌。

（3）完成洪泽湖大堤石工墙的修建。雍正年间，完成武家墩以南至古沟东坝一带石工。乾隆十六年（1751），洪湖大堤南端石工完成。此后，又多次改建，并于堤上修筑子堰。至乾隆四十六年（1781），洪泽湖大堤石工墙最终完成，长60余千米，形成今日大堤的规模。

（4）完成南运口工程布置。自惠济闸下开新河一道，长1000余丈，与三汊引河相接，以避黄引清。移运口于旧运口南75丈处，南北两岸各筑钳口草坝三座，称头二三坝（道光年间，增添四坝），用来抵御淮河洪水对惠济闸的冲击。于运口处建通济、福兴正越四闸，正闸在西，越闸在东。如此，惠济、通济、福兴正越闸6座，形成3组通航闸串联格局，状如葫芦，当地人因称该段运河为葫芦河。自此，南运口工程体系基本形成，历200年而不变。

（四）清口—洪泽湖水利枢纽的衰败

嘉庆、道光后，随着黄河下游河道和清口一带的日益淤积，清口—洪泽湖水利枢纽日趋衰败。咸丰五年（1855），黄河改道北流后，清口—洪泽湖枢纽更行衰败。

道光四年（1824）十二月，洪泽湖大堤漫决坍塌一万一千余丈，水势旁泄南趋，湖中所存无几。两年后，不得已试行"倒塘灌运"之法，又称"灌塘济运"（见图4）。于临清堰以南建拦清土堰，将御黄坝外的钳口坝改成草闸，再于闸外两边建直堰，中筑拦堰，曰临黄堰。于是在临清堰和临黄堰之间形成一个可容船千只的塘河，用水车车水入塘，水高于黄水一尺即启闸放船入黄。"倒塘灌运"的实施宣告了"蓄清刷黄"方略的失败。

---

① 参见第一历史档案馆编《乾隆南巡御档第4册》，清宫御档·第2函。

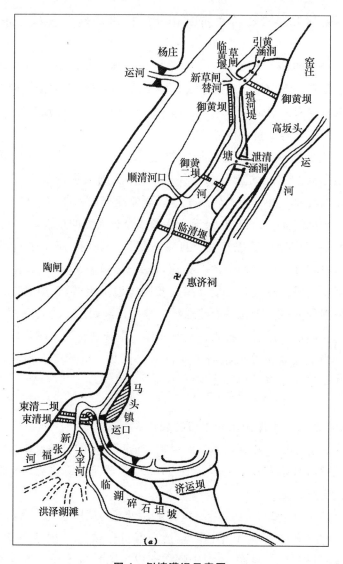

图 4 倒塘灌运示意图

次年，改戽水为开临黄堰闸，引黄入塘。黄高于清时，南来之船自临清堰口门入塘，堵闭临清堰，开临黄堰出船北上；北来船只反之而行。倒塘灌运"原理与现代船闸相同，以内塘为闸室，以临时坝为闸门"。一次灌放需 8—10 日。

在接下来的近 30 年内，灌塘济运法几乎年年使用。咸丰元年（1851），开启礼河坝，冲损未修，遂为通口，即三河口，淮河成为长江的支流。咸丰五年（1855），河决河南铜瓦厢，东北由大清河入海，黄河夺淮700多年的历史宣告结束，里运河可直通中运河，已无渡黄问题，塘河遂废，清口衰败。

三　价值分析

特殊的地理位置和江河水文特性，治河、导淮和济运等多目标的治理要求，使得清口—洪泽湖枢纽所在区域成为明清时期水利工程最为集中、工程类型最为丰富和水利管理最为严格的地区，并赋予清口—洪泽湖枢纽丰厚的科技价值和文化内涵。

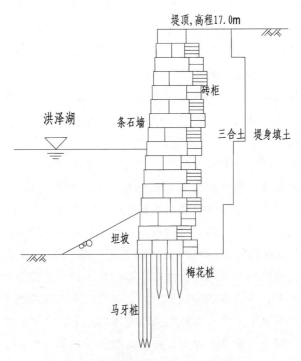

图5　洪泽湖大堤石工墙示意图

（资料来源：洪泽湖工程管理处，张友明绘）

清口—洪泽湖枢纽代表了中国古代水利规划设计与工程技术的最高水平。枢纽创建之初，即充分考虑了黄河与淮河、运河三者间的关系，将治河、导淮和济运结合起来进行，由此提出并实施的"蓄清刷黄济运"方略是世界上最早的跨流域调水调沙规划。在枢纽运用过程中诞生了长约67千米、最大坝高达15米的洪泽湖大堤，是17世纪前世界上规模最大的砌石拦河坝，其施工技术则是当时石堤技术的典型；大堤上建泄洪所用滚水坝，堤上筑子堰，湖内抛土石为坦坡，使其成为中国水利史上以坦坡消浪、子堤挡浪、正堤挡水的工程典范（见图5）。在枢纽运行过程中，产生了淮河流域最早的水文测量设施——水志桩，以及完整的长达200年的洪泽湖水位测量记录。在里运河与淮河相交的运口段，诞生了世界上最早的具有引潮、蓄水、节水和输水等多重功能、工作原理类似今船闸的复闸，比欧洲同类船闸早约400年。

清口—洪泽湖枢纽将中国古代水利工程的管理与运用提高到前所未有的水平。枢纽所在区域跨越黄、淮、运三大流域的水系分布特点，使得治黄、导淮、济运等工程均汇聚于此，施工之勤，投资之巨，非其他地区所能比，尤其清代。因而这里成为有清一代管理最为严格的地区，河道总督府和漕运总督府均驻扎于此。康熙、乾隆每次南巡均至此视察河工，并留下大量有关治水的朱批奏折和御书碑刻。为求安澜，清人铸镇水铁牛九尊，安置于洪泽湖大堤上。这些都衍生出具有显著地区域性和时代性的管理文化。

清口—洪泽湖枢纽的修建与运行，确保了明清时期漕运的畅通，每年通过京杭运河由江南地区运抵北京的漕粮达400万石，是朝廷命脉所系。洪泽湖大堤还是里下河地区甚至是淮扬地区百姓生命财产的坚实屏障。

明清两代为保漕运，始终维持黄河走南道的格局，使淮河于咸丰元年（1851）被迫改道入长江，成为长江的支流，造就了今日淮河水系的格局；而黄河故道则成为淮河与沂沭泗水系的分水岭，迫使沂沭泗脱离淮河成为独立的水系。黄河泥沙的长期南泛，对淮河水系和淮北平原环境的影响程度，也是世界罕见的。形成的洪泽湖库容达135亿立方米，是中国第四大淡水湖，历史时期具有蓄水、冲沙、泄洪等功能，今日是淮河中游末端的重要控制性工程，发挥着蓄水、泄洪等作用，随着南水北调工程的进展，还将承担调蓄水库的功能。

四　枢纽现状

清口—洪泽湖枢纽自1855年衰败以来，年久失修，加之人们对古代水利工程的价值认知相对不足，因而未能予以应有的重视，更谈不上相应的保护，许多工程面临程度不同的破坏威胁，有的甚至已经消失。

按其保存和使用现状，枢纽区域的古代水利工程可分为如下几种：（1）保存完好，且仍在发挥效益，如洪泽湖、清江大闸等；（2）仍在发挥效益，但原形制已发生变化，如洪泽湖大堤局部由直立石工墙改筑为水泥灌砌的石工护坡；（3）已不再发挥效益，但原形制基本保存，如洪泽湖大堤上现存减水坝信坝、周桥越堤等；（4）已经消失，仅存遗址，如清口束清、御黄坝及运口通济、惠济和福兴正越六闸等。

就管理现状而言，枢纽区域仍在发挥效益的古代水利工程大多由水利部门管理，如洪泽湖及其大堤等由洪泽湖工程管理处管理；已不再发挥效益的古代水利工程和水利遗产，根据具体情况，分别由文物、水利、城建等部门管理，如洪泽湖大堤上的部分铁牛、河道总督府衙门等由水利部门管理，其他分别由文物和城建等部门管理。

五　保护与利用建议

清口—洪泽湖水利枢纽部分工程目前仍在发挥效益，且具有较高的价值，因而它既是仍在发挥效益的古代水利工程，又是中国文化遗产的重要组成部分，具有在用工程和文化遗产的双重特性。对它们的保护与利用应充分考虑这一特性。

（1）深入研究清口—洪泽湖枢纽工程规划设计、工程布置、工程结构等特点及其运行机理；研究枢纽所在区域的自然条件和水资源状况，及其水利工程演变与当地社会、经济和环境的相关关系，从而深入挖掘其科技价值、经济价值、社会价值和景观价值，为清口—洪泽湖水利枢纽的有效保护与合理利用奠定坚实的工作基础。

（2）充分利用现有研究和考古成果，通过与相关管理部门的协商，在有条件的地区因地制宜地通过枢纽所在区域古代水利工程原址展示、电子沙盘复原模型、虚拟现实复原模型或多媒体制作等展陈模式，展示该区域古代水利工程独特的工程技术特点与运行机理，使人们更为简捷、直观地了解该区域古代水利工程的综合价值，从而增强其自觉保护的意识。

（3）编制清口—洪泽湖枢纽有效保护与合理利用的规划。开展对该区域古代水利工程的调查与价值评估工作，探讨满足水利功能发挥与实现文化遗产保护之间、现代技术应用与传统技术保护之间的衔接；结合其历史与未来，充分考虑保护与利用的关系，探讨相应的管理机制和发展战略，使之既能得以有效保护，又能得以可持续利用。

（作者单位：中国水利水电科学研究院水利史研究所）

明清京杭运河山东段水资源
短缺及其对策研究

陈永金　　刘胜亮　　徐梦辰　　王成祥

京杭大运河是世界上最长的人工运河，对我国经济社会文化产生了深远影响。目前关于明清时期京杭运河的研究大部分是研究明清运河沿岸的经济、文化现象，但关于这一时期的水资源问题的研究成果也不少：王元林研究了引汶济运对漕运的贡献①；曹志敏分析了清代黄河河患加剧与通运转漕之关系②；卞师军分析了水柜湖群的水资源管理情况③；邹逸麟对元明清时期运河山东段的开凿与变迁、沿岸水柜的设置、引水工程以及节制水源的闸坝等作了细致分析④；汪孔田论述了元、明、清三代在经营京杭大运河时为解决水源补给、水量分配、水位调节所做的努力⑤；李凤荣对明清政府为保证漕运，对南旺湖管理作了分析⑥。本文通过对前人研究成果的整理，从水资源管理的各个角度分析明清政府为运河漕运的正常进行所采取的措施，为今天水资源问题的解决提供科学参考。

---

① 参见王元林、孟昭锋《元明清时期引汶济运及其影响》，《人民黄河》2009 年第 31 卷第 4 期，第 4—8 页。

② 参见曹志敏《清代黄河河患加剧与通运转漕之关系探析》，《浙江社会科学》2008 年第 5 期。

③ 参见卞师军、郭孟良《试析明清运河之水柜湖田的成因》，《齐鲁学刊》1990 年第 6 期，第 48—53 页。

④ 参见邹逸麟《山东运河历史地理问题初探》，《历史地理》1981 年第 1 期，第 80—98 页。

⑤ 参见汪孔田《论京杭运河山东运道的开辟与经营》，《济宁师专学报》第 20 卷第 6 期，第 78—88 页。

⑥ 参见李凤荣《垦湖与禁湖：运河水柜南旺湖的历史考察》，《聊城大学学报》（社会科学版）2011 年第 2 期，第 307—308 页。

一 水资源短缺及其原因

（一）水资源短缺情况

京杭大运河特别是山东段运河自开通以来就一直受到水源短缺的困扰。金居中都，船只自南来者多利用天然河流，唯最北自都城至通州一段煞费经营，而困于水源不足，终难顺畅。会通河虽然达到了裁弯取直的目的，但是水资源短缺也带来很多不便，"当时河道初开，岸狭水浅，不能负重，每岁之运不过数十万石，非若海运之多也，是故终元之世海运不罢"①。

明代虽然会通河已经过疏通，但是因为运河较浅，且由于水源不足，每年到干旱季节常常无水补给。有记载曰："漕河之深浅，系于泉源之盛衰，系于雨泽之多寡。"② 春夏伏旱之际，极易出现水源不足的情况，如遇旱年，情况更是不堪设想③。会通河建成后汶水即成为其主要水源，然而仅靠汶水难以解决运河用水问题。"南旺自右而北，距临清三百余里，无他水，独赖汶。"④ 同时，明代关于引水工程的记载中也记述了有关运河山东段水资源短缺的情况。明洪武年间，因运道浅涩，依练湖东堤建三闸，借湖水济运，后渐堙废；建文帝中期，漕河易涸，仰练湖水源，运舟得以通行⑤。

虽然清代沿用元明两代所开凿的运道，并且加紧对泉溪疏浚，水柜、运闸的护修和改造，但是运河山东段水资源短缺问题依然十分严重。清代光绪《东平州志·漕渠志》曾记载"夏秋则涨，冬春则涸；无雨即夏秋亦涸"。受到黄河泥沙的影响，运河淤塞严重，同时为运河提供水源补给的几条支流也带来大量泥沙，以致"漕船胶浅"，严重影响了漕运。运河河床的抬升使得运河的水资源短缺状况，比以往更为严重。

（二）水资源短缺原因分析

（1）地理位置。由于地理位置的差异，山东西部年降水量仅有江南

① 王在晋：《通漕类编》，台湾学生书局 1970 年版。
② 潘季驯：《河防一览》，《文渊阁四库全书》，台湾商务印书馆（影印）1986 年版。
③ 参见孟艳霞《明代会通河水源补给问题初探》，《河南理工大学学报》（社会科学版）2008 年第 9 卷第 4 期，第 518—521 页。
④ 陆耀：《山东运河备览》，海南出版社 2001 年版。
⑤ 参见李德楠《明清京杭运河引水工程及其对农业的影响》，《农业考古》2013 年第 4 期，第 150—157 页。

地区一半强①。山东大部位于亚欧大陆东部，北纬30°到38°之间，降水主要受季风的影响，且主要为锋面雨。夏季从海上来的暖湿气流与来自北方的寒流在此相遇，从而带来全年50%—70%降雨，然而雨水季节短暂，使这里与江南相比较为干旱，也导致水资源较为紧张，这是京杭运河水资源短缺的主要原因。

（2）地势。在京杭大运河开凿以前，今鲁北平原的西部临清卫河和今黄河之间的旧大运河沿线地区即今聊城地区，位于黄河巨大冲积扇的东北斜面，地面平坦，地势从西南向东北缓缓倾斜，所以这里的河流都作自西南向东北流向。汶泗水系区，今天演变为北五湖、南四湖带，东汉以后至北宋中期，北界黄河，南抵汴水，西面是古黄河冲积扇的中下部，东面是鲁中山地丘陵，为两个相向倾斜面的交界处，呈西北北、东南南向的条状低洼地带。自西来的济、菏、汴诸水和自东来的汶、泗、沂等河都汇注于此，形成汶水水系和泗水水系。济宁以北汶、泗水之间有一片高阜地带，是汶、泗两水系的分水岭，其中以南旺、安山地势为最高，"南旺自右而北，距临清三百余里，无他水，独赖汶"②。受山东中部山地的影响，鲁西地区中部高南北低，其中济宁南旺为脊，南旺自右而北，距临清150千米，其落差为30米，南旺至徐州落差近40米。由此我们可以看出，京杭大运河山东段呈现出中间高、南北两侧低的地形特征，由于运河在此纵比降较大，珍贵的水资源分沿地势倾泻而下，从而直接加重了水资源短缺问题。

（3）气候。京杭大运河山东段主要分布在山东西部地区，鲁西属暖温带，为半湿润半干旱的大陆季风气候，主要受季风影响，四季变化较明显，春季干旱多风回暖快，夏季高温多雨，秋季凉爽多晴天，冬季寒冷少雪多干燥③。由于本区主要处于华北平原，地形平坦，风向无阻，故各地温度雨量大体一致。根据气候资料显示，鲁西地区年际降水量的气候分布特点突出表现为，年际变化大，季节性分配极不均匀，同时表现出四季降水分布鲜明的周期性特点④。该地区年降水量为600—700毫米，全年总

---

① 参见陈永金、王云、刘加珍等《运河文化的地学分析》，《聊城大学学报》（社会科学版）2012年第6期，第64—72页。

② 岳于潜：《山东通志》，商务印书馆2005年版。

③ 参见谭向东、李丽明《鲁西囤形屋民居形式初探》，《山西建筑》2011年第37卷第34期，第1—2页。

④ 参见李又君、吕博、安丽华等《鲁西气候变化及其对地表水分盈亏的影响》，《干旱气象》2012年9月30日第3期，第431—439页。

径流量较少，并且有资料表明每年 6—9 月降水量占全年总量的 50%—70%，而 10 月至次年 2 月降水量仅占全年总量的 10%，年内分配极不均匀。与江南地区相比，该区域在降水本身不多且年际间变化幅度较大的情况下，尤其是降水偏少年份，加上高温将加重蒸发，有可能导致严重的干旱缺水状态，所以该地区开挖运河时，节水任务和抗旱任务十分艰巨。

二　水资源短缺对策

运河对自然条件的依赖性很强。水作为该运输系统的介质，是运河的必备条件，在水资源缺乏的北方，有充足的水源济运，更成为不能回避的首要问题①。为了解决水资源短缺影响漕运问题，明清政府采取了包括引水、节水、蓄水、护水等系列措施。

（一）引水

（1）引汶水济运。运河山东段，地处华北平原，临近鲁中山区，沿线地形复杂，水量稀少。因此引水势在必行。开凿这样一条沟通南北的运河只能以当地的汶泗二水作为水源，可是汶水向西折而东流，泗水折而南流，必须经人工改造才能利用。济州河是一段自济州城引洸水往北接通安山附近的济水的运河。但因为水源只有洸水，流量不足。至元二十一年（1284）时修建水道引泗水会洸水入运，济州河的水源问题才初步解决。引汶泗工程的修筑和济州河、会通河的开凿，黄卫之间水运航道问题虽然解决了，但在航行最根本的水源问题上仍存在很大困难。其主要原因是重浚会通河后，河道虽加深加宽，但济宁地势比其北的南旺低数丈，洸水在济宁入运后不能很好地形成南北分流，会通河水源不足的问题仍十分严重。后来治水官宋礼接受汶上老人白英的建议："南旺地耸，盍分水。于南旺导汶，趋之毋令南注洸，北倾坎。其南九十里使流于天井，其北八十里流于张秋，楼船可济也。"② 在南旺修建分水工程。戴村坝水利枢和南旺分水工程的建立有效地保障了运河水源，为漕运提供了有力保障。

---

① 　参见张廷皓、于冰《京杭运河水运、水利工程及其遗址特性讨论》，《中国名城》2009年第 6 期，第 69—79 页。

② 　何乔远：《名山藏》，上海古籍出版社 1995 年版。

（2）引黄河水济运。虽然会通河以汶水为水源，然而仍然水量不足，难以支撑大型粮船的通行，因此明清两代开始引黄河水济运。明初，黄河决口，河水入鱼台境内，时人将其接入泗水来接济运河水源。《明史·河渠志》记载，永乐八年（1410）秋，人们重新开通了这一水道来引黄济运"河复故道，自封丘金龙口，下鱼台塌场，会汶水，经徐、吕二洪南入于淮。是时，会通河已开，黄河与之合，漕道大通，遂议罢海运，而河南水患亦稍息"[1]。景泰年间，徐有贞开了一条起自张秋运河西南经范县、淮阳、滑县等地，西接河沁交汇处的广济渠，引黄河的水接济运河[2]。他的精心治理使运河得到较好的水源补给，为运河的畅通做出了不可磨灭的贡献。

（3）因山东诸泉济运。除引汶泗等水济运外，为保障水源，明清时期也有引泉水济运，使会通河有"泉河"之称。山东诸泉是指位于山东泰沂山区的18州县的泉水，泉河水水流平稳、少淤积，是理想的选择，明初有100多泉[3]。当时人们设立相关的部门专门管理疏浚泉源来保障漕运，到明中后期，不再引黄济运，人们对于泉源更加重视。据记载，当时泉源最多时达400余处，这些泉水多发源于鲁南山麓，汇于洸、汶、泗、沂诸水，而后汇于会通河以济运。《明史·河渠志》也曾记载："发军民十二万，濬济宁以北自长沟至枣林闸百二十里，置闸诸浅，濬湖塘以引山泉。"

（二）节水

"南旺南距台庄高一百二十尺，北距临清高九十尺"，由于南旺地势较高，且河流比降大，致使本来就很稀缺的水快速流失，并导致运河水位较低，不利于运河的通航。运河山东段建了一系列水闸来调节水源，为防止水源流失，过往船只必须要达到一定的数量才可开闸放船。南旺柳林闸就规定："须积船二百余只方可启板，启完即速过船，船过完即速闭

---

① （清）张廷玉等：《明史》卷85《河渠一》，中华书局1974年版。
② 参见扭仲勋《俏全斗犷与生夏斗犷弓令系的上万史月开究》，《人民黄河》1997年第1期，第50—60页。
③ 参见李德楠《明代徐州段运河的乏水问题及应对措施》，《兰州学刊》2007年第8期，第162—165页。

板"①。从至元二十六年（1289）开始建闸，到至正元年（1341）为止，用52年时间在北至临清南至沽头运道上共建船闸31座。明清时期除修复元朝的旧坝闸外，又建成多座新坝闸，使坝闸的配置更为完善，进一步改进了通航条件。一时间会通河上坝闸林立，人们又称这段运粮河为"闸漕"。根据水闸的不同作用可以分为制水闸、积水闸、减水闸，各种水闸相互配合，最大限度地利用了运河的水资源，保证了漕运的通畅。

除利用水闸调剂水源外，运河沿岸农业转型也对节水有很大的帮助。历史上长期发展的水作农业逐渐转变为旱作农业，农业生产结构发生转型。由于大运河水源不稳定，以及全力保漕政策，明朝对水源进行了严格控制，"国朝十八泉则一切规之以济漕。而行水者奉法为属。即田夫牵牛饮其流，亦从而夺之牛矣"②。时人遂减少水稻种植，改种旱稻及需水量较少的小麦等作物。明清时期运河沿岸城镇商贸兴盛，农村集镇活跃。商品经济得到繁荣发展，农作物为城乡商品的交换提供了丰富的资源，运河的发展也促进了农业生产技术的转型和提高，以麦作为中心的两年三熟制的确立是山东运河地区农业生产技术发展的显著标志③。虽然运河沿岸的农作物转型是政府强制下被动进行的，但是其节水的效果是明显的。

（三）蓄水

山东会通河航运用水，全靠汶泗诸水及山泉水源补给。这些河流"夏秋则涨，冬春则涸。无雨即夏秋亦涸"，不能保证通航用水。为了解决这个问题，明代采取了围湖蓄水济运之方法。利用运河两岸分布的马踏、蜀山、南旺、马场、安山、昭阳等天然湖泊，设置水柜来调节运河的水量。夏秋多雨之际，河水盛涨，启开减水闸，引水至湖中，以防运河之溃决；冬春时节，运河缺水时通过济运闸引湖水入运道。在这五座湖中最重要的是南旺湖，它是运河的水脊，位于会通河西岸，湖堤东岸有分水口，有斗门八座，减水入湖，北面有五里铺坝，南面有十里河闸。在此置坝置闸，使其水四分南流，六分北流，作用相当重要。会通河沿线湖泊众多，其中以南四湖和北五湖为最，因此明政府利用此优势或置坝置闸，或加固

---

① 傅泽洪：《行水金鉴》，《文渊阁四库全书》，台湾商务印书馆1985年版。
② 明万历十三年《滕县志》，滕县史志办公室，1995年复印本。
③ 参见李纲《明清时期京杭运河枣庄段对沿岸农业发展的影响》，《安徽农业科学》2011年第39卷第7期，第4138—4139页。

湖堤，蓄水以济运，湖水也就成为伏旱之际运河之水的主要来源之一。明清水柜湖群大都是天然的湿地生态系统，这些湿地对于蓄洪、抗旱，对于我们当今社会的雨洪资源的利用具有很多借鉴意义。我们应当积极保护天然湿地生态系统。

除水柜蓄水外，池塘蓄水、积水闸也是重要的蓄水手段。宣德四年（1429）十一月总兵官平江伯陈瑄奏：徂徕山等多泉源，旧有湖塘停蓄济运，乞修浚淤积，这是一种泉、渠、塘结合蓄水济运的方法。利用积水闸控制收集泉水、河渠水及天然降水来济运保漕。

（四）护水

水柜湖对明清时期漕运的正常运行发挥了重要作用，因此明清时期政府对南旺湖进行了不同程度的保护。虽然明朝前期政府采取了一系列措施来保护湖堤，但是正德以后南旺湖和马踏湖水势还是呈现出逐渐缩小的趋势，于是嘉靖年间政府采取立界碑、栽种柳树等各种方法来保护南旺湖堤。《南旺湖东界石禁约》载："全湖疆域……周围栽立界石，以阵盗耕"，立界石的范围非常广泛，往往沿湖堤长达几十里。除在湖堤种植柳树外，还在河道上植柳树，"平江伯陈瑄又请浚淮安……自淮以北沿河立浅铺，筑牵路、树柳木、穿井泉，自是漕法通便百年于兹矣"①。淮北运河山东段所种植的柳树减少了河水蒸发，达到节水护水的目的。

严格管理制度，明朝政府还颁布一些禁令来阻止居民垦殖湖田，"嘉靖二十年，南旺湖堤并及马场湖禁民佃种"。为了确保运河水源，防止农民偷水，明代制定了专门的法律条款："凡故决南旺、昭阳湖堤岸，及阻绝泰山等处泉源者，为首之人发充军，军人发边卫。"可见当时政府对水柜湖区的保护是十分严格的。为保障水柜的完整，政府还不惜花大力气修筑堤坝等工程对南旺湖等水柜进行保护。清朝道光十九年（1839）卫河浅涩，难以济运，清政府下令改变卫河上游"三日济运，一日灌田"的规定，强迫封闭所有民渠、民闸，以保漕运②。运河大量用水也导致了农业生产结构的转型。耗水作物种类极大地减少，节水型农作物种类增加。

---

① 陈邦瞻：《元史纪事本末》卷2《科举学校之制》，吉林出版集团2005年版。
② 参见吴红梅《浅谈南运河沧州段历史变迁及当今治理设想》，《水与社会》2012年第22期，第62—64页。

麦类等对水依赖较低的农作物得到大面积种植。

明清时期对于运河保护趋于制度化，人员也更加专业化。当时设置有泉夫、堤夫、坝夫、闸夫、塘夫、湖夫等，主要职责是疏浚河道、修筑堤防，启闭船闸、节制水流，管理泉源、输水供水①。在明清两代的历史发展过程中，运河河工管理出现了许多特有的创新形式，这是治河官员在制度的原则性与人们的能动性之间作出的合理选择。

三　古代水资源管理的启示

当代我们面临的水资源短缺问题与明清时期相比有过之而无不及，目前全国 600 多个城市中，400 多个缺水，其中 100 多个严重缺水。同时，水污染严重：我国每年的工业废水和城镇生活污水排放总量已达到 631 亿吨，这相当于我们每人每年排放 40 多吨废污水，而其中大部分未经过处理就直接排入了江河湖海。另外，季风气候导致我国水旱灾害频发：2000—2010 年全国平均每年有 28 个省发生干旱灾害，平均受灾面积 3.6 亿亩②。而同期洪涝灾害年平均受灾人口 1300 万人，农业年平均受灾面积 1000 万公顷，年平均直接损失为近 1000 亿元③。由于不合理的开发利用，具有"地球之肾"称号的湿地大面积萎缩，湿地生态系统发生严重的退化④。据不完全统计，我国沿海地区累计已丧失滨海滩涂湿地面积约 119 万公顷，另因城乡工矿占用湿地约 100 万公顷，两项相当于我国沿海湿地总面积的 50%。在我国最大的淡水沼泽湿地集中分布区——三江平原，最近 50 年里，78% 的天然沼泽湿地正在逐步丧失⑤，湿地的退化进一步加剧了水资源的短缺。为了保护水资源，我们应该在以下几个方面采

①　参见胡占阳《中国水资源贫乏与水资源浪费的矛盾分析》，《辽宁工程技术大学学报》（社会科学版）2013 年第 15 卷第 1 期，第 74—77 页。

②　参见吕娟、高辉、孙洪泉《21 世纪以来我国干旱灾害特点及成因分析》，《中国防汛抗旱》2011 年第 21 卷第 5 期，第 38—43 页。

③　参见张辉、许新宜、张磊等《2000—2010 年我国洪涝灾害损失综合评估及其成因分析》，《水利经济》2011 年第 29 卷第 5 期，第 5—9 页。

④　参见章光新、邓伟、宋新山《吉林省西部湿地资源可持续利用方略探讨》，《环境保护》2001 年第 1 期，第 31—32 页。

⑤　参见廖玉静、宋长春《湿地生态系统退化研究综述》，《土壤通报》2009 年第 40 卷第 5 期，第 1199—1203 页。

取对策。

（一）提高节水意识，建设节水型社会

在当今水资源浪费的因素中，水资源节约意识淡薄无疑是起到决定作用的因素。相比之下古人视水为命，为了保护水源不惜牺牲个人利益的精神值得我们学习。所以，我们要了解水资源的不可替代性和稀缺性，正确认识和对待我们贫乏的水资源，知道水资源并不是取之不尽、用之不竭的。同时要提高对水资源保护的意识，积极调动人们参与到关心水、珍惜水、节约水、保护水的活动中来。用水企业也要通过行政、技术、经济等管理手段加强用水管理，调整用水结构，改进用水方式，科学、合理、有计划、有重点地用水，提高水的利用率，避免水资源的浪费。只有在全社会树立起爱水惜水的意识，水资源才能真正得到保护。

作为传统农业大国，我国农业用水占社会总用水量的75%，农业领域节水潜力巨大。应该积极借鉴前人的经验，加快抗旱作物的研究，主动适应节水的要求。如新疆塔里木河流域水资源本来缺乏，但上游地区却种植水稻等耗水量大的作物，导致下游断流，生态退化。北疆缺水，从额尔齐斯河引水到乌鲁木齐等地，当地却大面积种植水稻。黄河流域水资源本来不足，但东营在开发黄河三角洲土地时，却规划出两万亩水稻田，这都是没有全局观念、没有水资源节约意识带来的结果。在农业生产过程中，要有流域全局观，无论是上游还是下游，都要提高节水意识。

（二）创新节水方式，实现雨洪资源化利用

我国大多数城市处于水资源短缺状态，然而当雨季来临时，尤其是夏季暴雨过后，我们经常会听到一些关于到城市"看海"的说法。雨季一来，原本缺水的城市却水满为患，不仅没有解决城市缺水的问题，反而带来了洪涝灾害。这是因为城市在建设的过程中给水、排水设施没有进行科学的规划。有些地方排水设施就不健全、不完善，排水系统建设滞后。另外，城市大量的硬质铺装，如柏油路、水泥路面，降雨时水渗透性不好，不容易入渗，也容易形成这段路面的积水。在治理城市旱涝频发的问题时我们应该学习古人，首先，可以建立一些蓄水设施，将夏季多余的水资源储存起来，如建立大型的地下蓄水库，将水引入地下既可以保证汛期排水通畅，又实现了雨水的合理利用。其次，在地势较低的地方建立湿地公

园，在枯水期，景观池维持整个调蓄设施中唯一的亲水区域，人们可以到这里来散步、娱乐和休闲；当暴雨来临时，公园的草坪广场作为雨水调蓄渗透塘进行蓄水，暴雨过后储蓄的雨水下渗，在削减洪峰流量的同时补充地下水源。最后，将雨水充分利用到城市绿化中，城市道路绿化和小区绿化在建设过程中，可以将绿化带建设得低于路面和小区平面，将雨水收集到绿化带，既可以减少城市下水道的压力，又可以减少浇灌绿化带的用水。

目前也有很多地方出现地下水严重超采的问题，并且出现地下漏斗。不仅造成水资源的短缺，也带来很多次危害。对于此，首先必须建立统一的地下水资源管理机构，实行规划开发，统一合理调度；其次要充分利用雨水资源、加强水循环利用等方法，减少对地下水的开采，改善水文地质环境。

（三）协调人地关系，扩大湿地面积

明清时期人们在保护运河水资源的时候采取了很多顺应自然、保护自然的方式。比如，在运河沿线栽种以保护河堤，运用水柜在汛期储水，干旱时来济运保漕。这些方式都是在保护生态平衡的同时，借助自然的力量来保护水资源。然而，现在很多的湿地生态系统已经不复存在，残存的一些湿地面积也在逐年缩小，这对于保护水资源、调节水量是不利的。我们在保护水资源时不能局限于狭小的范围，单纯去护水，更要结合生态学思想，注重生态平衡，保护我们的湿地生态系统，借助自然的力量来保护自然。

（四）完善政策法规，做到依法治水

明清时期运河沿岸破坏水源者将被充军发配，政府用禁令的方式督促民众节水，也许这些会让我们感到惊讶，然而，这却是最有效的管理方式。在水资源严重匮乏的今天，我们也应该完善和落实最严格水资源管理制度，推行需水管理和节水管理，促进水资源的可持续利用。建立健全相关法律法规体系实现依法治水，严厉惩处破坏水源、污染水源者；建立最严格水资源管理制度的评价体系，注重区域的差别和行业的差别，保障和促进水资源管理制度的有效落实和水资源合理利用；推进水资源管理方式的转变，以水资源节约利用为目标，积极推动节水型社会建设；推进市场

管理的创新，通过行业标杆和水费水价改革，如用水量分段收费等措施加快水市场建设，发挥市场经济手段优化水资源配置、提高用水效率和效益。以流域综合管理为基础，以促进水与土地、能源和生态系统之间的协调为目标，探索不同水功能的综合平衡及协调机制，改善流域水质，加强风险管理和水旱灾害应急处置能力。

（作者单位：聊城大学环境与规划学院）

运河水柜

——南四湖与北五湖的历史与变迁

陈诗越　吴金甲

　　运河在中国的起源是相当久远的。《国语》说禹"疏川导滞，钟水丰物"和《论语》说禹"尽力乎沟洫"，都是论述大禹因势利导、疏导沟渠、变害为利的事迹，这可能是古运河开通的源头。我国最早有确切文献记载的运河为邗沟，是当时的吴王夫差为北上争霸而修建的。不过我国最著名的运河乃是京杭大运河，开凿于隋大业年间。由于当时关中地区地狭人稠"所出不足

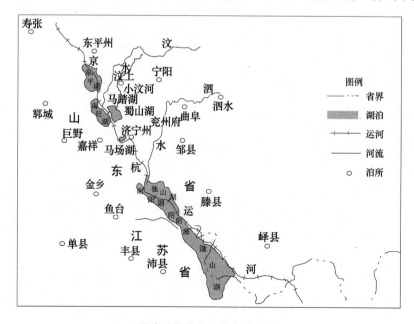

明清时期的北五湖与南四湖

以给京师"①，需从南方地区调运粮食等物资以弥补京师地区。然而，由于北方地形、气候等原因，需以运河沿岸洼地蓄水来调节运河水源，即为运河水柜。像杭州西湖、北京昆明湖、江苏省的骆马湖等湖泊也都有作为运河水柜的历史，但大运河上较为重要的水柜是山东省的北五湖与南四湖。

一　运河水柜作用与功能

"柜者，蓄也，湖之别名也。而壅水为埭调之堰，沙淤之处谓之浅，浅有铺，铺有夫，以时挑浚焉"② 阐述了水柜的用途及建设。"水柜"一词最早出现于北宋元丰二年（1079），是为修建清汴工程，引洛水作为水源补给汴水所设立的小型水库。《明史》卷八十五记载，明宋礼修建水库时采纳民间水工白英的建议，运用地势地貌，修建水柜船闸，解决漕运问题，保障运河不会因缺水不畅、涨水溃堤。

为了保障这条始掘于春秋时期、成于隋、繁于唐宋、取直于元、疏通于明清的大运河的畅通，历代统治者无不竭尽所能，倾力而为。其中最为重要的工程莫过于设立运河水柜，削峰补枯。在运河的山东段，分布于济宁周围，有一片湖泊群，古人有诗曰"一龙戏九珠，九珠撒南北"，便是对这片湖泊的盛誉。据此，可知水柜是保障运河畅通的有效措施。但是，水柜的变迁不仅影响着运河的畅通，也影响着沿岸的生态环境及社会经济的变迁。

二　北五湖水柜的设立及其消亡

（一）北五湖水柜的设立

北五湖指山东境内的东平湖、马踏湖、南旺湖、蜀山湖和马场湖，因与南四湖相对应而得名，源于古代大野泽，从五代一直到宋朝都是梁山泊的一部分。《水经注》卷八记载"今枯渠注巨泽，巨泽北则清口，清水与汶会也。桑钦曰：汶水出太山，莱芜县西南入济是也"，描述了古大野泽的水源清水与汶水及相关的地理位置。金元两代，黄河泛滥频繁，梁山泊

---

① 《新唐书》卷五十，《食货杂志》。
② （清）靳辅《治河方略》卷4《会通河》。

一带最为严重①。据《金史·河渠志》记载：南宋建炎三年"杜充决黄河，自泗入淮，以阻金兵"。导致黄河南夺淮河河道入海，黄河也进入一个不稳定时期。

黄河改道淤塞了大野泽，泥沙填满了湖泊、沼泽，既带来了滔滔洪水，也淤积了良田和沃土②。此时的大野泽淤积后，形成了许多小的河泽，北五湖大致形成于此时。据《行水金鉴》记载："五代时河南徙汇于此，连南旺、蜀山诸湖，方数百里，元末为河所决，河徙为平陆。"据此可知，北五湖在元末作为梁山泊余脉，面积还相当可观。

（二）北五湖的变迁

东平湖又称安山湖，是北五湖唯一现存的湖泊，属于大野泽、梁山泊的遗迹，直到清朝咸丰年间才定名为东平湖。东平湖在唐代已经成形，且规模较大，被誉为"小洞庭"③。元朝开挖会通河"引汶绝济"，在梁山小安山下蓄积成湖，是为安山湖。明洪武年间，黄河决口"漫入东平之安山，淤安山湖"，到永乐年间，宋礼疏浚运河，修筑安山湖堤，重启安山水柜。到明朝中叶，法律废弛、河道淤塞，占田为湖的现象逐渐普遍，但湖区尚存。直到清末，海运发展，运河淤塞，由禁垦转为放任佃民开垦。民国时期，国内战乱频繁、政治腐败，无力也无意于修缮运河。直到新中国成立后确定东平湖为黄河泄洪区，在政府的主导下修复旧临黄堤、运东堤，至2003年东平湖的常年水面约为124平方千米④。

马踏湖、南旺湖、蜀山湖和马场湖四湖有可能均是南旺湖派生而来，在此统一论述演化历史。南旺湖是明永乐年间发挥水柜作用的⑤，应是因地名而来：《禹贡锥指》"湖即巨野泽之东端，萦回百余里。宋时与梁山泺合而为一，亦名张泽泺"，即指南旺湖又称"张泽泺"，也有文献称其为"茂

① 参见山东省黄河位山工程局《东平湖志》编纂委员会编《东平湖志》，山东大学出版社1993年版，第4—5页。

② 参见章人骏《华北平原地貌演变和黄河改道与泛滥的根源》，《华南地质与矿产》2000年12月第4卷，第52—57页。

③ 参见喻宗仁、窦素珍、赵培才、刘桂成、张成、裴放《山东东平湖的变迁与黄河改道的关系》，《古地理学报》2004年12月第6卷第4期，第469—479页。

④ 参见山东省《东平县志》编纂委员会编《东平县志》，中华书局2006年版，第127页。

⑤ 参见李凤荣《垦湖与禁湖：运河水柜南旺湖的历史考察》，《聊城大学学报》（社会科学版）2011年4月第2期，第307—330页。

都淀"。元至元年间，开挖济州河漕运，将南旺湖一分为二，运西称南旺湖，运东称南旺东湖；明永乐年间引汶水分水济运，再次将南旺湖一分为二，小汶河北为马踏河，以南为蜀山湖，运河西岸称南旺湖，并修筑了南旺湖堤。此后，因蜀山湖库容较小，在蜀山湖南沿运河洼地蓄水，逐渐形成一个新湖——马场湖，因湖区水草肥美养马得名。因马踏湖、南旺湖、蜀山位于分水口，位置较为重要，因而成为运河放水济运的重要水柜。

（三）北五湖的消亡

明初所设四大水柜南旺湖、安山湖、马场湖、昭阳湖，其中三个在北五湖。然而，北五湖的水柜湖田却是在极其矛盾的斗争中发展着[1]。明朝前期，据邱峻《大学衍义补》记载"盗掘有罪，占种有禁"。此时人地矛盾尚未特别突出，占湖为地的现象也由于法规的切实执行而较为少见。此后一段时期，法律废弛，河道淤塞，占湖为田的现象逐渐普遍。为保障运河畅通，明宪宗下令重新疏浚河道，复旧规以保水柜，使得"数十年大为运河道利"[2]。到清初，人口政策的改变使得人口剧增，人地矛盾突出，虽然政府严令围湖造田，并设界碑，清理湖面，但由于执行不严，逐渐废弛。直到清朝晚期，废运河而改海运，盛康所作《皇朝经世文编》记载"泉水日减一日，湖水日消一日"，生动描述了当时水柜萎缩的状况。清咸丰年间黄河改道、运河淤塞，至光绪二十六年（1900）运河停罢，使得北五湖作为水柜的功能逐渐消失并最终走向消亡，诸湖逐渐被开垦淤塞为耕地，新中国成立初尚有湖面12万亩左右，至20世纪60年代，恰逢自然灾害，国家号召大搞农田水利建设，大片湖区被辟为农田。

运河水柜是伴随漕运的兴衰而发展的，漕运通而水柜兴，漕运衰而水柜消。清末黄河泛滥淤塞、人为围垦使得北五湖中除蜀山湖外，都变为低洼的平地[3]，时至今日，仅剩东平湖在诉说着人与湖泊间的故事。曾国藩"安庙后高坡一望，乃知南旺湖现已涸成平陆，车马可行。向来恃有一湖，此段全不没守，今乃知其疏矣"[4]，描述了南旺湖水柜的消退状况，

---

① 参见卞师军、郭孟良《试析明清运河之水柜湖田的成因》，《齐鲁学刊》1990年12月第6期，第48—53页。

② 《河防一览》卷14。

③ 参见于祺《北五湖干涸灭绝的警示》，《水与社会》2007年9月，第55—57页。

④ 曾国藩：《曾国藩日记》，京华出版社2002年版。

也流露出淡淡伤怀。干旱固然是北五湖消失的一个因素，但是人口不断地增加，又采用粗糙的耕作方式，干旱年份水退人进才是湖面萎缩的根本原因。

三　南四湖水柜的建立及其变迁

明成祖朱棣迁都北京后，以元运河为基础，重修运河，但重修后的运河不再经由洛阳。就在此时，北五湖和南四湖作为运河水柜而设立，以此来调节运河水量，设立船闸，保证漕运的畅通。明清时期（1368—1840）是运河水柜南四湖和北五湖的重要发展阶段[①]：湖群的变迁对运河两岸的社会经济产生了重要的影响，湖区的人类活动也对湖泊的发展产生了巨大的反作用。明清时期黄河变迁，人为地开挖运河、修筑湖堤、围湖造田等活动，使得北五湖最终消失，南四湖也发生了相应的变迁。

（一）南四湖水柜的形成

南四湖，地处山东省西南部，包括南阳、独山、昭阳、微山四湖，沿大运河呈带状分布，蓄水量为 16.08×10^8 立方米[②]。北起济宁市南的小口门，南至徐州市北的蔺家坝，南北长约 110 千米。四湖实为一体，是梁山泊消失后渐成的新湖。有专家认为其是由于地质作用而形成，亦有主张其是由于黄河泛滥而成[③]，张祖陆[④]等即认为其应属于浅水型河流堰塞湖。宋末的黄河决口，在对北五湖塑造的同时，南四湖也因洪水潴留而开始形成。

自金、元以后，黄河长期夺泗入淮，泗水下游河道即开始壅塞。最初黄河决于阳武，在梁山泺（泊）分流南北，此后的明弘治八年（1495）刘大夏筑断黄陵岗，大修太行堤，使得黄河北向水流断绝，全部沿汴水夺泗入淮。河床的不断淤高，使得徐州以上的泗水下泄不畅，便在鲁西南凹

---

①　参见马同军《明清时期山东运河沿线湖泊变迁及相关历史地理问题研究》，暨南大学，2012 年，第 1 页。

②　参见王苏民、窦鸿深《中国湖泊志》，科学出版社 1998 年版，第 301 页。

③　参见郭永胜《历史上山东湖泊的变迁》，《海洋湖沼通报》1990 年 10 月，第 15—22 页。

④　参见张祖陆、梁春玲、管延波《南四湖湖泊湿地生态健康评价》，《中国人口·资源与环境》2008 年 2 月第 18 卷第 1 期，第 180—184 页。

陷带的洼地上，形成一片狭长湖带，即南四湖。据《明史·地理志》所载：昭阳湖"在沛县东八里，周回五、七里"，这有可能是南四湖的雏形。其中北部南阳、独山两湖形成较早，水系多集中于南阳湖四周，南部的微山湖形成最晚。明初，宋礼采用"柜以蓄水，门以泄涨"[①]之法，开创了利用水柜解决运河漕运的办法。据武同举《淮系年表》记载，同治年间黄河大决于东明，济宁至江苏宿迁段运河堤防冲溃，南阳、昭阳、独山、微山湖才完全连成一片，形成今日完整的"南四湖"。

（二）南四湖水柜的变迁

南四湖是会通河沿线的低洼处积水成湖，再加上黄河和东部泰沂山区河流输入大量泥沙，湖底不断抬高，又受黄河河床淤高的阻拦，宣泄不畅，再加上明清以来来水量不断增加，遂使湖区向四周扩展，淹没了大片良田，变陆为湖，以微山湖最为典型。在北方水柜禁与垦的矛盾运动时，南四湖也有着相同的遭遇：为保障昭阳湖水柜的作用"禁民耕种湖地，移文立碑县治湖地"[②]。由于南四湖地势北高南低，黄河改道及诸流汇集，明清时期为保障漕运通畅所开展的工程，也对南四湖的扩张起到一定的作用。此外，也有研究人员认为鲁西平原凹陷的地质条件及其不断沉降对南四湖的扩大具有一定的贡献[③]。

四　水柜的消亡与变迁对运河通航的影响

水柜是运河畅通的重要保障，北五湖因运河阻塞、人为开垦而淤塞、消亡，运河也因水柜的消亡而停罢，时至今日，"千里赖通波"的大运河仅在济宁以南可以通航，这与北五湖的消亡有着密切的关系。失去水柜补给作用的运河也成了无源之水，自然会不断淤塞、断航。作为运河水柜的南四湖本身即可作为运河航道，其间虽然因自然和人为因素有所间断，但其保障江南运河通达济宁的作用是有目共睹的。

历史时期，每当水柜被淤塞、开垦，运河即会进入阻塞期，其中虽有

---

① （清）张廷玉等：《明史·河渠三》。
② （明）王治等：《沛县志》卷1《舆地治·山川》。
③ 参见王迎昕《北方明珠南四湖形成探讨》，《现代企业教育》2010年4月下期，第159—161页。

大气候的影响，但人为因素无疑是主要因素。现今南水北调工程使得运河焕发青春，也为南四湖的发展提供了新的机遇。为使人与湖泊和谐共存，使南四湖作为运河水柜和航道，发挥更加重要的作用，应综合考虑各方因素，加强管理，严禁垦殖湖泊湿地。此外，为了保障南水北调东线工程的长久性，北五湖是否应该重新启用的论证也应被提上科研论证的日程。

（作者单位：江苏师范大学城市与环境学院；聊城大学环境与规划学院）

清代秦淮河的治理

王玉朋

有清一代，长江下游的重要城市南京遭遇了接连不断的水旱灾害。穿城而过的秦淮河频发的水患成为影响城市百姓生活的重大问题。学界也逐渐关注这个问题。但既往研究，要么失之简略①，要么存在一些偏差②，因此有必要对这个影响清代南京城市发展的重要问题作一重新审视。

一　清前期秦淮河治理

秦淮河是南京的母亲河。它的源头主要有两个，即东源句容县的宝华山和南源溧水县的东庐山。③ 由两个源头流出的秦淮河水，"环经方山，屈曲至中和桥，由通济门上水关入"④。入城之后，秦淮河干流和其他支流（如青溪、运渎、潮沟等）一起构成了完整的水系网络。道光《上元县志》中对城内河道情况作了言简意赅的介绍。

---

① 如森田明《清代南京城的河道水利》（载《清代水利与区域社会》，雷国山译，山东画报出版社2008年版）仅对道光一朝秦淮河治理进行研究，对清代秦淮河治理的更多细节没有涉及。

② 如徐智《清代南京水患治理研究》（《理论界》2012年第10期）将道光年间秦淮河治理方式归结为"阻水入城"。这种认识曲解了秦淮河治理的真相。其实，道光年间，官方采取"阻水入城"的方法，只是大规模疏浚秦淮河的前奏而已。他们根本没想用这种"阻水入城"的方法解决秦淮河患。

③ 关于秦淮河的介绍，可参阅韩品峥、韩文宁《秦淮河史话》，南京出版社2004年版。

④ 康熙《江宁县志》卷2《水》，《稀见中国地方志汇刊》第11册，中国书店1992年版，第494页。

淮水北流，西入通济水门，南经武定、镇淮、饮虹三桥，又西出
三山水门，沿石以达于江者，秦淮之故道也；自太平门城下，南流入
大内，又西出竹桥，如濠而绝，又自旧内，复周绕出淮清桥，与秦淮
合者，青溪所存之一曲也；又自覆舟山西古城下入会于城濠，而与秦
淮者，潮沟之一支也；自斗门桥西流，经乾道、太平诸桥，东连内
桥，西连武卫桥者，运渎之故道也；自北门桥东南，至于大中桥，截
于通济城内，复入秦淮，又自通济门外与秦淮分流绕南，经长干桥至
于三山水门外，与秦淮复合者，杨吴之城濠也；自昇平桥达于上元县
后，至虹桥，南接大市桥者，护龙河之遗迹也；自三山门外，达于草
鞋夹，经江东桥，出大城港，与阴山运道合者，皆新开河也；东出青
龙桥西，出白虎桥，至柏川桥入濠者，明大内御河也。①

南京跨秦淮河建城始于五代十国时期的杨吴政权（杨行密建立，
902—937）。此后，南京百姓生产、生活活动对秦淮河造成的影响日益增
大。到了明朝初年，朱元璋建都南京，开始了对秦淮河的大幅改造，其中
影响最大的是将城内的燕雀湖（又称前湖）填埋，就湖址建设明朝皇宫，
同时还于城东一带建设东水关。这些措施使城内秦淮河的河道以及支河随
之发生剧烈变动，对城市生态也产生直接的影响：

改作东水关，而秦淮不能迅流于城中，以至潮沟、运渎、护龙河
之类，多不可考，即故道仅存，徒为粪壤瓦砾之场。烟火辐辏，既无
清流以荡其秽浊，而民间沟渠复在在淹塞，不能流通贯注，如人之血
脉经络，一有阻遏凝滞，鲜有不为疾病者也。②

由此可见，对秦淮河河道进行周期性疏浚以保证河道畅通的重要性。
这也正如方志中所言："（河道）诚能疏至宽深无所阻碍，以待时雨之行，
洗上流之积秽，而又能使秦淮复由故道为之节宣，则城中秽恶熏蒸以成疾
病之事必少，而于风俗人心亦不无小补也。"③ 明朝时期，官方对秦淮河

---

① 道光《上元县志》卷2《图说》，第69页。
② 乾隆《上元县志》卷3《城池》，第324页。
③ 道光《上元县志》卷24《艺文志下·上元城内沟渠考略》，第500页。

河道的挑浚主要是在万历年间。万历十七年（1589），南京工部专设街道主事一员，兼管巡河事务，"遇有壅淤处所，即会同五城御史督帅兵马水利等官逐一分投挑浚"。在万历四十三年（1615）十一月到四十四年（1616）五月间，南京工部尚书丁宾继续主持了大规模的河道疏浚工作，对河道"逐一丈量，募夫挑浚，即于陡门桥、淮清桥大支河起手，以次渐及正河、三小支河"。此次疏浚总共用银46090余两。①

由于数十年间未进行像样的疏浚，到清初时，秦淮河河道淤塞问题已经十分突出。康熙二年（1663）夏季，南京城内连降大雨，由于河道的淤塞，泛滥的雨水得不到正常排出，致使当时城内"水如行潦，河若坳堂，迄八九月间，百川泛滥"。面对严峻形势，在洪水漫退后，官府即开始着力进行河道疏浚工作，"监司遴委各官，查照旧址，每处丈量，雇募人夫，分道开治，按日亲家督率，某处正河宜疏，某处支河宜导"。同时，在此次疏浚河道过程中，官方对两岸居民的住宅格局重新规划，对于那些"侵越水道，以为亭榭者，量行拆毁，以拓水面"。而且，官方严格限制两岸居民随意往秦淮河里倾倒垃圾，"毋得壅土积秽，擅抛瓦砾"等。因入清之后，原先负责城内河道疏浚的专职机构都水司及水利厅被裁汰，官方还专门责成"街道厅兼管水利事务，使勤劳岁月者，不致委顿"。值得注意的是，此次河道疏浚所需经费，除官费拨款外，官方还动员了秦淮河"沿河居民，分别输纳，或令各户以门面，计修河工"，并"责令有司专掌出纳，逐日当众给受，以杜虚冒侵渔之弊"②。

此次疏浚，效果明显，此后数十年秦淮河未见兴工。直到康熙四十七年（1708），两江总督邵穆卜（即邵穆布）进行了一次小规模的疏浚活动。到康熙六十年（1721），两江总督常鼐（即长鼐）主持又进行了一次河道疏浚活动。不过，此次疏浚秦淮河河道的出发点主要是赈灾需要，而非仅仅从河道治理角度出发。当时，南京周边地区农业遭遇罕见歉收，大量人口拥入南京城内。在设立粥厂进行赈济的同时，总督常鼐又带头捐款，募得白银两万余两。他充分利用城内聚集的大量外地灾民作为疏浚河道的劳动力对"秦淮所经，溯流穷源，疏沦一清"。方志中记载，河道经

<hr>

① 康熙《江宁府志》（于成龙本）卷34《丁灏拟浚省城河道议》，《金陵全书》甲编方志类县志第18册，南京出版社2011年版，第349—350页。

② 同上书，第351页。

过疏浚之后，"水道既通，火患永息，商贾舟楫，粮民运漕，咸得辐辏于会城之内"，真可谓"一举而数善兼备"，"工民均沾实惠，近代救饥之法莫善于此"①。

到了雍正年间，秦淮河河道淤塞的问题依旧十分严重。雍正五年（1727），云贵总督鄂尔泰在向雍正皇帝汇报江南水利情况时，专就秦淮河河道出现的严重淤塞作了汇报。他讲到，此时秦淮河已经"久不疏浚，即疏浚亦属故事，故河道虽存，仅于夏秋大水时暂通舟楫，是享其利正复无几。若不及今大加疏浚，日就埋废，势难清理"②。对此，工部回复鄂尔泰的奏疏，特别讲到疏浚秦淮河道的方式："江宁府秦淮河，其在城外者，著业佃人户附近挑浚，以资灌溉；城内梗塞之处，令沿河居民每年捞浚，毋许堆积污秽。凡房屋占入河基之处，俟有倾圮，悉令查明清出，毋使日就埋废。"③可见，秦淮河河道淤塞问题的严重性已经引起朝廷的重视。但是，在南京地方文献中却没有留下雍正年间挑浚秦淮河河道的记载。

此后的乾、嘉年间，秦淮河河道的淤塞更为严重。当时的方志描述道："乾隆中期，秦淮渐就淤塞"；"嘉庆辛未（1811）以来，民犹殷阜，夹淮运起屋者众，河身日狭相近，弃灰土瓦砾者率于河，以是日淤垫，几成平陆"④。然而，此时南京城内恰好出现了文人科甲不胜的局面。城内文人从风水角度出发，纷纷将原因归结于秦淮河河道的淤塞，并由此出现了"（南京）科甲寥寥，士林颇患之"的情况。⑤在城内居民的强烈要求下，官方终于在嘉庆年间开始了河道的疏浚工作。嘉庆九年（1804），江宁布政使康基田对"城中淮水"及秦淮支河进行了小规模的疏浚。⑥在嘉庆二十二年（1817），盐巡道方体对五里长的运渎进行疏浚。在此次疏浚过程中，士绅扮演了重要角色。为了节省费用，方体"洞悉利弊，不设员弁，不役吏胥，其部署筹划一归士大夫之司事者"。此次疏

---

① 康熙《上元县志》卷9《建置志》，《金陵全书》甲编方志类县志第2册，南京出版社2011年版，第582页。

② 贺长龄等辑：《皇朝经世文编》工政十七《江苏水利上·敷奏江南水利疏》，《近代中国史料丛刊》第74辑，文海出版社1966年版，第3886页。

③ 《清世宗实录》卷69，雍正六年五月癸亥，中华书局1985年版，第1043页。

④ 光绪《续纂江宁府志》卷8《名迹附水利》，第291、296页。

⑤ 金鳌：《金陵水利论》，《水利志丛刊》第37册，广陵书社2006年版，第11页。

⑥ 同治《上江两县志》卷4《水》，第118页。

浚总共用时五个月。① 到次年二月，方体即离任南京，"拜湖北廉访之命"。由于疏浚时间有限，且缺乏系统性的规划，所以此次疏浚并没有涉及秦淮正河及其他支河。② 同时，因为疏浚后的运渎"地势较高，民居稠密"，到道光年间，运渎河道再次出现陷入淤塞的状况。③

二　道光年间河道疏浚

道光年间，江南地区遭遇罕见的气候剧变，集中表现就是大水灾的频发，并由此引发了中国 19 世纪上半叶严重的经济衰退。④ 就南京地区频发的大水来讲，尤以道光三年（1823）、十一年（1831）、二十八年（1848）、二十九年（1849）等年份的大水造成的问题最为严峻。其中道光十一年（1831）中，大水将城中屋舍、官署悉数淹没，"一片浩淼中，仅露屋脊"⑤。当年应当举办的乡试也因贡院被淹严重而不得不推迟举办。⑥ 道光二十八年（1848），南京再次出现洪水灌城的水淹场面，"江淮河汉上流水发。六月二十日，狂风为暴，数千里所同"。直到深秋的九月底，"金陵之水尚未退也"⑦。道光二十九年（1849），南京水灾更为严重，贡院被淹，该年乡试再次不得不因大水改期举办⑧，等等。

在连年严峻的水灾威胁下，城内官民更加意识到疏浚秦淮河河道的紧迫性和必要性。在道光四年（1824），城内先是进行了一次小规模的河道疏浚活动。笔记中就记载，当时负责疏浚一条支河的士绅伍光瑜在鼎新桥下就挖掘出一件三尺长的铜刀，"上有七星文，下口铸龙首形，无款识，

---

① 道光《上元县志》卷 23《艺文·浚复运渎记》，第 486 页；《稀见南京文献丛刊》本《白下琐言》卷 7，则记此次疏浚用时三个月（第 120 页）。

② 道光《上元县志》卷 23《艺文·复浚运渎记》，第 486 页。

③ 甘熙：《白下琐言》卷 7，邓振明点校，第 120 页。

④ 关于道光年间江南大水的研究，可参阅李伯重《"道光萧条"与"癸未大水"——经济衰退、气候剧变及 19 世纪的危机在松江》，《社会科学》2007 年第 6 期；成赛男、杨煜达《1840 年长江三角洲水灾的时空分布与社会响应》，《中国历史地理论丛》2014 年第 1 期。

⑤ 甘熙：《白下琐言》卷 7，邓振明点校，第 118 页。

⑥ 陶澍：《陶云汀先生奏疏》卷 34 江督稿《贡院被淹乡试请展期办理折子》，《续修四库全书》第 499 册，上海古籍出版社 2002 年版，第 442 页。

⑦ 郑光祖：《醒世一斑录》杂述卷 8《江淮泛滥》，《续修四库全书》第 1140 册，上海古籍出版社 2002 年版，第 252 页。

⑧ 参见郑光祖《醒世一斑录》杂述卷 8《己酉水灾》，第 252 页。

不知为何代物"①。能在河道中挖掘出三尺长的珍贵文物，可见这条河道已经许久未曾被疏浚了。

从道光九年至十三年（1829—1833），在官方主持下，南京城内外进行了一次有清一代最大规模的河道疏浚工作。在疏浚开始前，江宁布政使贺长龄广泛发动城内外的官员、士绅、商人进行捐款，总共募得白银四万余两。在募集资金之后，贺长龄将具体的疏浚工作交给江宁知府俞德渊负责执行，同时还充分发动了士绅的参与，"于绅士中择其老成历练者，作为董事，协同查催，专管收放银钱，不涉胥役之手"②。河道疏浚工作首先从城外的下河和北河开始，其中下河总长十五里，"自水西门城外之石城桥，至西北隅龙江关达江"，它是"漕盐挽运及闽浙各省商货必由之路"；北河则长十二里，"自聚宝门城外之赛虹桥至西南隅西新关达江"，它是"民田灌溉所赖及安徽、江西、湖广各省行旅通津"。城外的疏浚工作总共用银两万六千余两，持续时间从道光九年（1829）十一月开始，直到次年三月十六日告一段落。在城外河道疏浚中，从临近江口河道中挖出嘉靖年间的佛郎机铜铳一具，"可见此河久未疏浚"③。

在完成城外河道疏浚工作之后的道光十一年（1831）夏秋两季，南京继续遭遇特大水灾，"江潮与内水交相顶灌，无路疏通，遂致城内民居、官署多在水中，并贡院号舍亦俱被淹"④。城内河道的疏浚工作更是刻不容缓。于是，大规模的城内河道疏浚活动于十一年（1831）十二月正式展开。未曾想，工作刚一开展，即遭遇连日雨雪，"以致山水汇集，潮汛盛涨，河水陡长"⑤。此次城内河道疏浚工作不得不暂停下来。经历了一番曲折后，城内河道疏浚工作在江宁布政使赵盛奎的负责下再次展开。疏浚活动从道光十二年（1832）十二月初三开始，持续到次年的三月初三日。城内疏浚将"城内青溪、运渎各河淤积之处，间段兴挑，共

---

① 甘熙：《白下琐言》卷3，邓振明点校，第52页。
② 《重浚江宁城河全案》卷1，载陈銮等《重浚江南水利全书》，《四库未收书辑刊》第7辑，第9册，第392页。
③ 同上。
④ 陶澍：《陶云汀先生奏疏》卷47江督稿《请鼓励捐挑省河道尤为出力人员折子》，第756页。
⑤ 《重浚江宁城河全案》卷1，载陈銮等《重浚江南水利全书》，《四库未收书辑刊》第7辑，第9册，第407页。

工长四千五百四十五丈八尺，一律挑办完浚"①。

此次官方主持的对城内外进行的大规模河道疏浚工作，在之后的防洪上起到了很好的效果。河道疏浚次年，即道光十四年（1834），长江水势依旧凶猛，"上游水发，沿江低洼之圩，间有淹漫，南京城内亦被江水溢入"。但是，由于经过较好的疏浚，城内河道的流通性大为增加，"先经筑闸抵御，继又启板宣泄，居民幸免受淹"②。

特别指出的是，在此次并不顺利的城内河道疏浚过程中，负责河道疏浚的官员试图通过关闭东、西水关进而阻断洪水进入城内河道。在此基础上，再正式开展城内河道的疏浚工作。可以讲，官府关闭东、西水关只不过是进行大规模城内河道疏浚前的权宜之计。不料，此举却造成了惨重后果，同时也引发了士绅阶层对官府做法的强烈批评。甘熙气愤地谈到官府堵塞城内河道之事："道光十一年水灾，曾经堵塞者半载，逮十二年春夏之交，满河之水变成绿色，腥秽四闻，时疫大作，死亡不可胜计。"③ 时人金鳌也激烈批评官方的这种做法，认为官方堵塞水关的做法，"不揣其本，而齐其末，抑何其愚谬之甚乎？"④ 其实，甘熙、金鳌等士绅误解了当时官方关闭水关的初衷。官方关闭东、西水关的目的是暂时阻断洪水入城，减少城内秦淮河河道的水量，以便在道光十一年（1831）的冬季正常进行河道的疏浚工作。当时负责城内河道疏浚工作的江宁布政使赵盛奎在汇报道光十一年（1831）冬季疏浚计划时，他要求下属官员做好准备，"先就东、西两处水关以内，筑坝堵闭，以断来水。一俟交春，天气晴和，即行集夫车戽赶办"⑤。事后，两江总督陶澍也谈到关闭东、西水关的出发点是便于冬季顺利地进行河道疏浚，"先就东、西两处水关以内筑坝堵闭，以断来水，随即集夫车戽赶办"⑥。但是，十一年（1831）冬季，

① 《重浚江宁城河全案》卷2，第409页。

② 陶澍：《陶澍全集》第3册《江宁、安徽、江西各属江潮消落折片》，陈蒲清等点校，岳麓书社2010年版，第424页。

③ 甘熙：《白下琐言》卷10，邓振明点校，第169页。

④ 金鳌：《金陵水利论》，第11—12页；徐智《清代南京水患治理研究》（《理论界》2012年第10期）一文也受到甘熙、金鳌二人观点的影响，认为此时官方"期望通过永久关闭东水关，达到杜绝水患的目的"。显然也误解了官方这样做的目的。

⑤ 《重浚江宁城河全案》卷1，第409页。

⑥ 陶澍：《陶云汀先生奏疏》卷47 江督稿《请鼓励捐挑省河道尤为出力人员折子》，第756页。

南京雨雪不断，官方不得不中止进行中的河道疏浚。官方措施的不当之处在于，暂停城内河道疏浚工作后，他们并没有及时将关闭的东、西水关重新启用，从而导致城内秦淮河成为一潭死水。

历经河道疏浚之后的数年内，南京城在一定程度上减少了大水淹城的发生。但是，道光末年，南京遭受的水灾实在频繁，尤其以道光二十九年（1849）的水灾为"数百年所未有"。整个城市再次成为汪洋，官署、贡院、民房悉数被淹。① 为了应付势头不减的洪水，南京城官绅阶层开始考虑河道疏浚之外的方式来改变城市屡屡被淹的窘境。

首先引起官绅注意的是设于东、西水关及玄武湖等处用以蓄水泄洪的水闸、涵洞的破损问题。当时所设的涵洞大多被淤泥堵塞，水闸也被严重破坏。东水关安设的闸板，"多遗失无存"。所以，这些水利设施正常的泄洪蓄水功能根本无法发挥。因此，士绅就开始向官方建议修复水闸、涵洞，"遴委廉干之员，协同公正绅士重新修整，务令坚厚如式"，同时建议设立完备的章程，"责成承办官绅，不时会同查勘"。如果山水陡发，"即督饬闸夫将各水门一律下板，勿得松懈通流，以资堵御"；如果遇见水势干涸或者天旱之年，"仍酌量启放，俾资利汲，以备不虞"②。

道光二十九年（1849）二月，两江总督李星沅终于就修复水闸、涵洞做出详细安排，"饬委北捕通判孙炳炜，会同上元、江宁二县前往逐一详勘，共闸座八处，及各处涵洞，就原址分别拆修重建，并置宽厚闸板"，花费估计需银二千五百两。考虑到这段时间灾荒频繁，官府向民间发动的捐赈过于频繁，"势难再资民力"，李星沅决定亲自带头，通过发动官员捐款的方式来筹集这笔款项，"趁此春水未生，集匠购料，赶紧兴工，一律修建完整，以期有备无患"③。但是，在提出修复水闸、涵洞的措施之后月余，李星沅就因身体原因离任两江总督之职。两江总督的职务由江苏巡抚陆建瀛接任。因此，水闸、涵洞有无被重修，很难确知。在文

---

① 陈作霖：《金陵琐志九种·炳烛里谈》卷中"水灾"条，《南京稀见文献丛刊》，卢海鸣点校，南京出版社 2008 年版，第 325—326 页。

② 甘熙：《白下琐言》卷 9，邓振明点校，第 169 页。

③ 李星沅：《李文恭公遗集》奏议卷 20《筹修江宁水关闸座涵洞折子》，《续修四库全书》集部第 1524 册，上海古籍出版社 2002 年版，第 488 页。李星沅在日记中也记载了向民间士绅发动捐款的难处，如道光二十八年（1848）八月二十日的日记就记载了官方发动民间捐款后，"捐局仅得三万六、七千串"的情况，李星沅不由得在日记中发出"劝捐之难如此"的感慨。（袁英光等整理《李星沅日记》，中华书局 1987 年版，第 758 页。）

献中也没有留下水闸、涵洞被重修的记载。①

　　道光二十八年（1848）、二十九年（1849），南京连遭大水也引发了城内一场关于是否开通玄武湖放湖水入江的争论。当时，总督陆建瀛因事不在南京城内，遂有士绅向上任不久的江宁布政使杨文定上书，请求泄玄武湖水进入长江，以缓解湖水对城市的压力，并提出具体做法："拟自神策门外湖边起，循城西行十余里，以达下关，所有沿途田庐、坟墓，概行毁掘，略不之顾。"杨文定很快同意了这种说法，并派出相关人员与承办董事，"齐赴城外丈量，插桩定志，将于开春动工"。此举引发全城人心惶惶，"三学诸生不期而会者一百余人"，一起前往布政司衙署前请愿，试图阻止这种冒险的做法。但是，江宁布政使杨文定意见已决，丝毫不为所动。道光三十年（1850）正月，总督陆建瀛回南京途经扬州。名士魏源进谒陆建瀛，向陆氏力陈开山泄湖会造成严重的恶果。陆建瀛接受魏源建议，回到南京城后，当即否决了杨文定的做法。②

　　在这场关于是否"开山泄湖"的争论中，士绅中以甘熙、梅增亮等人的反对观点最值得关注。他们坚决反对"开山泄湖"的理由主要有两点：第一，从风水上看，从神策门外开掘河道，放玄武湖水进入长江，切断了南京城的龙脉。所谓："钟山大龙正脉由白土山跌落平冈，穿神策门入城，起钟鼓楼，尽结朝天宫，余气为城内阳基。平河放湖之说若行，匪特大龙正脉斫为两断，为合城官民之利害攸关。"③ 第二，从军事上看，于西北城下，挖掘一条河道，"恐江上诸舰，势可进逼钟山，直捣省城之背，于形势险阻，尤大不便"④。

　　与此同时，以梅增亮为代表的士绅还向总督陆建瀛提出了治理玄武湖水泛滥合理的办法：

　　　　于冬令、春初水涸之际，集工挑浚，其泥土就近加筑湖埂，及堆高湖心三滩，务令宽深有容，自不至于泛滥。万一大水之年，湖中涨满，则于神策门外近湖之处，设水车廿余架，以辘轳运之。查神策门

　　① 参见徐智《清代南京水患治理研究》，《理论界》2012 年第 10 期。
　　② 甘熙：《白下琐言》卷 10，邓振明点校，第 170 页。
　　③ 甘熙：《白下琐言》卷 9，邓振明点校，第 168 页。
　　④ 梅增亮：《为江宁水患上陆制军书》，载夏仁虎《玄武湖志》，《金陵全书》甲编方志类专志第 4 册，南京出版社 2012 年版，第 699 页。

口，大路仅宽三尺有奇，街之西即系低洼处所。由神策而西为钟阜、金川诸门，久经闭塞，城外沿城一带都是荒地，纵间有民舍，先期出示谕令，暂行迁移，亦不至滋扰。湖水一经运动，旬日间可以力涸，顺城根低处西流以抵下关。以人力之有余，补天时之不足，既无凿脉之伤残，又省开河之耗费，城乡内外，两得其平，事逸而功倍，费省而民安，城计之善也。①

到了晚清时期，玄武湖淤塞严重，"春夏水仅腰，冬末只余中泓，旁皆枯裂"。面对这种情况，城内有人建议将玄武湖堤坝掘开，"引江相灌"，以缓解玄武湖严重的干涸情况。于是，又出现了新一轮的玄武湖通江之议。当时，金陵名士陈作霖从地势、经济、军事、风水等五个角度对这种说法进行了批驳：

　　夫后湖在钟山之麓，陂陀相接，其地身较长江形势约高数倍。如遇旱年，山水之来源既涸，湖底存水亦必无多，而以长江为尾闾，一泻无余，谁能御之？则全湖之竭可翘足而待矣，一不可也。秦淮之水由东关引入，直穿西关而去，偶逢潦岁，则江潮倒灌，与淮水相顶。河窄难容，往往漫溢街市，幸所入仅一西水关耳。若后湖通江，彼北水关一路，又将挟江潮而来，不反增一蚁穴乎？二不可也。况江与湖通，则估舶客帆势必麇集，菱藕鱼蚌之利一扫而空，贫民恃以为生，将何糊口？即公家租税亦坐失此大宗，损下而无益于上，三不可也。至于金陵之城，背山面水，仅仪凤一门与江相近，择要凭守，后顾无虞。倘湖路一通，则神策、太平皆失其险，三方受敌，防不胜防，四不可也。若形家者言，谓后湖为胎元之水，气一外泻，则会城之中，上而达官，下而居民，皆有不利。此虽为通儒所不道，然相阴阳、观流泉，《诗》咏之矣，卜涧东、卜瀍西，《书》志之矣，岂有兴非常之功，而拂舆情以成事者乎？五不可也。

对此，陈作霖还提出了与战前梅增亮类似的正确治理玄武湖的方案，"积淤则浚之使深，秽旱则捞之使净，长堤则培之使厚。潦时水既有所

---

①　甘熙：《白下琐言》卷9，邓振明点校，第168页。

容，旱时水亦不致竭，斯水柜之功见矣"①。应该讲，陈氏的这种观点还是很有见地的。

三　晚清秦淮河治理

战后城内秦淮河东、西水关之间的主河道，是南京治水的关键。

战后秦淮河本已淤塞严重，而沿河两岸不断兴建河房，侵占河道，加上周边居民倾倒砖土、瓦片及生活垃圾，日积月累，更使秦淮河况日益恶化。从光绪初年开始，当局开始全面疏浚。如光绪六年（1880），署理江宁布政使桂嵩庆在得到总督刘坤一同意后，调动合字老湘军疏浚秦淮河，并将旁河汊港一律挑浚。② 光绪八年（1882），总督左宗棠再次疏浚，除将河道淤塞之处开通外，还在通济门外安装了一座石闸，并疏通了沿岸各街暗沟，确保雨水的排泄。③ 光绪十八年（1892）、十九年（1893）之间，尚有一次较大规模的疏浚工作。④

此后的秦淮河水系，几乎没有得到有效的整治。当时的报刊曾对水利荒废提出过严厉的批评："城内善后各事如修栅、修路，不但次第举行，而且垂为成宪，三年一小修，五年一大修，皆善后局估计兴办。独水利一项，十余年来无人过问。"⑤ 南京城屡次发生大雨后的内涝问题，如光绪二十三年（1897）、二十四年（1898）、二十七年（1901）、二十八年（1902）、二十九年（1903）夏天，却少见官府有大规模的治水行动。

秦淮河的水质污染也是长期困扰南京的大问题。城内东南一带"居民汲饮全系秦淮"⑥，秦淮河水质污染严重影响居民生活。污染首先来自沿河百姓弃入河内的生活垃圾。早在嘉庆年间，包世臣就提到秦淮河水污染问题，并提议"以余银造拨船四十号，每船三夫，以二十船周环罱泥，使内外河罱日深。以二十船仿苏城挨河收粪之法。所罱肥土，及船收之

---

① 陈作霖：《可园文存》卷4《后湖不可通江议上胡芸台观察》，《近代中国史料丛刊》第29辑，文海出版社1966年版，第116—119页。

② 《申报》光绪五年十二月十六日《去思略述》。

③ 《申报》光绪九年八月十二日《秣陵琐闻》。

④ 光绪十八年、十九年，湘军营勇对城内秦淮河河道进行分段疏浚，将淤泥挑出，挖至四五尺不等。（《申报》光绪十九年十二月二十二日《领统勘河》。）

⑤ 《申报》光绪十五年正月十九日《劝金陵修水利以防火患》。

⑥ 《申报》光绪二十九年十一月初七日《白门摘要》。

粪，并插厂于三山门外，及青溪旁满城根，卖与乡间农民。所得价值以抵修船给夫，有赢无绌"。① 晚清时期，秦淮河两岸居民随意丢弃垃圾的现象依旧存在，"沿河房屋起造甚多，倾倒砖土、瓦片及民间垃圾，日积月累"②。光绪十九年（1893），总督刘坤一曾下令保甲总局、江宁知府会衔示禁，并责令河快、地保往来稽查，如敢随意丢弃垃圾，即加严办。③

污染的另一个重要原因是城内染坊的漂丝。南京以缎业为大宗，数目可观的染坊多位于秦淮河两岸，其"漂丝必于青溪、东水关、北铜管三水合流之间，其色乌亮"④。染坊漂丝数量巨大，其染料加剧了秦淮河水质的恶化。但鉴于织缎为南京首业，如丝经不经秦淮河水浣洗，色彩不华丽，晚清南京当局不得不采取折中之法，允许染坊春、秋、夏三季在秦淮河各码头漂洗丝经，冬季则必须出城到聚宝门外的护城河中漂丝。光绪三十四年（1908），江南巡警总局曾一度禁止各染坊在城内河道漂洗丝经。禁令一出，染业极为慌乱，"欲出外河，则丝经受伤，成本甚巨，必受赔偿之累。欲仍在内河，则巡官禁令森严，不能至河干一步"。费尽周折后，染业通过商务局要求警务局"仍然查照前督刘忠诚所立条例办理"。同时，染业也作出让步，在漂丝时间安排上作了更严格的限制，"每逢春、夏、秋三季，以午前内河潮水未涨，为染业漂洗之时。午后潮水已涨，为居民吸饮之时。冬季内河水涸，仍赴外河漂洗，彼此划定界限，两不相妨"⑤。

提高河水的冲刷能力，也是治理秦淮河污染的一个方法。光绪八年（1882），总督左宗棠第一次在通济门外安装一座石闸，目的在于束水入城，确保冬天或者旱季秦淮河河道的水量，"使城中之居浊流者，一变而为共挹清流"。不过，城外百姓对此则是怨声载道。因为水闸修建之后，一旦遇有大水，水闸关闭，城外大水就无法正常进入城内的秦淮河河道，直接造成城外圩田的倒灌。同时，修建水闸之后，经通济门河道入城的粮

---

① 包世臣：《齐民四术》卷 26《上方葆岩尚书书》，《近代中国史料丛刊》第 294 辑，文海出版社 1989 年版，第 1823 页。

② 《申报》光绪五年十二月十六日《去思略述》。

③ 《申报》光绪十九年四月十八日《停艇听笛》。

④ 程先甲：《金陵赋》，《丛书集成初编》本，商务印书馆 1939 年版，第 1 页。

⑤ 江苏省博物馆编：《江苏省明清以来碑刻资料选集》，《江南巡警商务总局规定南京染业春夏秋三季在河漂洗时间地点碑》，三联书店 1959 年版，第 474 页。

船，"不能越板飞渡"，影响商品粮的正常运输。① 清末的江宁布政使李有棻，也曾采用此法。每到秦淮河进入枯水期时，他都会下令在通济门外或江边安设机器引城外水和江水进入秦淮河道，以确保城内百姓用水。②

战后初期，还进行过不少小规模的水利建设，但多为河道局部疏浚、修建涵洞水闸等工程。城外如水西门外河、仪凤门外河、上新河、三汊河、北河口河道、大胜关新河等，也曾先后得到过整治。③

四　结语

纵观清代南京对秦淮河及支流的治理过程，可以看出，官方对治理工作并没有一个通盘的规划，往往在河道淤塞严重危及城市正常生活的情况下，才被迫对河道进行疏浚。道光年间，连遭大雨，在城市成为汪洋的情况下，疏通秦淮河河道，保持河水畅通性成为一件紧迫的事情。故而在道光年间，官方对秦淮河的疏浚工作的重视程度很高。一旦遇见雨水正常的年份，官方维护秦淮河河道正常走水的热情也就随之松弛下来。晚清十几年间，官方未曾进行秦淮河河道疏浚工作，就充分说明这一点。

在秦淮河河道疏浚工程中，官方往往只重视南京城内及城市周边河道的疏浚，对于距城较远的秦淮河河道重视不够，忽视了秦淮河是一个完整的生态系统。其实，在明朝后期，南京名士顾起元就对秦淮河治理提出了独到的看法。他认为，秦淮河河道疏浚不能只重视城市附近河道，"城内被水，然多不过数日即退，其害亦轻，若视乡村圩田，始见其害"。对此，他建议官方在疏浚河道时能够重视上游河段，必要时可以发动河道周边的农民，"或令傍河有田者，计其亩数，帮出工值，委两县官分程督浚"④。金鳌、夏仁虎等人也提出敏锐见解，认识到秦淮河上游赤山湖的重要性。当时，赤山湖作为秦淮河的重要源头却多被农民侵占，建设圩田，导致"群山之水，湖不足容，下注于秦淮。六七月间雨集，江水既

① 《申报》光绪十三年四月三十日《白下秧歌》。

② 《申报》光绪二十九年闰五月十四日《水利难兴》。

③ 光绪《续纂江宁府志》卷7《建置》，《金陵全书》甲编方志类府志第22册，第267—268页。

④ 康熙《江宁县志》卷2《河》，第497页。

盈，淮不得泄，溢而横流，淮之两岸，皆为巨浸，皆水利不修之害也"①。金鳌即明确提出，治理秦淮河"不从赤山（湖）施力圩田、沟坝，听其淤塞，均无益也"②。而夏仁虎也指出，"修水利矣，又只知浚（秦）淮，不知浚（赤山）湖，不数载而复其故，是浚犹不浚也"。③

总之，伴随着城市规模的不断扩张，南京百姓对秦淮河这条母亲河的依赖只会变得越来越强，生产生活对秦淮河造成的影响也越来越直接，从而也使得秦淮河离最初原生态的自然河流越来越远，河道的疏浚工作随之也会变得越发艰难。这也正如夏仁虎所言："（秦淮河）愈久愈不可治，盖民居愈密，河道愈湮，一经建议，众诉纷起，沧海桑田，殆在指顾间耳。"④

（作者单位：聊城大学运河学研究院）

---

① 夏仁虎：《秦淮志》卷5《人物》，秦淮区地方史志办公室，1989年，第34页。
② 金鳌：《金陵待征录》卷1《志地》，《南京稀见文献丛刊》，朱兰霞等点校，南京出版社2009年版，第62页。
③ 夏仁虎：《秦淮志》卷5《人物》，第34页。光绪初年，总督左宗棠决意挑浚秦淮河上游的赤山湖，但是，工程在进行中，因为左氏的离职而被迫中止。赤山湖的挑浚过程，可参看尚兆山《赤山湖志》卷6《兴作录》，《金陵丛书》（丙集），台北力行书局1970年版。
④ 夏仁虎：《秦淮志》卷12《余闻》，第87页。

金龙四大王信仰起源考辨

王元林　褚福楼

沟通南北的大运河促进了沿线物质、文化的交流，而金龙四大王被视为漕运保护神。护佑水上航运的金龙四大王信仰沿运河南伸北展，广受崇祀。至明正统年间，金龙四大王信仰在南至吕梁洪、北到临清的运河一带已有广泛传播，"自吕梁、徐州已达临清，凡两岸有祠皆祀金龙四大王之神"，"军民输京师之赋者，凡四百余万石，舟楫之行计万五千余艘，皆赖神之护佑"①。徐州茶城至淮安清口间运河属于河漕段，长期借用黄河河道，"河漕者，即黄河，上自茶城与会通河会，下至清口与淮河会，其道有三：中路曰浊河，北路曰银河，南路曰符离河"②。因地域邻近，又有黄河水道相通，故这一带徐州、淮安黄河是金龙四大王信仰的中心祭祀区。实际上，由于河道关系，黄河神转化成运河神，而运河神灵金龙四大王的起源众说不一，研究成果多见。笔者有幸参与有关运河神灵的研究，对金龙四大王的起源略有见识，在此提出拙见，窥斑见豹，还请各位赐教。

一　元代起源说商榷

台湾学者蔡泰彬先生在其《明代漕河四险及其守护神——金龙四大王》一文中首倡元代起源说，他认为金龙四大王被立庙供奉的时间是确定其信仰起源的关键，并列举相关史料：

---

① （明）王琼：《漕河图志》卷6《碑记》，中国水利电力出版社1990年版，第266页。
② （清）张廷玉等：《明史》卷85《河渠志》，中华书局1974年版，第2079页。

弘治《徐州志》载:"徐州洪神庙,在百步洪上,旧曰'灵源弘济王',或曰'金龙四大王',凡舟踰洪必祷焉。"元郡守赵尧明、萧人傅汝砺撰碑《徐州洪神庙碑》:"灵源弘济,历代所宗,孰其尸之,护国金龙,再建新祠。"又陈文重之《会通河天井闸金龙神庙记》载:"天井闸,旧有金龙四大王庙一所……元都水监张侯重建。"又《孟县志》载:"河神庙,俗称大王庙……元至元(世祖)建,明正德间重修。"①

基于以上史料得出结论:四大王在元代已是江南百姓虔诚供奉之水神,后随漕运逐渐传布于江北漕河沿岸州县。但其对史料的解读,笔者不敢苟同。首先,元代徐州洪神庙祀河渎之神。元人傅汝砺《徐州洪神庙碑》云:"中原河山形胜,彭城为最,河源出昆仑,万里西来,宣房水之灵府,神明实主之……灵源弘济,历代所宗。孰其尸之,护国金龙。再新祠宇,龟石穹隆。"② 元代加封河渎黄河为"灵源弘济王"③,徐州洪神庙是祭祀河渎之庙。碑文中"护国金龙"难以详考,当与"重译入贡,犀琛辇赟,必由彭城,使者旁午,适无虚日,连樯巨舶,络绎不绝",河漕交通,与国家命运息息相关。金龙河神,既是保佑漕运神灵,也是庇佑河水沿岸黄淮地区安澜。故对河神褒誉"护国",只是与国家航行有关,这与元代加封天妃为"护国"同理(至元十八年即 1281 年封号"护国明著天妃"、大德三年即 1299 年诏封泉州海神"护国庇民明著天妃"、延祐元年即 1314 年封号"护国庇民广济明著天妃"、天历二年即 1329 年加封为"护国庇民广济福惠明著天妃"、至正十四年即 1354 年诏加"辅国护圣[护国辅圣]庇民广济福惠明著天妃")④。退一步而论,从常理推断,金龙四大王的原型人物谢绪忠于宋室,于南宋灭亡之际殉节而死,而徐州洪神庙为元代郡守官建庙宇,故"护国"称誉非指金龙四大王谢绪,不过

① 蔡泰彬:《明代漕河四险及其守护神——金龙四大王》,《明史研究专刊》(台北)1992年第 10 期,第 127—128 页。

② (明)梅守德、任子龙等修:嘉靖《徐州志》卷 8《人事志三·祀典》,台北:成文出版社据嘉靖间刊本影印,1983 年,第 568—569 页。

③ (明)宋濂等:《元史》卷 76《祭祀志》,中华书局 1976 年版,第 1900 页。

④ 参见王元林《国家祭祀与海上丝路遗迹——广州南海神庙》,中华书局 2005 年版,第240—241 页。

是对河渎的褒扬称谓。国家祭祀的河渎之神具有抽象性，而民间多将其形象化。唐宋以降，龙王信仰兴盛，民间观念中江、河、湖、海等水体均由龙王司掌，而徐州洪神庙位于黄河之滨，自然被喻为"金龙"。值得注意的是，明初徐州洪神庙仍存，正统《彭城志》云："灵源弘济王庙在城东四里百步上，即旧圣女祠……宣德七年，奉行在礼部勘合，命有司岁时致祭焉。"①庙祀灵源弘济王，与金龙四大王无涉，也非圣女祠，从庙号即可看出。弘治《徐州志》所载徐州洪神庙又称金龙四大王庙之事应在明正统以后出现。无论是傅汝砺所撰《徐州洪神庙碑》，还是弘治《徐州志》所载，均不足以证明元代徐州洪神庙祀金龙四大王。其次，济宁天井闸龙王庙供奉金龙四大王的时间值得商榷，陈文《重建会通河天井闸龙王庙碑记》载：

　　闸旧有金龙四大王庙一所，凡舟楫往来之人皆祈祷之，以求利益焉。积岁既久，颓毁亦盛。前总督漕运右参将汤公节见而叹曰："是非所以安神。"俾卫、州官属及郡之义士捐资以更新之。经始于正统戊辰十月三日，至腊月而庙成……考之元都水监丞张侯重建济宁会源闸既成，立河伯龙君祠八，故都水监马之贞、兵部尚书李奥鲁赤、中书断事忙速祠三，以迎休报劳，而此庙未详创于何时。今诸祠皆废，是庙独存，或者谓即龙君祠之一者。②

　　元代会通河沿岸河伯龙君崇拜盛行，《会通河伯祠晚眺》云："水神祠下晚维舟，间倚穹碑诵远游。……漳川近绕幽燕出，汶水分兼济漯流。"③按《重建会通河天井闸龙王庙碑记》，元代都水监丞张侯建八座河伯龙君祠，至明时皆废。天井闸龙王庙始建时间无考，总漕汤节等官员于正统十三年（1448）主持重修，据陈文访之传闻，该庙前身或是元代都水监张侯所建八座河伯龙君祠之一。虽然庙宇建筑或有继承关系，但庙中所祀金龙四大王与元代河伯龙君不同，蔡泰彬先生将二者混淆，误将元代河伯龙君祠的建造时间当作供奉金龙四大王的时间。最后，蔡泰彬先生引

①　（明）宋骥：正统《彭城志》卷5《祠庙》，正统年间抄本。
②　（明）王琼：《漕河图志》卷6《碑记》，中国水利电力出版社1990年版，第266页。
③　（元）傅若金：《傅汝砺诗集》卷3《会通河伯祠晚眺》，见《文津阁四库全书》，商务印书馆2005年版，第405册，第307页。

民国《孟县志》，认为孟县河神庙（大王庙）是元代至元年间所建金龙四大王庙，此说值得怀疑。元明之际，黄河下游地带河神信仰格局发生变化，明清时期金龙四大王信仰兴盛，沿黄一带民众多将金龙四大王视为黄河神，而兴建于元代的河神庙至明清时期多被视作金龙四大王庙，孟县河神庙历时久远，其中又多次重修，其前身可能不是金龙四大王庙，此庙难以作为判断信仰起源的可靠依据。综上，蔡泰彬先生的元代起源说不妥。

二　朱元璋敕封说辨伪

朱元璋敕封说见于明中后期，徐渭（1521—1593）所撰《金龙四大王庙碑记》云："元末，我太祖与元将蛮子海牙战于吕梁，元师顺流而下，我师将溃，太祖忽见空中有神披甲执鞭、驱涛涌浪，河忽北流，遏截敌舟，震动颠撼，旌旗闪烁，阴相协助，元师大败，太祖异之。是夜梦一儒生，披帏语曰：'余为宋会稽谢绪也，宋亡，赴水死，行间相助，用纾宿愤。'太祖嘉其忠义，诏封为金龙四大王。金龙者，因其所葬地也；四大王者，从其生时行列也。自洪武迄今，江淮河汉四渎之间屡著灵异。"① 朱国祯（1558—1632）《涌幢小品》载："大明兵起，神示梦当佑圣主。时傅友德、元左丞李二战于徐州吕梁洪，士卒见空中有披甲者来助战，虏大溃，遂著灵应。永乐间凿会通渠，舟楫过洪，祷无不应，于是建祠洪上。"② 此说带有神话色彩，显系民间传说，今之学者多据此推断，认为此说是朱元璋或其谋士为抬高自己的地位而伪造③，当有道理。朱元璋与金龙四大王信仰起源有无关系？值得探讨。

首先，吕梁洪之战并非虚构。至正二十七年（1367）二月丁末，元将扩廓帖木儿遣李二侵徐州，兵驻陵子村，"友德率兵二千余泛舟至吕梁，伺其出掠即舍舟登陆击之"，俘获李二及其将士二百七十余人。朱元璋闻知此役，云："近陵子村之捷，盖扩廓帖木儿游兵。彼故以此饵我，

---

①　（明）徐渭：《徐渭集》，补编"金龙四大王庙"条，中华书局1983年版，第1298页。

②　（明）朱国祯：《涌幢小品》卷19《河神》，中华书局1959年版，第438页。

③　参见王云《明清山东运河区域社会变迁》，人民出版社2006年版，第272页；陈述主编《杭州运河历史研究》，杭州出版社2006年版，第167页。

使吾将骄兵惰，掩吾不备。"① 吕梁洪之战明军主将是傅友德，战后受到朱元璋赏赐，但未载敕封金龙四大王之事。其次，朱元璋建国伊始，实施了大规模的礼制改革。洪武元年（1368），"令郡县访求应祀神祇、名山大川、圣帝明王、忠臣烈士，凡有功于国家及惠爱在民者具实以闻，著于祀典，有司岁时致祭"②。按照这一原则，天宫、祠山广惠庙、汉前将军汉寿亭侯关公庙、五显灵顺庙均载入国家祀典，由南京太常寺定期祭祀，而金龙四大王未入明初的国家祀典。最后，考之正统《彭城志》、成化《杭州府志》，徐州吕梁洪、钱塘安溪均无明太祖敕封之事或敕建金龙四大王庙宇。事实上，民间为神祇伪造封号现象甚多。据朱海滨先生研究，宋代以来，绝大多数祠庙的神灵都拥有了封号，"江南三角洲及浙东的部分地区，土地神的神灵都拥有'某某大王'、'某某明王'、'某某将军'称号的情况非常普遍。应该说，其中绝大多数称号都是民间伪造的"③。综之，笔者认为，朱元璋敕封金龙四大王之说系民间伪造。传说的出现应晚于吕梁洪之战，民众在塑造谢绪成神传说的过程中吸收了与朱元璋有关的历史事件，借此虚构神灵与皇帝的关系，旨在强调神灵的正统性和合法性。

不过，传说中谢绪于徐州吕梁洪显圣助战亦非偶然，这与此地水上交通险恶有关。元代修通大运河，淮安至徐州段借黄河行运，吕梁洪、徐州洪为徐州附近的河漕险道。元诗《度吕梁洪》曰："朝发下邳山，黄流溯迢遥。吕梁开险关，悬河倾奔号。"④ 且洪中多狞石，"水涸则岩崿毕露"，舟楫"顷刻不谨，败露立见"⑤。元代吕梁洪一带已有河神金龙崇拜，元人袁桷所撰《徐州吕梁神庙碑》云："徐州有庙曰孚济，曰显济，皆曰龙神……金龙蜿蜒，以肖起止。导其急流，如席如砥。"⑥ 明初，此地的金龙崇拜仍很盛行。明洪武二十年（1387），唐之淳沿河北上，途经吕梁

① （明）胡广：《明太祖实录》卷22"吴元年春丁未朔二月乙卯"条，台湾"中央研究院"历史语言研究所，1962年。
② 《明会典》卷93《郡记三》，中华书局1989年版，第532页。
③ 朱海滨：《祭祀政策与民间信仰变迁——近世浙江民间信仰研究》，复旦大学出版社2008年版，第186页。
④ （清）顾嗣立编：《元诗选初集》卷22《度吕梁洪》，见《文津阁四库全书》，商务印书馆2005年版，第491册，第154页。
⑤ （元）袁桷：《清容居士集》卷25《徐州吕梁神庙碑》，中华书局1985年版，第440页。
⑥ 同上书，第441页。

洪，作《金龙祠曲》曰："金龙祠前春草绿，金龙祠中人簇簇……龙君绣幡赤羽旗，龙女朱冠金凤衣。"① 其《竹枝词》云："金龙王庙在河干，刲羊烧酒上杯盘。"② 此地的金龙崇拜与金龙四大王信仰的起源或有关联，民众将谢绪附会为金龙王亦有可能，同治《徐州府志》云："疑元人指龙神为金龙王，后世求其人以实之耳。"③ 当有道理。事实上，传说以吕梁洪为背景旨在强调谢绪的黄河神职能，为信仰的跨地域传播寻求合理解释。

三　金龙四大王信仰起源新考

金龙四大王的原型人物谢绪经历了由人到神的神化过程。关于谢绪其人，宋末元初人徐大焯的《烬余录》载：

> 谢绪，会稽人，秉性刚毅，以天下自任。咸淳辛未，两浙大饥，尽散家财振给之。知宋祚将移，构望云亭于金龙山祖陇，隐居不仕。作《望云亭》诗云："东山渺渺白云低，丹凤何时下紫泥。翘首夕阳连旧□，漫看黄菊满新溪。鹤闲亭砌人稀迹，台护松荫山径迷。野老更疑天路近，苍生犹自望云霓。"未几，国亡，绪北向涕泣，再拜曰："生不能报效朝廷，安忍苟活。"即草一诗云："立志平夷尚未酬，莫言心事付东流。沦胥天下谁能救，一死千年恨莫休。湘水不沉忠义气，淮淝自愧破秦谋。苕溪北去通古塞，留此丹心灭虏酋。"吟毕赴水死。④

由此可知，谢绪为会稽（今浙江绍兴）人，生前乐善好施，隐居于金龙山，后因宋亡，投水尽节而死，尚无成神事迹，而谢绪家世亦不详。至明中后期，谢绪于吕梁洪显圣助战的传说出现，目前所见最早记载是明

---

① （明）唐之淳：《唐愚士诗》卷1《金龙祠曲》，见《文津阁四库全书》，商务印书馆2005年版，第413册，第168页。

② 同上书，第170页。

③ 同治《徐州府志》卷20《碑碣考·元徐州洪神庙碑》，同治十三年刻本，第479页。

④ （元）徐大焯：《烬余录·甲编》，见四川大学图书馆编《中国野史集成》，巴蜀书社1993年版，第10册，第265页。

嘉靖时人张应桢所撰《拜金龙四大王墓》诗：

> 觥觥谢戚畹，世隐安溪东。生而具灵异，宝珠腾空中。振饥灾未
> 澹，天目崩高峰。江潮断三日，呜呼宋祚终。不忍作媵仆，愿追屈子
> 踪。……真人起淮泗，战士风云从。旌旗见云际，奏捷吕梁洪。功成
> 大褒赠，首膺王爵崇。云仙与水仙，兴云三相公。王也齿居四，上追
> 三代封。黄河挽北流，济运神仓充。扶危更拯溺，去壅而反风。报赛
> 遍河上，咸颂王之功。某也幸同里，苕水泛乌蓬。肃衣拜王墓，双阙
> 表幽宫。宰木百年树，枝干高葱笼。长松数十里，蜿蜒如卧龙。樵苏
> 例有禁，告祭牲牢丰。王祀永无□，王泽流无穷。①

诗中叙述的谢绪事迹主要有以下方面：谢绪是南宋谢太后亲族，隐居
安溪，于南宋灭亡之际投水而死；吕梁洪之战中显灵助战，明太祖封其王
爵；谢绪排行第四，兄长三人分别被封为云仙、水仙、兴云相公。陈继儒
（1558—1639）《宝颜堂集》载之更详：

> 金龙四大王之神，姓谢讳绪，晋太傅文靖公安之三十一世孙也。
> 安与右军王羲之好游上虞之东山，其从侄玄分居上虞。宋时讳达字明
> 远者，徽宗时提举淮浙，见蔡京柄国，遂徙安溪之下墟湾，下墟湾之
> 有谢氏盖自此始，今属钱塘县治之孝女北乡矣。及卒，显灵于乡，再
> 传而生绪……谢君君锡好行其德于乡，扫先墓、修家庙、图像诸记，
> 有事必祝，有祝必答，有答必如响，即神之十四世孙也。②

谢绪被纳入钱塘安溪（今杭州市余杭区良渚镇安溪下溪村）谢氏家
族谱系，被传为钱塘安溪谢氏始迁祖谢达之孙，且系晋太傅谢安后裔。上
文可能是陈继儒所撰《金龙山圣迹碑》碑铭③，陈继儒对安溪谢氏的记述

---

① （明）张瀚：《奚囊蠹附录》卷下《拜金龙四大王墓》，见《丛书集成续编》，（清）张
景云辑，上海书店出版社1994年版，第116册，第640页。《奚囊蠹附录》载："张瀚，字子文，
仁和人，嘉靖十四年进士……张应桢，字元兆，号爱山，恭懿公（张瀚）世父。"

② （清）仲学辂编：《金龙四大王祠墓录》卷1《传志》，见《丛书集成续编》，上海书店
出版社1994年版，第59册，第665—666页。

③ （清）沈嘉辙等撰《南宋杂事诗·引用书目补遗中》中有"金龙山圣迹碑 陈继儒"等
语，见王民信主编《宋史资料萃编》第3辑，台北：文海出版社1981年版。

或源自谢君锡。谢君锡不仅是扫墓、修家庙等祭祀活动的主持者，而且撰《玉树芳声》一书，"辑金龙事迹"①，谙熟谢绪神迹。

综上，谢绪为南宋末年会稽人，家世不详，而至明嘉靖年间，钱塘安溪被传为谢绪家乡，且有后裔存在。毋庸置疑，钱塘安溪应是明中后期谢绪成神传说的源头。然而，南宋末年距明嘉靖年间时间久远，安溪是否为谢绪家乡？谢绪于何时在安溪被塑造成神？二者关系信仰最初起源地问题，值得探讨。据《东山世系图》②，安溪谢氏出自台州，兹截取与安溪谢氏有关的部分世系，见图1。

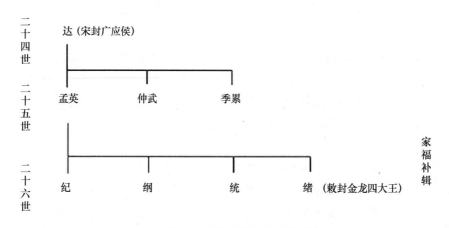

图1　东山二十四世至二十六世世系

资料来源：（明）谢钝纂修，（清）谢家福订补：《东山世系图》，清光绪十年桃隖谢氏刊本。

图1中二十四世、二十五世出自元代台州家谱或文远公本③，谢达有子三人，未有迁徙记载，此与源自安溪的"徽宗时提举淮浙，见蔡京柄国，遂徙安溪之下墟湾，下墟湾之有谢氏盖自此始"之说相矛盾。二十

① （清）黄虞稷：《千顷堂书目》卷8《地理下》，瞿凤起、潘景郑整理，上海古籍出版社2001年版。

② 景泰二年，谢钝据南宋绍熙间昌国公本、元大德间文远公本、元初稽谱、元代台谱纂修《东山世系图》，为东山谢氏统谱，始宁、台州、上蔡、诸暨分支等均已注明。

③ 谢钝《东山世系志校勘记》云："图列世系以昌国公原本为准，凡台谱所载宋元世系补入二十五世润甫、深甫公下以正台谱之误，会稽支派则从文远公本补列。其凡台稽诸谱误载世系亦并列人，加以方格，昌国公原本所载圈以别之，并考诸本异同，条列简端。"

六世乃清光绪年间谢家福辑补时加入，亦难说明谢达与谢绪是祖孙关系。此外，《东山谢氏图》以谢衡为一世祖，谢安为三世祖，据此下推，谢绪应是谢安二十四世孙，此亦与源自安溪谢氏的谢绪为谢安三十一世之说矛盾。值得注意的是，成化《杭州府志》载谢达神迹甚详，而谢绪事迹无载，成化《杭州府志》载：

> 灵惠庙在县（钱塘）西北孝女北管下墟。神姓谢讳明达，业儒，屡游场屋不利，退隐林壑间，殁而显灵。宋建炎初金虏犯境，乡民彷徨，忽闻空中金鼓声，现旌旗振耀，显露谢公神号，金虏退循。乡民赖焉，邻境屡有虎豹不入境。咸淳庚子元夕，乡民梦神云"今岁当大旱，宜先开井浚源"，夏秋果旱，赖井灌田成熟。自后旱潦祈祷辄应，乡耆状于两浙运司，以闻赐额。至今子孙奉祠，灵响不衰。①

谢明达（谢达）是科举不第的儒生，死后被传说为钱塘安溪下墟一带的地方神，屡施"恩惠"于当地乡民。但涉及谢达家世，却语焉不详。兹以常理推论，若谢绪果系谢达之孙，而时至成化年间，金龙四大王在运河一带已广被奉祀②，且金龙四大王谢绪是国家正祀之神，成化《杭州府志》岂有不载之理？明末清初人谈迁亦提出质疑，其《北游录》云："明远既徽宗时提举。历德祐且百余年。不当再传生绪。世次恐未核。"③ 值得注意的是，安溪谢氏或与台州谢氏的另一支系有关，见图2。

按《东山世系图》追溯，两支同出台州东山谢氏第十五世谢聘。图2世系中第三十世谢长一迁居钱塘安溪，谢长二迁居余姚四门（今余姚市泗门镇）。出自四门谢氏的谢迁为明成化乙未科进士，官至礼部尚书，其《归田稿》云："其先台州临海县人也。始祖讳长二，宋末徙家余姚东山汝湖之汭。上世谱牒失传，兹不敢妄述，长二生明四……自始祖定居来，

---

① （明）陈让等修：成化《杭州府志》卷35《坛庙》，见《四库全书存目丛书》，夏时正等纂，齐鲁书社，第175册，第481页。
② 参见王元林、褚福楼《国家祭祀视野下的金龙四大王信仰》，《暨南学报》（哲学社会科学版）2009年第2期，第213页。
③ （清）谈迁：《北游录·纪程》，中华书局2006年版，第21页。

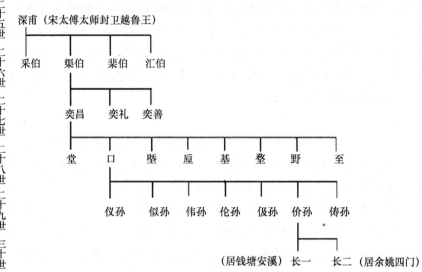

图2 东山二十五至三十世世系

资料来源：（明）谢钝纂修，（清）谢家福订补：《东山世系图》，清光绪十年桃隖谢氏刊本。

子孙繁衍，多至数千百指，遂为一巨族。"① 长一与长二系兄弟关系，谢长一迁居钱塘安溪时间约在宋末。此外，谢深甫为南宋理宗皇后谢道清祖父，《宋史·谢深甫传》云："谢深甫，字子肃，台州临海人……孙女为理宗后。"② 谢道清与图2中第二十七世同辈，谢长一应为谢太后曾侄孙，而钱塘安溪谢氏于清代所修《东山家谱》亦载："太后，公（谢绪）之曾祖姑也。公见后，后以国祚艰难，诏宗室散处民间。"③ 安溪谢氏强调与谢太后、谢道清的关系，此亦说明安溪谢氏始迁祖或是长一。综之，安溪谢氏迁自浙江台州，始迁祖或是谢长一，明代安溪谢氏追述始迁祖时可能攀附到谢达一支，谢绪被附会为谢达之孙，被纳入安溪谢氏谱系。

安溪谢氏将谢绪纳入族谱与宗族造神有关。据成化《杭州府志》载，谢明达（谢达）是安溪下墟湾地方神灵，与谢绪还无关系。明中期，官方多次掀起打击民间淫祠的运动。弘治元年（1488），礼部尚书周洪谟上

① （明）谢迁：《归田稿》卷2《曾祖考妣行实》，见《四库明人文集丛刊》，上海古籍出版社1991年版，第26页。

② （元）脱脱等：《宋史》卷394《谢深甫传》，中华书局1977年版，第12038—12041页。

③ （清）仲学辂编：《金龙四大王祠墓录》卷1《传志》，见《丛书集成续编》，上海书店出版社1994年版，第59册，第668页。

书云：“凡宫观祠庙，非有功德于民者，不合祀典，俱令革去。间有累朝崇建，难于辄废者，亦宜厘正名号，简杀礼仪，庶尽以礼事神之心。”①作为地方神的谢达虽有"敕封"和保护乡民的灵应传说，但仍存在被官方取缔的风险。谢达、谢绪同祀一庙亦是明中期之事，万历《钱塘县志》载："灵惠庙，在孝女北管下墟，宋祀谢达、谢绪，旱涝祈祷辄应。"② 金龙四大王谢绪为国家崇祀的黄河与运河之神，而地方土神附会成国家正神之祖神，面临官方打击淫祠的运动，其信仰空间得以拓展。金龙四大王谢绪被纳入谱系，族系中其他宗亲亦被塑造成神。《东山家谱》云："祖名达，宋敕封广应侯。伯名孟英，敕封五道十一相公。父名仲武，敕封司徒十三相公。叔名季略，敕封横充五相公。余弟兄四人，长名纲，善驾云致雨，次名纪，善制水往来，次名统，善兴风扬沙。"③据申浩先生研究，安溪谢氏子孙可能是职业巫师④。护佑漕运的家族神谱应是谢氏后裔创造。

四　结语

因对史料解读有误，蔡泰彬先生提出的元代起源说不妥。明太祖朱元璋与金龙四大王信仰的起源并无关系，敕封传说系民间伪造。关于信仰的起源时间与地点，当是来源于元代吕梁洪的河神金龙崇拜，伴随明初漕运的发展而兴盛的，而申浩先生的信仰起源地为江南运河区域之说，笔者不敢苟同。钱塘安溪并非金龙四大王信仰最早的起源地，其最初源头或与徐州吕梁洪的河神金龙崇拜有关，谢绪形象可能附会其上。安溪谢氏宗族于明成化以后将谢绪纳入谱系，谢绪成为其祖先神。

（作者单位：暨南大学历史系；广东广州执信中学）

---

① （明）俞汝楫编：《礼部志稿》卷 84《神祀备考》，见《文津阁四库全书》，商务印书馆 2005 年版，第 198 册，第 508 页。

② （明）聂心汤等：万历《钱塘县志》，《纪制·庙》，台北：成文出版社据光绪十九年（1893）刊本影印，1975 年，第 273 页。

③ （清）仲学辂编：《金龙四大王祠墓录》卷 1《传志》，见《丛书集成续编》，上海书店出版社 1994 年版，第 59 册，第 669 页。《东山世系图》中谢绪之父为孟英，见图 1。

④ 申浩：《近世金龙四大王考——官民互动中的民间信仰现象》，《社会科学》2008 年第 4 期，第 161—167 页。

徽州商人的淮扬进出和水神祠庙

——以扬州和镇江为中心

［韩］　曹永宪

一　绪论

祠庙是为城隍或关羽等个别神灵举行信仰、祭祀和宗教活动的建筑物的总称，一般可分为与国家祀典体系相关的祠庙和与国家祀典体系不相关的民间祠庙①，本文将以前者中与水神有关的祠庙作为分析对象来说明。水神是与降雨、治水、水运等有关的神灵，不仅包括龙王和河神等原来就具有超自然能力的自然神灵，还包括金龙四大王、天妃、晏公等历史人物死后被神格化的人格神。此外，各路的江神、海神、湖神、河神等在广义上都可被纳入水神的范畴。②

明朝中期以来，利用水路进行的长距离流通业得以发展，因此各种水神祭祀和祠庙建筑也日益增加，客商祈求水运安全的愿望也愈加强烈。特别是在大运河沿边的城市，利用运河来往的漕运船、商船和官船等的乘客和运输者越来越多地参拜水神祠庙。中国自古以来就有祈祷与农耕紧密相关的治水和降雨的传统，但这与因为水神出现而形成的上述现

---

① 以国家是否介入为标准对祠庙所做的分类不是很明确，这是因为国家权力确定祀典的过程是通过相当的政治性组织而形成的，相反，在民间与此种祀典无关或者关系不大，由信仰自发扩散的祠庙很多。

② 参见李乔《中国行业神崇拜——中国民众造神运动研究》，中国文联出版社 2000 年版，第 391 页。

象有所不同。① 对于明代以来建立的祠庙，流通业的相关使用者以及河工官僚等表现出了极大的关注②，所以本文将着重对徽商介入运河城市水神祠庙的过程进行探讨。首先考察一下淮扬地区建立的代表性水神祠庙——天妃宫和金龙四大王庙的情况如何，然后以此为基础探讨徽商通过祠庙重建期待的是什么，获得的又是什么等内容。

二　运河城市的水神祠庙

为了具体了解水神祠庙的功能，首先来看一下《金瓶梅》中出现的临清晏公庙。晏公庙位于距离临清码头 70 里的运河沿岸，访问晏公庙的陈经济（西门庆的女婿）目睹着"数舟船停泊在河上"的壮丽景观进入了祠庙。③ 对那么多船舶使用者来访晏公庙的理由，小说做出了如下说明。"那是朝廷运河初开，临清设二闸，以节水利。不拘官民，船到闸上，都来庙里，或求神福，或来祭愿，或讨卦与筶，或做好事。也有布施钱米的，也有馈送香油纸烛的，也有留松蒿芦席的。"④即晏公庙是祈愿大运河运输安全和致富发达的祠庙，主要是往来于运河的船泊乘客较多来访。他们通过祭祀和祈愿，以及占卜和敬献祭品等宗教活动，尽可能使运输过程中的危险因素最小化。实际上位于临清附近的三处闸门（会通闸、新闸、南板闸）都有晏公庙⑤，小说内容很好地反映出了水神祠庙的特征。同样在崔溥的《漂海录》中也可确认，建于运河沿边的水神祠庙担负着往来船舶的乘客祈祷安全的功能这一点。⑥ 这一资料不仅明确显示出大运河沿

① 当然在明清时代，在各个地区依然广泛存在和农耕相关的各种祠庙，但与此相比，与流通水路相关的水神祠庙沿着水路密集分布，这是一个明显的差别。

② Watson, James L. , "Standardizing the Gods: The Promotion of T'ienHou（'Empress of Heaven'）Along the SouthChinaCoast, 960 - 1960," David Johnson, Andrew J. Nathan, and Evelyn S. Rawski, eds. , *Popular Culture in Late Imperial China*, Berkeley: University of California Press, 1985, p. 294, 也强调各社会阶层支持最能反映自身利害关系的宗教。

③ 《金瓶梅词话》（人民文学出版社 2000 年版）第 93 回，《王杏庵仗义赒贫　任道士因财惹祸》，第 1404—1405 页。

④ 同上书，第 1407 页。

⑤ 《古今图书集成·方舆汇编·职方典》（中华书局、巴蜀书社 1985 年版）卷 254，《东昌府祠庙考》，第 10052 页。

⑥ 参见崔溥《崔溥漂海录校注》卷 2，［韩］朴元熇校注，上海书店出版社 2013 年版，三月初十日，第 107 页。

岸水神祠庙的存在理由就是祈愿船舶的安全运行，还告诉我们在担心水路通行的安全问题上，官船也不例外。

因此大运河沿岸的主要城市中都有水神祠庙。水路运行的不安定性在任何河川或海域都是常见的问题，大运河也不例外。于是大运河的船舶使用者祈求超自然的保护是很自然的，如小说中分析的那样，各地建立的水神祠庙满足了他们的需求。① 如崔溥的记录中所述，祈求水路流通上的安全虽然是水神祠庙的主要功能，但也如《金瓶梅》中所描写的，在祠庙中还同时展开各种多样化的商贾活动。如果考虑到祠庙的功能不限于单纯地举行宗教仪式，而是逐渐成为解决明末清初以来各种工商业者经济活动和利害关系的集团行为的节点的话②，那么可以说运河城市的水神祠庙代言了运河使用者的利害关系。

但是这种祠庙不是均匀地分布在大运河所有地区。一般来说，祠庙密集在人口较多、往来人群容易接近的城市，水神祠庙也是如此，主要集中在临近运河，并拥有众多人口和雄厚物质基础的运河城市。而且，通过《金瓶梅》中描写的临清晏公庙也可知道，主要运河城市都设有闸门或钞关，因此往来的船舶不得不在此停留一段时间。其中各种水路交叉的淮安、扬州、镇江等城市由于治水困难和流通上的危险性极高，水神祠庙更加重要。这三个地区除镇江之外都属于淮扬地区，镇江也是隔着扬子江与淮扬地区相邻，因此可以说包括在广域化的淮扬地区之内。从语言上来看，镇江人不用吴言而用淮扬地区的方言。③

为了掌握这一地区水神祠庙的情况，笔者整理了到 18 世纪为止出刊的地方志中的水神祠庙，如表 1 所示。虽然在名称上有所差异，但大体可整理出八个具有代表性的水神祠庙。

---

① 参见［韩］曹永宪《从小说看徽州商人的对外进出及其面临的课题》，《大运河与商人——淮扬地区徽州商人成长史，1415—1784》，首尔民音社 2011 年版，第 5 章。

② 参见［韩］李允硕《明清时代江南都市寺庙的社会史的研究》，博士学位论文，首尔大学，2003 年。

③ Honig, Emily, *Creating Chinese Ethnicity: Subei People in Shanghai, 1850 – 1980*, New Haven and London: Yale University Press, 1992, p. 24.

表1　　　　　　　　淮安、扬州、镇江的地区的水神祠庙分布

所在县	晏公庙 晏公祠	龙王庙 龙王祠	金龙四大王庙	天妃庙 天妃宫 天妃祠	禹王庙	河神庙	江水祀 江神庙	淮渎庙	其他
清河县	在洪泽镇	九龙将军庙（在运河东岸/天启五年勅建）	大王庙（在清口河西/康熙五十年建）	①在官亭镇北界（万历四十年建）②惠济祠（在旧新庄闸/正德三年建）	×	×	×	淮神庙（在治东二里/正德三年重建）	
山阳县（淮安）	×	①在府治新城北 ②在郡城东门外（崇祯年间重建）	①在郡城外西南隅 ②在清江浦 ③在板闸 ④在南湖所	①在城内西南隅（宋代建立，明宣德间重建）②在新城大北门里大河	在府治西南80里高家堰湖堤	①福运祠（漕河龙王）②阴泽侯祠(河神)	×	①在府治新城北门外 ②在河下镇罗家桥（乾隆十年重修）	镇海金神庙（在清江浦）显应祠（河海淮三神）
宝应县	在北门外	①在南门外 ②在县西南（洪武二年建）③在县南运河河西岸（乾隆二十六年建）④在黄城沟（万历年间建）	在弘济河北闸东（万历二十一年建）	在县治南	×	×	×	×	湖神庙（在县治南运河西岸/乾隆三十年建）
高邮州	在平水大王庙旁	五龙庙（在州治北20里，清水潭上）	平水大王庙（在州北新闸）	×	夏禹王庙（在州西，临泽镇）	×	×	×	①仙妃庙 ②仙人庙
甘泉县	晏公祠（东关外）	①在雷塘（元大德五年）②五龙庙（城北九曲池）	东门外，黄金坝西岸	×	×	×	×	×	邗沟大王庙 露筋祠（邵伯镇）
江都县（扬州）	×	在瓜洲镇	西门外文峰塔湾	南门官河明中叶福建商人建立	县治西浮山后	仙女庙附近，康熙四十年众商	在瓜洲镇	×	仙女庙（城东北30里）
仪真县	在旧巡检司庙（洪武年间）	①惠泽龙王庙 ②九龙将军庙 ③白龙庙 ④小龙庙	5处	×	×				四圣庙 广惠庙

续表

所在县	晏公庙晏公祠	龙王庙龙王祠	金龙四大王庙	天妃庙天妃宫天妃祠	禹王庙	河神庙	江水祀江神庙	淮渎庙	其他
丹徒县（镇江）	在丹徒镇（明初敕封）	①在金山 ②在北固山	在西津渡（万历末建）	在丹徒镇横闸（道光十二年建）	夏禹王庙	在城西便民港	在金山（乾隆五十七年重修）	×	风神庙 水府三官庙（在南闸下运河岸）
所在县数合计	6	8（17）	8（16）	5（7）	4	3（4）	2	2（3）	

其中不具有人格的超自然水神祠庙除了龙王庙、禹王庙，还有相当于四渎的河神庙、江神庙、淮渎庙，总共五个。河神庙、江神庙、淮渎庙分别是供奉掌管四渎之中的黄河、长江、淮河的神灵的祠庙。五个祠庙都把降雨和治水很灵验的超自然神格作为信仰对象，随着移住和农耕文化的传播，从古代开始分布在主要河川沿岸。① 如果说河神庙、江神庙、淮渎庙是根据所属河川而分布的话，龙王庙和禹王庙则不受特定河川的限制，广泛地分布于全国各地。

与上述水神相比，其余的三个祠庙——晏公庙、金龙四大王庙和天妃庙都是把宋代实存人物神格化之后出现的祠庙。晏公庙的信仰对象晏公是宋末江西临江府清江镇人，传闻死后能在水路平息风浪，甚是灵验。后来朱元璋册封晏公为"神霄玉府晏公都督大元帅"，于是晏公被奉为护佑运河安全的水神。② 金龙四大王庙的信仰对象谢绪是南宋理宗太后——谢太后的亲戚，蒙古军南侵时，在去杭州金龙山隐居的途中投身江中自尽身亡。后来朱元璋建立明朝，据说在吕梁洪战斗时得到了谢绪的帮助，因此赐封他"金龙四大王"的称号。③ 天妃宫的信仰对象妈祖北宋初期出生于现在的福建莆田县湄洲岛，姓林，传闻死后显灵护佑过很多航海者而被崇拜为海神。④

① 参见吕宗力、奕保群《中国民间诸神》，湖北人民出版社2001年版，第262—301页。
② 参见（明）郎瑛《七修类稿》，安越点校，文化艺术出版社1998年版，卷12《国事类·封晏公》，第145页；正德《姑苏志》卷27《坛庙上》。
③ 朱国祯：《涌幢小品》卷19《河神》，文艺出版社1998年版，缪宏点校，第447页。
④ ［日］李献璋：《妈祖信仰的研究》，泰山文物史，1979年，第1编《妈祖传说的展开》；［日］朱天顺：《妈祖と中国の民间信仰》，东京：平河出版社1996年版，第31—33页。

从频度来看，在八个县都存在的水神祠庙是龙王庙和金龙四大王庙。其中缘由除了清朝册封政策的影响之外，更可以说是黄河长期泛滥的威胁与大运河南北流通的增加互相作用的结果。继二者之后，其次最多见的水神祠庙是晏公庙和天妃宫（天妃庙），前者分布在六个县，后者分布在五个县。至清末为止，天妃宫在国家祀典中一直获得高级别的册封，这种国家介入也是天妃宫的建立能持续到后代的主要原因。但是，位于其他三处的天妃宫与清朝的册封无关，它们是明朝建立的。因此，在淮扬地区的运河城市中水神祠庙密集的大背景之下，官府的介入具有多大的意义这一点有必要进行详细考察。

三　水神祠庙的扩散和官府的介入

对特定祠庙的信仰通常随着民间的需求反复产生和消灭。[①] 但是在民间产生、流布的信仰如果具有一定的规模或社会影响力的话，就不可避免地会受到公权力的干涉。[②] 这一过程中，国家权力不只是无条件地抑压或统制发展中的民间信仰，只要民间信仰对公权力的统治秩序和社会治安没有带来大问题，传统时代国家权力的基本态度就是默认这一宗教活动，或者适当地加以利用。[③] 再进一步，如果有必要的话，国家权力也会积极地表彰特定的民间信仰，这种事例不胜枚举。

国家对于水神祠庙的处理上也表现出同样的态度。官府介入水神祠庙的方式主要有两种，一种是前面提到的表彰手段，另一种是通过地区社会

---

① 关于民间信仰的扩散动因，强调老百姓等从"下面"来的影响力的代表研究是：Hansen, Valerie, *Changing gods in medieval China*, 1127 – 1276. Princeton, N. J.：Princeton University Press, 1990；Szonyi Michael, "The Illusion of Standardizing the Gods：The Cult of the Five Emperors in Late Imparial China", *Journal of Asian Studies* 56 – 1, 1997。

② 关于民间信仰的扩散动因，强调国家权力等从"上面"来的影响力的代表研究是：Yang, C. K., *Religion in Chinese Society*, University of California Press, 1961；Watson, James L., "Standardizing the Gods：The Promotion of T'ienHou（'Empress of Heaven'）Along the South China Coast, 960 – 1960," David Johnson, Andrew J. Nathan, and Evelyn S. Rawski, eds., *Popular Culture in Late Imperial China*, Berkeley：University of California Press, 1985。关于宋代以来各国之间权力的各种政策对民间信仰的影响，参考蒋竹山《宋至清代的国家与祠神信仰研究的回顾与讨论》，《新史学》1997 年 8 月 2 日。

③ Duara, Prasenjit, "Superscribing Symbols：The Myth of Guandi, Chinese God of War", *The Journal of Asian Studies*, Vol. 47, No. 4, 1988.

的官僚（特别是河工和漕运官僚）。①

首先，来看一下国家的册封对于水神信仰产生了怎样的影响，主要以妈祖和金龙四大王信仰为例。如前所述，这两种民间信仰属于宋朝的实存人物死后被神格化的情况，通过这两者不仅可以明确捕捉到这两种信仰在民间慢慢扩散的过程中官府册封等国家权力介入与否，同时对于确认与本文最关心的徽州商人是否存在一定的关联性也有很大帮助。

比金龙四大王更早受到国家权力关注的妈祖，至今仍然是中国沿海地区和散布在世界各地的华侨最崇尚的神灵之一。妈祖是民间使用的很多俗称中最广泛使用的称呼，正式的名称根据时代不同有"海神娘娘""天妃""天妃娘娘""天后""天上圣母"等。出生在福建湄洲岛的一个女子的神灵被最早编入全国性的信仰体系是在南宋时代。国家权力不仅公开承认了妈祖信仰，同时积极予以支援的原因，是因为妈祖能够保护航海安全的灵验传说在宋代已经广为流传。② 但是从宏观的角度来看，有必要考虑一下南宋政府将首都从开封迁至杭州以后，对东南沿海的治安和流通状况比以前任何时代都要敏感这样一个现实。宋朝如果宣传在镇压海上骚乱时或者贸易船在运输过程中得到妈祖神功相助的话，就可以激发官府的士气，同时也会成为镇压可能发生的潜在骚乱的一个契机。③

与宋朝相比，到了元朝，妈祖信仰进一步受到国家权力的关注，这也与首都的地理位置有密切关系。即根基在漠北的元朝定都大都（北京）以后，需要将江南丰富的粮食运送至北京，因此把江南地区存藏的谷米运到北京的漕运开始受到重视。为了漕运的顺利进行，新开通了会通河，并同时利用连接杭州和北京的大运河，但在元朝，更普遍利用的运输道路是海路。④ 传统时代王朝中，元朝对漕运方式的依赖度最高，因此漕运安全具有左右王朝命运的重要性，相传很灵验的海神妈祖于至元十五年（1278）得到了天妃封号。⑤ 之后元朝共对妈祖进行了 9 次加封，提高了

---

① Dodgen，Randall，"Hydraulic Religion：'Great King' Cults in the Ming and Qing"，*Modern Asian Studies*，Vol. 33，No. 4，1999.

② ［日］李献璋，1979 年，第 207—213 页。

③ ［日］朱天顺：《妈祖と中国の民间信仰》，东京：平河出版社 1996 年版，第 56 页。

④ 参见（明）王在晋撰《通漕类编》（明代史籍汇刊 22），台北：学生书局印行，1970，卷 1，漕运，42a。

⑤ 《元史》（中华书局本）卷 10，世祖本纪 7，第 203 页；《元史》卷 76，祭祀 5，第 1904 页。

其作为海神的地位。①

　　国家权力如此追崇的妈祖信仰，随着明初永乐帝迁都北京，停止海路漕运以后，很自然地消失了。但是直到永乐年间郑和下西洋时期，对妈祖信仰的表彰氛围还不曾减弱。② 只是后来随着漕运路的多元化到大运河一元化的转变，同时加上海禁政策的强化③，官府对于妈祖信仰的表彰也没有必要了，并且妈祖信仰的影响力还有可能和明朝推进的海禁政策形成对峙。因此永乐以后官府只有在倭寇或海贼被击退时，或者往来于东南亚和琉球的使臣遭遇海难被救助时才提及妈祖。在广东地区，还发生了儒教信念较强的绅士将天妃宫视为淫祠，予以废弃或转用他途的事例。④ 因此在明朝，与其说妈祖是积极的航海守护神，不如说她已被限定为防备和缉拿倭寇的神灵。⑤

　　这种趋势随着清朝入关占领各地、镇压占据台湾的郑成功势力而再次发生变化。在康熙十九年（1680），以派往台湾的海兵在海上得到妈祖帮助为理由，朝廷开始对妈祖进行册封。⑥ 康熙二十三年（1684）清朝更把天妃升格为天后，到清末为止共进行了 13 次加封。这种重新册封和元代对妈祖信仰进行的国家表彰异曲同工，而这一时期废除了迁界令（1661—1683），海禁政策也有所缓和。⑦ 就像元朝因海路漕运需要海神妈祖的帮助一样，清朝为了镇压海洋抵抗势力和保护海外贸易，再一次需要妈祖的帮助。换言之，可以说宋朝到清末为止，天妃宫是在国家权力的积极支持下逐渐得以发展的。

　　在考虑祠庙和官府的这种关系时需要关注的一点是，国家权力对妈祖信仰低调关注的明朝永乐年间（1403—1425）至清朝康熙十九年（1680），天妃宫并不是呈现出全盘衰退的局面，相反，在一些地区有增

---

　　① 《天妃显圣录》（台湾文献丛刊 第77种），台北：台湾银行，1960年。

　　② 郎瑛：《七修类稿》卷50，《天妃显应》，第617页；李献璋，1979年，第258—279页。

　　③ 《明史》卷85，河渠4，《海运》，第2114页；檀上宽：《明代海禁观念の成立とその背景－违禁下海から下海通番へ－》，《东洋史研究》63－3，2004。

　　④ 参见［日］朱天顺，1996年，第104页。

　　⑤ 参见［日］李献璋《明廷の海外宣论より见たる妈祖の传播 －特に郑和の西征における灵验のついて－》，《中国学志》1，1964年。

　　⑥ 康熙《大清会典》（近代中国史料丛刊三编 第72辑，文海出版社）卷66 礼部27，22b。

　　⑦ 参见王宏斌《清前期海防》，社会科学文献出版社2002年版，第17—21页；王日根《明清海疆政策与中国社会发展》，福建人民出版社2006年版，第141—169页。

加的趋势。如表 1 所见，淮安—扬州—镇江地区的天妃宫中建立年代详尽的有 5 处，其中的 4 处是明朝建立或重建的，而且这些地区还不是和海运有密切关系的海洋城市，而是运河沿边的城市。江南地区也有明朝建立的天妃宫①，因此可以说明朝建立天妃宫的地区不局限于淮扬地区。

那么，在没有国家权力的册封授予等积极表彰的状况之下，运河城市的天妃宫还能不断地增加，这表明什么呢？看一下和明朝天妃宫的作用相关的内容记录。"故崇其号曰天妃，而漕运商市之所，江海河汉之宾，悉严奉之，多着灵验，亦人心诚敬所感也。"② 这些都表明明朝的天妃得到了漕运船和商船使用者的广泛崇拜，即永乐以后，漕运由河道代替海道进而实现大运河一元化的转变，同时妈祖也不再局限于海神，其功能扩展为保护漕粮运输安全的河神。换言之，明代天妃宫的扩散不是因国家权力的介入，而是因为利用内陆各个河川的船泊使用者的需求量大大增加。明朝后期的郎瑛指出，"洪武初，海运风作，漂泊粮米数百万石于落漈，万人号泣待死矣，大叫天妃，则风回舟转，遂济直沽，以后又封'昭应德正灵应孚济圣妃娘娘'之号。自后海舟显圣不一，四方爱恩之人，遂各立庙，故今在处有之也"。③ 灵验的民间信仰不局限于其产生初期的特性，而是根据信仰人群的需求变化被赋予多样化的神性，而这是宋朝以来民间信仰的重要特征。④ 在明朝，因为妈祖是女神，开始具有生儿有灵的家庭神的功能。⑤ 因此，可以这样说，随着漕运路的变化和信仰人群的需求，明朝的天妃不再只是海神，而且延伸到河神和生育神（家庭神）的范围，同时天妃宫也不断扩散。

与天妃宫相比，金龙四天王的扩散时期多少有点儿晚，但这一过程中国家权力发挥着重要作用这一点是相似的。如前所述，明太祖册封谢绪为"金龙四大王"以后，发生了很多治水显灵的事件，清朝顺治二年（1645）其被册封为主管黄河的神。康熙四十三年（1704）按照河道总督张鹏翮的请求，金龙四大王庙和海神庙、淮神庙一起正式编入国家春秋祀

---

① ［韩］李允硕，2003 年，第 185—186 页。

② （明）陈士元：《江汉丛谈》（四库全书 史部 348）卷 2，《解佩》，13a—b。

③ 郎瑛：《七修类稿》卷 50，《天妃显应》，第 617 页。

④ Hansen, Valerie, *Changing gods in medieval China*, *1127 - 1276*, Princeton, N. J.：Princeton University Press, 1990, pp. 47, 75.

⑤ ［日］李献璋，1979 年，第 288 页。

徽州商人的淮扬进出和水神祠庙

——以扬州和镇江为中心

［韩］ 曹永宪

一 绪论

祠庙是为城隍或关羽等个别神灵举行信仰、祭祀和宗教活动的建筑物的总称，一般可分为与国家祀典体系相关的祠庙和与国家祀典体系不相关的民间祠庙①，本文将以前者中与水神有关的祠庙作为分析对象来说明。水神是与降雨、治水、水运等有关的神灵，不仅包括龙王和河神等原来就具有超自然能力的自然神灵，还包括金龙四大王、天妃、宴公等历史人物死后被神格化的人格神。此外，各路的江神、海神、湖神、河神等在广义上都可被纳入水神的范畴。②

明朝中期以来，利用水路进行的长距离流通业得以发展，因此各种水神祭祀和祠庙建筑也日益增加，客商祈求水运安全的愿望也愈加强烈。特别是在大运河沿边的城市，利用运河来往的漕运船、商船和官船等的乘客和运输者越来越多地参拜水神祠庙。中国自古以来就有祈祷与农耕紧密相关的治水和降雨的传统，但这与因为水神出现而形成的上述现

---

① 以国家是否介入为标准对祠庙所做的分类不是很明确，这是因为国家权力确定祀典的过程是通过相当的政治性组织而形成的，相反，在民间与此种祀典无关或者关系不大，由信仰自发扩散的祠庙很多。

② 参见李乔《中国行业神崇拜——中国民众造神运动研究》，中国文联出版社 2000 年版，第 391 页。

以免昏垫，卫数百万之刍挽以实京庾，赫赫神功，莫可与京者乎？"① 这种认识一直延续到嘉庆年间。②

再次回到金龙四大王是黄河神还是运河神这个最初的疑问当中。如上所述，顺治二年（1645）清朝在册封金龙四大王的过程中，虽然替代运河神而赋予其黄河神的资格，但实际上到明末为止，金龙四大王的显灵与黄河相比更多地发生在以漕运为主的大运河流通上。对此，陈继儒作出如下说明，"五行莫大于水，水莫大于黄河，黄河莫大于漕运，漕运之功莫大于捍患御灾，而人伦又莫大于忠义，合此成金龙四大王"。③ 即各种治水事业中，没有像黄河那样艰难又重大的事情，因为黄河是关系到利用大运河的漕运事业成功与否的最重要因素。实际上黄河是大运河河工的最大障碍，这一点前面屡次提到过。于是，刚获取政权的满族政府指名之前在漕粮运输中显灵的金龙四大王为黄河神，可以更确切地说，这不仅是祈祷能够顺利地治理好黄河，也是考虑到以黄河为水源的大运河的流通（漕运）。

将以上内容进行整理，可以看到自元朝以来一直到清末，国家权力对漕运的关注对水神祠庙的扩散产生了巨大的影响。虽然元朝视妈祖为海神，清朝把金龙四大王限定为主管黄河的河神，但是民间群众和河工漕运官僚都把这两个祠庙看成祈愿运河流通安全的宗教设施并加以利用。

四 徽州商人重建祠庙及其意义

（一）扬州的天妃宫

根据周游大运河地区的魏禧（1624—1681）的记录，扬州天妃宫是在比康熙五年（1666）要早160余年的明朝中期建立的。就像很多天妃宫一样，当时在扬州传播天妃宫的是福建商人。他们在航海途中得到神秘的天妃的帮助保住了性命，后来经过扬州途中发生了船泊突然变沉、停止不前的不可思议的状况。于是，一百多人聚集起来，利用缆绳试图拉动船只，但最终没有任何成果。因此，向天妃再次占卦，出现了"女神喜欢

---

① 张鹏翮：《河防志》卷 12 杂志，《金龙四大王》，18b—21b。

② 参见姚东升《释神》（《中国民间信仰资料汇编》第 1 辑 19，台北：学生书局 1989 年版），卷 4，方祀·金龙四大王，第 27 页。

③ 陈继儒：《金龙四大王》（宝颜堂集），《金龙四大王祠墓录》卷 1，10a。

此地"的卦象，于是他们酬资建立了宫庙以后得以继续航行。虽然不知道当时是什么时期，但没过多久到了嘉靖七年（1528），把天妃宫改建在榷关部署，神像也移到万安宫望楼旁边。

此后直到清初为止没有关于天后宫的其他再修或补修记录，到了康熙五年（1666）才出现程有容的重建记录。[①]

> 程君歙人而侨家广陵，娶妇十年始生子，生辄以痘殇。其后二子痘复危。程君梦神女临其家，侍卫都盛如王后，异香满空，庭宇生光明，心意为天妃也，夫妇叩首泣乞活二儿，神命牵视之，叹曰："不可活矣，我将为汝定回关丁，后当无恙，且多男子。"程君哭而醒，盖天妃主江海兼摄痘事，及人祈子嗣甚灵应。已，二儿并殇。年三十三更举子，凡七八人，皆长大如神言。程君念神大德无以报，一日过万安宫，见故像如梦中，乃大惊，将卜宫后址祀天妃。其友闵君世璋曰："不可。万安宫祀火神，而天妃，水神也，于生克义不宜，宜水次。"程君于是卜广陵驿之河东废地，特建宫，下临邗水，漕运、盐艘、百货之舟日夜过不绝。而门，而庑，而殿，而阁，煌煌翼翼，垣墉致密，庖湢洁清。故像既饰，复束木附涂为冠裳，朝天之仪，巍然高博，则皆程君所以报享于神者也。费凡千金，程君身董工作，而闵君亦效百余金。黄君朝美相与鼓舞出金赞其事，遂经始于丙午四月，至八月落成，盖非独以酬程君之至心，而南北舟楫来往者，皆有所祈报以无恐，程君之功为不可诬矣。

从记录上可以发现，程有容重建天妃宫，将其从城内的万安宫迁移到城外运河东面的广陵驿，表面上看是为了感恩天妃在他两个儿子因天花死后，又赐予他七八个健康的儿子。本来天妃是在海洋安全和航运方面显灵的神灵，但是对扬州的程有容来说是主管生育儿子的女神。[②] 实际上明朝以后，在民间天妃信仰与前面阐述的一样，已经从海神扩大到家庭神。从这个意义上来看，程有容的事例反映出民间信仰在民间社会中被接受、产生

---

① 参见魏禧《魏淑子文集》卷 16《扬州天妃宫碑记》，中华书局 2003 年版，第 763—764 页。

② 关于女神祠庙与女性信仰者的关系，参见赵世瑜《狂欢与日常——明清以来的庙会与民间社会》，生活·读书·新知三联书店 2002 年版，第 278—288 页。

变化的一面。但是与这种因果关系是否属实相比，本文要着重考察的是这一过程中天妃宫的位置变化，以及主管者是徽州歙县出身的商人这个事实。

从天妃宫的位置变化来看，从万安宫迁移到了广陵驿。万安宫所在位置与新城内部的引市相邻①，位于连接小东门和通济门的大街中央，距中央钞关官署很近。② 而新移到的广陵驿位于扬州城郭外部南面的运河沿岸，便于往返于大运河的船泊使用。（参考下图③）从这一位置变化可以看出，天妃宫是从城市内部的市场邻近区域移到了城市外郭的水路交通路边。

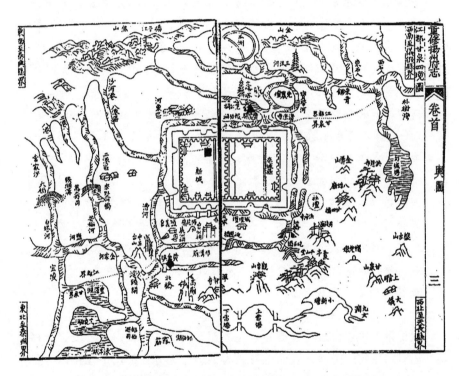

■：天妃宫的故址　▲：天妃宫的新位置　◆：金龙四大王庙

天妃宫位置变更的直接理由是五行上水神天妃不适合在祭祀火神的万安宫内，这是歙县商人闵世璋向程有容提议的。如果考虑到目前中国人在择地和移葬时还顽固地信奉风水和五行，那么传统时代根据五行原理来迁

① 嘉庆《重修扬州府志》卷28，寺观1，13b。
② 参见李斗《扬州画舫录》卷9，《小秦淮录》，第190—191页。
③ 嘉庆《重修扬州府志》卷首，《舆图》。

移祠庙是最自然不过的事情了。这一位置移动直接反映了利用大运河的众多人的利害关系，但是不能忽略位置移动后更易于接近交通路的便利性。仅四个月内就顺利地完成了移建，这和程有容的献身努力以及"南北舟楫来往者，皆有所祈报以无恐"是分不开的。因此，虽然扬州天妃宫在移建之前就是运河使用者虔诚参拜的祠庙，但位置变更以后又担负起祈愿水运安全的水神祠庙的功能。

　　那么，主导迁移的程有容到底是何方人物，能代言运河使用者的利害关系呢？从上面的资料仅仅可以知道程有容是在徽州歙县出生，他的交际圈内有闵世璋和黄朝美。但通过康熙《两淮盐法志》可以确认，他是清初在扬州从事盐业的盐商。虽然盐法志的记录说他是因为"能观时察变"而致富，但是程有容的家庭状况之前并不富裕。[1] 根据康熙二十四年（1685）出刊的《扬州府志》的人物传可知，经历过明清交替的动乱期后，程有容的家庭情况恶化，他只能放弃科举考试，正式从事盐业。[2] 因此很难把程有容包括在代表清初扬州盐商界的总商之内，他只是一个主要居住在扬州，根据需求直接运输、贩卖盐的散商。散商主要是到盐场购买盐，然后把盐运输到需要贩卖的各地城市，因此纵横连接淮扬地区的盐运河和大运河是他们日常的流通路径。[3] 程有容深刻体会到运河的重要性和运输业者的不易，这一经验对选定新天妃宫的位置起到了极其重要的作用。

　　这种关联性也可从天妃宫移建八年后的康熙十三年（1674）程有容除去大运河中桩子的逸事中得到确认。

　　　　扬运河踞南门五里处，盐艘、粮舡及他巨舟过者，每遭破坏，害数百年，人倾千万金，至丧身命。故老皆言，下有神桩，为灵怪所凭。甲寅（康熙十三年/1674）正月，河涸而桩出，有巨楠无数植其下。象南闻之曰："往者僧尝募人于水中斫之，计日受直，弗能拔一桩。今水涸桩见，时不可失也。"乃同程君休如冒雪往视之，属方君子正、汪君彦云董其事。象南乃出金匮中，号于众曰："有能起一大桩者予

---

① 康熙《两淮盐法志》卷23，人物4，程有容，18b。

② 康熙《扬州府志》卷26，人物4，笃行，程有容，16a。

③ 参见［韩］曹永宪《明代盐运法的发展和扬州盐商——以徽商与山陕商的力学关系为中心》，《东洋史学研究》（首尔）70，2000→曹永宪《大运河与商人——淮扬地区徽州商人成长史，1415—1784》，首尔：民音社2011年版，第6章。

一金，小者金递减。"人争趋利，凡三日，起一百六十余桩，自是舟患永绝。又三日，而水大至。[①]

上述资料是聚焦闵世璋善行记录中的一部分，因此除去桩子这件事被描写成闵世璋主导、程有容协力完成的。但关于程有容的地方志传记中则记录是程有容主导除去了桩子。[②] 如前面记述的天妃宫的移建过程一样，程有容和闵世璋在扬州地区积极参与重建宗教建筑的事例还有很多。比如重建扬州法海寺时，他们意见一致，一起出资了四百两银子，并主导了重建工作。[③] 程有容和闵世璋是以徽州歙县出生这一同乡关系为基础，成为主导清初扬州各种公益事业的"同志"关系网的核心人物。[④]

移住长久以来往来于扬州大运河船泊之忧患的河底桩子这一事件的过程本身令人好奇，但位于南门南侧五里的事故发生地点正是新建天妃宫的所在地广陵驿。资料中写到，这里不仅是"盐艘、粮舡及他巨舟过者，每遭破坏，害数百年，人倾千万金，至丧身命"之地，而且也是"漕运、盐艖、百货之舟日夜过不绝"的地区。即程有容把天妃宫移建到大运河上南来北往船泊之必经之处，八年后又除去了经由此地的众多运输业者流通上的危险要素。闵世璋也有除了重建天妃宫之外重建水神祠庙的经历，康熙十年（1671）其重建了禹王庙。[⑤]

康熙五年（1666）程有容重建天妃宫以后，一直到18世纪，扬州发生了很多天妃宫显灵的事件。嘉庆六年（1801）妈祖的父亲被册封为积庆公，母亲被册封为积庆公夫人之后，嘉庆八年（1803）盐政官僚佶山建立大楼一同祭祀天后父亲积庆公和母亲积庆夫人。[⑥] 康熙十年（1671）闵世璋重建的禹王庙也是如此，雍正十一年（1733）盐运使尹会一重修

---

① 魏禧：《魏淑子文集》卷10，《善德纪闻录叙：为闵象南作》（附录），第521页。
② 参见康熙《扬州府志》卷26，人物4，笃行，16a；魏禧《魏淑子文集》卷11，《程翁七十寿叙》，第595页。
③ 参见魏禧《魏淑子文集》卷16，《重建法海寺记》，第765页。
④ 参见魏禧《魏叔子文集》卷10，《善德纪闻录叙：为闵象南作》，第517—523页；同书，卷18，《歙县吴君墓志铭》，第932—935页。关于以程有容和闵世璋为中心的在淮扬地区活动的徽商网络，请看曹永宪《大运河与商人——淮扬地区徽州商人成长史，1415—1784》，首尔：民音社2011年版，第9章第3节"运河城市的公益事业和徽商网络"。
⑤ 参见魏禧《魏叔子文集》卷10，《善德纪闻录叙：为闵象南作》，第522页。
⑥ 嘉庆《两淮盐法志》卷52，杂纪1，祠庙，4b—5a。

了一次，到乾隆五十七年（1792）盐政全德又重修了一次。① 如此这般清初徽商重建的水神祠庙到了 18 世纪则变成了盐政官僚管理的宗教设施。如表 2 所示，到 18 世纪后半期虽然还有商人参与祠庙重建的事例，但是 14 处之中 7 处祠庙重建的主导人却已由商人变成盐政官僚。

表2　　　　　　　　　清前中期扬州临近祠庙重建及其主导人物

祠庙	顺治	康熙年间	雍正年间	乾隆年间	嘉庆年间
禹王庙		康熙十年——商人（闵世璋）	雍正十一年——运使（尹会一）	乾隆五十七年——盐政（全德）	
大儒祠		运使朱之瑞等盐政官吏			
关帝庙				乾隆五十八年——运使与盐政	
蕃釐观		康熙六十年重修		乾隆四年——商人	
佑圣观		康熙四十七年重修		乾隆六年——众商 乾隆四十九年——盐政（全德）	
崔公祠		康熙三十二年——众商建立		乾隆六年——商人 乾隆二十六年——运使（卢见曾）	
财神庙				乾隆三十二年——总督主导移建而且众商给予资金 乾隆五十六年——运使移建	嘉庆六年——运使
天后宫		康熙五年——商人（程有容）			嘉庆八年——盐政（佶山）添建
范文正祠				运使——奏请重修，盐政——承认	嘉庆二年——盐政
欧阳文忠祠		康熙初——知府（金镇）与主事（王应麟）	雍正八年——商人（汪应庚）	乾隆十六年——众商	
邗沟大王庙					嘉庆六年——淮南绅、商，公捐重建
双忠祠			雍正十二年——绅商（马曰琯）	乾隆四十二年——运使（朱孝纯）	
萧孝子祠		康熙六年——里人建立	雍正十二年——绅商（马曰琯）	乾隆四十二年——运使（朱孝纯）	
金龙四大王庙		康熙三年——淮商公建		乾隆三十六年、四十一年——淮商	

① 嘉庆《两淮盐法志》卷 52，杂纪 1，祠庙，1a。

那么，程有容通过这种活动想得到什么呢？很可能程有容是想通过再建水神祠庙来响应祈愿漕运顺利进行的漕运和河道官僚，并期待可以和他们形成密切的友好关系。无论是程有容重建祠庙并除去运河中的桩子，还是扬州天妃宫建立 50 年后漕运总督施世沦在淮安建立天妃宫①，如果考虑到这些事实，那么也不是没有这种可能性的。

但是，比这更引人注目的是利用大运河的非特定多数人群，即船泊利用者和运输业者的现实需求。如果这一需求得以满足的话，无论有无意向，都是一个可以在商品流通和人际交流活跃的运河城市提高名望的有效战略。明朝后期以来，对宗教设施的各种捐赠行为被认为是和头衔一起用来区分地区精英的一个标准。随着这种认识的扩散，在绅士层之间对祠庙的捐赠文化也逐渐具有社会强制性。② 这一方式适用于梦想成为地区精英的任何人。清末徽州人对程有容和协助积极参与水神祠庙重建的闵世璋是如此评价的："象南为德多自讳，或假名他人，或辞多居少，事恒不彰。然士君子及里巷行旅之人，指其事而口颂之者不胜"③，这很好地说明了现实中的祠庙重建和地区社会中地位提高之间的关系。程有容和闵世璋重建法海寺以后，"于是游平山堂者，必登法海寺，皆诵程君（程有容）功德"，从这里也可以描测出支援位于交通要地的宗教设施的商人期待的是什么。通过这种方式提高了声望，使他们得以在主要的活动舞台——淮扬地区的盐业界获得一定的信赖度，并以此为基础通过提高商业能力和强化支配构造，使这种声望得以延续。④

（二）镇江的金龙四大王庙

下面考察一下运河沿岸的金龙四大王庙中和徽商关系最明显的镇江金龙四大王庙。金龙四大王庙位于镇江城西边的西津渡。西津渡是临近扬子江的

---

①　乾隆《淮安府志》卷 26，坛庙，5b。

②　Brook, Timothy, *Praying for Power: Buddhism and the Formation of Gentry Society in Late-Ming China*, The Council on East Asian Studies Harvard University and the Harvard-Yenching Institute, Harvard University Press, 1993, pp. 202 – 217。

③　许承尧：《歙事闲谭》，卷 18 "闵象南·吴幼符"，第 996—997 页。

④　Smith, Joanna F. Handlin, "Social Hierarchy and Merchant Philanthropy as Perceived in Several Late-Ming and Early-Qing Texts", *The Journal of Economic and Social History of the Orient* 41 – 3, 1998, p. 440.

港口，是渡扬子江往来于瓜洲的船泊渡江前停泊的交通要地。① 清初谈迁沿着大运河北上时，因为扬子江风浪太大，曾在镇江滞留数日，举行了祭江仪式。②

此处的金龙四大王庙最初是明万历（1573—1620）后期运输漕粮的运军和商人一起建立的。③ 但是如果考虑到明清时代运军恶劣的经济条件④，可以很自然地将这一记录解释为，是商人在得到祈求运输安全的运军的协助投入资金完成的。因此，这些商人可以说不仅是频繁往来于大运河的商人，而且是经济条件较为富裕且有能力建立祠庙的商人。建立这座金龙四大王庙的主体很有可能是徽州商人。

> 丹徒越闸之有神庙，乃皖人之客于此者所建，其基购于镇海庵僧竝居民纪氏。自嘉庆丙子（1816）始建神殿，道光丙戌（1826）又增新楼及左右廊庑。既焕既崇，有严有翼。皖之人经此，必奉瓣香致敬焉。夫神无乎不之，况是闸旁为运河，江湖嘘噏，又赖神凭相。使冬春之际，潮长不涸，万艘衔尾，无阻浅之虞，则国家实蒙其利，岂但为皖人之福已哉？⑤

文中提到的"皖人"指的是安徽省人。从文句中可以看出，他们不是暂时来到镇江的人，而是持续往来的商人。根据活动于嘉道时期的陆献的记录可知，当时临近越闸的镇江横闸容易毁损的原因不是因为河川，而是因为经常利用闸门的"安徽之奸商"。⑥ 同样的文句在《清经世文编》中也被引用，只是字句多少有些差异，不过可以确定，他们就是徽州木商，并与负责闸门修筑的官僚也有密切的关系。⑦ 而且徽州婺源县出生的

---

① 《至顺镇江志》（江苏地方文献丛书，江苏古籍出版社1999年版）卷2，渡津，第46—48页；乾隆《镇江府志》卷18，渡津，7b—8a。

② 参见谈迁《北游录》（清代史料笔记丛刊），中华书局1997年版，卷1《纪程》，第11页。

③ 乾隆《镇江府志》，卷17，《庙祠》，10a。

④ ［日］星斌夫：《明清时代交通史之研究》，东京，山川出版社1971年版，第119—127页；［韩］表教烈：《清代前期漕运的弊端——以运军的存在形态为中心》，《省谷论丛》（韩国）26，1995年。

⑤ 陶澍：《陶澍集》下，岳麓书社1998年版，《丹徒越闸金龙四大王墓碑记》，第24页。

⑥ 光绪《丹徒县志》卷56，国朝文，《丹徒横闸改建议》，55b—57a。

⑦ 《清经世文编》卷104，工政10，运河上，《丹徒横闸改建议》。

木商戴振伸因为在道光年间补修了所有毁损的横闸和越闸，疏通了邻近的运河而被赐予九品官衔。① 把扬子江上游的木材运输到江南地区时，经过镇江是徽州木商的传统运输方式，徽州木商中历来是婺源县出生的占据优势②，因此把陶澍记录中的"皖人"解释为徽州木商好像也无可厚非。

重新查看陶澍的记录可知，嘉庆二十一年（1816）徽州木商在连接大运河的越闸附近购买了基地，建立了金龙四大王庙的神殿，十年后完成了周边的工程。只看这一资料的话，就会认为金龙四大王庙是嘉庆二十一年（1816）初次建成的。但可以确定的是，乾隆《镇江府志》中记录的镇江金龙四大王庙和光绪《丹徒县志》中记录的金龙四大王庙是建立在同一地方的。据后者所述，这一祠庙在太平天国期间被破坏损毁。③ 由此可见，陶澍记录的金龙四大王庙也不是新建的金龙四大王庙，而是重建了明末以来就存在但是被损毁的祠庙。

当然，仅仅凭借1816年重建金龙四大王庙的主体是徽商这一点，是很难判断出明末创建的主体也是徽商的。但如果考虑如下几个情况，可以在很大程度上把明末在镇江建立金龙四大王庙的商人判断为徽商。

第一，频繁往来于镇江的徽州木商的活动时期可以追溯到万历年间。据《冬官纪事》记载，万历二十年（1592），和宦官建立密切的关系，并以此为基础担当了运输皇宫再建所需的皇木之责、尽情往来扬子江和大运河等流通路线的就是数十名徽商。④ 崇祯十三年（1640）居住在镇江京口西津渡歙县出生的商人至少有三十家⑤，康熙十三年（1674）利用扬子江—运河线路往福建运输木材的婺源出身的木商接受官府的命令在镇江设立了千余间军营。⑥

第二，虽然不是镇江的事例，但是万历初期在嘉定县南翔镇建立金龙四大王庙的主体就是徽州歙县的任良佑。当时他是进出南翔镇的众多徽商之一⑦，出资资助了南翔镇代表性的寺庙——云翔寺内的金龙四大王庙、

---

① 民国《婺源县志》卷40，人物11，义行6，19a—b。

② 李琳琦：《徽商与明清时期的木材贸易》，《清史研究》1996—2。

③ 光绪《丹徒县志》卷5，庙祠，10b。

④ 参见（明）项梦原《冬官纪事》（丛书集成初编1500），中华书局1985年版。

⑤ 乾隆《镇江府志》卷38，孝义，程达昌，22b—23a。

⑥ 民国《婺源县志》卷37，人物11，义行1，22a—b。

⑦ 万历《嘉定县志》卷1，疆域考，市镇。

大雄殿以及道观万寿观的玉皇殿的建立。① 引人注目的是为了做买卖来到南翔镇的任良佑决定在南翔镇建立金龙四大王庙的理由。根据王世贞（1526—1590）的记录，"适歙中有一善知识，为任良佑氏，其资金五千，尝泛大河而遇风，以舟兔，归德于河金龙之神，捐千金之囊，新其庙矣"。② 即他认为在"大河"中遭遇风浪危险时，保佑自己脱离险境的神灵是金龙四大王，于是为了报恩而建立了祠庙。

那么，他利用的"大河"是何种水路呢？一般来说，"河"不是指黄河，就是指运河。考虑到"大河"这一名称的特性或者他从歙县到南翔镇的通道，指的是黄河的可能性很小。那么这里的"大河"应该是运河，而且从"大河"这一表达方式来看，大运河的可能性要高。参考天启六年（1626）徽州人程春宇出刊的客商和科举应试者的旅行参考书《士商类要》可知，任良佑利用船泊到达南翔镇的路线大致可分为两种。

　　① 徽州 → 新安江 →（浙江省）严州 → 富春江 →（浙江省）杭州 → 大运河 → 苏州 → 吴淞江 → 南翔镇③
　　② 徽州 → 陆路与水路 →（安徽省）芜湖 → 扬子江 →（江苏省）镇江 → 大运河 →苏州 → 吴淞江 → 南翔镇④

可以看出，无论选择哪条路线都要经过大运河。况且如前所述，考虑到大运河的流通导致各地建立了金龙四大王庙。因此，基本可以判断出任良佑得到神助的"大河"是大运河。综合考虑全部情况可以推断，万历年间在镇江建立金龙四大王庙并利用大运河的商人中，与其他地区的商人相比像任良佑这样的徽商被包括在内的可能性更高。

不管怎样，陶澍的记录中具有值得再次思考价值的，是对建立金龙四大王庙的徽州商人的活动和结果的评价。首先，可以看出徽商不只是建立了金龙四大王庙，并且将其作为同乡人为了祭祀而必经的空间加以利用。根据比金龙四大王庙早三年建立的苏州会馆的记录，会馆具有如下特征。"会馆之设，所以展成奠价，联同乡之谊，以迓神庥也。姑苏为东南一大都

---

① ［韩］李允硕，2003 年，第 100—105 页。
② 王世贞：《重修南翔讲寺记》，嘉庆《南翔镇志》卷 10，寺观·云翔寺，第 140 页。
③ 程春宇：《士商类要》，卷 1，第 248、254 页。
④ 程春宇：《士商类要》，卷 1，第 247、256、252、254 页。

会。五方商贾，辐辏云集，百货充盈，交易得所。故各省郡邑贸易于斯者，莫不建立会馆，恭祀明神，使同乡之人，聚集有地，共沐神恩。"① 由此可知，大约同一时期徽商在镇江重建金龙四大王庙，不仅可以祈愿水运的安全，而且通过这一宗教活动还可以团结同乡人。活动于淮安的徽州典当业者也把祠庙（灵王庙）当成自己的会馆加以利用。②

而且从这一记录可以看出，金龙四大王庙不一定是特定地区商人的专有物。已经有很多研究者引用苏州府吴江县盛泽镇的金龙四大王庙的建立和重建碑文指出③，金龙四大王庙是济宁商人的专有物乃至同乡会馆。当然，如果只看盛泽镇的金龙四大王庙例子，只能说金龙四大王庙发挥着济宁商人同乡会馆的作用。但是镇江的事例却不是如此。查阅康熙三年（1664）在扬州城外郭的运河沿岸建立的金龙四大王庙的记录就能知道，金龙四大王庙是"淮商"公建的。（参考图1）当时在扬州活动的"淮商"指的就是盐商，那么可以断定建立扬州金龙四大王庙的不是济宁商人，而是徽州商人主导的。据《两淮盐法志》记载，每年"开桥"时千余艘盐运船首先聚集在金龙四大王庙，举行祈愿运输安全的祭祀仪式。④因此可以说，扬州的金龙四大王庙是淮扬地区的盐商为了祈愿安全、提供给同业者便利而建立的。汉口的金龙四大王庙也是往来于扬州的盐商建立的，并担当着为盐商服务的会馆和公所的职能。⑤

考虑到这些状况，可以认为在运河城市建立或重建的水神祠庙不是特定地区的商人一直占有，而是随着商业能力和环境变化，其占有者也随时发生变化。况且，因为祠庙是宗教设施，对任何人都是开放的。但是，如果把时间限定在清朝、空间限定在镇江和扬州的话，就可以说徽商把金龙

---

① 苏州历史博物馆、江苏师范学院历史系、南京大学明清史研究室合编：《明清苏州工商业碑刻集》，江苏人民出版社1961年第350期，《嘉应会馆碑记》（嘉庆十八年）。

② 参见荀德麟《历史文化名镇淮安图下》，《江苏地方志》2002年第6期、第27期。

③ 《敕封黄河福主金龙四大王庙碑记》，王国平、唐力行主编《明清以来苏州社会史碑刻集》，苏州大学出版社1998年版，第529页；《吴江盛泽镇续修济宁会馆碑》，《明清苏州工商业碑刻集》，第351—352页。

④ 嘉庆《两淮盐法志》卷52，杂纪1，祠庙，金龙四大王庙，9b。根据林苏门，《邗江三百吟》卷1，《放头桥》16b，"开桥"就是放出要销的盐之新单仪式名称，盐政官僚自己择日而组织"开桥"活动。

⑤ 参见范锴《汉口丛谈校释》，江浦等校释，湖北人民出版社1999年版，卷2，第92页；Rowe，T. William，*Hankow：Commerce and Society in a Chinese City，1796－1889*，Stanford University Press，1984，p. 117。

四大王庙当成自己的同乡和同业组织加以利用，而这同样适用于前面所提到的扬州天妃宫。

而且，陶澍指出，冬季和春季之间在规定的时间内运输漕粮，这期间往来于镇江越闸的船泊运行顺利的直接原因，就是原来高低变化极大的潮水涨落之差变得很稳定。他将其功劳归属徽商的虔敬信仰，认为“国家实蒙其利，岂但为皖人之福已哉”。虽然是仪礼性的华丽辞藻，但陶澍的这般写实性描述，又使人想起急于维持漕运顺利的国家权力的态度。徽商重建金龙四大王庙的道光六年（1826），江苏巡抚陶澍面临往来于镇江的漕运船因潮水不足而无法进入扬子江的危机。[①] 当时陶澍担心漕运发生差池，计划在横闸和越闸疏通新的运河。但是正好雨雪降临，潮水涌来，只通过简单的疏通就使漕运船运行达到正常化。[②] 如上所述，如果说建立水神祠庙或在水神祠庙里祭祀表现了负责河工和漕运的官僚的迫切心情的话，那代替他们担负起这一责任的商人的所作所为本身就会成为官僚“感动”的条件。而且水神祠庙重建之后，如果漕运顺利，就算是偶然的巧合，这些商人和官僚的关系也不会再像从前一样。1826 年的“危机”以后，陶澍在写金龙四大王庙的碑文时谈到“皖人之福”就是出于这一原因。

五　结语

水神祠庙与往来于淮扬地区的船泊使用者和城市居民的利害关系紧密相连，徽商在水神祠庙建设方面积极投资。例如，徽商程有容重建扬州天妃宫是因为妈祖神灵保佑他生了儿子，但是把祠庙从城郭内部迁移到运河沿岸是要给船泊使用者提供便利。利用大运河的众多旅行者参拜天妃宫，一方面是为了祈愿水运的安全，另一方面表达了对祠庙重建者的尊敬。因此对于徽商来说，祠庙的重建无异是一种“投资”。通过这种方式，徽商对运河城市的社会需求得以满足，并进一步提高了自己在地区社会的声望。

除此以外，徽商还通过参与重修镇江金龙四大王庙，祈愿水路运输的安全和致富，并且把祠庙当成强化同乡人团结合作的会馆加以利用。另

---

① 参见陶澍《陶澍集》（岳麓书社 1998 年版）上，第 72—73 页。
② 参见陶澍《陶澍集》上，第 74 页。

外，有文献记录显示，重建金龙四大王庙以后，镇江潮水涨落之差变得稳定，也许这种关系具有一定的偶然性，但以此为契机，主导祠庙重建的徽商和漕运河道官僚的关系变得更加密切。因为水神祠庙对商人来说是寄托流通安全和致富的对象物，但对漕运河工官僚来说是祈愿漕运正常进行的信仰对象。国家册封各种水神或支援祠庙重建也是因为漕运的成败是影响国家权力的关键因素。

（作者单位：［韩国］高丽大学）

宋代造神运动与金龙四大王传说的渊源

王明星

宋代末年曾有过一场大规模的造神运动，随着这场造神运动的进行，出身于江南地区东山谢氏家族的谢绪逐渐被神化，原本流传于福建惠安地区的张将军传说迅速北上并在长江流域传播开来，从而为金龙四大王传说的形成奠定了基础。

一

"神"总以虚幻的形式存在于人们的精神世界中。但是，"神"却是人们现实生活的一种反映形式，是在现实世界中极度失望的人们社会诉求的集中体现，有其合理的社会存在基础，是人类现实生活中不可或缺的心理慰藉和精神支柱。

文化心理学者认为："人类文化心理的发展过程，经历了幻象文化心理、意象文化心理、类象文化心理和道象文化心理几个阶段。"[①] 对于一个特定的族群来说，尽管大多数情况下很难断定其处于哪一种文化心理状态。但是，在这个族群特定的某一历史阶段，总会以某一种文化心理为主，因为这种文化心理或许就是这一族群当时主要心理需求的反映形式。一般来说，"幻象文化心理"产生于人类的幼年时期，在万物有灵的原始思维中，人们将客体对象变形的"幻象"储存于心里，表现为主体本能作用与始初意识作用的功能特征，从而产生一种幻象文化心理。"意象文

---

① 温德夫：《中国文化心理结构·原型·意结》，《沈阳师范学院学报》（社会科学版）1990年第4期，第95页。

化心理以客体对象的浓厚感情色彩和主体模糊理性作用为功能特征"，"形成了家园意象原型、神帝意象原型、人伦意象原型、天命意象原型和刑治意象原型"。[①]"道象文化心理超越了幻象、意象和类象文化心理的局限性，获得了对于世界包括人自身的整体性、系列性和超越性的认识。"[②]总之，"道象文化心理"以"道"为主导，具有鲜明的文化指向性和表象合理性。

宋代，随着理学的发展，中国人的思辨思维能力达到了前所未有的高度。随之，道象文化心理也就成了这一时期中国人文化心理的主要表现形态。于是，宋代中国人造神运动便具有鲜明的文化特征和精神指向。

宋代随着北方契丹、女真、蒙古等少数民族的发展壮大，在这些北方少数民族政权军队的不断挑战和冲击下，汉族人建立的中原王朝进入了一个激烈动荡的历史时期。宋朝这个文明高度发达国家的军队在北方少数民族军队的进攻面前节节败退、不堪一击，其灭亡的局面也极其惨烈，实属历史所罕见。5 岁的少帝为使都城临安免遭屠城而被迫投降蒙古军队，更小的皇弟则仓皇地在颠簸的行船上宣布即位，没过多久这位在逃难途中即位的小皇帝便因惊吓而死，最小的皇子也在不久之后被臣下背着跳海而亡。随行的十多万宋朝军民，面对杀气腾腾的元兵全部蹈海，壮烈殉国。连年的战争导致生灵涂炭、饿殍遍野，百姓民不聊生。

宗教的根源是社会苦难，在现实世界中饱受苦难的人们，极度失望之下只能从精神家园中寻求自我解脱和心理慰藉。正所谓乱世思忠臣，绝望才造神。这是因为，苦难深重的民族需要一个具有广泛社会影响力的英雄或偶像来鼓舞民心、提升士气。假如现实社会没有诞生这样一个英雄或偶像，人们就会按照自己的要求和意愿制造一个英雄或偶像，以安慰失落的民族自尊心，同时拯救自己受伤的心灵。只要这个英雄或偶像活着，天南海北的仁人志士就会会聚在他的麾下，听其号令，为国家和民族而奋斗；如果这个英雄或偶像死了，他的精神将鼓舞更多的人投入抗击入侵之敌的斗争，哪怕是赴汤蹈火、抛头颅洒热血也在所不惜。

既然如此，宋朝人按照什么标准造神？这个问题应该从以下两方面理

---

① 温德夫：《中国文化心理结构·原型·意结》，《沈阳师范学院学报》（社会科学版）1990 年第 4 期，第 96 页。

② 同上。

解：第一，古代中国人造神的一般准则。古代中国社会对于有资格享受公众祭祀的神灵的选定有严格规定，这自然也是宋朝人必须遵循的造神准则。对此，《礼记·祭法》有明确规定："夫圣王之制：祭祀也，法施于民则祀之，以死勤事则祀之，以劳定国则祀之，能御大灾则祀之，能捍大患则祀之。"概而言之，"以死勤事、以劳定国、能御大灾、能捍大患"是中国古代社会神灵所具有的普遍神格特征，也是中国古代官府赐封神灵的基本条件。第二，宋朝人独有的造神准则。众所周知，人们都是按照自己的价值标准塑造神灵的。因此，宋朝人所造的神灵自然与宋朝人特有的文化心理有关。众所周知，"道"是中国古代哲学最早和最重要的概念和范畴之一，宋代儒学家将"道"进一步阐发为"理"，并由此形成儒家思想的一个新形态——理学。宋朝是一个理学高度发达的社会，所以宋朝人的文化心理必然打着深深的理学烙印——首先，众所周知，"子不语怪力乱神"，遵循这一原则，宋代的造神运动与汉代以前的造神运动具有明显不同的特征，如果说汉代以前中国人的造神运动以神的人化为主，宋代的造神运动则以人的神化为主，即宋人造的神原型都是现实社会中确实存在过的人，由于他们生前的德行得到了社会的首肯，死后便被上帝封为神灵，当人们面临困难时，他们便显灵帮助人们渡过难关。其次，这些死后被封为神灵的人，在世时一般具有如下特点：立足忠孝，修身立世；胸怀家、国、天下，孝子贤孙做忠臣良将。这既是宋人立身处世的基本准则，同时也是他们造神的统一范式理念。

在上述原则的指导下，宋代所造的神一般具有如下特点：第一，品质高洁，坚守民族气节，宁死不与敌寇共戴天。第二，护国爱民，赈灾济贫。第三，不畏强暴，御寇弭乱，以身殉国。宋代造神之所以有上述特点，是因为他们造神的主要目的是：净化人的心灵，高扬民族气节，振奋民族精神和反抗外来入侵者的斗争士气，保家卫国。

二

宋代造神运动中值得重视的是东山谢氏谢达、谢绪祖孙二人的被神化，这为金龙四大王传说的缘起奠定了基础。

宋代的造神运动之所以选中东山谢氏家族，这与东山谢氏在江南地区的地位和影响有关。据谢氏家谱记载：谢氏，炎帝之后，姜姓。西周末，炎帝六十三世孙申伯，以周宣王舅父佐周中兴，因封于谢邑（史称陈留郡阳下，今河南南阳一带）。于是，申伯后裔以国为氏，故申伯即为谢氏始祖。三国时，申伯三十五世孙谢缵任曹魏典农中郎将。西晋时，缵子衡任国子监祭酒。永嘉之乱后，衡携家移居会稽郡始宁县之东山（今浙江上虞），后因称东山会稽谢氏。缵虽未移居江南，仍被奉为东山会稽谢氏始祖。衡孙安奉诏从东山到成康上任，并因指挥淝水之战大胜，使晋室转危为安而名声大噪，后世称此为"东山再起"。谢安因淝水之战大胜被封为太傅，一门四公，荣耀无比，与琅琊王氏齐名，时为江南名门望族。正如有的学者指出"会稽郡谢氏主要聚居于山阴县。他们与琅琊郡王氏共同垄断了东晋、南朝的政权达三四百年之久，但也人才辈出，为中华民族的文化文明做出伟大的贡献"。① 宋理宗时，谢安的第二十七世孙谢深甫次子谢渠伯之女谢道清为理宗皇后，谢渠伯因此被封为太师、魏王。南宋百余年间，临海谢氏先后有四人被封为公，四人被赐王爵。

根据上述记载可见：第一，东山谢氏家族乃江南地区名门望族，在宋代具有强大的社会影响力和感召力。第二，东山谢氏家族中的谢安在东晋曾因指挥淝水战役，大胜氐族人建立的前秦王朝军队而名垂青史。因此可以说，东山谢氏是具有抵抗外来民族入侵优良传统的名门望族。第三，谢安的第二十九代孙女谢道清是南宋末代皇帝端宗的祖母，目睹和经历了南宋王朝垮台的全过程。从这个意义上说，作为赵宋懿亲的东山谢氏家族又是一个充满悲剧色彩、令人悲痛和惋惜的名门望族。宋朝人选择这样一个家族的成员作为他们造神的对象，与选择其他一般家族为造神对象相比，显然更加具有震撼力和感召力。

东山谢氏家族中第一个被神化的是谢安的第二十八代孙谢达。据明成化（1465—1487）《杭州府志》记载："灵惠庙：在县西北孝女北管下墟，神姓谢讳达，业儒，屡游场屋不利，退隐林壑间，殁而显灵。宋建炎（1127—1130，引者注）初，金虏犯境，乡民彷徨，忽闻空中金鼓声现，旗旌振耀，显露谢公神号，金虏退遁，乡民赖焉，邻境屡有虎豹，不入其境。咸淳庚午（南宋度宗咸醇六年、1270——引者注）元夕，乡民梦神云今岁当大旱，宜先开井浚源，夏秋果旱，赖井灌田成熟，自后旱潦祈祷

---

① 何光岳：《谢国的来源和迁徙》，《南都学坛》（社会科学版）1990 年第 4 期，第 96 页。

辄应，乡耆状于两浙运司以闻，赐额至今，子孙奉祠灵响不衰。"①

在谢达之后，第二个被神化的东山谢氏族成员就是谢达之孙，谢安第三十代孙谢绪。关于谢绪，南宋遗民吴县徐大焯在其所著《烬余录》一书中有如下记载：

> 谢绪，会稽人，秉性刚毅，以天下自任。咸淳辛未（南宋度宗咸淳七年、1271——引者注），两浙大饥，尽散家财振给之。知宋祚将移，构望云亭于金龙山祖陇，隐居不仕。作望云亭诗云："东山渺渺白云低，丹凤何时下紫泥。翘首夕阳连旧苑，漫看黄菊满新溪。鹤闲庭砌人稀迹，苔护松荫山径迷。野老更疑天路近，苍生犹自望云霓。"未几，国亡，绪北向涕泣，再拜曰："生不报效朝廷，安忍苟活。"即草一诗云："立志平夷尚未酬，莫言心事付东流。沦胥天下谁能救，一死千年恨未休。湘水不沈忠义气，淮淝自愧破秦谋。苕溪北去通流塞，留此丹心灭寇仇。"吟毕赴水死。②

概括上述谢达、谢绪祖孙二人的神话，主要包含如下内容：第一，宋王朝末年，隐居山林不仕。第二，死后显灵，助民退敌。第三，死后托梦乡里，指导百姓修建水利工程，抗旱防洪保丰收。第四，散尽财富，赈灾济贫。显然，从谢氏祖孙二人的神话传说的象征意义来看，作为未来水神信仰的主要素材均已具备，后来明代的徐渭、陈继儒等人就是在此基础上将谢绪神话进一步加工编造为"金龙四大王"神话传说的。

三

宋末造神运动中另一件与"金龙四大王"传说形成有关的事就是他们对张将军传说的改造和利用。

早在宋代以前，福建省泉州市惠安县一带便广泛流传着一位张将军的传说。

关于这一传说，社会上广泛流传的版本主要有两种：一种版本认为，

---

① 成化《杭州府志·灵惠庙》。
② （宋）徐大焯：《烬余录》。

张将军乃三国时期东吴将领，原名张滚，人称张将军。汉献帝建安十七年（212），奉派驻守泉州惠安地区。驻惠安期间，张将军颇有治绩，因受人民怀念，被奉为神明，称"青山王"。明代何乔远①所著《闽书》一书主此说，他认为"青山王"乃孙吴的将军"张悃"。清康熙年间工部尚书杜臻在其所著《粤闽巡视纪略》一书也称："《宋朝会要》云：'太平兴国六年析晋江地，置惠安县于螺山之阳。'其地故为三国吴将张悃墓，徙之青山，而置署焉。今县库即悃葬处也。"雍正《惠安县志》则有如下记载："青山诚应庙在县南青山铺，神张姓名悃，三国吴将也。"②

关于张将军传说的第二个版本主张：张将军乃五代十国时期"闽国"将领张悃，人称张将军。因奉命镇守惠安一带，军纪严明、爱民如子，逝世之后屡屡显灵，人们便在青山附近建庙祭祀，故尊称其为"青山王"。明嘉靖年间张岳（1522—1565）所修《惠安县志》一书主此说："青山在县南，伪闽（指五代时期的王氏闽王政权）时，将军张悃常立寨于此，以御海寇。殁后，乡人庙而祀之，至今不废。"此说法被万历惠安知县叶春及所著《惠安政书》、乾隆《泉州府志》等书所沿用。对张悃事迹记载最详细的是清雍正年间重修的《惠安县志》，此书卷六"山川志"有如下记载："青山，在县南三十里青山铺，闽时将军张悃立寨于此以御海寇，没，而乡人庙祀之。"另外，此书卷二十八"武绩·五代张悃记"也有如下记载："张悃：五代时，天下割据，兵燹叠告，民各鸟兽四散，乡闾不保。悃集民兵训练之，旗鼓严肃，刁斗时巡。青山一带，盗不敢犯。桑麻无恙，鸡犬敉宁。"曾长期担当过青山王二夫人宫看护人的近人李汉南在《赐福堂青山王略记》一文中的记载则更为详尽："据传，王姓张，读悃，祖籍河南光州固始县。其父系王潮军偏将。唐僖宗光启元年（885——引者注），随王绪军南下入闽。其生于光启末年（887——引者注）十月廿三日，殁于伪闽永隆末年（942——引者注）三月初十日，享年 56 岁（虚岁）。……因其天资聪赋，16 岁就得审知重用为王廷侍卫，20 岁任侍卫副统领，因五代混乱时期，天下割据，盗寇四起，民不聊生。时东坑海盐仓港，以出产盐、鱼、布驰名，而引起闽王重视。故闽王于乾化二年

---

① 何乔远（1558—1631），字稚孝，或称稚孝，号匪莪，晚号镜山，明晋江人，杰出的方志史学家。何乔远博览群书，里居 20 余年，辑明朝十三代遣事成《名山藏》，又纂《闽书》150 卷，颇行于世。

② 雍正《惠安县志·庙、寺、观》。

（912——引者注），调其镇戍青山。其又招集青年训练之。军法严明，忠于职守，日夜派兵游巡，使青山一带盗不敢犯，贼不敢偷，恶棍、渔霸不敢横，民夜不闭户，为青山一带创造了特有的太平世景。"

宋高宗绍兴三十一年（1161），金海陵王完颜亮经过长期谋划，遣兵六十万、兵分四路南下，欲图一举灭亡南宋。完颜亮统率金军主力越过淮河，进迫长江，两淮前线宋军溃败，金军如入无人之境，南宋社稷危在旦夕。此时，参军虞允文①被派往采石矶（今属安徽马鞍山市）犒师，此时正值金海陵王大军谋由采石矶渡江。虞允文见形势危急，毅然把散处沿江无所统辖的军队迅速组织起来，挫败金军渡江南侵的计划，赢得了采石矶大捷。海陵王移兵扬州，虞允文又赶赴镇江府（今江苏镇江）阻截，金军只得北撤，因此虞允文在南宋朝野上下获得极高声誉。"采石矶之战"是南宋唯一的一次挫败金军渡江企图的战役，此战的失败导致金军内讧，金主完颜亮被部下杀死，金军的侵宋战争彻底失败。

关于采石矶大捷，《宋史》有如下记载：

（绍兴三十一年——引者注）十一月壬申，金主率大军临采石，而别以兵争瓜洲。朝命成闵代锜、李显忠代权，锜、权皆召。义问被旨，命允文往芜湖趣显忠交权军，且犒师采石，时权军犹在采石。丙子，允文至采石，权已去，显忠未来，敌骑充斥。我师三五星散，解鞍束甲坐道旁，皆权败兵也。允文谓坐待显忠则误国事，遂立招诸将，勉以忠义，……时敌兵实四十万，马倍之，宋军才一万八千。允文乃命诸将列大阵不动，分戈船为五，其二并东西岸而行，其一驻中流，藏精兵待战，其二藏小港，备不测。部分甫毕，敌已大呼，亮操小红旗麾数百艘绝江而来，瞬息，抵南岸者七十艘，直薄宋军，军小却。允文入阵中，抚时俊之背曰："汝胆略闻四方，立阵后则儿女子尔。"俊即挥双刀出，士殊死战。中流官军亦以海鳅船冲敌，舟皆平沉，敌半死半战，日暮未退。会有溃军自光州至，允文授以旗鼓，从

---

① 虞允文（1110—1174），字彬甫，隆州仁寿县（今四川仁寿县）人。幼时聪明，7 岁即能提笔作文。绍兴二十四年（1154）中进士，先后出任彭州等地的地方官。绍兴三十一年（1161），在采石矶指挥宋军大破来犯的十倍于己的金军，取得了宋金战争中宋方少有的巨大胜利并因此而名垂青史，毛泽东在读《二十四史》的眉批中盛赞虞允文："伟哉虞公，千古一人。"

山后转出，敌疑援兵至，始遁。又命劲弓尾击追射，大败之，僵尸凡四千余，杀万户二人，俘千户五人及生女真五百余人。……以捷闻，犒将士，谓之曰："敌今败，明必复来。"夜半，部分诸将，分海舟缒上流，别遣兵截杨林口。丁丑，果至，因夹击之，复大战，焚其舟三百，始遁去，再以捷闻。既而敌遣伪诏来谕王权，似有宿约。允文曰："此反间也。"仍复书言："权已置典宪，新将李世辅也，愿一战以决雌雄。"亮得书大怒，遂焚龙凤车，斩梁汉臣及造舟者二人，乃趋瓜洲。……允文还建康，即上疏言："敌败于采石，将徼幸于瓜洲。今我精兵聚京口，持重待之，可一战而胜。乞少缓六飞之发。"甲申，至京口。敌屯重兵滁河，造三闸储水，深数尺，塞瓜洲口。时杨存中、成闵、邵宏渊诸军皆聚京口，不下二十万，惟海鳅船不满百，戈船半之。允文谓遇风则使战船，无风则使战舰，数少恐不足用。遂聚材治铁，改修马船为战舰，且借之平江，命张深守滁河口，扼大江之冲，以苗定驻下蜀为援。庚寅，亮至瓜洲，允文与存中临江按试，命战士踏车船中流上下，三周金山，回转如飞，敌持满以待，相顾骇愕。亮笑曰："纸船耳。"一将跪奏：南军有备，未可轻，愿驻扬州，徐图进取。亮怒，欲斩之，哀谢良久，杖之五十。乙未，亮为其下所杀。……丙申，敌人退屯三十里，遣使议和。①

采石矶大捷后，在与金人的作战中屡战屡败的宋人当然不会放弃如此绝妙的造神题材和造神良机。为了神化这场罕见的军事胜利，有人将此次作战胜利说成宋军得到了张将军护佑的结果。对此，何乔远所著《闽书》有如下记载："宋绍兴辛巳（绍兴三十一年、1161——引者注），虞允文破金兵于采石，王扬旗助战，书王姓名，允文讯之闽人从军者，知王神绩，请旌。"明末清初著名史学家谈迁②在《北游录纪程》一书中的记载则更为详细："孙吴时，张悃尝屯兵闽泉之青山，御海寇，没葬焉。建炎

---

① 《宋史·虞允文传》。
② 谈迁（1593—1657），浙江海宁人。原名以训，字仲木，号射父。明亡后改名迁，字孺木，号观若，自称"江左遗民"。清顺治十年（1653），江南义乌朱之锡进北京做弘文院编修，聘谈迁做书记，他们从嘉兴运河坐船北上，两年后谈迁又从运河乘船返回故里。在往返途中的二百多天里，谈迁每天都细心访问船夫、里老，察看碑记石刻，对运河变迁、河道船闸、景观、风情都作认真查考，记录了有关京杭运河的众多资料，写成《北游录》一书，凡九卷。

南渡，虞允文与金人战采石（1161、绍兴三十一年），见大旗上题张将军姓字，询土人之从军者，得其神迹，进封为侯。至景炎元年（1276——引者注），敕封灵安王。诞辰十月二十三日，惠安令致祭为常。"

有人甚至认为张将军因助战有功而被加封为"灵惠侯"，张将军夫人也被封为"昌顺夫人"。不仅如此，宋人对张将军传说的借鉴和利用此后愈演愈烈。有人进一步指出："宋端宗南渡经闽都到达温陵时，遭遇风浪，张将军显灵救难，端宗于是加封张将军为'灵安王'，夫人封为'显妃'。"①

毫无疑问，经过宋人上述一系列造神运动，张将军传说便从福建惠安地区迅速波及长江流域，并为进一步向江北地区流传创造了条件。更为重要的是，宋人在这场造神运动中编造的张将军显灵助战采石矶的神话传说，为日后"金龙四大王"传说的最终定型提供了脚本并做好了铺垫。从某种意义上可以说，日后有关谢绪显灵在吕梁洪助战明太祖朱元璋的神话传说就是张将军在采石矶显灵助战虞允文传说的翻版。

综上所述：第一，早在宋人的造神运动中，出身于东山谢氏家族的谢绪就已经开始被神化。第二，关于"金龙四大王"传说的起源至少可以追溯到宋末。第三，对谢绪的神化始于江南地区，有关张将军的神话也是从福建地区逐渐北传至长江流域地区的。由此可见，"金龙四大王"传说起源于江南地区。

（作者单位：烟台大学人文学院）

---

①　上述两则传说普遍见于世界各地有关青山王信仰的传说中，其史料依据为何则不得而知。

漕运、河工与水神崇拜

——明清时期苏北地区水神信仰的历史考察

胡梦飞

　　水神信仰是一种很古老的自然崇拜形式，自古以来，人们关于水神崇拜的信仰就非常发达。中国是江、河、湖、海、潭、沼、泉、井纵横密布的国家，水既孕育了古老的中华文明，也经常给先民带来毁灭性的灾难，因此，水神信仰在中国古代民间信仰中占有重要地位。从远古时期炼石补天的女娲、治水有功的大禹，到传说中的各地龙王、河神、湖神、海神，再到明清时期官方和民间崇祀的金龙四大王、天妃、各种大王和将军等，中国古代水神信仰的记载越来越丰富，地位也越来越重要。

　　明清时期苏北地区位于长江以北，东临黄海，处黄河、淮河下游，大运河纵贯南北，里下河贯穿腹地，是南北漕运的必经之地，也是淮盐运销的重要区域。① 明清时期苏北地区由于黄运交汇，更是有大量治黄保运的河工集中于此，其地理位置的重要性对明清统治者来说不言而喻。繁忙的漕运和频繁的河工使得明清时期苏北黄运沿岸地区水神信仰极为盛行，但由于各种原因，目前学界专门对明清苏北地区水神信仰崇拜进行研究的成果尚不太多。本文在依据相关史料的基础上，阐述明清时期苏北地区水神

---

　　① 苏北地区主要指的是现今江苏省徐州、宿迁、淮安、盐城、连云港地区，明代属南直隶淮安府、徐州（直隶州）等地区管辖。清雍正十一年（1733）以后，主要属江苏省徐州府、淮安府、海州直隶州管辖。其中清代徐州府管辖铜山、萧县、砀山、丰县、沛县、邳州、宿迁、睢宁一州七县，淮安府管辖山阳、清河、盐城、阜宁、安东、桃源六县，海州直隶州辖本州及赣榆、沭阳二县，本文所指的苏北地区特指清代徐州府、淮安府、海州直隶州管辖下的以上各州县。

信仰兴起的背景及原因，分析水神信仰的构成及其地域分布，探讨水神信仰的主要特点及其功能。

一　水神信仰兴起的背景及原因

水神信仰在明清时期苏北地区的兴起及盛行并不是偶然。明清时期苏北地区黄、淮、运在此交汇，黄河在带给苏北便利水路交通的同时，也带来了严重的水患。黄河水患对苏北地方社会产生了严重危害，在滔滔的洪水面前，地方官员和普通民众无疑都渴望得到水神的保佑。明清时期漕运成为封建王朝的生命线，苏北段运河作为南北交通咽喉和漕运必经之地，大量漕粮由此北上，漕运极为繁忙。为保障漕运的畅通，明清政府在苏北地区实施的治黄保运河工更是数不胜数，繁忙的漕运和频繁的河工是导致苏北黄运沿线地区水神信仰盛行的主要原因。明清国家和苏北地方官员的倡导和支持也成为水神信仰传播和盛行的重要推动力。

（一）苏北频发的黄河水患及其危害

谈到苏北地区的水神信仰，就不得不提南宋初年的"黄河夺泗入淮"。南宋建炎二年（1128），东京留守杜充为抵御金兵南下，在河南滑县李固渡以西人为地掘开黄河大堤，黄河经滑县南、濮阳，鄄城、巨野、嘉祥、金乡一带注入泗水，又由泗水入淮河，经徐州、宿迁、淮安沿线的淮河入海，这就是历史上有名的"黄河夺泗入淮"，从此黄河流经苏北地区长达700余年，黄河河道也长期被用作运河河道。黄河的流经在给苏北水路交通带来极大便利的同时，也带来了频繁的黄河水患。"运道自南而达北，黄河自西而趋东，非假黄河之支流，则运道浅涩而难行，但冲决过甚，则运道反被淤塞。利运道者莫大于黄河，害运道者亦莫大于黄河。"[1]自1368年明朝建立至1949年新中国成立前夕，黄河在徐州境内的决口达50余次，漫溢近20次。此581年间，由黄河决口和泛滥而引发的洪涝灾害115次。其中，明朝洪武元年（1368）至清咸丰五年（1855）黄河改道山东之前，徐州境内共发生108次。"明朝276年间，徐州共发生黄河水灾48次，平均不到6年就发生一次。清朝顺治元年（1644）至咸丰五

---

[1]　（明）陈子龙等：《明经世文编》，中华书局1962年版，第1874页。

年（1855）间，黄河流经徐州 211 年，在这期间，徐州境内共发生黄河水灾 60 次，平均每 3 年多就发生一次。"[①] 频繁发生的黄河水患给苏北当地民众的生命财产造成严重损失和巨大破坏，对苏北区域社会经济的发展也产生了严重的负面影响。[②] 黄河水患对苏北地方社会的危害无疑是导致苏北运河区域水神信仰盛行的主要原因。

（二）苏北段运道的特点及其重要地位

明清苏北段运河主要由徐州、宿迁和淮安段运河组成，无论哪一段运河在整个明清漕运体系中的地位都至关重要。明代京杭大运河由北向南分为白漕、卫漕、闸漕、河漕、湖漕、江漕、浙漕七大部分。徐州至淮安这段黄运交汇的运河河道在明代被称为"河漕"。《明史·河渠志》记载："河漕者，即黄河。上自茶城与会通河会，下至清口与淮河会。……运道自南而北，出清口，经桃、宿，溯二洪，入镇口，陟险五百余里。"[③] 由于自然和人为社会原因，明清时期徐州至淮安段运道水患极为严重，是明清国家治黄保运的重点河段，也是明清两代河工最为频繁的地区。

明清时期徐州段运河由于借黄行运，黄运关系复杂，成为明清国家治黄保运的关键地区。正统《彭城志》记载："徐居南北水陆之要，三洪之险闻于天下。及太宗文皇帝建行在于北京，凡江淮以来之贡赋及四夷之物上于京者，悉由于此，千艘万舸，昼夜罔息。"[④] 万历十五年（1587）十月，内阁大学士申时行就上奏称徐州段运河："国家运道，全赖黄河。河从东注，下徐、邳，会淮入海，则运道通；河从北决，徐、淮之流浅阻，则运道塞。此咽喉命脉所关，最为紧要。"[⑤]

明代宿迁属淮安府，清代雍正十一年（1733）划归徐州府管辖。明清时期的宿迁为黄运交汇之地，漕运繁忙，河工频繁，兼之地处南北交通要道，地理位置极为重要。万历《宿迁县志》称宿迁"北瞰泰岳，南控江淮，西襟

①　钱程、韩宝平：《徐州历史上黄河水灾特征及其对区域社会发展的影响》，《中国矿业大学学报》（哲学社会科学版）2008 年第 4 期。

②　参见彭安玉《试论黄河夺淮及其对苏北的负面影响》，《江苏社会科学》1997 年第 1 期。

③　（清）张廷玉等：《明史》，中华书局 1974 年版，第 2079 页。

④　张纪成等：《京杭运河〈江苏〉史料选编》，人民交通出版社 1997 年版，第 188 页。

⑤　《明神宗实录》卷 191，万历十五年十月乙亥条。

大河，东连渤海，盖两京之咽喉，全齐之门户也"。① 康熙《宿迁县志》记载宿迁："西望彭城，东连海澨，南引清口，北接沭沂，盖淮扬之上游，诚全齐之门户，七省漕渠咽喉命脉所系，尤匪细也。"② 嘉庆《宿迁县志》称宿迁："北带漕渠，西襟黄水，东临榆沭，南引清口，淮海上游，水陆冲要。"③ 明代中后期以后，随着黄河水患的下移，为避黄保运，明清政府先后在宿迁及其附近地区开凿了泇河、通济新河、顺济河、皂河和中河等新运道，宿迁成为明清时期运河河道变迁最为频繁的地区。

　　淮安位于京杭大运河中部，明清时期的淮安是黄河、淮河、运河的交汇处，为商旅必经的咽喉要道。永乐年间京杭运河重新贯通后，淮安因其处于南北咽喉，成为重要的漕运枢纽，大量漕船和商船由此往来，繁忙的漕运促进了淮安商品经济的繁荣。天启《淮安府志》称："淮盖江北大都会云。二城雄峙，辅车相依。跨淮南北，沃野千里。淮泗环带于西北，湖海设险于东南。左襟吴越，右引汝汴，水陆交通，舟车辐辏。"④ 光绪《淮安府志》记载："秋夏之交，西南数省粮艘衔尾入境，皆停泊于城西运河，以待盘验，车挽往来，百货山列，河督开府清江浦，文武厅营星罗棋布，俨然一省会。"⑤ 为了保证漕运的顺利进行，明清时期在淮安设置了众多与漕运管理有关的官职。其中最重要的管理官职，如漕运总督、江南河道总督、漕运总兵官等，都以淮安为治所。此外淮安府城及辖区内还设有监仓户部主事、管厂工部主事、提举、巡漕御史等官员以及运河钞关、运河水次仓、清江造船厂等一大批漕运相关机构，使得淮安成为明清时期运河沿岸最为重要的漕运枢纽之一。

　　正是由于苏北段运河黄运交汇的特点及其在整个漕运体系中的重要性，才使得明清时期苏北地区治黄保运河工极为频繁，繁忙的漕运和频繁

---

① （明）郭大伦、陈文烛等修纂：万历《淮安府志》，《天一阁藏明代方志选刊续编》第8册，上海书店出版社1989年版，第871页。

② （清）张尚元纂，蔡日劲修：康熙《宿迁县志》，《上海图书馆藏稀见方志丛刊》第41册，国家图书馆出版社2011年版，第55页。

③ （清）丁堂修，臧鲁高纂：嘉庆《宿迁县志》，《上海图书馆藏稀见方志丛刊》第42册，国家图书馆出版社2011年版，第464页。

④ （明）宋祖舜、方尚祖等：天启《淮安府志》，荀德麟、刘功昭、刘怀玉点校，淮安文献丛刻（六），方志出版社2009年版，第82页。

⑤ （清）孙云锦、吴昆田等：光绪《淮安府志》，《中国地方志集成·江苏府县志辑》(54)，江苏古籍出版社1991年版，第26页。

的河工无疑也是导致苏北黄运地区水神信仰盛行的重要原因。

（三）明清国家及地方官员的推动

漕运和河工在明清时期是关系国计民生的大事，两者都和黄运河道的治理密切相关，限于当时的科技和手段，治河过程中不可避免掺杂着对水神的崇祀。在黄运沿岸地区众多水神中，以金龙四大王最具有代表性。金龙四大王，名谢绪，为黄河河神和漕运保护神，因其具有护漕、捍患的功能，故不断得到明清官方的加封。景泰七年（1456），明朝政府采纳左都御史徐有贞的建议，建金龙四大王祠于沙湾。隆庆六年（1572）六月，派兵部侍郎万恭前往鱼台致祭，正式敕封河神谢绪为"金龙四大王"。天启四年（1624），加封为"护国济运金龙四大王"。清朝建立后，继承了明王朝崇奉金龙四大王的传统，而且有过之而无不及，将官方对金龙四大王的崇奉推至顶峰。从顺治二年（1645）开始，康熙、乾隆、嘉庆、咸丰、同治、光绪年间又先后十余次对其进行加封，至光绪五年（1879），金龙四大王最后的封号为"显佑通济昭灵效顺广利安民惠孚普运护国孚泽绥疆敷仁保康赞翊宣诚灵感辅化襄猷溥靖德庇锡佑国济金龙四大王"，金龙四大王封号达44字之多，按照清代典制，神灵封号到40字便不再加封，由此可见清代对金龙四大王信仰的重视。

基于海运和河运的重要性，明清官方也极为重视对天妃（即天后、妈祖）的崇祀。明代两次，康熙、雍正、乾隆、道光、咸丰年间先后十余次对其加封，至同治十一年（1872），天后的封号为"护国庇民妙灵昭应弘仁普济福佑群生诚感咸孚显神赞顺垂慈笃佑安澜利运泽覃海宇恬波宣惠导流衍庆靖洋锡祉恩周德溥卫漕保泰振武绥疆嘉佑天后"，达64字之多。明清国家祀典的认定对推动水神信仰的传播起到至关重要的作用。在明清国家的倡导下，苏北地方官员、普通民众修建了众多用于祭祀金龙四大王、天妃等水神的庙宇和祠堂，并制定了隆重的祭祀礼仪，明清国家及地方官员对水神祭祀的倡导和重视亦推动了水神信仰的盛行。

（四）频繁发生的水旱灾害

自然灾害对民间信仰的形成及发展有着深刻的影响。在人类社会的漫长过程中，自然灾害一直是人类生存的最大威胁。人类在与旱灾、涝灾、蝗灾、瘟疫等灾害的长期抗争中，经常因科学技术的落后、经验的不足而往往借助于超自然力量来克服所面临的困境，我们通常把这种因自然灾害引起的、对超自然力量的信仰或崇拜称为灾害信仰。明清时期苏北地区水旱灾害频繁发生，因而灾害信仰极为盛行。在黄河夺淮（1194）到新中国成立（1949）的755年间，苏北共发生洪灾211次，涝灾96次，旱灾130次，共437次，平均不到两年就要发生一次水旱灾害。[①] 据赵明奇先生《徐州自然灾害史》统计，明朝立国276年，徐州地区发生的自然灾害有264次，其中水灾有120次，旱灾43次。[②] 清朝统治268年，今徐州市辖境发生自然灾害计430次，其中水涝203次，旱灾58次。[③] 水旱灾害在破坏当地社会经济的同时，对民众的信仰和心理无疑也会产生重要影响。频发的水旱灾害，尤其是旱灾，导致了民间龙王、真武、三官等祈雨神信仰的盛行。此外，由于盐城、海州等地区靠近海洋，频发的风暴潮灾等海洋灾害也导致了以天妃为代表的海神信仰的盛行。

二 水神信仰的构成及地域分布

明清时期漕运成为封建王朝重要的经济命脉，繁忙的漕运和南北往来的客商在带动沿岸城镇商品经济发展的同时，也促进了沿岸地区民间信仰和思想观念的变革。黄河水患的严重危害、繁忙的漕运和频繁的河工导致了水神信仰的盛行。归纳起来，明清时期苏北地区的水神信仰主要有以下几种类型。

（一）金龙四大王崇拜

在众多的水神中，最有代表性的莫过于对黄河河神和漕运保护神金龙四大王的祭祀和崇拜。由于苏北地区黄运交汇，因而金龙四大王信仰极为盛行。民国《铜山县志·建置考》记载在当时的徐州铜山县境内金龙四大王庙就有三处："一在北门外堤上，一在河东岸，一在房村。"[④] 同治《宿迁县志》记载宿迁县金龙四大王庙："在城西南，明知县宋伯华建。

---

① 参见汪汉忠《从水旱灾害对苏北区域社会心理的负面影响看水利的作用》，《江苏水利》2003年第3期。

② 参见赵明奇主编《徐州自然灾害史》，气象出版社1994年版，第101页。

③ 同上书，第199页。

④ （民国）余家谟、章世嘉等：民国《铜山县志》，《中国地方志集成·江苏府县志辑》(62)，江苏古籍出版社1991年版，第198页。

康熙二十四年，总河靳辅改建于城西南堤上，有敕祭文。"①淮安下属的清河县因地处黄淮运交汇处，水患极为严重，所以弹丸之地居然有十七座金龙四大王庙。②民国《阜宁县新志》记载阜宁县大王庙："祀南宋书生谢绪，庙在县治射河南岸，明崇祯护运副将黄昆圈建。清顺治十五年，海防同知咸大猷移于文峰旧址。嘉庆五年，运使曾燠重修。又大套、大通口、孟工、卫滩、七巨港、九套、沈家滩、北沙、樊家桥、童家营、苏家嘴、裴家桥、杨家集、东沟、益林、新河口均有之。"③光绪《盐城县志》记载盐城县金龙四大王庙："在西门外，康熙三十五年，知县曾昌进建。南洋岸、北洋岸、上冈镇、伍祐场皆有之。"④

在苏北地区众多金龙四大王庙宇中，以宿迁皂河龙王庙最为有名。皂河龙王庙，原称敕建安澜龙王庙，位于宿迁皂河镇。民国《宿迁县志》记载宿迁安澜龙王庙："在县西北皂河镇，康熙中建，雍正五年奉敕重修。"⑤雍正五年（1727），因当年黄河河清，雍正皇帝敕令河道总督齐苏勒重修皂河龙王庙。皂河龙王庙虽名为龙王庙，但祭祀的主神为金龙四大王谢绪，而非传说中的龙王。河道总督齐苏勒修庙奏疏云："臣酌估修建金龙四大王庙一事，臣谨查江南黄河一带所建龙王庙宇甚多，或地处沮洳，或庙貌狭小，均不足以壮观瞻，惟宿迁县西皂河之庙地势高阜，四面宽敞，庙貌轩昂，且介于黄、运两河之间，与朱家口相近。"⑥乾隆元年（1736）御制祭文也记载："江南宿迁县之皂河庙祀显佑通济昭灵效顺黄河之神由来久矣。……而祠宇岁久日圮，弗称祀典，爰允河臣之请，特发帑金鼎新神庙，经始于雍正五年五月内，落成于是年十一月。"⑦此后皂

① （清）李德溥、方俊谟等：同治《宿迁县志》，《中国方志丛书》（141），台北：成文出版社有限公司影印 1974 年版，第 860—861 页。

② 参见张崇旺《明清时期江淮地区的自然灾害与社会经济》，《中国经济史研究丛书》，福建人民出版社 2006 年版，第 577—578 页。

③ （民国）焦忠祖、庞友兰等：民国《阜宁县新志》，《中国地方志集成·江苏府县志辑》（60），江苏古籍出版社 1991 年版，第 51 页。

④ （清）刘崇照、龙继栋等：光绪《盐城县志》，《中国地方志集成·江苏府县志辑》（59），江苏古籍出版社 1991 年版，第 44 页。

⑤ （民国）严型、冯煦等：民国《宿迁县志》，《中国地方志集成·江苏府县志辑》（58），江苏古籍出版社 1991 年版，第 424 页。

⑥ （清）《世宗宪皇帝朱批谕旨》，《文渊阁四库全书》第 416 册，史部·政书类（174），台北商务印书馆 1986 年版，第 112 页。

⑦ （清）李德溥、方俊谟等：同治《宿迁县志》，《中国方志丛书》（141），台北：成文出版社有限公司影印 1974 年版，第 32—33 页。

河龙王庙正式被列入国家祀典，乾隆皇帝 6 次南巡，5 次取道皂河诣庙拈香祭祀，且每次都赋诗一首。由此可见，清朝统治者对皂河龙王庙的重视。

（二）天妃信仰

天妃，也称天后、天后圣母，闽、粤、台海一带呼为妈祖，民间俗称海神娘娘。这是我国沿海地区从南到北都崇信的一位女性神灵。天妃，名林默，福建莆田湄洲人，相传她不仅能保佑航海捕鱼之人的平安，而且还兼有送子娘娘的职能。明清国家对天妃信仰的重视，民间对天妃的信奉也极为虔诚，人们纷纷建庙立祠，定期举行祭祀。明清时期苏北地区黄运交汇，水患严重，东部沿海地区海洋灾害频发，再加上境内福建商人众多，各种自然和社会因素使得苏北地区天妃信仰极为盛行（见表 1）。

表 1　　　　　　　　　明清时期苏北地区天妃宫庙分布情况

州县名称	庙宇名称	数量	设置及分布情况	资料来源
沛县	天后宫	10	一在县治东关护城堤内，一在县东五里射箭台上，一在县东十里，一在县北三里吕母冢，一在县西北二十五里刘八店集，一在夏镇新河西岸，一在县西南戚山北，一在县东南十五里，一在县东南三十里里仁集，一在县北三十里庙道口。	同治《徐州府志》卷 14
宿迁	天后宫	1	在宿迁城内新盛街福建会馆。	民国《宿迁县志》卷 4
泗阳	天后宫	1	在众兴镇西骡马街，系闽商会馆。	民国《泗阳县志》卷 13
山阳	天后宫	3	一在城西南隅，宋嘉定间安抚使贾涉建，清康熙年间，漕运总督施世纶重修。又一庙在察院西，一在新城大北门内。	光绪《淮安府志》卷 4
清口	惠济祠	1	在新庄闸口，明正德三年建。雍正五年，敕赐天后圣母碧霞元君。	光绪《淮安府志》卷 4
清河	天妃庙	1	在官亭镇北界，万历四十年建。	乾隆《淮安府志》卷 26
盐城	天妃庙	1	北门外二里，明万历八年，知县杨瑞云建，清乾隆六年重修。	光绪《淮安府志》卷 4
海州	天后宫	1	在治西北阜民坊，万历二十八年重建，康熙十二年、六十年皆重修。雍正十一年，有司奉文致祭。	嘉庆《海州直隶州志》卷 19
赣榆	天后宫	2	在青口，有二，前宫船户建，后宫商贾建。	光绪《赣榆县志》卷 3

由表1可以看出，明清时期苏北地区的天妃庙宇共有二十处，主要分布于徐州、宿迁、淮安等黄运沿岸地区，因天妃是海神，盐城、海州等沿海地区也有天妃祠庙的分布。天妃祠庙的地域分布并不平衡，主要集中于徐州、淮安等漕运繁忙、河工频繁地区，徐州下属的沛县竟有天妃行宫十处之多，淮安山阳县共有三处。天妃信仰起源于福建，福建商人在天妃信仰的传播过程中发挥了重要作用。民国《宿迁县志》记载宿迁天后宫："即福建会馆，在新盛街。"① 泗阳县（即明清时期的淮安府桃源县）天后宫："在众兴镇西骡马街，规模宏敞，庙宇辉煌，系闽商会馆。"②

在苏北地区众多天妃祠庙中，以淮安清口惠济祠最为有名。淮安清口是黄、淮、运三水交汇之地。明清时期这里不仅是国家的漕运咽喉，亦是治河的关键之所在。"经国之务莫重于河与漕，而两者必相资而成。……漕艘渡江达淮，黄河亘其冲，其入河也，必资于黄。治之之道，以清淮迅激荡涤之，俾无壅沙，河恒强，淮恒弱，则潴洪泽之巨浸以助之，交会于清口。是为运道之枢纽，河防之关键。导河入海父淮利漕，举系于此。濒河迄下游郡县数十城郭田庐，皆恃以为命。"③ 光绪《清河县志》记载清口惠济祠："在运口，乾隆志云即天妃庙，在新庄闸口，明正德三年建。武宗南巡，驻跸祠下。嘉靖初年，章圣皇太后水殿渡祠，赐黄香白金，额曰惠济。雍正五年，敕赐天后圣母碧霞元君"。④ 乾隆十六年（1751）二月，乾隆皇帝首次南巡，视察了惠济闸和高堰石堤河工并瞻谒惠济祠，命重加焕饰。同年六月撰写《御制重修惠济祠碑文》，碑文曰："清江浦之涘，神祠曰惠济，鼎新于雍正二年，灵贶孔时，孚应若响，过祠下者，莫醴荐牢，靡敢弗肃。乾隆十有六年，朕巡省南服，瞻谒庭宇，敬惟神功麻佑，宜崇报享，命有司鸠工加焕饰焉。"⑤ 漕运及河工的重要性以及淮安

① （民国）严型、冯煦等：民国《宿迁县志》，《中国地方志集成·江苏府县志辑》（58），江苏古籍出版社1991年版，第424页。

② （民国）李佩恩、张相文等：民国《泗阳县志》，《中国地方志集成·江苏府县志辑》（56），江苏古籍出版社1991年版，第331页。

③ （清）高晋等撰《钦定南巡盛典》，《文渊阁四库全书》第658册，史部·政书类（416），台北商务印书馆1986年版，第430—431页。

④ （清）胡裕燕、吴昆田等：光绪《清河县志》，《中国地方志集成·江苏府县志辑》（55），江苏古籍出版社1991年版，第864页。

⑤ （清）高晋等撰：《钦定南巡盛典》，《文渊阁四库全书》第658册，史部·政书类（416），台北商务印书馆1986年版，第431页。

清口重要的地理位置是惠济祠备受清朝官方崇祀的主要原因。

（三）龙神信仰

龙是我国古代传说中的神兽。古人认为龙能兴云布雨，影响晴雨旱涝，所以最晚从汉晋以来，民间就有祭祀龙神祈雨的风俗。从唐代开始，由于佛、道两教的兴盛，龙神的地位不断提高，被尊奉为龙王，各地的江、河、湖、海、渊、潭、塘、井，凡是有水之处皆有龙王。

明清时期的徐州地处治黄保运关键地区，河工最为频繁，河道变迁最为剧烈，龙神信仰极为盛行。民国《铜山县志·建置考》记载徐州铜山县龙王庙："在云龙山北，又明隆庆四年八月庚戌诏建河神祠于夏镇、梁山各一，赐名曰'洪济昭应'，命夏镇闸徐州洪主事以春秋致祭。"① 同治《徐州府志》记载徐州夏镇、梁山龙王庙建立的原因："先是，河道都御史翁大立欲濬治梁山河，祷于神，忽水落成渠，可以通舟，大立以为此神助，非人力也，请建宇，从之。"② 光绪《淮安府志》记载淮安府城的龙王庙有三处："一在东门外，一在新城北，一在龙兴寺前。"③ 光绪《盐城县志》记载盐城县龙王庙："在东门外，明万历九年，知县杨瑞云建。光绪十四年，知县王敬修重修。……上冈、伍祐场、新兴场东南皆有龙王庙。"④ 光绪《睢宁县志稿》记载睢宁县龙王庙："在城内县署西，乾隆四十三年，知县李时沛重修。同治十一年，知县刘仟重修。"⑤ 睢宁县龙神祠："在望山龙井侧，光绪十二年秋旱，知县侯绍瀛淘井祷之，旋即得雨，乃创建正祠三间，廊房三间，并置地二十亩以供香火。"⑥《古今图书集成·淮安府祠庙考》记载桃源县龙王庙："在治北一百步，明洪武二十

① （民国）余家谟、章世嘉等：民国《铜山县志》，《中国地方志集成·江苏府县志辑》（62），江苏古籍出版社1991年版，第198页。

② （清）吴世熊、朱忻等：同治《徐州府志》，《中国地方志集成·江苏府县志辑》（61），江苏古籍出版社1991年版，第446页。

③ （清）孙云锦、吴昆田等：光绪《淮安府志》，《中国地方志集成·江苏府县志辑》（54），江苏古籍出版社1991年版，第32页。

④ （清）刘崇照、龙继栋等：光绪《盐城县志》，《中国地方志集成·江苏府县志辑》（59），江苏古籍出版社1991年版，第44页。

⑤ （清）侯绍瀛、丁显等：光绪《睢宁县志稿》，《中国地方志集成·江苏府县志辑》（65），江苏古籍出版社1991年版，第354页。

⑥ 同上书，第356页。

五年，知县陈宁创建。景泰五年，知县赵经重修。"① 沭阳县龙王庙："在治西五里张家沟，沭水至此分流，庙临水口，每旱祷雨辄应。"② 明清时期苏北地区龙神信仰有着明显的地域差异，徐州、宿迁、淮安等黄运沿岸的龙王庙大多具有震摄水患、御堰捍坝的功能，而距离黄运河道较远的盐城、海州、沭阳等地的龙王庙，其功能则以祈雨、降水为主。

（四）水利人格神信仰

水利人格神主要指的那些历史上原本是人，但因治水或理漕有功，官方或民间通过敕加封号、修建祠庙、颁发匾额、定期祭祀等方式将其由人升格为神的人格化神灵。明清时期黄河和运河的流经，使得徐州成为治黄保运的关键地区。河工在当时可谓关系国计民生的大事。频繁的河工也使得以祭祀治水名人和名臣为重要内容的水利人格神信仰极为盛行。民国《铜山县志·建置考》就记载了当时几处祭祀治水名人和名臣的祠庙。如祭祀上古治水名人大禹的禹王庙："一在吕梁上洪东岸，明时建，一在十八里屯，清嘉庆二十一年总河黎世序移建于苗家山，额书大王庙。"③ 祭祀明代永乐年间漕运名臣陈瑄的陈恭襄公祠："在县城东水浒，明平江伯陈瑄治水有功，建祠祀之。"④ 还有祭祀明代吕梁洪工部分司主事费瓛的费公祠："在吕梁洪下洪，明成化间工部主事费瓛督理洪事，有惠政，洪人立生祠，后登祀典。"⑤ 祭祀明代总河潘希曾的潘公祠："在城北四十里境山镇，明嘉靖间总理河道潘希曾，有德政，民立祠祀之。"⑥

沛县和宿迁是明清时期运道治理和河道变迁相对频繁的地区，因而对治河理漕有功官员的祭祀也极为盛行。沛县朱公祠："在夏镇镇山书院，

---

① （清）陈梦雷、蒋廷锡等：《古今图书集成·淮安府祠庙考》，中华书局、巴蜀书社 1987 年版，第 14464 页。

② 同上。

③ （民国）余家谟、章世嘉等：民国《铜山县志》，《中国地方志集成·江苏府县志辑》（62），江苏古籍出版社 1991 年版，第 198 页。

④ 同上书，第 203 页。

⑤ （清）吴世熊、朱忻等：同治《徐州府志》，《中国地方志集成·江苏府县志辑》（61），江苏古籍出版社 1991 年版，第 453 页。

⑥ 同上。

祀明工部尚书朱衡。"① 沛县有茅公祠:"在夏镇分司署东,明万历中,工部郎中茅国缙卒于官,人怀其德,立祠祀之。"② 沛县五中丞祠:"顺治十六年,工部郎中顾大申建两河书院,祀明都御史盛应期、少保朱衡、少保舒应龙、工部尚书刘东星、少师李化龙,以主事陈楠、郎中梅守相、郎中茅国缙、陆化熙配食两庑,皆先后有功与河者。"③

明清时期的淮安是漕运总督和河道总督所在地,因而当地以总河或总漕为主要代表的水利人格神信仰也极为盛行。淮安府城山阳县为明清漕运总督所在地,在境内有众多祭祀漕运官员的祠庙(见表2)。

表2　　　　　　　　明清时期淮安山阳县境内漕运官员祠庙分布

名称	位置	祭祀人物
王公祠	城西北	明漕抚王宗沐
王公祠	南锁坝	明漕抚王竑
冯公祠	养济院市口	明漕储道冯敏功
董公祠	湖嘴	明漕储董汉儒
施公祠	西门外	明漕储施尔志
督抚名臣祠	在治东南	明漕抚王竑等二十四人,清蔡士英、帅颜保、靳辅三人
蔡公祠	城北	清漕抚蔡士英
毓公祠、杨公祠、袁公祠	丽正书院	清漕督毓奇、杨锡绂、袁甲三

资料来源:光绪《淮安府志》,卷三《城池·坛庙》,中国地方志集成·江苏府县志辑(54),江苏古籍出版社1991年版,第33页。

淮安清江浦一带原属山阳县,乾隆二十五年(1760),清河县旧城被黄河冲毁,清江浦作为新县城由山阳县划入清河县,先后为江南河道总督、淮扬道等治所所在。清河为明清苏北黄运河工最为集中之地,因而境内以祭祀漕河官员和治水名人为主要代表的水利人格神信仰也极为盛行(见表3)。

---

① (清)吴世熊、朱忻等:同治《徐州府志》,《中国地方志集成·江苏府县志辑》(61),江苏古籍出版社1991年版,第453页。

② 同上书,第454页。

③ 同上书,第455页。

表3 明清时期淮安清河县漕河官员祠庙分布

名称	位置	祭祀人物
王公祠	海神庙东	明漕抚王宗沐
陈、潘二公祠	禹王台西北	明漕运总兵官陈瑄、总河潘季驯
四公祠	海神庙西	河道总督靳辅、齐苏勒、嵇曾筠、高斌
黎公祠	先农坛东南	河道总督黎世序
吴公祠	厂前坊	漕运总督吴棠
文公祠	在粟大王庙东	漕运总督文彬

资料来源：（清）孙云锦、吴昆田等：光绪《淮安府志》，中国地方志集成·江苏府县志辑（54），江苏古籍出版社1991年版，第46页；（清）胡裕燕、吴昆田等：光绪《清河县志》，中国地方志集成·江苏府县志辑（55），江苏古籍出版社1991年版，第863—864页。

在官方的敕封下，明清黄运沿岸地区还出现了众多"大王"和"将军"。其生前多为河臣或河工，因为治水或护漕有功，死后被官方敕封为"大王"或"将军"，其中以黄大王（河南偃师人黄守才）、朱大王（河道总督朱之锡）、栗大王（河道总督栗毓美）、宋大王（明工部尚书宋礼）、白大王（汶上老人白英）、陈九龙将军、张将军（宿迁人张襄）、柳将军等最为有名。

光绪《清河县志》记载清河县境内有祭祀河南偃师人黄守才的黄大王庙，有祭祀河道总督栗毓美的栗大王庙，有祭祀宿迁人张襄的张将军庙和祭祀参将卢顺的卢将军庙。[①] 淮安山阳县清江浦（后属清河县）有祭祀明漕运总兵官陈瑄的恭襄侯祠，正统六年（1441）建。盐城县境内有祭祀明朝治河名臣潘季驯的潘公祠，光绪《盐城县志》记载潘公祠："祀明总河尚书潘公季驯，城隍庙西，万历八年知县杨瑞云建，并置祭田一顷三十一亩在城西汤家堡祠，后圮。国朝乾隆二年，知县卫哲治重建。"[②] 淮安下属阜宁县黎百二公祠："在三泓子龙王庙内，清嘉庆、道光间黎世序、百龄相继为南河总督，治水有功，邑人因建祠祀之。"[③] 阜宁县禹王

---

① （清）胡裕燕、吴昆田等：光绪《清河县志》，《中国地方志集成·江苏府县志辑》（55），江苏古籍出版社1991年版，第864页。

② （清）刘崇照、龙继栋等：光绪《盐城县志》，《中国地方志集成·江苏府县志辑》（59），江苏古籍出版社1991年版，第46页。

③ （民国）焦忠祖、庞友兰等：民国《阜宁县新志》，《中国地方志集成·江苏府县志辑》（60），江苏古籍出版社1991年版，第51页。

庙："在云梯关平成台侧，康熙三十九年，总河张鹏翮因崇福寺旧址上改建，有'法海津梁'四字额，为总河于成龙手书。乾隆二十九年，江督高晋增建后殿，专祀禹王，以傍堤柳田三百亩作为香火院田，奉旨颁'利导东渐'四字，邑人姚孔金、僧润寂各有碑记。"①

泗阳县，即明清时期的淮安府桃源县，因黄运交汇，河工频繁，水利人格神信仰也极为盛行。民国《泗阳县志》记载："将军大王封号，皆前代有功河务或水死而屡著灵异者。凡黄河流经之地所在有之。邑治昔濒黄水，故北门外有敕建大王庙一所。"②泗阳县小八堡黄河堤上有大王庙，内供朱大王（朱之锡）、卢将军（卢顺）神位。运河西黄河堤上亦有大王庙，内供黄（黄守才）、朱（朱之锡）、王（不详）三大王神位。此外，体仁市、洋河市、顺德市、崇河南乡、崇河北市、恩福市、金锁镇圩内、祥符闸西、林工、杨工堤等处皆有大王庙。

明清时期苏北地区的晏公信仰也很盛行。晏公，名戌仔，江西临江府人，原本是江西地方性水神，明初因朝廷推崇而成为具有全国性影响的水神。《绘图三教源流搜神大全》记载晏公的生平事迹："公姓晏，名戌仔，江西临江府人也。浓眉虬髯，面如黑漆，平生疾恶如探汤。人少有不善，必曰：'晏公得无知乎？'其为人敬惮如此。大元初以人才应选入官，为文锦局堂长，因病归，登舟即奄然而逝，从人敛具一如礼。未抵家，里人先见其扬驺导于旷野之间，衣冠如故，咸重称之。月余以死至，且骇且愕，语见之日，即其死之日也。启棺视之，一无所有，盖尸解云。父老知其为神，立庙祀之。有灵显于江河湖海，凡遇风波汹涌，商贾叩投所见，水途安妥，舟航稳载，绳缆坚牢，风恬浪静，所谋顺遂也，皇明洪武初诏封显应平浪侯。"③

晏公职司平定风浪，保障江海行船，因而东南沿海和江河湖泊沿岸地区信仰较为盛行。明清时期苏北地区为漕运必经之地，大量漕军由此北上或南下，再加上河网密布，湖泊众多，晏公信仰自然十分盛行。同治

①　（民国）焦忠祖、庞友兰等：民国《阜宁县新志》，《中国地方志集成·江苏府县志辑》(60)，江苏古籍出版社1991年版，第50页。

②　（民国）李佩恩、张相文：民国《泗阳县志》，《中国地方志集成·江苏府县志辑》(56)，江苏古籍出版社1991年版，第322页。

③　佚名：《绘图三教源流搜神大全》（外2种），上海古籍出版社1990年版，第344页。

《徐州府志》记载邳州晏公庙在旧治东南。① 民国《宿迁县志》记载宿迁晏公庙:"在洋河镇,旧在城南。"② 民国《阜宁县新志》记载阜宁县晏公庙:"在县治射河南岸海墙头,成化间,邑人刘盛与侄刘翰同建。"③ 晏公本为江西地方性水神,且多为漕军所信仰,其之所以在苏北地区如此盛行,无疑和苏北地区繁忙的漕运有莫大关系。

(五) 区域性水神

由于元明时徐州有徐州洪和吕梁洪两处险段,徐州特有的水神,主要指徐州洪神和吕梁洪神。"洪"是方言,"石阻河流曰洪,盖河、泗诸水疾下而南,为石所束,崩腾呼号,势如奔马;舟从上下,稍触两涯石齿,辄摧覆不可复救"。④ 泗水流经徐州时,因受两侧山地所限,河道狭窄,水中怪石受到冲击,形成了秦梁洪、徐州洪、吕梁洪三处急流。黄河夺汴泗入淮流经徐州,必过徐州、吕梁二洪。

徐州洪在宋元时又称"百步洪",位于徐州城东南二里处,因巨石盘踞地中,长百余步而得名,"汴泗流经其上,冲激怒号,惊涛奔浪,迅疾而下,舟行艰险,少不戒即破坏覆溺"。⑤ 正德年间成书的正统《彭城志》有"三洪之险闻于天下"之说。吕梁洪更是名闻遐迩,元赵孟頫《吕梁洪关(羽)尉(迟恭)庙碑记》描述了吕梁洪的险恶,而每当过洪,船主、纤夫、艄公人等无不"舣舟躬楫,股慄睥睨而不敢发"。于是"莫不宰牲酾酒,恭谒庙貌,睢盱慎伺,以听神命,吉凶逆从,昭答如响"。⑥

元人袁桷《徐州吕梁神庙碑》记载吕梁洪:"余宦京师,过近吕梁者焉,春水盛壮,湍石弥漫,不复辨左回右激。舟樯林立,击鼓集壮稚,循崖侧足,负缆相进挽。又募习水者,专刺棹水。涸则岩崿毕露,流沫悬

---

① 参见(清)吴世熊、朱忻等同治《徐州府志》,《中国地方志集成·江苏府县志辑》(61),江苏古籍出版社1991年版,第451页。

② (民国)严型、冯煦等:民国《宿迁县志》,《中国地方志集成·江苏府县志辑》(58),江苏古籍出版社1991年版,第425页。

③ (民国)焦忠祖、庞友兰等:民国《阜宁县新志》,《中国地方志集成·江苏府县志辑》(60),江苏古籍出版社1991年版,第51页。

④ (清)吴世熊、朱忻等:同治《徐州府志》,《中国地方志集成·江苏府县志辑》(61),江苏古籍出版社1991年版,第447页。

⑤ 同上。

⑥ 同上。

水，转为回渊，束为飞泉，顷刻不谨，败露立见，故凡舟至是必祷于神。"① 同治《徐州府志》记载徐州洪神庙："在百步洪上，旧有庙称灵源宏济王或称金龙四大王，凡舟蹈洪必祷焉。"② 徐州吕梁洪神庙则有两处："一在上洪，旧称河平王，明永乐初建，宣德十年，知州杨秘重修。一在下洪，旧称龙神，元皇庆间建，明天顺年重建。"③

民国《宿迁县志》记载在当时的宿迁县境内有张将军庙和镇黄刘王庙，张将军庙："在治南十里小河口，神名襄，明弘治间行商至伍家营，为舟子所害，夜托梦于母，明日得其尸，告诸官，置舟子于法后，为河神，有功漕运，明时屡遣官祭，封以显号。至国朝护漕有验，加封护国护漕勇南王。"④ 镇黄刘王庙："在西堤上，祀桃源刘真君，敕封静水王，祷雨辄应，同治十三年重修。"⑤ 泗阳县刘真君庙："一在半路，刘即宋封通天彻地刘真君庙，俗称刘老爷庙，天旱祈雨，异常灵验。一在崔镇，清同治初年，移建陈老圩东门外。一在颜家冈，民国三年重修。"⑥ 淮安是淮河流经的重要地区，清河县境内有专门祭祀淮河水神的淮神庙。《古今图书集成·淮安府祠庙考》记载淮神庙："在治东二里，旧志载明武宗南巡，旋至徐州，神著灵异，上问衣洪者何官，神对曰，清河淮神送驾至此，因赐额，春秋祭焉。"⑦

三　水神信仰的特点及影响

在各种因素的综合作用下，明清时期苏北运河区域水神信仰呈现出种类多样性、地域广泛性、目的功利性的特点。由于苏北地区黄、淮、运交汇，是明清时期治黄保运的关键地区，水神信仰的盛行对明清国家的治河

---

① （元）袁桷：《清容居士集》，台北：新文丰出版公司1985年版，第440页。

② （清）吴世熊、朱忻等：同治《徐州府志》，《中国地方志集成·江苏府县志辑》（61），江苏古籍出版社1991年版，第447页。

③ 同上。

④ （民国）严型、冯煦等：民国《宿迁县志》，《中国地方志集成·江苏府县志辑》（58），江苏古籍出版社1991年版，第424页。

⑤ 同上。

⑥ （民国）李佩恩、张相文等：民国《泗阳县志》，《中国地方志集成·江苏府县志辑》（56），江苏古籍出版社1991年版，第330页。

⑦ （清）蒋廷锡等：《古今图书集成》，中华书局1987年版，第14463页。

理漕活动及黄运沿岸民众的生产生活都产生了重要影响。

（一）水神信仰的特点

黄河和运河的流经，黄河水患的严重危害，繁忙的漕运和频繁的河工，明清国家的倡导和推动以及地理环境和社会风俗的差异，在这些因素的综合作用下，明清时期苏北地区的水神信仰呈现出种类多样性、地域广泛性、主体普遍性、目的功利性等特征。

1. 崇祀种类的多样性

明清时期苏北运河区域由于水患严重，河工频繁，再加上地处南北交通要道和漕运必经之地，各种文化、信仰以及风俗在此交汇和融合，因而水神信仰的种类极为众多。既有明清国家倡导的金龙四大王、龙神、天妃、晏公等水神，也有众多崇敬和祭祀大王、将军、治河理漕官员的水利人格神信仰。清人周馥所著《河防杂著》"水府诸神礼典记"中就列有80 多位水神，其中既有黄河河神，也有运河水神。《敕封大王将军纪略》更是记载了与黄河和运河有关的 6 位大王、64 位将军。由于黄运交汇的地理环境，以上两本著作中提到的水神在明清时期苏北黄运沿岸地区几乎都有分布。笔者依据相关史料统计，明清时期徐州府境内（含宿迁）有水神 30 余种，淮安府境内有水神 20 余种，水神信仰的种类可谓名目繁多。

2. 信仰地域的广泛性

明清时期苏北运河区域的水神信仰不仅种类众多，而且分布地域广泛，崇祀金龙四大王、龙王、天妃等水神的庙宇和祠堂遍布苏北运河区域各州县，各种和漕运及河工有关的水利人格神祠庙也遍布于苏北黄运沿岸地区。祭祀水神的庙宇不仅分布地域广泛，其数量也极为众多。金龙四大王是黄河河神和漕运保护神，淮安清河县因水患极为严重，弹丸之地居然有十余座金龙四大王庙，徐州所属沛县境内天妃行宫更是有十处之多。"自吕梁、徐州已达临清，凡两岸有祠皆祀金龙四大王之神"，"军民输京师之赋者，凡四百余万石，舟楫之行计万五千余艘，皆赖神之护佑"。①乾隆《杭州府志》云："凡舟行黄河者神应如响，宿迁、吕梁及凡有漕运

---

① （明）王琼：《漕河图志》卷 6《碑记》，水利电力出版社 1990 年版，第 266 页。

之地并立庙。"① 龙神信仰由于和农业生产密切相关，更是遍布苏北地区的城镇和乡村。光绪《安东县志》记载安东县境内共有龙王庙十余处之多，遍布安东各村庄："一在柴沟，一在夏村庄，一在山村庄，一在一帆河，一在厉家庄，一在五港口，一在傅湖，一在淮宁乡官庄，一在大庄港口，一在邓沟河，一在七里河，一在张纲海口，一在东路。"② 明清时期苏北地区的水神信仰在分布地域上无疑具有相当的广泛性和普遍性。

3. 信仰主体的普遍性

明清时期苏北地区河流密布，湖泊众多，再加上东临黄海，水旱灾害频发，故水神的信仰群体极为普遍。上自封建帝王、河漕大员、地方官员，下至漕军、水手、船工、渔民、商人、普通民众，无不对水神推崇备至。康熙、乾隆南巡期间，多次亲自或派遣官员祭祀宿迁城西南金龙四大王庙、皂河龙王庙、淮安清口惠济祠等水神庙宇。当漕运受阻、河工危难之时，漕运和河道官员也大多祈祷和祭祀水神。漕军或运丁负责国家漕粮的运输，常年往返于运河之上，涉江过河，艰险无比，故建庙祀神，祈求保佑。船工、水手、商人等群体常年往返于河流、湖泊、海面之上，时常面临人员、货物漂溺的危险，于是多祈祷和祭祀各种水神，以求人身安全，航运顺利。赣榆县青口镇天后宫就是由船户和商人共同捐建的，宿迁、泗阳等地天后宫也多由福建商人创建。水旱灾害对农业生产有着重要影响，由于龙王具有祈雨、治水的职能，故备受地方官员和普通民众的崇祀，各地龙神庙宇多由地方官员或民众捐建。

4. 崇祀目的的功利性

当黄河和运河风平浪静、气候风调雨顺时，水神的崇祀往往不太突出。而当运道堵塞、水灾泛滥，直接威胁到漕运的畅通和普通民众的生命财产安全时，水神信仰的功用才会变得显著。明清苏北运河区域水神信仰的初衷和最终目的都是祈求神佑，以保平安，免遭水患。"遇到洪水大灾之年或者河工治水之事，明代政府多加封黄运诸河神各种名号，或者奉献

---

①　(清) 郑沄修、邵晋涵纂：乾隆《杭州府志》卷 83《忠臣》，《续修四库全书》第 701 册，上海古籍出版社 2002 年版，第 236 页。

②　(清) 金元烺、吴昆田等：光绪《安东县志》，《中国地方志集成·江苏府县志辑》(56)，江苏古籍出版社 1991 年版，第 17 页。

牺牲，隆重献祭。"① 明清国家"祭祀金龙四大王旨在捍御河患、通济漕运。当官方的此种诉求得到满足时，便会祀神报功"。② 众多水利人格神之所以被崇敬和祭祀，是因为他们："或生为名臣，能御灾捍患；或有功德于民者，故殁而为神；或有阴翊国家，保佑生民，皆足以崇奉祀，以求福利也。"③ 由此我们可以看出，水神信仰无疑具有极强的功利性。

（二） 水神信仰的社会影响

黄河水患的严重危害、繁忙的漕运和频繁的河工导致了苏北地区水神信仰的传播及盛行，水神信仰的盛行反过来又对苏北黄运沿岸地区的漕运、河工以及沿岸民众日常生活产生重要影响。崇祀水神在成为明清国家治理黄运水患重要手段的同时，也成为苏北地方民众及往来客商的精神慰藉。

1. 明清国家及地方官员的影响

在当时的科学手段及技术条件下，面对频发的黄运水患，明清河臣们往往会感到手足无措，崇祀水神，借助神灵的力量来平息水患，成为河臣们运用的重要手段。根据相关史料的记载，水神的"显圣"多发于堵塞黄运决口或治理水患之时。河工告竣或水患平息之后，官员便会奏报水神"显灵"事件，祈求皇帝敕命祭神或官员祀神。毋庸置疑，水神信仰的盛行使得明清河员和苏北黄运沿岸民众对水神信仰形成了一定程度的依赖，漕运受阻、黄运水患严重之时，也往往是水神信仰的盛行之时。

天启六年（1626）任总督漕运的苏茂相在其《淮安清口灵运碑记》中则记载了金龙四大王和张将军显灵平息水患之事："天启丙寅春，茂相奉玺来董漕务。五六月间，南旱北霆，淮势弱，黄挟雨骤涨，倒灌清江浦、高宝之墟。久之，泥沙堆淤，清口几为平陆，仅中间一泓如线，数百人日挽不能出十艘。茂相大以为恐。或曰'金龙四大王最灵'，因遣材官周宗礼祷之。是夜水增一尺，翌日雨，复增一尺，雨过旋淤。茂相曰'非躬祷不可'。闰六月二十有五，率文武将吏诣清口，祷于大王及张

① 胡其伟：《漕运兴废与水神崇拜的盛衰——以明清时期徐州为中心的考察》，《中国矿业大学学报》（社会科学版）2008 年第 2 期，第 109 页。

② 王元林、褚福楼：《国家祭祀视野下的金龙四大王信仰》，《暨南学报》（哲学社会科学版）2009 年第 2 期，第 211 页。

③ （明）王琼：《漕河图志》，中国水利电力出版社 1990 年版，第 266 页。

将军神祠。……越五日，为七月朔，晨气清朗，已而凉风飕飕，阴云翁
郁。不移时大雨如注，达夕不歇。初二日，雨如之，河流澎湃，停泊千
余艘，欢呼而济淮，遂强能刷黄。迄秋，粮艘尽渡无淹者，众始诧河神
有灵。"①

　　漕运官军负责国家漕粮的运输，常年往返于运河之上，涉江过河，
艰险无比，难免有漂溺、沉没之患，故建庙祀神，祈求保佑。水神庙宇
的存在在一定程度上满足了他们的祭祀需求，对漕粮运输活动的正常进
行具有重要意义。《金龙四大王碑记》云："至我国家长运特仰给于河，
而役夫皆兵，沙梗风湍，岁以为患，四百万军储舳舻衔尾而进，历数千
里始达京师。缘是漕储为命脉，河渠为咽喉，兵夫役卒呼河神为父母，
蔑不虔戴而尸祝之。"② 万历四十五年（1617），邳州直河口重建金龙四
大王庙，运粮把总、杭州右卫指挥使蔡同春捐俸金为庙立像，并作《金
龙四大王庙记》云："直河一口乃襟喉之要区，官旌至此必割羊酾酒，
击鼓扬旌，惴惴焉乞灵于神。"③ 宿迁东关金龙四大王庙内供奉有靳辅
塑像，因时常显灵，护佑漕运，故备受往来漕军的崇祀。嘉庆三年
（1798）三月，靳辅曾孙、松江府押运通判靳光寰在其所作碑记中记
载："宿迁县城外东南圩运河之西岸，有金龙四大王庙。中供大王像，
左供张老爷像，右供先曾祖文襄公像，旁列侍者二人。庙之建不知起自
何时，而文襄公像则江西各帮官丁塑以供奉者。……每年押运北上，入
庙瞻依，焚香肃拜，敬念先人之遗泽孔长，而寰之年年督运安流，免致
陨越者，皆仰赖文襄公之庇佑。"④

　　水神信仰对地方水患治理也有重要影响，在一定程度上起到了安定人
心、组织动员的作用。隆庆四年（1570），淮安知府陈文烛在其《柳将军
庙记》中记载："隆庆辛未夏五月，淮泗大溢，黎民昏垫。秋八月，水复
溢，环城不消。士民告余曰'水神有柳将军者'，余檄山阳县令具主设
牲，同祷于淮之滨。水夜退尺许，士民神之。告余曰'将军捍水患，宜

---

　　① （明）宋祖舜、方尚祖等：天启《淮安府志》，荀德麟、刘功昭、刘怀玉点校，《淮安
文献丛刻》（六），方志出版社 2009 年版，第 823 页。

　　② （清）仲学辂编：《金龙四大王祠墓录》卷 2《祠墓》，见《丛书集成续编》第 59 册，
上海书店出版社 1994 年版，第 676 页。

　　③ 同上书，第 693 页。

　　④ 晁剑虹：《幸存的康熙宿迁御文碑刻》，《长江文化论丛》第 9 辑，2013 年，第 224 页。

庙祀之'，乃命经历李凤鸣，卜地城西之南河为殿三间，肖将军貌。大门左右，室各三，数月乃成"。① 地方官员建庙祀神，也可扩大官方与地方社会的互动交流。万历十九年（1591），参政郭子章督漕至宿迁见当地金龙四大王庙破败不堪，次年再至时与宿迁地方官员及民众重修庙宇，其所撰《宿迁县金龙四大王祠记》云："予复至，捐金倡之，于是诸漕艘道祠飨神者争醵金焉。宿迁令南城聂君摄金倡之邑，于是钟吾、下相、环郭内外商民入祠飨祠者争醵金焉。"② 在郭子章和宿迁县令的倡议下，广大信众慷慨相助，庙宇得以重修。

2. 对沿岸民众生产生活的影响

水神信仰的传播使苏北黄运沿岸地区形成了庙宇密集的祭祀带，为过往的漕军、客商、行人和水手提供了祭祀场地，成为慰藉沿岸民众心灵的重要场所。淮安是明清时期的漕运中心，金龙四大王信仰极为盛行，凡经过淮安运河的客商、漕军、水手莫不敬拜金龙四大王，其中天妃闸金龙四大王庙尤著，清人笔记记载《金龙四大王歌》云："行人舟至黄河滨，无不祭赛黄河神。但知金龙四大王，不知大王何如人。我来淮右天妃闸，庙中歌舞尤杂遇。巡观壁间有石刻，蒋生作传董公跋。"③ 《谒金龙四大王庙》云："客子预愁天妃闸，舟人齐拜大王庙。"④ 明代淮安府城天妃庙称灵慈宫，永乐年间内阁大学士杨士奇在其《敕赐灵慈碑记》中记载："永乐初，平江伯陈公瑄奉命率舟师，道海运北京，然道险所致无几。……遂作祠于淮之清江浦，以祀天妃之神，盖公素所持敬者。凡淮人及四方公私之人有祈于祠下，亦皆响应。"⑤ 万历十八年（1580），盐城知县杨瑞云重修县治北门外二里的旧有天妃庙，明人胡希舜在其所作的《重修天妃庙碑记》中记载："天妃者，海神也，凡濒海郡邑，咸建庙崇祀之。其神最

① （明）宋祖舜、方尚祖等：天启《淮安府志》，荀德麟、刘功昭、刘怀玉点校，淮安文献丛刻（六），方志出版社 2009 年版，第 822 页。

② （清）张尚元纂，蔡日劲修：康熙《宿迁县志》，《上海图书馆藏稀见方志丛刊》第 41 册，国家图书馆出版社 2011 年版，第 232 页。

③ （清）方文：《嵞山集》中册，上海古籍出版社 1979 年版，第 573 页。

④ （清）孙枝蔚：《溉堂续集》卷 4《谒金龙四大王庙》，上海古籍出版社 1979 年版，第 769—770 页。

⑤ （明）杨宏、谢纯撰：《漕运通志》，荀德麟、何振华点校，《淮安文献丛刻》（一），方志出版社 2006 年版，第 291 页。

著灵异，郡邑之人有所祈祷于神者，皆应之如响。"① 光绪十九年（1893）夏四月，"邑人筑堰捍潮，潮溢盛涨，埽几不保，群奔祷于庙，获转危为安"。②

　　水神庙宇的存在对沿岸民众经济和文化生活也产生了重要影响。"皂河龙王庙会是数百年来皂河及其周边地区群众自发参与的一项民间祭祀民俗活动，庙会的起源和运河有密切的关系。"③ 自清代以来，每年的农历正月初八、初九、初十这三天，为宿迁皂河龙王庙庙会之日。其中正月初八为烟火日、初九为正祭日、初十为朝山日。届时众多民众纷纷前来敬香祭神，祈求风调雨顺，河水安澜。宿迁及周边地区的行商坐贾、民间艺人也纷至沓来，云集皂河。庙会上既有曲艺、杂技、民俗表演等文化展示活动，也有各种生产资料、生活用品的买卖交易活动，人山人海，盛况空前。庙会风俗几百年来从未中断，一直沿袭至今。此外，民间对龙王等治水神和祈雨神的信仰与祭祀也可在一定程度上缓解民众对于水旱灾害的恐惧，使其紧张的情绪得以释放，对恢复生产、维护社会安定具有重要作用。明清时期苏北地区众多天后宫为福建商人所建，也在一定程度上促进了不同区域间的文化交流。

四　结语

　　运河区域是明清时期社会变迁最为剧烈的地区，以往的研究往往只关注黄运河道的治理以及漕运对运河沿岸城镇和商品经济的影响，很少关注漕运和河工对运河区域民间信仰所产生的影响。明清时期苏北地区黄、淮、运在此交汇，大量漕船和商船由此北上或南下，各种文化、信仰以及风俗在此交流和融合。黄运交汇更使得苏北地区成为明清治黄保运的关键地区，众多关系国计民生的河工集中于此。黄河水患的严重危害、繁忙的漕运和频繁的河工是导致明清时期苏北运河区域水神信仰盛行的主要原

　　① （明）杨瑞云、夏应星等：万历《盐城县志》，北京图书馆古籍珍本丛刊，北京图书馆出版社2000年版，第904页，北京图书馆出版社2006年版，第291页。

　　② （清）刘崇照、龙继栋等：光绪《盐城县志》，《中国地方志集成·江苏府县志辑》(59)，江苏古籍出版社1991年版，第44页。

　　③ 李永乐、杜文娟：《申遗视野下运河非物质文化遗产价值及其旅游开发——以大运河江苏段为例》，《中国名城》2011年第10期。

因。地理环境、水旱灾害也对水神信仰的兴起有着重要影响。祭祀各种水神的庙宇和祠堂遍布苏北的城镇与乡村。在众多水神中，最有代表性的当属对金龙四大王、天妃等运河水神的信仰。崇祀水神在成为明清国家治理黄运水患的重要手段以及黄运沿岸民众精神慰藉的同时，也为明清时期苏北地区的民间信仰增添了新的内容，使其呈现出多元化的发展趋势，成为明清苏北运河区域社会变迁的重要表现。

（作者单位：南京大学历史学系）

地方利益与国家教化：
陈潘二公祠的历史考察

康建军　李德楠

　　"与京杭大运河有关的民俗信仰研究是一个庞大的课题。"[1] 目前，学界已在金龙四大王信仰、天妃信仰、漕帮信仰等研究方面取得了丰硕的成果，比较而言，以往研究偏重民间信仰和秘密社会，有关运河官员祭祀的研究还不多见。位于淮安清江浦的陈潘二公祠[2]，是运河沿线唯一保存至今的专门祭祀河道总督的祠庙，是运河申遗的重要节点。不过，今天所见到的祠庙是2007年从光华化学厂院内移址重建的结果，而且，陈潘二公合祠的情况也不是从明代就有的，而是到清代才确立下来。本文力求在廓清陈瑄、潘季驯祭祀发展脉络的基础上，探究蕴含在其中的深刻环境与社会背景，审视中央与地方间互动关系的表达，从而有助于加深对运河文化遗产价值的认识。

一　作为地方祭祀的恭襄祠

　　恭襄祠是以明代河臣陈瑄谥号命名的祭祀专祠。陈瑄（1365—1433），字彦纯，合肥人。明建文末任右军都督佥事，靖难之役中率水军投降燕军，后以军功封平江伯。永乐元年（1403）充任漕运总兵官，从此总理漕河30年。宣德八年（1433）冬卒于任上，死后追封平江侯，赠

---

　　① 王元林：《京杭大运河镇水神兽类民俗信仰及其遗址调查》，《中国文物科学研究》2012年第1期。

　　② 目前所见，周焰介绍了有关陈潘二公合祠并祀记载的清宫档案（周焰：《清宫秘档解读陈潘二公合祠并祀的由来》，《档案与建设》2009年第6期）；《淮海晚报》有淮安水利专家范成泰的两篇关于陈潘二公祠的介绍性文章。

太保，谥恭襄，赐葬江宁县大山之原牛首山①。江宁墓葬外，徐州城南、淮安清江浦、临清州西南等地均曾建有纪念性的恭襄侯祠②，以及其他以平江伯祠、玉皇阁、报功祠、平江侯祠命名的祠庙③，但保留至今的仅淮安一处。分析上述陈瑄祠的空间分布特点，可发现集中在江北运河地区，尤其是在会通河、中运河两段。

淮安恭襄祠创建于宣德八年（1433），此时距离陈瑄死后仅几个月，淮安当地百姓"念公勤劳国家，筑堤通漕，为农商军民万世利，不忘厥功，乃相与治祠于清江水神之傍，塑像以祀"④，选址在淮安府城西北三十里处的清江浦建祠。清江浦是因陈瑄治河而兴起的城市，陈瑄治河功绩最显著的地区。这里黄淮运交汇，交通便利，南船北马往来频繁，号称"江淮之要津，漕渠之喉吻"⑤，驻扎有管理河工、漕运、造船、盐务等机构，商贾云集，庙宇众多，可谓人文荟萃，在此地设立庙宇，可占地利人和。

为什么淮安地区老百姓要自发为陈瑄建祠呢？祭法曰：有功于民则祀之。淮安恭襄祠的创建，是民众从自身的利益出发的自觉行动，是民众对政绩突出官员价值评判标准的体现。首先，陈瑄担任漕运总兵官期间，为人好善多略，知人善用，"每一事一政必谋于众，忘己从人，择其善者而从之"⑥，"凡所规画，精密宏远，身理漕河者三十年，举无遗策"⑦，在该地区主持了多个著名的河道治理工程。例如，永乐十三年（1415）采纳故老建言，循宋朝已有之沙河，开凿清江浦河道二十里，引水淮安城西

---

① 正德《淮安府志》卷 11《祠祀》；（明）杨昶：（恭襄祠碑记），载《漕运通志》卷 10。

② 乾隆《江南通志》卷 40；嘉靖《徐州志》卷 8；嘉靖《山东通志》卷 18。

③ 乾隆《兖州府志》卷 21：报功祠在济宁州城南天井闸东，祀明尚书宋礼，莱阳伯周长，平江伯陈瑄，侍郎金纯，有司春秋秩祀。乾隆《江南通志》卷 40：平江伯祠在太仓州州治天妃宫之左，祀明陈瑄。道光《济宁直隶州志》卷 5：玉皇阁，就为平江伯陈瑄祠，后人建阁其上，祀玉皇。报功祠在济宁州城南门东土阜上，原祀尚书宋礼，莱阳伯周长，平江伯陈瑄，侍郎金纯，致祭。国朝康熙十六年（1677）总河靳辅于中央奉神禹，以诸贤配。乾隆三十九年（1774），总河姚立德增元明以后有功诸臣。共 88 人，元代毕辅国、里奥鲁赤等 14 人，明代有陈瑄、潘季驯等 46 人，清代有靳辅等 28 人。正德《姑苏志》卷 28：平江侯祠祀平江伯陈瑄，在天妃宫之左，永乐间瑄总督海运，有惠政，军民立祠祀之。万历《兖州府志》卷 39：会通河成，立祠祀平江伯陈瑄，而不及礼，后有言于朝者，遂并祀焉。

④ 正德《淮安府志》卷 16《词翰》。

⑤ 席书《漕船志》卷 1《建置》。

⑥ （明）薛鋆修、陈艮山纂：正德《淮安府志》卷 11《祠祀》；（明）杨昶：（恭襄祠碑记），载《漕运通志》卷 10。

⑦ 《明史》卷 153《陈瑄列传》。

管家湖入鸭陈口入淮，以免淮河风涛之患，建移风、清江、福兴和新庄四闸，以时宣泄。又沿管家湖筑堤十里，以便引舟。又自淮安至临清建闸47座，以时启闭。于淮滨作常盈仓五十区，并于徐州、临清、通州建水次仓以便转输。担心漕舟胶浅，自淮安至通州滨河处置舍568所，每舍驻扎卒，导舟避浅。又沿河堤凿井植树，以便夏日行人。尤其是治理淮安清江浦的行动，使运河入淮口西移，很好地解决了非常棘手的运河过黄河问题，充分体现高超的河工技术和治河智慧，常盈仓的设置，则使这里成为漕运转输重地。这也正是《明史·陈瑄传》所总结的，陈瑄以浚河有德于民，民立祠清河县。其次，陈瑄生命中的最后几年在淮安任职，镇守淮安兼督漕运，且最后于宣德八年（1433）十月病死于淮安，当地百姓很容易得到去世的消息，化悲痛为力量，在官员去世的地方，自发创建纪念性的祠庙，是自然而然的事情。最后，官方对陈瑄高规格待遇的效应，陈瑄生病期间，皇帝"特敕劳问，时子仪在侍卫，令挟医驰驿往侍"，去世后，"上悼叹，辍视朝一日，追封平江侯，谥恭襄，赐祭，命工部营葬"[1]。

　　一般来说，先贤祭祀可归结为三个出发点：一是报功，即后人对先贤功德的报答。二是祈福，即把先贤神化，视作阴间主宰，拥有看不见的助力，敬重先贤可获默佑。三是崇德，即通过木主祠宇等固化物和一定的仪式，营造肃穆氛围，强化忠孝精神，敦往劝来，崇德象贤，使后人观感兴起，矜式扬励[2]。恭襄祠作为与地域社会紧密相关的民间自发祭祀，反映了民间信仰的功利性，表达了对造福当地官员的感激，发挥了崇德和报功的功能，但是此时还不具备"祈福"的功能。随着陈瑄在某个时间的显灵，在民众心目中完成了由人到神的升格，便具备了祈求未来的幸福以及祈求减少灾难的功能。

二　由地方祭祀到国家祭祀

　　"任何一种民众祠神信仰，其最初产生及信众都具有一定的区域性。"[3]淮安百姓于宣德八年（1433）创建的恭襄祠亦不例外，该祠最初仅仅算是区

----

① （明）杨士奇：《平江侯谥恭襄陈公神道碑铭》，载《明文衡》卷77。

② 参见牛建强《地方先贤祭祀的展开与明清国家权力的基层渗透》，《史学月刊》2013年第4期。

③ 皮庆生：《宋代民众祠神信仰研究》，上海古籍出版社2008年版，第204页。

域性的地方祭祀，与国家无关，影响自然极其有限。只有待完成了地方到国家的转变，才能借助国家祀典，扩大报本崇德、强化民众对国家权力以及国家统治思想的认同的效果。陈瑄有功于国家，造福于百姓，因此轻而易举地由地方祭祀提升为国家祭祀。距陈瑄去世已近 10 年的正统六年（1441），朝廷"奉礼部勘合札付建"①，"命有司春秋致"②，"春秋祀以少牢"③，正式由地方祭祀升格为国家祭祀，其本人也由民间乡土之神变为国家社稷之神。

　　为什么直到正统年间陈瑄才被列入国家祭祀的行列呢？除了要经过地方官申报、朝廷批准等一系列烦琐程序的原因外，还和一次偶然事件有关。美国民俗学家萨姆纳说："民俗是通过偶发事件形成的。"④ 百姓为陈瑄立祠，不仅在于纪念他过去的功德，还希望祈求幸福、减少灾难。正德《淮安府志》记载，正统间，黄河泛涨，泥沙汇于清口以东，形成十余里的沙洲，运河淤塞，舟楫不通。政府征调几个郡的百姓昼夜疏凿，结果劳而无功。于是主事者祷告于陈瑄。灵验随后出现，"一夕，人有见公乘白马，拥从数十人行于水上。明日视之，洲为水冲去。其灵爽虽殁，而犹不忘护国佑民也如此"⑤。

　　祭酒吴节《加封平江侯谥恭襄陈公祠堂记》也有类似的记载，不过对陈瑄仙灵的描述有所差别：

　　　　正统初，连岁春夏多大雨，淮波泛涨，沙淤河浅。有司役徒大疏浚，绩用弗成。一日暮，役人隐隐见公乘蓝舆，骑从甚都，双灯前导，遍阅诸坍塌而去，众相惊异。翌日，具肴醴荐祷祠庭，而堤遂以成。郡耆石士宁等率士民以状闻，诏如江西韦丹故事，赐公春秋祭享，有司定为常祀。前郡守杨理以祀典不可以不严，乃改营庙貌于河滨，以便祝报。今郡守丘陵、卫使丁裕等，复以过淮人士礼公者多，不可无文以昭示悠久，遂合所属，购求得丽性之石，遣守祠道士董道亨来征辞请刻焉⑥。

---

①　（明）薛鋈修、陈艮山纂：正德《淮安府志》卷 11《祠祀》。

②　《明史》卷 153《陈瑄列传》。

③　（明）薛鋈修、陈艮山纂：正德《淮安府志》卷 11《祠祀》；（明）杨昶：（恭襄祠碑记），载《漕运通志》卷 10。

④　转引自高丙中《民俗文化与民俗生活》，中国社会科学出版社 1994 年版，第 85 页。

⑤　（明）薛鋈修、陈艮山纂：正德《淮安府志》卷 11《祠祀》；（明）杨昶：（恭襄祠碑记），载《漕运通志》卷 10。

⑥　吴节：《加封平江侯谥恭襄陈公祠堂记》，载正德《淮安府志》卷 16《词翰》，乾隆《淮安府志》卷 29《艺文》，乾隆《山阳县志》卷 15《艺林志》。

祠神信仰的延续是建立在灵验的基础上①。陈瑄在完成了由真实的人物变为神的过程后，具备了显灵佑民的功能，更加有功于国家，从而引起了地方官员的关注，"有司上其事，命立祠清江浦，春秋祀少牢"②，遂正式纳入国家祭祀体系，享春秋二祭。通过国家力量的塑造与支持，陈瑄祠蒙上了鲜明的政治信仰的色彩，地位得以大大提升，更有利于发挥国家的引导、教化作用，促进地方社会秩序的和谐稳定，适应该地区河工治理的需要，祭祀成为国家与地方社会之间互动作用的产物，既而不断被强化和扩大。这一情况诚如周振鹤先生所言，中国的民间信仰与国家宗教并没有绝对的鸿沟，前者完全可以向后者转化。进一步而言，民间信仰向国家宗教转化的关键在于政治权力得承认，得到承认的则成为正祀，列入国家祭典③。

三　从恭襄专祠到陈潘二公合祠

陈潘二公祠中的"潘"，是指明代后期的另一个治水名家潘季驯。潘季驯（1521—1595），字时良，号印川，浙江乌程人，嘉靖二十九年（1550）进士，嘉靖四十四年（1561）第一次总理河道，此后的27年间，先后四次奉治河命。潘季驯习知地形险易，曾上治河六条建议，即塞决口、筑堤防、复闸坝、创滚水坝、止浚海工程、寝开老黄之议。万历六年（1578）第三次总理河道后，专在淮安治河，采取了束清敌黄、以水治水的策略，修建高家堰，结果成效显著，成就了其治河英名。贾征、马雪芹等研究者高度评价潘季驯第三次治河活动，认为从万历六年（1588）开始的第三次治河活动，是潘季驯治河生涯中最辉煌的一个历史时期，是潘季驯治河生涯中最成功、最圆满、最能体现其治河思想的一次④。而从万历十六年（1588）开始的第四次治河活动相对不顺，河患迭出。万历十九年（1591）泗州大水，城中水三尺，患及祖陵，季驯被免官，因积劳

① 参见宋燕鹏《试论汉魏六朝民众建立祠庙的心理动机》，《社会科学战线》2011 年第 3 期。

② （明）薛銮修、陈艮山纂：正德《淮安府志》卷 11《祠祀》；（明）杨昶：《恭襄祠碑记》，载《漕运通志》卷 10。

③ 参见朱海滨《祭祀政策与民间信仰变迁——近世浙江民间信仰研究》，复旦大学出版社 2008 年版，序言二。

④ 参见贾征《潘季驯评传》，南京大学出版社 1996 年版，第 166—167 页；马雪芹《大河安澜——潘季驯传》，浙江人民出版社 2005 年版，第 198 页。

成病，归家三年后卒，年七十五。著有《河防一览》一书，为后来治河者所采用。《清史稿》给予潘季驯很高的评价，称"明治河诸臣，推潘季驯为最，盖借黄以济运，又借淮以刷黄，固非束水攻沙不可也"①。

由恭襄祠变为陈潘二公合祠出现于何时呢？是在清乾隆二十二年（1757），此时距离陈瑄去世已324年，距离潘季驯去世已162年。历代地方志所附地图清楚地表明，乾隆二十二年（1757）以前未有现陈潘二公合祠的情况。例如，成化五年（1469），淮安知府杨昶重修恭襄祠，正德《淮安府志》卷首附有专门的"恭襄祠之图"，结合该图可清楚重修后祠庙的建筑规制：最前面是牌坊，牌坊后是大门，大门正对大殿，由一道通道连接，通道左右各有一亭，图中还明确标注恭襄祠坐落"在清江浦"。正德《淮安府志》所附"淮安府属地理之图"标注了"恭襄祠"的位置，该祠位于运河南岸，以东为常盈仓和提举司。后来的天启《淮安府志》所附"府治"图中仍绘有"恭襄祠"，与正德时不同的是，其右侧依次为敕建天妃宫、常盈仓、户部分司、工部分司、东河公署、西河公署，与一系列重要的机构庙宇在一起，显示了恭襄祠的重要地位。天启《淮安府志》卷9《典礼志》也明确记载：恭襄祠，治西北三十里清江浦。正德六年（1511），礼部勘合札付建，祀平江波陈瑄。编纂于乾隆十三年（1748）的《淮安府志》卷首附图绘有"平江伯祠"，该方志卷26《坛庙》仍记作"恭襄祠，在清江浦，祀明平江伯陈瑄。正统六年建，祭酒吴节记"。直到乾隆十四年（1749）修纂《山阳县志》卷五《坛庙》仍记为"恭襄祠"，且内容也没有变化。

咸丰《清河县志》记载："陈潘二公祠在禹王台西北向，乾隆二十二年奉旨并祀。"② 光绪《清河县志》亦载：陈潘二公祠在禹王台西北向，乾隆二十二年崇祀③。民国《续纂清河县志》的记载更为详细：陈潘二公祠，在禹王台西，原名陈公祠，建于明正统六年，祀平江恭襄侯陈瑄，逮乾隆二十二年衬祀潘公季驯，改今名④。为什么上述有关记载见于清河县志而非山阳县志呢？是因为乾隆二十五年根据江苏巡抚陈宏谋的建议，清河县城移至山阳清江浦，即清江浦由山阳县划归清河县，故史籍中多有

---

① 《清史稿》卷279《张鹏翮传》。
② 咸丰四年刻、同治四年续刻《清河县志》卷3《建置》。
③ 光绪《清河县志》卷3《建置》。
④ 民国《续纂清河县志》卷2《建置》。

"以浚河有德于民，民立祠清河县"① 的记载。以上记载交代了由陈瑄专祠变为陈潘二公合祠的时间及地点。

既然是合祠，就存在一个排序和主次的问题，例如嘉靖六年（1527）批准南旺分水龙王庙祭祀，宋礼中间、左右分别是金纯和周长，后来并祀陈瑄，次序发生紊乱。六年后，工部郎中杨淳予以更正②。上述记载表明潘季驯是处于"祔祀"的地位，祔祀与并祀不一样，其地位明显低于正祀。这应该是可以理解的，因为无论从生活年代还是官职高低而言，潘季驯的地位都要低于陈瑄。所以这一做法影响深远，后来有人提出修建陈元龙、陈瑄、潘季驯三人合祠时，仍建议"今平江伯既有专祠矣，吾以为上当冠以（陈）元龙，下当祀以潘季驯，为三公合祠，盖皆勤于高堰者，或亦此地食安澜之福者所宜勤心也欤"③。

那么，为什么乾隆朝要在陈瑄之外增加潘季驯的祭祀呢？为什么明朝的治河名臣潘季驯直到清乾隆年间才建祠祭祀？我们认为主要有四个方面的原因。

（1）与明代的社会现实有关。其一，潘季驯在明代因治水功绩卓著，生前曾一度在盐城、宿迁等地享有建造生祠的待遇④，但合流攻沙的治水方略在当时存在很大争议，杨一魁等人即主张分流以杀减河势，多次攻击潘季驯的做法，泗州乡官常三省也曾上北京各衙门疏反对潘季驯的做法。其二，因卷入朝廷政治斗争先后两次被罢官，一次是隆庆五年（1571），因反对开凿泇河和胶莱河，遭到张居正、朱衡等人的排挤；另一次是万历十二年（1584），因为张居正被抄家鸣不平，被看作张居正在朝中的余党，被劾罢回家。所以在变化的政治环境下，其纪念设施很快被遗忘或毁弃。其三，到其晚年的万历十九年（1591），泗州城淹水，威胁明祖陵，淮扬运河堤防多处被冲毁，淹没了农田和民居，这一切被归咎于潘季驯治水不成功，于是被罢官回乡，最后黯然离开人世，与陈瑄风风光光死去的

---

① 《明史》卷153《潘季驯列传》。
② 嘉靖《山东通志》卷18。
③ 宣统《续纂山阳县志》卷3《艺文志》。
④ 万历《盐城县志》卷2《祀典》：潘公生祠在县治北，祀工部尚书潘季驯。万历八年知县杨瑞云以父老请创建，正堂三间，东西厢房各三间，二门三座，大门三座，卧房三间，厨房三间，耳房三间，四照亭一座，碑亭一座，碑记为礼部尚书何维柏作；同治《宿迁县志》卷8《山川志》；《淮安府志》引徐景曾《洋河记要》：明万历六年归仁堤成，建贻麦堂以为行馆，奉河帅潘季驯禄位，土人因名之曰祠堂湖。

情景大不相同。马雪芹在《潘季驯传》中不禁感叹，像他这样的治水功臣，死后完全有资格享受封建社会中标志身份地位和能反映生前功绩的谥号，但令人不解的是，他死之后，朝中竟没有人提及此事。12 年之后的万历三十五年（1607）才得到封赠宫保的册诰。天启初年（1621），补谥列朝名臣，仍没有潘季驯的名字。一代治水名臣，死后不得其所，令人扼腕叹息。

（2）与乾隆皇帝的个人意见相关。根据《清实录》的记载，乾隆二十二年（1757）二月五日，乾隆皇帝第二次南巡到淮安府，谕称前任河道总督高斌"颇著劳绩"，虽曾因河道决口被治罪，但"其瑕瑜自不相掩"，在本朝河臣中，虽不及靳辅，但较之齐苏勒、嵇曾筠有过之而无不及，下旨高斌与靳辅、齐苏勒、嵇曾筠一并祠祀，以昭显国家"念旧酬工"之恩典，且有助于激励后来的治河者。次日，再次提起高斌一事，特别提到：更念有明一代治河之臣，最著者惟陈瑄、潘季驯二人，而季驯之功实优于瑄，运道民生，至今攸赖。今清江之湄，瑄有专祠，季驯独不列祀典，朕甚悯焉。于是下旨"其以潘季驯与陈瑄并祀，有司春秋致祭，用昭崇德报功之典"。① 表明了国家最高统治者对潘季驯的褒扬与首肯，是中央王朝树立典范以教育官员、教化百姓的手段，也是对该地区优待的一个表现。

（3）与清代的河防形式以及清代人对潘季驯的认识有关。乾隆二十二年（1757），当时的河道总督是白钟山，承袭了靳辅的治水方法，成效显著，顺应了百姓祈佑河道安澜的愿望，反映了国家"运道民生"至上的治河理念，赢得了乾隆皇帝的欢心。潘季驯、靳辅都是以河口为急务，治河方法一样，筑堤防运，水水攻杀。通过靳辅的例子，清代对潘季驯有了重新认识。再加上皇帝希望借此为后来者树立榜样，"使后之司河务者知所激劝"②，提高河臣的凝聚力和战斗力。

（4）受四公合祠的启发。祠庙可以说是该地区河工兴衰的见证，一般来说，越是问题最多、工作最吃力的地方，越能发挥人的聪明才智，体现人生的价值，可以说黄淮运交汇的淮安地区成就了陈瑄、潘季驯两位明代最突出的治水名家，也成就了清代的靳辅、高斌、于成龙等人。四公祠是清朝第一个河臣祠，由雍正皇帝敕建，为祭祀有功河臣的祠堂。其祠为

---

① 《清实录》卷 532，乾隆二十二年二月丁卯、戊辰。
② 《清史稿》卷 310《高斌传》。

独立院落，南向面河，左右有厢房，正殿有靳辅、齐功勤、嵇曾筠、高斌四人塑像，所以称为四公祠。四公祠成为修建陈潘二公祠的现实依据。

总之，乾隆皇帝根据潘季驯的功绩，参照靳辅的待遇，再加上个人的同情以及受四公合祠的启发，使潘季驯得以与陈瑄合祠。此后，官方遂将陈公祠易名为陈潘二公祠。此后的淮安地方志中，常见到明"陈潘二公祠"、清"四公祠"的记载。但后来高斌犯法，四公祠名声不显，而"陈潘二公祠"香火大盛。随着清末漕运的废弃，陈潘二公祠也破败不堪，民国八年《清河县志附编》卷1列举毁坏的祠庙，即包括"陈潘二公祠"。民国十八年（1929）进行了修复，除"正殿倾颓，不易修复"外，"余屋皆已修整"①。

四　结语

中国传统国家政治，首重祭祀②。祭祀是国家教化策略的主要内容之一，在由自然神和人神组成的祭祀体系中，作为人神组成部分的先贤祭祀是实现国家对地方教化控制的重要举措③。回顾陈潘二公祠从地方祭祀上升到国家祭祀、从专祠增加至合祠的演变过程，可清晰地发现国家的力量在其中所起到的重要作用，国家通过提高神灵的影响力和提升祠祀的权威性来实现国家教化，强化了民众对国家权力以及统治思想的认同。"通常，合祠比专祠更易于毁损湮灭。"④ 从这方面来说，陈潘二公祠能够作为一种文化遗产保留下来并被纳入运河申遗的视野中，实属不易。该祠原址位于清江光华化学厂内，年久失修，朽败严重，后迁建到清江大闸东南方向的河岸上，坐落于清江文庙——慈云寺历史文化风貌区内，虽然地点发生了变化，但仍不失为一种有效的保护方法。

（作者单位：陕西师范大学西北研究院；淮阴师范学院历史文化旅游学院）

---

① 　民国《续纂清河县志》卷2《建置》。
② 　参见李媛《明代国家祭祀制度研究》，中国社会科学出版社2011年版，第1页。
③ 　参见牛建强《地方先贤祭祀的展开与明清国家权力的基层渗透》，《史学月刊》2013年第4期。
④ 　卢永光：《张文献公祠考述》，《韶关大学韶关师专学报》1991年第3期。

从凡人到神灵：白英形象的演变及诠释

郭福亮

随着中国大运河成功申请世界文化遗产和南水北调工程的进行，运河沿岸重要的文化遗产、重要河段和枢纽工程重新被修复和保护起来，运河重新成为人们讨论的"热点"，与此相比，历史上一些治理运河的重要人物却缺少相应的关注和研究。关于明代汶上老人白英的研究，多是简单的普及性介绍，有些难免以讹传讹。所以本文通过梳理史书中有关白英的记载，探讨白英治水和其形象的演变过程，以期对白英形象有个全面的研究。

一　乡土精英——白英老人的本源形象

白英（1363—1419），字节之，祖籍山西洪洞县，明初迁于汶上县颜珠村，后葬于彩山之阳，其后裔现定居在汶上县南旺镇白庄村、南旺西村等地。

史料记载"白英，老人也"①，明朝采用里老制作为乡村基层组织，洪武十四年（1381）春，"是月命天下郡县编赋役黄册。其法，以一百一十户为里，一里之中推丁粮多者十人为之长，余百户为十甲，甲凡十人。岁役里长一人，甲首十人，管摄一里之事"②。其中，里老由乡民推举村落中年高德重的人，然后由州县任命，负责管理和督促乡村事务。洪武二

---

① （清）栗可仕：《汶上县志》卷6人物12，清康熙五十六年刻本。

② （明）张溶、张居正：《明太祖实录》卷135，洪武十四年正月，台北："中央研究院"历史语言研究所，1962年。

十一年（1388）八月壬子，朱元璋"罢天下府州县耆宿，初，令天下郡县，选民间年高有德行者，里置一人"①。里老最主要的职责是理断民讼、教化百姓，"州郡小民多因小忿，辄兴狱讼，越诉于京，及逮问，多不实"，于是"严越诉之禁，命有司择民间耆民、公正可任事者，俾听其乡诉讼，若户婚、田宅、斗殴者，则会里胥决之，民间高年老人理其乡之词讼，事涉重者始白于官，且给教民榜，使守而行之"②。除了理断民讼的老人，明朝统治者还根据地理和交通需要设立专职"老人"以方便社会管理。比如在集市镇店设集老人、店老人，在水次设仓老人、掌守老人；在河道、桥闸设水利老人、浮桥老人、泉老人、浅铺老人等。"临清州潘家桥等浅铺十二，老人十一名，夫一百七十一名"，"戴村修坝老人四名，夫一百五十名，今存二十四名，安圈等泉、老人二名"③。这些老人虽不是正式官僚，但他们作为管理乡土社会的一分子，保证了政令在乡村的贯彻执行，完备了传统社会的管理。

"白英是运河上的一位'老人'（10 余名运河民夫的领班，不是指上年纪的人），治水、行船经验相当丰富，十分熟悉山东境内大运河及其附近地势、水情"。④ 无可厚非，白英十分熟悉山东境内大运河附近的地势和水情，才得以在明朝时协助尚书宋礼治理会通河而流芳百世。"永乐中，尚书宋礼寻胜国会通故道，英献计，导百余泉入汶……"⑤《汶上县志》中的一个"寻"字，可以透露出宋礼和白英相遇的偶然。嘉靖庚子年（1540）夏四月张文凤在其所作《明工部尚书宋礼石刻像赞》中也提到："海险陆费，耗财国舟，岁亿万计，天子是忧，乃命我公，修元运运，济宪青东，登莱率故，虚心访计，白英出奇。"⑥《明工部尚书宋礼石刻像赞》是张文凤歌颂宋礼而作，抒发了作者对宋礼的崇敬之情，其中

---

① （明）张溶、张居正：《明太祖实录》卷193 洪武二十一年八月壬子，台北："中央研究院"历史语言研究所，1962 年。

② （明）张溶、张居正：《明太祖实录》卷232 洪武二十七年四月壬午，台北："中央研究院"历史语言研究所，1962 年。

③ （明）李东阳等撰，（明）申时行等重修：《大明会典》卷198，广陵书社2007 年版。

④ 山东省情网，齐鲁人物：白英，[EB/OL]，（2007 - 07 - 30）[2013 - 11 - 10]（http：//www. infobase. gov. cn/figures/song/200707/article_ 9550. html）。

⑤ （清）栗可仕：《汶上县志》卷6 人物，第12 页，清康熙五十六年刻本。

⑥ 山东省汶上县委员会文史资料研究委员会编：《汶上文史资料》第6 辑，内部资料，1993 年，第30 页。

的"虚心访计，白英出奇"和上文的"寻"透露的信息有异曲同工之妙。乾隆年间山河总督李青山拜谒南旺白英祠，受白英第十三代嫡孙白作槃邀请撰写了《永济神白英墓碑文》，其中记载"永乐九年，工部尚书宋礼疏通会通河，河虽有成，而河中干涸，未清于漕，宋公忧之，殚思极虑"，后来宋礼"诚格于神，感白鹦入梦之奇，遂布衣微服，旁求延揽，行至汶邑城东北彩山之阳，见群鹦正集于上，一人独坐其下，视其形貌与梦相肖，值此问答，互相聊咏，白公感其延揽之诚，遂与之相形度势"①。以至于今天在汶上、梁山、东平等地还流传着"宋礼访白英"的史话。《明工部尚书宋礼石刻像赞》和《永济神白英墓碑文》记载宋礼是"虚心访计，白英出奇"、"微服私访，旁求延揽"，然后白英"感其延揽之诚，遂与之相形度势"，颇有汉末刘备"三顾茅庐"诚访诸葛亮出山的故事。试想如果白英是运河上的一名领班"老人"，则会在运河上工作，参与宋礼疏通会通河的事务，则不必宋礼访寻，即使献计献策治水也是分内之事，无须宋礼延揽访求。同时，《永济神白英墓碑文》又记白英"曾设教于城北昙彩山地方多年之久"，担负地方教化职责，而此碑文则是李青山受白英后人邀请所写，其内容虽充满溢美之词，但关于白英设教于地方多年的基本史实不会有误。查《乾隆御批纲鉴·明成祖皇帝》中提到汶上老人白英，并对"老人"作以下注解："乡官名，洪武中命有司择民高年而公正可任者，听其乡词讼，谓之老人"②，可知《乾隆御批纲鉴》中把白英当作管理其乡诉讼的"老人"的，也不是管理运河的夫役。所以说"白英作为运河上的一位'老人'"是值得商榷的。

二　济运保漕——白英形象的转化

元朝定都燕京后，物质上"仰给东南"，为了方便运送物资，于是开凿了济州河，先经运河将入京的物资经大清河运至利津，然后海运至京。但其后大清河入海口淤积严重，不便通航，不得不改由东阿陆运至临清入御河，但此段陆路要经过茌平一带，其地势低平，每逢下雨，道路则泥泞

---

① 山东省汶上县委员会文史资料研究委员会编：《汶上文史资料》第 6 辑，内部资料，1993 年，第 33 页。

② 官修：《乾隆御批纲鉴》第 7 册，黄山书社 1996 年版，第 6286 页。

不堪，车马阻滞，运输艰难，可谓"转运之不便"。于是朝廷乃用韩仲晖言："引汶绝济，自安民山开河至临清，直接卫河"，后因会通河地势较高，又建闸坝以补充水源，"引汶入泗也，建金口坝，开金口闸，引泗为府河，至济宁又筑堽城坝，开堽城闸，引汶由洸河至济宁，又以济宁之地北高南下，恐水之易南而难北也，于是建天井闸，以遏其南，建开河闸以放其北"①，试图改变运河运输状况。但运河"南自沽头以达河、淮，殊为便利，而北由安居至南旺，南旺地高于天井，故当时虽多设闸坝，常患漏竭"②，水源影响了运河通航，造成这一时期会通河运输效果仍不理想，加之疏于河道管理，黄河溃决侵犯会通河道，加重了会通河的淤塞，"故终元世海运为多"③。

明朝初年，政府向辽东、北平输饷，也专用海运。洪武二十四年四月，"河水暴溢，决原武黑洋山……由旧曹州、郓城两河口，漫东平之安山，元会通河亦淤"④。永乐时，明朝迁都北京，京师的物质需求激增，漕运变得尤为重要，此时漕运兼用运河和海运，但"海运经历险阻，每岁船辄损败，有漂没者，有司修补，迫于期限，多科敛为民病，而船亦不坚。计海船一艘，用百人而运千石，其费可办河船容二百石者二十，船用十人，可运四千石，以此而论，利病较然"。而当时"河运则由江、淮达阳武，发山西、河南丁夫，陆挽百七十里，入卫河，历八递运所，民苦其劳"。所以济宁州同知潘叔正上书："旧会通河四百五十余里，淤者乃三之一，浚之便。永乐九年，朱棣命礼及刑部侍郎金纯、都督周长往治之。"⑤

"宋礼，字大本，河南永宁人。洪武中，以国子生擢山西按察司佥事，左迁户部主事。建文初，荐授陕西按察佥事，复坐事左迁刑部员外郎。成祖即位，命署礼部事，以敏练擢礼部侍郎。永乐二年拜工部尚书。尝请给山东屯田牛种，又请犯罪无力准工者徙北京为民，并报可。七年丁母忧，诏留视事，九年命开会通河。"⑥

宋礼认为要保持会通河水源充足，必须疏导汶水济运。宋礼疏浚会通

①　（清）盛康辑：《皇朝经世文续编》卷92，清光绪三年（1897）刻本。
②　（清）赵慎畛撰：《榆巢杂识》，中华书局2001年版，第80页。
③　（清）张廷玉等：《明史》卷153，中华书局1997年版。
④　（清）张廷玉等：《明史》卷83，中华书局1997年版。
⑤　（清）张廷玉等：《明史》卷153，中华书局1997年版。
⑥　同上。

河时，白英起到了关键性的作用。汶上老人白英献计："在坎河西面，筑戴村坝，阻挡汶水入海之路，使汶水全部西南流，由黑马沟至汶上之南旺口，白英根据南旺地势高的特点，决其水，南北皆注，所谓水脊也，在南旺设分水口，分而为二，北流抵临清者什之六，南流达济宁者什之四。"①元朝时，为了达到汶水北出阳谷以通卫水，南出济宁以通泗水，将其分水之处设在会源闸，即今天济宁的天井闸，当时自沽头到河、淮，非常便利，但是由安居到南旺，南旺地势较高，天井闸就发挥不了作用，造成"即水盈满亦仅可胜小舟而已"②。白英"因相地置闸，以时蓄泄，自分水北至临清，地降九十尺，置闸十有七，而达于卫；南至沽头，地降百十有六尺，置闸二十有一而达于淮"③。白英在南旺设置分水口，改变了在天井闸设分水口的弊端，康熙在谈论南旺分水龙王庙闸时评价为"尤关紧要"，将分水口选在南旺可谓"相杜之妙"。"山东登莱诸山之脉，自关东来，结为泰山，是北干分支之一，在黄河之东；而黄河之西，山脉自终南太一，南届淮汝，为中干分支之一，而黄河行乎两支之中，故昔时河自天津入海，以后渐徙而南，至淮安入海，而登州以上，马谷山以下，从无黄河之迹者，山脉限之也，分水口之水脊，又为泰山分支之分脊处"，而"白英积数十年精思，增修水闸，以时启闭，漕运遂通，此等胆识，后人实所不及，亦不能得水平如此之准也。今此二闸、最宜斟酌启闭。若浅于南，则当闭北闸，使分北之水，亦归于南。浅于北，则当闭南闸，使分南之水，亦归于北，湖泉并注，南北合流，虽有旱暵，亦无虑矣"④。

经过宋礼和白英的努力，会通河得以畅通，保证了京师的物质需要，运河沿岸城镇商贸振兴，河道里帆樯林立。永乐十三年（1415），明政府罢海运，漕运专用运河。

三　从人到神：白英形象转化的表现

（一）"从祀"到"专祠"

白英"济运保漕"取得了很大的成功，得到了世人的高度赞赏："国

---

① （清）岳濬等：《山东通志》卷19，《四库全书》本。
② 同上。
③ （清）张廷玉等：《明史》卷153，中华书局1997年版。
④ 官修：《清圣祖实录》第3册，康熙六十年四月丁酉，中华书局，第838—839页。

家二百年来，引东南之粟以实京师，皆英之力也。"① 《礼记·祭法》规定："夫圣王之制祭祀也，法施于民则祀之，以死勤事则祀之，以劳定国则祀之，能御大灾则祀之，能捍大患则祀之"②，在这个标准下，有功于民的人物得以经由制度化方式纳入国家祭祀体系。弘治十七年（1504），时任工部左侍郎李燧提请表彰宋礼、白英之功，"祭法曰有功于民则祀之，燧因陈礼之功可祀也"。在"功莫大于治河，政莫重于漕运"思想的指导下，其后工部尚书张昇等又具题表彰宋礼、白英。明正德六年（1511）四月初五日，工部尚书费宏又具题表彰，初七日皇帝下诏"宋礼等既有功运道，准立祠致祭"③。于是工部郎中杨淳"在分水龙王庙西祀尚书宋礼，建宋尚书祠，以侍郎金纯、都督周长配享，济宁州同潘叔正，汶上老人白英侑食，春秋祭"，宋公祠和白英祠正德七年（1512）春落成，十一年（1516）冬，宋公祠和白英祠"庙宇廊庑垣墙具备"④。此时白英是从祀宋礼的，"礼殁，李燧追讼其功立祠，赠礼太子太保，一子入监，白英先以平顶巾执工簿，立于傍，亦赐冠带坐，世令一人充冠带老人管河夫坎河之滩，赐祭田四十顷，春秋二祭"⑤。

白英由历史人物进入祠庙，从而形成了一个具有特定象征意味和复杂内涵的文化符号。一方面，地方社会将白英视为当地楷模，成为当地精英的"代表"；另一方面，政府也作为一种笼络和鼓励民间力量的存在，成为推动白英祀祠修建的主要力量。万历元年（1573），政府复建白英祠于戴村坝，"戴村设专祠焉"，当时主管修建的李国祥为了"惩戴村之失而厘正之者也"，将本来应该是"三楹左右翼各一"的白老人庙，修建为"独两配异室耳，中为龙神，为汶席二河神，南厢旁为土神，东厢其一则故白老人英也，西厢皆肖其像"⑥。万历二十五年（1597），时任都水司主事胡瓒拜谒白老人庙，当时庙"乃愀然一室，几不蔽风雨"，胡瓒于是组织人员修葺，"役夫三旬，费金钱三千文，夫取于暇钱，取于帑，不一烦有司而助其成者汶上丞郭维澄，董其事者周士孜也"。

---

① （清）栗可仕：《汶上县志》卷6人物，第12页，清康熙五十六年刻本。
② （清）阮元：《十三经注疏》，浙江古籍出版社1988年版，第1590页。
③ （明）谢肇淛：《北河纪》卷8，《四库全书》本。
④ 同上。
⑤ （明）朱国祯撰，王根林点校：《涌幢小品》卷26，上海古籍出版社2012年版。
⑥ （清）栗可仕：《汶上县志》卷8艺文，第54—55页，清康熙五十六年刻本。

　　胡瓒在重修白公祠时，以"泉不在深，有龙则灵，是龙托于水者也，能潜能飞有形矣，安得为人，英故人也，安得先乎神礼，每祀必祭土地，谓其为庙佑之主也，神矣安得共人而齿为昭穆也，同堂者非以异室而正其非者，非之非者也。夫以人配神，唯郊祀有之，论其功也，英于漕渠忧有功矣，于汶之性得无少，怫然且绝地脉哉，或曰英不当祀欤，曰又非也，礼有其举之莫可废也，故庙之"为由，又根据"即毁者弗敢议新也，庙之既新者，吾弗敢议毁也"① 的原则，将白公祠与塑像在戴村庙后并为一祠，令其子孙奉其衣冠而岁时有事焉。通过胡瓒在戴村修建白老人庙坚持的原则和其对白老人庙的看法，可见统治者对于民间祀祠的修建，一方面是出于表彰有功之人，笼络民心；另一方面是对民间祠庙的规范，保证祠庙的规制、方位、祭祀礼仪符合国家仪礼，从而保证其对民间祀祠的控制。万历年间，白英祠由从祀宋礼到白英享有专祀，且其子孙享受世袭八品官的恩荣，可见朝廷对其推崇。

　　清朝定都北京后，为实现南粮北运，继续使用京杭大运河进行漕粮运输，大运河成为清朝名副其实的"生命线"，清代在"漕运体制、运河水源、线路、治河工程不惜耗费巨资全力经营，使大运河和漕运进入了一个全盛时期"②。然会通河受自然环境影响较大，遇干旱天气，沿途灌溉，水源往往不足，水源问题也因此成为影响会通河漕运的最主要因素。白英引诸泉之水，济运保漕，自然受到统治者的赞扬。康熙曾指出："山东运河全赖众泉灌注微山诸湖，以济漕运，今山东多开稻田，截湖水上流之泉，以资灌溉，上流既截，湖中自然水浅，安能济运水在地中，如人身之有血气，血气有余，方可用渗泄之药，若气血不足，正需滋养，安可再加渗泄乎，地方官未知水之源流，一任民间截水灌田，以为爱恤百姓不知漕运，实因此而误也，若不许民间偷截泉水，则湖水易足，湖水既足，自能济运矣，今不讲究本原，但见湖水日少，河身日浅，徒事开浚，假使河身日深，泉水不继，虽费百万帑金，终归无用。"③ 因此，康熙对白英筑戴村坝，遏汶水出南旺，治河保漕给予高度评价，"此等胆识，后人实所不及，亦不能得水平如此之准也"。因此，有清一代，政府和民间对白英推

---

① （清）栗可仕：《汶上县志》卷8艺文，第54—55页，清康熙五十六年刻本。
② 安作璋：《中国运河文化史》，山东教育出版社2001年版，第1410页。
③ 官修：《清圣祖实录》第3册，康熙六十年四月丁酉，中华书局，第838—839页。

崇至极。

白英祠建成后，明清两代从皇帝到官员多慕名而来拜谒，多题词赋诗，颂扬其功德。乾隆皇帝六次南巡，每次在分水龙王庙都有亲笔题词，歌颂白英，例如：乾隆四十一年（1776）第三次南巡题：流酾运河各北南，千秋通运借神权；分水固在谋成巧，地脊仍因势自然；但使万民资利赖，允宜一已致诚虔；近年流弱刚浮漕，补救绸缪意更悬。乾隆四十九年（1784）第五次南巡又题：地脊原来南北分，老人能识果超群；水增斯借疏宣伙，河复何须议论纷；天下本无事如此，明神赖有佑诚云；御舟由是顺流下，登岸应抒瞻拜勤；官员也多为白英歌功颂德，如河道总督张鹏翮所作"千里迢迢过鲁东，生平仰止慕高风。迷泉踏破开渠导，一派两歧上下通"，"谁识庐中一老翁，尚书有梦访飞熊。若愚大智劳心力，胼胝经营著茂功"二绝句。雍正三年（1725），河道总督白钟山题请奉敕重修南旺祠宇，并且为白英祠题赐匾额策赞河渠，并书写对联："引汶泗以浮漕三老实襄治术，通兖徐而济运玉蟾本属神仙"①，白钟山更是把白英比喻成神仙。

（二）白公祠到永济神庙

白英祠庙的建立为其神化奠定了基础，官方祭祀为民间祠祀提供前提，随着祠祀的深入，便出现了为其奏请加封的情况。雍正四年（1726），河臣奏言："明工部尚书宋礼开会通河，用汶上老人白英策，分水济运，事载史册，旧有庙祀，请加封号"，乃封宋礼为宁漕公，白英为永济之神，于汶上县祠庙祭之②。"凡祀御灾捍患诸神之礼，因所捍御之地，建立专祠，特加封号，饬所在有司，岁以春秋诹吉致祭，宁漕公宋礼、永济之神白英于山东汶上县，均帛一羊一豕一尊一爵三仪与祭。"③"宁漕公宋礼、永济之神白英于汶上致祭之礼，每岁春秋所在守土官具祝文（随时撰拟），香帛羊一豕一尊一爵三，陈设祠内如式，质明守土正官一人朝服诣祠行礼，仪节与直省祭关帝庙同。"④雍正皇帝除了给白英加

---

①　山东省汶上县委员会文史资料研究委员会编：《汶上文史资料》第4辑，内部资料，1990年，第104页。

②　（清）嵇璜、刘墉等撰：《皇朝通典》卷50，《四库全书》本。

③　官修：《钦定大清会典》卷49，《四库全书》本。

④　官修：《钦定大清通礼》卷15，《四库全书》本。

封号为永济神，还对其子孙进行恩典，"默认"其子孙承袭八品顶戴奉祀香火，可以说是清代定鼎以来"未经奉有谕旨，而父子相承，仍循前明旧例"①，以此可见清朝统治者的崇德报功之心。值得注意的是，清朝前期，明朝工部尚书宋礼的子孙皆沦为庶人，宋礼也仅仅庙食南旺，而之前的从祀者白英不仅在南旺分水口、戴村坝有祠，在其家庙中也有供奉。白英在清朝的认可程度大大超过了宋礼。到了乾隆三十年官方正式认可了白英子孙世袭八品官"确查永济神白英嫡派子孙，另行取结，咨部承袭，以崇祀典，奏入得旨允行"②。当然，白英子孙在清代世袭官位，起初还是遭到一些质疑的，论者以"江西张道陵后人，以斗米遗孽，依托鬼神，更历年运，谬踞巍秩"③，后来经过调查"核之典礼，则白氏子孙之受赏，不为忝窃也"④。白英被赐以封号，也就被纳入官府每年按时节祭祀的名册——祀典，成了官府的合作者，至此白英形象在之后的存在，并不是其本人的现实存在，而是存在于一种由于社会的接受而建立起来的文化世界里，其中，白英形象的存在形态是和济运保漕联系在一起的，并因治河有功而被神化，成为社会里人们借以思考、讲述的一个符号或者说一个文化单位。

白英受到官方祭祀，过往船只为了祈求航运顺利，也多进庙祭拜，而成书于清光绪七年（1881）的《敕封大王将军纪略》是河官们总结流传在民间的有关的治水的大王、将军的书籍，其中记载了白英被封为"永济灵感显应昭罕昭宣白大王"⑤，可见光绪时在河官中已经广泛流传着关于白大王的传说。就这样，明朝汶上老人白英经过明清两代的修祠祭祀，加封号、封神和民间的神奇传说，完成了由人到神的蜕变。

顾颉刚先生在"层累地造成中国古史"指出："历史记载是一层一层累积起来的，后人不断添加新的材料，使它越来越丰富；而随着时间不断向后发展，历史记载却不断地向前延伸，也就是'时代愈后，传说的古史期愈长；时代愈后，传说中的中心人物愈放愈大'。"⑥ 随着历史时段的

① 官修：《钦定南巡盛典》卷67，《四库全书》本。
② 同上。
③ （清）陈康琪：《郎潜纪闻二笔》，中华书局1987年版，第357页。
④ 同上。
⑤ 山曼等编著：《山东黄河民俗》，济南出版社2005年版，第181页。
⑥ 顾颉刚：《古史辨》第1册，上海古籍出版社1982年版，第17—18页。

发展，史书中相关的记载也越来越丰富，民间有关白英的传说也越来越多。《明实录》中关于白英的记载一次也没有出现，而《清实录》中则有七次①，"白英"在《明史》出现四次，而在清代史料《御批历代通鉴辑览》《圣祖圣训》《大清一统志》《江西通志》《山东通志》《河防一览》《北河纪》《两河清汇》《居济一得》《治河奏续书》《行水金鉴》《钦定大清会典》《皇朝文献通考》《皇朝通典》《钦定大清通礼》《钦定南巡盛典》《评鉴阐要》等中一共出现 68 次左右。

与史料记载越来越丰富相比，关于白英的传说也越来越多，比如：白鹦在传统社会是被当作祥瑞进贡朝廷的，因为白英与"白鹦"语音谐音，所以在之后的岁月中将白英比作"白鹦"。乾隆年间李青山写的《永济神白英墓碑》中载宋礼寻访白英时，宋公"感白鹦入梦之奇，遂布衣微服，旁求延揽，行至汶邑城东北彩山之阳，见群鹦正集于上，一人独坐其下，视其形貌与梦相肖"。还有在山东运河沿岸至今仍被人们广为传颂的"白英点泉"的故事，"之前，运河上运皇粮的船，因缺水被困，皇上命老百姓引水接济运河，但官员和老百姓都找不到水，求天天不应，叫地地不灵，这时，白英挺身而出，带领运皇粮的官员和士兵去找泉眼，走到一个地方，他指地为泉，一踩脚，水就出来了，不久运河里很快涨满了水，皇船顺利通过，老百姓的困苦也跟着解除了"。民间流传的这些传说与官方自上而下的修庙、封赐相得益彰，白英祠与宋礼祠、龙王庙等民间神祠修在一起，使白英的形象和身份越来越高大，受到世人的膜拜和崇敬。

总之，明清两代白英形象的变迁是政府对济运保漕有功之人的封赐，也推动了民间对白英（永济神——白大王）的推崇和信仰；反过来，政府和民间的祭拜又进一步推动了白英形象的转变，白英作为人格神与运河岸边的自然神一起镶嵌在区域社会中为后人所祭拜，即使后来运河淤塞，沿岸人民仍延续了对白大王的膜拜。

（作者单位：聊城大学运河学研究院）

---

① 白英在《明史》卷 85 出现 1 次，卷 153 出现 3 次；《康熙实录》卷 228 出现 1 次，卷 292 出现 2 次；《乾隆实录》卷 733 出现 3 次，《乾隆实录》出现 1 次。

论晚清山东运河流域的教案

赵树好

　　山东运河流域系指元明清时期京杭大运河在山东境内流经及辐射的州县，大体上包括峄县（今枣庄市）；济宁州（今济宁市）的济宁直隶州、鱼台县、嘉祥县、金乡县；东昌府（今聊城市）的聊城县（今东昌府区）、茌平县、博平县（载入茌平县）、清平县（载入茌平县）、高唐州、堂邑县（载入冠县等县）、莘县、冠县、恩县（载入平原等县）；临清州的临清直隶州（今临清市）、夏津县、武城县；曹州府（今菏泽市）的单县、巨野县、郓城县；泰安府（今泰安市）的东平县、东阿；济南府（今济南市）的德县（载入德州市等市县）、陵县、平原县、平阴县等 20 多个县市，大体相当于鲁西地区。

　　明末清初，天主教修会组织耶稣会、方济各会、多明我会相继来到山东运河流域。清康熙（1662—1722 年在位）中后期，由于罗马教廷干涉中国内政，禁止中国教徒祭祖祀孔，服从地方官政令，清政府开始禁教，传教活动受到严格的限制，至 18 世纪末，天主教各修会在山东的活动基本中断。鸦片战争后，列强强迫清政府解除对基督教的禁令，西方传教士再度来华。天主教在山东运河流域设立鲁北和鲁南两个代牧区。其中，鲁北代牧区统辖济南府、东昌府、武定府、泰安府、临清直隶州及其所属州县教务；鲁南代牧区统辖兖州府、沂州府、曹州府和济宁直隶州。英、美新教传教士也来到山东，但他们主要在胶东地区活动，只有少数人到达运河流域。东正教会的活动范围基本上限于东北和直隶，没有进入山东运河流域。

　　晚清时期，基督教依仗强权传入山东运河流域后，冲击了传统的社会与文化，触犯了各阶层利益，引起官绅士民的反洋教斗争（史称教案）。

迄今为止，学术界虽然论及山东运河流域的教案，但基本上限于教案起因、若干重大教案，以及义和团运动时期的反教斗争等，尚未对这一地区的教案进行系统分析。笔者拟加以探讨，以期有助于教案史和运河文化史的研究。

晚清山东运河流域教案始于 1850 年的武城教案，终于 1908 年的阳谷张秋教案，历时 58 年，大体上可以分为四种类型。

一　基督教与道教冲突案

道教是中国土生土长的一种宗教，它来源于古代的巫术和战国、秦、汉之际的方术，定名于东汉顺帝时期（126—144），历代都有发展变化，从明清起较前为衰。道教是多神教，它的神灵极其庞杂，有玉皇大帝、城隍、土地神、四海龙神，以及玉皇大帝属下的军师、李天王、二郎神、各灵官元帅、天将、牛头、马面、判官、小鬼等。其中，玉帝统领十方诸天神佛，主管宇宙万物兴衰祸福，备受国人尊崇。基督教只信上帝，不许崇拜其他神灵，二者之间难免发生冲突。此类案例以 1873 年冠县梨园屯教案最为典型。

梨园屯隶属东昌府的冠县，但与该县的其他 23 个村庄孤悬直隶境内，被直隶的南宫、威县、清河、曲周等县的若干村庄包围，成为冠县的一块飞地。这里民风强悍，统治力量薄弱，社会治安较差，秘密结社遍布。

1869 年，梨园屯天主教徒、村民议分废弃之玉皇庙产。村民分得义学学田 38 亩，"教会应分房宅一处，上带破厅房三间，破西屋三间，大门一座，计宅地三亩零九厘一毫"①。

不久，教徒将所得包括玉皇庙在内的地基献给了法国天主教士梁宗明。1873 年，梁拆庙建堂，村民阎立业等控县，知县韩光鼎拟庙基归教徒，阎等责惩释放。

1881 年 5 月 3 日，法国驻华公使宝海声称村民左保元等毁教堂大门，将教徒殴伤等情，要求中方查办。经山东巡抚任道镕饬属查复，系正月初九日（1881 年 2 月 7 日）参加玉皇神会之村民左保元与教徒阎付东口角，

---

①　台北"中央研究院"近代史研究所编：《教务教案档》第 5 辑，台北"中央研究院"近代史研究所 1977 年印行，第 458—460 页。

判令左、阎责惩；教徒暂借庙基，俟另购地建堂后归还村民。

1887 年，教徒王三歪等在原庙基重建教堂，监生刘长安等控县。复率数百人拆在建教堂，重修玉皇庙。引起中外交涉，冠县地方官将刘等革去监生。不久，民教议定：教徒将庙基让与村民建庙，村民为教会另购地建堂，偿教徒失物。

1892 年，新任意籍主教马天恩坚持在原庙基建堂，并请法国公使李梅向中方施压。山东巡抚福润饬属查办，改判庙宇让与教徒建教堂，由知县何式箴捐银 200 两，京钱 1000 串，资助村民另购地建庙。农历四月初，村民请临清道士魏合意赴庙住持，并屯集枪械，意图防御。教徒逃避。该抚饬属查办，捕拿魏氏，解散村民，拆毁玉皇庙，将庙基交与教徒。

1897 年春，传教士重建教堂。3 月 24 日，村民阎书勤等"十八魁"武力护庙，并请直隶威县梅花拳首赵三多率部"亮拳"，逐抢教徒，殴毙一人，拆毁教堂，重建玉皇庙。东昌知府洪用舟派兵弹压，判令庙基充公，改做义学，另为教会觅地建堂，偿教会京钱 2000 串。嗣因何式箴觅地未就，主教马天恩不允。该府将何式箴撤任，派兵弹压，杀拳民一人，拆玉皇庙。

1898 年 5 月 30 日，法使毕盛照会总理衙门，要求三日内捕拿"十八魁"、赔偿教会白银 2 万两、将东昌府知府洪用舟撤任等。总署经交涉，仅将赔款减为 1 万两，其余被迫允诺。不久，官府捕获阎书勤之长兄阎书堂等二人。10 月 26 日，阎书勤联络赵三多等部拳众，在冠县蒋家庄马场起义，竖"助清灭洋"大旗。此次起义实为义和团运动之起点。

综上所述，梨园屯村的绅民为了维护玉皇大帝的权威，与教会展开坚持不懈的斗争。而天主教唯我独尊，排斥其他一切神灵，必欲占领玉皇庙，取代玉皇大帝的地位，毫无通融余地。兼之法国公使无原则地支持教会，中国地方官既不敢得罪教会，也不能完全不顾民情，左右为难，致使这一教案久拖不决，持续 20 余年，并且使民教矛盾逐步激化，进而演变为义和团运动。如果没有法国的支持，教会势力根本不可能如此蛮横，中国地方官也绝对不会袒教抑民。由此可见，这一教案之所以久拖不决，愈演愈烈，虽然有文化冲突因素，但主要是由强权威逼的结果。

二　传教士被杀案

晚清时期，由于某些外国传教士和中国教徒横行霸道，经常与民众发生冲突，进而被打死，列强往往借机对中国进行敲诈。其中 1897 年巨野教案尤其典型。

巨野县位于山东省西南部，隶属曹州府，土壤贫瘠，民风强悍。早在 1885 年，德国天主教士福若就进入张庄传教。教徒张守銮将八分余地售与福若瑟建堂。村民赵心贵称张氏所卖之地系其所有，该县知县判令张氏将此地退还赵氏。法使戈可当称该县未审先判，请求中方重审。总署咨山东巡抚陈士杰另委员办理。经地方官查复，赵契约未注明界线，将此地改判张氏，租与传教士建堂。此后，传教士在这里盖起了曹州府的第一座教堂。经教会苦心经营，该堂"事实上成了很多堂口的滥觞地"。① 1894 年，德国天主教士薛田资先在阳谷县坡里庄教堂学习几个月汉语，随即被派往张庄教堂传教。薛田资积极增设教堂，发展教徒。由于某些教徒横行霸道，欺压平民，传教士干预词讼，引起广大民众的愤怒，导致了巨野反教事件。

关于巨野教案发生的情况，亲身经历此事的薛田资有较为详尽的记载。他说："一八九七年十一月一日上午，邻区的韩·理加略神甫和能方济神甫到张家庄（巨野县）来找我。韩神甫是要帮我解决一个困难并帮助准备节日庆祝，能神甫是为一件特别的事情到曹县去找鲍玉冷神甫。正赶上下雨了，他不能再走。我们很久没有见面了，一直闲聊到深夜。"②

"我的这个传教点只有一个可以住人的房间，理所当然地我将它让给了我的客人们。我自己在大门附近的看门人小屋那里找到了过夜的地方，那大门就紧挨着神父们睡觉的房间。

"因为周边一切都静悄悄的，所以我们没有采取任何的防范措施，我甚至连门都没有锁。

"我马上就睡着了，直到在我窗前响起的一声尖锐枪响将我惊醒。强

① 青岛市博物馆等编：《德国侵占胶州湾史料选编》（1897—1898），山东人民出版社 1987 年版，第 216 页。

② 廉立之、王守中编：《山东教案史料》，齐鲁书社 1980 年版，第 212 页。

盗们已经闯进了院中。一开始我根本没有想到他们并不是强盗。我马上跳到门边插上插销。从门外他们的谈话中我听出来，他们认为在这个房间里睡着的是看门人。所以他们在门口布下一个重哨，不让看门人出去帮助那些神父们。

"此时，他们对旁边的房间开始了猛攻，他们用沉重的横梁木和石块猛击门窗，一边撞击一边开着枪。我的房间被外面的火把照得通亮。

"旁边的房门突然发出轰隆一声，窗户震得格格作响，凶手们发出可怕的叫喊声冲进了房间。开始是一阵可怕的寂静，突然韩理神父喊道：'Scha-liau-jen，有人被杀啦。'马上就有一部分凶手走出房间来搜寻我的下落。教堂，法衣室，储藏室，厨房，所有地方都搜遍了。很多次人们都骂骂咧咧地从看门人房前走过，因为他们找不到我。

"这时教徒们都起来了。为了不使自己陷入危险，凶手们逃走了。守在门口的岗哨刚一撤走，我便马上奔了出去。我听到旁边房间内传来痛苦的呻吟。我还没有踏进院子，凶手们试图又一次发动进攻，幸亏被教徒们挡住了。

"我来到了兄弟们睡的房间。那是怎样一番情景啊！地上是满地的血！两位神父躺在一张床上——其中的一位，能方济神父，在形势紧急的情况下，显然是想冲过去帮忙的——能方济神父身体蜷曲着，一只手挡住脸部，作出防卫的样子。韩理神父仰面躺着。我首先察看伤口。能方济神父可能在我进屋时已经死去，但是韩理神父还活着，只是已经不能说话了，眼睛睁得大大的。当我呼喊他时，他听出了我的声音，唇边露出浅浅的微笑。当我给他总赦罪和敷了圣油之后不久，他的身体就变凉了。"[1]这一教案究竟是何人所为呢？经王守中教授考证，系"大刀会所组织发动的一次反教活动"。[2]

巨野教案爆发后，德国迅速派军舰占领青岛，并以武力胁迫清政府将山东巡抚李秉衡革职，对天主教会勒索 22.5 万两白银，允许教会在济宁、曹州等地建立教堂，取得胶州湾"551.5 平方公里，中国居民约 8 万多人"的租借地[3]，在胶州湾享有驻军、自由出入、修建炮台等权益，并规

---

① 路遥主编：《义和团运动文献资料汇编》（德译文卷），山东大学出版社 2012 年版，第129—130 页。

② 王守中：《德国侵略山东史》，人民出版社 1988 年版，第 120 页。

③ 同上。

定先以 99 年为限，为其在此后延长期限，乃至于永远占领提供了口实。还规定德国如提前归还该地，中国要赔偿德国所有支出，并为其另外提供一个更加适宜的港口。此外，允许德国修筑胶州湾至济南的两条铁路，享有铁路沿线 30 华里的采矿权，以及德商优先承办山东境内各项工程的权益，从而控制了山东全省的经济命脉，将其变为德国的势力范围。巨野教案反映了天主教是德国侵略中国的工具，教案成为它攫取在华权益的借口。

巨野教案引起了列强的连锁反应。俄、英、法、日等国相继强占中国沿海的旅顺、大连、威海卫、九龙、广州湾等港口，并将东北、福建、长江流域、云南、两广变为势力范围，掀起瓜分中国的狂潮。此外，巨野教案也激起山东人民对德国侵略者及其来华教会的仇恨，进而引起他们的反抗斗争。山东巡抚毓贤曾亲自对德籍天主教鲁南教区主教安治泰说："因为传教士被杀，招来了德国人，然后就发生了胶州事件及其后的一切。是你把德国人叫来的"，"如果在山东没有德国的传教士和他们统领的基督教徒，胶州、旅顺等地便不会落入洋人手中。你们对这一切负有罪责"。李鸿章也向安治泰表示：山东南部乱成一锅粥，他并不感到惊奇。他说："占领胶州的动机是山东南部，这种观点逐步在民众之中传播开，并引起对传教团及基督教徒的仇恨。发生暴动是理所当然的结果。"①

三　反教起义案

自 1891 年起，教案由自发的民教冲突发展到有组织、有领导的反洋教起义。其中，1896 年曹州府的曹县、单县，以及江苏、安徽若干地区的大刀会起义就是重要代表之一。

甲午战争期间，山东、江苏、安徽交界地区兴起了一种叫作"大刀会"的民间结社，以山东曹县烧饼刘庄（今属单县）监生刘士端、单县曹楼曹得礼等为首领。大刀会练习"金钟罩"（或称"铁布衫"）的法术，特点是"掐诀念咒，画符饮吞，排枪排刀，浑身上下无所不排，一夜即成"，据说"不畏棒击刀砍，不畏火炮，以其浑身功夫都用到枪刀不

---

① 路遥主编：《义和团运动文献资料汇编》（德译文卷），山东大学出版社 2012 年版，第 354 页。

入之故也"①。

大刀会提出"保卫身家""兴华灭洋"口号。当时,曹州府土匪盛行,他们以洋枪为利器,有的还以洋教为逋逃薮,致使当地社会动荡不安。刘士端带领大刀会与土匪多次交锋,曾打败过段瞎子等著名股匪,"并帮同各团长捕获巨盗多名送究"②。1895年春天,清政府曾下令查禁过大刀会。

大刀会兴起后,经常与某些不法的教徒发生冲突。1896年2月4日,大刀会成员郝和升向教徒吕登士索取欠债,遭到拒绝,双方互相谩骂。教徒屡次找郝和升寻衅,郝转折向刘士端求助,刘率众捣毁多所教堂,外国传教士逃匿。德国驻华公使绅珂要求中方赔款。此事交涉尚未结束,大刀会又展开了更大规模的反洋教斗争。

1896年夏,江苏砀山刘堤头天主教徒刘苠臣带人抢割庞家林村庞三杰湖畔土地中的麦子,庞三杰请求刘士端和曹得礼相助,刘士端派部下率千余会众前往砀山,打击刘苠臣及其他教徒,捣毁了东湍教堂。接着,曹县、单县与江苏、安徽的砀山、丰县、虞城、亳州等地大刀会共同举义,开展大规模反教斗争。大刀会爆发起义后,清廷发布上谕,著两江总督刘坤一和山东巡抚李秉衡分别派兵"速往镇压。如敢抗拒,即就地剿除"。③刘士端、曹得礼等被捕杀。另有200多大刀会员被俘或被杀。经地方官与教会协商,赔偿教会京钱10000吊(按当地市价折合原平银3585.6两)结案。

曹、单等地大刀会起义反映了这一地区民风强悍,会党盛行,而天主教会在法、德支持下横行乡里,必然与强悍的会党势力发生冲突,引起反教起义。

四 其他类型教案

在晚清山东运河流域教案中,除了上述重大教案外,还有一些影响较小的教案类型。

---

① 台北"中央研究院"近代史研究所编:《教务教案档》第6辑,台北"中央研究院"近代史研究所1980年印行,第144页。

② 《山东时报》,光绪十二年八月初五日(1896年9月11日)。

③ 故宫博物院明清档案部编:《义和团档案史料》上册,中华书局1959年版,第12页。

1887 年济宁德籍传教士购房案　1887 年，德籍天主教鲁南教区主教安治泰"在济宁州东关外安阜街并城内东门里价买民房各一所，均由通事出面，捏称开设行栈，并未说明洋人承买设立教堂。一旦洋人设堂传教，以致民间怀疑，滋闹纷纷，搬运砖坯将安阜街房屋门户堵塞，不容洋人居住。其东门里房屋仅付一半价，值京钱一千吊，即经闹事停止"。[①]购房纠纷发生后，济宁直隶州知州彭虞孙等与德国天主教士福若瑟协商，安埠街房产允许教士购买、东门里房产令传教士退房收价，教会所缴税契，由彭虞孙捐廉代缴，作为赔偿教会失物。地方官复出示禁止与传教士为难。济宁距离孔夫子的故乡曲阜只有几十里地，深受儒家思想影响，因而对基督教有着很强的排斥心理，所以，当地绅民才坚决反对德国传教士购房传教。当然，该案也反映出德国传教士为了取代儒教的地位，不择手段，执意在这一地区建立教堂的霸道行径。

1897 年东阿传教士干预词讼案　东阿隶属泰安府。该县天主教徒黄享年因为贫穷，自光绪二十二年（1896）起，屡次盗窃：据黄氏供称："光绪二十二年八月间，不记日期，独自行窃族人黄玉藻铡刀一口，变卖得钱花用。又十月初六日伊与在逃之傅九、曲洪兴、司学孟、司得魁遇道贫难，伊稔知归德铺事主杨兆梓染坊有钱，起意行窃，傅九等允从。是夜三更时分，同伙五人，伊与傅九携带洋枪，曲洪兴等各拿木棍，走至染坊门首，扎杆进院，开门窃得布匹钱物逃逸，大家侪分各散。分得白布三匹变卖，同窃得钱花用，分得蓝布四块现在伊家存放，不知傅九等现逃何处等语。"

次年正月，黄享年被官府抓获。地方官正在禀办间，突有法国天主教士梅泽民函称，黄享年素来安分，系伊族人黄玉堂等挟其奉教之嫌，栽赃陷害，嘱将该犯提释。

总理衙门随即照会法国公使施阿兰，指出："教士只以传教为务，不得干预地方公事，至内地随同习教之人，若别有不法情事，地方官仍应照所犯之案办理，与习教两无干涉。……教堂本系劝人为善，此等匪类实足有玷教规。该教士梅泽民不得违约袒护，即希贵大臣查照前因，迅即电饬该教士毋得干预地方公事，应由东抚照案审办，以儆奸宄，而敦睦谊，是

---

①　《山东教案史料》，第 305—307 页。

为至要。"①

《天主教会法典》第 1553 条，规定："下列各目案件，公教会有本来及专属审判权"；第 1 目"凡与神物或与神物相结合之物有关系之案件"；第 2 目"违背公教会法律之行为及有得罪天主之性质之一切案件；但以关于断定罪过及科处公教会之刑罚者为限"。第 1179 条规定："凡堂均有庇护权，故对于遁人堂内之犯人，非得正权力人或至少堂长之同意，不得逮捕之。"② 梅泽民干预词讼之举依据的是上述《天主教会法典》。从《教会法》的角度来看似乎并不违法。但是，《教会法》系教会内部法律，而 1862 年总理衙门与法国公使议定的《通行传教谕单》中规定：传教士"并非官员，不得干预一切别项公私事件"③。《谕单》系中法议定，相当于国际法。梅泽民在中国传教，理应遵守《谕单》。因此，他的上述举动显然是违反国际法的。

1899 年嘉祥教徒罚酒席案 嘉祥县隶属济宁州。此前，嘉祥县长乐里牟家海教徒牟广德供：前因平民牟广泰因辱骂教徒，教会不依，罚牟广泰京钱 20 千，酒席 4 桌。1899 年农历八月初五日（9 月 9 日），牟广泰要求归还以前被罚之物，遭到拒绝后，率众打毁教堂。经地方官查复，牟广泰仅仅要求归还以前被罚之物，并未毁堂。地方官判令牟广泰被罚历时久远，不准再提前事④。

晚清时期，其他地区的民教发生纠纷后，一般都是由外国传教士出面诉诸官府，而嘉祥教案的解决办法则是教徒罚平民酒席。在嘉祥，这类事件绝非个案，而有多起类似案例。此种情况，也许与当地的历史传统有关。早在 1300 多年前的唐朝时期，嗜酒如命的"酒仙""诗仙"李白曾经寓居济宁 20 余年，在李白的影响下，济宁人也非常喜欢饮酒。时至今日，该地的酒风依然十分纯正，绝不弄虚作假。由此看来，济宁人喜爱饮酒的传统造成了这一地区教案的特色，即通过罚酒席来解决民教矛盾。

上述教案案情虽然不大，但也反映了基督教与山东运河流域民众的种

---

① 《教务教案档》第 6 辑，第 184—185 页。

② 李启人等译：1917 年《天主教会法典》，第 1553、1179 条，山东济南天主堂华洋印书局1943 年印。

③ 廉立之等编：《山东教案史料》，第 406 页。

④ 中国第一历史档案馆编辑部编：《义和团档案史料续编》上册，中华书局 1990 年版，第379 页。

种矛盾，以及当地的社会问题和风土民情。

五　结语：晚清山东运河流域教案的特点及影响

（一）晚清山东运河流域教案的特点

与其他地区相比，晚清山东运河流域教案呈现出三个特点。

首先，数量多、影响大。据笔者统计，晚清山东运河流域共发生 149 起教案，占山东教案总数（333 起）的 44.7%[①]。教案发生的区域几乎涉及整个运河流域，成为整个山东地区教案的频发区，不仅当地士绅激烈反教，普通乡民和会党亦参加到反教活动中。此外，一些教案持续时间长，规模较大，对山东其他地区，乃至全国其他省份都有深远影响。

其次，时间集中。晚清山东运河流域教案发生的时间主要集中于 1896—1900 年，5 年时间发生教案 133 起，占该地区教案总数的 89.3%。

最后，以天主教案为主。从笔者统计到的晚清山东运河流域 149 起教案来看，天主教引发的教案 142 起，涉及新教的教案仅有 7 起，由天主教引发的教案占据了教案的大多数。

晚清山东运河流域的教案之所以出现上述特点，并不是偶然的，而是由当时的历史条件决定的。

第一，大运河废弃，经济衰落。贯穿中国南北的京杭大运河在明清时期受到政府的高度重视，漕运兴盛一时。运河的繁荣带动了山东运河沿线济宁、聊城、临清、德州等城镇商业活动的繁盛。如临清有"小苏州"之誉，聊城则被称为"江北一都会"。但 1855 年黄河在河南兰阳（今河南兰考）铜瓦厢大决口，东阿以北至京师的运河被截断，黄河沉积造成运河河道淤塞，运河航运很快衰落下去。与此同时，随着京汉铁路和津浦铁路的修建，以及海运的兴起，山东境内的运河作用大为减弱，运河沿岸城镇的社会经济失去重要支柱，商业活动明显衰败。"山东德州，昔称孔道，繁庶无比，今皆井里萧条，往来之车，日无数辆，顿宿之舍，镇无几

---

① 台北"中央研究院"近代史研究所编：《教务教案档》第 1—7 辑，台北"中央研究院"近代史研究所 1974—1981 年印行，中国第一历史档案馆、福建师范大学合编：《中国近代史资料丛刊续编·清末教案》第 1—6 册，中华书局 1996—2006 年版等。

家。"① 济宁、临清、聊城等运河沿岸昔日繁华的城市也大大衰落。经济的萧条，也造成了失业人口激增，地方治安受到影响，社会更加动荡。

第二，灾荒频繁。自 1855 年黄河改道、运河淤废后，山东运河沿岸便开始遭遇水灾。"济宁、鱼台两县，终年淹没沉粮之地，计 25800 公亩；被水淹没缓征地，计济宁、鱼台、汶上、邹县、峄县、东平、东阿，共 79870 公亩；又时被水灾之区，如金乡、嘉祥、巨野、滋阳、滕县、宁阳及聊城、阳谷、博平、清平、临清等县，其面积亦不下数万顷。"② 1867 年黄河在聊城、平阴等地决口，1898 年 8 月，黄河又在东阿决口、茌平等附近区域受灾严重，水灾之后瘟疫又开始流行。此外，运河决口的次数也在不断增加，据统计，晚清山东运河发生洪灾的次数达 27 次之多，受灾地区遍布整个运河区域③。这些地区遭遇水灾的同时还加重了蝗灾和旱灾。"1856 年曹县蝗灾过后，野无青草，马多瘦毙"，"东平飞蝗遍野，饥馑荐臻，盗贼蜂起"④。1876 年华北地区遭遇了特大旱灾，山东首当其冲，"临清民食树皮殆尽，死者无算，阳谷草根树皮人争食之"⑤。灾民或变卖家产，或逃往他乡。自然灾害的频繁给山东运河流域广大农村地区带来一系列的社会问题，加之该地环境闭塞，经济落后，稍遇天灾人祸，就难以承受，容易产生各种纠纷和矛盾。

第三，民风强悍，会党遍地。山东运河流域习武之风盛行，大刀会、义和拳、梅花拳等民间组织广为流行。这些组织平时对抗官府，打家劫舍，教会势力涌入后与其发生各种矛盾，因而会党也必然把斗争矛头指向教会。

第四，地方官支持。1894—1897 年，李秉衡任山东巡抚，一些外国传教士干预词讼，借端敲诈，肆虐山东，李极为不满。因此，他对于"以诛除西教为本旨"的大刀会"心许之"，甚至坐视其滋长。到 1897 年底德国侵占胶州湾后，"大刀会在在兴谣，行将烧教堂，杀教士，李秉衡

---

① 中国史学会主编：《中国近代史资料丛刊·洋务运动》第 6 册，上海人民出版社 1961 年版，第 203 页。

② 王林：《山东近代灾荒史》，齐鲁书社 2004 年版，第 2—3 页。

③ 参见王林《山东近代灾荒史》，齐鲁书社 2004 年版，第 23 页。

④ 李文海等：《近代中国灾荒纪年》，湖南教育出版社 1990 年版，第 182 页。

⑤ 王林：《山东近代灾荒史》，齐鲁书社 2004 年版，第 166 页。

不惟不禁，反以为义民，教士乞援地方官，官知中丞意，不之理"。①
1897 年至 1899 年 3 月，张汝梅继任巡抚，基本上沿袭了李秉衡的做法。
1899 年 4 月至 12 月，毓贤为山东巡抚。毓贤长期在山东为官，深知民教
冲突是由于教徒横行乡里、乡民积怨不平所致，因而主张对一般反教会斗
争先采取"晓谕解散"、"弹压解散"等比较和缓的手段，只有在事态发
展到无法控制时，才实行武力镇压。在镇压时，他主张采取区别对待的方
针，除将为首者按"匪"治罪外，对一般参加者解散了事，以免激起更
大的反抗。毓贤认为，这样做既可避免发生重大的中外纠纷，又可尽量减
少官民矛盾，对巩固清政府的统治最为有利。毓贤的这种做法，为山东义
和团提供了一个较为宽松的环境，促进了反洋教斗争的发展。上述三任巡
抚的态度，使这一山东运河流域教案在他们的任期内特别集中。

第五，天主教作风霸道。新教产生于 16 世纪欧洲的宗教改革，具有
资产阶级共和化、民主化的特色，反映了资产阶级的经济、政治利益，并
伴随着资本主义的发展而演变进步。新教在山东运河流域以创办学校，开
办报纸、杂志，影响社会上层为主，主要在城市活动，发展教徒非常谨
慎，因而引起的教案很少。

天主教以教皇为最高领袖，由他领导全世界的天主教，把神职人员分
为教皇、主教、司铎（即神甫）三级，实行严格的教阶制，使不同职位
的神职人员具有不同的权利。天主教的教阶制使在华教士产生了官阶的思
想。他们要求按照教中品秩对等中国官吏品秩，使其神职人员享有相应的
中国官吏的礼仪。所以，常常出现教士滥用中国地方官礼仪之事。仪卫舆
服，上下礼节，代表政府的权威，也代表国家的体制，不容外人僭越紊
乱。传教士的上述举动，使官民积不能平，也引起绅民激烈的反教斗争。

天主教的活动遍布城乡各地，它的工作重点是直接发展教徒。天主教
士来华之后，拼命扩充势力，滥收教徒，故"抢劫之犯入教者有之，命
案之犯入教者有之，负欠避债因而入教者有之，自揣理屈恐人控告因而入
教者有之，甚至有父送忤逆，子投入教"②，"救世主的十字架已经变成社

---

①　山东省历史学会编：《山东近代史资料》第 3 分册，山东人民出版社 1961 年版，第
20 页。

②　《义和团档案史料》上册，第 13 页。

会渣滓的渊薮"。① 这些无赖混入教会后，逃避官府的惩罚，为所欲为，必然引起绅民的反对。

（二）晚清山东运河流域教案的影响

晚清山东运河流域教案对当地社会产生了重要影响，这些影响主要表现在三个方面。

第一，给人民带来了巨大的灾难。晚清山东运河流域教案的结果大多是惩罚反教绅民，处分地方官，对教会赔款。列强还以教案为借口，抢占租借地，划分势力范围，掀起瓜分中国的狂潮，因而不仅给运河流域人民，也给全国人民带来了巨大的灾难。

第二，撕裂了基层社会。鸦片战争以前，运河流域教徒数量很少。兼之清政府实行禁教政策，教徒处于被压制状态，只能忍气吞声，犯而不校，对当时的社会结构没有什么影响。1840 年后，法、英、美、俄等国以武力强迫清政府解除对基督教的禁令，给予教徒免纳迎神赛会、演戏、祭祖祀孔、祈雨等活动费用。不仅如此，每逢民教发生纠纷，外国传教士、领事、公使常常出面干涉，强迫中国方面做出有利于教徒的判决。这样，教徒就由原来的受压制者变为特权阶层。在这种是非颠倒的背景下，许多人为了"撑洋劲"，相率入教。比如著名的教案发生地冠县红桃园，失败的拳民们为了不受欺侮，大都入了基督教。中国百姓因为地方官在办理教案中袒教抑民而加入基督教，是为保护自己身家安全而采取的不得已的举动，但是入教后也变成了为所欲为的特权阶层。这种举动，助长了教会邪恶势力的发展。这样，在基层社会就形成了两个尖锐对立的政治集团：平民和教徒，从而撕裂了基层社会，成为社会动乱的重要因素。

第三，打击了教会势力，迫使其改弦易辙。晚清时期，山东运河流域波澜壮阔、连绵不断的反洋教斗争沉重地打击了教会势力，致使一座座教堂被捣毁，一个个外国传教士和教徒被打死打伤。虽然这些教案大都以惩凶、道歉、赔款、满足教会攫取土地、房屋等要求告终，但教会也损失惨重，尤其是被打死的传教士和教徒不能复活，其损失是永远无法弥补的。另外，这种对教会有利的教案结局也使教会在社会上失去人心。况且

---

① Wolferstan , Bertram, *The Catholic Church in China from 1860 to 1907*, London, 1909, p. 357.

"差会和传教士毕竟是孤零零地深入中国腹地，传教又必须与人民交往，在充满敌意的环境中，传教活动更难展开"。① 因为创造天地万物的上帝和法力无边的耶稣都不能阻止中国人民的反教斗争，保护他们的信徒。因此，在义和团运动后，外国传教士痛定思痛，被迫改变传教方针。

首先，规范传教活动。义和团运动后，许多外国传教士主张不干预词讼、反对借助于不平等条约和领事处理教案，而由中国地方官秉公办案，尊重地方官；增加教会的透明度，教堂要入乡随俗，不必尽用西式，以减少国人对教会的疑忌；要慎选教徒，教徒当谨守中国法律，听命官长，不得自称教徒，咆哮公堂，将不法教徒从教会中逐出等。这些措施缓和了民教矛盾，减少了教案。

其次，大力发展教育事业，以消除中国人的反教排外活动，换取中国人的好感，扩大他们在中国的影响和利益。

最后，教会开始向中国文化妥协。中国人民长期的反教斗争，也迫使外国传教士改变了对中国文化的政策。在义和团运动以前，绝大多数来华教士在当时"认为可以凭借大炮和不平等条约，用西方的上帝来开导这个半开化的异教国家"，来征讨这个"自古以来被魔鬼占领的在地球上最顽固的堡垒"，服膺的信条是"孔子或耶稣"②，即把孔子所创造的儒家思想和基督教放在完全对立的地位，企图取代以儒学为代表的中国传统文化。自从义和团运动以后，在华传教士们开始与中国传统文化妥协，将上述方针改为"孔子加耶稣"。他们把西方输入的基督教中某些带有十足奴化思想的教义，牵强附会地同中国封建文化中的糟粕旧礼教、旧思想结合起来，用耶稣的某些说教"补中教之所无"，用西方的所谓"天伦"补中国封建的"人伦"。教会与中国文化妥协是教会中国化的开端，这是发展教会势力、减少教案的有效措施之一。

（作者单位：聊城大学历史文化与旅游学院）

---

① 陶飞亚、刘天路：《基督教会与山东近代社会》，山东大学出版社1995年版，第366页。
② 顾长声：《传教士与近代中国》，上海人民出版社1991年版，第193页。

日本使者眼中的明后期大运河社会风貌

——策彦周良《初渡集》《再渡集》初解

范金民

有明一代，日本派遣使者入明，永享（1429）以后前后共有11批，多数寂寂无声，而最后两批，因为先为副使后为正使的策彦周良留下了其详细日程记录《入明记》，使我们得以窥知其时大运河一线的社会风貌，从而颇堪引人注目。①

日本天文七年、明朝嘉靖十八年（1539），日本大内义隆派遣博多圣福寺和尚湖心硕鼎为正使、京都天龙寺塔头妙智院第三世策彦周良为副使进贡明朝。同年五月七日，使团一行到达宁波府昌国驿，十月二十八日到达杭州府。十一月三日由杭州武林门出发，经吴山驿，由此取道嘉兴、崇德县，取道湖州，经苕溪驿，到吴江平望驿，然后沿着当年崔溥一行的路线北上。十二月三日到达镇江府京口驿，七日到达扬州府广陵驿。同月十二日离开扬州，次年二月二十七日到达张家湾。从杭州到张家湾，历时114天，其中自杭州到镇江，历时30天，由扬州到张家湾，历时75天。策彦一行由运河北上，时值冬春之交，水浅风逆，又不时等待廪给口粮、挽舟人夫，因此拖延时日，船速缓慢，历时最长。到北京进贡后，使者回程，五月九日出发，抵张家湾。十六日由张家湾开船，七月二十一日到广陵驿，历时63天。由扬州取道仪真，到达南京，八月四日再到镇江。八

---

① 日本使者的出使记录，除策彦《入明记》外，景泰年间出使的笑云瑞䜣撰写的《笑云入明记》也较为详细，该书也收入村井章介、须田牧子所编《笑云入明记 日本僧の见た明代中国》，东京：平凡社，2010年10月。

月七日由镇江开船，九月二日到达杭州武林门，历时 25 天。此番回程，暑气酷热，但运道水量充足，只是因为不时等待廪粮和挽运人夫，所以前后历时 103 天，花时较长，但因为取道南京多花了 15 天，经过运河的实际行程为 88 天。对于整个往返行程，副使策彦逐日作了详细记载，编为《策彦和尚初渡集》①。十年后，也即日本天文十七、十八年，明嘉靖二十七、二十八年，策彦又以正使身份率人取道运河进贡明朝。嘉靖二十七年三月六日到定海，九日到宁波，十月十四日抵达浙江驿。同年十一月二十日由杭州出发，由此取道嘉兴、崇德县，与第一次进京不同，这次是由嘉兴沿运河北上的。十二月二十六日到镇江，运河段花了 36 天。后来因为换船先绕道仪真后再到瓜洲，次年正月十六日才由瓜洲开船前往扬州，四月十三日到张家湾，运河段花了 85 天。全程历时 141 天，真正在运河行驶用了 121 天。无论全程还是分段，在大约同时代人的运河行程中，均为最长。这次行程历时最长，主要是由于策彦等人不时办理公文、等待挽舟人夫，各地闸官也多所留难，使者在各地买卖物品也耽搁了些时日。对于整个行程，正使策彦同前次出访一样逐日作了详细记录，编为《策彦和尚再渡集》②。

策彦的《初渡集》和《再渡集》，不仅是嘉靖年间日本入明使者前后两次的亲身记录，也是整整有明一代日本入明使者的最为详尽细致的记录，而且此后明朝一直断绝与日本的贡使往来，从而成为日本使者入明的绝响，在中日交流史的载籍中占有极为重要乃至不可替代的地位。

策彦一行出使明朝，因系外国贡使，待遇较高，行动相对自由。每到一地，他们出入官府衙署，拜见地方官员，办理公文手续，领取廪给口粮，应付各种应酬，结交地方士人，饱览各地风土人情，所记所述极为平实细致，后人读来，颇有如临其地、如处其境之感。

策彦的《初渡集》和《再渡集》，提供了明廷接纳日本贡使的决策过程、程式礼仪等，可补《明实录》及时人所载之不足；也记录下了明朝太监的气焰、地方官员出行的气派；描述了诸地的社会治安情形，以及宁

---

① 有关策彦周良初次行经运河的情形，见牧田谛亮编《策彦入明记の研究》所附《策彦和尚初渡集》下，京都法藏馆，1955 年。此书承京都大学文学部夫马进教授复制赠阅，深致谢忱。

② 有关策彦周良再次行经运河的情形，见牧田谛亮编《策彦入明记の研究》所附《策彦和尚再渡集》上、下。

波官民旱灾求雨的生动场景；甚至在其《驿程录》中，提供了钱塘观潮和寓目龙骨水车、品尝中国食品名酒的事例，从各个方面展示出其时运河一线的社会风貌。有关这些，均值得讨论。今先就策彦所记，撮要分类，考察其反映运河风情和社会风貌的内容，期能推进明代运河文化的研究。

一

运河自永乐中期全线贯通后，不独成为南方漕粮北上的输送线，而且成为南北之间公私往返、商品运输的最主要的通道，官差私商以及东西洋和日本、琉球等各国使节也均取道运河北上。在策彦经行运河前后，中国官员、商人以及朝鲜人士都留下了记录，为我们比照、分析策彦的记录提供了基本的资料。

早在正统四年（1439），也即策彦初次行经运河的整整 100 年前，四朝元老、大学士、江西泰和人杨士奇，获准回乡探亲扫墓。杨士奇这一次回乡，运河一段，与他 25 年前（永乐十二年）解职由南京到北京再由北京到南京走的路线完全一样，但处境待遇和心情却迥若天壤。运河行程如从张家湾算起，历时 30 天，比他 25 年前心情郁闷急急赶路历时 25 天多了 5 天。返程时四月二十日到扬州广陵驿，五月初九日到张家湾，水大风顺，仅历时 19 天，比前三次经过运河都要快得多①。

朝鲜成宗十九年、明朝弘治元年（1488）正月三十日，朝鲜济州等三邑推刷敬差官崔溥闻父丧，闰正月三日率从者 42 人由海登船奔丧，不幸遭遇风浪，漂流海上 14 天，历尽艰险，同月十七日在中国宁波府属地获救登岸。在中国官员的押送下，从宁波沿着日本贡使的路线北上。二月初六日抵达杭州，十三日又从杭州启程北上。一路上船行运河，过驿过闸，二十一日到镇江，次日渡江抵扬州，三月二十七日到通州张家湾，经过运河全程，历时 44 天，成为明代时行经运河全程的第一个朝鲜人。崔溥后来在北京接受审问，觐见皇帝，于四月二十四日从北京会同馆启程由陆路回国。六月四日过鸭绿江，十四日回到汉城。崔溥回国后，立即奉李

---

① 有关杨士奇永乐十二年和正统四年两次往返运河的行程，分见其所著《东里续集》卷 48《北京纪行录》和卷 49《南归纪行录上》、卷 50《南归纪行录下》，《影印文渊阁四库全书》第 1238—1239 册。

朝国王之命撰写经历日记，大约仅仅花了 7 天时间，他就毕命，于二十二日向成宗进呈日记①。此日记是谓《漂海录》。

正德十一年（1516），也即策彦行经运河前 23 年，翰林编修、江西分宜人严嵩，家居十年后复出，清名著于天下，于三月二十六日由分宜出发，五月初二日渡钱塘江，抵浙江驿，六月初二日抵扬州，七月十一日至张家湾，历时 68 天经过运河全程。严嵩在抵达嘉兴后，为了看望僚友，特意拐到上海，8 天后又回到嘉兴，再继续北上之行，行经运河全程所花时间应为 60 天。其中从浙江驿到扬州历时 30 天，从扬州到张家湾历时 38 天。严嵩一路上探亲访友，随遇即安，舟行速度并不快。两年后，正德十三年（1518），也即策彦行经运河前 21 年，严嵩又以册封宗藩的副使的钦差身份，再次行经运河。该年七月九日经和合驿，八月十二日至扬州，九月初四日至浙江驿，全程历时 55 天。扣除为了看望曾经任过分宜县令的已故工部郎中曹某的家人取道江阴多花了 3 天，实际应为 52 天。其中从和合驿到扬州历时 33 天，从扬州到浙江驿历时 22 天。②

永乐、正统时的杨士奇和正德时的严嵩，前者是朝中元老，后者是朝廷新贵，他们经过运河的记录，主要反映了他们自身的活动，什么官送往迎来，什么官旅途相遇，什么官政绩声望，简直就是一种延伸了的官场记录，至于起讫地点、经过驿站等，记录与否无关紧要，几乎等于一笔流水账，而且行进途中前呼后拥，也不可能对所经地方作细致的观察描述。观其记载，杨士奇所记极为简略，只具驿站和闸名，偶尔有一个浅名，而且所记闸数还不到崔溥所记的一半。严嵩运河段的行程与崔溥大致相同，而他正德十一年由杭州至通州只记了驿站 25 处，闸 7 座，正德十三年（1518）由通州至杭州只记了驿站 27 处，闸 6 座，巡检司 1 处，每次所记地名只有 80 余个。较之中国朝廷命官和日本贡使，朝鲜人崔溥行经运河，事地人物，皆属新鲜，因此对所见的一切似乎皆有兴趣，在在留意，细心观察，甚至进行比较，作出自己的判断。崔溥所记运河一线，各种地名多达 600 余个，其中驿站 56 处，铺 160 余处，闸 51 座，递运所 14 处，巡检司 15 处，浅 19 处，桥梁 60 余座。这些大量运河交通设施的内容，有

①　《李朝实录·成宗康靖大王实录》卷 217，成宗十九年六月丙午条和甲寅条，东京：学习院东洋文化研究所刊，1958 年。

②　有关严嵩两次往返运河的行程，分见其《钤山堂集》卷 27《北上志》和《西使志》，嘉庆十一年刻本。

些既不见于前人记载，也不见于后人记载，只存在于某个特定时期，对于我们了解明中期特别是 15 世纪后期运河交通的基本情形以及交通设施的完善或废坏程度，特别富有参考价值。值得注意的是，策彦行经运河时可能视为参考并对后世中国经商路程书有着明显影响的嘉靖十四年（1535）的《图相南北两京路程》，记录地名近 300 个，但完全没有铺的记录①。至于明后期中国商人为经商方便专门编写的路程书，只为有裨日用。隆庆四年（1570）黄汴的《天下水陆路程》，志在地名和里程，专记驿站和闸名，其数不少，记浅只有一处，其余事项无闻。天启六年（1626）憺漪子的《天下路程图引》，同样志在地名和里程，只记驿站和闸名，记了几处巡司，但无具体名称，铺、递运所等一概无载。②

上述所有关于运河交通的记录，只有名称和里程，而于某处交通设施的面貌，均未涉及。

大概因为运道是日本历次贡使必经之地，行经地方对日本人来说较为熟悉，因此策彦所记沿途驿站、关卡、闸坝、巡检司等交通设施虽然并不更详于前人，但其对于诸多驿站、站铺、巡检司的空间结构或者人文印记的记录，则是其他所有同类记载所缺失的，从而堪称填补了相关内容的空白。

策彦初使时，嘉靖十八年（1539）十月二十五日系缆于蓬莱驿，驿口有楼门，横揭"迎恩"二大字。次日，船抵青田铺，其次有石桥，横刻"灵芝桥"三字。船行里许，有尖头石桥，横刻"双头桥"。又行四五里，而有铺门，下竖书"梅市铺"三大字。又二里许有石桥，横刻"通济桥"三大字。二十八日到西兴驿，驿门横揭"西兴驿"三大字，又总构有门，面向西北，横书"全越都会"四大字。

十一月初一，到杭州，有二重楼，横揭"镇海楼"三大字。又有一门，揭"武林"二大字。此门左畔有门，横揭"北关驻节"四大字。又有门，竖揭"吴山驿"三大字，额里有"停骖"之二大字。次有石桥，过桥入一门，横揭"湖山一览"四大字。入堂里额"皇华"，恭川李松祥

---

① 参见阙名《图相南北两京路程》，见牧田谛亮编《策彦入明记的研究》所附，京都：法藏馆，1955 年。

② 参见拙文《朝鲜人眼中的中国运河风情——以崔溥〈漂海录〉为中心——》，《人文知の新たな総合向けて》（21 世纪 COEグログバルム「グロ－バルム化时代的多元的人文学的据点形成」）第二回报告书Ⅰ［历史篇］，2004 年 3 月。

书。又堂后有一额，横揭"三吴胜概"四大字。此亦李崧祥所书。初三日，见岸下则有一门，竖揭"户部分司"四大字。

初五日到湖州府苕溪驿，有楼门，揭"苕溪驿"三大字。初八日，到苏州府吴江县平望驿，临江有小亭，横揭"洗天浴日"四大字。亭里又挂额，横书"吴山越水佳处"。初九日，到松陵驿，驿门额竖书"松陵驿"三大字。十一日到姑苏驿，有楼门，横额"姑苏驿"三大字。二十日船行，河左畔有门，横揭"户部分司"四大字，门右方有长竿旗，旗铭书"国课"二大字。又有四面亭，东额横揭"逝者如斯"四大字，西揭"振人有觉"四大字，北揭"声均远迩"四大字，南面之额看不见，故不记。[①] 同日，到常州无锡县锡山驿而泊。驿门竖揭"锡山驿"三大字，门左右有二门，一门额有"传宣"二大字，里有"儒绅"二大字，一门面有"驻节"二大字，里有"登俊"二大字。二十五日，见岸畔有门，横揭"皇华"二大字。次有楼门，揭"毗陵驿"三大字。入门则有堂，堂里揭"驻节"二大字。又有桥，桥头有门，面额横揭"迎恩坊"三大字，里额揭"朝京桥"三大字。过桥少许而有楼门，横揭"怀李楼"三大字。二十七日，到"吕城镇巡检司"门前而泊，此六字竖揭，即吕城驿。二十九日至云阳驿，有二重楼门，第一重额竖揭"云阳驿"三大字，第二重额横揭"江南水陆第一要冲"八字。

十二月十三日到邵伯驿，庙门之外有人家，横颜"邵伯镇巡检司第九铺"九字。二十一日到宝应县安平驿，驿门横揭"安平驿腰站"五字，其额上又有额，竖贴"传命"二大字，金字也。二十八日到锺吾驿，驿门竖揭"锺吾驿"三字。十九年（1540）二月初二日，见驿门横揭"清源水马驿"五大字。二十二日到杨村驿，驿门横揭"杨村驿"三大字，额红漆。

回程时，嘉靖十九年五月二十五日，见驿门竖揭"流河驿"三大字。次日到乾宁驿，驿门横揭"乾宁驿"三大字。六月十三日到崇武水马驿，驿门横揭"崇武水马驿"五大字。十五日，到荆门驿，驿右方有三重楼，横揭"安平胜概"四大字。再次使明时，嘉靖二十七年（1548）十月十四日，入浙江驿。驿门揭"浙江驿"三大字。堂里有"月落潮平""海月江云""山屏水局"等额。十五日，入武林驿，过"南山驻节""凤山环

---

① 此处策彦所记，即浒墅钞关。

翠"等门。武林驿门颜"武林驿"三大字。第二门匾"湖山全胜"四大字，堂内揭"观风堂"三大字，堂后横颜"梧松凤鹤"四大字。

嘉靖二十八年（1549）八月六日二十三日，到杨青驿。驿东南有楼门，门前屏面横颜"海不扬波"四大字，里揭"天津重镇"四大字。

策彦所记的驿站和巡检司等，地方文献中一般均有记录，但仅限于名称和地址所在。策彦亲历其地，观察如此仔细，连驿站关名、堂屋匾额以至何人所书横书竖书，都尽量记录下来，将运河驿站等交通建筑立体形象地展示了出来。此类描述各地驿站地位的题识，有些只存在某个时段，既不见于前述同类记载，也大多不见于地方文献等相关记载，弥足珍贵。

<h2 style="text-align:center">二</h2>

策彦因系贡使，沿途常常拜谒地方官府，出入公门，从而记下了各地尤其是浙江官署的外观仪容。

初次出使，嘉靖十八年（1539）五月二十七日到浙江宁波府鄞县，拜见浙江按察司副使巡视海道，抵达日本使者歇宿的嘉宾堂。但见鄞县城门朝南面榜"灵桥"二大字。门傍挂牌，牌上有"盘诘"二字。嘉宾堂总门额榜"观国之光"四大字。第二门额"怀柔馆"三字。二十九日，带领通事前往嘉宾堂，策彦记道："嘉宾堂面于正南，榜门以'怀柔馆'。出馆则分路于东西，西门有'怀远以德'四字，东门有'观国之光'四字。堂内有牌，书'投文'二大字。东有牌，书'放告'二大字。又有二牌，一牌面书'日谨火'三字，里书'夜谨火'三字，一牌面书'夜防盗'三字，里书'日防盗'三字。"

策彦所记之嘉宾堂，嘉靖《宁波府志》卷八《公署》有载："嘉宾馆，在府治东南江心里。中为厅，凡三间。周围井屋，凡三十六间。厅后为川堂，凡三间。又为后堂，凡五间。堂之左为庖舍，右为土地祠。为大门，门之外，东西为关坊。东曰'观国之光'，西曰'怀远以德'。通衢之东，后建二驿馆，以便供应。今并圮。故为境清寺。嘉靖六年守高第改为馆。凡遇倭夷入贡，处正、副使于中，处军众于四旁舍。"两相对照，嘉靖《宁波府志》所载将嘉宾堂的功能表述得很清楚，而策彦所记多朝南之门"怀柔馆"三字和东西坊门的二面牌书，给人印象似更深。策彦等所下榻之处，正是嘉靖六年（1527）改建后的新馆。

　　六月初一日，策彦随正使等一行人再次拜谒海道，见海道总门额榜"澄清"二大字，第二门额"按察司"之三大字，第三门揭"霜衡"二大字。堂匾有"激扬"二大字。策彦认为此二字"盖解海道之义也"。澄清门左又有一门，揭"飞霜"二大字。策彦认为"盖御史台也"。然后参谒提举司，总门揭"提举司"三大字。堂里额"保民堂"三大字。入门数步而有石牌，书"公正明"三大字。后谒见知府。府衙总门揭"宁波府"三大字，堂额"正心堂"三大字。堂里左方柱挂匙子，上贴牌，有"大门匙钥"四字。再次谒见鄞县知县。县衙总门揭"鄞县"二大字，堂匾有"武镇堂"三大字，前有一额，榜"修政立事"四大字。"然后归嘉宾堂。策彦最后总记当日宁波府城印象道："时方半雨半晴，所历过或五步而一门，或十步而一门，门不知其数。粗记其大概，有楼门，额以'四明伟观'四大字，或有'宣化'二大字，或有'承流'二大字。又有石门列于前后，一门揭'四明福地'四大字，一门揭'蓬莱真境'四大字。"二十三日，再次谒见知府于正心堂前，堂内左有二牌，书"青天白日""爱民如子"八字；右有两牌，书"高山大川""处事如家"八字。七月初一日，再次谒见提举司讲礼，有一门，揭"浙江市舶司"五大字，又常时出入门额"提举司"三大字，堂内无别额，堂右边贴纸牌，书"示仰 大小行人不许擅入公厅坐立喧嚷等事"。十五日，再次谒见提举使，将入门，门东西陌各有一门，东颜"施仁"二大字，西揭"布德"二大字，堂额"保民堂"，堂后又揭额，有"退省堂"三字，额前又揭横额，有"神明鉴察"四字。八月二十六日，谒新海道，门揭"飞霜"二字，堂额"镇静"。九月十六日，在按察使华第，随正使迎接自杭州来之御史，"武官列于左右，威严如霜"。次到布政司，堂揭"风纪"二大字，堂内左右柱，左挂"领文"二大字之牌，右挂"解审"二大字之牌。而后到都指挥司，门有"仪门"二大字，堂颜"武镇堂"三大字，又揭一额，有"修政立事"四大字。最后到谒知府，知府不在，见府门之外有亭，揭"旌善亭"三字。

　　十一月初一日，来到浙江省会杭州，先谒御史台，见第一门竖揭"察院"二大字，第二门横揭"御史行台"四大字。堂正面横揭"振扬风规"四大字，堂里中央颜"肃清"二大字。次谒布政司，总门竖揭"浙江等处承宣布政使司"十大字，二行各五字书之。门柱题"襟吴山带越水东南第一雄藩"，第二门横揭"方岳"二大字，堂里中央横额"经济堂"三大字。次谒海道大人，外门揭"总宪"二大字，第一门竖揭"按察司"三大字，堂正面檐揭"钦恤"二大字，其后横揭"上帝临女"四大字，其后中央颜"澄清堂"三大字。次谒都司，门竖揭"仪门"二大字，堂颜"总武"。十九年（1540）十一月十七日，谒新二府，堂里横颜"平易近民"四字。二十年（1541）五月十六日：随正使谒见知府，府主迎接于正心堂下，堂里新贴纸，左书云："宽一分惠，民乃受一分惠"，右书云："贪一文钱，官不值一文钱。"

回到宁波后，嘉靖二十年（1541）正月二十七日，天气佳晴，策彦同三英出馆，到（府学）孔庙。见总门揭"府学"二大字，是古文。次有四通足小楼门，门里正面，颜"咏归"二大字。东边贴版，版上有《重修咏归亭记》。次有楼门，门口三，竖揭"席门"二大字，金字。都是朱漆。入门则有三座石桥。庙门关了，不知其里。外面壮观，东西有长廊。廊后有堂，即试场。堂里正面横颜"明伦堂"三大字，左畔首横揭"元辅"二大字，其次横揭"榜眼"二大字；右畔首横揭"状元"二大字，其次揭"探花"二大字。堂后又有小堂宇，堂里正面横颜"敬一亭"三大字。字贴金。都是朱漆。此堂里镌程子、动听二箴于石。明伦堂前东西庑傍构四间斋房，西边二斋，其一竖揭"育才斋"三大字，其一揭"兴贤斋"三大字；东边二斋，其一竖揭"守中斋"三大字，其一揭"进德斋"三大字。

策彦所记之位于宁波的浙江市舶提举司、巡视海道衙门和布政司、按察司、都指挥使三分司，以及宁波知府衙门、宁波府学等，在嘉靖《宁波府志》中均有记载，但该志只提及知府衙门正厅旧名"正心堂"，建于正统四年（1439），火毁于嘉靖二十四年（1545）。策彦所见显然是火毁以前的府衙，而赖其记录我们得以知其一二。策彦以上所记宁波各衙署，以及位于杭州的三司衙门、巡按衙门，在嘉靖《浙江通志》等地方志中均有记载，但所记均限于沿革、地置等方面，而殊少门榜、堂额等记录，小说、戏文中可能也会有描述，但大多仅出于笼统之想象，难以榫合。策彦不但抄录衙署门额堂额以及书写格式、字体，甚至连"青天白日""爱民如子""高山大川""处事如家""平易近民""神明鉴察""上帝临女""宽一分惠，民乃受一分惠"，右书云"贪一文钱，官不值一文钱"等自励或标榜之官箴用语均一一如实描摹下来，只有身临其境者才能做到，可谓有发覆之功。

<h1 style="text-align:center">三</h1>

作为使者的策彦，其本身身份是和尚，出于身份习惯，对沿途的名胜古迹特别是佛寺格外关注，逢庙必游，游则必记，见僧必谒，甚至一游再游，流连忘返。

初使北上，嘉靖十八年（1539）十一月初七日，到吴江震泽，慈云寺，有五重浮屠。初八日，平望殊胜寺，有五百罗汉木像。

十六日，游苏州寒山寺，记录甚详，谓寺面向西南，门额朱漆金字，里竖揭"寒山寺"三大字。额面左方有"处州顾荣书"五字，右方有"住山文泽立"五字。佛殿横揭"大雄宝殿"四大字。本尊安释迦像于中央，左无量寿佛，右弥勒尊佛。又其交左有迦叶破颜之像，右有阿难随侍之像。又有十六罗汉像。堂外东隅有钟楼，无华鲸。佛殿里东南之隅挂一钟，所谓夜半钟声也。钟铭有"佛日增辉""法轮常转""皇图永固"之语。本尊面前有牌，书"皇帝万万岁"五大字。殿之后有方丈，揭"方丈"二大字。过一院，院长出迎相揖，遂设榻侑茶。有小堂宇，左右之柱书"香烧柏子延三宝""漏刻莲华礼六时"十四字。

十九日，冬日如春，为"要详访事迹"，策彦携从人再游寒山寺，描写道：佛殿后有堂，堂里横颜"方丈"二大字。胁有"住山文泽立"五字。又其后堂安寒山、拾得二木像，左寒山，右拾得。又像左方有幢，书以"南无文殊师利寒山菩萨"十大字，又右方书以"南无大行普贤拾得菩萨"十大字。堂前壁间书"松风清客座""花雨湿禅关"之句。又过一院，院主出应茶话，予乞笔研，书《枫桥偶作》。院壁书"茶话情怀好""菜根滋味长"之句。又柱书"寺古存仙迹""僧闲伴鹤鸣"之句。

四日之间，两游寒山寺，两次与寺僧茶话。

二十一日，策彦携从人游无锡城南南禅寺。记道：总门横揭"南禅寺"三大字。第二间横颜"南山福地"四大字。第三门左右按二天像，檐额横揭"天王殿"三大字。佛殿额竖颜"大雄宝殿"四大字，二行。殿里本尊释迦，左文殊骑狮，右普贤驾象。又其交左右迦叶、阿难。后门有观音、善财童子等像。有十六罗汉大像。右畔有七重大塔，塔前横揭"妙光宝塔"四大字。午刻，携从人游城西的惠山寺，详细介绍。

十二月初三日，随正使和尚游金山寺，记道：有楼门，横颜"龙游禅寺"四大字，金字也。门里左右按四天王像。入此门左胁有石额，竖镌"金山"二大字。佛殿横揭"大雄宝殿"四大字。本尊释迦。中央有"皇帝万万岁"之牌。左牌有"皇后齐年"四字，右牌有"太子千秋"四字。殿左右有十六罗汉像。后门中央有观大士像，骑其邻（当为骐麟——引者），左文殊，右普贤骑象、骑狮。佛殿左方有小堂宇，有达磨、百丈等像。又中央设座按开山像，像前有牌，书以"开山裴公祖师"六字。又其次有方丈，横颜"大彻"二大字，额左胁书"住山比丘圆悟立"。方丈里柱题句云：水月虚空相，山云自在心。方丈左畔有泉，上构小亭。亭正面横揭"中冷泉"三大字。又亭里中央横颜"第一泉"三大字。佛殿之后又有堂，本尊卢舍那佛。堂壁以石镌以"妙高台"三大字。又后门竖镌于石云"妙高峰"。又其次有堂，堂里有禅坐之僧，闭户不出。唯穿小窗，窗上横揭"禅室"二字。左右壁间书云"祖立禅关静里不谈尘世事"，"佛遗法教定中存养性天机"。有藏经堂。

初四日：携从人游甘露寺，记道：寺在山上，坂口有庵，庵门揭"海岳庵"三大字，东皋书。有泉，泉上构小亭，亭里横揭"天津"二大字，东皋书。有楼门，门里按四天王像，横颜"天下第一江山"六大字，延陵吴琚书，住山师一重立。入此门则右方有九层铁塔，有长廊，廊下挂大版。左方有钟楼，挂华鲸。佛殿横揭"大雄宝殿"四大字，金字，住山存昱立。有土地堂，无额。殿之后有小堂宇，横揭"宝华堂"三大字，东皋题。堂里左方有额，横书"孤云野鹤"四大字，沧江赵祥题。右方横揭"明月清风"四大字，铁溪高鉴题。又有藏殿，横颜"敕赐藏经宝殿"六大字，金字也。

在北京，四月二十九日，游大慈恩寺，由从人即休记录；又游大隆善寺，记录甚详。

回程时，八月初五日，携从人同游金山寺。听寺僧说原有六亭，现只存四亭。午刻，乘舟便游焦山寺，详细记录。

十三日，再游惠山寺。

二十三日，同正使同游虎丘寺，记录道：上岸则打头有法界门，横揭"虎丘"二大字，古文。按二王像。入此门则瓦径一丁许，左右筑地，筑地侧不知古树几株，又列于左右。第二门门里挂额，又横书"虎丘"二大字，胁有"瞎堂惠远重立"之字，非古文。按四天王像。亭后有石壁，镌"天光云景、玉色金声"八字，二行列于左右。左畔有堂宇，中央横颜"天宫宝藏"四大字。按释迦像。像前有牌，书"本师释迦文佛"六字。堂后有轮藏。又有次有小亭，揭"陆羽泉香"四大字。又下旧磴径，到山门前。攀石径，上头有山门，门檐横颜"三吴一山"四大字。门里挂额，横揭"三吴钟秀"四大字。入此门则有堂，无额。堂中央按观音像。右畔有二重阁，不揭额。左方有磴径。上头有佛殿，檐端横书"大雄宝殿"四大字。按三世如来像。像前左右以木造烛作龙形，所谓灯龙乎？殿之后，有七级浮图。殿之后有阁，竖二行揭"敕赐藏经之阁"六大字。阁之左畔有僧堂，堂口挂牌，牌上书"放参"二字。堂中央横揭"选佛"二大字。佛殿之右畔有楼，檐端横揭"悟行轩"三大字。楼中央横扁"得泉楼"三大字。楼右方有石桥，架剑池之上。自此通僧堂。山北有楼，楼檐横颜"望海楼"三大字。

二十五日，游吴江垂虹桥旁华严寺。

九月初十日：游上虞县龙泉寺。

十月初二日，游补陀寺。

再次出使，嘉靖二十七年十二月十一日，携副使等人游虎丘寺。

二十七日，携从人游金山寺，归途直到北固山下，登甘露寺。

二十九日，游焦山寺。

二十八年二月十七日在彭城驿，游卧佛、石佛、铁佛三寺。

四月初二日，在乾宁驿，携从人游三官庙，记道，正殿竖颜"三清殿"三大字，周回之堞琉璃色。中有三殿，共琉璃瓦。两庑壁间之彩画，颇极丽美。盖此所弘治天子皇后之乡里也，以故立此道士观。有石砖，弘治十四年立，云云。

在北京，七月二十八日，诣大隆善护国寺、天隆福寺。

就这样，策彦在两次出使行程中，至少三游镇江金山寺，两游苏州寒山寺、苏州虎丘寺、无锡惠山寺、镇江甘露寺、京城大隆善寺，到过吴江震泽慈云寺，无锡南禅寺，镇江焦山寺，京城大慈恩寺、天隆福寺，吴江华严寺，上虞龙泉寺，舟山补陀寺，徐州彭城卧佛、石佛、铁佛三寺等寺庙，凡沿途重要的佛寺，除了杭州天竺、灵隐等名刹因来去匆匆未曾驻足寓目外，大多亲履其地。策彦观瞻之余，详细记录了各地佛刹的布局、朝向、门额、檐联，以及书写人、字体，颜色等，殿堂内的佛像、菩萨、罗汉、藏经阁等。策彦游历记录下的各地佛寺，特别是一些名扬海内外的名刹丛林，地方文献或详或细均有记录，寒山寺、虎丘寺、金山寺等甚至有专志，然而如策彦所记庙宇的方位、门额、字体、颜色等则相对缺失。策彦更在《驿程录》中，记录了北京庙宇的僧众人数：京里御敕愿寺七百人，大兴隆寺阖众三千人，大隆善寺五百人，大慈恩寺二千人，大隆福寺一千人。这些有关北京著名佛寺僧众规模的记录，极为珍贵。值得注意的是，其时还是嘉靖皇帝崇信道教之时，佛寺香火仍然如此兴旺，可见明后期举国上下崇佛信佛之程度。至于策彦所记苏州寒山寺中"皇图永固"之钟铭，佛尊面前"皇帝万万岁"之牌书，镇江金山寺中大雄宝殿中央"皇帝万万岁""皇后齐年""太子千秋"之牌书，反映出其时佛教在皇权的统驭下，趋奉世俗政权的一面。

四

策彦沿途所经，对所见之商业活动如商业信息、商货流通，特别是对反映市井生活风貌的店铺、字招等表现出浓厚的兴趣，随时随地记录，在所有类似记录中，提供了最为丰富具体的内容，不啻绘就了一幅栩栩如生的社会生活风情画卷。

按策彦先后所记，在宁波府城，道旁有卖药人家，贴以"沈氏药室"四字，牌以"杏林春意"；又有裁帽者，旗上书"凉帽"二字；又有帘铭，铭以"清香老酒"四字，以"钓诗钩"三字，或书"禹恶"二字。此类不足胜书。绣衣街有挂"心镜"二大字榜者，盲人所居也。卖买人家个个贴铭。"马尾出卖""藏糟出卖""棉花子出卖""演易决疑""中山毛颖"盖制笔者之家里也。"装印经书文籍"。如此之类，不足胜数。又有酒屋，或帘上书"新酒出卖"四字，或书"莲花白酒"四字。又帘铭云："客过闻香下马"，"行人知味停车"。又制扇者之家里无数贴牌，牌铭云："自造时样各色奇巧扇"，"各色泥金扇面"，或洒金，"发卖诸般扇面""配换各色扇面""发卖各色巧扇"，或书"远播仁风"四字，或书"半轮明月随人去"之句。路旁酒家帘铭，或有"钓诗钩"三字，或有"上上烧酒"四字。路侧有笔工之家，榜"精制妙笔"四字，又卖簿人揭"精致裹金"四字。卖薰衣香童子捧一牌，牌铭"出卖官料衣香"。

绍兴附近瓜山铺，樊江寺门前有市，市中帘铭，或有"佳酿"二字，或有"酒海"二字。青田铺：灵芝桥旁有帘铭，书"时新清酒"四字。萧山境内，所历有帘铭，或书以"洞庭春色"，或书以"时新美酒"；又有卖果店，铭云"发卖诸般果品"；又有卖帽家，书以"任氏帽铺"。

在杭州省会，帘铭有"河清老酒""金华老酒""短水白酒""罗浮春""洞庭春色""上色清香高酒""瑶池玉液""紫府琼浆"之类不可悉记。又有铺，或刻牌以"郑氏凉伞铺"，或刻牌以"清油细伞铺"，帽铺、红铺、银铺之类不知其数。又有卖饼店，以木造饼形，书以"大白雪饼"。又有卖饭家，有木牌，书以"家常大饭"。

在苏州枫桥，旁有卖针之家，揭"针魁"二大字。西北郊浒墅关，路旁卖酒家帘铭，面书云："造成春夏秋冬酒"，里书云："卖与东西南北人"，木牌也；又面书云："按景香醪"，里书云："应时高酒。"又面书云："刘伶才上马"，里书云："李白又登门"；又书云："味招云外客"，"香引洞中仙"。

在丹徒坝，卖酒家帘铭，或书"欢伯醉佳"四字，或"迎仙驻鹤酒馆"六字，或书"江南第一夺魁酒馆"八字，或书"朱方集宾酒馆"六字，酒店壁间书云："发誓不赊。"

在安平驿，卖酒家多多，帘铭或以"异常酒肆"，或以"闻香下马"四字，或以"过客停骖"四字，或以"四时佳酿"。

淮安府城，有帘铭，或书以"仙家风味"，或书以"醉乡深处"，或书以"福泉酒海"四字。酒店外面纸障题云："勒马问樵夫，前村有酒无。"策彦称"予甚爱两句，注目久之，因暗记杜书记'借问酒家何处在，牧童遥指杏花村'之句"。

清口驿兴国寺，路旁有酒店，帘铭书"长春酒馆"四字。

宿迁县项羽庙，路旁卖酒店多多，帘铭书云："味招云外三山客，香引蓬莱八洞仙""消万斛愁怀，壮三军胆略""神仙留玉珮，卿相解金貂"；又"任意零沽、零卖应时"，如此之类不可胜数。

南城水马驿，入混堂，门左右有"香水浴堂"四字；又浴室额揭"香汤池"三大字。

清源驿，有酒店，帘铭云："李白闻香乘月饮，洞宾知味驾云沽。"

沧州沧瀛楼前，帘铭有"菊花高酒"四字。

北京大慈恩寺，有浴堂。

乾宁驿，晚炊举酒者两盏，盖南京酒也，碧香可爱。

镇江金山寺，路旁有酒店，木牌书"本店新酒"四大字，或书"自酿"二字，盖私酿之意也，犹如日本曰"手作"；又书二句于牌："人世光阴花上露，江湖风月酒中仙。"

丹徒云阳驿，入混堂，堂里榜"满堂和气"四大字。

杭州吴山驿，有卖笔之家，揭以"王氏笔店"四大字。

以上策彦所记店铺字招，多达90余个，涵括手工作坊、商店摊铺和生活设施三大类，而作坊与商铺往往兼而为一，既生产，又出售，正是当时工商业实际写照。行业或商品广及酒、糟、药、棉子、毛笔、马尾、帽、伞、针、扇、衣香、书籍、纸张、银、果品、饭、饼、浴室、算命卜卦等十七八种；广告形式有布帘、木牌、墨书；广告表示以词语或象形；广告用语俏皮隽蕴；商品来源有代销或自制；销售方式有批发与零售、现卖与赊卖，间有表示经营者姓氏如"沈氏药室""任氏帽铺"和"朱方集宾酒馆"之类，或有标榜名品讲信誉意思，或许已具无形资产性质。而酒店酒坊，帘铭字招最多，达50余个，也许当时各地城乡最多者即是酒店酒坊，也许与策彦喜饮善饮有关。

明代店铺字招，文献所载甚为稀罕，小说戏文常有描写，然不足凭信，难以坐实，自不待言。嘉靖时大画家苏州人仇英，现存的名画《南图繁华图卷》，据题识所标出自其手，画卷中有幌子招牌109个[①]，涉及工商门类广泛，然而绘画作品，象征而已，未必即是实有其店者，也难凭以为据。而策彦所记各地店铺字招，均是真实存在者，这就提供了丰富的店铺经营形态的信息，某种程度而言，近乎再现了其时工商市肆的具体情形，堪称极为难得。

策彦笔触所及，提到各地名酒如河清老酒、金华老酒、南京酒、罗浮春、洞庭春色等，各类各色酒如上色清香高酒、菊花高酒、莲花白酒、上上烧酒、短水白酒等，品类繁复。

当时中国各地各色之酒，万历后期南京人顾起元罗列谓："若大内之满殿香，大官之内法酒，京师之黄米酒，蓟州之薏苡酒，永平之桑落酒，易州之易酒，沧州之沧酒，大名之刁酒、焦酒，济南之秋露白酒，泰和之泰酒，麻姑之神功泉酒，兰溪之金盘露酒，绍兴之豆酒、粤西之桑寄生酒，粤东之荔枝酒，汾州之羊羔酒，淮安之豆酒、苦蒿酒，高邮之五加皮

---

① 参见王宏钧、刘如仲《明代后期南京城市经济的繁荣和社会生活的变化——明人绘〈南都繁会图卷〉的初步研究》，《中国历史博物馆馆刊》1979年第1期。该图尾署"实父仇英制"五字。

酒，扬州之雪酒、豨莶酒，无锡之华氏荡口酒，何氏松花酒，多色味冠绝者。若市酤浦口之金酒，苏州之坛酒、三白酒，扬州之蜜淋漓酒，江阴之细酒，徽州之白酒，句曲之双投酒，皆品在下中，内苏之三白，徽之白酒，间有佳者。其他，色味俱不宜入杯勺矣。若山西之襄陵酒、河津酒，成都之郫筒酒，关中之蒲桃酒，中州之西瓜酒、柿酒、枣酒，博罗之桂酒，余皆未见。说者谓近日湖州南浔所酿，当为吴越等一。"又称"市买所酤仅以供闾阎轰饮之用"[1]，策彦所见酒店之出卖之酒，而"仅以供闾阎轰饮之用"，当然绝大部分不会是名酒。

中文文献所载表明，策彦一行经过的浙江、江苏，当时出产各种闻名全国的名酒，酒店酒坊随处可见，策彦提及金华酒，又称南京酒"碧香可爱"，后来又在《驿程录》[2]中记载乾宁驿是"南京酒转卖"之地，印证了南京酒确实颇负盛名，策彦所记虽不在酒是否有名，而一定程度上也反映了其时酒之营销状况。

策彦在上述《初渡集》中先后提到在南城水马驿和丹阳云阳驿"入混堂"，并记浴室题额"香水浴堂""香汤池"，堂里榜"满堂和气"，北京"有浴堂"，后来又在《驿程录》中提及安平驿、清源水马驿和流河驿"有混堂"，作为公共大众生活设施，"混堂"屡屡寓目。

所谓混堂，即公共澡堂，明中期苏州著名画家沈周已有混堂诗[3]。嘉靖时杭州人郎瑛有介绍，谓："混堂，天下有之，杭最下焉。……记云：吴俗，甃大石为池，穿幕以砖，后为巨釜，令与池通，辘轳引水，穴壁而贮焉。一人专执爨，池水相吞，遂成沸汤，名业混堂，榜其门曰'香水'。男子被不洁者、肤垢腻者、负贩屠沽者、疡者、疗者，纳一钱于主人，皆得入澡焉。"[4]服务对象主要是下层劳动者。按郎瑛的说法，其时全国各地城市均有"混堂"这一设施。前述仇英所绘《南图繁华图卷》，也有"浴堂"字招。如此则浴堂在当时确实较为常见，为公众所必需，是以策彦等人出使在外，数次光顾。

---

① 顾起元：《客座赘语》卷9"酒"条，中华书局1987年版，第304—305页。

② 参见策彦周良《驿程录》，附见牧田谛亮编《策彦入明记の研究》，第298—304页。

③ 沈周《混堂》诗："混堂鸣板日初红，怀垢人人向此中。君子欲修除袚事，小夫翻习裸裎风。未能洁己嗟先乱，亦复随波惜众同。惭德应多汗难濯，不容便论水无功。"（沈周：《石田诗选》卷10，《沈周集》，张修龄等点校，上海古籍出版社2013年版，第720页）

④ 郎瑛：《七修类稿》卷16《义理类》"混堂"条，文化艺术出版社1998年版，第188页。

五

当时中日两国商品存在着极大的价格差，换言之，从事中日贸易可以牟取到丰厚利润①。策彦一行是贡使，但其时的日本贡使，类以进贡之名，行与中国官方和民间做生意之实，此在中日双方均心照不宣，习以为常，而日本一方则希望使团规模越大越好。嘉靖十八年（1539）这次日本进贡，因在嘉靖二年（1523）日本两支使者宗设与宋素卿争斗之后，作为惩罚，明朝只准使团 50 人进京，获取赏赐物品，然而策彦一行三船所乘人数，多达 456 人，其中官员 6 人，水夫 133 人，从商 297 人②，仅计官员和商人，就远超明廷定额 5 倍。出使往返过程中，更典型形象地反映了其进贡时的贸易实态。

初次出使，《初渡集》载：在定海，嘉靖十八年五月十九日，见"鳌船三百余艘列于港口，盖到宁波之卖鱼船也。次日，卖鱼船四百余艘，联行于港头，盖到宁波之卖鱼船也。有旗书'屠府'之两字"。

在宁波"六月二十六日，谢国经、赵一夔号双谷、舍弟赵元元携二童来访。……国经自袖出扇并汗巾惠予，一夔携《汉隽》一册、宝墨一丸锭，弟元惠以金墨一丸、青帕一方。七月初四日：谢国经价于宗桂惠《听雨纪谈》一册，又买《医林集》一部十册。初八日：申时，赵一夔价于宗桂赠诗并葡萄子，又得小画二幅、芦菔、茄子、荔子，其价各一钱；又买得小瓶一个，换只金扇并小刀两口；又得《读杜愚得》，八册全部；换粗扇二柄、小刀三口。初九日，得《鹤林玉露》四册，全，其价二钱。二十七日，归路访张古岩……携以山口纸三帖、只金扇一柄。……惠余以《李白集》四册，全。闰七月初一日：柯雨窗复惠《古文大全》二册、小画一方。初二日，全仲山弟季山……惠余以天地图各一幅。初四日，王惟东携嫡侄王汝乔号虹川并王汝材而来访，携以文皮并香帕一方、清香二束、苏州针一帖、徽墨一匣，余无祗对。二十五日，钱龙泉价于豪忠，惠

---

① 景泰年间，据日本使者瑞溪周凤《卧云日件录拔尤》记载，"日本大刀，价八百，或一贯者，在彼方则一刀五贯，盖定价也"（转见村井章介、须田牧子所编《笑云入明记 日本僧の见た明代中国》附载，第 274 页），即明廷以五倍的价格偿付日本作为贡品的刀，利润惊人。

② 参见策彦周良《驿程录》，附见牧田谛亮编《策彦入明记の研究》第 303 页。此处人数策彦周良记为总数 456 人，而笔者据其分类计算，只有 436 人，所以总数与细数不符。

《九华山志》二册、安息香二对、墨一丸、篦子一事。八月初七日，访王惟东，送以山口纸一帖、胡椒二两、笔一对、小刀一口。初十日，柳亭僧梅江来访，碎器香炉一口、镇子一个、小瓶一对收纳，三英价媒，炉贾，银五分，镇贾，二分五厘，瓶贾，三钱六分。杭物。十一日：小食笼一口收纳，银四钱。又与范南冈书：'仍先度与秀才所约之书籍《三场文海》《皇朝类苑》《东坡志林》等乞付吾馆夫拿来。要因其好恶定其价值。'十二日：四明陆明德来谒……惠以毛颖贰对、京香四十炷。十三日：柯雨窗携周莲湖、卢月渔、范葵园而来，雨窗惠所诺之画一幅，莲湖惠以《升庵诗稿》一册，月渔惠以绫帕一方。十四日，食笼一个收纳，宗桂价媒，贾银六钱八分。十六日，与范葵园书：'是《三场文笔》《山谷刀笔》，乞即今付官夫拿来。要查本之好恶，议价之多少，勿违前诺。'二十二日：金南石来访，携以《文章轨范》二册、诗轴二幅。"

在苏州：十一月十二日，苏针三百六十根收了，二百六十根换鹅，百本换麂。十五日：江线一斤收纳，萧一观媒价，方盆一个，昆布食笼四个收了，又小方盆三个收了，桂媒价。十六日，大通事萧淮惠宝墨二丸，红线一斤收了，萧一观所价媒也，杯盆拾个，苏针千三百五十本，换羊，百本，换麏麂，五十本，换麏麂。十七日，大方盆一口收了，桂媒介九分，小方盆一口收了，生媒价，砚箱二口收了，桂媒价。十八日：小口果合贰口收了。桂价媒。（金俞）镇子。又狮子一口，桂价。又钥袋一口苏针五千本收了，价五钱二分，桂价。十二月初十日，知府刘宗仁价周通事，见惠《张文潜集》四册、手帕二方。

在清源水马驿：嘉靖十九年六月十日，大光惠面筋一笼，收钲一个，生公价媒，代熊松办一钱二分。

在南京龙江驿：七月二十九日，苏针五千本，桂预置。

在云阳驿：八月初八日，收甘草五十二斤，银熊松办。初十日，收象牙小香合，银七分，生价。又收朱研一个，桂价。

在无锡：八月十四日，收再进杓子壹对，生价，银各二分六厘。收象眼钱物壹对，同上，银七分。又收杓子一个，二分。

在苏州：十六日，收《文献通考》一部，仁叔恕上司媒价银九钱。收箱子一个，生价，银二钱。收象牙小香合一个，银四分，棋子箱一双，八分。收墨六丁，熊松价，收银六钱，柳絮卖代熊松笈之。十七日，银一两二钱生渡之。收（金俞）锁，一分五厘，桂价。收印肉，三分。收唐铁铍，一钱七分。十八日，收唐金小铍，八分，生价。收食笼四个，生价，宁波二口用一钱二分。酢盐小皿十个，四分，同十个，四分，收食笼贰个，桂价，三分五厘。十九日，收书担子一个，桂价防太守进物用，银六钱二分。收杨枝筒二个，三分。青茶碗杯一个，熊松介，五厘。二十日，收小食笼五个，生价，银九分，宁波用。二十一日，收瓶一个，生介，二钱一分。铁镇子三个，桂介三分二厘。二十二日，收席二枚，六分，三分。二十四日，巳时，前进者一里而止，盖以二号卖买未了也。收皮箱一个，桂介四钱三分。收红毡贰枚，同上三钱六分。

在平望驿：二十六日，收柏叶小皿伍个。

在宁波：九月二十日，分苏针于船众，胁船头、上下知库、重付二人、通事钱询，各三百本充。十月四日，收了皿十口，生价，银子私办。七日，收果子盆二个。生价。八日，收三重小果合生价，银一钱，私办。十五日，收果合菊一个，生价，银予私办之。又收《剪灯新、余话》二册，表装。生价，二五分，同上。十七日，收画果子盆二口，出砚箱一，银二分，与三兵卫价。二十日，收贝研箱一个，五郎左卫门价，换文箱并左小刀一个。收二十三日，梅崖惠老坡古迹并诗与书，收手盐皿拾个，盖三英于苏州所求也。二十四日，价于三英卖两金扇四柄，价银一两六钱。二十六日，蜡小瓶一双收了，实际寺价，价银二钱四分，桂办。初五分一减，收好银子一两八钱。盖纻丝代也，即休价。十一月初三日，收炭取一个，一分五厘。初九日，收芙蓉杯三口并筒一个，角二个，银价未议。又别收角三个，桂价。价银未议。收蜡瓶一双，池新介，银三钱，熊松办。十一日，收定器大四个小八个。酉刻，画轴再装到来，孙六价，银二分。十二日，收碎器皿，小十个。十六日，收碎器芙蓉杯一个，生价，银三分。又收担子一个，生价，银九钱，二号芝田卖之。二十二日，收段子二尺，银一钱，熊办。收白蜡扇形笔雪一个，银八分。十二月初二日，收四角碎器皿四个，银二钱五分，熊松办。初三日，收土物水续一个，价二分。初四日，收小瓶一个，银一钱五厘生渡之，二驮荷木之代。十四日，收坐毡二枚银各五分。十六日，收小食笼一个银七分五厘桂价。又收黄铜灯台附盏，银二钱。十九日，收墨十锭银八钱二分。官，但刀代立用，五丁琴墨，五丁月墨。二十三日，收黄铜灯盏修补，银一分五厘。二十九日，收外青内朱小折敷五枚，价二钱六分。

仍在宁波：嘉靖二十年正月二十四日，买唐纸百枚，六分遣之，生价。买唐铁火筋一双，二分三厘遣之。二十五日，火打袋二个，黑白，孙六价。收黄纸十纸，价一分，梅崖价。二月初七日，收火灯袋三个，价银各七分，中林价。初九日，《文献通考》裱装成了，银四钱，生价。十二日，收倭银三两三分，桂返办。十七日，收白蜡十二斤。二十日，收黄铜钱一口，七两六分，生价。二十一日，收黄铜小刀二十二口，换履，熊松价。收白蜡提子一对。二十三日，收苏针三千本，桂预。明黑皮火打袋贰口，孙六办。二十八日，收蜡煎茶瓶一对，孙六办。收香箸十二双，一钱，熊办。收小刀廿个，同上，一钱。三月初四日，收蜡枣瓶只片口一口，灯盏一口。赁银总计四钱一分，孙六渡之。初六日：曝药材。十一日：予收贝食笼一口，价一两三钱。又银二钱付桂。盖前日扇子代也。又别付一钱七分五厘，灯台与食笼代也。又二钱付文弥，小刀并香箸之代也。又收片口柄杓二丁。十六日，收再进杓子一双。十七日，收青茶碗皿二十个。二十七日，贝食笼里头涂成了到来，本价一两二钱涂赁一钱。收杖头一个，价一钱二分涂赁孙六办。《文献通考》补装完了。四月初六日，收小果子盆十个，价二钱，生价。又收天目台一个，价三分三厘。十四日，收酢盐皿三百口，银二钱五分五厘。收香白芷七十三斤，银壹两，孙六壹钱七分，桂办。十五日，收补足沙糖四十斤，一两一钱算用，孙六办。十八日，收九寸食笼一个，价三钱一分，孙六价。十九日，积砂糖四箱于船，重付请取有之。收天目台三个，担子环完了。收贝方盆一个。矢备价，三钱。二十日，收染付茶碗三十口，又收染付皿百口。二十六日，收白菊皿二十个。二十七日，予段匹唐衣裳，换"ロガンヤキ"六十斤，盖吹黄铜物也。吾邦黄铜匠家并势州商人要之。二十八日，巳刻，积皮笼一口并药荷参驮于船。两重付请取两通有之。又从人熊松、中林孙六、又次郎皮笼同积之。午后，收四重四角小食笼，光明朱有金画，银三钱三分，生价。收小果子盆五枚，表里朱，银一钱，孙六价。又收纸箱一口并两金扇一柄，换却于圆果子盆拾伍枚，表里朱，黄同相口，孙六价。五月初二日：收碎器二号大皿十个。收白菊手盐皿十口，盖换向定器。乃定器价也。一钱，徐二官。初三日，收蜡小瓶一双，价一钱六分，桂价。收白菊手盐小皿十口，八分，价生。收八角朱画小、中果合，桂价，银一钱八分。初四日，收黄铜三钱、金襕，孙六价。收履形方盆，七分，生价。又收果子盆一个，八分，生价，林和靖。初六日：收九寸朱画六角食笼银三钱，孙六价。初十日，买藿香。十五日，收小食笼五个，一钱五分，孙价。方盆一个，六分，小刀廿五，一钱。十七日，收煎盐皿四十口。

再次出使，《再渡集》载：在宁波：嘉靖二十七年（1548）七月二十八日，收丝竹箱，银壹两。八月初三日，收金襴，一丈六尺五寸。初九日，得担子，价银一两六钱二分。十二日，领担子一口，付熊市，九钱。九月初五日，收《本草》一部十册，银壹两七分。十七日：收缎匹一端，银壹两七钱。收改机一端，七钱八分。

在杭州：十一月初九日，收斑竹箱，价银八分五厘。买取钲一口，银一钱五分三厘。初十日，收钲，价一钱五分三厘。十六日，伴送官蒋文萃惠甘草、真阿胶一包。

在吴江松陵驿：二十七日，价琇公收钲一口，一钱三分五厘。

在苏州：十二月初一日，予遣也于诸船，略贺朔之礼。各人易买匆匆故也。遣熊一于针工之家，计卖针之事，筹等为之要冲。盖苏州第一针工，云云。收水滴一个，银二钱，令哲价。初二日，价钧云遣熊一于卖丝家。初五日，熊一出外头，赴针工家。十二日，遣熊一、寿笃于来年白丝买了之商家，先送一贯二百目。一斤七钱之算用。

在桃园驿：二十八年二月初七日，收铜水指一个，价银五钱。

在北京：七月初五日，收墨二十二丁，价银五钱，慈眼价。以只金扇换盖箱一口。二十五日，又三千户来，证明易买之事，买收人参一斤，银九钱，以载持分银渡之。八月初六日，收《奇效良方》一部，价银七钱。二十六日，又三千户来，买收北绢二端，价银各八钱，出立银"ニテ"渡之。

在杨青驿：收两金扇卖代五钱五分。

在清源水马驿：九月十三日，价于樗子买收靓罗绵三端。十四日，日众易买之事亦未办治，彼此未开船。予亦命樗令买药材等物。十五日，今日亦粮夫未备，且众人卖买亦未了，予亦命樗令买药材、红紫靓罗绵等。十六日，俾樗、能二子调治卖买事。又价弥二郎收铜钱一贯百八十文。价银六钱。十七日：携琇、樗、熊过药家，见杭州之图。

策彦在不到十年中两次出使明朝，每次一路收购中国商品，所收商品如书籍、纸、墨、画、书担、筒、茶碗、茶碗杯、茶瓶、席、皮箱、丝竹箱、班竹箱、砚箱、纸箱、棋子箱、印肉、镇子、瓶、只扇、扇、小刀、香、香炉、（苏）针、食笼、线、方盆、果盒、狮子（范按：未审为何物）、钥袋、钲、药、甘草、香白芷、人参、白蜡、白蜡提子、杓子、线物、箱子、锁、铁钹、器皿、红毡、坐毡、炭取、定器、水续、水滴、铜水指、天目台、灯台、折敷、铁火筋、火打袋、杖头白蜡、黄铜钱、黄铜香箸、砂糖、金襕、缎匹、改机、绢、丝等 60 余种，包括文化用品、工艺品、食品、日常器皿、日用百货、丝毛织物、药材、计时器等，虽然看不出购买量有多大，但门类广泛，不少标有具体名称、数量及价格，甚至交代了商品特色及用途、购买背景、何人经手、何人说价等，饶有趣味。

当时中日之间的商品贸易，嘉靖时郑若曾说，日本"所悦于中国者皆用物也"①。万历时姚士麟曾援引嘉靖时中国商人童华的话说："大抵日本所须，皆产自中国，如室必布席，杭之长安织也。妇女须脂粉，扇、漆诸工须金银箔，悉武林造也。他如饶之磁器，湖之丝绵，漳之纱绢，松之绵布，尤为彼国所重。"② 崇祯时大学士徐光启则称："彼中百货取资于我，最多者无若丝，次则磁；最急者无如药，通国所用，展转灌输，即南北并通，不厌多也。"③ 明后期，民间商人走私日本，号称"通番"，所载商品主要是采购自苏、杭等地的丝织品和药材等物。④ 策彦所记提及的商品和购买的商品，颇可与时人所述所为相印证，确实多是用物，主要则是生丝、丝织品和药材等。

即如丝绸和生丝。生丝是日本所需的最大宗商品，每批贡使均极为措意。景泰年间随贡使笑云入明的商人就曾在北京购买银子，在南京以成倍的价格出卖，或在宁波以 3 倍的价格出售，在那里购买生丝运回日本发卖。⑤ 策彦初次出使，回程时在宁波，"收段子二尺，银一钱，熊办"。收"金襕，孙六价"。再次出使，在宁波，"收金襕，一丈六尺五寸"，又"收缎匹一端，银壹两七钱。收改机一端，七钱八分"。到达北京，"买收北绢二端，价银各八钱，出立银'ニテ'渡之"。回到清源水马驿，"价于樗子买收覩罗绵三端"。十四日，"令买药材、红紫覩罗绵等"。

"段子"当即绸缎，故称二尺。"金襕"未审为何物，明代高档丝绸

---

① 郑若曾：《郑开阳杂著》卷 4《倭好》按语，《影印文渊阁四库全书》第 584 册，第 544 页。

② 姚士麟：《见只编》卷上，第 50—51 页，《丛书集成初编》第 3964 册。

③ 徐光启：《海防迂说》，《明经世文编》卷 491，中华书局 1962 年影印本，第 5442—5443 页。

④ 参见拙文《贩番贩到死方休——明代后期（1567—1644 年）的通番案》，台湾《东吴历史学报》2007 年 12 月第 18 期。

⑤ 《唐船日记》，村井章介、须田牧子所编：《笑云入明记 日本僧の见た明代中国》附录二，第 259 页。

有膝襕，或即金膝襕，看其丈尺，大约为一匹。"靚罗绵"，当即兜罗绵，为丝绸之一种。改机：万历《福州府志》载："闽缎机故用五层，宏治间有林洪者工杼轴，谓吴中多重锦，闽织不逮。遂改段为四层，名为改机。"① 本是对花楼机改繁为简的一种织机，后即将用此织机所织之缎匹称为改机，改机与一般织锦相比，具有质薄、柔软的特点。正德《江宁县志》卷三《铺行》104 种，中有"改机"，但"帛之品"中无，说明当地并不盛产此种织品，但有专门出售的铺行。丝绸之府苏州的地方文献列有各种丝织品，而无改机，说明其地同样不盛产。策彦再次渡唐时议定接待使者礼仪的就是时任礼部尚书的严嵩，严嵩抄家时有各色改机缎匹 274 匹，改机衣 17 件②，说明其时改机已较常见。但权臣严嵩收藏如此多改机缎匹衣物，说明改机织品较为珍贵。

嘉靖时苏州、嘉兴、衢州等地方织染局所织进贡官用丝织品，每匹价银均在三两以上，民间织物绢每匹七钱左右，绸每匹约为一两，如果按此价格推估策彦所买丝织品，策彦所买缎匹只为官营缎匹的一半多一点价格，改机价格相当于绢价，绢即是民间同样价格，说明只是一般常见丝织品。

生丝，作为正使，嘉靖二十七年（1548）十一月底船抵苏州后，策彦即于腊月初二日派遣手下人"熊一于卖丝家"，十天后，又"遣熊一、寿笃于来年白丝买了之商家，先送一贯二百目。一斤七钱之算用"，再次派人到卖丝家，送上买丝定银，约定明年回程经过时取丝。当时生丝在日本"每百斤值银五六百两，取去者其价十倍"③，在中国每斤五六钱银子。策彦买丝按每斤七钱银子算，略高于当地市价。

当时日本的蚕业生产与丝织业是脱节的，原料生产远远不能满足需要，一半以上要靠从中国进口，"丝，所以为织绢纮之用也。盖彼国自有成式花样，朝会宴享必自织而后用之，中国绢纮但充里衣而已。若番舶不通，则无丝可织。每百斤值银五六百两，取去者其价十倍"④，丝是当时日本进口的最大商品，存在着四五倍的价格差⑤。而苏州等地，

① 万历《福州府志》卷 37《食货·物产》。
② 《天水冰山录》，上海书店影印本 1982 年版，第 110—111、120 页。
③ 郑若曾：《郑开阳杂著》卷 4《倭好·丝》，《影印文渊阁四库全书》第 584 册，第 542 页。
④ 同上。
⑤ 参见拙著《江南丝绸史研究》，中国农业出版社 1993 年版，第 268 页。

即是上等生丝集中之地，中国民间商人走私日本，均是在苏、杭等地采购生丝的。策彦利用出使经过生丝生产基地苏州、杭州等地的上佳时机，大量购买生丝，以博厚利。策彦所为所记，一定程度上反映了当时中日贸易的大势。

再如药材。首次出使，回程时在常州附近云阳驿买"甘草五十二斤"；回到宁波后"曝药材"，又"收香白芷七十三斤，银壹两，孙六壹钱七分，桂办"。二次出使，回程时在清源水马驿，两次令从人"樗子买药材等物"；又亲自"携琇、樗、熊过药家"（页 267）。景泰四年（1453）经过清源驿的日本使者笑云瑞訢就曾记当地"甘草多，一斤代八分"①，可见其地甘草既多又便宜。策彦在《驿程录》中也感叹其地"甘草多了"，当在那里购买过甘草之类药材。再次出使时，出使时策彦首次出使刚到宁波，就发现"道旁有卖药人家，贴以'沈氏药室'四字，牌以'杏林春意'"，极为敏感。后来伴送官蒋文萃还送给正使策彦甘草、真阿胶一包，到了北京，又"买收人参一斤，银九钱，以载持分银渡之"。人参为传统滋补物；甘草为缓中补虚、泻火解毒、调和诸药，策彦一次就买了甘草 52 斤；白芷是主治感冒风寒、头痛、骨痛、牙痛、鼻炎之药。从记载来看，药材价格便宜，策彦所买数量不少，第一次出使归国时整理商品，"药荷参驮"。药材始终是日本从中国进口的重要商品，郑若曾说，当时日本自有之药材，唯无川芎，因此"至难至贵"，其次则是甘草，"每百斤价银二十两以为常"②，所以徐光启以"最急者无如药"来形容，后来自 18 世纪中期起，药材更成为从中国进口之最重要商品。

又如书籍。策彦先后购买了《听雨纪谈》一册，《医林集》一部十册；《读杜愚得》，八册全部；《鹤林玉露》四册，全，其价二钱；《三场文笔》《山谷刀笔》；《文献通考》一部，仁叔恕上司媒价银九钱；《剪灯新、余话》二册，表装，二、五分；《文献通考》裱装成了，银四钱，生价；《文献通考》补装完了；《本草》一部十册，银壹两七分；《奇效良方》一部，价银七钱等。又先后接受中国文人赠送《古文大全》二册；《汉隽》一册；《李白集》四册，全；天地图各一幅；《九华山志》二册；

---

① 村井章介、须田牧子所编：《笑云入明记　日本僧の见た明代中国》，第 203 页。
② 郑若曾：《郑开阳杂著》卷 4《倭好·药材》，《影印文渊阁四库全书》第 584 册，第 544 页。

《升庵诗稿》一册；《张文潜集》四册；《文章轨范》二册；苏东坡诗与书等。购买和受赠书籍包括前人与时人诗文集、政书、医书、笔记、山水志、地图、科举应考手册、诉讼手册等类。其中周莲湖所送《升庵诗稿》一册，当即正德六年（1511）状元杨慎（字用修，号升庵）的诗集，其人因大礼议案而充军云南，颇负时望。自买书籍，十部中医书就有三部，正如郑若曾所说"若古医书，每见必买"①。至于书籍价格，极为便宜，一部《本草》，相当于一匹平常绸缎价格，一部医书《奇效良方》只相当于一匹绢价，一部文献通考可能旧了点，只需九钱，略等于一匹绢价，一部《剪灯新话》连同《余话》装裱好了只要七分银子。

再如苏州针。首次出使，在宁波，王惟东即送其"苏州针一帖"；后来到了苏州，先是"收了"苏针三百六十根，其中"二百六十本换鹅，百本换麂"，后来又用"苏针三百五十本，换羊，百本，换麇麂，五十本，换麇麂"，最后"苏针五千本收了，价五钱二分，桂价"。连续购买苏针。还在枫桥发现"旁有卖针之家，揭'针魁'二大字"。回程时在南京龙江驿，买"苏针五千本，桂预置"。到了宁波，"分苏针于船众，胁船头、上下知库、重付二人、通事钱询，各三百本充"。后来又"收苏针三千本，桂预"。二次出使，到了苏州，即"遣熊一于针工之家，计卖针之事，筹等为之要冲。盖苏州第一针工，云云"。四天后，又认其从人"熊一出外头，赴针工家"。策彦两次抵达苏州，均数次购买当地特产"苏州针"，而且知道"苏州第一针工"，在南京也购买苏州针。由针260本即可交换当时较为贵重的家禽鹅来看，一次性购买5000本就不是小数目了。针在日本，价格昂贵，时人描述，"女工之用，若不通番舶而止通贡道，每一针价银七分"②。策彦动辄收买数千根，价格便宜不可以道里计。关于苏州针，地方文献有记载，但极为简略，正德《姑苏志》卷十四《土产》"工作之属十一"，有"针作"，谓"出郡城"。隆庆《长洲县志》卷七《土产》，崇祯《吴县志》卷二十九《物产·五金之属》均只有"针"一字而已。策彦的数次大量购买，使我们知道其时苏州特产除了丝绸、书籍、酒、副食品及各种工艺品外，还有针，不但畅销各地，而

① 郑若曾：《郑开阳杂著》卷4《倭好·药材》，《影印文渊阁四库全书》第584册，第543—544页。

② 同上书，第543页。

且名闻全国以至海外，而且由其交代的价格我们还可知道当时其他商品的价格。

此外，策彦等一次出使时回程时，在苏州花五分银子买了二条席，又收"红线一斤"。在宁波"收白蜡十二斤"，收买砂糖 40 斤。白蜡是虫蜡，主要用于上光、润滑、绝缘、防潮、装饰等，用途广泛。《客商规鉴论》提到《三台万用正宗》"小满前后风雨，白蜡不收"[1]，白蜡是中国特产品。产地主要在四川，但宁波有售。到江户时代，每年出口到日本的白蜡数量相当可观。砂糖也是日本进口的大宗商品，后来江户时代数量日益庞大。策彦此行购买当也不少。回国时，光策彦就"积砂糖四箱于船"。至于席，中国商人称产自杭州郊区长安镇，其实明后期苏州虎丘一带即盛产席，为时所尚。正德《姑苏志》卷十四《土产·器用之属》称："席，出虎丘者佳，其次出浒墅，或帘，或坐席。又一种阔经者，出甫里。"嘉靖《吴邑志》卷十四《土产·物货》也称："草席，出贩尤多……北方谓之凉席，春夏所用也。"景泰五年（1454），日本使者笑云瑞訢自北京南返经过苏州，即记"花席、茶碗太多"[2]。红线，时人称红线是日本人以其点缀在盔甲上以束腰腹，以及刀带、书带、画带之用，"常因匮乏，每百斤价银三百两"[3]，是日本急需之物。

策彦等人购买中国商品，固然是循着贡道随处而买，但据其所记，是明显有着集中地点的，即宁波、苏州和临清。宁波是日本使者所返中国的起点和终点城市，也是明朝负责对日贸易的浙江市舶司的所在地，日本使者需在那里办理朝贡的相关手续，拜见市舶司和海道等官员，同时也是日本使者沿途所经的第一个府级城市，还是海产品的生产和转输之地。因为等待获批允许进贡，策彦等人在宁波停留时间特别长，初次出使，自嘉靖十八年五月二十二日抵达，到十月十七日开船北上，在宁波停留了将近五个月时间；回程时自十九年九月十二日至二十年五月二十日启程归国，在宁波停留了八个多月。再次出使，自嘉靖二十七年三月十九日抵达，到十月六日开船北上，停留半年有余；回程时二十八年十二月三十日抵达，次

① 余象斗：《新刻天下四民便览三台万用正宗》卷 21《商旅门》，万历二十七年刻本。

② 村井章介、须田牧子所编：《笑云入明记 日本僧の见た明代中国》，第 226 页。

③ 郑若曾：《郑开阳杂著》卷 4《倭好》，《影印文渊阁四库全书》第 584 册，第 543 页。

年五月回国，历时五月左右①。可以说，策彦一行进贡的日子，主要是在宁波度过的。因为停留时间特别长，所以在宁波购买商品也就特别种类繁多、数量可观。

苏州是当时全国最为著名的工商城市，集中了当地及全国的大宗商品如丝绸、棉布、书籍、药材和工艺百货等，嘉靖时盛称"翠袖三千楼上下，黄金百万水西东"②，工商业特别发达。策彦等人所需丝绸最重要的产地就是苏州，渴望在苏州购买商品，从而先期委人在苏州看货议价，采办时显得极为忙碌，因为购物，甚至稽延了行程。嘉靖十八年十一月十一日抵达姑苏驿，到二十日离开北上，整整停泊十天，回程时自十九年八月十六日抵达，到二十三日离开南下，又盘桓七天左右，较别的沿河城市要多。因为"二号（船）卖买未了"，以至策彦的座船前进了一里就停了下来。一套《文献通考》和苏州名优特产针、席等就是那次在苏州买到的。再次出使，嘉靖二十七年十一月二十八日抵达，到十二月十五日离枫桥，停留半月有余。生丝就是那次在多次到卖丝人家后交付订金的。因为"各人易买匆匆"，以至随从向他正使行的腊月贺朔之礼也草草收场。

临清是运河沿线华北、江北境内最大的商品转输中心，王士性即以"临清、济宁之货"来形容。策彦等人初次出使回程时即在清源驿（清源乃临清古称）停留购物，再次出使回程时停留了四天，而只因"日众易买之事亦未办治，彼此未开船"。药材、靓罗绵等，就是在那里购买的。

策彦等人购买中国商品，主要恐系本身利用机会直接经营，旨在回国后出售牟利，所以交易时常常讲价议价，锱铢必较。嘉靖十八年七月初九日，在宁波，策彦代钧云致书中国商人萧一观道："诸般货物数目，前日既开张，呈示，不知足下查得否？早逐一定价塞请则可也。且又计开内，足下所不晓者，要面议之。"次日，萧一观即来到使者馆舍，"与钧云议交易等事"，策彦送礼表示感谢。七月三十日，策彦又代钧云致书萧一观，谓："暂别既过旬余，操履何如，今领恳书，恰如对颜，欣慰欣慰。特赐诸色样子，吾商徒群议而查得，白丝、红线、北绢、擢绢、段子、药品等所要者留之，不要者还之。犹且别开数目付与来使，区区分晓焉。遍

---

① 策彦周良再次出使停留宁波的时间日期，其自编《再渡集》《二番渡书》等均无载，而参见牧田谛亮编《策彦和尚年谱稿》，见《策彦入明记の研究》，第392页。

② 《唐伯虎先生外编续刻》卷7《阊门即事》，《续修四库全书》第1335册，第27页。

地金总复回，盖以不好也。公到苏州之日，将其好者来，俾各人看可也。诸凡诸般价直，公之所定与他人平均，则当如前诺，倘与他异而贵了，众议难服。公能方便调办，何幸加焉。件的价即待公来本府，逐一可议，非面难罄底蕴。"由策彦所记可知，买卖双方经过了复杂的议价过程，为了议价购物，日本商人先与中国商人代表如萧一观者商量相关事宜，委托其先期到苏州等地物色商品，由其开出样品和价格，供日本商人选择，要者留之，不要者还之。无论何人，定价均要合理，日本商人才会收购，否则就难以如约践诺。为购买同一类书籍，策彦即两次致书范南冈："仍先度与秀才所约之书籍《三场文海》《皇朝类苑》《东坡志林》等乞付吾馆夫拿来。要因其好恶定其价值"；"是《三场文笔》《山谷刀笔》，乞即今付官夫拿来。要查本之好恶，议价之多少，勿违前诺"，强调依据本子质量高下议定价格。八月二十日，策彦致书宁波地方官员：日众所要镶器粗做样子，以与工相谋。虽然，如直视不验其样之好恶，必有不惬众心者，不如致镶工于馆内查详焉。盖依旧例者也。老爹大人蒙恕许，遂众望，则何幸加焉。显然策彦等人也以定制形式采购商品，而且质量必须符合定制要求，方才购买。

策彦一行同时也为国内商人代为收购。在宁波，嘉靖二十年四月二十七日，"予段匹唐衣裳，换'ロガンヤキ'六十斤，盖吹黄铜物也。吾邦黄铜匠家并势州商人要之"。因为出使官员和随船商人都在经营，故策彦一行内部也常做买卖。在宁波，十九年十月二十四日，策彦向同行三英"卖两金扇四柄，价银一两六钱"。而十一月十六日，向二号船芝田"收担子一个，银九钱"。十二月初五日：策彦以价银四两"卖荷所贰驮，买主肥后九郎兵卫"，看来同行之间也常转让商品，而唯以价值衡量。

因为旨在经营，策彦极为关注沿途商品等相关情形。初次出使舟抵定海，十八年五月十九日，策彦见"鲞船三百余艘列于港口，盖到宁波之卖鱼船也"；次日，见"卖鱼船四百余艘，联行于港头，盖到宁波之卖鱼船也。有旗书'屠府'之两字"。虽仅两次记述，寥寥几十字，但提供了宁波为海产鱼类大港的具体实例。宁波、台州以海产盛称于全国，万历时浙江台州人王士性描述其时全国商品集中之地，即有"宁、台之鲞"[①]。"鲞"是剖开后晾干的鱼。但王士性未言交易规模有多大，而策彦眼见每

---

① 王士性：《广志绎》卷1《方舆崖略》，中华书局1981年版，第5页。

天鳌船有三百艘聚于港口，蔚为壮观。至"屠府"二字，殆指卖鱼船为大户屠氏所有。回到宁波嘉宾堂后，策彦及时总结出使沿途所见情形，撰写了《驿程录》，就中记道：仪真驿"茶碗皿等多了"，广陵驿，"城中百万家，盛赏江菜。……古砚香炉铁索烛火等多"。桃园驿，"土俗栽蒲葵扇"。鲁桥驿，"铜磬铙钹多了，桃实多了"。南城水马驿，"有盗贼之患"。开河书驿，"蒲桃梨子多了"。荆门驿，"水瓜、花红多了"。崇武水马驿，"聊城城楼太壮观。……西瓜大角豆多了"。清阳驿，"疏蓼多了"。清源水马驿，钲多。……甘草多了。德州安德驿，"城里城外之富，不减临清淮安"。新桥驿，"花红桃实多了"。乾宁驿，"南京酒转卖"。这些商品信息，虽然较之其时策彦视为参考的中国民间通行的《图相南北两京路程》要简单得多，但是策彦似乎别出机杼，专记《图相南北两京路程》所缺载的，所以两书恰可以互相补充，如果我们合而参考策彦所记和有赖策彦而存留下来的《图相南北两京路程》一书内容，以及其后的商人黄汴编撰的《天下水陆路程》等书，相信一幅明后期运河沿岸商品运销的实际风貌基本可以跃然纸上了。策彦所记，也为我们界定其时日本朝贡使团的贸易性质提供了极为有力的素材。

六

策彦所经过的明代两浙和江南地区，是文献之邦人才渊薮，科举鼎盛，功名显赫。两浙科名之盛，名扬海内外。嘉靖浙江省志自豪地说："两浙人文独盛，才俊嗣兴，自昔被与选举，可数计哉！"[①] 其中策彦首先经过的宁波、绍兴两府，万历时浙江台州人王士性总结为"盛科名"[②]。而策彦行经的嘉靖时期，正是浙江科名衰而复盛之世。如田汝成说："杭州科第，莫盛于洪武、永乐间，至弘治、正德间而稍衰，嘉靖以来，始复旧贯。"[③] 万历时的地方文献说："世宗御宇以迄于今，科第日增，人文益盛，里巷诗书，户不绝声。"[④] 策彦的《初渡集》中，对此盛况即时有反映。

策彦先记宁波府城：或有揭"解元"三（引者按：疑漏一"坊"

① 嘉靖《浙江通志》卷50《选举志第七之一》。
② 王士性：《广志绎》卷4《江南诸省》，中华书局1981年版，第67页。
③ 田汝成：《西湖游览志余》卷22《委巷丛谈》，上海古籍出版社1998年版，第327页。
④ 万历《杭州府志》卷19《风俗》。

字）大字者。或有揭"文宪"二大字者。"云龙嘉会"癸未科第一甲、"聚奎坊"兄弟解元父子进士、"甲午宾兴""奎璧交辉""进士坊""登瀛桥"之类，光彩溢目，盖及第门也。所历过及第门多多，有"翔凤""进士坊""三凤街"之额。这些标榜科举兴盛高中甲科的牌坊匾额，在地方文献中也有记载，康熙《鄞县志》记录明代的坊即有140多个，其中就有策彦提及者。"进士坊"则随处可见；"文宪坊"在东南隅，弘治十四年为御史方志立；"解元坊"也在东南隅，为成化四年科杨文卿立；登瀛桥、聚奎坊在西南隅，登瀛两榜称"元魁进士""宫保尚书"，为杨守陈下父子兄弟科甲，聚奎两榜称"荣沐褒封""恩隆荫叙"，为高赠公任子。这杨守陈家父子兄弟科甲，实在了得，仅仅两代人，37年间，父子兄弟发甲科者六人，其大守陈与嫡弟守阯均为解元，守阯又为榜眼。[①]策彦所历之地，大概即是宁波府城东南隅、西南隅一带，其时正是甲科牌坊林立于宁波之时，策彦所记"聚奎坊"兄弟解元父子进士者，正是科名显赫的杨守陈家。

次记所经绍兴府属：在姚江驿，系船之所有布政司华第。外头有石门，上镂云物，横书"进士及第"四大字，又左右分"元""魁"二大字书之。又书云："弘治十四年辛酉""顺天乡试第一名"。经青田铺，"灵芝桥"旁，有及第门，横揭"父子进士"四大字。

后记杭州省会：府中所过，及第门多多，有双凤坊、海蛟将竞起、奎璧联辉、世进士坊、父子翰林、振纲肃纪之类，不遑枚举。

策彦一行在宁波和杭州停留时间最长，记录最详，也留下了当地科第蝉联簪缨相望、甲第如云的深刻印象。

策彦两次出使的嘉靖中期，又是明代江南社会经济的鼎盛时期，社会相对稳定，富室后先相望，士绅生活优裕舒适，园林胜景点缀其间。策彦沿途所经，数次进入富室乡宦之家，记录下了士宦富室的优裕生活。

初次出使在宁波，嘉靖十八年八月七日，"过包大人家，广厦可容数百人，砌下做山水佳丽，逸势可见。予把笔书云：咫赤之间，有远山远江之趣，于是想见主人清高，遂借舸到灵桥门前。"

同年十一月二十六日，在毗陵驿："过故中书舍人胡颐旧山庄。第一门横揭'西蠡山庄'四大字，左右柱题句云：'五柳清风陶令宅，百花春

---

① 康熙《鄞县志》卷2《经制考·坊巷》。

水杜陵溪'。第二门横揭'会芳园'三大字。第三门横揭'天开竹院'四大字，左右柱有句云：'绝壁过云开锦绣，疏松隔水奏笙簧'。入此门四五步而有小堂宇，中央横揭'壮观'二大字，大肋有'太白'二字，左右柱题句云：'梧影上窗山月白，花香入座午风清'。有池，池之中央有堂，横揭'乐寿堂'三大字，古文。柱有句，'鸟啼当户竹，花绕傍池山'。有假山，山颠有小亭，无额。亭柱题句云：'亭临绝壑疑无地，水绕平沙喜有源。'"此胡颐西蠡山庄，亭台楼阁，疏落雅致，题额联句，一定给策彦留下了深刻印象。

同月三十日，在丹徒坝，过许大人山庄，策彦记道："傍山有小堂宇，颜'丛泉堂'三大字，古文。左右柱题句云：'花外丝纶留客钓，竹间图史借人看'。入翠微深处则有小亭，四柱是古柏之屈蟠者，缚枝作栋梁之形。又下蹬路，有小亭，揭'四友亭'三字。有花坛，或栽牡丹或栽梅。又有黄杨木，各折一枝而归。"后来过一大人家里策彦又记："壁间题句云：'江水时到岸，青山长在门'。入门则有堂宇，横揭'芝山精舍'四大字，东皋书。又所过历之门左右题句云：'宅对青山同谢朓，门垂碧柳似陶潜。'"许大人山庄，或即为许完所有。许完，字补之，好学工文，弘治十八年三甲五十八名进士，授为兰溪知县，擢为御史，巡按河南，清理河南军三年，数上封事，所规画大率予以军便。[①]

由京回宁波时，十九年八月十日，在毗陵驿，策彦再次游览胡颐西蠡山庄。十二日到南门，策彦同其从人钧云、即休过一大人家里，进入芳园，记道："外头有大石桥，次有高门，榜'大锦衣第'四大字，青字。入此门则有大第宅。次有长廊三十间许。过廊则有堂宇，新装彩。中央揭'仰止堂'三大字，青字。又其次有小堂，颜'成趣堂'三大字。自此堂入芳园，或四五步而有怪石，石上镌'寓形'二大字。又小亭不知几许。亭里题句者多矣，有'石径穿云湿，松窗避日凉。夜欠一檐雨，春无四面花'等之句。又有池亭，亭中央颜'水竹居'三大字。自此亭畔通一园，园中有樱之丛生者。予指请问其名，答以樱桃。盖日本樱也。或学流觞曲水，又石通水。"

策彦再次出使，曾经两次做客丰坊家，足征当地士人风情。策彦在再次渡唐进京回到宁波后记，"谢南寓外史丰解元制予谦斋记文。丰解元字

---

① 光绪《丹徒县志》卷32《文苑》。

存叔，杭州浙江驿人也"，又记在浙江驿"诣南禺外史丰存叔"。

　　策彦作客丰坊家，由其《再渡集》所记，知第一次为嘉靖二十七年九月二十日滞留宁波时。策彦先呈上渴望拜见的书柬，丰坊出迎于檐外，二次作揖，延请其入户，入户又行揖礼，然而就座。坐定吃茶。茶罢笔谈移时。然后丰坊请其及土官一行入寝室而饮酒吃饭，酒及十巡，席间"伶优唱歌"。宴会直到暮时，策彦才醉归。归时又送呈小画三方、两面金扇一柄、只面金扇一柄、浓纸 80 张、小刀一把作为谢礼，又以两面金扇一柄送与丰坊之子。

　　第二次在策彦由京南返，舟抵浙江驿时，约在嘉靖二十八年十一月、十二月间。策彦在其《谦斋南游集》中详细记其做客情形道："于浙江驿，诣南禺外史丰存叔。叔相见予，讲礼后请归。叔挽留前导以引于游宴之堂。俾予坐七宝琉璃床榻。居座琇首座从僧生首座。坐中宾之榻。视左右则青贝曲录之榻，金漆花纹之榻，十五六脚并而置之。主人床榻之右边，十五六岁美童十二三人，廿岁许侍从十六七人，着履踞于长连床。堂内环堵立古画扉风，屏风有脚，以金铜造之。画图咸李唐名笔也。少屏出杯盘酌天赐黄封之酒，主宾互请。隗始予遂从存叔之命资始。酒味之芳醇，不在我邦矣。嘉肴再三出，之以予杯进存叔，次琇首座，次生首座。前后五行而止矣。中庭有莲池，花未开也。画船二艘泛泛。然存叔请予船中。琇、生二首座也同矣。叔于船中复宴饮。出豫北之竹叶酒，淡而如水。叔云：不可累觞，醉三五日也。故以小杯酌之。"

　　策彦虽然在丰家两次享受过美酒佳肴，眼见主人之声色奢华，却对主人之地望未搞清楚。策彦两次出使，屡屡做客浙东士人宅第，但殊少场景描写，唯独这次在浙江驿丰坊的寓所，作了具体描摹。策彦的描述，形象地展示出了其时一般江浙士人的生活实况：第宅宏壮，陈设靡丽，用具讲究，收藏珍稀，极尽声色奢华，明中期时兴起的收藏之风，士人喜用娈童，多有龙阳之癖，于丰坊身上充分反映出来。沈德符描述其时士人生活方式说："得志士人致娈童为厮役，钟情年少狎丽竖若友昆，盛于江南，而渐染于中原。至今金陵坊曲有时名者，竞以此道博游婿爱宠，女伴中相夸相谑以为佳事，独北妓中尚有不深嗜者。"[1] 谢肇淛则说："今天下言男

---

　　① 沈德符《万历野获编》卷 24《风俗·男色之靡》，中华书局 2004 年第 4 次印刷本，第622 页。

色者，动以闽、广为口实，然从吴越至燕云，未有不知此好者也。……今京师有小唱，专供缙绅酒席。……其初皆浙之宁、绍人，近日则半属临清矣。故有南北小唱之分。"① 可见其时风气如此，士宦鲜有例外。雅有此好者，如今知其名者，嘉靖时有无锡人俞宪、谈恺、安如山、秦瀚、王瑛五位乡宦，结成五老会，"楼船、鼓吹、园池、声妓、服玩，使令之丽，甲于江南"，成天"沈酗声色，广取艳妓妖童"，俞宪与安如山更"皆有龙阳癖，既富且贵，以重资购得者，不可胜计"②。相关传记只说丰坊"性狂诞""性介僻"，而万历时人徐时进曾记丰坊身边有童子，"年十三四，坊之悴通，相去且三十年矣"③。看来，丰坊也有龙阳之癖。策彦所记，则大大地充实了丰坊的生活行为方式狂诞之内容，而且值得引人深思的是，其时还是丰坊贫乏不得志之时，若士人得意富贵，其张狂奢靡，概可想见。

策彦一行游览浙东江南山庄园林，见物不见人，详细记录亭台堂宇廊榭及题联匾额，不仅在他们心目中留下了深刻的印象，因其所记，也近乎再现了江南若干第宅建筑原貌；而进出浙东士人家，享用美酒佳肴，眼见其声色奢华，客观地记录了其生活实况，反映了其时江浙富户生活的一定面相，富有史料价值。

综上所述，日本贡使策彦周良利用其于嘉靖十八年、十九年间和嘉靖二十七年、二十八年两次出使明朝的机会，撰写成日记《策彦和尚初渡集》和《两渡集》，记下了在明朝朝野的所见所闻和其活动详情，为我们了解晚明社会风貌提供了极为难得的翔实可信的资料，在中日交流史的载籍中占有极为重要乃至不可替代的地位。

策彦行经运河全线，观察细致，所记驿站和巡检司等，连站名、堂屋匾额以至书写人和字体格式都记录了下来，立体形象地展示运河驿站等交通建筑。策彦利用拜谒地方官府的时机，出入公门，记下了各地尤其是浙江官署的外观仪容，所记位于宁波的浙江市舶提举司等官衙公署，不但抄录衙署门额堂额以及书写格式、字体，自励或标榜之官箴用语均一一如实描摹下来，既形象地展示了其时地方官衙的外观，也弥补了相关载籍的缺

---

① 谢肇淛：《五杂组》卷8《人部四》，上海书店出版社2001年版，第146页。
② 黄卬：《锡金识小录》卷10《前鉴》。
③ 黄宗羲：《南雷文定》卷2《丰南禺别传》，《续修四库全书》第1397册，第501页。

失。策彦以僧人之身充任贡使，对沿途的名胜古迹特别是佛寺格外关注，逢庙必游，游则必记，见僧必谒，甚至一游再游，流连忘返。策彦观瞻之余，详细记录了各地佛刹的布局、朝向、门额、檐联，以及书写人、字体、颜色等，殿堂内的佛像、菩萨、罗汉、藏经阁等，所记苏州寒山寺中"皇图永固"之钟铭，佛尊面前"皇帝万万岁"之牌书，镇江金山寺中大雄宝殿中央"皇帝万万岁""皇后齐年""太子千秋"之牌书，既显示出其时佛寺香火旺盛的一面，也反映出其时佛寺在皇权的统驭下，趋奉世俗政权的一面。

策彦沿途所经，对商业活动如商业信息、商货流通，特别是等反映市井生活风貌的店铺、字招等表现出浓厚的兴趣，随时随地记录，所记店铺字招，多达90余个，涵括手工作坊、商店摊铺和生活设施三大类，行业或商品广及酒、糟、药、棉子、毛笔、马尾、帽、伞、针、扇、衣香、书籍、纸张、银、果品、饭、饼、浴室、算命卜卦等十七八种；广告形式有布帘、木牌、墨书；广告表示以词语或象形；广告用语俏皮隽蕴；商品来源有代销或自制；销售方式有批发与零售、现卖与赊卖，间有表示经营者姓氏如"沈氏药室""任氏帽铺"和"朱方集宾酒馆"之类，或有标榜名品讲信誉意思，或许已具无形资产性质。而酒店酒坊，帘铭字招最多，达50余个，提供了丰富的店铺经营形态的信息，一定程度上再现了其时工商市肆的具体情形，从而提供了较同类记载最为丰富具体的内容，形象地绘就了一幅栩栩如生的晚明社会生活风情画卷。策彦在不到十年中两次出使明朝，所经之地又是丝绸和书籍等大宗商品出产或集中之地，因此每次一路上关注商品信息，大量收购各类商品，所收商品多达60余种，包括文化用品、工艺品、食品、日常器皿、日用百货、丝毛织物、药材、计时器等，门类广泛，尤其是当时日本急需和紧缺的生丝、丝绸、药材、书籍和苏州针等，策彦一行尽力购买，从一个侧面说明了日本贡使的贸易性质。策彦所记商品不少标有具体名称、数量及价格，甚至交代了商品特色及用途、购买背景、何人经手、何人说价等，饶有趣味。如果我们连缀策彦所记，作为南北商品大通道的大运河，其繁盛的商品交易情景形象地展示了出来。

策彦一行经过的明代两浙和江南地区，是文献之邦人才渊薮，科举鼎盛，功名显赫。策彦一行在宁波和杭州停留时间最长，记录最详，也留下了当地科第蝉联、簪缨相望、甲第如云的深刻印象。策彦两次出使的嘉靖中期，又是明代江浙社会经济的鼎盛时期，社会相对稳定，富室后先相望，士绅生活优裕舒适，园林胜景点缀其间。策彦沿途所经，数次进入富室乡宦之家，记录下了士宦富室的优裕生活，详细记录江浙园林的亭台堂宇廊榭及题联匾额，不仅在东瀛之人心目中留下了深刻印象，因其所记，也近乎再现了江浙若干第宅建筑原貌；而策彦频频进出浙东士人家，享因美酒佳肴，眼见其声色奢华，客观地记录了其生活实况。策彦更不失良机，主动进取，广泛结交江浙士人以了解明代地方社会，尤其与宁波士人交往酬唱，成为其在华主要活动，构成了《初渡集》及相关记录的重要篇幅，一定程度上展示了晚明社会风貌尤其是中国士人的心态与风貌。

（作者单位：南京大学历史系）

海源阁藏宋本"四经四史"叙录

丁延峰

　　杨氏海源阁以其收藏宏富精善而被誉为清末四大藏书楼之一，又因收藏宋元佳椠极多而有"南瞿北杨"之誉。海源阁是运河沿岸的一颗璀璨明珠，其主人杨以增为江南河道总督，而杨氏收藏善本的高峰时期恰在其任河督的七年里，即道光二十八年（1848）至咸丰五年（1855）。在海源阁所藏二百多种宋元善本中，最为令人称道的是镇阁之宝——十三种宋本"四经四史"。"四经四史"几乎全为杨以增督河时收购，其后陆续通过京杭运河北运至聊城，并转运至其另一藏书处——肥城陶南山馆。咸丰十一年（1861），山馆遭捻军洗劫，部分版本受损，遂又运至聊城海源阁，藏于阁上二楼，杨氏并对一些残本进行了修补。1927 年起，山东匪患严重，而聊城城里最甚，位于城区中心的海源阁则连续三次遭劫，所幸"四经四史"安然无恙。随后连同其他善本、普本被迫运至天津、济南等保存。由于无法抗拒的原因，这些善本陆续被售，但最终仍归公立图书馆收藏。而"四经四史"则今归国家图书馆、北京大学图书馆等收藏，成为中华民族宝贵的文化遗产。

　　海源阁第二世主人杨绍和于《楹书隅录》（以下省称为《隅录》）卷二宋蔡琪家塾刻本《汉书》题云："昔王弇州《跋》自藏《汉书》云：'余生平所购《周易》、《礼经》、《毛诗》、《左传》、《史记》、《三国志》、《唐书》之类，过二千余卷，皆宋本精绝。最后班、范二《汉书》尤为诸本之冠，桑皮纸，匀洁如玉，四旁宽广，字大者如钱，绝有欧、柳笔法，细书丝发肤致，墨色清纯，奚潘流沈。盖自真宗朝刻之秘阁，特赐两府，而其人亦自宝惜，四百年而手若未触者。'今证之此本，正无毫发异，重规叠矩，洵足煜耀前辉。而《周易》、《礼经》、《毛诗》、《左传》、《史记》、《后汉书》、《三国志》之属，余斋亦皆有宋本，卷且过之，琅環之福为何如乎？"可见能够藏有如此之多的精善之本，亦令杨氏足以称傲。杨绍和又于《隅录》卷二宋本《后汉书》题云："以四经四史斋所藏者为甲观。"杨氏是将其以自己藏书中的最佳者视之的。杨氏还以专室"四经四史斋"藏弄之，并刻有"四经四史之斋"白文长方印、"古东郡四经四史斋"朱文方印等多方印章以示纪念。学者、藏书家对此亦有过高度评价，如傅增湘在《海源阁藏书纪略》中云："综名家论定观之，是海源阁藏书为海内之甲观，而四经四史又海源阁中之甲观矣。"董康云："四经四史，卓然为诸藏书家冠冕。"① 叶昌炽云："四经四史同一斋，望洋向若叹无涯。"② 所以"四经四史"不仅是海源阁藏书中最为精善之本，也是诸多藏书家藏书之翘楚。"四经四史"共有宋本十三种（其中一种为明本，杨氏误为宋本），这些善本至今有不少已为孤本，设非杨氏几代人刻意搜求，或许早已永失人间。为对海源阁所藏最为精华之善本有一个大概了解，笔者借对海源阁作专题研究之际，将其叙录于兹，并祈方家指正。

1. 《监本纂图重言重意互注点校毛诗》二十卷（存十一卷）、《图谱》一卷。（汉）毛苌传，（汉）郑玄笺，（唐）陆德明释文。宋刻本。（清）陈鳣跋。《隅录》卷一著录。"四经四史"之郑笺《毛诗》之一。半页十行十八字（以下均为半页），小字双行二十四字，细黑口，左右双边，双鱼尾，耳记篇名。杨氏购得该书时为全帙，咸丰十一年（1861）遭乱时，第十二卷以下皆焚失。原本卷末有陈鳣跋和吴骞跋，亦不存。其后杨氏从别下斋刻本《经籍跋文》中复补陈跋于卷尾，而吴跋则莫由补焉。关于此书的版本面貌，陈鳣《跋》颇详："首题：监本纂图重言重意互注点校毛诗卷第一；次低二格题：唐国子监博士兼太子中允赠齐州刺史吴县开国男陆德明释文附；又次顶格：周南关雎诂训传第一；又次低一格：夹注释文；后接：《毛诗·国风》，夹注释文；接：郑氏《笺》，加注释文；次提行：关雎，后妃之德也。每叶二十行十八字。凡重言、重意、互注俱用规识。凡《释文》与《传》《笺》相连，不加识别，与家藏宋本《尚书》体例略同……《经义考》载有宋刻《纂图互注毛诗》，当即

① （清）董康：《〈楹书隅录〉跋》，《楹书隅录》初续编卷末，宣统二年董康补刻本。
② （清）叶昌炽：《藏书纪事诗·杨端勤以增》，《藏书纪事诗附补正》，上海古籍出版社1999年版，第627页。

此本。惟彼前有《毛诗举要》二十五图，此但存《毛诗图谱》，并不知何人所刻。宋时各经、诸子，皆有重言重意，盖经生帖括之书。此本刻画工整，纸墨精良，且原于监本，斯为可贵。审其避讳，慎字缺笔，敦字则否，殆是孝宗时刻者。因校对素所肄业之本。经文……《传》、《笺》之足证今本之误处尤多。"此本避讳极谨，凡遇玄、匡、贞、慎等字皆缺末笔，而敦字则不避。南宋孝宗赵昚之"昚"之异体字为"慎"，避"慎"字，而光宗赵惇之讳字"敦"不避，说明此书当刻于孝宗一朝。谓"监本"者，指南北宋国子监刻本，但有的是经国子监校勘后让地方开雕，或地方雕版后又版运国子监，由国子监再印，均称监本。因而，书中带有"监本"字样的并不都是国子监所刻，或许是地方刻本，如此本即是。李致忠云："纸墨字迹、版式风貌，似都出自闽建。"①杨绍和题云"字画流美，纸墨亦佳，信为镪本之精者"（《隅录》卷一）。此本原为陈鳣藏，后归汪士钟，钤有"仲鱼图像"、"三十五峰园主人"诸印，汪氏书散出，归海源阁。1939 年 2 月，杨敬夫以七百元售与周叔弢。今藏国家图书馆（以下省称为国图）。

国图还藏有另一《监本纂图重言重意互注点校毛诗》二十卷《图谱》一卷全本。该本与海源阁藏本有密切关系，原为士礼居故物，黄丕烈跋，劳健跋，周叔弢跋。荛翁于嘉庆十五年秋《跋》云："内原缺第五至第七，计三卷。……今岁夏初，五柳主人从都中归，携有全部宋刻，行款正同，谓可借以影抄补全，无如已许售海宁陈仲鱼，遂转向仲鱼借之，以了此愿。"荛翁所借陈仲鱼本其实就是海源阁藏本。嘉庆十五年（1536）夏，北京琉璃厂陶五柳从都中携此本归吴郡，并售与陈鳣。因是本行款与黄本同，故黄丕烈倩人影宋抄补所缺卷五、卷六、卷七。黄本后来亦归周叔弢。诸人都以为两本为同一版本，其实不然。弢翁曾详细比较两本后发现："杨本与余本实非一刻，杨本《图谱》版心作'诗谱'。误字：二卷一叶八行'匪席'误'匪石'；三卷十七叶八行'市朱'误'市宋'，余本皆改正。宋讳缺笔，杨本较谨严，余本或依翻雕也。惜杨本四周余纸短狭，比之余本宽阔相差甚远。"如弢翁所言，黄本可能是依据海源阁藏本翻刻的，在翻刻过程中，将原本错误予以纠正，因而黄本在文字准确程度

---

① 李致忠：《〈监本纂图重言重意互注点校毛诗〉叙录》，《宋版书叙录》，北京图书馆出版社 1994 年版，第 84 页。

上要优于海源阁本，但海源阁本在刊刻时间上又早于黄本，其版本价值自不待言。

2. **《毛诗》二十卷（存三卷）。**（汉）毛苌传，（汉）郑玄笺，（唐）陆德明释文。宋刻巾箱本。（清）查慎行跋、（清）顾广圻跋，（清）吴荣光题款。《隅录》卷一著录。"四经四史"之郑笺《毛诗》之二。十三行二十四字，小字双行同，细黑口，左右双边，双鱼尾，栏外记篇名。杨绍和题云："朱竹垞引陆元辅曰：'此书不知何人编辑，锓刻甚精。首之以《毛诗举要图》二十五，次之以毛诗篇目。其卷一至卷终，则全录大小序及毛传、郑笺、陆氏释文。而采《左传》、《三礼》有及于《诗》者为互注。又标诗句之同者为重言，诗意之同者为重意，盖唐宋人帖括之书也。'张月宵《藏书志》云：是书《传》、《笺》下附《释文》及互注重言重意，盖南宋麻沙坊本也。《传》、《笺》、《释文》俱双行小字。《传》无标题山井鼎云：今本有传字者，后人所加也。笺以'笺云'冠之山井鼎云：'笺云'二字，郑氏之旧，所以别毛氏《传》也。无《传》者亦无标题如《关雎序》，发犹见也。《葛覃序》，躬俭节用之类。陆德明云：序并是郑注，所以无'笺云'者，以无所疑乱也。犹是郑君之旧。皆即是书，虽刊在南宋初，然毛郑诗之最古本也。"（《隅录》卷一）由以上可知，此本实际上与《监本纂图重言重意互注点校毛诗》是同一个监本系统。杨绍和与张金吾都认为是南宋麻沙书坊刻本。李致忠曰："今观此书风貌，盖信张、杨意见为不诬。"[1] 道光二十九年（1849），杨以增访书扬州，从汪中家购得全帙，咸丰十一年（1861），陶南山馆遭劫，此本仅存十八至二十卷，殊为可惜。查慎行于雍正二年跋云"此本购自江西志局，确系宋雕本，二十卷，首尾完好"。顾广圻于嘉庆七年跋云"钱曾《敏求记》云《毛诗郑笺》廿卷，南宋刻本，首载《毛诗举要图》者，即此刻本也。十年前，家兄抱冲收得之，藏于小读书堆"。则此书于汪容甫之前历经钱曾、查慎行、顾之逵递藏，并经顾广圻、吴荣光等名家借观。顾跋又云"所见毛郑诗本子莫有旧于此者，洵足宝已"。故绍和将此本与监本之"同一精好，乃并储之四经四史斋中"。今藏国图。

3. **《周礼郑注》十二卷。**（汉）郑玄注。宋婺州市门巷唐宅刻本。（清）汪喜孙题款，劳健抄补并跋。《隅录》卷一著录。"四经四史"之

---

① 李致忠：《〈毛诗诂训传〉叙录》，《宋版书叙录》，第90页。

郑笺《三礼》之一。十三行二十五至二十七字不等，注文小字双行，行三十五六字不等，白口，左右双边。卷八末页缺，有劳健抄补。卷三末有"婺州市门巷唐宅刊"双行牌记，卷四、卷十二后有"婺州唐奉议宅"双行牌记。刻工有：王珍、沈亨、余竑、徐林、李才、卓宥、高三、包正、吴亮等，另有单字刻工数人，盖双字刻工之省称。敬、竟、玄、让、殷、徵、贞、匡、桓、构、慎诸字均为字不成。据书牌所记，则此书为宋婺州市门巷唐宅刻本毋庸置疑。然究竟是宋代何时所刻却并无确证。《中国版刻图录》据刻工和讳字推定为南宋初刻本，云"宋讳阙笔至'桓'、'完'字。刻工沈亨、余竑又刻《广韵》，《广韵》阙笔至'构'字、'睿'字，因推知此书当是南宋初期刻本……唐奉议疑即唐仲友，仲友以校刻《荀子》等书遭朱熹弹劾得名"①。赵万里所断极是，唯讳字缺笔不至于北宋末帝钦宗赵桓名讳，而是至南宋第二帝赵眘之名讳"慎"字亦缺笔。刻工中"沈亨"并未参与刻《广韵》，同时参与刊刻《周礼》和《广韵》的是余竑和吴亮，而吴亮又刻宋淳熙八年（1181）台州军唐仲友刻本《荀子》二十卷。《图录》的第三个证据是"唐奉议疑即唐仲友"。唐仲友（1136—1188），字与政，浙江金华人。高宗绍兴进士，调衢州西安簿。中弘词科，通判建康府。孝宗时上书论时政，召除秘书省著作郎，出知信州。淳熙七年（1180）移知台州，八年（1181）擢江西提刑，被劾奉祠。十五年（1188）卒，年五十三。《宋元学案》卷六十、《宋史翼》卷十三有传。其刻书活动主要是南宋淳熙间（1174—1189）知台州时，所刻之书有《荀子》《杨子法言》《中说》《昌黎先生集》《后典丽赋》等。其中《荀子》二十卷，为唐仲友于淳熙八年（1181）在临海台州任上所刻。今日本有藏本，举为国宝。"太常、秘书、殿中丞为奉议郎"②，而仲友于孝宗时除秘书省著作郎，如是则《周礼》刻于孝宗时正与书牌所记职官相符，且讳字亦至孝宗赵眘之"慎"字。婺州即浙江金华，至于"婺州市门巷唐宅"则很可能是指当时唐氏居住于婺州一条街巷名曰市门巷的巷子里。所以将此书定为"南宋初婺州市门巷唐宅刻本"越发可信。

李致忠云："此本中字秀雅，刀法剔透，皮氏印造，墨色匀净，一看

---

① 《中国版刻图录》，文物出版社1990年版，《叙录》，第22页。

② 见《钦定历代职官表》卷68《宋代》部分，文渊阁《四库全书》本。

便知是宋时浙刻风貌。"① 杨绍和则从文字内容和书写上进一步肯定了该本的价值：

> 此本则与严、抚两刻同为郑注专本，首尾完具，镂锲精工，亦无弗同，而经注之胜各本者，证之彭文勤公《石经考文提要》……阮文达公《周礼校勘记》及复翁《札记》、简庄跋文，尤多吻合。如倦翁云："《秋官》'司寤氏掌夜候'注：'夜时谓夜晚早，若今甲乙至戊。'疏又以'甲乙则早时，戌亥则晚时'实其说。惟蜀本作'戊'字。窃谓'戊'字为是，疏则因传写之误而曲为之说尔。注意正指甲夜、乙夜至戊夜也。"是"戊"字之沿讹已久，故今据校之宋本，从无云作"戊"者。而此本独未误。又倦翁云："开元所书《五经》，往往以俗字易旧文。五季而后，镂版传印，经籍之传虽广，而点画义训，讹舛自若。盖宋时刊书多出坊贾，俗文破体，大抵类然。"此本字学独极精审，几于倦翁所谓偏旁点画，不使分毫差误，故宋讳之缺避，校他本颇详。可知此本非特今世为罕见之珍，即宋椠各本，亦莫与之京矣，不更宝中宝耶？（《隅录》卷一）

是书藏印累累，自明以来，递藏有绪，先经明嘉靖进士高岱、嘉靖藏书家周良金，入清传入大学士英和恩福堂，又迭经书法家何绍基、金石收藏家汪喜孙等人收藏，杨以增督南河时从扬州汪喜孙处获得。1934 年，周叔弢从杨敬夫处购之。杨氏得是书时，内有缺页，弢翁得后嘱劳健抄补。劳健《跋》是书云："第八卷末有缺佚，原装附画栏空纸三页，叔弢属为据文禄堂新印影宋建本补完。约略依本书行款字数写之，适满一页。卷尾应著'周礼卷第八'一行。本书是否别作一页，或有经注字数，有木记，皆不可知，姑从缺佚。"国图还藏有该书同一版本六卷残本（袁克文藏），则杨氏此全本弥足珍贵。今藏国图。

4. **宋本《仪礼郑注》十七卷**。（汉）郑玄注。（明）邢桐题款。《隅录》卷一著录。"四经四史"之郑笺《三礼》之二。绍和题"此严州本"（《隅录》卷一），实为明嘉靖吴郡徐氏三礼本。宋严州本《仪礼郑注》，今已不存，黄丕烈曾藏有一部，其《百宋一廛赋注》及《百宋一廛书录》

---

① 李致忠：《〈周礼郑注〉叙录》，《宋版书叙录》，第 106 页。

均有著录，行款为半页十四行，行大廿五字，小卅字不等，钤有"旅溪草堂""宗伯""臣是酒中仙"三印。荛翁并据此影刻入《士礼居丛书》中。然《隅录》著录的"严州本"与荛翁著录的并不相符，绍和题此本行款为"每半页八行，行十七字"，藏印有"半窗修竹""南沙草堂""华山马仲安家藏善本""金星轺藏书记"等。因而可以首先肯定的是，杨氏藏本不是百宋一廛藏本。其次，杨氏所藏并非严州本。绍和在《隅录》中著录的实际是个明本。这个明本现在藏于国图，经鉴定，实为明嘉靖吴郡徐氏三礼本。国图藏此明本共有四部，两全帙，两残帙，《北京图书馆古籍善本书目》均著录"明嘉靖吴郡徐氏三礼本"。其中另一全帙曾为周叔弢藏，钤有"至德周叔弢藏"之印。杨氏所藏与其他三部悉同。明本版心下题刻工累累，如王良知、于仁、子荣、李安、师禹等，这些刻工都是明中叶刻工。傅增湘曾藏有明本一部，题"明嘉靖间徐氏覆刻岳氏本"，又于天津盐业银行见到杨氏此本，当即指出杨氏本"实嘉靖刊本，不知缘何误认"①。但杨绍和曾在宋本《周礼郑注》题云："严、抚两本，先公督袁江时收得之。"（《隅录》卷一）杨以增收得的这个本子究竟是不是真正的严州本？或者杨氏曾经收藏过真正的严州本，辛酉陶南山庄遭焚失存，后来为配足宋刊四经，而以明本顶替之？或者杨氏根本就没有收藏过真正的严州本，将所藏明本误认为宋本？个中难解之谜，我们不得而知。

5.《礼记郑注》二十卷。（汉）郑玄注。宋淳熙四年（1177）抚州公使库刻本。（清）顾广圻跋。《隅录》卷一著录。"四经四史"之郑笺《三礼》之三。十行十六字，小字双行，行二十四字，白口，四周双边，双鱼尾，上鱼尾下题"礼记"，下鱼尾下记页数，下记刊工姓名，版心上记字数。每卷末均锲该卷大小字数。卷二十末锲刻总字数。卷末有两篇顾广圻手写跋文，对于鉴定版本极有价值。其一云："此抚州公使库刻本《礼记》，是南宋淳熙四年官书，于今日为最古矣。末有名衔一纸，装匠误分入《释文》首，不知者辄认为旧监本，非也。嘉庆丙寅顾广圻题。"其二云："近张古余太尊开工重雕行世，嘉惠学子，兼成先从兄收藏此书之志，良可感也……"顾氏所提到的名衔一纸，遍查该书不存，可能已经逸去，但顾氏对版本的判定分明就是据此而来。顾氏又云"近张古余

---

① 《藏园群书经眼录》卷1，中华书局1983年版，第49页。

太尊开工重雕行世", 说明张氏据以重刊了此本。今查张氏影刻本, 名衔赫然俱在, 盖当时张氏刻是书时名衔仍存, 张氏重刻时已经纠正了装订之误, 并移至卷末。名衔共有十行, 依次为"抚州公使库";"新刊注礼记二十卷并释文四卷";"福州乡贡进士陈寅校正";"修职郎司户参军权教授赵善璪";"修职郎司理参军权推官余驹";"从事郎军事判官逄维翰";"从政郎充州学教授张湜";"朝奉郎权通判军州事吴子康";"奉议郎权发遣抚州军州事赵烨";"淳熙四年二月　日"。将首行、第二行、第十行合起来就明白无误地说明此本就是: 宋淳熙四年抚州公使库新刊《注礼记》二十卷《释文》四卷。傅增湘言"抚州原刊, 无补版, 初印精善, 墨色浓郁, 行间眉端墨书, 为宋人手迹, 至可宝也"①。绍和又云:"此先公四经四史斋所藏宋椠《三礼》郑注本之一也。黄东发咸淳九年《修抚州六经跋》云'抚州旧版, 惟《六经》《三传》, 今用监本添刊《论语》《孟子》《孝经》, 以足《九经》之数'。此本乃淳熙四年原刻初印, 犹在黄氏修补前百年, 可宝也。黄氏又跋《仪礼》云:'淳祐九年, 本州初建临汝书院时尝模印入书阁'。则抚州《仪礼》当有两刻。今与诸经俱不可见, 惟此本仅存, 愈不啻人间星凤矣。至此本之佳, 张古余先生《考异》及见于前贤论著者綦详, 不复赘云。"(《隅录》卷一)抚州公使库所刻群经, 大部分已经失传, 传世者除此本外,"仅知《周易注》九卷《略例注》一卷, 且为递修, 较此本《礼记》初印精美, 要逊一筹"②。此书钤有"宜子孙印""徐健庵""乾学""顾汝修印""思适斋""汪士钟曾读"及"四经四史之斋""杨绍和藏书"诸印。今藏国图。

6.《**史记集解索隐**》一百三十卷。(汉)司马迁撰, (刘宋)裴骃集解, (唐)司马贞索隐。宋乾道七年(1171)建安蔡梦弼东塾刻本, 卷四十三《赵世家》配清光绪元年杨保彝影宋抄本。《隅录》卷二著录,"四经四史"之宋椠《史记》第一部。十二行二十一字, 注文双行, 行二十八字, 白口, 四周双边, 双鱼尾, 版心上记字数, 下鱼尾下记页数。《三皇本纪第一上》卷末双行牌记:"建溪蔡梦弼傅卿亲校刻梓于东塾时岁乾道七月春王正上日书"。"七月"为七年之误。据此可知此本刻于南宋孝宗乾道七年; 在《补史记序》《六国年表》《秦楚之际月表》《汉兴以来

① 《藏园群书经眼录》卷1, 第51—52页。
② 李致忠: 宋本《礼记郑注》提要, 《宋版书叙录》, 第129页。

诸侯年表》《乐书》《历书》后均刊双行书牌"建安蔡梦弼傅卿谨案京蜀诸本校理置梓于东塾";《目录》后题:"三峰樵隐蔡梦弼傅卿校正";《五帝本纪》《周本纪》末有书牌两行"建溪三峰蔡梦弼傅卿亲校谨刻梓于望道亭";《殷本纪》末有书牌两行"建溪三峰樵隐蔡梦弼傅卿亲校梓于东塾";《礼书》后有书牌一行"建溪蔡梦弼校正刊于东塾"。贺次君云:"此本校勘精善足匡正它本之讹谬,如《夏本纪》'云土梦为治',此与《索隐》本合,它本作'云梦土为治';《殷本纪》'纣乃重刑辟之法',此与北宋本同,它本'刑辟'二字误倒;《秦本纪》'简公昭子之弟',它本脱'子'字,'斩首万级',它本脱'级'字……校史者必须汇集诸本,相互比勘,而后正其讹舛,则此本颇有可取,不能以其残损而忽视之。然此本亦有错字,如《秦楚之际月表·沛公二十八月》'出令三军,秦民大悦',它本及《汉书》表、传均作'出令三章',此'军'为'章'之讹……"① 傅增湘云:"此书刻工劲秀,南宋初建本之精者,《史记集解索隐》合刊者以此为最早。"② 贺次君则据书牌"谨案京蜀诸本校理"之语认为"《史记集解索隐》合刻,今传世者以此本为最早,后四年(作者按:应为五年)张杅桐川郡斋本亦系《集解索隐》合刻本,且皆溯自蜀本"③。也就是说贺氏以为蔡本只是传世二家注合刻本的最早刻本,之前已经有二家注合刻本,只是如今失传而已。贺氏理解有误,理由有三,其一,晚于蔡本五年的宋淳熙三年张杅桐川郡斋刻本,其卷末载张杅《跋》云:"惟唐小司马用新意撰《索隐》,所得为多,至有不可解者,引援开释明白。每恨其书单行,于披阅未便。比得蜀本,并与其本书集而刊之,意欲垂模与南方学者,其未暇也。竭来桐川逾季,郡事颇暇,一搜斯中书,蜀所刊小字者偶随来,遂令中字书刊之;用功凡七十辈,越肇始四月望,迄六月终告成。"蔡本刊行五年之后,张杅竟然还不知已有二家注合刻本行世,而以为己之所刻乃为首刻,可知当时二家注合刻本尚属初创时期。故而蔡本应是开创了合刻体例。其二,蜀本是一个《集解》本。蜀本现存九卷,保存在宋绍兴淮南路无为州官刻本中,而淮南路本是一个单解本。而且在张杅《跋》中也明言是用司马贞《索隐》与蜀本"集而

---

①　贺次君:《史记书录》,商务印书馆 1958 年版,第 79—80 页。
②　《藏园群书经眼录》卷 3,第 165—166 页。
③　贺次君:《史记书录》,第 79 页。

刊之",这里所指显然是一个集解本。其三,在蔡本之前,尚未见任何记载有二家注合刻本。另外,贺氏谓蔡本"溯自蜀本",亦误。实际上所谓"京、蜀诸本"并非所据底本,而是指参校本而言,贺氏显然是误解了书牌之意。张玉春将蔡本和包括蜀本在内的诸本进行异文对校,发现异文极多,根本不主一本。① 钱大昕又云:"《史记索隐》、《正义》皆各自为书,不与本书比附。宋南渡后,始有合《索隐》于《正义》者,创自蜀本。继有桐川、三山两本,皆在淳熙以前,其时《正义》犹单行也。"② 是钱氏亦为书牌所误。蜀本不是二家注合刻本,蔡本亦不祖蜀本。故而蔡本为最早二家注合刻本当为不诬。

是书原为清彭城钱兴祖、季振宜、汪士钟旧藏。咸丰元年(1851),杨以增以三百八十金购自苏州,原册已损敝,次年又得一残刻,绍和互校,并以清晰者入替。《赵世家》一卷,杨保彝从朱修伯处借得蔡本残帙,影录易之,使为完帙。杨氏书散出后,此本归陈清华,后归国图。

7. **《史记集解索隐》**一百三十卷。(汉)司马迁撰,(刘宋)裴骃集解,(唐)司马贞索隐。宋淳熙三年(1176)张杅桐川郡斋刻八年耿秉重修本。(宋)耿秉跋、(宋)张杅跋。《隅录》卷二著录。十二行二十三至二十七字不等,注文双行字数同,白口,左右双边,版心上鱼尾下题"史记几"三字,下鱼尾下记刻工姓名。贺次君与张玉春均将每半页十二行误为"十行"。《史记集解索隐》二家注合刻本最早刻本为乾道七年蔡梦弼东塾刻本,越五年,张杅在常州又刻二家注本,所用底本之一为蜀小字本。又过五年,即淳熙八年,江阴耿秉对张刻有误者进行补正重修,其行款幅式均同张本。耿本卷首有耿秉淳熙八年《序》,详述此本刊刻由来:"淳熙丙申,郡守张介仲刊《太史公书》于郡斋,凡褚少孙所续悉削去,尊正史也;学者谓非全书,怀不满意,且病其讹舛。越二年,赵山甫守郡,取所削别刊为一帙,示不敢专,而观者复以卷第不相入,览究非便,置而弗印,殆成弃物。信乎流俗染人之深,夺而正之,如是其难!然星之于月,其不侔亦昭昭矣;屏之使不得并,孰若附之其旁,则大小较

---

① 参见张玉春《〈史记〉版本研究》,商务印书馆2001年版,第212—215页。
② (清)钱大昕:《十驾斋养新录》,《钱大昕全集》第7册,江苏古籍出版社1997年版,第346页。

然，不其愈尊乎。别以所续从其卷第而附入之，两存其板，俾学者自择焉。其讹谬重脱，因为是正，凡一千九百九字，以辛丑仲秋望日毕工。"由耿《序》知，耿本对张杅所删篇卷进行了增补，并校正讹误文字，而行款格式一仍其旧。故蜀小字本、张本、耿本实际是同一个版本系统，但就其质量而言，耿本无疑要优于前两本。如张杅刊刻时，悉依班固、张晏之说，以为十篇皆褚少孙所补者，张杅《跋》云："其文猥妄不经，芜秽至不可读，每翻阅至此，辄败人意，不知何人遽续而传之？"故将《孝景纪》《孝武本纪》等九篇删去，仅存其目。但他又认为"然其间亦有可喜，如《日者传》则大类庄周书意"，未加删除，而以注文小字出之。除此九篇外，张杅又删去他篇中认为是后人附益的文字，致使不全。而耿秉的修补则恢复了旧本的原貌。耿本还对张本之讹误者予以补正，如《六国年表》"初以君主妻河"：《索隐》"妻河，谓嫁之河伯"，张本"谓"误为"与"，耿本改之。类是者极多，不再赘述。由于张本今只以残卷（六十三卷）存世，故而耿秉重修本犹显珍贵。杨绍和云《史记》"藏于四经四史斋之宋椠凡三，此其第二也"（《隅录》卷二）。

此本钤有"华阳顾仁效印""毛晋秘笈""乾学""季振宜读书""孙育私印""汪士钟印"以及多方杨氏藏印，知先后经明顾仁效、毛晋，清季振宜、徐乾学、孙育、汪士钟等名家递藏。道光二十九年（1849），杨以增访书苏州时，以三百金购得。海源阁遗书散出时，该书为银行家刘少山购得，今存国图。

8.《史记集解》一百三十卷。（汉）司马迁撰，（刘宋）裴骃集解。宋刻本。《隅录》未著录，《宋存书室宋元秘本书目》则著录"宋本《史记》七十卷二十册四函"，《海源阁藏书目》于此目下，有王晋卿目验题记云"此系全书，归德化李氏"，则此本册数函数均与今藏于北京大学图书馆的此本相符，故杨氏所言卷数为"七十卷"者实为"一百三十卷"之误。"四经四史"之宋椠《史记》之第三部。行格时有不一，十三行二十三字，小字注文双行，字数二十七字左右。偶有半页十四行，行二十四至二十七字，注文二十七至三十二字者，白口，左右双边，双鱼尾，版心题字不一，如"史一""传一""列三"等，无刻工姓名，偶尔在下象鼻右半刻有字数。此书无刻梓书牌，不知具体刊刻时地人等。宋讳玄、弦、眩、敬、擎、弘、殷、匡、境、桓、贞、慎等字缺笔，知其可能为南宋初孝宗时所刻。《中国版刻图录》云"字体近瘦金，纸墨版式，纯系南宋初期建本风格"①。张玉春又云："字体与邵武朱中奉刊本极为相似，即《中国版刻图录》所说的近瘦金体。……朱中奉本刊于南宋绍兴十年，依字体推论，此本应是绍兴年间刊于福建。据此本避孝宗名讳，知其刊刻在孝宗即位以后，晚于朱中奉本。此本不仅字体与朱中奉本相似，刊刻风格也一致。即全书前半部字体娟秀，而后则刊刻草率，字形松散。建本最为主要的特点是校勘不精，讹误严重，这一点于此本体现尤为明显，可以说与朱中奉本如出一辙，因此定其为建刊本是不会错的。"② 此本虽为全本，亦有抄配，卷五至卷七配北宋本，卷一百之一、二页配元彭寅翁刻《史记集解索隐》本，《集解序》首半页以及正文尚有三十余页，似出明人抄配，脱落甚多。是书藏印二十余方，历经毛晋、汪士钟、杨以增递藏，从杨氏散出后，归李盛铎，转归北京大学图书馆，《北京大学图书馆藏李氏书目》著录。

9.《汉书集注》一百二十卷。（汉）班固撰，（唐）颜师古集注。宋蔡琪家塾刻本。《隅录》卷二著录。八行十六字，注文双行，行二十一、二十二字不等，细黑口，四周双边，有单鱼尾，有双鱼尾，版心上记字数，中题卷第，下记页数。书耳题如"叙传下"等。卷二十九、四十五至四十七、五十六至五十七上、八十六、八十八、九十九，配另一宋刻本。目录后有"建安蔡琪纯父刻梓于家塾"牌记，但无刻书年月。今藏日本静嘉堂文库的《后汉书》残本七十五卷，其目录后有"时嘉定戊辰季春既望刊于一经堂，将诸本校证，并无一字讹舛，建安蔡琪纯父谨咨"三行木记，嘉定戊辰即嘉定元年（1208）。以《后汉书》刻于嘉定元年例之，且两书行款、书口完全相同，字体亦似。此本当亦刻于宁宗嘉定前后。又宋讳"慎""敦""廓"字缺笔，"廓"乃宁宗赵扩之名讳，故此书刻于宁宗时应无疑义。《汉书》自北宋初太宗赵炅于淳化五年时命官分校三史，始有刻本，至真宗景德、仁宗景祐先后重刊，最为精善。南宋宁宗庆元年间，刘之问取萧该《音义》、三刘《刊误》、宋景文《校语》附之注末，并以数本逐加雠对，刊刻成书，是正良多。蔡琪本即据庆元本复出。钱泰吉曾以残本八卷校殿本，比之殿本多出三十余条，复以吴骞藏十四卷残本校汲古阁本，其改易处不下数十百处，故绍和云："全书之佳，

---

① 《中国版刻图录》，《叙录》，第 36 页。

② 《〈史记〉版本研究》，商务印书馆 2001 年版，第 199 页。

可以概见。"《中国版刻图录》又云:"初印精湛,纸墨如新,可称建本上乘。"① 傅增湘于《海源阁藏书纪略》中云:"大字妍美,铁画银钩。"周叔弢云:"建本初印,字大行宽。"(《楹录》批注)由杨以增官陕西时,以朱提五百易得之,之后又精心装池,视若宝物,绍和云:"此先公四经四史斋所藏《汉书》第一本也。"(《楹录》卷二)钤有"古虞毛氏奏叔图书记""季振宜读书""沧苇""乾学"诸印,杨氏藏印有"杨东樵读过""四经四史之斋""杨彦合读书印""宋存书室""世德雀环子孙洁白"等二十余方。该书为存世孤本,今藏国图。

10. **《前汉书注》一百二十卷**。(汉)班固撰,(唐)颜师古集注。宋刻元明递修本。(清)杨绍和跋。《楹录》卷二著录。"四经四史"之宋椠《汉书》之第二部。十行十九字,注文双行,行二十五至二十八字。黑口,四周双边,补版间有四周单边或左右双边,并不统一。双鱼尾,上鱼尾下题"前汉纪几"或"前纪几",下题页数。此书宋刻部分与海源阁藏宋本"四史"之《后汉书》第二部"行式悉同",因卷末亦为补版,故而牌记亦无。但相其字体,与"四史"之《后汉书》第二部极似。缺笔至构字,慎字间有缺笔,盖初刊于南宋孝宗时期。此后迭经补版,如匡、恒、树、敦、郭诸字间有缺笔,补版时避讳并不严谨。补刻部分,版心上题字数,下题刻书时代,并间题刻工或写手,如元刻,《前汉纪》四第十六页版心有"大德十年刊"字样。《前汉叙传》七十上第五页版心题"大德九年刊"。如明刻,《前汉纪》一第二十三页,版心下题"宣德九年刊"。《前汉叙传》六十九下第十七页,上鱼尾下题"李敬刊",下鱼尾下又题"正统八年刊毛俊写"。《前汉叙传》七十上第二十页,上鱼尾下题"陈亚祐",下鱼尾下又题"正统八年赵观写"。亦有后人抄补,如《前汉叙传》七十下第十一至二十四页即是。知此本自宋代刻成后迭经元明两朝补版。钤有"旧卢氏之章""屠倬孟昭父印"及杨氏藏印多方。原与宋本《后汉书》第二部共为一帙,《楹录》卷二及《海源阁宋元秘本书目》卷二均题"三十册",盖因与第二部《后汉书》合为一函之故。实为六十册。今藏国图。

11. **《后汉书注》九十卷**。(刘宋)范晔撰,(唐)李贤注,**《志》三十卷**,(晋)司马彪撰,(梁)刘昭注。宋王叔边刻本。(清)杨绍和跋。

---

① 《中国版刻图录》,《叙录》,第38页。

《隅录》卷二著录。"四经四史"之宋椠《后汉书》第一部。卷四十下配另一宋刻本。十三行,行二十三、二十四字不等,注文双行,行二十八字左右,细黑口,左右双边,双鱼尾,版心题"后汉纪"字。《目录》后有牌记"今求到刘博士《东汉刊误》续此书后印行",又五行书牌"本家今将前后《汉书》精加校正,并写作大字锓板刊行,的无差错。收书英杰,伏望炳察。钱塘王叔边谨咨"。后隔三行题"武夷吴骥仲逸校正"。王叔边盖浙人而开书肆于建阳者。南宋初,福建建阳书坊雕版自淳熙以来比杭州还要发达,因而吸引不少浙籍刻工来此参加雕印工作,不少还开设了书肆,在麻沙、崇化众多的书坊中,王叔边一经堂,也称王叔边宅,就是从杭州迁来的为浙人在建阳开设的一个著名书肆。何焯校本《后汉书》记隆兴二年(1164)麻沙刘仲立本,亦有吴骥题款,可证王叔边《后汉书》确在建阳开雕。此本书体秀媚,字近瘦金体。纸墨版式纯系南宋初建本风格。傅增湘则谓"字体秀劲,与乾道蔡梦弼本《史记》相类,盖闽本之最佳者"①。杨绍和云:"先公得嘉定本班《书》后,尝欲更得范《书》善本以为之偶,而求之数年不遇。咸丰辛亥始获此本于吴门,亦南宋时刊,虽密行细字,视班《书》少异,而昔人所云纸润墨香,秀雅古劲,展卷便有惊人之处者,则同一精绝。且嘉定本范《书》《志》前删去刘宣卿注补本《序》,每卷仍首题宣城章怀衔名,极为何义门所诋,此本固无是也。"(《隅录》卷二)则是本之佳尤足称道。钤有汲古阁毛氏父子、季振宜、徐乾学、周良金诸家印记,又杨氏诸印,都三十余方,可见各家于此之器重。今藏国图。

12.《**后汉书注**》**九十卷**。(刘宋)范晔撰,(唐)李贤注,《**志**》**三十卷**,(晋)司马彪撰,(梁)刘昭注。宋刻元明递修本。《隅录》卷二著录。"四经四史"之宋椠《后汉书》第二部。十行十九字,注文二十五至二十八字,黑口。左右双边。关于此本之初刻,杨绍和云:"《藏书志》又云:卷末有'右奉淳化五年七月二十五日敕重校定刊正'一条,后列'承奉郎守将作监丞直史馆赐绯鱼袋臣孙何、承奉郎守秘书省著作佐郎直集贤院赐绯鱼袋臣赵安仁'二行。此本卷末数页并《志》第十至十九均旧抄补,而标题行款殊不合,当据他刻录入,故无此衔名矣。又《潜研堂集·跋后汉书》云:'此本虽多元大德九年补刊之页,尚是旧刻,于

---

①《藏园群书经眼录》卷3,第194页。

胱、敬、恒、徵字皆阙末笔，而讓、勗却不回避，知系嘉祐以前刊本，较之明本有霄壤之隔矣。'是钱氏亦以此本为北宋椠，因并记之。"淳化乃北宋第二任皇帝宋太宗年号，据讳字，则此本初刻应在北宋第四任皇帝仁宗以前，或据淳化五年刻本翻刻而致，如此，此本就是传世最早的刻本了。其后为元大德及元统年间修补，并明宣德、正统年间续修。《志》十至十九卷配清抄本。绍和又云："昭文张氏《藏书志》载有北宋刊《后汉书》云：'字画清朗，桓字、构字俱不缺笔，板心有大德九年、元统二年补刊字，盖北宋刊版，元代补修之本……'即此本也。但此本尚有注宣德、正统者，自是印时在后，又经明代续修矣。海宁陈氏《缀文》中所跋《后汉书》，亦即此本，特定为元翻宋板，则偶未审耳。盖自大德上溯元初，仅廿余年，若出元刻，不应已有补修也。"（《隅录》卷二）关于是本校刊之精审，陈鳣《跋》是书时，指出"斯可宝五"，所言甚是，文繁不录，可见《隅录》卷二杨绍和题识所引。该书由杨以增所购，钤有杨氏藏印多方。今藏国图。

13.《三国志》六十五卷。（晋）陈寿撰，（刘宋）裴松之注。宋刻本。《隅录》卷二著录。"四经四史"之宋椠"四史"之一。卷二、卷四十至四十一配清影宋抄本。十行十八至十九字，注文双行二十三至二十四字，黑口，四周双边，左栏外有书耳记篇名。宋讳缺笔至"廓""郭"字，知为南宋中叶宁宗时刊本。《中国版刻图录》云："审其字体刀法，知是南宋中叶建本。"① 宋本《三国志》传世者以衢州州学本为多，但亦基本上都是宋元明三朝递修本，今残卷分散于北大图书馆、上图、甘图及宁波天一阁文物保管会等；另有宋咸平国子监刻南宋初补刻本，仅存《吴书》二十卷，藏日本静嘉堂文库；南宋初刻小字本，残存《魏书》卷七至九、卷二十五至三十，现藏国图；南宋绍兴刻本，只存《魏书》三十卷，亦藏国图。南宋绍熙间福建刻本传世者有两部，其一为日本宫内厅书陵部所藏，然缺首三卷；其二是杨氏海源阁所藏，此本为存世最为完整者。傅增湘曾云："各史中唯《三国志》未见宋刊完帙，生平所阅非残缺即入南监补版者。"② 当1931年二月于天津盐业银行见到此本时，他惊叹曰："字体方劲，锋棱峭历，与黄善夫刊《史记》极相类，建本之精者，

---

① 《中国版刻图录》，《叙录》，第39页。

② 《藏园群书经眼录》卷3，第203页。

印本亦清朗。"① 又于《海源阁藏书纪略》中云:"《三国志》宋椠最罕见,此精印尤难得。"周叔弢亦云:"建本,精美,黄纸。"(《隅录》批注)但建本历来为人所诟病的主要原因就是文字校勘上的粗疏,此本亦是喜忧参半。关于此本之优,杨绍和在题识中已经提及,可见第四章校勘一节所引,对于此本校刊上之粗率,程远芬在《跋涵芬楼影印南宋建本〈三国志〉》② 一文中以《三少帝纪》一卷为例,找出明显讹夺之例有数十处之多,仅举几例识之。三页后二行注"樊城被攻","被"误作"破";六页后五行"则其身不正",脱"其"字;八页前七行注"将为臣何","何"误作"向";十页前六行注"师老众疲","老"误作"若";二十二页后五行注"爰有黄气烟煴于堂","气"误作"帝"……程先生共指出三十五条误例,其中各本均不误而宋本独误者十八例,由此亦见此本之讹甚。尽管如此,因其保存最全,刊刻较早,且为海内孤本,亦可宝贵。民国间,张元济就以和此本为同一本的日本藏本为底本影印入《百衲本二十四史》中,就可说明此本之珍。钤有"士钟""秋浦"以及杨氏诸印,知先为苏州汪士钟所藏,道光二十九年杨以增"开府袁江,以重金得之,取配旧藏宋椠《史记》、两《汉》,共成四史"。③ 今藏国图。

(作者单位:聊城大学运河学研究院)

---

① 《藏园群书经眼录》卷3,第203页。

② 《书目季刊》第33卷第1期,台湾"中央图书馆"编,2002年8月。

③ 杨绍和:宋本《三国志》题识,《隅录》卷2,光绪二十年杨保彝刻本。

运河名城淮安与明清小说名著

荀德麟

明清时期是淮安历史上最为鼎盛辉煌的时期，这主要得益于全国漕运指挥中心、漕船制造中心、漕粮转输中心、黄淮运河道治理中心、淮北食盐集散中心五大中心地位的确立。

元代漕粮运输以海运为主。明永乐迁都北京后，确立以内河为主的漕粮运输制度，"乃命武职重臣总理。景泰间，更命都御史同莅其事。……其都御史则兼巡抚，总兵则兼镇守，参将则协同总兵官"。① 都御史、总兵驻节淮安，时称文、武二院。平江伯陈瑄任总兵官总理漕运后，开凿清江浦河，建立漕粮转搬仓，创办清江督造船厂，原本是人烟较少的"闲旷之地"的今清河区、清浦区遂变得热闹非凡，成为"侨民宿贾，巨室鳞次"的通商大埠。②"清江浦"也因此成为这一通埠的名称。万历以后，总理漕运的最高官员是漕运总督，由二品以上大员担任，兼巡抚淮、扬、庐、凤四府及徐、和、滁三州，与其直辖军队漕标同驻淮安。"凡湖广、江西、浙江、江南之粮艘，衔尾而至山阳，经漕督盘查，以次出运河。虽山东、河南粮艘不经此地，亦皆遥禀戒约，故漕政通乎七省，而山阳实咽喉要地也。"③ 淮安成为**全国漕运指挥和管理中心**。

陈瑄所办的清江督造船厂是明清时期最大的内河造船厂，全国绝大部分的漕船在这里打造，此后一直延续 350 多年。船厂下设 4 个大厂，80 多个分厂，总长 23 里，从今韩城沿里运河南岸一直延续到板闸。据席书

---

① （明）杨宏、谢纯《漕运通志》卷 3。
② （清）谈迁《北游录》卷 1。
③ 《重修山阳县志》卷 3。

《漕船志》：从明弘治三年到嘉靖二十三年（1490—1544），清江船厂共造漕船 27332 艘，此外还承造相当数量的远洋海船。① 当时集中在清江的各府工匠约 6000 人，成为**全国漕船制造中心**。

淮安的漕粮转搬仓，称为常盈仓，规模宏大，由户部分司监理。有"廒八十座，共八百间"②，皆"坚基广厚，倍于常制"③，能储存江西、湖广、浙江运送来的漕粮 150 万石。淮安因此成为**全国漕粮转输中心**。

明清时期，淮安府境内有十多处盐场，主管淮北食盐运销的淮北盐运分司和淮北批验盐引所均驻于此。淮盐质量好，产量亦居全国之首，有"天下盐利淮为大"之说。盐务的兴盛带来了淮安的繁荣，大批盐商麇集骈至，从事盐业贸易，修建高台曲榭，豪宅会馆，挥霍消费，促进了淮安经济的繁荣，河下、西坝先后兴起，以惊人的速度成为天下名镇。淮安，成为**淮北食盐集散中心**。

南宋黄河夺泗夺淮以后，淮安成为运河、淮河、黄河的交汇处，是治理黄、淮、运的关键之地。河道总督初设于山东济宁，清康熙十六年（1677）迁至淮安清江浦，雍正以后改为江南河道总督。河道总督由二品以上的大员担任，具体负责运河、黄河、淮河等河道的治理工作，每年南河治河经费 560 万两，决溢额外拨款，多年平均花费国帑不下千万。河道总督的直辖军队河标以及淮扬道等机构也驻于淮安，直接听命于河道总督，参与黄、淮、运河的治理。淮安成为**全国黄淮运河道治理中心**。

位高权重的漕运总督和河道总督的驻节，使淮安城市"俨如省会"；规模宏大的清江船厂和漕粮转搬仓，使得淮安聚集了大量的匠役兵丁；盐商巨贾和过往商船的云集，更为淮安的繁华注入了活力。加之"南船北马""九省通衢"交通枢纽地位，把淮安城市推向鼎盛，从末口到清口五十余里间，有淮城、河下、河北、板闸、钵池、清江浦、王家营、西坝、韩城、杨庄、马头、清口等十多个城镇，"夹岸数十里，街市栉比"，形成以运河为纽带的"城镇链"，使这里的人口聚集度非常高，淮安"三城内外，烟火数十万家"。④ 人口规模居全国名邑大都的前列。

明、清两朝数百年的经营和发展，最终奠定了淮安"运河之都"的

---

① （明）席书《漕船志》卷 3。
② （明）杨宏、谢纯《漕运通志》卷 6。
③ （清）谈迁《北游录》卷 1。
④ 《淮关统志》卷 9 文告。

地位，同时，也为市民文学，特别是小说的繁荣提供了不可多得的温床。

谈到明清小说名著，通常讲《三国演义》《水浒传》《西游记》和《红楼梦》四大名著。如果再加上《金瓶梅》和《儒林外史》就是"六大名著"，这"六大名著"中，可以说有五部与淮安有关。

先讲讲众所周知的《西游记》。《西游记》作者吴承恩（约1500—1582），字汝忠，号射阳山人，祖籍涟水，后迁居淮安，住淮安河下镇打铜巷，出身于一个由书香门第没落为小商人的家庭。他少时聪慧，博涉群籍，"髫龄即以文鸣于淮"。"为诗文下笔立成，清雅流丽，有秦少游之风"。他的文才很早就受到郡守、前辈名公的赏识。与淮安知府陈文烛、嘉靖状元、同乡人沈坤等均过从甚密。他所到之处，慕名而请他撰碑作记者很多，故有"吴碑半天下"之说。可是他的科举仕途却极不顺利，到40多岁才得了个贡生。61岁那年谋得长兴县丞职务，主管粮马、巡捕之事。因为不谙吏道，两年后就拂袖而去。吴承恩自幼对野言稗史就有浓厚的兴趣，在童子社学时，就读了很多这方面的书。"比长，好益甚，闻益奇。迨子既壮，旁求曲致，几贮满胸中矣。"[①]晚年，绝意仕途，一心从事写作。其间，他曾到云台山、海州、陈家港、灌河等处游览考察，在《西游记》中多处出现这些地方的山水景物。他一生经历了孝宗、武宗、世宗、穆宗、神宗等五代，目睹了明朝帝王荒淫无耻、昏庸腐败的社会现实，对当时的黑暗政治极为不满，然而空怀匡世济时之志，却无大展宏图之机。于是，一个曾为几个世纪的人们所不断丰富的题材——西天取经的故事，与他的心境产生了共鸣，促使他把自己的卓越才华和毕生心血倾注到《西游记》的创作中来，以文学为武器与黑暗现实进行抗争。他收集有关取经的各种传说、话本、唱词等，进行艺术加工和再创作，终于著成一部百回本的长篇神怪小说《西游记》。这部空前奇特的大书，是人类追求理想的颂歌，其间"神魔皆有性情，精魅亦通世故"[②]，"幻中有真，乃为传神阿堵"[③]，让人们在会心一笑之余，获得无尽的审美愉悦。

《水浒传》《三国演义》的作者施耐庵、罗贯中，也与淮安有密不可分的关系。明朝初年淮安人王道生为施耐庵作的墓志全文如下：

---

① 《吴承恩诗文集》"禹鼎志序"。

② 鲁迅：《中国小说史略》。

③ 睡乡居士：《二刻拍案惊奇》序。

公讳子安,字耐庵,元末赐进士出身。官钱塘二载,以不合当道权贵,弃官归里,闭门著述,追溯旧闻,郁郁不得志,赍恨以终。公之事略,余虽不得详,可以缕述;公之面目,余不得亲见,仅想望其颜色。死之年七十有五,而余尚垂髫。及长,得识其门人罗贯中于闽,同寓逆旅。夜间秉烛畅谈先生轶事,有可歌可泣者,不禁相与慨然。先生之著作,有《志余》、《三国演义》、《隋唐志传》、《三遂平妖传》、《江湖豪客传》(即《水浒传》)。每成一编,必与门人校对,以正亥鱼,其所得力于弟子罗贯中者为尤多。呜呼!英雄生乱世,或可为用武之秋;志士生乱世,则虽有清河之识,亦不得不赍志以终。此其所以为千古幽人逸士聚一堂,而痛哭流涕者也。先生家淮安,与余墙一间。惜余生太晚,未亲聆教益,每引为恨事。去岁,其后人述元先生,移柩南去,与余流连四月。问其家世,讳不肯道;问其志,则又唏嘘叹惋;问其祖,与罗贯中所述略同。呜呼!国家多事,志士不展所负,以鹰犬奴隶待之,将遁世名高。何况元乱大作,小人当道之时!先生之身可谓不幸矣!而先生虽困顿,而不肯卑躬屈节,启口以求一荐达。遂闭门著书,以延岁月,先生之志可谓纯洁矣(以下剥蚀)。

又据刘怀玉考证:施耐庵的书斋在"淮安西门城内土地祠后",施耐庵死后,就葬在淮安,几十年以后,其孙施述元迁柩南去。施耐庵书斋为三间平房,"窗楞下隔罗贯中的房间","这就是他们师徒二人写作世界名著《水浒传》、《三国演义》和其他一些作品的地方"。①

有的研究者认为,元顺帝至正十三年(1353),白驹场盐民张士诚等十八壮士率灶丁起义,施耐庵欣然应邀入幕。然而张士诚攻取平江(今苏州),自封吴王后,亲信佞臣,疏远忠良,施耐庵几次谏劝,均未被采纳。从此他绝意仕宦,浪迹江湖,曾在江阴祝塘财主徐骐家中坐馆教书数年。此间,与拜他为师的罗贯中一起研究《三国演义》《三遂平妖传》的创作,并收集、整理关于梁山泊宋江等108个英雄人物的故事,为撰写《江湖豪客传》(后改名《水浒传》)作准备。至正二十七年(1367),张士诚被朱元璋所灭,朱元璋到处侦察张士诚的部属,施耐庵避居淮安,住在城内友人家中,依据自己的平生经历与理想,参照龚开(宋、元之际淮阴人)的《宋江三十六人画赞》,潜心创作旷世奇书《水浒传》。明太

---

① 刘怀玉未刊稿《施耐庵与淮安》。

祖洪武三年（1370），书成未久，施耐庵即因病与世长辞，享年 74 岁。数十年后，其孙施文昱将他的遗骨迎回白驹，葬在离家 18 里的落湖（今兴化县新垛乡施家桥村）。①

　　这些记载与研究成果，虽有一定差异，但施耐庵、罗贯中在淮安写作并完成《水浒传》等名著，以及施耐庵死于淮安，葬于淮安，而后迁柩南去，却是共同认定的史实。

　　至于《金瓶梅》，故事所发生的清河县，一种观点认为是山东的临清，还有一种观点认为是淮安府清河县。在江苏淮安的主要理由是：在淮安境内，从南宋至民国初年一直有一个运河重镇清河县。在《金瓶梅》成书时代的淮安府辖有清河县，明清时期为便于区别，亦称之为南清河县。南清河县地当黄、淮、运交汇之处，素称咽喉，乃河漕盐榷驿之枢要，弦管繁嚣、骄奢淫逸之风甚盛，文学史家们似不可不察。

　　再者，山东境内的清河县与《金瓶梅》故事情节不符，而明代淮安府清河县地理状况与小说情节基本吻合。② 在明代，清河县城在小清口，其东南隔淮相望有同属于清河县的淮阴故城码头镇，为里运河入淮处。沿里运河向东南不到十里，有漕河重镇清江浦，再向东南三十里就是淮安府治山阳城，清江浦与山阳城之间，为著名淮安关所在地版闸。由此可知，清河县城、淮阴故城（码头镇）、清江浦、版闸、淮安府城（山阳城）似断还续，近在咫尺，联系十分紧密。据《淮关统志》载：明宣德四年（1429），淮安钞关始设，统管三关二十八分口。到万历六年（1578），钞关虽几经裁革，淮安关仍存，而且在清河城、码头镇均设有收税、查税的卡口机关。

　　这一说法，有广泛的作品实际支撑。第四十七回写扬州员外苗天秀在徐州洪，被仆人苗青联络水贼翁八、陈三打劫，当时三更夜黑，苗天秀被水手陈三利刀刺中脖下，安童被翁八一闷棍打落水中。苗青和水贼"一面在船舱内打开箱笼，取出一应财帛金银，并其缎货衣服，点数均分"。水贼尽把皮箱中一千两金银，并苗员外衣服瓜分，以苗青为受害人手下家

―――――――――

　　① 蔡葵主编《楚汉文化概观》，第 155 页。

　　② 《中国古今地名大辞典》载："宋置清河军，并置县曰清河，故城在今江苏淮阴县东十里大清河口。元河决城圮，迁治于甘罗城，又迁小清河西北。……属江苏淮安府。"《明史·地理志》"清河县"条下："县治滨黄河。……南有淮河，东北与黄河合，谓之清口，旧谓之泗口。自徐州至此者，泗水故道，为黄河所夺者也。南有洪泽湖巡检司，又东有马头镇巡检司。"

仆，让他载着其他货物到市店发卖。苗青另换船载至临清码头上，到清河县城外官店内卸下，发卖货物。但安童落水不死，被一渔翁救起，在"河口"帮渔翁卖鱼时发现了行凶的陈三、翁八，便把二人"告到提刑院"。徐州洪又称百步洪，在今江苏徐州市区，旧志称在"铜山县东南二里"，宋金时期黄河在徐州洪夺泗至淮安府清河县境的清口入海。元初京杭大运河出山东后借夺泗后的黄河一段河道与淮扬运河沟通，所以小说中写渔翁在徐州洪附近救了安童，然后顺流而下，到"河口"卖鱼；而翁八、陈三二人杀人后将"一千两金银，并苗员外衣服"送回扬州，再返回"河口"肆意挥霍，非常吻合明代徐州、淮安府清河县一带地理。而与山东临清南辕北辙。

第四十九回写蔡御史新点两淮巡盐，从京城开封到扬州上任路经清河县，西门庆在"家中定下果品，预备大桌面酒席，打听蔡御史船到。一日，来保打听得他与巡按宋御史船一同京中起身，都行至东昌府地方，使人来家通报。这里西门庆就会夏提刑起身。来保从东昌府船上，就先见了蔡御史，送了下程。然后西门庆与夏提刑出郊五十里，迎接到新河口，地名百家村"。临清在开封东北，扬州暨淮安府清河县在开封东南，而山东东昌府、临清州与扬州、淮安则是一在南一在北，蔡御史上任是由西北而向东南，哪里会绕上加倍的路程呢？说明他所在的清河非山东临清城而为苏北淮安府清河县。另外，新河口即黄河入淮河新口，原在大清口，大清口在元代淤浅后，主航道徙小清口，新河口正是小清口的一个俗称。这是人所共知的事。

另外，《金瓶梅》中有大量的至今仍在使用的淮安方言，据花法荣、姚顺忠考证，有 417 处之多。[①] 可见作者对淮安非常熟悉，应当在淮安有较长时间逗留的经历。

至于《儒林外史》与淮安，不仅因为该书中多处写到淮安的地理风物，更因为《儒林外史》的作者吴敬梓与淮安名士程晋芳个人的莫逆之交。吴敬梓（1701—1754），字敏轩，号文木，安徽全椒人，出身于没落的世家大族，后移家南京。乾隆六年（1741），程晋芳在南京结识了吴敬

---

① 花法荣：《淮安，市民文学的摇篮》，《淮安日报》2006 年 12 月 24 日；花法荣、姚顺忠：《从〈金瓶梅〉看明代淮安的城市繁荣》，《淮安运河文化文集》，中国文史出版社 2008 年版，第 166 页。

梓，便立即邀请吴到淮安他家中做客。是年冬天，吴敬梓即应邀来淮。程家住河下风景秀丽的萧湖中，其住宅为一座漂亮的园林。他们研究诗词歌赋，互相赠答唱和，宾主极为融洽。到了第二年春天，吴敬梓"性不耐久客"，在程家住了几个月便告辞回南京去了。八年后，程晋芳回忆他们这段生活，吟道：

> 寒花无冶姿，贫士无欢颜。
> 嗟嗟吴敬梓，短褐不得完。
> 家世盛华缨，落魄中南迁。
> 偶游淮海间，设帐依空园。
> 嗖嗖窗纸响，喊喊庭树泣。
> 山鬼忽调笑，野妖来说禅。
> 心惊不得寐，归去澄江边。
> 白门三日雨，灶冷囊无钱。
> 逝将乞食去，亦且赁春焉。
> 《外史》纪儒林，刻画何工妍。
> 吾为斯人悲，竟以稗说传。

又过了几年，吴敬梓再次来淮，在程普芳家又住了一段时间。这次来淮，吴敬梓就更加穷困了，来的时候连笔砚都未曾带。据程晋芳后来回忆说："余平生交游，莫贫于敏轩。抵淮访余，检其橐，笔砚都无。余曰：'此吾辈所倚以为生，可暂离耶？'敏轩笑曰：'吾胸中自有笔墨，不烦是也。'其流风余韵，足以掩映一时。"[①] 乾隆十七年（1752）春，程晋芳由淮安去南京应乡试，又与严东有一起拜访吴敬梓，"风雨晨夕，三人往来最密也"（程晋芳语）。他们湖山游览，赋诗取乐，极尽平生之欢。

乾隆十九年（1754）九月，吴敬梓客游扬州。十月，程晋芳也来到扬州，两人又相聚了一次，这也是他们最后一次相聚。这时，程晋芳家因经营盐业不善，已负债如山，见面后的心情很糟糕，相聚数日，程晋芳告别回淮，吴敬梓依依惜别，一直将他送到船上。谁知此别竟是永别，回淮没几天，程晋芳就接到扬州送来的吴敬梓逝世的噩耗。程闻讯后非常悲

---

① 程晋芳：《勉行堂文集》卷6。

伤，作了《哭敏轩》诗三首，并作了《文木先生传》文一篇。这些诗文，早已成为研究吴敬梓与《儒林外史》的十分珍贵的资料。

至于晚清的四大谴责小说之一的《老残游记》，则不仅作者是家住淮安，而且里面的很多场景人事也是写的淮安。不过，晚清长篇小说，已不像明代和清初那样稀罕了，故不再详述。

综上可知，淮安这座市民文化发达的古城，是中国长篇小说的重要发祥地，更是产生中国长篇小说名著的摇篮和温床。

（作者单位：淮安市大运河研究中心）

京杭大运河与明清戏曲

苗　菁

　　明清时期，京杭大运河在社会生活中发挥了其他交通方式所无法替代的巨大作用。这种巨大作用不仅是经济上的，还是政治上及文化上的。而明清时期，也是中国戏曲的繁荣时期。这时的戏曲与京杭大运河，二者必然会发生关联。单从传播的角度看，这种关联可概括为：明清时期，京杭大运河沿岸及临近地区的城市与市镇是中国戏曲各种剧种声腔最主要的吸纳与聚集之地；京杭大运河水道是中国戏曲各种剧种声腔最重要的传播通道。之所以如此，是因为这里有中国戏曲发展中最需要的需求者、欣赏者、研磨者及供养者。这种现象，对明清时期中国戏曲的发展与繁荣曾产生了不可低估的影响。

一

　　中国戏曲发展史上有这样一个规律：当某一地区出现一个新的戏曲声腔，并经过无数艺人不断演出与改进在当地获得成功后，一般都会有走出本地的举动。当然走出本地的第一步是不容易的，它需要有一定机缘，但这是无论如何必须走出的。不如此，则只能是在一个相对狭窄的区域内，或沦为一个地方剧种，或干脆连地方剧种都不是，只能是在农闲时或各种休闲场合下为一个相对固定范围之内的那部分人所欣赏或摆弄的小玩意儿。一般而言，中国戏曲谁能迈出走出本地的第一步，谁就有可能获得更大的发展空间与机会，甚至有可能成为具有全国影响的剧种声腔，这是中国戏曲发展史上无数事例证明了的。

　　一种新的戏曲声腔，当走出产生自己的地区，将向何处去呢？在中国戏曲史上，这是有规律可言的。过去的戏曲界，流传着这样两句话，一句话是："商路即戏路"；一句话是："水路即戏路"。即商贸发达、运输繁忙的道路（水道）及沿线城市与市镇，是最能聚集观众，也是最有经济条件与闲暇时间眷顾戏曲的地方，当然也是进行戏曲演出的最佳去处。而京杭大运河沿岸，在明清时期，是最符合这两句话的地方。

因此，明清时代的各地声腔，因各种机缘，往往都会向京杭大运河沿岸的城市和市镇靠拢与聚集，同时，又借助大运河进行着南北的交流与传播。

明代的四大声腔，无一例外，其聚集、传播，并由此引起的发展、变化及繁荣都曾和京杭大运河有直接或间接的关系。

譬如海盐腔。元末兴起后，它首先在以运河岸边的城市——嘉兴为中心的附近区域传播。明嘉靖时，开始走出这个区域，向外传播。以嘉兴为基点，沿京杭大运河一线的传播是其最重要的传播路径。向西，它沿运河到了湖州；向北，它沿运河到了苏州。[①] 也正是在这时候，海盐腔开始溯京杭大运河继续北上，先到扬州，接着又向北传播。至少在明嘉靖后期，海盐腔就已传到了运河岸边属于山东的城市临清。写成于这段时间反映临清地区生活的小说《金瓶梅》在书中多次提到"海盐子弟搬演戏文"之事。所谓"海盐子弟"，指的就是演唱海盐腔的艺人。在书中，除了两个太监对海盐子弟的演出不感兴趣外，其他人都十分欣赏，这说明，这时海盐腔已经在临清这样一个北方城市扎下了根。还需注意的是，书中又提到，那些唱海盐腔的艺人，都是苏州人。这又说明，传到临清的海盐腔很有可能是从苏州地区溯运河而上来到山东的。与此同时，海盐腔沿运河传到了北京。进一步，海盐腔在整个北方地区开始流传。约在嘉靖三十三年（1554）成书的《丹铅总录》中说："近日多尚海盐南曲……甚者北土亦移而耽之，更数十百年，北曲亦失传矣。"[②] 可见嘉靖时期，海盐腔作为南曲的代表，已在整个中国北方盛行起来。对其盛行，京杭大运河及其沿岸城市有聚集与传播之功。

再如余姚腔。它元末明初形成于余姚一带。关于它的传播路径及流传区域的文献记载相对较少，只在徐渭《南词叙录》中有一条记载："今唱

① （明）徐渭：《南词叙录》，中国戏剧出版社1959年版，第246页。

② （明）杨慎：《丹铅总录》，文渊阁《四库全书》。

家……称余姚腔者，出于会稽（今绍兴），常（州）、润（润州，今镇江）、池（池州）、太（太平，今当涂）、扬（州）、徐（州）用之。"① 徐渭的《南词叙录》成书于嘉靖三十八年（1559）。这条记载说明，明嘉靖后期，余姚腔的传播，实际上是沿着两条路线进行的。一条是从太平（今当涂）到池州一线，这是沿长江一线向西的传播。一条是从常州，到润州（今镇江），继而过长江，到扬州，再到徐州一线，这是沿京杭大运河一线向北的传播。这条记载说明，京杭大运河一线及沿岸的城市曾是余姚腔聚集与传播的一条重要路径。

再如弋阳腔。它元末明初兴起于江西东北部的弋阳。此地向来是闽、浙、赣、皖四地进行经济与文化交流的必经之地，也是江右（江西）商帮的重要来源地。江右商帮外出经商的一条重要路途是从江西湖口顺长江东去，然后转入京杭大运河，或北上北京，或南下江南。弋阳腔向外传播，这是最重要的路径。《笔梦叙》中有一条记载：明万历时，虞邑（今常熟）人钱岱，在致仕归家途中，路过扬州，应扬州税监之请，"往监税署观女乐"；钱岱听后，"姑口誉焉，以其为弋阳腔，心勿悦也"。因不喜欢弋阳腔，虽然嘴上赞誉了几句，但心里却很不高兴。可到了虞邑（常熟）家中，其父龙桥，"命四女子侑酒，曲皆弋阳调"。从扬州到常熟，钱岱所接触的戏曲声腔，都是"弋阳腔"。② 这说明，弋阳腔曾在京杭大运河沿岸的众多城市盛行。正是在京杭大运河沿岸城市聚集与传播的过程中，弋阳腔才能沿京杭大运河一路北上，传到北京。主要描写明万历到天启年间魏忠贤发迹故事的《梼杌闲评》，在书中提到弋阳腔时说："（昆腔）蛮声呔气，甚么好，到是新来的弋腔甚好。"③ 这说明，明万历年间，弋阳腔已传入北京，并开始受到人们的喜爱，但因传入不久，所以人们还说它是"新"的。随后，北京上层社会中，人们也喜欢起弋阳腔来。沈德符《万历野获编》记载："京师……至若京官自政事之外，惟有拜客赴席为日课……若套子宴会但凭小唱，云请面即面，请酒即酒，请汤即汤，弋阳戏数折之后，各拱揖别去。"④ 这说明，当时京城各级官员的宴会应酬中，弋阳腔必不可少。

---

① （明）徐渭：《南词叙录》，中国戏剧出版社 1959 年版，第 242 页。
② （明）佚名：《笔梦录》，《丛书集成续编（214）》，台北：新文丰出版公司，第 402 页。
③ （明）佚名：《梼杌闲评》，人民文学出版社 1983 年版，第 175 页。
④ （明）沈德符：《万历野获编》，文化艺术出版社 1998 年版，第 652 页。

　　再如昆山腔。它元末明初兴起于昆山。明隆庆、万历年间，在苏州一带大盛。当在苏州兴盛之时，它开始向外传播。因昆山处在运河岸边，运河一线是其最重要的传播路径。向北，它传播到无锡、常州、镇江等运河沿岸城市，及常熟、宜兴、太仓、吴江、松江、上海等靠近运河的城市；向南，它传播到嘉兴、湖州、杭州等运河沿岸城市。万历中期后，它越过长江，进入运河沿岸最重要的城市——扬州。其后，扬州出现了大量以演唱昆山腔为主的戏馆，它们集中在城内一条街上，于是扬州有了一条专门街道——"苏唱街"①。与此同时，昆山腔继续顺京杭大运河北上，传到北京。袁中道《游居柿录》中记载，万历三十八年及四十四年，他在北京曾三次观看过昆山腔演出。② 这说明，这时，在北京上层社会中，昆山腔已受到欢迎。从此直到明末，昆山腔在北京越来越受到人们的喜爱。《梼杌闲评》提到北京城中，单是一个"椿树胡同"，就集中了"五十班苏浙腔"，后又说北京城内的职业昆腔班有"数十班"。③ 可见，北京城中昆山腔职业戏班数量众多。祁彪佳《祁忠敏公日记》中记载，崇祯壬申（五年）四月至十二月短短八个月仕宦生活余暇时，他所观昆山腔剧目就达三十部，可见当时北京城昆山腔演出的盛况。④

　　清代重要的戏曲活动与现象，也都和京杭大运河有密切关系。清前期也有所谓"四大声腔"，即"南昆、北弋、东柳、西梆"。这里，"南昆""北弋"是指昆山腔与弋阳腔。只不过，弋阳腔发展到清代，因其在京城中的盛行与发展，已被京城人称为"高腔"或"京腔"。

　　虽兴起于明代，但主要是清前期在全国产生巨大影响的是"东柳"和"西梆"。

　　所谓"东柳"，是在山东形成的一种戏曲声腔，即柳子戏。它形成于明末清初，并很快向外传播开来。在传播时，借着京杭大运河这条水道，柳子戏向南传播到苏州。清乾隆五十年刊印的《燕兰小谱》"郑三官"条下有一附诗："吴下传来补破缸，低低打打柳枝腔。庭槐何与风流种，动

　　① （清）李斗：《扬州画舫录》，扬州广陵刻印出版社1984年版，第117页。
　　② 参见（明）袁中道《游居柿录》，青岛出版社2005年版，第71—121页。
　　③ （明）佚名：《梼杌闲评》，人民文学出版社1983年版，第77—80页。
　　④ 参见（明）祁彪佳《祁忠敏公日记》，《北京图书馆古籍珍本丛刊（20）》，书目文献出版社1995年版。

是人间王大娘。"① 这里，"吴下"指苏州，"柳枝腔"指"柳子戏"，"补破缸"指演出剧目，王大娘指剧中人物。这说明，柳子戏曾传到苏州，并在当地有过深入人心的演出。向北传播到运河岸边的城市临清。在这里，它与当地方言与曲调结合，遗留下最重要的分支"清平吹腔"（又称"吹腔"或"临清吹腔"）。② 随后，顺运河北上，进入北京，并兴盛一时。作于嘉庆初年的小铁笛道人的《日下看花记》自序中说："有明肇始，昆腔洋洋盈耳，而弋阳、梆子、琴、柳（即柳子戏）各腔，南北繁会，笙磬同音，歌咏升平，伶工荟萃，莫盛于京华。"③ 从这条记载中可知，传到北京后的"柳子戏"，曾在嘉庆之前，与昆、梆、弋腔等剧种同时称盛。

所谓"西梆"，是明中期兴起于秦陇（陕西、甘肃）一带的戏曲声腔，人们称之为"梆子腔"或"秦腔"。明清之际，"梆子腔"走出秦陇，到了山西、河南、山东西部及运河沿岸地区，随即抵达北京。至少在清康熙年间，"梆子腔"就已在京城站住了脚。乾隆三十九年（1774），"梆子腔"名旦魏长生进入北京，致力于声腔革新，"梆子腔"更加兴盛。乾隆五十年（1785），清廷下令禁演"梆子腔（秦腔）"。为了生计，魏长生被迫离京沿京杭大运河南下，到扬州演出。随着他的到来，扬州掀起了演唱秦腔的高潮。扬州缙绅对他"演戏一出，赠以千金"④；谢榕生在《扬州画舫录》序中说："到处笙箫，尽唱魏三之句。"⑤ 可见，魏长生的到来，使扬州城的戏曲演出发生了巨大变化。随后，魏长生又沿京杭大运河继续南下，到了苏州。在苏州，魏长生又掀波澜，"乱弹部靡然效之，而昆班子弟，亦有背师而学者，以至渐染骨髓"。⑥ 于是，统治者不得不再次明文规定，苏州、扬州两地禁演秦腔。⑦ 这说明，魏长生沿京杭大运河南下，不仅使从扬州到苏州沿运河一线的城市中，兴起了演唱秦腔的热浪，而且还使当地剧坛上昆曲地位发生了根本动摇。

① （清）杨静亭：《都门纪略》，广陵书社 2003 年版，第 123 页。
② 纪根垠：《柳子戏简史》，中国戏剧出版社 1988 年版，第 107—111 页。
③ （清）小铁笛道人：《日下看花记》，《清代燕都梨园史料（上）》，中国戏曲出版社 1988 年版，第 55 页。
④ （清）李斗：《扬州画舫录》，扬州广陵刻印社 1984 年版，第 126、3、125 页。
⑤ 同上。
⑥ （清）沈起凤：《谐铎》，人民文学出版社 1985 年版，第 175 页。
⑦ 《立翼宿神祠碑记》，《中国戏曲志·江苏卷》，中国 ISBN 中心 1992 年版，第 1000 页。

　　清后期，戏曲史上最重要的事件是京剧的兴起。说到京剧，不能不提到徽班进京。所谓的徽班是以演唱"二黄腔"（或称"二簧腔"）为主的戏班。它兴起于安徽南部。在当地产生较大影响后，和很多地域性剧种声腔一样，徽班也走出了安徽南部。走出之后的一个重要去处便是扬州。李斗的《扬州画舫录》提到"安庆有以二簧调来者"。这条记载说的便是徽班初到扬州时的情况。李斗又说"安庆色艺最优，盖于本地乱弹"。① 这说明，在扬州，徽班的演唱很快就以特色独具、技艺高超胜过其他剧种声腔，也自然引起上层社会的注意。乾隆五十五年（1790），清乾隆帝八十大寿，朝廷命浙江盐务承办皇会。闽浙总督伍拉纳便派遣在扬州影响较大的徽班"三庆班"从京杭大运河顺河而上，进京为皇帝贺寿。关于此事，伍拉纳之子曾记载说："至五十五年，举行万寿，浙江盐务承办皇会。先大人命带三庆班入京。"② 进京后，三庆班很快便以阵容强大、演技出色，赢得北京观众的普遍赞誉。成书于乾隆六十年（1795）的《消寒新咏》说三庆班："今之人又称若部为京都第一。"③ 在这之后，紧接着又有众多徽班沿京杭大运河进入北京。于是，徽班在北京站稳了脚跟，二黄腔成为京城最盛的声腔，并逐渐演变成今天人们所熟知的京剧。不走出安徽南部来到扬州，徽班就不会有进入北京的机会，而没有进入北京的机会，也就不会有后来京剧的产生。徽班进京，正是顺着京杭大运河而来。当徽班在北京唱出名气之后，为了保持艺术水准，其后的艺人也主要来自扬州、苏州两地。因此，徽班往往会到这两地收买伶童，并通过京杭大运河输送到北京。关于此事，《燕京杂记》中有记载："优童大半是苏、扬小民，从粮艘至天津，老优买之，教歌舞以媚人者。"④ 后因太平天国战事，京杭大运河运输中断，才被迫不再在苏州、扬州两地收买，转而到北方挑选伶童。⑤

---

　　① （清）李斗：《扬州画舫录》，扬州广陵刻印出版社 1984 年版，第 125 页。

　　② （清）袁枚：《随园诗话》（下），人民文学出版社 1982 年版，第 859 页。

　　③ （清）铁桥山人等：《消寒新咏》，《京剧历史文献汇编·清代卷》，凤凰出版社 2011 年版，第 134 页。

　　④ （清）佚名：《燕京杂记》，北京古籍出版社 1986 年版，第 128 页。

　　⑤ （清）萝摩庵老人：《怀芳记》，《清代燕都梨园史料》（上），中国戏曲出版社 1988 年版，第 591 页。

二

明清时期，京杭大运河沿岸城市为什么能够成为吸纳各种剧种声腔的重要地方？京杭大运河为什么能够成为各种剧种声腔传播的重要通道？原因是多方面的。根本原因是，明清时期，京杭大运河沿线是当时中国交通最发达、商业活动最活跃、人口也相对集中的地区。这里对戏曲的需求最大、最强烈。在文献记载中，这方面的资料不胜枚举。除这个根本原因外，还有如下三个方面的原因。

首先，明清时期，各地商人纷纷向京杭大运河沿线及沿岸城市与市镇集中，这对各地剧种声腔向其聚集、传播具有促进、带动作用。京杭大运河沿线城市与市镇，是当时各地商人的集中之地，除本地商人外，京杭大运河沿岸的城市与市镇，大部分地方被外来商人所占据。这些外来商人，首推徽商及晋商（山陕商人）。这两个商帮实力最为雄厚，向有"富室之称雄者，江南则推新安，江北则推山右"① 的说法。

明清时期，京杭大运河沿岸的城市与市镇处处有徽商的身影。在杭州，前来的徽商络绎不绝，他们在钱塘江畔弃舟登岸的地方被称为"徽塘"；徽州歙县江村人在杭州聚居的里弄被称作"小江村"。在苏州，徽商垄断了苏州的棉布印染业。明清时期，整个江南地区流传着"无徽不成镇"的谚语。扬州，更是徽商高度聚集的地方。据《新修江都县志》载："扬州……而以徽人之来最早，考其时地当在明中叶。扬州之盛，实徽商开之。"② 扬州为两淮盐业的经营中心，也成为徽州盐商最集中的地方。地处运河咽喉的临清，明代时，"十九皆徽商占籍"。③ 足见徽商在临清势力之大。北京更聚集了大量徽商。明隆庆年间，"歙人辐辏都下，以千万计"。④ 清乾隆年间，徽人在京经商者众多，仅其经营的茶店就有数千家。明万历时编纂的《歙志》中说：徽商涉足的城市"大之而为两京，江、浙、闽、广诸省，次之而苏、松、淮、扬诸府；临清、济宁诸州，仪

---

① （明）谢肇淛：《五杂俎》，《中华野史明朝》，泰山出版社 2000 年版，第 2776、2813 页。
② （民国）陈肇燊：《杂录十五》，《新修江都县志》，民国二十六年刻本。
③ （明）谢肇淛：《五杂俎》，《中华野史明朝》，泰山出版社 2000 年版，第 2776、2813 页。
④ 《续修会馆记序》，《歙县志》，清道光刻本。

真，芜湖诸县，瓜州、景德诸镇"。① 清康熙时编纂的《徽州府志》中也
说："徽之富民尽家于仪扬、苏松、淮安、芜湖、杭湖诸郡，以及江西之
南昌，湖广之汉口，远如北京，亦复挈其家属而去。"② 这些地方志概括
的徽商所涉足的城市，大半在京杭大运河一线。

　　晋商同样喜欢到京杭大运河沿岸城市与市镇经商。在扬州，明清时期
的外籍商人，除徽商外，数量之多，当属山陕商人。明代胡世宁的《边
备十事疏》说："今山陕富民多为中监，徙居淮、扬。"③ 张四维的《送
展玉泉序》中说："蒲之占贾者，唯淮扬为众。"④ 清代徐继畲在《潞盐
当议致王雁汀中垂》中也说山西富户"其买卖在三江两湖者十居八九"。⑤
可见，到扬州经商，已成为山陕商人的首选。与来自其他地域的商帮相
比，山陕商人尤其喜欢在经商之地建立会馆。从现存遗迹看，山陕商人建
立的山陕会馆以京杭大运河沿岸为多。从北京、天津，直到聊城、济宁、
台儿庄、徐州、扬州、镇江、苏州、杭州，大大小小的山陕会馆，在运河
岸边林立，这是山陕商人大量光顾京杭大运河沿岸城市与市镇的最好
证明。

　　各地商帮纷纷来到京杭大运河沿岸，对明清戏曲的传播影响巨大。中
国人普遍有一特点，就是喜欢家乡方言与音乐，尤其是长期客居外地的人
们，这种感受最深。戏曲，是语言与音乐结合的艺术，特别适于人们表达
怀乡恋土之情。因此，在外地久居的商人们，对家乡戏曲始终不能忘怀。
如果让其选择，他们首选的总是家乡戏曲。有一事例能说明这种情况。聊
城山陕会馆中有一戏楼，其后台的南、东、北三壁留有从清道光二十五年
到民国初年的墨迹上百条。这些墨迹是艺人们在后台休息之时，随意涂
画，表达心声的。从墨迹可知，这个戏楼演出的声腔主要是梆子腔。演唱
的戏班既有来自本地的，也有来自泽州、太原等山西境内的。⑥ 其时，梆
子腔出现分化，地方戏曲纷纷产生，京剧也已兴起。即使在这种情况下，

---

　　① （明）张涛：《歙志》卷1，明万历刻本。
　　② （清）赵吉士：《徽州府志》卷2，清康熙刻本。
　　③ （明）陈子龙：《皇明经世文编》卷136，《四库禁毁书丛刊·集部25》，北京出版社
1997年版。
　　④ （明）张四维：《条麓堂集》卷23，明万历刻本。
　　⑤ （明）徐继畲：《松龛全集》，山西人民出版社1986年版，第31页。
　　⑥ 参见王云、李泉《聊城山陕会馆戏楼墨迹及其史料价值》，《文献》2004年第1期，第
236—241页。

山陕商人仍固守着听、演家乡戏的习惯。所以，在一个地方生活一段时间后，商人们往往会有将家乡戏曲带到客居之地的意向。而那些地域性戏曲的艺人有了走出家乡，向外发展的意愿时，其优先考虑到的去向，也应是家乡人聚集最多，并发展最好的地方。如此，京杭大运河沿岸城市与市镇便成了地域性戏曲的艺人或戏班，最先想到的一个去处。无论是明代的弋阳腔，还是清代的梆子腔、二黄腔，之所以纷纷来到京杭大运河沿岸的城市与市镇，和产生这种戏曲的某一地域的商人在这里曾大量聚集、定居及发展有直接的关系。换句话说，为什么不是别的声腔，而是这些声腔来到京杭大运河沿岸城市与市镇，除了其艺术的独特性外，也与某一地域商人们的喜好，以至于借助物力、财力引荐、引入分不开的。

　　其次，明清时期，京杭大运河沿岸城市与市镇是达官贵人、豪商大贾最集中的地方，他们凭借财力，喜欢蓄养家庭戏班，并借此听曲赏戏，或钻研戏曲技艺，这对当时各地区域性剧种声腔的艺人聚集运河沿岸城市与市镇，有很强的吸引作用。明清时期，一些有实力的官员、富商与世家子弟皆有蓄养家庭戏班的嗜好。凡有一定政治势力、经济实力与戏曲爱好的人都可能会蓄养家班。但京杭大运河沿线的城市与市镇，是家班最为兴盛的地方。杨慧玲在《戏曲班社研究：明清家班研究》一书中，详列有明清蓄养家班者一栏表。① 笔者据此表统计，共有 173 人（其中有 8 处是以家族形式记载的，因此，家班的实际数量要多于这个数目）。在这 173 人中，明代有 96 人，清代有 77 人。明代 96 人中，以籍贯与居住地论，属于运河沿岸城市的，计杭州 2 人，嘉兴 8 人，苏州 12 人，无锡 7 人，常熟 5 人，湖州 1 人，常州 2 人，镇江 1 人，扬州 4 人，淮安 1 人，临清 1 人，吴桥 1 人，北京 3 人，共 48 人。临近运河的城市，计绍兴 3 人，海宁 2 人，兰溪 1 人，南京 7 人，上海 5 人，太仓 5 人，南通 2 人，泰州 4 人，共 29 人。明代，运河沿岸及附近城市，蓄养家班者，达到 77 人。其他地区只有 19 人（包括无记载者 3 人）。清代 77 人中，以籍贯及居住地论，属于运河沿岸城市的，计杭州 3 人，嘉兴 1 人，苏州 4 人，无锡 3 人，常熟 2 人，常州 4 人，镇江 2 人，扬州 15 人，淮安 3 人，德州 1 人，沧州 1 人，北京 4 人，共 43 人。临近运河的城市，计海宁 2 人，泰州 5 人，南通 4 人，太仓 2 人，共 13 人。清代，运河沿岸及附近城市，蓄

---

① 参见杨慧玲《戏曲班社研究：明清家班研究》，厦门大学出版社 2006 年版，第 145 页。

养家班者，达到 56 人。其他地区只有 21 人（包括无记载者 5 人）。从这个统计中可以知道，明清时，家班主要集中在京杭大运河沿线及其附近城市与市镇中。

京杭大运河沿岸城市与市镇中的家班，明代主要由官员及富家子弟豢养。清代，雍正、乾隆年间，朝廷一再明文禁止官员蓄养优伶，但不仅像毕沅等高官蓄有家班，就连苏州织造府的计吏刘春池也曾蓄有家班，可见，蓄养家班仍蔚然成风。这时有一特点，以盐商蓄养的家班最为知名。《扬州画舫录》记载，扬州昆腔（曲）最知名的八个戏班是老徐（徐尚志）班、黄元德班、张大安班、汪启源班、程谦德班、洪充实班、江春的德音班与春台班，而这八个戏班都是由扬州著名的盐商蓄养的。[1]

这些家班有共同的特点：其一，实力雄厚，阵容齐整。如申时行家班"为江南称首"。苏州有"上三班"之称，申班居其一。这些家班中，技艺精湛的知名艺人比比皆是。如邹迪光家班中的正生何禽华、旦色潘銮然、小旦何文情都曾擅名一时。江春的德音班，据《花间笑语》卷二记载："皆吴门老集秀部名伶"，有名角色达 30 余人，且行当十分齐整。[2]其二，精研曲艺。如何良俊家班，"蓄家僮习唱，一时优人俱避舍"。[3] 阮大铖家班"讲关目，讲情理，讲筋节，与他班孟浪不同。……故所搬演，本本出色。脚脚出色，出出出色，句句出色，字字出色"。[4] 其三，能吸引各地的艺人。如无锡黄邦礼家班，"遍聘美丽于燕、赵、齐、楚，得十二人，钱塘、维扬得九人，秣陵六院中得十余人"。[5] 为什么会如此？是因为家班比一般职业戏班收入要高，生活也相对稳定。据《扬州画舫录》记载，当时一般"苏州脚色优劣，以戏数多寡为差，有七两三钱、六两四钱、五两二钱、四两八钱、三两六钱之分"，而"内班脚色皆七两三钱"。[6]

最后，明清时期，明清皇帝沿京杭大运河的几次南巡，对明清戏曲在京杭大运河沿岸城市与市镇的聚集与传播也有不容忽视的影响。明清皇帝

---

① 参见（清）李斗《扬州画舫录》，扬州广陵刻印出版社 1984 年版，第 103、117 页。

② （清）熊之垣：《花间笑语》卷 2，清嘉庆刻本。

③ （明）沈德符：《顾曲杂言》，中华书局 1985 年版，第 3 页。

④ （明）张岱：《陶庵梦忆》，中华书局 1985 年版，第 69 页。

⑤ （清）黄印：《锡金识小录》，《中国方志丛书·华中地方·第 426 号》，台北：成文出版社 1966 年版。

⑥ （清）李斗：《扬州画舫录》，扬州广陵刻印出版社 1984 年版，第 103、117 页。

的南巡有三次，一次是明武宗的南巡，一次是清康熙帝的六次南巡，一次是乾隆帝的六次南巡。这几次南巡，都和戏曲发生过关联。

明武宗的南巡，虽然被看作荒淫之举，但对明代京杭大运河一线的戏曲发展也产生过一定影响。首先，他的南巡，不仅使各种戏曲向运河沿岸及附近城市聚集，而且对运河沿岸城市戏曲创作有过影响。如武宗到南京后，曾"迎春于南京，备诸剧戏如宣府"。[①] 北返时，又途经镇江杨一清家，观戏吟曲。其时，剧作家沈龄为杨府门客，立撰《四喜记》。杨一清家班"随撰随习，一夕而成"。[②] 其次，他的南巡，还促成了南北戏曲的交流与传播。北返时，他曾将南京教坊大批乐工带到北京。这些人到北京后，接触、学习了北方戏曲，后来返回南方，将这些北方戏曲也带到南方，并传授给南方艺人们。如乐工顿仁曾随武宗入京，后回南方，"尽传北方遗音，独步东南"。[③]

清康熙帝六次南巡，虽号称节俭，不愿让各级官吏过度招待，但十分喜欢观戏。据《圣祖五幸江南恭录》记载，康熙帝第五次南巡，一进扬州境内，几乎天天有戏相伴。据统计，从扬州到苏州、常州、杭州，再折返回苏州、镇江、扬州、淮安，60天内，康熙帝看过的戏达28场之多。进献者既有各级官吏，也有盐商，还有地方民间乡绅与普通百姓。尤其是盐漕及负责织造的官员，更是进献的主角。这段时间，最常见的日程安排，就是"进宴演戏"，这是《圣祖五幸江南恭录》中出现密度最高的字眼。康熙帝看戏到了痴迷的程度，一次因为下雨，不能演戏，他竟然"命女乐清唱至二更时安歇"。[④] 康熙帝之所以能如次多地看戏，实际上是沿途接待的官员为了博取其欢心精心组织的结果。这说明，康熙帝的南巡，无疑为各种地方戏曲汇集运河沿岸城市与市镇提供了一次重要契机。

乾隆帝的六次南巡，是各种地方戏曲向运河沿岸城市聚集与靠拢的一次最大契机。相对于康熙帝，乾隆帝对戏曲更加嗜好，所以，在其南巡时，无论到何地，都会有各种精心的戏曲安排。从现有文献可知，乾隆帝南巡，只要一出北京，沿途各地迎接都会有戏曲相伴。在乾隆帝的圣谕中

---

① （明）王世贞：《弇山堂别集》，中华书局1985年版，第1234页。

② （清）陈树德等：《安亭志》卷17，清乾隆刻本。

③ （明）沈德符：《顾曲杂言》，中华书局1985年版，第3页。

④ （清）佚名：《圣祖五幸江南恭录》，《丛书集成续编（279）》，台北：新文丰出版公司1988年版，第597—616页。

多次提到此事："朕省方所至，戏台、彩棚、龙舟、灯舫，俱可不必。"①
"此次巡跸所经山东、直隶两省，每日俱有戏台承应，甚或间以排当，殊
属无谓。"② 这些圣谕中，乾隆帝虽都是以反对的口气说的，但也反映了
一个事实，即每次南巡，沿途的城市、市镇，甚至乡村，都会有戏曲相
伴，甚至每天都会有戏曲演出。对于沿途地方官吏来说，乾隆帝的每次南
巡，不仅意味着一次次奢靡而繁杂的迎驾招待，也意味着一次次盛大的戏
曲会演。各地官吏都要精心准备与打造，这对戏曲来说无疑是一种提高。
到了扬州，乾隆帝对戏曲的欣赏便进入高潮。盐务官员和盐商们投其所
好，绞尽脑汁，各逞其能。如用"戏船"导引迎接。如在数十里长的运
河两岸，搭起戏台，奏乐演戏。③ 这就必须准备数量多、特点显著的各种
剧种声腔，也必须动用大量的艺人。因汇集到扬州城的戏曲声腔太多，只
好将其分为"雅部"和"花部"两大类。"雅部"意为高雅、文雅的戏
曲，专指昆腔。"花部"意为花杂不纯的戏曲，泛指除雅部以外的一切地
方戏，如弋阳腔、梆子腔、二黄调等。将来自全国各地的、如此丰富的南
北戏曲聚集一城，除了北京，当时全国没有第二个城市能如此。

乾隆帝的六次南巡，也带动了戏曲的南北交流。优伶入京供奉，无疑
会提高宫廷内的演戏水平。乾隆帝初次南巡，返回京城，就带回了艺人随
驾入宫。《南府之沿革》云："高宗初次巡幸江南，因喜'昆曲'，回銮日，
即带回江南昆班中男女角色多名，使隶入'南府'。谓之'新小班'。"④ 又
王芷章《清升平署志略》载："盖设立之初，原悉用内臣等充演之人，自南
巡以还，因善苏优之技，遂命苏州织造挑选该籍伶工，进京承差。"⑤

三

明清时期，京杭大运河一线及沿岸城市对各地戏曲声腔的吸纳、聚集
与传播，对中国戏曲影响甚巨。

首先，繁荣了京杭大运河沿岸城市与市镇的戏曲活动。明清时期，中

---

① （清）赵之恒：《大清十朝圣训》，北京燕山出版社 1998 年版，第 1501、2597 页。
② 同上。
③ 参见（清）李斗《扬州画舫录》，扬州广陵刻印出版社 1984 年版，第 19 页。
④ （民国）庄清逸：《南府之沿革》，《戏剧丛刊》1932 年第 2 期。
⑤ （民国）王芷章：《清升平署志略》，上海商务印书馆 1937 年版，第 21 页。

国戏曲最精彩的活动，主要集中在运河一线的沿岸城市与市镇。其中，北京、扬州、苏州是重要的三个中心。而这和京杭大运河沿岸城市对戏曲的吸纳、聚集及传播作用是分不开的。在这些城市中，操着南腔北调、身怀绝技的艺人数量惊人。如清初时的苏州，其戏班就十分繁多。焦循《剧说》引《菊庄新话》云："时郡城之优部以千计，最著者惟寒香、凝碧、妙观、雅存诸部。"① 所说"千计"，当然是极言之词，不是实数，但充分说明了其多。这里是各种声腔的聚集地。如扬州，就曾聚集了各种声腔，如昆腔、弋阳腔、梆子腔、罗罗腔、二黄腔等。各种声腔在城市中荟萃，争奇斗艳。而这些声腔聚集时，还不断有新的声腔"冲州撞府"地来到这些城市，往往呈现你方唱罢我登场之势，老的声腔刚刚立住脚，就可能又来了新的声腔。有时可能是各种声腔在打擂台，有时又可能是各种声腔在暗暗地审视对方。当一种声腔受到欢迎了，其他声腔的艺人就会去学习、模仿，悄悄地将对方的声腔融入自己的声腔中，增加对听众的吸引力。为了最大限度地满足人们的需求，有时艺人们会一专多能，能兼演几种声腔。艺人们的演艺也是惊人的。如春台班中的京腔名丑刘八，演《毛把总到任》一出，"当其见经略，为畏缩状；临兵丁，作傲倨状；见属兵升总兵，作欣羡状、妒状、愧耻状；自得开府，作谢恩感激状，归晤同僚，作满足状，述前事，作劳苦状，教兵丁枪箭，作发怒状；揖让时，作失仪状；经略呼，作惊谔错落状，曲曲如绘"。自从聘刘八到春台班以后，原来"止于土音乡谈"的本班小丑起而"效之，风气渐改"，带动了整个表演艺术的提高。② 有时，他们不仅是在比声腔，也在比其他，如"场面"（戏曲里所用各种伴奏乐器的总称）是否齐全，"行头"是否齐整，等等。这就不仅是演员的问题，还涉及音乐与服饰的问题。决定演出的还有戏曲家。因此，京杭大运河沿岸城市与市镇，也是剧作家出现最多，在这里游历最多的地方。在这里，剧作家留下了他们的皇皇剧本巨著，也留下了许多的艺术实践。

其次，促成了某些地域特征鲜明的声腔华丽转身。明清时期各自的所谓"四大声腔"，以及后来的"二黄腔"，从本源上说，都是一种地域性声腔。它们刚进入以北京、扬州、苏州为代表的京杭大运河沿岸城市时，

---

① （清）焦循：《剧说》，古典文学出版社 1957 年版，第 128 页。
② 参见（清）李斗《扬州画舫录》，扬州广陵刻印出版社 1984 年版，第 129 页。

还基本上属于乡土戏。只有走进了这些城市，在和其他戏曲的对比中，通过对其他戏曲的不断吸收与融合；在和其他戏曲的竞争中，通过对自身戏曲的不断打磨与提高，它才能脱颖而出，实现华丽的转身，成为具有广泛影响，甚至独领风骚数百年的大剧种。以京剧为例，一般认为，在徽班进京之前，当时"花部"里所演的剧，并非正经大戏，直到徽班入京，北京才有了唱、做、念、打四者俱全的乱弹大戏。就声腔而言，徽班本身当然有其自身的优势。但是这种优势首先是其到了扬州后才逐渐形成的。如果以演唱"二黄腔"为主的徽班仍然待在安徽南部山区，无论如何是不能实现华丽转身，成为一个大剧种的。它必须走向一个戏曲中心。于是，它来到了京杭大运河岸边最重要的城市——扬州。在这里，经过不断的艺术实践，也经过不断地向其他戏曲声腔的学习，它获得了一次大的提高。这次大的提高的最重要标志，即正是在扬州，它具备了"大戏"的特质。这主要表现在：其一，形成了优美丰富的声腔。扬州是一个各地戏曲的汇集之地，在这样优越的环境下，徽班广泛吸收了各地地方戏曲声腔曲调的精华，使其声腔更加丰富多彩。在这里，徽班吸收了昆曲、吹腔、高拨子等各类声腔，初步建立了自己的声腔系统。这种声腔系统，就其曲调看，既富有高亢激越之特长，又颇具浑厚深沉之特色。不仅强化了声乐的美感，更加强了曲调的表现能力。因此，徽班进入北京后，与平直简寡、高亢激烈的京腔和低回沉闷的昆曲相比，当然会受到北京观众的认可与欢迎。其二，初步具备了丰富的演出剧目。正是来到扬州演出，徽班才有机会借鉴其他声腔的剧目，并把它移植到本声腔中来。所以，徽班进京之时，其演唱不仅有生活小剧目，还有各种大剧目。能够演出大剧目，是衡量一个戏曲声腔是否是"大戏"的重要标准之一。初到北京的徽班，不只是演几个乡土小戏的乡间戏班，而是能连演大戏的宏大戏班，这也是它在京城一亮相，就引起人们关注的一个重要因素。其三，行当齐全，并以武打见长。在扬州，经过艺术实践和吸收其他剧种特长，徽班已能演出各种类型的剧目，有文戏，也有武戏；有唱功戏，也有做功戏；有靠把戏，也有短打戏。其行当已分末、生、小生、外、旦、贴、夫、净、丑九门。而各行当，徽班也都设计出了一套独特的唱腔、道白、身段动作。这说明，在扬州的长期演出中，它已积累了丰富的舞台表演技术与经验，并能总结、提炼，使其技艺不断提高。早期，在安徽南部演出时，徽班就以善演武功见长，但这时的武功，还只是一种杂技式的表演，放在剧目之间，以调剂演出气氛。进入扬州后，徽班并没有将自己的这种特色丢掉，而是把它发扬光大，专门加强、突出了武功戏。同时，又根据人物、情节需要，把一些武打场面作为情节的安排和刻画人物的手段加以使用，于是，使其"剽轻精悍、能扑跌打"的特色得到加强，成了它和其他戏曲相区别的一个标志。其四，初步形成重做功、讲表情的演出特点。在扬州的长期演出中，徽班尤注意做功，讲究表情。如徽班进京之初，有一个隶属春台班名叫米应先的艺人，"刻意求精，家设等身大镜，日夕对影徘徊，自习容止，积劳成疾，往往呕血"。"一日，都老爷（御史）团拜，约米喜子演《战长沙》，出场时用袖子遮脸，走到台前，乍一撒袖，全堂观客，为之起立。都说仿佛真关公显圣一样，所以不觉离座……每登场，声曲臻妙，而神情逼真，辄倾倒其坐，远近无不知有米喜子者。"① 正因为在扬州时徽班已将演出技艺锤炼得如此精当，所以，当它到了北京城，才能够很快技压群芳，脱颖而出。

因此，进入北京城的徽班，并不是一个来自偏僻地域的小戏班，它在扬州经过风雨，见过世面，有过丰富的艺术历练，已初步具备了"大戏"的特点，同时，依然还保存着自己的特色。这样，当它沿着京杭大运河走到京城后，才能很快跻身与昆曲、高腔并列的大戏之列。可以说，来到京杭大运河畔的扬州，是"二黄腔"的第一次华丽转身。因为这第一次，徽班在进入北京时，才有能力与实力和其他大戏同台献艺，相互竞争。而在京城，在吸收、融合其他声腔的艺术实践中，它开始实现"京化"过程。所谓"京化"，就是实现唱腔、念白语音的统一，剧目、剧本、表演形式、音乐及舞台美术等的改革与改造，使艺术水平大大提高，并具有"京都风范"。这应该是徽班的第二次华丽转身。正是这次转身，使之成为具有全国影响的大剧种，并逐渐升华为中国民族艺术的典型代表。

再次，促进了京杭大河沿岸城市及附近地区，某些具有浓郁地域性特征的新剧种的诞生。《中国大百科全书·戏曲曲艺卷》列有《中国戏曲剧种表》一表②，据此表截至 1981 年的统计，其时全国共有戏曲剧种 317种。这些戏曲剧种以清末之前出现的剧种为多，也有不少是民国或新中国

---

① （清）杨懋建：《梦华琐簿》，《京剧历史文献汇编·清代卷》，凤凰出版社 2011 年版，第 501 页。

② 《中国大百科全书》总编辑委员会：《中国大百科全书·戏曲曲艺卷》，中国大百科全书出版社 1983 年版，第 588—605 页。

成立后出现的新剧种。剔除民国或新中国成立后出现的新剧种，单就产生于京杭大运河沿线或附近的相关地区戏曲而言，以笔者统计，共有34种。这能占到1981年所统计的全国戏曲剧种数量的十分之一。从北到南，京杭大运河一线的沿岸城市及附近地区，大都拥有属于自己的地方戏。这些剧种，从产生来说，一般都是外来剧种声腔的本地化。如流行于今天河北与山东交界处的"乱弹"，又称"河北乱弹"，它是明末清初之时，"梆子腔"传到山东、河北运河沿岸及附近地区（今天河北的临西、威县、清河、馆陶，山东的临清、夏津、冠县、聊城）的结果。随着时代的发展，传到这个地区的"梆子腔"又不断吸收来到本地的其他外来戏曲声腔，如昆腔、扬州调（即扬州乱弹）、高腔、罗罗、唢呐二簧和杂曲小调，逐渐形成了既有"梆子腔"的基本声腔调式，又有"诸腔杂陈"的演唱特点，于是一个被称为"乱弹"的新剧种，就这样在这个地域诞生了。

最后，主要流行于今天大名、聊城、菏泽、济宁等地的大弦子戏，是柳子戏、罗子戏本土化的结果。流行于今天沧州、德州等地的哈哈腔，流行于临清的吹腔，是柳子腔影响的结果，在形成和发展过程中，又受到梆子等剧种的影响。流行于今天淮安、连云港、宿迁、盐城、徐州等地的淮海戏，则源于"梆子腔"，并融会徽剧、京剧和柳琴戏后，在清道光年间形成新剧种。流行于徐州及其附近地区的徐州梆子（又称江苏梆子），是"梆子腔"传入当地后，吸收徐州地区的曲艺和民歌小调，与当地方言土语相结合的结果。流行于扬州的扬州乱弹，又称"本地乱弹""扬州梆子""弋阳梆子秧腔"，是"梆子腔""弋阳腔"传入扬州后，与扬州清曲、"土音乡谈"（即本地方言）结合的结果。这些地方戏，从它诞生的源头来看，都和明清时期，尤其是清代，外来剧种声腔在本地区的传播有关。正是外来剧种声腔在运河岸边某一区域传播中的本土化，才会衍生出这些只属于本地区的地方戏。

（作者单位：聊城大学文学院）

游走在大运河上的民间艺术

——以吴桥杂技为考察对象

刘志平

元明清时期的大运河不仅是运输东南漕粮和财富、维系国家统治命脉的重要孔道，也是南北物资、人员、文化等交流的大动脉。在这条穿越今北京、天津、河北、山东、江苏、浙江中国东部重要六省市，沟通海河、黄河、淮河、长江、钱塘江五大水系的千里大运河上，当时，不仅有舳舻相继、满载负荷的漕粮船队和庞大复杂、等级森严的官员兵弁、水手船夫，也有买进卖出、互通有无的商人，驻足游历、访朋会友的文人，求师问学、传经布道的使节等。当然，还有为生活所迫、跑码头谋营生的各类工匠、艺人等。这些工匠和艺人来自社会最底层，受传统观念的影响，地位卑微，遭人歧视。然而，正是他们，为往来于繁忙大运河上的各色人等提供了区别于正统的、某种程度上来说"下里巴人"式的戏剧、曲艺、绘画、音乐等方面的娱乐和服务，助推了这些艺术的发展，也丰富了中国运河文化的内容。杂技就是这样一种民间艺术。

杂技在中国有着悠久的历史。汉唐时期，宫廷杂技兴盛。汉武帝于元封三年（前108），在长安举行声势浩大的"大角抵"来招待外国使臣。[①]唐代更在宫中设置教坊，专事杂技等娱乐活动与艺人的教习和培养。两宋以后，随着市民阶层和市民文艺的兴起，杂技转移到民间，在京师开封、

---

① 司马迁《史记·大宛列传》记载："汉使至安息，安息王令将二万骑迎于东界。……汉使还，而后发使随汉使来观汉广大。……天子大悦。……于是大角抵，出奇戏诸怪物，多聚观者，行赏赐，酒池肉林，令外国客遍观仓库府藏之积，见汉之广大，倾骇之。及加其眩者之工，而角抵奇戏岁增变，甚盛益兴，自此始。"

临安的瓦舍勾栏中大放异彩。到明清时期，受"程朱理学"思想指导下社会等级制度的长期浸润，杂技被视为难登大雅之堂的江湖把戏，杂技艺人被称作"跑江湖耍把戏"的，他们颠沛流离，四处流浪，以跑马卖解为生。大运河的畅通、便捷及其在国家政治、经济、军事、文化中的重要地位，使得沿线城镇经济繁荣、人流密集，吸引了杂技艺人们不断前往和集聚。杂技艺术在运河上绽放出绚丽的光彩。

本文以著名的吴桥杂技为考察对象，试图探讨历史时期大运河的开凿、畅通与杂技发展、兴盛、传播的关系，并以此为引子，进一步思考明清时期运河的畅通与民间艺术繁盛之间的关系。

一

大运河在山东德州四女寺与卫运河、漳卫新河相遇，继而分流，一路蜿蜒北上，经河北吴桥、东光、泊头、沧县、青县，入天津静海、西青、红桥区，至三岔河口这一段，被称为南运河，也称作御河、卫河，长509公里。

南运河最早是在三国时期曹操开挖的白沟基础上形成的。东汉建安九年（204），军阀混战中的曹操为运输军粮，下令开凿白沟，漕船由此可通今卫河上游和当时的黄河下游。不久，又相继开通平虏渠、泉州渠，沟通白沟、瓜水、滹沱河、鲍丘水、濡水等，使河北地区原本并不相通的自然河流连接起来，打通了沟通河北南北的水运干线。隋炀帝大业四年（608），"诏发河北诸郡男女百余万开永济渠，引沁水南达于河，北通涿郡"。①永济渠巧妙利用了沁水、清水、漳水等自然河流以及曹操所开的白沟水系，与通济渠、邗沟、江南河一起构成了一个以洛阳为中心、贯通中国南北的大运河水系。

元代，重新开凿并贯通大运河，南起杭州，北至北京，全长1700多公里，这就是我们所说的京杭大运河。元代建都大都（今北京），与传统的国都长安、洛阳、开封等相比，政治中心向北、向东转移，大运河因之改线东移。运河的北端开凿了通惠河，通惠河以南是北运河、南运河，基本上是对隋代永济渠的重新疏凿和修复。史载："御河，自大名路魏县界

---

① 《隋书·炀帝纪上》。

经元城县泉源乡于村渡，南北约十里，东北流至包家渡，下接馆陶县界三口。御河，上从交河县，下入清池县界。又永济河，自南皮县入清州，今呼为御河也。"① 这屡屡出现的"御河"，就是南运河。

明清两代，大运河走向基本未变，是对元代运河的承袭、整治和完善。但明清时期却是中国大运河发展史上最重要的时期。为了把江南的富庶资源（首当其冲的便是粮食）源源不断地运往北京，保障整个国家的正常运转，先后开凿了会通河、南阳新河、中运河等。山东以北的运河基本未有大动作。"自通州而南至直沽，会卫河入海者，白河也。自临清而北至直沽，会白河入海者，卫河也。"② 卫河者，今临清到天津的这一段运河，即南运河。

综上，从曹操开通的白沟运河和平虏渠，到隋朝的永济渠，再到宋元时期的御河、明清时期的卫河，南运河河道具体位置在各个时期或多或少有些变化，但其大致走向是一脉相承的，具有一定的继承关系。尽管经历了河道迁徙、含沙量高造成的淤积断流、黄河的困扰、降水量不稳定等一系列因素的影响，这条运河仍旧延续了 1800 年，深深哺育、滋润了两岸的土地和人民，浇灌出了丰硕的文化成果。

二

吴桥是南运河出山东、入河北后的第一站。它位于河北省东南部边缘，属沧州地区最南端，东与宁津、陵县毗连，南与德州为邻，西望景县，东接东光，是冀、鲁两省交通咽喉，南运河流域的重要城镇。

南运河经过吴桥，吴桥人称为"条河"。关于这种说法的由来，并没有明确的出处。或许是因为大运河自温暖潮湿的南方而来，一路河道宽阔、水量充沛，但进入山东西南部丘陵地带后，突然变得水源不足、通行困难，入吴桥后更是显得河道弯曲、水流缓慢，如一条细线的原因。吴桥当地有一首歌谣这样唱道："有明驰驿置连窝③，一片粮帆接卫河。雨少怕闻船搁浅，截流又唱纥那歌。"说的是满载粮艘的漕船到了吴桥连窝驿

① 《元史·地理志》。
② 《明史·河渠志》。
③ 即连窝驿。明清时期，吴桥境内有连窝驿，是当时著名的水陆码头。

一带，因为雨量稀少、不能充分补给运河水量，导致漕船不得不搁浅，进而运河截流、纤夫们高喊号子拉纤前行的情形，形象地说明了吴桥一带的运河甚至是比整个南运河的纤细、蜿蜒。

即便如此，同运河沿线的所有城镇一样，运河依然无可争议是它们的母亲河。在运河贯通的那些年代里，吴桥境内的漕运从德州半截碑至连镇火神庙东光界，河程共计 65 里。一旦新漕来临，领运千总便督率各所丁船，根据粮道漕粮派单数字，赴各州县受兑。受兑完竣，即随船北上。受兑和开行时间，定得十分严格，要求冬兑冬开。不论天寒地冻，都不得停歇，如遇河道封冻，则由地方政府组织军民敲打冰凌，以保证漕船按规定时间通过。繁忙的漕运给吴桥带来了无限的生机和活力。仅辖境内的连窝驿，就有 600 多米的水旱码头，"商贾云集、八方通衢、日进斗金"。连窝驿所在地连镇，是东光、吴桥、阜城、交河等 7 县的粮棉油集散中心。农副土特产品船载车运，南销齐鲁、江南，北达京津、东北，各地客户纷纷于此设栈，经销贸易。当年小镇上常住人口有两万人，光从事装卸运输的就有近三千。

三

吴桥是中国乃至世界上首屈一指的杂技之乡，杂技界素有"没有吴桥不成班"的说法。吴桥杂技历史悠长，传承久远。1957 年，吴桥小马厂村发现一座南北朝东魏时期的古墓，墓壁上绘有"蝎子爬""倒立""肚顶""马戏"等杂技表演形象的生动壁画。由此说明，至少在南北朝时期，杂技在吴桥已经出现。至明清时期，运河的畅通、漕运的发达带动了吴桥经济的发展、人口的剧增；境内运河沿岸连窝、安陵等码头、村镇的兴起，给杂技艺人提供了广阔的活动场所，吴桥杂技由此更加兴盛发展起来。

吴桥人耍杂技，无论男女，从蹒跚学步开始；不论场地，从本村本地开始。他们把杂技称为"耍玩艺儿"。当地民谣说："上至九十九，下至才会走，吴桥耍玩艺儿，人人有一手。"说明杂技在当地是相当普及的一种艺术。旧志载：吴桥当地逢年过节，"掌灯三日，放烟火，演杂戏，士女喧阗，官不禁夜"。每当这时，人们就会涌上街头，翻跟斗，叠罗汉，打拳脚，变戏法，热闹欢腾，通宵达旦。

　　吴桥东部与宁津交界处，有一个黄镇。黄镇位于杂技艺人相对集中的南北八寨、沟店铺、范屯乡等村落的中心位置，西临漳卫新河（原黄河故道），河的东大堤下有一条大路直贯村中，村南是官道，北去连镇、沧州、天津，南连陵县、德州、济南，东接宁津、乐陵，西通吴桥、桑园。自明朝万历年间起，至抗日战争胜利前，在前后长达 500 年的时间里，黄镇庙会享有相当的盛名。庙会自旧历九月初五起，历时一个月，且随"逢五排十"的集日，每五天一个高潮，十五日前后是最盛时期。该庙会不仅像一般的庙会祭祀神灵，买卖交易，互通有无，更是杂技行业的行业性庙会。其规模之大、时间之长、范围之广，都是前所未有。庙会会期，方圆百里乃至千里之外的杂技艺人纷纷赶来参加，以至于有了"不赶九月会，不算生意人"的说法。庙会上，艺人们不仅进行各式杂技的表演展示，还有插伙搭班、技艺切磋、拜师收徒、买卖杂技道具等活动，熙熙攘攘，热闹非凡。庙会也吸引了杂技艺人以外的"三教九流""五行八作"各业人等，河北梆子、评剧、哈哈腔等戏曲，西河大鼓、木板书、评书等曲艺，以及"拉洋片的""大偏子戏""扁担戏"等表演说唱艺术，纷纷大显身手。各类艺术相互借鉴，相互交融，促进了吴桥杂技艺术的进一步发展。

　　明清时期的吴桥是千里运河必经的重要城镇，南来北往的人流物流密集。吴桥境内庙宇林立，庵寺错落，至今以庙宇命名的村还有张仙庙、霸天庙、双庙王等不下十个，以寺命名的村有大悟寺、张朝寺、石佛寺等十多个，以庵命名的村也有董家庵、牟家庵、大小马家庵等。这么多的庙宇，必然造就繁多的庙会，成为杂技艺人们施展拳脚的最佳场合。它们以黄镇庙会为代表，给杂技和杂技艺人提供了舞台，促进了杂技艺术的发展，记录了杂技艺术的繁盛。

四

　　吴桥以外，千里运河从南到北，更哺育了一串明珠般的城镇，带动了沿岸的繁荣，这给吴桥杂技提供了更为广袤的空间。出了吴桥，沿着运河北上有泊头、沧州、天津、北京，南下是德州、聊城、济宁、徐州、淮安、扬州、镇江、苏州、杭州等地。吴桥杂技艺人们沿着这条线上下行走、谋生卖艺。一首著名的锣歌是这样唱的："小小铜锣圆悠悠，学套把戏江湖走。南京收了南京去，北京收了北京游。南北二京都不收，条河①两岸度春秋。"生动地表现了吴桥杂技艺人沿着运河跑码头、闯江湖的情景。

锣歌是杂技艺人口口相传的口语艺术，在杂技表演前边敲锣边演说，以吸引观众。吴桥杂技有很多朗朗上口、世代传承的锣歌。"不掏本儿，不误事儿，自制几件家把什儿。农闲走出庄稼地儿，走南闯北耍玩意儿。""宁（宁津）吴二县，鸡毛变蛋，走京串卫，不带盘缠。"这些锣歌，轻松俏皮地道出了吴桥杂技的特点：以农闲时的农民为主体，或父子师徒，或者一家老小，肩挑手推，道具简单，灵活多变。

明清时期，运河沿线的一些大城市中出现了几大著名的民间艺人活动聚集区，如北京的天桥、南京的夫子庙、天津的"三不管"及镇江的"鲶鱼套"等，江湖人称为"杂八地"。在这些地方，到处都留下了吴桥杂技和杂技艺人的身影。曾经被誉为北京"天桥八大怪"之一的程傻子，就是从吴桥沿运河走出去的著名杂技艺人。程傻子又叫程狗熊，因其表演时要当时还比较罕见的狗熊，其熊动作笨拙迟缓，模样憨态可笑，活像一个傻大个，故而得名。除了耍狗熊，程傻子还表演顶碗。大小不等的瓷碗，一层一个，一直能摞十三个，远望过去，就像一座十三层的玲珑宝塔一般，观众无不折服。故而有人作诗："程傻登场不耍熊，十三宝塔耍尤工。要知饭碗熊牢固，第一全凭顶上功。"

在运河沿线表演成功的基础上，有胆有识、身怀绝技的吴桥杂技艺人甚至走出国门，走向世界。清朝末年，吴桥杂技艺人孙凤林、孙凤山兄弟成立了"孙凤林班"，演出不断。1920 年，孙凤山重新组建以吴桥艺人为主体的杂技班——北京班，在欧洲、美洲国家演出多年，声名震动，被誉为"中国北京皇家杂技班"。另一位杰出的吴桥杂技艺人孙福有，被誉为"世界现代马戏杂技之父"，创立了中国马戏史上第一个马戏团——中华国术马戏团，在香港、澳门和南洋等地巡回演出，获得巨大成功和声誉，京剧艺术家梅兰芳称其为"占尽演艺界威风的孙老板"。20 世纪 50 年代，周恩来总理出访西欧十四国，所到之处，华侨中无不有吴桥杂技艺人，周总理由衷赞叹："吴桥真不愧是杂技之乡！"

清朝末年，铁路和海运兴起，漕运废止，整个运河地位下降，南运河

---

① 条河，吴桥当地对运河的称呼。见前述。

繁华不再。但作为山东北部、河北平原南部与京津地区的重要交通通道，还继续承载着一定的运输任务。直到 20 世纪六七十年代后，南运河渐形干涸。现在，吴桥境内的运河已失去运输作用，大多数时候都是干涸的河床，只在一年两次的引黄济津输水期间（一般是 2 月底和 9 月底），能够看到一汪清水北流。

运河不流畅了，杂技艺人的流荡生活也结束了。今天，吴桥杂技艺人们不再走南闯北、漂泊江湖。1993 年，吴桥县兴建了"吴桥杂技大世界"，把杂技艺术作为一项独有的旅游资源加以开发利用，很多身怀绝技的民间艺人被纳入集体组织，在固定的场所、固定的时间进行相对固定的表演。

五

明清时期是中国大运河发展的重要历史时期。国家的政治中心在北方，经济中心却在南方。为维护和巩固国家政权，江南的大批漕粮、财富需要源源不断地运往北方，国家花费巨力开凿并确保大运河这条南北大动脉的畅通。而大运河的畅通，又不仅是打通了漕粮北运的孔道，更带动了沿岸经济的发展、城市的繁荣、文化的兴盛。吴桥杂技在明清时期彻底沦为"民间"艺术的境况下，依然得到了新的发展，很大程度上是因为借了大运河的东风。不仅是吴桥杂技，今日中国号称"杂技之乡"的，有河北沧州、山东聊城、天津武清、江苏盐城、河南周口、湖北天门等，其中一半都在明清时期的大运河流域。

事实上，杂技只是我们选取的一个切入点。以杂技为代表的一大批民间艺术，如戏剧、曲艺、绘画、音乐、雕刻等，尽管曾经被视为低下、不入流之类，但在明清时期却得到了飞速甚至是质变式的发展。究其原因，大运河起了巨大的助推和促进作用。这是因为，艺术需要被欣赏、认可，而欣赏和认可需要有一定数量的人群和一定的经济能力。明清时期运河的畅通，带来了沿线城镇的经济繁荣，人流密集，这些地方有足够数量的、不同阶层的庞大人群，他们有相对富足的经济能力来欣赏、消费各类不同的艺术。杂技、戏剧、曲艺等各类艺人要想获得更好的生存，必须竭尽所能、精益求精发展好自己的艺术。另外，运河的便捷，给了各类艺术和艺人们更多的选择和更广阔的市场。一地的商品可以方便地拿到另一地去销售，一地的艺术也能顺利地到另一地去展演，艺人们不拘泥于时间和地点的限制，他们自由地游走于大运河之上，长年累月地以某种艺术为职业甚至是事业，从而促进所掌握的艺术进一步升华。

（作者单位：淮安市大运河文化研究中心）

"关西大汉"与"十七八女郎"

——东昌府年画与杨柳青年画之比较

刘玉梅

　　我国年画历史悠久，风格多样。每一个地方的年画都有自己的特色。东昌府、杨柳青的年画亦是如此。它们的创作主体、制作工艺、表现题材、年画属性、审美风格、接受群体等方面都有差异，对比这些差异对于认识两地年画与促进两地年画发展都有重要意义。

一　创作主体不同

　　按照马克思的艺术生产理论从生产到产品再到消费的逻辑顺序，东昌府年画与杨柳青年画的第一个差异表现在创作主体上，东昌府年画没有专业或专门的创作主体，杨柳青年画有着专业的创作主体，有的甚至是颇有造诣的职业画家。

　　东昌府年画与杨柳青年画之所以在表现题材、审美风格、接受群体等方面存在差异，原因之一就在于创作主体的不同。各地年画制作工艺不尽相同，不过一般来说制作木版年画的第一步都是在纸上勾勒年画草样，然后把草样图纸贴在木板上进行刻版。虽然刻版、印刷技艺的高低也直接决定着年画的好坏，但是年画草样创作的成功与否对于一张年画是否被人们喜欢有着根本性的决定作用。直接决定年画草样形式和内容的自然是草样的创作者。年画草样的创作主体不但决定着年画的成败，而且决定着年画的题材、审美风格、接受群体等。年画草样的创作不可避免地与创作者的生活环境、人生阅历、知识背景、文化层次等有着直接或间接的关系。东昌府年画与杨柳青年画就分属于两类不同类型的创作主体。

东昌府年画没有专业或专门的创作主体。东昌府年画生产者多是当地及附近农民。受年画生产季节性与销售量的限制，这些年画生产者多是临近年关印制销售年画，其他时间务农。务农是第一职业，年画生产是副业。东昌府年画生产分散、规模小、刻印分家的特点决定了画店没有专门的刻版工人，"画店本身不需长期雇佣刻版工，需要刻版时请来刻版师傅，按刻版数量的多少及难易程度支付工钱"[①]。刻版需要高超的技术，画师创作草图则需要更多的创造性和艺术才能，这是两种不同性质的工作。"受成本影响，年画店画版不会轻易重刻，一块画版往往能用则用，实在不能用再请刻工新刻。"[②] 对于刻工尚且如此，难度更大、技术含量更高的画师，他们就更不能或者不愿去请了。因此，东昌府年画店就是年画的"加工厂"，只负责年画的生产，而不考虑年画新产品的研发，基本靠流传下来的老版生活。这些流传下来的老版能用则用，实在不能用了，才找刻工翻刻了再用。如此，东昌府年画"加工厂"也就不需要专业或专门的创作主体。

与东昌府年画不同，杨柳青年画则有着专门的、专业的创作主体。杨柳青年画不仅拥有历史悠久的年画世家，而且有着很多造诣深厚的画师。首先杨柳青年画拥有历史悠久的年画世家。"据《杨柳青镇志》记载：戴氏先人自明永乐年间，携画艺从江南随漕船北上，至杨柳青经营木版年画。到民国时期，戴廉增敬记画店停业，共传 19 代，历时 500 年。"[③]《杨柳青镇志》还记载：清康熙年间，齐氏自山东迁来杨柳青，以裱画为业，嘉庆十九年（1814），兴办"齐健隆画店"，与"戴廉增画店"齐名。另外还有霍氏从东丰台迁入。这些年画世家有的前后流传几百年、上下传承十几代，他们在年画的创作、生产和销售方面积累了丰富的经验。其次，杨柳青年画还有很多专业的画师。杨柳青画师有着良好的成长环境。杨柳青离北京很近，辽金时北京就是北方的刻印中心，元明清时期，宫廷更是聚集了大批的画家。优秀的画家不断被征召入宫，宫里的画家也会被淘汰出宫。在这样的环境中，杨柳青画师的技艺和画风不可避免地会受到影响。杨柳青画师多是自小就有绘画方面的天赋，又受到专业的教育，并受到一些绘画

---

① 冯骥才主编：《中国木版年画集成·平度东昌府卷》，中华书局 2011 年版，第 293 页。

② 同上。

③ 冯骥才主编：《中国木版年画集成·杨柳青卷》，中华书局 2011 年版，第 14 页。

大师的熏陶，有的甚至还得到直接的指点。如当地画师王宝珍"父为裱画艺人，常为名家裱画，日久得知传统绘画规律。杨柳青多地主富商，钱慧安、沈心海、任伯年、张子祥等名家之作皆为大户人家收藏，王宝珍得从中摹拓，故仿制任伯年之花卉最多，真伪难分"。① 高荫章，幼年入塾学读书，后到杨柳青画店作坊暗习画师出稿作画、画工刷版染脸等技艺，曾进京为慈禧太后传真画像，好收集古今名画。② 此外还有苏州的吴嘉猷，自幼在画店跟随民间艺人学画，曾得到晚清画家张志瀛的赏识并跟他学习用笔使墨、勾线开脸等传统技法。在现存杨柳青年画中，有吴嘉猷绘制的 6 幅作品。上海的钱慧安曾经"卖画于上海豫园"，"不仅擅长古装人物，又能传真画像和画花鸟杂画"。蔡绳吾的《北京岁时记》提到"光绪中，钱慧安至彼（杨柳青）为出新裁，多拟故典及前人诗句，色改淡匀，高古俊逸"。③ 现存钱慧安的年画有二三十幅，没刻印的线描粉本 12 幅，还有一套 12 幅《红楼梦》题材的年画，余者不一一赘述。杨柳青年画的形成和发展与这些年画世家、画师有着直接的关系。

因此，东昌府与杨柳青年画从创作主体方面看存在差异。东昌府年画没有创作，只有制作。东昌府年画没有专业的、专门的画师创作草样，只有刻版工人按照画店老板提供的草样进行刻版。这一方面导致东昌府年画没有发展创新，另一方面也使得东昌府年画最好地保持了原汁原味，真可谓成也萧何败也萧何。与之相反，支撑着杨柳青年画形成和发展的则是传承几百年的年画世家与从小就受到专业绘画教育，受到绘画名家熏陶、指点的画师。"问渠那得清如许，为有源头活水来。"杨柳青年画之所以直到今天仍能保持较好的发展态势，与画师与时俱进，不断创造出满足人们审美需求和市场需要的年画图样有着密不可分的关系。

二　制作工艺不同

中国各地年画的制作工艺有相同之处，但也有很多差异，正是这些差异直接形成了各地年画不同的审美特色。

---

① 王树村：《中国年画发展史》，天津人民美术出版社 2005 年版，第 375 页。
② 同上书，第 370 页。
③ 同上书，第 392 页。

　　东昌府年画的刻版有两种：一种是线版，用来印刷年画的线条；另一种是色版，用来印刷年画的颜色。一种颜色需要一个色版，东昌府年画一般有五种颜色，为了节省成本，一般一块板刻正反两面，如黑线版与紫色版、绿色版与黄色版、大红色版与桃红色版。东昌府年画的印刷是采用套色印刷。为了达到最佳的印刷效果，印刷的先后顺序是不能颠倒的。先印墨线稿，这是套色印刷的关键。其次印紫色版，因为紫色最不洇纸，然后是红、绿两色，最后是黄色。这样印出的年画才工整干净、不跑色、不串色。东昌府年画几乎是全部套色印刷，很少需手绘或其他后期处理，即使偶有需要，也是很简单的一些程序，"有些年画还需经过特殊处理，例如白马中的关公，印完线稿后尚需'开脸'，即用棉花蘸红色涂脸"。① 据现存东昌府年画看，此种处理方法仅此一例。

　　杨柳青年画的前期刻版、印刷和东昌府年画并无不同，但是杨柳青年画并不是全部采用套色印刷，它在套印完成之后，还只是半成品，还需要大量手工彩绘，甚至手工彩绘是全部工艺中的重头戏。根据复杂或细致程度，手工彩绘可以分为粗活、细活和二细活三种。粗活是大面积粉染，又称为"卫抹子"；细活是工笔细描；二细活就是复杂程度处在两者之间的工作。以最常见的仕女娃娃的"粉脸"为例，这道工艺就需要大约15道工序：打粉底、染脸、勾脸、烘脸、罩粉、出相子、点眼睛、开浓眉、开薄眼、蓝头皮、蓝眼睛、点嘴、开嘴、烘嘴、打黑头，而且这些工序必须依次进行，不能颠倒。随着杨柳青年画艺术的发展，近些年杨柳青年画还增加了装裱的工艺。

　　由以上可知东昌府与杨柳青年画在制作工艺方面的区别。简言之，东昌府木版年画几乎全部是套印，杨柳青年画是在套印的基础上再加手工彩绘，这一制作工艺的不同直接影响了两地年画线条和色彩使用的不同，形成两地年画不同的审美风格。

三　表现题材不同

　　除上述两个不同点外，东昌府年画与杨柳青年画在选取表现题材方面也有差异。

---

　　①　冯骥才主编：《中国木版年画集成·平度东昌府卷》，中华书局2011年版，第414页。

综合冯骥才主编的《中国木版年画集成》东昌府卷部分与张宪昌编的《东昌府木版年画》可以发现，现存东昌府年画与画版有百余件，门神画有六七十，神码、家堂类约有二十件，灶君类十七八件，财神类十多件，其他还有一些杂画，如月光、正座观音、南海之神位、太（泰）山、鲁班之位、仓神、大车神、老胡仙、直佛等，有十五六件。东昌府年画百分之九十九的都是各类神像，在这各类神像中，门神和灶君又占了百分之九十。东昌府门神画包括武门神、文门神、童子门神三种，武门神又有秦琼敬德、立刀门神、马上鞭铜、对鞭铜、关羽关胜、燃灯道人赵公明、马超马岱等不同的题材和样式。灶君画有摇钱灶、素灶、富贵满堂、黄牛灶、金钱灶、元宝灶等款式。这些都是富实用性、功能性的年画。东昌府年画中侧重欣赏性的年画很少，只有三幅窗画：一幅《八仙》、一幅人物画和一幅花卉画。

现存的杨柳青木版年画有四百余件，其中戏出年画、历史故事、小说传奇、民间传说类有两百件。这类年画根据舞台戏曲表演的故事情节、神话传说、历史人物等创作。侍女和娃娃画有百件。侍女主要表现古典美人，近代也出现了部分时装人物。娃娃画也是杨柳青年画的主要题材。世俗杂画有百件，包括吉祥图案、山水花卉、生活时事、日历节气画等。门神画8件。

由此可知，杨柳青年画题材更丰富，不过二者各有所长。杨柳青年画以戏出、传说、神话故事、仕女娃娃为主，也有大量的吉祥图案、山水花卉、生活时事、日历节气画。东昌府年画以门神画见长，虽然东昌府版画中也有一些戏出故事，不过这些版画是做扇面用，而不是用作装点节日的年画。其他吉祥图案、山水花卉、生活时事就更少了。二者题材的不同对于两地的民俗、民间信仰、民间生活审美等的研究也有一定意义。

四　年画属性不同

年画的表现题材直接决定了年画的功能、属性，因此东昌府年画与杨柳青年画属性也有不同。从总体上看，东昌府年画的属性是实用物品，杨柳青年画则是实用与审美并重的民间工艺品。

东昌府年画主要是门神、财神、灶神等各类神像，这些神像现在看来是民间艺术，但在当时只是过年必须张贴的符号，祈福、祭祀的道具，发挥的只是实用功能，审美功能是几乎没有的。因此，东昌府年画在当时只能属于实用物品，而不是审美的艺术品，它的审美意义是今人赋予它的。

除少量的门神、财神、灶神等实用性质的年画外，杨柳青年画更多的是艺术性较强的年画，如世俗年画、农事年画、政治年画、教化年画、商业年画、戏曲年画等，这类年画虽然有一定的实用性，但是在当时也应该是属于民间工艺品了。以农事年画、商业年画为例，农事年画中的消寒图、日历如果不追求美观的话，只有时间表完全可以满足实用性，在时间表的基础上还要加上图案，还要把图案与时间表有机地结合起来，这就是审美意识的明确体现。比较晚出的商业年画中月份牌、挂历也是如此，既要满足实用性，又追求美观，因此这些在当时已经是民间艺术品了。杨柳青年画中还有一部分在当时已经是艺术品了，比如一些年节符号性淡薄、装饰性强的风景画、生活画等。概括起来看，杨柳青事实上有三种不同属性的年画：实用性年画、实用与审美并重的年画、审美性年画，实用与审美并重的年画占多数。

因此，从表面看同样都是年画，但不同年画发挥的具体作用是不同的。对于主要发挥符号作用的东昌府年画来说，当一种新的物品——机器印刷的年画出现并可以代替它的时候，它也就走向了寿终正寝，而杨柳青年画由于发挥着审美的作用，所以一直在持续发展着。

五　审美风格不同

东昌府与杨柳青年画题材、工艺的不同直接造成了它们审美风格的不同。据说苏轼的一个幕僚在对比苏词与柳词的不同时指出："柳郎中词，只合十七八女郎，执红牙板，歌'杨柳岸，晓风残月'。学士词，须关西大汉，铜琵琶，铁绰板，唱'大江东去'"。如果说东昌府年画是"关西大汉"，粗犷大气，那么杨柳青年画就是"十七八女郎"，委婉细腻。简言之，东昌府年画粗犷大气、古朴稚拙，有乡土风；杨柳青年画精雅细致、张弛有度，有文人气。

东昌府年画以门神为主，门神造型多威武雄壮，粗犷大气。杨柳青年画多仕女娃娃，古典仕女则端庄温婉，优雅细腻。两地其他种类的年画也各具与之相似的风格，这在某种程度上反映了鲁西和京津两地不同的审美风格。

图 1　《敬德》，（载张宪昌《东昌府木版年画》，第 40 页）

图 2　《双美人图》，（载冯骥才主编《中国木版年画集成·杨柳青卷》上，第 58 页）

　　两地年画审美风格的不同也和它们使用线条、色彩方法的不同直接相关。东昌府年画全部采用套版印刷，没有手工描绘，所有线条都非常明晰，具有鲜明的版画风格。东昌府年画用刀遒劲有力，棱角分明，看似不经意的寥寥几刀，却活灵活现地再现了人物形象。线条简洁，不拘泥形似，大巧若拙。这一点在东昌府门神画的脸部线条和手的动作线条上有着非常鲜明的体现。东昌府年画审美风格的形成和它的用色特点也密不可分。由于套色印刷，东昌府年画用色对比鲜明。一般一幅年画有黑、紫、红、绿、黄几种颜色，一种颜色紧挨另一种颜色，两种颜色之间没有过渡色，也没有过渡地带，这就形成了东昌府年画用色大胆夸张、对比鲜明的特点。对比鲜明的色彩，加上简洁明晰的线条，使得东昌府年画呈现出粗犷大气、古朴稚拙的审美特点。

图 3 《武门神》（载张宪昌《东昌 府木版年画》第 35 页）

图 4 门神（秦琼 尉迟恭）（载冯骥才 主编《中国木版年画集成·杨柳青卷》 上，第 13 页）

　　杨柳青年画审美风格的形成也是和它木版套印加手工描绘的工艺特点分不开的。杨柳青木版年画相对东昌府年画用刀、用线方面少了几分力道和棱角，手工描绘的加入使得杨柳青年画的线条、用色更加细致、圆润。如果说东昌府年画是写意画，那么杨柳青年画就是工笔画，这也可以从人物脸部和手部的刻画表现出来。杨柳青年画人物脸部都是粉面桃腮、唇红齿白，眉毛、睫毛、胡须、头发根根分明，手持物件动作精准，绝不像东昌府年画只是传达大意。另外杨柳青年画色彩的使用也非常细致。杨柳青年画除采用红、黄、绿、蓝、粉等对比强烈的颜色外，还有一些淡蓝、浅绿、浅紫、淡粉等中间色，这使得杨柳青年画用色风格复杂多变，有的对比鲜明，有的用色素雅，甚至近似文人画。圆润细致的线条和准确多变的颜色共同形成了杨柳青年画精雅细致、张弛有度的审美风格。

六　接受群体不同

由于年画生产历史悠久，东昌府和杨柳青两地年画明确的接受群体不容易考察，但是现有资料加合理推理，还是可以表明两地年画接受群体是有所不同的，即东昌府年画的接受群体主要是广大农民和少量市民阶层与文人、官员等，杨柳青年画的接受群体除广大农民外，还有大量的市民阶层与相当一部分的文人、达官贵人、皇亲国戚，甚至宫廷之人等。

从两地画店数量、画店规模和销售范围可以推知，东昌府年画的接受群体要比杨柳青年画的接受群体小。首先从画店数量看，清末民初，东昌府年画鼎盛时期，画店集中的清孝街上有二十余家①；杨柳青年画店历史名店就有八九个，其他杨柳青本地人开的、杨柳青人在外地开的、外地人在杨柳青开的等各种画店从清代到民国加起来 137 个②。从画店规模看，东昌府年画店"每年也需要雇佣帮工，视情况由二三人至几十人不等"③；杨柳青年画店，如戴廉增画店，"最兴盛时期，有家传从艺人员近百人，兼职雇工 200 余人，聘请名画师专事创作画稿，常驻画店画师百人以上"。④ 杨柳青有些大的年画店还在外地开设很多分店，如戴廉增画店曾在北京、东丰台、呼和浩特等地先后开设九处分店。齐健隆也先后在北京、东丰台、沈阳等地开设分店。从销售范围看，东昌府年画"商贩根据销售区域习俗提取所需年画的种类，销售区域遍及鲁中、西、南各县市，以及省外的安徽、河南、辽宁、黑龙江等地区"⑤；杨柳青年画"清乾隆年间，杨柳青镇上十几家较大的画店、作坊，每家都有 50 多个画案子，每年每家至少能印 2000 多件成活。除供应天津市场外，还远销北京、河北、内蒙、东北三省等"⑥。

① 冯骥才主编：《中国木版年画集成·平度东昌府卷》，中华书局 2011 年版，第 427 页。
② 此数据来自冯骥才统计的年画店名称。
③ 冯骥才主编：《中国木版年画集成·平度东昌府卷》，中华书局 2011 年版，第 426 页。
④ 冯骥才主编：《中国木版年画集成·杨柳青卷》，中华书局 2011 年版，第 545 页。
⑤ 冯骥才主编：《中国木版年画集成·平度东昌府卷》，中华书局 2011 年版，第 440 页。
⑥ 冯骥才主编：《中国木版年画集成·杨柳青卷》，中华书局 2011 年版，第 560 页。

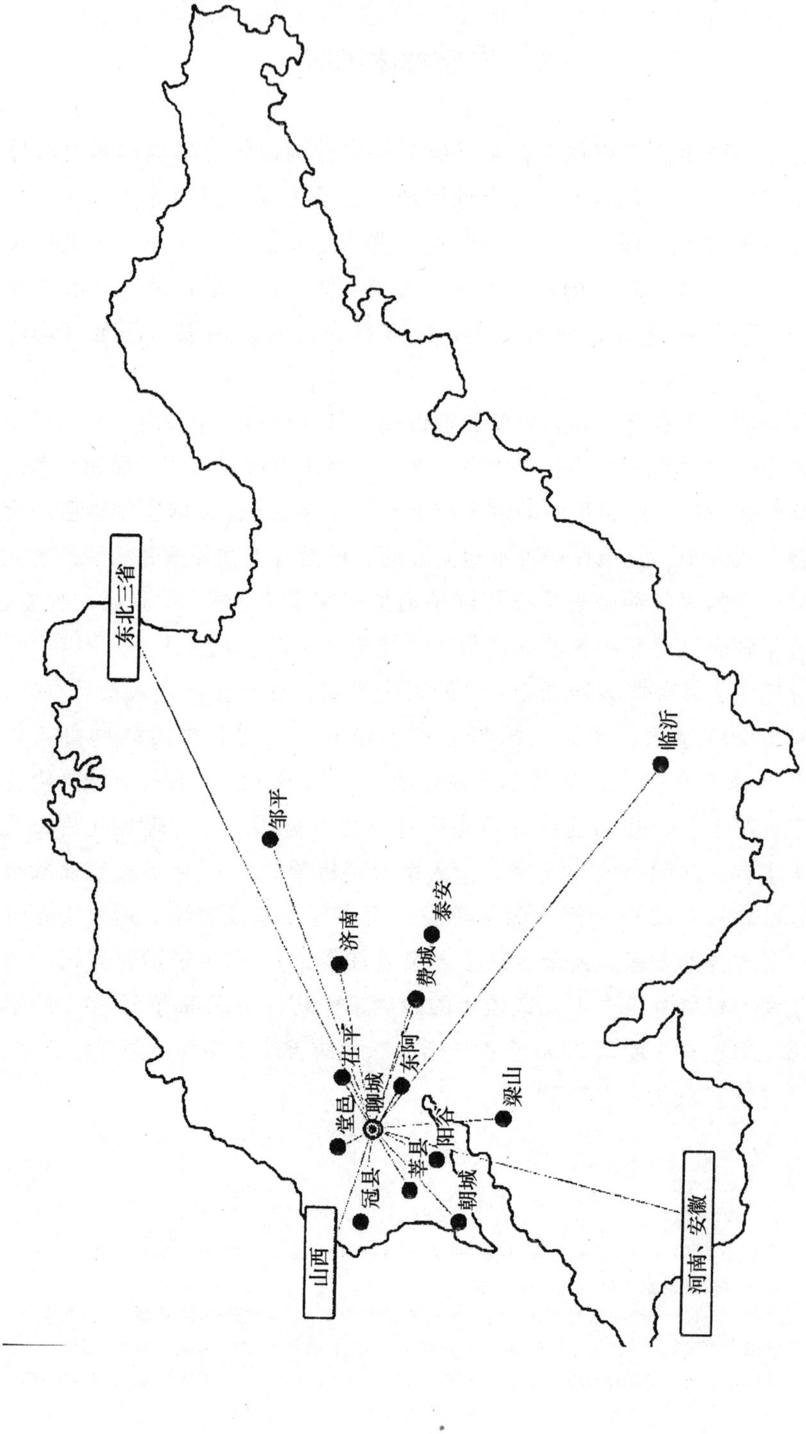

图5 《东昌府年画销售区域分布图》（载冯骥才主编《中国木版年画集成·平度东昌府卷》第440页）

在此情况下，接受东昌府年画的市民、文人与官员，相比杨柳青年画来说就少得多了。杨柳青年画由于靠近京津这一先天的地理位置优势，使得杨柳青年画的接受群体除广大农民外，比东昌府年画多了大量的市民阶层、文人阶层、达官贵人、皇亲国戚等接受群体。"乾隆中期杨柳青木版年画开始打入北京，并独占京华年画市场。"① 这说明北京的年画市场上全部是杨柳青年画。杨柳青年画不但垄断了北京市场，而且还成为贡品，"杨柳青年画中有一种年画叫'贡尖'。'贡尖'一词最早起于清乾隆年间，是'进贡'、'顶尖'的意思。杨柳青年画畅销北京后，逐渐进入皇宫，颇得宫中贵人喜爱，时称'卫画'"。② "戴廉增曾为清宫特制门神画，画面上门神的顶盔贯甲，佩剑悬壶，皆用金箔'堆金沥粉'制作"③，皇家所用自然要与一般平民百姓所用不同，这显然是画店为满足皇家区别身份、地位等不同特意制作的。连皇家都认可的杨柳青年画，自然也会受到王府贵胄、衙门官员的喜爱。除此之外，杨柳青年画还被俄国、德国、法国、美国、奥地利和台湾等国家和地区大量收藏，成为世界文化的宝贵遗产。

总之，东昌府年画与杨柳青年画在接受群体方面也有不同，不论从艺术品的角度看还是从商品的角度看，这种不同都会或多或少地影响年画审美风格的形成。

综上所述，东昌府、杨柳青两地年画在创作主体、制作工艺、表现题材、年画属性、审美风格、接受群体等方面都存在差异。通过比较这些差异，可以对它们有一个更加明晰、深刻的认识，从而发挥其优点，改善其不足，在新形势下，与时俱进，提高自身品质，更好地满足当今人们的生活与审美需求。此外，这些差异背后或许还隐藏着一些问题，笔者才疏学浅权当抛砖引玉吧。

（作者单位：聊城大学运河学研究院）

---

① 冯骥才主编：《中国木版年画集成·杨柳青卷》，中华书局 2011 年版，第 15 页。
② 同上书，第 521 页。
③ 同上书，第 15 页。

临清运河文化论纲

井　扬

京杭大运河是世界上最宏伟的四大古代工程之一，于 2014 年 6 月被联合国教科文组织列入世界遗产名录。它途经北京、天津、河北、山东、浙江、江苏 6 个省级行政区，带动了整个运河区域社会经济的发展，促成了一批运河城市的兴起；同时连接了燕赵文化、齐鲁文化、吴越文化等多个区域文化，营造了新的人文环境和生态环境，形成了独特的运河文化带。

所谓运河文化，就是在运河开凿和通航过程中，沿运河地区长期积淀形成的全部物质文化和精神文化的总和，是一个以时空辐射为演变特征的跨区域、综合性文化系统。运河文化在沿运河各城市有不同程度的积淀和体现，呈现异彩纷呈的特色。明清时期，山东临清因运河漕运而崛起，有"繁华压两京"[①]、"富庶甲齐郡"之誉[②]。临清运河文化丰富多彩、独具特色。本文仅就临清运河文化略作论述，就教于专家。

一　临清是最能体现中国运河文化特点的代表性城市

临清又名清源，地处冀鲁交界处，其地为黄河冲积平原。传说尧舜时期黄河曾经发生大洪水，黄河分裂为九条支河，播散开来流过华北平原。据《尚书》记载，当时"洪水滔天，浩浩怀山襄陵""又北播为九河"。

---

① （清）贺王昌诗《题清源》，高志超主编：《运河名城临清》，山东友谊书社 1995 年版，第 115 页。

② （清）乾隆诗《临清叹》，李印元主编：《王伦起义史料》，齐鲁书社 1995 年版，第 204 页。

卫河约在此时形成。当时与卫河毗邻的漳河、滏阳河等皆为浊流，唯卫河源于苏门山百门泉，水质清澈，故名清河。临清则因近清河得名。这里西汉初始建清渊县，先隶巨鹿郡，后属魏郡。十六国后赵国建平元年（330），改清渊置临清县。"隋唐以来，废置相寻，未为要地。"①

开凿于隋朝的京杭运河，分为江南运河、山阳渎、通济渠、永济渠四段，其中流经临清、德州等地的永济渠便是最早的山东运河。唐大历七年（772），析临清另置永济县。自隋至宋，山东运河仅在鲁西较小的区域穿行，漕运时断时续，鲁西地区经济没有大的发展。元至元二十六年（1289），开会通河，引汶水入卫河，从此会通河与卫运河交汇处的地理形势大为改观，二河所夹之中洲区商业迅速兴起，发展成为一个小市镇，名会通镇。明洪武二年（1369），临清县治迁至会通镇，获取了十分优越的发展条件。尤其是明成祖迁都北京并疏通会通河后，运河漕运能力大为提高。"从徐州至临清几九百里，过浅船约万艘，载约四百石，粮约四百万石，若涉虚然。"② 明成祖便于永乐十三年（1415）罢除了海运，漕粮全由运河运送京城。这使临清的优势更加突出。政府在这里扩建粮仓、建立钞关，政治地位飞速提升，成为"挽漕之咽喉，舟车水陆之冲"③，经济也迅速发展起来。就城市规模与繁华程度而言，明中期到清中期前，临清在沿运河各城市间独领风骚。当代学者唐文基先生认为，"除北京之外，明后期至清前期，华北最繁荣的商业都会是临清"。④

繁荣的经济，孕育了临清别具一格的运河文化，并传承至今。临清运河文化包含了漕运文化、商业文化、古建文化、曲艺文化、宗教文化、文学艺术、民俗风情等多种文化，反映出广博而深厚的文化内涵。其中，临清漕运文化具有鲜明的官文化特点，反映为：朝廷在临清设立户部督储分司管理漕粮储运；设立工部营缮分司管理贡砖烧制及运输，每年征砖上百万块用于皇家宫阙陵寝的修建；设立户部榷税分司，督收运河钞关的税收。同时，运河的畅通，促进了临清商品经济的繁荣，并由此营造出独具

---

① 乾隆五十年《临清直隶州志》卷2"建置志"。

② 何乔远：《名山藏》卷49"河漕记"，《续修四库全书》第425册，上海古籍出版社，第436页。

③ 乾隆十四年《临清州志》，邓希曾序。

④ 唐文基：《16至18世纪中国商业革命和资本主义萌芽》，《中国史研究》2005年第3期，第144页。

风格的商业文化。此外，大运河吸纳古今中外文化精华，融会南北各地的风情民俗、饮食服饰、宗教信仰等，形成了临清独特的运河风情和民俗文化。可以说，临清是最能体现中国运河文化特点的城市之一。

二　临清运河文化的主要内容

（一）海纳百川的商业文化

明清时期，全国性的市场网络体系渐至形成。许檀教授对此有专文论述，认为明清时期形成的城乡市场网络体系可区分为流通枢纽城市、中等商业城镇和农村集市三大层级。其中，流通枢纽城市主要指作为全国性或大区域的流通枢纽的城市，其贸易一般多覆盖数省或十数省，并多为中央一级的税关所在地①。临清就属于这样的全国为数不多的流通枢纽城市，在山东，只有临清一地。

明初，临清就被列入全国 33 个大城市之中。隆庆、万历年间，临清进入商业鼎盛时期，其繁华程度，不仅大大超过与它平级的州城，也超府城，甚至在北方的省城中也十分罕见，成为名闻全国的大都会。万历年间，临清钞关每年所征商税定额达 83000 余两，高居全国八大钞关之首。明代临清是华北最大的纺织品贸易中心；清代转为粮食贸易中心，粮食的年交易量在 500 万石以上，是冀、鲁、豫三省的粮食调剂中心。明清两代，临清的商品来源于南方的湖广、江浙，北方的辽东及附近省份。这些商品及临清本地生产的商品又转销于京师、直隶、河南、山西、陕西、甘肃、湖北、广东、江西、福建、安徽、江苏、浙江及辽东等地，遍及明代 13 个布政司中的 9 个，清代关内 18 个行省中的 14 个以及关外的蒙古、西藏等边疆特区。全国各地的商人商帮都在临清经营，包括徽州商人、山陕商人、江浙商人、辽东商人以及福建、江西等地的商人。临清因为商贾云集而闻名天下，以至于州人李梦阳说"临清以聚贾获名"②。不少外地商人因长期经商定居临清。他们带来了全新的商业文化，对当地民风形成了深远影响，以至于"本地人民逐末者多，力本者少"。③ 在长期的经商

---

① 参见许檀《明清时期城乡市场网络体系的形成及其意义》，《中国社会科学》2000 年第 3 期，第 191 页。

② 李梦阳：《修东岳庙记》，康熙十二年《临清州志》卷 4，艺文。

③ 乾隆五十年《临清直隶州志》卷首，贺王昌序。

活动中，临清各行各业的商家，积累了丰富的经商经验，不少经商谚语、行话和对联等所谓的生意经流传至今，如"未曾入手、先看出手""不怕不卖钱、只怕货不全"等。① 临清人懂经商、善经商，有"临清猴"之称，即是指当时居临清的商人之精明。

（二）内涵丰厚的古建文化

临清作为沿运河的大都会，明清时期几百年的繁华给这块土地留下了众多的古代建筑。这些种类繁多、形式多样的古代建筑，有着丰富的历史内涵和精美的古建筑艺术。其中，临清运河古建筑群（包括运河钞关、舍利塔、鳌头矶、清真北寺、清真东寺五处古建筑）是京杭大运河沿岸重要的文化遗存，是研究明清运河漕运、城市发展、商业贸易、民族融合等宝贵的实证资料。2001 年，这五处古建筑被国务院公布为第五批全国重点文物保护单位。临清古桥、闸主要有戴家湾运河闸、头闸口船闸、二闸口船闸、问津桥、月径桥、会通桥等，均被公布为第六批全国重点文物保护单位。临清元运河是国内仅存并保存较好的元代运河遗迹。

临清历史街区中的街巷布局保留至今，且多以传统工商业为名，如马市街、锅市街、白布巷、竹竿巷等，其名称一直沿用。特别是历史街区中的几十处老房子，如汪家大院、冀家大院、赵家大院、苗家大院等，是临清运河文化的载体之一。历经数百年的风风雨雨，这些老房子得以保存下来，弥足珍贵。它们融建筑艺术、民俗风情于一体，展示着古人政治、经济、文化生活之一斑。此外，临清历史街区还和那蘸着运河水写成的文学名著《金瓶梅》有密切的关系。如《金瓶梅》书中提到的至今未易名、保存比较完整的街巷有白布巷、箍桶巷等；地理位置一致的地名有钞关、广济桥、晏公庙、水月寺、狮子街等，还有一些地名、街名、行业俚语，如香巷、砖厂、校场、帅府等都有迹可查，其民俗风情和方言俚语也可与《金瓶梅》一书相互印证。

（三）绚丽多姿的曲艺文化

明清时期，繁盛的漕运及运河上的众多流动人口，为南北曲艺的交流传播提供了良好条件。临清地处南北水上交通要道，"地居神京之臂，势

---

① 参见黄延峰《临清人的生意经》，《中国商界》1999 年第 8 期，第 55 页。

扼九省之喉，连城则百货萃止，两河则万艘安流"①、"五方走集，四民杂处，商贾辐辏，士女嬉游，故户列珠玑，家陈歌舞。饮食燕乐，极耳目之欢"②。这样的地方，自然成为各种戏曲音乐文化的交融、传播地，也容易诞生出新的曲艺形式。大弦子戏、罗子戏、乱弹等隶属弦索系统的戏曲之兴起，直接与运河文化相关，是商品经济有较大发展的工商业城市孕育而成。正如张庚、郭汉城先生在主编的《中国戏曲通史》中所说："弦索腔向更远的地方流布，则以山东的临清为集散地。乾嘉之际，弦索腔曾南至苏州，北至北京，一度以'东柳'称盛。"③明清之际流行于沿运城镇的演唱形式还有临清时调，是当时许多南北时调传入临清，又不断创作发展的一种新曲调。除此之外，山东快书、临清琴曲、山东大鼓等曲艺形式的产生与传播，无不与临清有着密切的关系。至于京剧形成并风行北京以后，由于临清临近京城，水上交通便利，京剧艺术对临清产生了很大影响，在当时形成了一种懂京剧受人尊重、不懂京剧受人鄙薄的社会风气，其影响流布深远。聊城籍作家韩羽新中国成立前曾多年生活于临清，他写有《戏园景观》一文，对临清当时的"京剧热"有真切的描述。④至今临清市的业余京剧演唱活动十分兴盛，在全国有着较高的知名度，并被文化部命名为"中国京剧之乡"。

（四）中外交汇的宗教文化

明清时期，临清"为挽漕之喉，为萃货之腹，舟车络绎，商贾辐辏"⑤，人流、物流从四面八方汇集于此，这也使它容纳了来自不同地域的宗教文化。如同敦煌一样，临清也是几大文明的交汇处，且各宗教间和谐相处，都有不同的文化遗存。

临清回族人口众多，从元朝起就是回民聚居地。元代诗人吕彦贞《临清即事》诗说："济上繁华地，维舟近酒垆。回民多杂处，商贾自通衢。"⑥明清时期，来此定居的回民不但人数多，而且"文化卓然，人才蔚

---

① 乾隆十四年《临清州志》，于睿明序。
② 康熙十二年《临清州志》，贺王昌序。
③ 张庚、郭汉城：《中国戏曲通史》，中国戏剧出版社 2006 年版，第 774 页。
④ 韩羽：《戏园景观》，《韩羽文集 1》，文化艺术出版社 2007 年版，第 89 页。
⑤ 乾隆十四年《临清州志》，王俊序。
⑥ （元）吕彦贞：《沧浪轩诗集》，影印南京图书馆藏清抄本，《续修四库全书》"集部"，第 1324 册，第 479 页。

起，尤非他教所及"①。回族人中科举者甚多，仅是进士一级便有黑鸣凤、马灿、王廷英、洪梦龄、洪毓琛、马元瑞、马兆瑞等②，其下举人贡生则不胜枚举。当代回族学者杨怀中教授在所著《明清回族进士考略》一书中，考证出明清两代山东回族进士共 40 人，临清有 7 人，占全省六分之一强。临清教门潭腿历史悠久，功法独到，至今传人众多。清朝武状元马兆瑞、闯荡上海滩的武术大师马永贞等都是临清回族武术界的杰出代表。近年来，张庆海、冯洋洋（左）、冯召召等回族武林高手在数届民运会上摘金夺银，为临清争得荣誉。

临清的基督教文明在中国历史上占有重要地位。意大利人鄂多立克于元英宗至治二年（1322）来到中国，沿水路途经临清时，看到一座空闲教堂无人管理，就建议其助手贝纳德留住，贝纳德居此传教并终其一生。据现有资料，他是西方基督教最早在山东传教的教士。18 世纪中期，山东全省天主教属于方济各会。教皇派往北京的首任主教是方济各会的康和之（Bennardin della Chiesa）。他在中国传教 20 年来的大部分时间，都在山东临清行使其职责。天主教会以临清为中心，向东昌、堂邑、茌平、莘县、恩县、武城、嘉祥、德州、平阳、东阿、阳谷等县发展。临清的天主教文化遗存以华美医院旧址及临清一中、针织厂教堂等为代表，从中折射出中西文化交汇的吉光片羽，应大力挖掘、妥为保护。

临清的佛教建筑较著名者有大宁寺，历史悠久，大殿保存基本完好。该寺始建年代无考，明万历、清乾隆年间先后两次重修，同静宁寺、天宁寺、满宁寺并称为临清四大寺。现存有明万历四十七年（1619）《大宁寺稳重长老重修大雄宝殿碑记》等三道碑碣及经幢，碑文中记有昔时"环四周为市廛，金银钱帛、贝玉珠玑堆积如山"的民间商业繁荣景象。《临清州志》《北游录》等文献载有谢榛、朱彝尊、谈迁等人游览该寺的诗文。道教原有"无为观"，昔已拆除，但仍有迹可寻。现存遗迹则以碧霞元君祠为代表。韩羽先生曾著文《碧霞宫庙会》，对新中国成立前临清庙会活动做过生动描述，至今临清的元君祠在周边县市仍有较大影响，是鲁西北最大的道教场所。③

---

① 民国《临清县志》"礼俗志四·宗教"，1935 年刊本。
② 详见杨大业《明清回族进士考略（三）》，《回族研究》2005 年第 3 期，第 81—82 页。
③ 参见韩羽《碧霞宫庙会》，《韩羽文集 1》，文化艺术出版社 2007 年版，第 147 页。

（五）丰富多彩的民俗文化

运河民俗作为因运河的沟通和漕运而由民众所创造传承的文化，是包容百川的文化体系。大运河把杭州、南京、北京等几大文化中心连为一体，融汇南北各地风情、饮食服饰、宗教信仰等，在漫长的积淀塑造过程中形成了独特的运河民俗文化。临清的运河民俗文化，与其他沿运城市一样，有着广深的内容。有相同点，也有独特之处。比如，运河区域城乡居民有着大致相同的节日习俗，各地的饮食习俗也因运河而广泛交融；甚至在行业语言中，都流行着南北各地商人共同熟悉的江湖式的切口。举凡称谓、建筑、起居饮食、家具衣饰、动物、器械、人体、身份职业、行业、数目、姓氏乃至天文地理等方面，都广泛使用暗语或特定的手势，成了颇具特色的运河商帮习俗。

值得一提的是，物产中的特种动物狮猫发源于临清。临清狮猫系由阿拉伯、波斯等地商人带来的波斯猫与当地猫和早时传入临清的南亚猫杂交形成的狮猫新品种。其品种从毛色上区分，有黑、白和花三种；从眼睛颜色上区分，则有双黄眼、双蓝眼和一蓝一黄异眼。尤以一蓝一黄异眼品种最为珍贵，俗称"鸳鸯眼"。白色品种中的"雪狮子""雪里送炭""鞭打绣球""落雪"及黑色品种中的"墨狮子"，均系临清狮猫中的名品。中国古典名著《金瓶梅》中描写潘金莲喂养雪狮猫，即为现今的狮猫名品雪狮子。如今，临清市许多家庭仍喜欢饲养狮猫。

临清的饮食文化以清真饮食最为知名，有清真"八大碗""九大碗"菜品。"八大碗"即烧肉、炖肉、松花羊肉、黄焖肉、肉杂拌、清氽丸子、圈巧阁、黄焖鸡，用于喜事；"九大碗"是在"八大碗"的基础上去掉一个"肉杂拌"，添加"羊尾烩海带"和"烩全羊"，用于白事。临清小吃品种达几十种，各具特色，且已深入人心。比如，一件事情头绪繁多难以厘清时，临清人便会脱口而出："真是王四辈的牛肉——有个烂（乱）劲儿。"若说一件事一个人不好琢磨时，则说："御史巷的锅饼——吃不透。"临清汤远近闻名，可因作料不同而配制出若干种，能达到百汤百味，余味无穷。有人称"到临清不喝汤，枉自费力跑一趟"，"临清汤喝一口，真是不想走"。临清汤的代表之作包括天花烩鸽蛋汤、萝卜鱼汤、鸡血豆腐汤、奶汤萝卜、醋浇汤、匣鱼汤（由吃剩的整副鱼骨熬制）等。

除此之外，源出临清的棋类游戏"拿王伦"也是值得挖掘的民俗文化。清乾隆三十九年（1774）八月，鲁西爆发了王伦领导的农民起义。起义在临清被镇压后，清政府挖空心思、别出心裁地创制出一种棋类游戏"拿王伦"，并推行全国。游戏用20个小棋子围攻一个叫"王伦"的大棋子，最后把它围攻到预设的陷阱——"临清"结局。"拿王伦"的创制反映了乾隆皇帝寓"教化"于游戏中的良苦用心。"拿王伦"在山东各地曾非常流行，但在鲁西北临清一带，"拿王伦"的下法和棋盘却别具一格。临清是王伦牺牲地，棋盘结构即是临清城街道布局的缩影。而且还有其他名称，如九连棋、担担子、倒高粱茬、憋死牛、五棋等。棋盘的半圆部分表示临清的土城，矩形部分表示临清的砖城。弧形线和矩形的边线表示临清土城和砖城的城墙。半圆部分内的菱形表示王伦牺牲处的汪家宅院。汪家大宅系清康熙年间原任河南巡抚汪灏旧宅，时由其曾孙汪继烈居住。总之，临清的民俗文化是一笔宝贵财富，值得认真研究并发扬光大。

三　结语

临清运河文化的特征有开放性、包容性、创新性等特质，但其首先是一种重商的文化。临清人商业意识较强，与运河文化有着很深的渊源。在临清古城区走上几趟，品味那些以传统工商业命名的街巷，感受古老浓郁的商业气息，会让我们发思古之幽情。这种重商喜商的基因在如今的临清人身上随处可见。目前，临清是冀鲁交界处重要的商贸中心城市，烟店轴承市场、义乌商贸城、新华建材市场等八大专业批发市场辐射周边。明清时期，临清商业的繁盛，带动了这里手工业的繁荣。明代小说《三言二拍》中提到的临清帕、清代的临清哈达业等就是突出代表。如今临清工业经济仍然传承着当年手工业的基因。轴承加工、棉纺织和农机制造等特色产业，大部分企业都是从小手工作坊起家的。临清工业门类齐全，规模企业量多质优，与这种基因的影响有很大关系。

京杭大运河，是一条见证了中国两千多年文明史的历史长河，是一部展示中华民族优秀传统文化的"百科全书"。临清作为最具代表性的城市，其运河文化积淀之丰富，曾被明清史专家称为"天然的明清文化博物馆"。随着运河申遗成功，临清市将迎来良好的发展机遇。保护好现有的古迹遗存，整理、挖掘运河文化内涵，积极打造运河名城品牌，临清必将成为运河沿岸的一颗璀璨明珠。

（本文写作修改过程中，蒙山东大学历史文化学院晁中辰教授、聊城大学历史文化与旅游学院赵树好教授指点教正，特此致谢！）

（作者单位：临清市财政局）

明代宦官与运河重镇临清

王 云

在中国历史上，汉朝、唐朝和明朝是社会发展的三个高峰，然而巧合的是，这三个王朝恰恰也是宦官专权的三个高峰。已有的研究成果表明，汉唐两朝宦官专权的突出特点是口含天宪、废立天子、把持朝政、权势熏天。明朝宦官的弄权则更多地表现为用事持久、干预深广，为祸范围远远超出宫廷和中央，涉及帝国的政治、经济、军事、外交等各个重要领域。

京杭运河是明王朝的政治经济命脉，明代的宦官势力也严重地渗透到这一领域。本文庋集正史、方志、实录、文集及碑刻资料，对明代宦官在运河重镇临清的活动及其影响作一探讨，以期能对明代宦官研究的进一步深化有所助益。

一

临清位于山东西北部，北界直隶，西接河南。又扼据运河与卫河的交汇之处，这一特殊的地理位置使之在明代得以借运河流通之便发展成为"挽漕之咽喉，舟车水陆之冲"① 的运河重镇。

临清之名始见于后赵②，是因临近清河而得名的。北魏曾设临清县，在卫河以西。后或设或废，几经迁徙，至南宋建炎年间因避水患迁至曹仁

---

① 乾隆《临清州志》序。
② 康熙《临清县志》卷1《建置》："后赵建平元年，改清渊县为临清县，隶建兴郡，州名始此。"临清之名亦见于《水经注》。

镇（今临清城南 4 公里处）①，地处僻远，故"无商业之可言"②。元开会通河，引汶水通于卫运河，从此会通河与卫运河交汇处的地理形势大为改观，二河所夹之中洲一下子成了风水宝地，商人纷纷前来贸易，民户大量到此定居，很快形成一个小市镇，因依会通河而建，故名会通镇（今临清市），隶属临清县。洪武二年（1369）将临清县治迁到了会通镇，永乐年间，随着京杭大运河全线贯通，政府在这里扩建粮仓、建立钞关，临清的政治地位飞速提升，经济也迅速繁荣了起来。弘治二年（1489）临清由县升格为州。古人评论临清的重要地位说："实南北之要冲，京师之门户，舟车所至，外连三边，士大夫有事于朝，内出而外入者，道所必由。""边城依阜，百肆堵安，两水交渠，千樯云集。关察五方之客，闸通七省之漕。……乃南北之襟喉，舟车之都会也。"③

为了保障京师经济供应和国家稳定，明朝在南直隶（今江苏、安徽）、浙江、江西、湖广（今湖南、湖北）、山东、河南征收漕粮，为便于储存和转运，政府在运河沿线的重要城镇设置了淮安、徐州、临清、德州、通州等几个国家级水次仓。"临清仓储河南、山东粟，亦以输北平"④。临清的大型粮仓，最早出现于洪武初年，主要用于储备军粮⑤。洪武二十八年（1395）诸王练兵临清，临清仓储粮 16 万石，以供军需⑥。会通河全线贯通后，临清又成为国家级漕仓所在地和重要的漕粮中转地。

临清共建有三座水次仓，即广积仓、临清仓、常盈仓。广积仓和临清仓俗称大仓，"寄留备缓急之虞，补缺够京通之数，时给续挽牵之食"，是储存北运漕粮的粮仓；常盈仓俗称小仓，"乃有司卫所官吏军旗暨养济月粮米也"，是供应地方官吏月俸的粮仓⑦。三仓相连，建于运河东岸。仓院内每 10 间库房连在一起，称为"一连"，大仓共有 81 连，小仓亦有

---

① 《大明一统志》："洪武二年，迁治县北八里临清闸"，《明史·地理志》也说临清"旧治在南"。可见明代以前的曹仁镇在今临清市南 4 公里处。

② 民国《临清县志》8《经济志》。

③ 乾隆《临清州志》卷 2《建置》。

④ 《明史》卷 79《食货志三》。

⑤ 《明太祖实录》洪武六年十二月记有在临清建仓之事。而《明史·食货三》说此仓建于洪武三年。又康熙十二年《临清州志》卷 1《公署》："水次仓在中洲，明洪武间创，即旧县预备仓。"《四库全书·集部别集类》载《抑庵文集》也说"临清仓自洪武间建"。

⑥ 《明太祖实录》洪武二十四年五月。

⑦ 康熙十二年《临清州志》。乾隆十四年《临清州志·序》说："永乐以来迄我朝，临清置三仓，岁受山东河南之粟，以节漕力。"

20 连。每连都有编号，如博、厚、高、明、悠、久、智、仁、圣、义、中、和等。宣德四年临清仓又得到大规模扩建，可容 300 万石漕粮①，当时全国漕粮定额 400 万石，而临清仓储能力为其四分之三。

随着国家级粮仓的建立和扩大，宦官势力开始出现在临清。明代中央政府在运河沿线设置的漕仓，最初由户部管理，如永乐年间在临清设户部督储分司，"督理仓务"。宣德末年，京、通各仓设中官为监督，后其他各仓仿行。《明史·职官志》云："各仓、各场具设监督太监。"起初，监督仓场中官"止数人，正德中增至五十五人"②。《六典通考》记曰"诸仓初不设中官，宣德末京通二仓始置总督中官一人，后淮、徐、临、德诸仓亦置监督，漕挽军民被其害"③。正统元年（1436）正式谕令太监李德提督京通仓并马牛羊草场，甚至连徐州、临清、淮安诸仓都受其节制。正统十年（1445）再命"户部右侍郎张睿、内官阮忠等巡视提督在京及通州，直抵临清、徐州、淮安仓粮并在京象马牛羊房屋仓场粮草"④。

临清的漕仓级别高、规模大，地位重要，因而前来监督仓场的宦官也多，仅天顺年间，就有崔纪、潘真、王保、张伦、张弼、邢安等坐镇督仓⑤。成化初年，监仓宦官数量不断增多，"贪缘滋多，所居号中瑞馆，请置印记，漕挽军民横被索求，不堪其扰，临清、徐州、淮安诸仓……纷扰尤甚"⑥。成化十三年（1477）巡按山东监察御史梁泽上书称"德州、临清各有水次仓，每岁户部委属官监督出纳，其事体无异，而临清独增设内官二员，故各州县输纳皆愿于德州而不愿于临清，乞为裁革，庶民不被扰"⑦，但建议被宪宗皇帝否决。

监督仓场的宦官往往滥用职权，滋事扰民。成化年间王璠任户部主事督临清仓储，"同事中贵剥克万状，酷流诸郡，公力与之诤，期月间缚奸

---

① 《明史》卷 79《食货三》："宣德中增造临清仓，容三百万石。"

② 《明史》卷 194《孙交传》。

③ 阎镇珩：《六典通考》卷 79《委积考·历代委积》，清光绪刻本。

④ 《明英宗实录》卷 133，正统十年九月丁酉条，台湾"中央研究院"历史语言研究所 1963 年校印本。

⑤ 乾隆《临清州志》卷 8《秩官上》。

⑥ 邓元锡：《皇明书》卷 10《世宗肃皇帝帝纪》，明万历刻本。

⑦ 《明宪宗实录》卷 171，成化十三年冬十月乙卯条，台湾"中央研究院"历史语言研究所 1963 年校印本。

胥辈二十余人，皆置于法"①；河南人宋明奉命主持临清仓储，此时在临清监仓的宦官横暴无状，宋明不畏阉宦，力矫弊政，一时人心大快。《河南通志》载："监储中官某恣横，（宋）明裁以法，宿弊顿革。"② 弘治年间，李源任户部主事，"差监临清仓储"，《闽中理学渊源考》记述李源监临清仓时受宦官侵害的情况所说："仓故置中贵一人董视之，中贵人数治酒馔为好会，（李）源每会举杯濡唇而已。中贵人恚不得恣所欲，则拘兵备赵副使侵挠仓事，扰吏徒。"③ 万历时户部主事何藻监临清仓务，"仓内用旧斛，年久失旧制，藻念民困已极，为请更新斛以便民，时中使督催山东四省粮饷按临清，藻抗礼不少逊，中使衔之，飞章劾藻，匿新斛用旧斛，就逮诏狱，及中使以贿败得脱"④，在正直户部官员与监仓中官的斗争中，最高统治者往往听信亲近宦官的一面之词，对朝臣进行打压。

明朝中后期由于皇帝对财富的渴求，导致对宦官的信赖和倚重，致使监仓太监藐视国法，飞扬跋扈。对此，朝廷内外的有识之士不断地上疏请求裁撤中官。成化二十三年（1487）在诸多大臣要求裁撤监仓宦官的压力下，朝廷命"京通二仓，并淮安、徐州、临清水次各仓场内官原设者存留，添设者取回"⑤。但因没有贯彻实行，监仓宦官有增无减。正德六年（1511）巡按山东御史陆芸奏临清、广积二仓添设内臣数多，请求裁减，户部议"冗员不止临清，京仓总监督凡四十一人，公庭坐不能容，至分班轮日，通仓及淮、徐水次亦不减……诏留蔡用等二十人，梁义等二十五人俱取回"⑥，其数仍不少。正德九年（1514）巡按山东御史李玑又奏"临清仓场粮料原设主事收管，其后间设内臣监督，或增置不过二员，顷年监督增至九员，多方射利，贻害颇众，乞裁革止留二员，庶官不烦而民不扰"，结果是"户部覆奏不听"⑦。正德十年（1515）巡按直隶监察御史陈言疏称"通仓近设添内员十一员，供役繁多，事常掣肘，乞将额外者取回"，户部议"如所请，且言京仓并临清、徐州、淮安等处俱有赘

① 邵宝：《容春堂集》续集卷13《墓表》，清文渊阁《四库全书》本。

② 康熙《河南通志》卷58。

③ 李清馥：《闽中理学渊源考》卷65。

④ 陈澧：（光绪）《香山县志》卷13《列传》，清光绪刻本。

⑤ 张学颜：《万历会计录》卷36《仓场》，明万历刻本。

⑥ 《明武宗实录》卷75，正德六年五月丁丑条，台湾"中央研究院"历史语言研究所1963年校印本。

⑦ 同上。

员，宜通查革。得旨，各官已用者姑令供旨，以后京通总督仍依旧规二员，监督临、徐、淮安三员，永为定例，中间有擅举者重治不贷"①。嘉靖初，孙交为户部尚书，以监督仓场中官为数太多，"请尽去之，并临清、淮、徐诸仓一切勿遣。帝罢撤其半，余仍如故"。直到嘉靖十四年（1535）因提督京通仓场太监王奉、季慎相互揭露对方贪渎舞弊行为，户科给事中管怀理上言："仓场钱粮实皆户部职掌，顷者添用内臣，惟肆贪赇，于国计无裨，请将二官裁革，其余督理内外各仓场内臣如吕瑄等七员一并取回"②，嘉靖皇帝采纳了他的建议，撤销了监督仓场的中官，至此才彻底结束了明代宦官一百余年的监仓历史。但好景不长，万历时期宦官对国家钞关的渗透又逐渐加深，其弊更甚仓储。

二

明朝建立后，便设置榷关征收商税。关于设置运河钞关的缘起，《明宣宗实录》卷 107 记，洪武时设广济、长淮二关于淮河沿线，而会通河疏通后，"商船多自淮安、清河经济宁、临清赴北京，而二关商船遂少，税亦不多"，运河成为南北最重要的商路，榷关自然应移到运河沿线。《续文献通考》卷 18"宣宗宣德四年始设钞关及收钞官"条称："时以钞法不通，由商居货不税，与市肆鬻贩者阻挠所致，乃于京省凡三十三府州县商贾凑集地市镇店肆门摊税课，增旧凡五倍……舟船受雇装载者计所载料多寡路远近纳钞。于是有漷县、济宁、徐州、淮安、扬州、南京、上新河诸钞关。量舟大小修广而差其额，谓之船料，每船百料纳钞百贯。"政府鉴于商业的发展，在全国设置了八个钞关，临清是其中之一（另有崇文门、河西务、浒墅、北新、淮安、扬州、九江和芜湖）。

乾隆《临清州志》记有临清钞关玉音楼所刊宣德四年设置钞关的圣旨："玉音临清钞法衙门，为钞法事。宣德四年六月二十六日节该钦奉圣旨。南京至北京沿河船只，除装载官物外，其一切装载人口物货，或往或来，每船一载按其料数若干、程途远近，照现定例纳旧钞。著有风力御史

①　《明武宗实录》卷 125，正德十年五月庚申条，台湾"中央研究院"历史语言研究所 1963 年校印本。
②　王世贞：《弇山堂别集》卷 99《中官考十》，清文渊阁《四库全书》本。

及户部官员投紧要河道处所监收，如有隐匿及恃豪势要不纳钞者，船没入官，仍将犯人治罪，若有空过船只往回不系揽载者，不在纳钞之例。钦此。"①

由此可知临清钞关初设于宣德四年（1429）。此后，临清钞关虽曾在正统、成化年间两次暂罢，但不久即复关，终明一代，临清钞关一直地位显赫，特别是在万历年间，临关所征商税每年达 83000 余两，超过京师所在的崇文门钞关，居全国八大钞关之首②。起初，朝廷指派户部主事监理钞关，同时还令各地方政府派遣通判等佐贰官监督收税。而后各地钞关渐渐受到宫廷宦官染指和控制，到万历年间，神宗公开派出大量官宦充当矿监税使，更使宦官对运河钞关的把持达到顶峰。从万历二十四年（1596）起明神宗向各地派出了征税太监，临清的征税太监就是臭名昭著的马堂，马堂监管天津和临清的税收，此人贪婪横暴，不遗余力地搜刮民脂民膏。万历二十六年（1598）马堂向内库进奉税银 8100 两③。不久马堂又向神宗奏请增加天津、临清每年税银 2 万两④。为了增税邀宠，马堂公然破坏原先颁布的条约："杂粮十石以下及小本生意免税"，在临清的新城、旧城内外遍布税吏，竭泽而渔。凡肩挑背负米豆杂粮的小贩一律收税，以致小商小贩都不敢进城，百姓生计大受影响，临清中产之家多破产，远近罢市抗议，万历二十七年（1599）四月二十四日群情激奋的数千州民放火烧了马堂的税监衙门，打死他的随从 37 人。临清守备王炀率士卒冲入，背负马堂而出，马堂的爪牙反告他肇事，逮缚王炀死于狱中。官府追拿参与事变的人，编框匠王朝佐挺身而出，自认事首，七月二十六日，王朝佐被处死，围观者数千人无不为之泣下⑤。临清民变震动朝野，但是深受神宗信用的马堂并未调离临清，依然指使手下号称"十虎"的爪牙和号称"槌师棒手"的打手，白昼攘臂劫夺，夜晚放火杀人，致使众多商贾关门歇业，家家杜门自守，市肆寂然萧条⑥。时人谢肇淛作诗道："清源城中

---

① 乾隆十四年《临清州志》卷 7《关榷志·户部关》。

② 参见许檀《明清时期运河的商品流通》，载《历史档案》1992 年第 1 期。

③ 《万历邸抄》万历二十六年戊戌卷，十二月，天津税监马堂进银条。

④ 《万历邸抄》万历二十七年己亥卷，三月，天津税监马堂奏增天津临清每年税银二万两条。

⑤ 文秉：《定陵注略》卷 5《地方激变》；民国《临清县志》卷 15《物·王朝佐》。

⑥ 《明神宗实录》卷 343，万历二十八年正月己巳。《万历邸抄》万历二十七年己亥卷，闰四月，逮临清守备王炀至京即讯条。

多大贾，舟车捆载纷如雨。一夜东风吹血腥，高牙列戟成焦土。虎视眈眈核所求，飞霜六月天含愁。匹夫首难膏鼎俎，瘿瘤割裂病微谬。谁知毒焰犹未破，依旧豺狼当道卧。万姓眉颦不敢言，但恨时无王朝佐。"①

　　在临清民变之后，马堂并没有收敛其贪婪的本性。万历二十八年（1600）意大利传教士利玛窦率随行人员沿运河北上，抵达临清时受到马堂的种种刁难和劫掠。据《利玛窦中国札记》记载：为了能顺利地到达北京觐见皇帝，他们到临清后便带上种种礼品拜访马堂，但再三被拒于门外。无奈他们求助于临清兵备道钟万禄，钟万禄是个正直的官员，对马堂及其爪牙的贪婪横暴十分了解，他对利玛窦说："你别想不受损失就逃出他的手心。他那一类人现在正得皇帝的宠，皇帝只和他们商量。甚至最有权力的大臣也受他们的残害，所以一个外国人怎么可能逃脱他们的伤害呢？"他劝告利玛窦，要想顺利过关就得向马堂出示所有的物品，并满足太监们的索求。后来，马堂得知了利玛窦与一些中国官员交好，便主动乘船到利玛窦的船上拜访，并要求他们将所有礼品都搬到自己的船上。书中描述道："收税官马堂除了建筑各式各样的官邸和庙宇之外，还造了一只很讲究的大船，甚至适合于皇帝乘坐，船上的大厅、房间以及众多的舱室都极为精致而宽敞。走廊和窗框是用不腐的木材制造的，雕刻着各式各样的图案，镶着金并用中国漆涂得光亮。他常常沿河巡游，他就是乘这只船来拜访利玛窦神父的。"在看到精美的礼品后，马堂大为高兴，并夸口说没有一个高官对皇帝能像他那样有影响，并说，"我的请求在上奏皇帝的第二天就能得到处理，而别人的请求要很迟才能得到答复，或者根本得不到答复。"为了显示他的富有和权势，马堂还邀请利玛窦到他的官邸参加盛宴和观看表演，并请了在临清几个为首的太监作陪，"其场面富丽堂皇，足以与人们所想象的最高君主相匹敌"。② 在经历了马堂及其爪牙的一次次勒索后，利玛窦一行才得以继续前行至天津，在天津马堂叫手下将外国传教士们软禁在庙宇内，百般刁难凌辱。经过六个月漫长的等待，才最终进入了北京城。

　　明朝后期，以马堂为首的宦官势力在临清为非作歹，极大地损害了行

---

① 乾隆《临清州志》卷10《祠祀》。

② 参见［意］利玛窦、［比］金尼阁《利玛窦中国札记》，何高济、王遵仲、李申译，第十一章，广西师范大学出版社2001年版。

商坐贾与市民的利益，使这个运河重镇的商品经济受到严重的打击，据万历三十年（1602）九月户部尚书赵世卿在《关税亏税疏》中报告："在临清关，则称往年夥商三十八人，皆为沿途税使抽罚折本，独存两人矣。又称临清向来缎店三十二座，今闭门二十一家；布店七十三家，今闭门四十五家；杂货店六十五家，今闭门四十一家。辽左布商，绝无矣。"马堂及其爪牙对临清经济的破坏是无法弥补的。

三

自靖难之役后，明成祖朱棣欲将政治中心北移燕蓟，为此大修长城和营建北京宫殿城陵，从而开始了向全国大规模地征派木料砖石，其中砖瓦的征派与烧造大都布置在沿运河一线，具体分布地点：在京师设琉璃窑厂，以烧制琉璃盖瓦和构件为主①；在外地则于"山东、河南并直隶河间诸府，俱建窑烧砖"。由于交通的便利、土壤的适宜、技艺的精良和人力、柴草的丰足等条件，从永乐初开始，临清成为明王朝最大的砖瓦烧造基地，每年征收砖瓦百万块，由朝廷"差工部侍郎一员于临清管理烧造，提督收放"②。分司署设在临清的商业中心——中州，下辖四个砖厂：上、下、中、后③。各窑厂就近集中成品砖，然后由砖厂搭漕船北运通州。

烧造贡砖有"部颁砖值"发放窑户，临清砖的烧造是官差、皇差，当然又是宦官不能放过的肥差。虽然目前还未发现文献记载宦官提领临清砖厂开始于何时，但《明史·食货志》记载了宣宗时始遣中官张善到饶州督造内廷瓷器，大约在此前后，临清砖厂也派来了督造太监。明朝时临清的四个砖厂多由宦官主政。世情小说《金瓶梅》中多有管砖厂的刘太监、薛太监与西门庆勾搭往来的描写④。刘太监经常出入西门庆之流地方豪绅的府邸，与之狼狈为奸，既收受西门庆的贿赂，又假公济私，为西门庆的攫取财富大开方便之门，第35回写西门庆修建坟地庄子，缺500多块砖，他便对手下人说："你刘公公昨日说送我些砖，你开个数，封几两

---

① 《明史》卷82《食货六》。
② 《明会典》卷190《工部十》。
③ 康熙《临清州志》卷2《公署》。
④ 参见《金瓶梅》第三十一回"琴童儿藏壶构衅，西门庆开宴为欢"；第三十五回"西门庆为男宠报仇，书童儿作女妆媚客"。

银子送与他，须是一半人情回去。"类似的描写在《金瓶梅》中并不少见，说明这样的事情司空见惯。刘太监之类在临清，勾结豪绅，营私纳贿，购置田宅别墅，穷奢极欲，《金瓶梅》第 54 回，写西门庆与应伯爵一伙乘船到南郊外刘太监花园游览，"进入一处厅堂，又转入曲廊深径，茂林修竹，说不尽许多景致"，随后用一首长词来描绘，其中有"曲砌重栏，万种名花纷若绮；幽窗密牖，数声娇鸟舌如簧。真同阆苑风光，不减清都景致"之句①，可见刘太监在临清搜刮财富之一斑。

另外，明朝政府还在临清派驻有镇守太监。自洪熙之后，宦官具衔出镇地方的人数不断增多，出镇地区渐趋广泛。至明英宗正统、天顺间，已达到各省各镇无不有镇守太监的程度。据乾隆《临清州志》卷 8《秩官上》记载："中贵穆容、刘缇、韦焕、李全、朱云、张泳、余庆、毕真、黎见、杨简、窦良、王思敬、崔保天顺间镇守。"短短八年间，就有 13 位宦官镇守临清。这些镇守太监也少有良类，与提督粮仓、钞关、烧造的太监一样，在临清狐假虎威，为非作歹，正直的地方官吏往往忍无可忍，奋起抗争。如弘治年间在临清任兵备副使的李充嗣，"心和行卓，拙利尚节"，他"慑服豪强，力折奄宦"，受到州民感戴，离任多年后，临清任还为他创建《遗馨祠》，拜祭不断②。

临清还有管皇庄的太监，也有沿运河上下为皇室采办宫廷用品路过或暂时逗留的各色宦官。

宦官在临清除了进行一些干预政治、经济和军事的活动外，还参与当地的宗教活动。成化年间，临清有一座普善寺，由于得到内官监太监张庆的捐资扩建而声名远播，信众陡增，以至于得到了皇帝御赐匾额。现存的碑文资料清晰地记录了这一过程：

> 普善在临清东南三舍许，旧为庵居三□，名曰福广。成化丁酉（十三年，1477）冬，沙门真玺时方参礼名山，寻访耆硕，道经于兹，因挂锡焉。里人崔福胜者，首倡于众，施地数亩，筑□□□以延居之。不三载，缁流来参礼者若云□施，归向者如市。众以其□狭隘，不足以称弘扬佛法，于是善士卢福智舍地若干亩，愿充常住；德

---

① 《金瓶梅》第五十四回"应伯爵隔花戏金钏，任医官垂帐诊瓶儿"。
② 乾隆《临清州志》卷 10《祠祀》。

州左卫（指）挥使李雄率诸僚采各捐俸资，且募众缘，□□□□建法堂及僧寮若干楹。当锸畚之始，掘地壳三尺，得古涌泉寺碑一座，继获古井一泓，其味甘香，人皆以玺道缘宿□，戒行感召而然也。已而，其大功德主内官监太监张公庆施己帑以助缮造，遂为一方招提之冠。成化庚子（十六年，1480），闻于上，得赐额曰普善。①

在临清的卫运河岸有一座九层宝塔，也称舍利塔，始建于万历中期。数百年来临清塔一直是大运河上的标志性建筑，漕运盛时，还具有灯塔作用，与通州的燃灯塔、镇江的文峰塔、杭州的六合塔被并称为"运河四大名塔"。据《临清州志》记载，明朝万历年间，在临清城南的南板闸（今头闸口处）"有铁大士像，高三丈二尺"，风水先生认为"不宜"，"副使钟万禄亦以为然"。遂于明万历二十九年（1601）将其"移北水门外"，"越十年（1611），柳尚书佐起建舍利宝塔。凡九年，造塔九级。相传有舍利子七粒置其上。天启元年（1621），始建铁大士阁。崇祯二年（1629），州人汪承爵（万历乙未科进士，曾任两淮盐运使等职）建大殿及天王殿。崇祯十四年（1641），协镇马岱建山门、僧舍。各竣工，名曰永寿寺"。②"嵌空玲珑，极工人巧。上出重霄，下临天地。风生八面，五月清秋。旁有禅林，曰永寿。林木周遭，楼阁巍焕。水陆往来，咸瞻仰流连，忘人间世。时有好事考，放舟临彼岸，听晚钟静梵，铎响松涛，琴韵思清，江声欲起，殆不仅以多宝琉璃，侈壮观也。"③至今该塔依然矗立在原地，只不过永寿寺早已倒塌不见了踪影。据塔中碑文记载，万历年间一批当红的宦官为修建临清永寿寺塔纷纷解囊捐资，至今保存在塔内第七层壁上的石碑，是万历朝御马监太监魏学颜、司礼监太监王体乾为首的16名宦官共同刊立的，石碑上记载有捐资人身份和姓名："乾清宫御茶房牌子署监督勇士四卫营、御马监太监魏学颜，司礼监掌文书房事太监王体乾，钦差总理盐务兼督理牧地事署勇士四卫营操练御马监右监丞程登，御马监太监兰用，乾清宫近侍内官监太监段允成……"其中以王体乾的地位最为显赫。王体乾生活在明万历、天启年间，文化素养很高，在太监中

---

① 《北京图书馆藏中国历代石刻拓本汇编》第51册，中州古籍出版社1990年版。
② 乾隆《临清州志》卷11《寺观·永寿寺》。
③ 乾隆《临清州志》卷1《图·十景诗附·塔岸闻钟》。

素有才名。而握有实权的司礼监掌印太监魏忠贤却是个目不识丁的文盲。为得到秉笔太监的位置，王体乾对深受皇帝宠爱的魏忠贤极尽趋附，毕恭毕敬，唯命是从。他们狼狈为奸，权倾一时。为求得来世有个健全的人生，魏学颜、王体乾等纷纷信奉讲究"轮回""报应"的佛教。他们利用手中的权力，到处施舍佛教寺院，以达到积阴德求得佛祖保佑的目的。临清舍利塔便是这些权倾一时的宦官捐资修建的佛教塔院之一。据当地文物工作者介绍，在该塔之巅生铁铸成的盔顶上，也镌刻有大批宦官姓氏。由于维修后盔顶扣伏在塔巅，现在已无法获取这些资料。

在临清这样一个直隶州城市，出现了如此多的宦官活动，这在全国是少见的，这种现象一方面说明了临清作为运河沿线商业重镇的地位十分重要，另一方面也说明了宦官势力倚仗皇权无所不用其极地插手地方的各种事务，表现出的贪鄙乖张，横暴狠戾，严重地干扰了地方社会秩序，破坏了社会经济，毒化了社会风气。同时宦官对运河钞关、漕仓、贡砖烧造的把持和对来往客商、官吏和外国传教士的种种刁难，使运河这条帝国输血大动脉周流不畅，最终危害政局，加剧朝廷与民间社会的隔阂乃至敌对。

（作者单位：聊城大学运河学研究院）

临清运河钞关建筑摭谈

马鲁奎

一 临清运河钞关概述

临清钞关，原称"户部榷税分司"，是明清两代朝廷派驻临清督理漕运关税的直属衙署。旧志载："漕运商舶、皇华冠盖之所必经，户部分司榷关在焉。"[1] 钞关始设于明宣德四年（1429），十年（1435）升为户部榷税分司，直控督理榷收船料商税，以御史或郡佐充任专职，弘治初年（1488）户部岁出主事一人，景泰年后屡以文武重臣奉敕临莅，所收税银分季解京，以充内帑，大约岁至四万金。万历二十五年（1597）临清钞关征收税银八万三千两，占运河钞关全部税银的四分之一，比京师崇文门钞关有盛，居八大钞关（包括北京崇文门钞关）之首。而相较山东一省，万历六年（1578）课税折银只八千八百六十两，仅占临清钞关十分之一稍强。至清代，其课税额大体稳定在 5 万—6 万两，在全国 20 多个主要钞关中仍居中等地位。清光绪二十七年（1901）漕运停止，各钞关署治遂废。但临清卫河舳舻依旧，仍航天津，钞关依然收税，直至民国十九年（1930）漕运停止裁撤。[2]

作为世界文化遗产及大运河文化的一处重要载体，临清钞关在 500 多年的历史进程中，属于设关时间最早、撤关时间最晚、跨越历史最长、为封建王朝贡献最大，尤其临清运河钞关在运河八大钞关中现在属唯一仅存，并且历史格局大体未变，内涵丰富，因而备受国内外史学界、文学界所注目。

---

[1] 乾隆《临清州志》卷 7《榷关志》。
[2] 民国《临清县志》卷 8《经济志》。

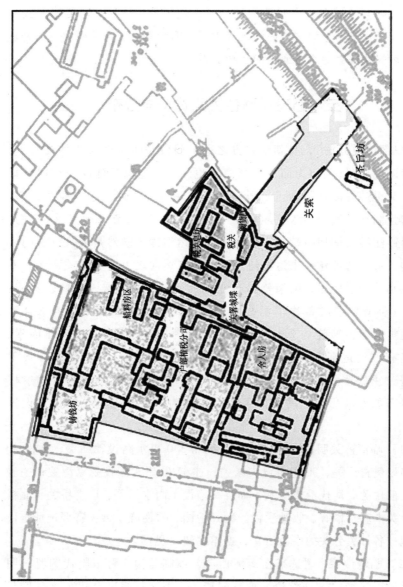

图2 清乾隆五十年（1785）清口一带水利工程示意图

资料来源：姚汉源《京杭运河史》。

临清运河钞关，作为一种古代建筑类型及建筑符号，在500多年的历史演进中，依据社会功能的需要，经历了选址、营建以各个历史时期的不断修缮，融会了各个历史时期的社会、文化伦理、风俗、审美等人文元素，积淀了丰厚的运河文化内涵，成为研究明清漕运史、关税史、关署建筑史、运河发展史等不可或缺的实物资料。

二 临清运河钞关的选择与分布

"户部榷税分司"，是朝廷官方之称，而市井间惯称为"钞关"。明人高凌汉说："钞关何为而设？征商税也。……是以朝廷既设税课以司市廛，又设钞关以征行商。"① 至于不称"税关"，而沿称"钞关"，这和明初强制推行纸币"大明宝钞"，征之以钞，"人皆以钞为重"②，达到疏通钞法继而增加财政收入紧紧相关。运河钞关既然是征收过税的官办机构，势必选址建在水道枢纽之处。纵观运河之上八大钞关，无一不是设在水路交汇要津，临清钞关也是如此。《临清州志·疆域志》载："清源（临清魏晋时曾称清源县）当燕赵之交，据东南上游，水合漳卫，河扼会通，形胜早于山左，可谓一大都会。"除却水道要津因素，临清素有"漕运咽喉、商业都会、军事重镇"著称于世，明初即设卫所建署，戎旅严整、城池稳固、社会安定，经济上商业繁盛、辐射广远、舟车如流以及文化昌明等客观因素也为钞关署的选址提供了设置前提。

（1）临清钞关明代有五处分关，往北330里水路设德州关；往南30里水路设樊村厂关、90里再设尖冢关；往东70里水路设魏家湾关；关署前设关前税关。清代沿袭明制，而且又增设了南水门关、广济桥关、北桥口关等关卡验货稽查、收纳税银。翻开地图一看便晓，钞关官署选址定位就是扼控各钞关分关的中心所在，挽绾之纽（见图2）。

（2）临清钞关官署选址在运河西浒，前临运河、背依隋代御河（明代以后称卫河），"舟车络绎，商贾辐辏，天下之行旅出乎其涂"③，既是

① 《北新关志丛抄》。
② 《宣宗实录》卷57。
③ 乾隆《临清州志·序》。

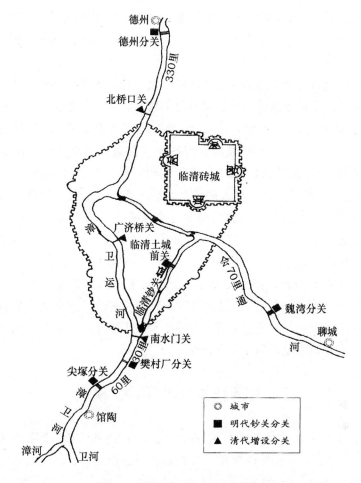

图 2　明清临清钞关及分关示意图

"百货骈集"的中州繁华之区，又是人流、物流、信息流的昌达之地，更是钞关接迎过往各级官宦、收纳各分关课银、解送京师库银以及结交地方士绅、了解市井民瘼、采买生活所需最便捷、最便宜之地。

（3）从风水理论上讲，"在山看山，平洋观水"。钞关官署临河居西，"向阳濒水""负阴抱阳""紫气东来"，临傍穿城而过的运河二闸口前，水流和缓、明净秀美，处在弯曲缭绕之"吉水"位。更有运河、卫河前后循环合抱，环绕而过，可谓"绕城之水贵有情"。从八卦、五行上讲，西属"兑"位，卦象☱（下兑上兑），爻辞云："兑卦，亨通，利于守正"，"兑"居西，属"金"。从这些简单的古代宇宙观"天人合一"理念看，"人法地，地法天，天法道，道法自然。"① 基于自然的"道"，其中渗透了尊君守法、礼乐分明、合德合和、布秀呈祥的封建信仰和官式建筑伦理的追求。

中国古建筑处处渗透着这些传统的华夏文化，不懂这些你就读不懂中国的古建筑。中国建筑是一门包罗万象的跨多种学科的艰深学问，典籍从三千多年前的《周礼·考工记》，到宋代的《营造法式》，再到清代的《营造则例》；从工部衙门的规约，到各地《县志》乃至各氏《家谱》无不充溢着这些传统理念。古代临清和各地官衙一样无不编制有"阴阳生"，临清钞关及运河八大钞关同样也无不设置"阴阳生"岗位（参见明代马骥修撰《淮安关志》），他们是专门调研风水、观砂寻穴、规划建筑、掌执营建的专职人员。明人何一举《金部题名记》记云："而考前辈亦汲汲于此，何居？常读易，至兑卦而有得焉。日动万物者莫疾乎风，是故君子则之以劝天下为感，速为应神吁，题名之举固风劝之征权也。"② 说的就是钞关选址基于"兑卦"。因此我们研究钞关建筑不应单单只从横向看表皮，我们还应从纵剖面去观察、分析、研究其内核，站在历史的视野上全面地、客观地去挖掘深层文化内涵。

三 临清钞关公署"前关"建筑

临清钞关衙署占地24000多平方米，建筑面积8000多平方米。以"城堞"为界，其外是榷收船税和商税的收缴课税之区；其内是户部分司官员办公、储藏税银库房及居住区。

临清钞关城堞外称"前关"，城堞内称"后关"，所在之区至今仍沿称"前关街""后关街"。

前关建筑中轴线自东而西依次为临河阶石、阅课亭"国计民生"坊、"以助什一"坊、玉音楼、"如水"坊、"通商"坊、"裕国"坊、榷木、城堞，现分述如下。

阅课水亭，四间，侧翼房各二间，濒水而建，由督检官居此率领巡检皂隶、扦子手等登船检查船载货物，丈量货船梁头，然后发给船筹，船户

---

① 老子：《道德经》。
② 乾隆《临清州志》卷4《艺文志》。

方可登岸去官厅缴纳税款，再发给印票方准放行。"官厅前陈列戈戟戚秘"[1]，以壮威严（见图3）。

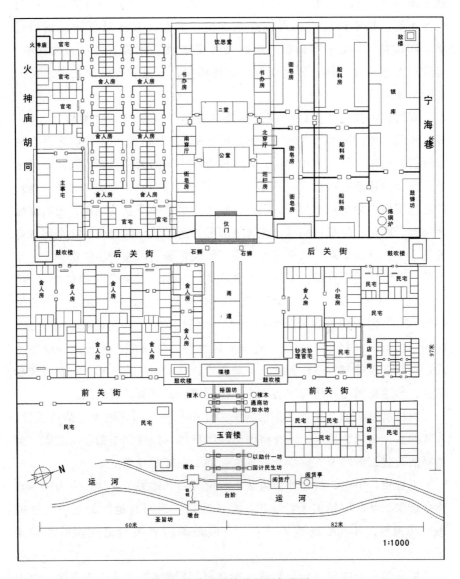

图3　临清运河钞关平面复原图

① 《名臣经济录》卷18，林琼《临清增修钞关记》。

铁索墩台，墩台建于明万历二十四年（1596），由御史李梓创建，现存工部员外郎、砖厂监督贺逢舜所撰碑文记载颇详①。墩台之上设有铁索绞盘，"河内沉铁索达两岸，开关时撤之"②，如发现载货有私或与税票不符，铁索绞起拦船再行查讫盘诘，确有夹带违禁货物或瞒报税项，随即扣压货船、缉押船户送钞关署衙审理。此验放之区，阅课亭、官厅、关索三位一体，紧密配合，环环相扣，有效管控运河之上过税的征缴（见图3）。

牌坊，由古代"衡门"演进而来，又称"棂星门""牌楼"。《诗经·陈风·衡门》载："衡门之下，可以栖迟。"由此可知牌坊之设春秋中叶已经出现。棂星原作灵星，即掌控五谷丰年的天田星，由汉代祭天而后至祭孔，逐渐发展成纪念碑式的建筑模式"牌坊"。牌坊在封建社会，广泛地用作表彰功勋、科第、德政，忠孝、贞节等所立的建筑，再后滥觞为宫殿、庙宇、陵墓、祠堂、衙署及园林，这类装饰性建筑，在全国各地处处可见，遍及华夏，甚至国外。临清钞关官署前六座牌坊依次林立，煞是威风，沿钞关中轴线由运河而西依次为"国计民生坊""以助什一坊""如水坊""通商坊""裕国坊"及运河对岸的"圣旨坊"共计六座牌坊（见图3）。牌坊形态各异、木石兼作，形制多为"三间四柱四楼"式。牌坊四柱有"夹杆石"相包，外面束以铁箍，楼顶部出檐较短，成悬山式。坊额沥金楷书，字体元妙，遒劲浑雄，枋壁间斗拱、雀替、花板沥粉贴金，彩绘绚丽，牌坊与牌坊相连，排列成一道亮丽的风景线。

牌坊所宣示的，无外乎标榜钞关为江山社稷、国库财源而清廉收税，为政如水；为国计民生、通商裕国而承沐皇恩，经度储饷的经国之责。当然对前关建筑群点题、框景、借景也起到了很好的视觉效果。

玉音楼，玉音，封建社会指帝王所说的话。钞关玉音楼，专为供奉宣德皇帝朱瞻基所颁钞关圣旨所建。此圣旨全文运河其他钞关之中《钞关志》均无载，只有临清钞关独有，它应是临清钞关当之无愧的地标式建筑。

据嘉靖三十四年（1555）碑文所载："清源榷署之前旧创重楼，以为

① 明万历二十四年贺逢舜《增修临清钞关记碑》（临清博物馆藏）。
② 乾隆《临清州志》卷7《榷关志》。

妥崇玉音之所"①，以古建筑六十年必大修推断，玉音楼始建年代应在弘治年间（1488—1505）。从乾隆《临清州志》所刊清人方芳所绘《津楼夜雨图》可知，此楼当时已为"临清十景"之一，建筑此时尚存无疑。因为乾隆三十九年（1774）王伦起义军曾攻占钞关，此楼往后再无载，估计应毁于兵火。这样算来，玉音楼存世至少280年，历史脉络非常清楚。

《重建玉音楼记》碑文，将建筑朝向，建筑形制、建筑尺寸说得很明白，"高凡四丈有奇，广如其高之数，而深半之"。其建筑"翚飞鸟革、翼翼言言，凡氓庶之聚处于斯，冠盖之过续于斯，靡不耸观易视，俨若象魏之布也"。这类建筑在"刓藏诸市出诸涂者，其孰不钦且畏，经自于天宪者哉"。楼之上将宣德皇帝圣旨"而丝纶之命则载以方屏，饰以金壁，绕以龙纹，巍然兹楼之中"以显皇威。②

榷木，其他《钞关志》均未发现有此类设置，这是临清钞关所独具特色的榷税文化表征。在古代"华表木""醒表木""榷木"概念上是一回事，只是因时因地称谓不同而已，天安门前称"华表"，钞关前称"榷木"。榷木，古时又称"诽谤木"，是封建社会士庶民众向当权官宦议论是非、指责过失的标志，类似现在的"意见箱"。《淮南子·主术训》载："尧置敢谏之鼓，舜立诽谤之木。"实际上在封建王权淫威下让百姓议论政治，刻"谏言"于榷木之上，也只能是装点一下门面而已，那上面刻满了象征皇权的云龙纹，谁敢去刻画呵。

榷木柱头之上的蹲兽，名狻，性好望。还有的说蹲兽是貔貅（北方称"辟邪"），是黄帝氏族的图腾，主伺进财聚财，是民间"招财神兽"。临清钞关城堞前两座榷木，笔直挺拔，直指云端，周身雕刻蟠龙流云纹，柱头横插桔槔云形饰头，既为钞关增添了皇权之威，又为钞关整体建筑增添了一种艺术美感。

综上可知，整个钞关建筑群出彩的景观建筑大都集中在城堞之前的前关，这一区域玉音楼，牌坊、榷木、官厅、阅货亭、圣旨坊、远心亭等以及河堤"布砖石固基，上柏下柳，以植列阶二十级……延纳宾客，制戈戟陈其前"③，这些逐一单一的建筑个体，与堤上堤下柏柳相映，远景近

---

① 乾隆《临清州志》卷4《重修玉音楼记》。
② 同上。
③ 乾隆《临清州志》卷7《榷关志》。

景互衬，有机地生发了建筑"借景"功能，再加上有巡抚李树德所题匾额"心鉴清源"、巡抚岳濬所题匾额"风清玺节"这些人文"点题"，连同城堞崇楼、鼓吹楼林林总总、鳞次栉比、气势恢宏，集中体现了临清钞关忠君为尊，王权至上、输税固邦、养素守节的儒家君臣理念，彰显出《周礼》所指"惟建国，辨正方向，体国经野，设官分职，以为民极"的封建礼制文化表征。

四　临清钞关公署"后关"建筑

临清钞关以"城堞"为界，其内称为"后关"，所在之区，至今仍沿称"后关街"。

钞关公署"后关"，是沿"前关"自东而西建筑中轴线的继续延伸，其上自东而西接续建有关堞、驰道、仪门、公堂、中轩、后堂，南北对称辅以皂隶房、巡栏房、书卷房、穿厅以及北跨院之中船料房、银库、鼓铸坊，南跨院之中舍人房、主事房等建筑。关署仪门前有驰道与城堞相连，仪门左右建有南北鼓吹楼相拱卫，整体建筑群规模宏大、布局严谨、道路通达、内外有序、功能完备，堪称明清两季中央政府外委机构典型建筑群，极具代表性。

钞关城堞威武壮观，宽约 16 米、高约 3.5 米、深约 7 米，有拱形门洞贯通内外，上筑城楼和敌楼警戒拱卫（见图 1）。

公署仪门，尊崇"有仪可象"之意。原建筑为五开间、三启门屋宇式仪门，雄伟开阔，尽显衙署威风。民国十九年（1930）临清钞关裁撤，民国临清政府进驻，为了标榜"济世亲民"，遂将"衙门"旧貌更新，将原钞关"五间五架梁，启门屋宇式仪门"，改建成"五间一门广梁式仪门"。建筑中只留下明间一启门，以六垛菱形为顶砌出八道墀头墙壁界出明间、次间、稍间，墀头墙之间顶部砌成五道山形遮檐墙，墙上饰以浮雕狮子绣球、宝瓶花卉，墙底饰以减地米底彩框及脚线装饰。明间墀头墙宽大突出，门砌发券门，门楣镌"与民为伍"四个楷书大字，整座仪门不难看出既采用传统"广梁门"结构，又吸纳了西式装饰风格，可谓中西合璧。我国历史上对"门"的建筑形制异常重视，历代典章制度对门的规制都有严格的等级规定，"门第""门阀""门生"都有一定地位的社会含义，现在钞关仪门既不符规制，又不尊重历史，所以钞关仪门恢复历史原貌势在必行。

公堂，三开间，左右辅以巡栏房、皂隶房各六间厢房和书办房，构成一区审理税案、制裁违法、强制纳税的威慑之地。公堂以严查为风力，以理税为审度，以律法为准绳，对犯法者轻则科罚补缴，重则笞责入监，严肃维护封建王朝内库税银的足额榷征。因为钞关除日常税银收支、熔铸、输京、税关吏治等事项外，还负有稽查科犯、检查过往官员、检验外国使船勘合的职责，所以公堂之后还建中轩厅、后堂，以利理政方便。

银库、船料房及鼓铸坊，在公署北跨院，是储藏船料及税银的"锱铢重地"。明正德年间就"公帑设重门案牍之度，藏泉布之委顿咸于斯"，并"置炉以司煅植庇物"①，不仅管理严谨、计度有则、案牍明晰，而且熔铸散碎税银为锭银解运京师，（此可补中国货币史缺）这一重要记载其他钞关未见，尤显珍贵。

皂隶院，在关堞与仪门之间驰道的北边，明隆庆元年（1567）由刘姓钞关主事购买民房50多间扩建而成，院落开敞，房屋较简陋，是前关属吏居住之所。20世纪50年代尚存，时为市法院驻地（见图1），后渐为民房。

关署内整体建筑，无论公堂、中轩、后堂、穿厅以皂隶公干之书卷房、巡栏房、皂隶房与"前关"华丽建筑相较，灰瓦灰墙、梁未雕、栋不画、平实如民居。虽然是纳银聚钱"肥水之地"，但封建建筑规则始终严格遵循，毫无逾越。就连仪门、梁架、开间、脊吻、走兽、柱础、门楣等建筑局部或构件无不渗透着"顾忌""禁限""规整""守正"这些明清官署建筑的封建礼制，其中渗透的建筑文化内涵，值得我们好好挖掘和研究。

五　临清运河钞关建筑设计理念及其文化内涵

临清运河钞关，作为景观建筑与官衙建筑复合空间的建筑结构，无论建筑形制在哪个历史时期都有不同的重修嬗变，但不论怎么变化，总有一条规律的因素蕴含其中，那就是封建伦理。同时，在其传统建筑空间结构特征中，也无不渗透着中国古典文论中艺术结构的文化语汇，或明或暗地

---

① 明正德十五年唐皋《户部公堂重修记碑》（临清博物馆藏）。

向人们表述着其建筑艺术的个性与建筑艺术的共通性。

（1）临清钞关"前关"，"据北南要冲，合汶卫二水以济运道，于是舟车辐辏，商贾云集"，货船过钞关，先要填写船单，开列船型、梁头尺寸，申报船户、货主姓名及所载货物、出发地、经由地、卸货地，待钞关胥吏核实验正后，再去官厅交纳税金，才能取得过关"印票"。临清钞关"后关"公署，即是审案司法之地，又是吏治严肃之所，更是税银储藏之重区，虽然前关、后关建筑贯穿于同一条中轴线上，相接相连，但内外建筑华丽与朴实对比显明，严肃与静穆相较差异悬殊，在一"华"一"实"的比对中处处严格体现了官式建筑中礼治秩序、尊卑有序、蹈中居顺、内外有别的封建伦理。

（2）贯穿钞关"前关""后关"整体建筑群的东西向中轴线，设计中与正东正西调偏 7.5°，稍呈坐西北、朝东南，亦即建筑风水中所谓的"抢阴"。"抢阴"在堪舆中西北"乾位"应对东南"巽位"，追求的是"避凶趋吉"，背靠高处、面向低处。而钞关建筑中轴线的设定，所隐喻的自然是"尊崇王权""体恤下民"。在钞关整体建筑群中，由一个个单体建筑组成了公干区、皂隶区、眷属区、藏银库区、鼓铸区等若干围合式院落，在围合中相对独立完整的局部空间内，不仅需要重门高墙的物理保护，更需要心理上的安全感和归宿感。作为国家课税的体道者，在时刻铭记沐浴皇恩、忠君为政、输税计度、维稳求安之中，势必倚重阴阳相济、社会和谐、民顺经兴。钞关中轴线"抢阴"的设定，正是这种蹈中求和封建士大夫审时度势、穷极达变、危中见机、否极泰来的心理追求，正像碑文中所记："以驭下德之崇也，明以烛幽知之用也。"①

（3）钞关公署房舍虽然朴实无华，但注重了"阴阳平衡"的"风水过白"视野空间的处理，较好地解决了钞关建筑围合空间内营造的"聚气"环境，既保证了建筑单体间日照间距，使狭小建筑空间具有景观的完美，又使平实的建筑在单调中产生远势气概，在内外虚实的"灰调"建筑中实现了"近相住形，虽百端而未已"的视觉美感。

"过白"本是风水学上的名词，"白"指的是天空光线。正像《易经·系辞》所说："日月之道，贞明者也。"在钞关官署建筑环境相对"灰暗""狭窄"中，注重在建筑序列空间借助反射扩散光和透视扩散光弥补景观的"贞

---

① 明正德十五年唐皋《户部公堂重修记碑》（临清博物馆藏）。

明"，这一特点在官署建筑中运用得非常巧妙，是隐秘的"大出彩"。

从运河拾级而上，沿中轴线而进，直至后堂，地势可谓"层层递升""步步登高"。为了控制"过白"，先建玉音楼，后建城堞，再建仪门、公堂、轩房、后堂，使其各个视觉空间外延构成"过白框景"，房脊、走兽、城垣、堞墙、拱券、檐柱、枋、雀替都调解着围合空间的视野，使封闭间避免了呆板，幻化出空透，在远近层次的变换中借助"过白"，不施粉黛，却有移步换景、相得相济、巧妙融会之妙。所以别看钞关建筑单体看不甚壮观，但你从里走出向外，或从外进入向里，却会感到灵活变通、丰富多彩，在风水意义上，取得了"于大者、远者之中求其小者、近者；于小者、近者之外求其远者、大者，则势与形胥得之矣"。① 其建筑艺术的处理真是匠心独运、博大精深（见图4）。

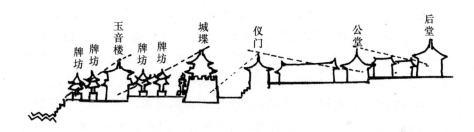

图4 临清钞关建筑的视角"过白"

（4）钞关银库的建筑运用了尽端体量和光线、阴阳效果的统筹设计，视野中扩充了实际建筑体量，使人在狭窄的环境中也会倍感震撼。

钞关官署北跨院最北端，明清时是银库和铸币之区，银库青石基础、城砖砌墙、大瓦覆顶，栋与栋之间间距很近，进深与屋高差不多，都在四米左右。门包着铁皮、嵌满门钉，窗户长条形用铁铸成，安得很高。整个区间阳光很少，阴森可怕，抬头看高高的屋檐，极具压迫感。再加上西北角敌楼荷枪的警卫虎视眈眈，确实给罪犯以极强的高压恐怖态势，极具威慑力。可想明清时，对于觊觎银钱的狗盗之徒委实恫吓不轻。

虽然这些建筑早已拆毁，但笔者儿时都见过，对建筑设计中那些点线

----

① 《管氏地理指蒙》，转引自王其亨《风水理论研究》，天津大学出版社1998年版，第163页。

面基本要素的表情传达，对建筑灰黑调子的处理，对阳光、阴影在建筑尽端体量中的运用等，设计中一反普通规律，用独特的建筑"表情"形态，使钞关银库区建筑空间阴影体积的视觉扩张以及直逼视觉心理的绝妙建筑语言，着实令人折服，终久难忘。

（5）在钞关建筑空间设计艺术中，深深地蕴含着一种不可名状的复合空间结构中的"起、承、转、合"建筑艺术律动，它生动清晰地向人们诠释着封建社会伦理，这一点在"前关"建筑群中表露得尤其明显。

运河船舶一泊岸，十几级台级及耸立的牌坊、官厅、阅课亭、远心亭等建筑以及河岸翠绿的杨柳所构成的空间，是钞关整个序列的开端，也即"起"。这个"起"为之后的空间内容及性格提供了足够的暗示。接着巍峨耸立的玉音楼，阐释的是奉旨征收"皇粮国税"，是"同计民生""以助什一"的国家机构行使国家权力的重要象征，在建筑空间中扮演着"正统""王土"及威严的"承"的重要角色。绕过玉音楼，眼前"如水"坊、"通商"坊、"裕国"坊华彩各异、生机盎然，则向人们宣示着"取税于民、用之于民"的理念及关署"严以吏治""廉洁如水"的税务政治氛围，这一组合的"转"是诠译钞关课税宗旨的点睛之笔。随着雄伟的城堞挡住人们的视野，高高的榷木、震撼的鼓角，将人们置于震慑之中的，这一最后的"合"，在收敛和转折中让人们的心理在建筑空间中自然而然地达到高潮，使"税文化"的精神内核完成了最有效的释放，使这一区完整的由"外"而"内"的复合建筑空间之中起、承、转、合无形中始终一体、一气呵成，"气脉通连""隔行不断"，"首尾相应、虚奥相生"，正像《桃花扇》作者孔尚任在艺术上所追求的那样"有始有卒、气足神完"。

综其所述，钞关官署虽然受封建礼制制约，外貌看似非常朴实，形似单调，但综合整座建筑群内实际上厅堂格局有序、院落进深有度，公干、藏储布置井然，官吏宅舍等级分明，充满了朴素的建筑美感和文化内涵，形成了典型的中央政府外委机构独特的建筑风格，极具学术价值。读钞关建筑也像读其他中国著名古建筑群一样，慢慢咂摸其中复合空间多层次的组合关系和建筑设计理念，投影在中国古典文化艺术的脉络组织特征上，人人都会品读出临清钞关建筑空间的独特性格和文化内涵，亦即"有机整体美、错综变化美和多样统一美"。

六　结语

我国著名建筑学家梁思成曾说："建筑是人类一切造型创造中最庞大，最复杂的。它代表的民族思想和艺术更显著，更强烈，也更重要。"①临清运河钞关所积淀的建筑文化遗存，是大运河沿岸古代建筑中代表中华民族思想和艺术这一文化现象中极具典型的个例之一。作为运河八大钞关中唯一的仅存，临清运河钞关建筑遗存是历史留给后人不用文字书写而可以看得见、摸得着的历史，是运河馈赠给人类的一笔丰厚的宝藏。作为世界文化遗产，它仍以中华民族独特的建筑环境、建筑形制、建筑语言向人们述说着历史、影响并感召着人们咏叹昨天、珍视今天、开创明天，以更加饱满的热情去塑造新世纪更新的辉煌。

（作者单位：临清市博物馆）

---

①　梁思成：《建筑是什么》。

元代会通河临清"连环闸"新探

马鲁奎

大运河自春秋吴王夫差开凿邗沟，至隋代以洛阳为中心形成南北运河，再至元代截弯取直、弃弓走弦，开凿会通河，连缀起海河、黄河、淮河、长江、钱塘江五大水系，被誉为"古代文化长廊""古代科技库""线形博物馆"等。

元世祖至元二十六年（1289），采用寿张县尹韩仲晖、太史院令史边源等建议，开凿会通河，"自须城（东平）安山西南开河，由寿张经东昌（聊城）至临清御河（卫河），其长二百五十余里，中建闸三十有一，度高低远近，以节蓄泄，六月辛亥河成，凡役工二百五十一万七百四十有八，赐名会通河"。[①] 会通河流域大部分在聊城地区，有"闸河"之称，是明清两季重要的漕运干道。

临清地处会通河最北端，系南运河的起点，是大运河漕运中一处重要的节点，有"运河漕运咽喉"之称。在800多年的历史历程中，临清会通河"连环闸"，详细的建筑结构鲜见著录，即使是临清地方志也只有几行记述，几百年埋在淤泥里，"藏在深闺人未知"。

在此次运河申遗整治中，"连环闸"再现于世，发现了许多新的遗产要素，引起广泛关注。作为大运河上一处重要节点，不仅有力地证实了普遍的大运河认知价值，也为会通河历史新的研究提供了新的可资资料。

作为一个老文物工作者，在此次遗址发掘勘探、工程论证以及接待工作中也曾忝列其中，参与了部分工作，深受教益，又获新知，现借这次研讨会机会，将几点粗浅的新知、新悟粗略爬梳，不揣冒昧草撰成文以就教各位方家。

---

① 《元史·河渠志》。

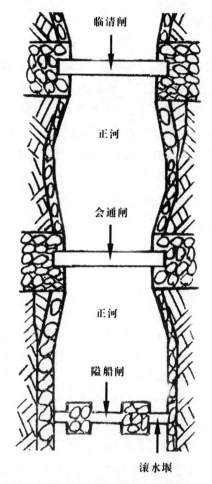

图1　临清会通河连环闸示意图

一　临清"连环闸"水工建筑

临清会通河连环三闸不是同时建的。会通河开凿初时，建了一定数量的闸坝，但因仓促赶工，全用木制，第二年便"岸崩闸坏"，之后则逐年"易闸以石，而视所损缓急为后先"。① 临清三闸始建时间分别为：

至元三十年（1293）修建"临清闸"、大德二年（1298）修建"会通闸"、延祐元年（1314）修建"隘船闸"，三座闸三位一体，前后关联，

① 《元史·河渠志》。

管控会通河北端漕河蓄泄和漕船转输，《元史》中称"运环闸"。明代傅泽洪《行水金鉴》一书改称"连环闸"，沿称至今。

临清闸与会通闸合为"复式船闸"，上下启闭，蓄泄河水转输船只。隘船闸是辅助复式主闸而增建的一座船闸。会通河初开时，河道岸窄水浅，不能通行大船，每年转航不过 10 万石运量，再加上管理不善，常致舟楫阻滞。虽然规定只限 150 料船只，但豪门富贾一再违反规定，行走多达 500 料大船，致使航道壅蔽，动辄浅搁、拥塞不畅。为治理这一状况，延祐元年（1314），在会通河北端临清和南端沽头、金沟各建隘船闸一座，以限大船过往，闸座金门阔仅九尺，只允许梁头八尺五寸、载重二百料以下船只通过。临清隘船闸位置在原上湾街运河北浒（现公园北门租游船处），年纪在 60 岁以上的临清人大都见过闸址，登瀛区改造中闸座遗址基础拆毁，今已无存。

整治中通过排水、清淤、挖掘出闸座铺底石，通过测量问津桥铺底石距陆上桥面通高 12.2 米、会通桥铺底石距桥面通高 9.7 米。会通桥海拔高程 39.6 米、问津桥海拔高程 37.8 米。从中可看出两闸相距仅仅 600 米，河床铺底石落差竟达 4.3 米，可以想见当年水流湍急、挽输艰涩、行旅之险。

从挖掘出的临清闸整体看：呈银锭形，两旁呈扇形外展，中间束腰。两座闸墩呈东北、西南对称排列，闸口金门宽 6 米，闸墩宽 4.5 米、长 6.2 米、高 8.6 米；闸板槽宽 0.3 米、深 0.28 米。闸墩两翼雁翅宽 2.2 米、长 10.5—12 米。裹头宽 2.2 米、长 4—5 米。闸墩与雁翅、裹头金刚墙均用大型长方形石块砌筑，石块与石块上下由穿铁层层相接，左右凿有燕尾槽，用铁水浇铸成铁锔相牵，使整座金刚墙形成一个坚固的整体。两侧雁翅金刚墙之间，用三合土夯打成坝墙。明代万历年间（1573—1620），闸河废弃，闸口金门内从铺底石往上用废旧砖石和三合土填埋夯实至闸墩上部，在其上跨两座闸墩砌筑双孔拱桥。桥身两翼在元代雁翅、裹头金刚墙之上用城砖又加高叠砌 2.2 米坝墙，并用大型石块左右延伸雁翅金刚墙 5.6 米，使之更趋牢固。自此，"临清闸"易名"问津桥"，连接起白布巷与牌坊街，方便两岸行人通行。桥体双孔，单孔孔径 2 米，桥面宽 4.5 米，拱上桥身高 1.2 米，此次经修葺又现昔日风貌。

站在河床铺底石上仰望闸墩、雁翅金刚坝墙 12.2 米高，高过四层楼，巍然屹立，高峻崛起，与会通闸两座船闸都历元、明、清〔楣石上记有清咸丰三年（1853）郡人集资修葺的字样〕三代叠加相继砌筑，历经 820 年历史沧桑至今，而且保存如此完好，这在运河之上古代水工建筑遗存中是绝无仅有的。正像国家文物局文物保护与发掘司司长陆琼所评："在大运河整体水系中，大多是由自然河道疏通或凿挖相连而成。而真正整体人工开凿而成，只有会通河。而会通河原始生态河段，现仅存临清 1.2 公里，这是运河之宝。现在临清闸、会通闸出土面世，可谓'宝中之宝'呵。"

二 临清"连环闸"建筑科技内涵

会通河是举世著称的京杭大运河中关键河段之一，是较早利用多级船闸调节运河水深的运道，又有"闸河"之称，其中水工技术含量丰富。

会通河在区间里程上虽远不足京杭大运河总长度的十分之一，但这一段不仅有平地开河，还要跨越丘陵，需要解决的技术问题远比其他河段复杂，从安民山至临清地降 90 尺，要靠一系列船闸加以节制蓄泄，确保通航。开凿初期，经历了木制闸坝"岸崩闸坏"的失败以及"易闸以石"的摸索重建，从至元二十六年（1289）至泰定二年（1325），前后工程历时 36 年之久，用役工 251.0748 万人，工程浩大艰难，一次次的挫折、一次次的磨难、一次次的攻关，古代劳动人民从实践中创造了一个个奇迹，至今依然闪烁着智慧的光辉，从临清会通河"连环闸"中也能窥其一斑。

（1）从会通闸横断面建筑形制看，闸墩与上下游雁翅金钢翼墙的夹角有别，一大一小，一敛一展，亦即上游河水经闸墩金门从收缩到下游雁翅的扩展形成一个稳定的过渡，使水流的流线不至于紊乱，既抵御了旋涡对闸墩的冲刷，又保障了漕船的过闸安全，非常符合流体力学原理。看似非常简单的设计，实际深具科学性。

（2）临清闸与会通闸建筑结构相同，两闸墩底部间连接两道闸槽间有一道门槛一样的条石，称"万年枋"，是承托闸板的底石。万年枋往上下游两侧，雁翅翼墙所夹持的大面积扇形河床砌石叫"铺底石"。铺底石是防止河流冲刷河床、稳固船闸整体建筑、保障漕船经由船闸航道安全而铺设的。会通河一系列众多船闸铺底石都是用青石铺成，但是临清会通闸下游（西侧）铺底，却是用 7 厘米木板铺成的，这在会通河全线是一孤例，唯此一处。

会通闸距临清闸仅 600 米距离，而落差竟达 4 米多，丰水期流急水凶，涸水期水浅舟险，正像《行水金鉴》所记："地势上下悬绝，至春末水浅舟胶，漕运阻滞。"如果放船时河床是铺底石，势必划伤船底，甚或戗破船板，给漕船造成损伤。而会通闸因势利导，巧用木板铺底，既确保了漕船过闸平稳下滑，又减轻了牵挽劳工的艰辛。而丰水期也避免了"每漕船至，上下毕力，终日叫号，进寸退尺，必资（水平）平于陆而始达"。①

缓解了那种必等上下河之间水平水稳才可放船的漫长候水时间，可在船闸分段启闭、递相灌输间提前一点时间往下游放船，更不必担忧漕船船底损伤，从而加快了船队的过闸行程。从此次挖掘中发现，由于常年沉在水下淤泥中，现在这些顺向铺底木板、两旁横向肩坎木板（宛如护边石）以及铺底木板前沿的木桩栏枋都保存完好，为研究元代水工建筑设计提供了一份珍贵的可资资料。

（3）弘治三年（1490）会通闸整治修葺中，改闸为桥。在元代闸墩之上叠砌单孔拱桥，桥拱宽 6.2 米，高 4.33 米。和别的拱桥不同的是：会通桥采用了双心拱，这是明代建筑官式做法。双心拱，即是拱券曲线不是以一个圆画出的弧线来放大样、制作券胎、加工券石以及支模垒石发券；而是两个圆心，左右各画以一段半径相等的中心对称、圆弧相交的拱券曲线放样发券。我们观察一下会通桥，拱券虽然看似半圆，但左右其实是两条圆弧在桥中心对轴上交成尖角。双心券比半圆券高度增加一成（矢高加高十分之一），宛若欧洲哥特式门窗拱券，拱顶加高更利于桥下行船。从建筑结构力学上讲，不仅减小了桥体风荷载，而且向上凸起的曲面其最大主应力及拱桥结构内力，尤其跨中弯矩值，比半圆券减小了，因而拱桥建筑刚度得以增强。拱桥垂直方向的荷重，通过拱券的弧形抛物线比半圆拱更能迅速传输至拱脚座，使整体受压不致产生弯矩，更增强了拱桥载荷能力和轴向承重。拱券顶部距桥面仅 20 厘米，不仅建桥用料省，而且整体结构强，600 多年经历几多风雨沧桑，经历无数次洪水、地震、雷电雪霜，经受了实践考验，整座桥用料省、结构巧、强度高，千人过、万人往，拱桥至今屹立无恙。

---

① 《元史·河渠志》中周汝霖所记。

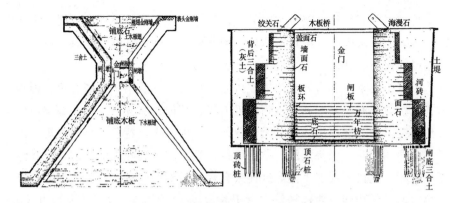

图 2　会通河船闸平面、立面示意

再者，就建筑观赏而言，单心半圆券，仰视时，会产生透视变形，形如扁椭圆。而双心拱券因矢高增加一成，反倒因为透视变形矫正了这一错觉，看到的却是浑圆丰满的圆弧线，更趋漂亮壮观，展现了科学与艺术的臻美结合，获得建筑美学的观赏效果。

总之，古代劳动人民在会通河开凿、治理中不断总结经验教训，不断积累技术智慧，在实践中取得了举世公认的成功，在我国人工运河技术发展史上产生了划时代的创举。难怪外国学者罗伯特·坦普尔惊叹："在进入现代社会之前，中国人一直是用水方面的专家。"①

三　临清"连环闸"河段内出土的避水兽石雕

临清会通河段治理清淤中，出土了三具避水兽石雕。其中两具沉于河底，一具保留在雁翅翼墙之上，石雕蕴含着运河文化的积淀，属于隐喻文化。避水兽，又称镇水兽，在运河之上水工建筑中常能见到。北京什刹海万宁桥、杭州拱宸桥、通州庆丰闸、阳谷七级闸都砌有避水兽。战国屈原《离骚·天问》、明代陆容《菽园杂记》、李东阳《怀麓堂集》、李诩《戒庵老人漫笔》等古代著作中都有记述，但称谓不一，有囚牛、嘲风、狻猊、蒲牢、赑屃、狴犴、螭吻、蚣蝮等，虽然传说各异，但将此灵异镇于桥坝之上，寓示永避水害、启祥降瑞、长存永安，是古代百姓约定俗成的共同认知。

---

① ［英］罗伯特·坦普尔：《中国的一百个世界第一》，《新华文摘》1988 年第 5 期。

另外，人们往往忽略了它的另一作用，它还是预警灵兽，如同现今水线标尺。当洪水来临，漫过避水兽，预兆着洪灾即将来临。它时时提醒运河两岸人民防微杜渐、加固堤坝、常备不懈。

但是，北京什刹海和杭州拱宸桥避水兽是龙的造型，有鳞有角，因为身在皇城，要有皇家龙威。杭州靠近沿海，信仰龙驭潮汐，这些都与地域文化相关。而临清出土的三具避水兽却具有中原文化特色，身躯很短，爪子抓着两团水花，虎头虎脑，憨态可掬，没有威猛唬吓人的神态，反具淘气顽皮相，更接近现实生活。这让人自然联想到衙门里的虎头牌，应含有社会法治警示功能。明代杨慎在《升庵全集》中写道："俗传龙生九子，不成龙……四曰狴犴，形式虎，有威力，故立于狱门。"汉代扬雄《法言·吾子》曰："狴犴使人多礼乎。""音义：狴犴，牢狱也。"会通河初开，通航中常常暴露出诸多问题与矛盾，如河道浅窄、水源短贵，船闸不能随时启闭，必待船只集中到一定数量，才由闸官统一指挥上下闸启闭放船。启闸时，船只你拥我挤、争先恐后，秩序混乱，还有的官豪富贾违反规定，无视法纪，挖空心思制造大船，有时横闯隘闸、船闸，造成卡塞隘闸，堵塞航道，闸官丁夫劝阻甚或遭拳棍殴打。甚至有的权贵还"于河内筑土坝，积水以渐行舟"，造成闸坝损坏。更有甚者"往来使臣，下番百姓，及随从使臣，各枝斡脱权势之人，到闸不候水则，持势捶挞看闸人等，频频启放"。[1] 这种权贵仗势横行，航道时时堵塞，运河上下一片乌烟瘴气、嘈杂不堪。为了扭转混乱，朝廷不得不于天历三年（1330）下诏中外，严令诸王、驸马及以下官吏人等，到闸后一律按定例候闸启闭，否则治罪，并专派监察御使、廉访司使臣巡察办案，以保运河航道畅通。由此可想管理闸坝的都水监官员利用民间笃信的避水灵兽砌立闸坝之上，类似虎头牌法警符号作为标志，增强法制威慑，警示人们莫犯牢狱之灾，也不无可能。

四 临清"连环闸"河段出土的绞关石

在会通河清淤中，会通闸、临清闸两处闸底各打捞起一根绞关石。

绞关石在闸墩之上，以成对分别对称斜插垒砌在闸墩闸槽两边，像水

---

[1] 邱浚：《大学衍义补》。

井上的辘轳支架一样，摇绕木轴，用铁链提升闸板，以此管控升降，启闭闸门蓄泄闸河的河水，使闸内闸外河水持平，保证漕船进出。这两根出土的绞关石都是当年从闸墩边沿断裂的残件，长（残）2.1米、宽0.48米、厚0.37米，绞轴孔径0.15米。当时提降闸板时，先用木板搭在金门之上的两闸墩中间，闸夫站在木板上绞转绞轴，绞轴盘锁的铁链钩住闸板，提升或下降。前些时从临清戴家湾水闸出土一块闸板，长6.4长、宽0.30米、厚0.22米，硬木质，很重，闸板两头都系装拉升用的铁环（现正在山东省考古所做脱水、防腐处理），由此可知绞关石所承重的负荷很重，经年累用断裂损坏不可避免。各地不少闸河都有绞关石出土，但会通闸河底出土的这根绞关石与众不同，它刊刻有明确纪年，深具文献价值。

这根绞关石是残石，上存楷书碑文5行、铭文6行，译读如下：

……郡伯姚李氏赠平□县□□□……人正承直郎，知陇西金□□□……二人曰俨曰佑，女一幼□□□……弱不动声气，内外悦然□□□……有芘其后，可无憾已。铭：

白昼与夜　　　森彼□□
玄造攸在　　　清平□□
鼎鼎□□　　　季雁□□
善庆之洽　　　翁出□□
方远驰骛　　　□良转□
藏是玄室　　　龟趾□□
至顺四年岁次癸酉五月

从残件看，这根绞关石断裂后又被改作记事碑，因经年累月，碑石又被损毁，上部缺失至少4字，下部漫漶不清，但依残存的碑文分析可知：元代至顺四年（1333年，亦即元统元年），临清一仕官以承直郎赴陇西（今甘肃省东部、渭河上游）任知府，家中一幼女体弱多病，其夫人李氏为女祈求平安，捐资将断裂的绞关石替换更新，以善事佑济漕运安宁悦然。

这根绞关石从建闸的大德二年（1298）至替换下来，已使用35年。是用替换下的残绞关石刻字为碑，立于闸上昭彰善行。这通残碑据文博单位现有资料看，是会通河全流域出土的唯一一件元代刊有明确纪年的实物资料，文字翔实，内涵丰富，是研究元代运河水工设施的宝贵资料。

五 澄清了临清地方志中的讹误

《临清州志·城池·桥梁》载："问津桥旧为会通东闸，河废改称大闸，明万历州人秦大藩等重修，有碑存。"此条目依据"问津桥"因在"旁居民孙永龄墙中，发现垒砌的《会通东闸记》碑"，就认为这通碑是为"临清闸"而立的，并武断地臆造出"因思东闸之名，河势自东而西转入卫，当北尽卫河在西，呼为东闸，或此故欤"。① 其实这是罔顾事实，妄论雌黄。这里犯了一个常识错误：会通闸明弘治三年（1490）立碑，清乾隆十四年（1749）在孙永龄家发现碑，其间经历了 259 年历史变迁。修志者忽略了碑刻和永久性固定水闸建筑不一样，是件"可移动性文物"，致使撰文南辕北辙、信口胡诌、讹误后人。"临清闸"就是"临清闸"，"会通闸"就是"会通闸"，不可混淆。碑文中云："始于庚戌三月，至六月而工毕闸成，去旧址百余丈，崇广长阔悉如规制，其深与河等。于是水势既平，舟行上下如乘安流，公私便之。"② 其实碑中的"去"字修志者没有读懂，浮浅地识为："离去""距离"，其实这里本意为"剥去""揭去"之意。在挖掘中我们对会通闸上下雁翅墙进行了仔细测量，与弘治三年（1490）修葺中所更新总长度及《会通东闸记》所记大致相同，澄清了 360 多年的谬误。

碑文记载的是一次重要官修，但其他运河水利文献中都未记载，只知道永乐十五年（1417）开挖鳌头矶之南新河，鳌头矶之北会通河被废弃，称为"死河子"。从《会通东闸记》碑的记载和此次清淤挖掘所见，澄清了这段历史，"永乐间，初行漕法，以东闸既坏，尝加修治，更六十余年。卫河益深、闸益高，水势冲激益险，甚为行舟之患，故废闸者三十年于此。"③ 由此可知会通河在新南支河开挖后并未废弃，而是作为新开南支运河的辅助"月河"一直在通航使用。据推测这期间可能重要的皇粮漕运主要由南支新河头闸、二闸管控蓄泄、转输漕船，其资可补史缺。

---

① 乾隆《临清州志》卷7《城池》。
② 《临清州志·艺文志》中徐溥《会通东闸记》。
③ 同上。

《会通东闸记》碑，记载翔实、文简意赅、内涵丰富，是临清运河史上重要的一通碑刻。撰者徐溥（1428—1499），字时用、号谦斋，祑溪（今江苏宜兴）人，明代景泰五年（1454）进士，廷试一甲榜眼，游宦40多年，历经景泰、天顺、成化、弘治四朝，官居内阁首辅大臣（相当于国务院总理），总理朝政，忠于王朝，凝重有度，从容匡扶，提携人才，安静守成，尤在屡遇大狱及逮系言官时，尽力委曲调剂，保护有加，被誉为"明代贤相"之一。白昂弘治三年（1490）治理会通闸，请70岁的贤相徐溥记事树碑，这在250里会通河之上，就官居品级、贤相世德、朝野威望而言，这通碑可谓首屈一指。此碑即使今天读来，仍让人深感临清运河的历史沧桑久远。

六 结语

俄罗斯作家果戈理曾说："建筑是世界的年鉴，当歌曲和传说已经缄默，它依旧还在诉说。"临清会通河"连环闸"盛世重光，让人们再次看到它当年的原貌。会通河是人类历史上超大规模水利、水运工程的杰作，其为解决高差水位及水源问题而形成的重要工程实践，是开创性的技术实例，是世界水利工程、水运管理史上的伟大创举。临清"连环闸"，连同其他河段闸坝一起，以其世所罕见的时间与空间跨度，证明了人类的智慧、决心和勇气，是在农业文明技术体系下难以想象的人类非凡创造力的杰出例证，体现了传统运河工程的创造性和技术体系的典型性。会通河是公元13世纪前人工开凿的跨岭运河，其高差调水、梯级船闸比欧洲最早的类似工程乌得勒支连接莱克河的厢闸早了近300年。它以丰富多彩的多样性、复杂性和系统性体现了东方文明特点的工程技术体系，代表了工业革命前农耕时代土木工程的杰出成就，被《国际运河古迹名录》列入世界上"具有重大科技价值的运河"，是中国人的骄傲，更是世界运河工程史上的里程碑。

（作者单位：临清市博物馆）

杨以增在清江浦

吴文佳

杨以增（1787—1855）字益之，号至堂，亦名东樵。清东昌府聊城人。幼年丧母，由其祖母抚养成人，勤奋好读，博览群书，长于经学，于名物、象数、音韵、训诂皆入门径，尤雅好藏书，筑"海源阁"庋藏海内珍籍二十余万卷。道光二年（1822）中进士，历任贵州荔波、贵筑知县，遵义、贵阳知府，广西左江道，湖北安襄郧荆道，湖北按察使，河南开归陈许道，甘肃按察使，甘肃布政使，陕西布政使，陕西巡抚。道光二十八年（1848）就任江南河道总督。咸丰五年（1855）底卒于清江浦，时年69岁，谥号"端勤"。杨以增一生喜读书，爱收藏，以藏书大家闻名遐迩。同时他又是一个沉浮官场几十年的朝廷要员，在任江南河道总督期间，他的宦途和藏书都达到了顶峰。本文搜集正史、方志、实录、奏疏、笔记及台湾故宫博物院藏杨以增传包资料，对杨以增主政南河时期的活动做一综合考述，以就教于方家。

一 履难蹈险赴南河

公元1194年，黄河在河南阳武决口南侵入淮。黄河携带大量泥沙使清口以下淮河干道逐渐淤积，并在淮河中下游结合处造就了洪道型湖泊——洪泽湖。元明清定都北京，每年需从江南调运数百万石漕粮经京杭运河北上。黄河在淮安与运河、淮河交汇，使得这一带成为险要之地。至清代，黄河对淮河下游的侵淤日益严重，形势更为复杂，南河成为清政府的重点整治地区。为此，清政府专设江南河道总督，驻扎清江浦，重点治理南河。

河道总督始创于明成化年间（简称河督或总河），首任总河是工部侍郎王恕，驻扎山东济宁，负责黄河与运河全程的修防事宜。清因明制，设河道总督为治理河道的最高长官，"顺治初，设河道总督一人，驻扎济宁，综理黄运两河事务"。① 此后，随着黄、淮、运纠结侵淤的日益严重，淮安的重要性日益凸显，康熙十六年（1677），河道总督衙门由济宁迁移至江南清江浦（今江苏淮安市），反映出清朝政府对黄、运交汇之地的重视，所谓"河工自康熙中即趋重南河"。② 雍正时分总河为三：一为江南河道总督，管理江苏、安徽两省的黄、淮、运道，简称南河，驻清江浦。二为河东河道总督，管理山东、河南的黄河与运河，简称东河，驻济宁。三为直隶河道总督，管理海河水系及运河，简称北河，驻天津。"自是，北河、南河、东河为三督"，共同"掌治河渠，以时疏浚堤防，综其政令，营制视漕督"③，一般为正二品官。河督以下河道管理机构分为三级：道、厅、汛分段管理，并设有文职、武职两系统。厅与地方的府、州同级，设同知、通判，汛同县级，设县骗、主簿等。

在三河督中，江南河道总督管理江苏、安徽两省的淮河、运河与黄河河道，总督衙门所驻的清江浦是淮河、黄河和运河三河的交汇处。清代，黄河决口次数频繁，河水倒灌容易使得运河淤垫严重，从而给漕运造成很大的困难，需要不断的堵黄、疏运，河工工程异常繁重。因而南河总督责任重大，朝廷多任命能臣或满蒙要员担当此任，如尹继善、白钟山、刘统勋、鳞庆、萨载等。

黄河自南宋夺淮南流，至清朝道、咸之际已有700多年，入海口被黄沙淤垫严重，下游之水宣泄不畅，又造成河床升高成为地上河，因而一到汛期，常常溃决，人称："塞于南难保不溃于北，塞于北难保又溃于上，塞于今岁难保不溃于来岁"，到了不可收拾的地步，即便大禹再世，也无能为力。黄河南行不畅，改道北徙已成大势所趋。道光末年，黄河下游决口频仍，一发不可收拾，尤其是道光二十二年、二十三年祥符、东牟之决，正河断流，黄淮间一片巨浸，历时多年始得堵决，更为有清以来所罕见。

---

① 《钦定大清会典事例》卷901。
② 《清史稿》卷125《食货·会计》。
③ 《清史稿》卷116《职官志》。

自鸦片战争的失败后，清廷的内忧外患日益加剧，列强环伺，庞大的军费开支和战争赔款，使朝廷本已入不敷出的财政更是雪上加霜。为了解决财政危机，清政府除了增加田赋、盐课之外，还迫不得已削减了必要的开支。其中，主要是用于生产性支出的河工费与塘工费比重急剧下降。鸦片战争前，每年河工费用常在三四百万两，逢黄河决口，则高达七八百万两。① 河臣又多以河工为"肥差"，可以贪冒钱粮中饱私囊，故觊觎钻营以求其职者不乏其人。道光中后期，河患更甚，决口更加频繁。"河患至道光朝而愈亟，南河为漕运所累，愈治愈坏。"② 而政府的治河经费却不断减少，不管有无决口，每年只以 300 万两为限。③ 一旦治河不力，漕运受阻，皇上震怒，还要受到摊赔、罚俸、革职乃至充军等处分，南河总督之职也由"抢手"变为"烫手"，人人视为畏途，唯恐避之不及。

河工本是治理河道、防止水患的工程，明清两朝又特指治理黄河、运河的工程和事务。由于京师对江南漕粮的依赖，如何保证运河不受黄河侵害成为河工关键。清初，河工已有岁修、抢修、另案、专案、奏办、咨办等名目，运河工程还有冬挑例工等，并各有经费。久之，河工成为贪污的渊薮，嘉庆以后尤甚，贪污的手段是多种多样，基本上从工程和料价上下手，如虚报工程量、增加河工料价等。因此，清廷每年拨出的大量治河经费，多被河员贪污中饱，结果钱花了无数，水害反而愈烈，病民也愈甚。正如魏源所说"黄河无事，岁修数百万，有事塞决千百万，无一岁不虞河患，无一岁不筹河费，此前代所无也"④。河工成了清政府财政的漏洞和病民扰民的弊政，朝廷上下皆知其弊却乏鼎革良策。

正是在河费日削、河政日坏、河臣多被世人诟病的局势下，道光二十八年（1848），年过花甲的杨以增被从署理陕甘总督任上调为江南河道总督。接到任命后，杨以增的幕僚及同年好友均知河事糜烂难以为治，劝他借故辞官，回故乡养老。而杨以增本性朴厚疏阔，非恋栈之人，他常自言："古人曰归耕吾不能矣，若著毡冠，披羊皮裘，课乡里小童经书，吾诚乐之！"⑤ 对于河政弊端与治河之难，杨以增都十分清楚，但他自幼熟

---

① 参见金安清《清朝经世文编》卷 95，《黄运河利害议》。
② 《清史稿》卷 383《潘锡恩传》。
③ 《清实录》道光二十九年八月。
④ 《魏源集》上册，中华书局 1976 年版，第 163 页。
⑤ 梅曾亮：《柏枧山房文集》卷 13 "兵部侍郎江南河道总督杨家公传"。

读圣贤之书，儒家修齐治平和忠君保民的观念早已渗透到骨子里，明知河事难为却依然慨然赴任，他说：（河事败坏）"吾知稔矣。徒以受皇上特达恩，以县令超擢至此，欲决去诚不忍于心。"①面对这个出力不讨好的苦差事，杨以增没有选择逃避，于同年九月走马上任。

道光皇帝之所以选中杨以增担任南河总督，究其原因不外乎两点：一是因为嘉庆以后河费减少、河督责重事繁，一遇决口，还要按律"销六赔四"摊赔河工款②，许多高官视治河为畏途，（前任南河总督泮锡恩任职六年，治河劳心，以病辞任）朝廷干才难求。杨以增自入仕途以来，官声颇佳，林则徐曾推荐他接替自己为陕西巡抚，称其"诚正清勤，明敏练达，实为臣所不能及"③，为人处世，宽厚稳重，"恢恢乎如河岳之无涯，量鲸虾之巨绝，犀象之珍怪，无不容纳于其间。自县令至封疆，守正无阿，而一无龃龉……无私利心，能推利于人而不害其事也"。④ 在当时的官场中，杨以增不失为循吏和能臣。二是杨以增在道光二十一年（1841）任河南开归陈许道期间，河南祥符黄河溃决，他奉命参与修堵，"昕夕莅工次，风涛冲击，身屹立不少避"⑤，"在事出力"⑥，历数月才竣工。由此，杨以增积累了一定的治河经验，道光帝有"杨某熟谙河务"之评语。

杨以增入仕二十多年以来，多在边远省份任职，远离家乡，难以尽孝。南河总督位高权重，驻节清江，距故乡山东东昌不过千里之遥，凭借运河一帆可航。更何况杨氏"一专于书"，雅好收藏，清江地近江南藏书中心，文人墨客云集，开府于此有近水楼台之便，对于他所钟情的藏书事业有益无害。这或许应是杨以增愿意赴艰履险又不便明言的一个隐衷。

二　力矫河工之弊

杨以增到任时，河政积弊已深，河道管理机构烦冗。南河总督驻清江

① 梅增亮：《柏枧山房文集》卷13"兵部侍郎江南河道总督杨家公传"。
② 《大清律例》卷39《工律·河防》。
③ 杨绍和：《海源阁珍存尺牍序》，现藏山东省图书馆。
④ 梅增亮：《柏枧山房文集》卷13"兵部侍郎江南河道总督杨家公传"。
⑤ 民国《聊城县志·稽献文征》，许乃普"江南河道总督杨公墓志铭"。
⑥ 台湾故宫博物院藏《杨以增传包·列传覆辑本》。

浦，文武厅员星罗棋布。官员的麇集，使这里成为征歌逐舞的宴乐之地，"饮食衣服，车马珍玩，莫不极四方之巧"，官员大多贪图在清江浦的侈靡生活，不肯到各地守职。据当时的两江总督李星沅的调查显示，南河四道（淮海道、常镇道、徐州道、淮扬道）管辖同知通判23员，旧例应常年驻守各地，随时实力修防。但"近年来，惟徐州、常镇道署十厅照旧分驻工次。至淮扬道属七厅、淮海道属六厅，率多聚处清江，厅属几同虚设。非遇盛涨抢险，皆不到工。因而实任佐杂各官营汛，视堤防如传舍，即奏防汛候补人员，亦多安坐寓中，并不亲往帮办，殊非慎重要工之道。且清江人稠地隘，风气虚浮，厅员本有司职，乃若一无所事，游戏征逐，耗费实重……"①对此，道光帝深恶痛绝，谕令："此等恶习相沿已久，甚属可恨。杨以增甫经莅位，无所用其回护，务失公忠，务顾嫌怨，力加振作，悉除旧习，务期焕然一心，庶于吏治河防两有裨益。"② 将整顿"恶习"的希望寄于杨以增。又派钦差大臣巡视江南，"面晤河臣杨以增，令其裁汰冗员。据称黄运两河二十三厅内，惟常镇道属扬运通判，工程较简应归并江防厅，改为江运同知。有丹扬县丞、灵璧主簿、吕梁巡检三缺一并裁撤"。

杨以增到任伊始，就严令寄居清江浦的员弁各归工次，不准在清江逗留。又奉上谕"严行查禁，务令各守本讯，实力修防，不得稍有旷离，致滋贻误"。③ 不久，他上奏说："履任以来，明察暗访，每于接见询以河湖之关键寻坝之机宜，聆其言论，留心观看。"④掌握了所属道厅官员的才干优劣，针对当时人浮于事，许多官吏不谙河工、玩忽职守的情况，杨以增参奏朝廷，将才能欠佳而又居于要缺的扬河通判孙沛，险工抢修之时擅离职守、私回清江浦的高堰营守备薛瑶，年逾七十耳聋眼花的海阜厅县丞胡廷玙，才本平庸、名声狼藉的铜沛厅南岸主簿赵信沚等一批冗员革职查办。还遵旨将工程较简的常镇道扬运通判归并江防厅，改为江运同知，将丹阳县丞、灵璧主簿、吕梁巡检三缺一并裁撤。⑤ 对此，道光帝嘉谕称：

① 李星沅：《李文恭公奏议》卷19。
② 《清实录》道光二十八年九月。
③ 《清实录》道光二十九年三月。
④ 杨绍和编：《先都御史公奏疏》卷9。
⑤ 参见杨绍和编《先都御史公奏疏》卷9"参劾文武汛弁片"。

"甚属认真，嗣后若能常川如是，方合功令森严，尽心职守，朕甚嘉焉。"① 冗员的革省，既节省了河员薪俸，又对众多河官起到振聋发聩、以儆效尤的作用。

道光年间，河工之弊已经积重难返，河臣贪污，上下分肥，骄奢淫逸，酒色征歌已蔚成风气。河员的豪奢侈糜，可比皇室、权臣，"清江甫上下十里，街市繁华，食货丰富，五方聚集。行则车马喧嚣，居则高楼精舍。食则宾客盈门，山珍海味。游则青楼歌馆，通宵达旦，不知千百家"。② 杨以增并没有随波逐流，而是尽力矫除积弊，力崇节俭，率下以廉，革除旧习，使清江浦的风气为之一变，得到皇帝奖谕③。与此同时，杨以增又从核实河工物料入手，缩减浮费。清代治河，河料费用玄虚，是河员贪污的重要手段，如堵河用秸秆一项，国家拨款按垛收购于民间，按律每垛 5 万斤，报销官银 200 两，实际上只给百姓三四十两，虚报了五六倍以供各级河官分肥。胥吏在收料后，又往往虚堆假垛，中空如屋，三不抵一。据清人杂说："道光二十一年林文忠公（则徐）曾在济宁任东河总督，深知个中虚弊，他奏言：秸料乃河工第一弊端。其门垛、滩垛、并垛诸名目非抽拨拆现，难知底里。遂将南北十五厅各垛，逐查有弊者究治……岁省度支无算。"④ 杨以增与林则徐同声相求，为平生挚友⑤，又有长于经世之学、熟谙河务的包世臣为其幕僚⑥，故杨以增对于河事积弊十分清楚。为了杜绝下级文武官吏的冒领钱粮，节省费用，他经常亲到黄河岸边核查垛料，"每至一厅，除点数查量外，均挨工抽拆数垛"，检查是否有"虚松夹杂之弊"。⑦ 经过一番整治，河工有了一些新的气象，吏治有所改善，河费有所节俭。道光二十九年（1849），所用经费"比较道光二十六年少用银 77 万两，比较二十七年少用银 60 万两"。⑧ "故有余以

① 《清实录》道光二十九年三月。

② 转引自姚汉源《京杭运河史》，中国水利水电出版社 1998 年版，第 525 页。

③ 参见龙启瑞《经德堂文集》卷 4 "兵部侍郎都察院右副督御史江南河道总督杨公神道碑"。

④ 《清朝野史大观》卷 7 《林文忠公办理河工之精核》。

⑤ 林、徐二人在陕西时，一为巡抚，一为布政使，杨以增之子杨绍和七岁赋诗深得林则徐叹赏，遂收于门下，林氏奏稿，多交请杨氏代为润色。见李士钊《聊城〈海源阁珍藏尺牍〉所存林则徐致杨以增十七件手札》，《聊城师范学院学报》1983 年第 1 期。

⑥ 参见张英麟"翰林侍讲学士杨公墓志铭"，载民国《聊城县志·耆献文征》。

⑦ 杨绍和编：《先都御史公奏疏》卷 12 "查验岁料及堪办春修工程折"。

⑧ 杨绍和编：《先都御史公奏疏》卷 9 "查核库贮工用情形折"。

为后图"①。他还奉旨携所属道、厅员弁，检查河堤培修情况，"如有虚壤铲堤等弊，据实参赔。倘有老幼妇女偷抽料柴，亦即严拿惩办"。②

杨以增力戒浮华，尽心筹划，虽不能改变河政日坏的大局，但他的努力，既尽到了一个朝廷重臣的职责，也为灾难深重的清江百姓减轻了一些负担，在当时已属难能可贵。

三　堵黄治运，保漕安民

南河总督的主要职责便是治理黄淮河道，保证运河畅通，漕粮北上不受阻碍，这在清末是一副十分沉重的担子。杨以增身在其任，力谋其政，在任江南河道总督的七年中，他为堵黄治运竭尽了全力。

道光二十八年（1848）夏，在杨以增赴任前，黄河水势大涨，当时的两江总督李星沅命人开坝向洪泽湖泄水，由于河高湖低，河水一泄难收，致使运道水浅舟涩，漕船行进迟缓。杨以增到任后，皇帝命他接办此事，以确保漕舟如期过淮北上。杨以增率领属下文武吏员，指挥河兵和民工疏浚河道，于慎重中务求妥速之法，终于不误漕期，安稳度过汛期。道光二十九年（1849）入夏以后，阴雨连绵，河湖皆涨大水，运道危急，况拦河堤外万亩稻田秋熟在望。若只保漕河，开坝放水，农民半年心血就要付诸黄流，若一味保稻田，万一黄河决口，冲毁运道，泛滥成灾，则损失更大。杨以增既想保运道，又不忍伤民生，心急如焚，左右为难，他一面将危急情势写成奏折上奏朝廷，一面坚守在外南厅吴城七堡险峻堤段，"督率道将、厅营等，催运料物，鼓励兵夫奋力抢办"，但天意难违，"连日又复长水尺余，河溜益猛，随厢随走，赶用碎石抛压，亦仍冲失。竭三昼夜之力，黄水日长日高，大堤愈塌愈窄，有仅存顶宽一、二尺者，实属危险异常"。③无奈之下，杨以增与淮扬道查文经、淮安知府王梦龄及幕僚们反复商讨斟酌，权其害而取其轻，决定从以前洪泽湖泄清水涮黄河的旧地段，挑堤泄洪，此处河面高出湖面七尺多，在此宣泄不伤一家一口，损失最小。到"六月二十八亥刻，溜势愈形紧急，日前存堤顶一、二尺者顷刻塌尽，仅存

---

① 梅增亮：《柏枧山房文集》卷 13 "兵部侍郎江南河道总督杨家公传"。
② 《清史录》道光二十九年七月。
③ 杨绍和编：《先都御史公奏疏》卷 9 "水涨工危急筹减泄以卫漕运而保清淮折"。

底坡，瞬将过水"，便动工破堤，将黄河之水宣泄入洪泽湖，一夜之间即使黄河水位降低了四五尺，上下游险峻堤段都得保全，七堡溃堤之段得以放手抢修，清江淮安各处人心俱定。因挑堤泄洪之举并未来得及与漕运总督商议，也未得朝廷明示，故杨以增赶紧上奏章说明此是"于万分危迫之中为择害取轻之计，事出仓猝，不及先期奏明"，并详细绘图据实恭折上奏。得到了皇帝的谅解，降旨称"杨以增抢办险工泄黄减涨并绘图呈览……本年黄水积涨，南河吴城七堡堤段坍塌，危险异常，今该河督将大王庙旁泄清旧址挑通宣放，旋即消水四五尺，各工俱报平稳，七堡溃堤抢筑亦能得手。事属危急，自系从权办理"①。危急时刻虽然过去了，但由于泄黄河沙淤积，淮安至高邮段运河河道壅堵不畅，故使北上漕船行驶迟缓，比往年晚了近一个月，因此招致漕运总督张殿邦的不满，他上奏朝廷，参革南河总督杨以增以惩其误漕之罪。而吴城七堡泄洪后，道、厅河员敷衍塞责，坍塌河堤并未堵拢，致使黄水冲灌运河，河床继续淤堵。道光帝于当年十一月下旨，斥"杨以增督办不力，着摘去顶戴，下部严议"。不久因杨以增、陆建瀛和杨殿邦合力催儧，漕船终于按期过淮，不误来年新漕兑运，便又赏还顶戴，改为降四级留用②，继续堵塞泄黄决口。直到次年九月，河湖工程才竣工合拢。杨以增的处分亦随之开销。

　　道光三十年（1850）四月，黄河来源甚旺，漫滩涮堤，洪泽湖也盛涨异常。杨以增与两江总督陆建瀛一起"通筹河湖大局，奏请次第办理"。督促各道、厅及营弁，设法抢护黄河与洪泽湖之间的大堤，他亲往勘察江、扬两厅西堤工程，发现间有碎石单薄，土工亦有不实之处，便将承办各工之员一律革职赔修，严督改过，终于保证"各工悉臻平稳"③。同时，漕运总督杨殿邦因前次泄黄淤运而对杨以增心存芥蒂，他先参奏杨以增手下的外南同知娄晋办理灌塘之事草率，将其暂行革职。而陆建瀛、杨以增则联名奏称娄晋未经手灌塘事宜，不应处分。漕臣与督臣、河臣之言互相抵牾，受到皇上斥责。后经钦差大臣福济查明，杨殿邦之奏是"以己忘公"。下旨处分，交吏部议处，令其自新。由此，二杨之间更难相处④。七月杨殿邦又奏"淮扬运河水浅，漕船均需起剥……"而后经杨

①　杨绍和编：《先督御史公奏疏》卷9"水涨工危急筹减泄以卫漕运而保清淮折"。
②　台湾故宫博物院藏《杨以增传包·列传覆辑本》。
③　《道光皇帝上谕档》道光三十年。
④　《清实录》道光三十年七月。

以增查明，该处毫无浅阻，运河一律通深。只因江西各帮船行至瓜洲，为日已迟，要求漕臣提前赶灌二塘，杨殿邦没有答应，因而漕船"较多守候"迟迟不行①。杨殿邦推卸责任于杨以增，可见当时漕督、河督各有轸域，难以和衷共济，为此，杨以增、杨殿邦、陆建瀛均受到皇帝申饬②，反映了清朝的纲纪衰弛与官场人际关系的紧张。

咸丰元年（1851）是清王朝的多事之秋。是年，太平军起义于南，黄河水决肆于北，丰县北部的河堤被暴涨的河水冲决，杨以增接汛"驰抵丰北，查明漫口情形，奏言口门塌宽至一百八十五丈，水深三四尺"③。这次决口非同一般，大溜竟然掣动正河断流，分作数股在苏北、鲁南、豫东一带横溢。皇帝以杨以增身任河督未能事先预防为由，命"摘去顶戴，交部议处"。至次年四月，由于钱粮支绌等原因，丰北决口迟迟不能堵绝，杨以增被革职留任效力河工。此时，他已65岁高龄，仍以戴罪之身同两江总督陆建瀛一起，率河员民工挖土培堤，甚至在除夕之夜，风餐露宿河上。一切用度都自掏腰包，不费属吏官钱。下属们都深为感佩，实心用事，贪冒敛迹。

在黄河漫流运道不畅的情况下，朝中有人建言漕粮改行海运，杨以增也与陆建瀛一起联名上奏折，请行海运，得到允准。这年海船将100万石漕粮运至京，此后漕粮海运渐成主流，黄河与运河的修治便拖延下来。咸丰二年（1852）底，丰工决口已界堵合，可是寒冬到来，雪冻土僵，堤坝无法施工，功败垂成，上下怨尤。因为清廷正在全力镇压太平天国起义，军费激增，而河工费日渐紧削，捉襟见肘，丰工决口已经一年半多，迟迟没能合拢，受淹地区的官员百姓深以为苦，朝廷内外众口煽惑。大多数人认为是河工经费过于节省，无奈之下杨以增上章要求增拨河款，结果朝廷财政入不敷出，无款可拨，反而要杨"惟有坚持定见认真妥办。此巨工首重核实，朕知卿等断不为浮言所惑，益当不必嫌怨，慎重为之，以苏民困……"④ 可见杨以增已经倾尽其能，从国家大局出发，克勤克俭。但经费不足，使他"巧妇难为无米之炊"。丰北决口仍不能堵合。杨以增只有上疏请求推延期限并自请治罪，他第二次受到革职留任的处分，并被责成按律承担赔修工程款项。

---

① 《清实录》道光三十年七月。
② 同上。
③ 台湾故宫博物院藏《杨以增传包·列传覆辑本》。
④ 《清实录》咸丰二年。

　　咸丰二年（1852）秋，由广西金田起义的太平军已逼近长江，清政府命两江总督陆建瀛率兵到长江一线严加设防。杨以增在已经摊赔河款，几至家徒四壁的情况下，又想方设法筹措白银一万两，捐作军需。区区万两，对于朝廷庞大的军费需求来说可谓杯水车薪。但杨以增于危难之时急大局所需的作为却十分难得，由此，他得朝廷嘉奖并赏戴花翎复职。在干戈蜂起、民心丧乱的局势下，杨以增坚持职守，全力治河，直至咸丰三年（1853）正月底，才将丰县决口挂揽合拢，黄河回归主道，运河也未受到明显淤塞。道光帝闻报欣喜异常，下旨曰："杨以增经理得宜，不负委托，著加恩还给顶戴……交部优叙。"[1]

　　然而好景不长，六月黄河汛期来临，河水陡涨，丰工西坝再次坍塌。皇帝闻讯震怒，认为新筑的堤坝，数月而坏，其中必有弊端。杨以增再次遭到夺职处罚，留本任赎罪。这次革职摘顶，杨以增深自咎责，以为罪行不轻，可能会遭贬斥戍边，便开始收拾行装，所备衣物细软只敷日用，唯将珍藏之书装满几箱，准备携书上路。但道光帝也深知，丰工堤坝合而复决，是时势所成，责任并不全在督河之臣，故命杨以增仍留南河，戴罪效力，继续主持堵合丰工决口。

　　咸丰三年（1853），太平军攻克金陵，镇江、扬州也相继被攻占，淮安危在旦夕，杨以增在河事繁剧之时，又被饬命督防江北。而此时，河款河兵均已被挪作军用。杨以增无钱又无兵，无奈之下，只好奏明朝廷，自筹钱粮，自募兵勇，亲加训练，运筹布划。清江浦扼南北门户，又无山险可凭依，河湖交错，一片平衍，难以扼守。杨以增费尽心机，运筹帷幄，反守为攻，主动指挥兵勇攻打扬州，并声言要决洪泽湖水浇灌太平军的军营，使其不敢擅攻清江，保清淮一带免遭兵燹，百姓在三五年间得以安居。

　　咸丰五年（1855）太平天国运动已席卷大半个中国，清王朝遭受着前所未有的政治危机，更无暇顾及黄河工程。丰北决口愈冲愈宽，堵不胜堵。终于在六月汛期到来之际，在河南铜瓦厢发生了数百年来罕见的大溃决。洪水淹没五府二十余州县，主流向西北由张秋穿运河，夺大清河道入海。由此，黄河结束了700多年的东南夺淮入海的历史，而作为朝廷南北运输大动脉的京杭运河也被拦腰截断，河水被黄水裹挟东去，无法全线通航，运河漕运迅速衰败。

---

　　① 台湾故宫博物院藏《杨以增传包·列传覆辑本》。

这场人力不可逆转的大变故，使身为河督的杨以增更感到了前所未有的巨大压力。既要保境安民，又要修治恣意荡漾的河道，河防军务并集一时，艰险万状，回天无力，终于积劳成疾，咸丰五年（1855）十二月十八日，老病交加的杨以增卒于任上。临终时，仍"以塞河未成自悼叹"，"犹筹度其事未已也"①。

此时的咸丰帝正被国将不国的危局搅得焦头烂额，又惊悸于黄河大改道造成的涝灾，对于死于国事的杨以增，虽然深表痛惜，却没有给予应有的恩荣，只下诏以军营病故例给以抚恤。直到13年之后的同治八年（1869）太平天国运动被镇压以后，应两江总督马新贻及众官之吁请，才给杨以增"端勤"的谥号，并赏以"兵部侍郎都察院右副督御史"衔。②

四　倾力搜求江南珍籍

杨以增任南河总督七年间，虽公事繁剧，难有闲暇，但他喜好读书，尤嗜藏书。政务之余，别无他好，"一专于书"。③ 梅曾亮曾经在河督府为西席，授杨以增之子杨绍和古文辞。杨以增对他十分尊重，每天与他同案进食。据梅曾亮记载，杨以增常常在上午处理公事、接见宾客，事毕即手执一卷，或校勘，或诵读，晚饭后则常与三五好友研讨学问之事④，可见对文化的专注贯穿了杨以增的一生。在清朝后期杨以增以海内藏书大家名闻遐迩，正是在江南河道总督任，他的藏书事业达到了顶峰。海源阁藏书的精华大多是这一时期收集到的。

杨以增在湖北任道员期间，便开始购藏书籍，所收以普通版本、精刻本为主，珍本甚少。道光十八年（1838）杨以增奔父丧归里，因藏书渐多，乃于道光二十年（1840）建藏书楼，题其名曰"海源阁"，且旁书跋语道："先大夫欲立家庙未果，今于寝东先建此阁，以承祀事。取《学记》'先河后海'语，颜曰'海源'，盖寓追远之思，并仿鄞范氏'天

① 梅曾亮：《柏枧山房文集》卷13 "兵部侍郎江南河道总督杨公家传"。
② 参见马新贻《马端敏公奏议》卷7 "已故河臣杨以增勤劳懋著吁恩赐缢折"。
③ 杨绍和：《楹书隅录序》。
④ 参见梅曾亮《柏枧山房文集》卷13 "兵部侍郎江南河道总督杨公家传"。

一'名阁云。"① 此后他历任道员、按察使、陕西布政使等职，继续收藏图书。所收书籍数量虽多，但珍本较少。其中为数不多的几部珍籍，也都是江浙旧藏流散于各地者。

杨以增出任江南河道总督后，其官署设于清江浦，这里是连接南北方的漕运中心，同时也是文人骚客汇聚之区，据清人李元庚等《河下园亭记》及其续编、补编记载，清江浦有名士们修建的园亭山庄百余处，均为"名流所居"，文化气氛非常浓厚。如官绅张新标筑建的依绿园中有一曲江楼，即为清初淮安著名的文学社团——望社的主要活动地点，张氏"尝大会海内名宿于此，萧山毛大可（奇龄）预其胜，赋《明河篇》，一夕传抄殆遍"。② 杨氏在此任职凡七年，遍结名流宿儒，收购江浙诸藏书家珍善本书甚多。

道光二十九年（1849）杨以增沿运河南下访求珍籍，在扬州汪容甫处购得宋本《毛诗训诂传》二十卷和宋巾箱本《春秋经传集解》三十卷。③ 又继续南行至苏州，购得江南藏书名家季振宜、徐乾学藏宋淳熙三年张杆桐川郡斋刻八年耿秉重修本《史记》一百三十卷④。又访获黄丕烈"陶陶室"藏宋版《陶渊明集》十卷和《汤注陶靖节先生诗》四卷两种⑤。这次南下访书收获巨大，将多种宋本珍籍搜括囊中。尤其是宋本《毛诗训诂传》二十卷和宋本《史记》一百三十卷，杨以增更是如获至宝，后将其与宋本《诗经》《尚书》《仪礼》《春秋》《两汉书》《三国志》合称"四经四史"，筑专室收藏，成为杨氏海源阁的镇阁之宝。

咸丰二年（1852），杨以增再次南下苏州，访书购得毛晋、徐乾学、季沧苇、周良金诸名家收藏的宋王叔边刊本《后汉书》一百二十卷。宋版书籍历来以存量少、鍥刻精为世人所重，杨以增将这些辗转流离来之不易的典籍专辟"宋存书室"珍藏。

在道光二十八年（1848）至咸丰二年（1852）的四年中，杨以增于清江浦所收之书以汪士钟艺芸书舍所收黄丕烈旧藏为最多。明清时期，江

---

①　梅曾亮：《柏枧山房文集》卷11《海源阁记》。《社会科学战线》1980年第2期载李士钊《山东聊城海源阁》一文附有海源阁匾额照片，可参看。

②　李元庚：《山阳河下园厅记·依绿园》。

③　参见杨绍和《楹书隅录》卷1。

④　参见杨绍和《楹书隅录》卷2。

⑤　参见杨绍和《楹书隅录》卷4。

浙多大藏书家，如山阴祈氏澹生堂、江阴李氏得月楼、常熟赵氏脉望馆、常熟毛氏汲古阁、宁波范氏天一阁、虞山钱氏绛云楼、金陵黄氏千顷堂、昆山徐氏传是楼、秀水朱氏曝书亭、钱唐吴氏瓶花斋，皆闻名于海内。其中绛云楼、传是楼、汲古阁等，乃海源阁藏珍秘本书之渊源。虞山钱谦益乃明季清初藏书大家，其绛云楼弄藏之富，"冠于东南，几埒内府"。后其楼遭火灾，藏书焚毁大半，乃以烬余转交族孙钱遵王。昆山徐乾学乃顾亭林之甥，清前期的学问大家，既富有资财，乃广求古籍，其书室名曰传是楼。康熙初年毛氏汲古阁书散出，徐乾学、季振宜得之最多。乾嘉之际，徐乾学、钱遵王之书，由何焯介绍，半归北京怡府乐善堂，半归江苏吴县黄丕烈，而季振宜之书，时亦散出，为黄氏所得。故黄丕烈百宋一廛藏书甲于天下。黄丕烈死后，其书尽归汪士钟艺芸书舍。同时，汪氏又得顾氏小读书堆、袁氏五研楼、周氏水月亭之书，江浙藏书之精华，毕集于汪氏之家。道光、咸丰之交，其书陆续散佚，适值杨以增出任河道总督，杨氏凭近水楼台之优势，广为搜求，购获甚多。如《宋本史记》条下记曰："先公于辛亥岁（按：咸丰元年，即 1851 年）以三百八十金购之吴门。原册已损敝，次年又得一是刻残帙，命绍和互校，以清晰考入之……付工整治，都为六函……癸丑冬载陶南别业。"

杨以增之子杨绍和所编海源阁藏书志《楹书隅录》的正编中，载海源阁之珍善本书共 171 部，其中大都钤有江浙著名藏书家的印章，钤有汪士钟印章者 24 部，有黄丕烈印章、题识者 36 部，有徐乾学印记者 18 部，另外季振宜、钱遵王、汲古阁毛氏之印章题跋亦时常可见，从中可以窥见海源阁藏江浙旧籍之来源。光绪年间进士、曾任湖南学政的江标观看海源阁藏秘本书后说："吾郡黄荛圃（丕烈）先生所藏书，晚年尽以归之汪阆源（士钟）观察。未几，平阳书库扃钥亦疏，在道光辛亥、壬子间（辛亥、壬子乃咸丰元年、二年，即 1851 年、1852 年）往往为聊城杨端勤公（杨以增谥号）所得……甲申（1884 年）冬，复随先生（指汪郎亭）观书于阁中，端勤文孙凤阿舍人发示秘箱，举凡《艺芸书目》之所收，《楹书隅录》之所记，千牌万蕴，悉得寓目。大约吾吴旧籍十居八九，荛翁（黄丕烈）所藏又八九中居其七焉。"①

咸丰三年（1853）至咸丰六年（1856）的三年中，杨以增在清江浦

---

①　江标《海源阁书目跋》。

继续收购因战乱而散出的江浙各地旧籍。咸丰三年（1853）春，太平天国起义军攻占南京并定都于此。清军则建立江南、江北大营，包围南京。双方连年大战，战火燃至江浙一带，各家旧藏纷纷散出。当时清兵大部驻南京至扬州一带，他们乘战乱之机，掠夺珍籍古玩以出售。杨以增据守清江浦，地近江浙，且当南北水路交通要道，故购获甚多。其子杨绍和多述及此事。如《宋本新刊韵略》中记述道："咸丰初，扬州始复，南北各军往来淮上，往往携古书珍玩求售。此本为但云湖醝使所得，云老转贻家简侯丈，简丈以之赠余者也。"① 江浙旧籍流入书贾之手者更多，他们知道杨以增嗜藏书，乃持书单登门洽谈，《楹书隅录》中不乏此类记载。

另外，杨以增身居高位，宦迹甚广，朋友故旧遍及各地，其中不乏学问大家，也有版本学专家。他们处处留心古籍，遇有珍秘之本，即为之购买。如梅曾亮、刘燕庭、许印林、叶东卿、胡珽等皆曾为之购买珍籍，远道寄赠。因此，杨以增除大量购获黄丕烈、汪士钟等名家藏书外，购获江浙其他各家藏书亦甚多，全国其他地区之珍籍，亦间有所获。清江浦的河道总督衙门到杨氏的老家东昌府之间有运河连接，每年络绎不绝的北上运粮船，更给杨以增提供了将获购珍籍源源不断运回海源阁的方便，故杨以增在江南河道总督任上收购的江浙旧籍量多、质高，成为海源阁藏书的主体。

杨以增在清江浦的收书藏书活动在海源阁藏书史上是最为光辉的一章，在整个中国近代藏书史上也具有重要的地位。

五　余论

杨以增一生为官，卒于官任，又"一专于书"，苦心收藏。在仕途上，他官至封疆，位高权重，只可惜命运不济，遭逢乱世。在国事日下、河弊积深的情势下，杨以增以儒者的胸怀，以国家大局为重，明知不可为而为之，走马江淮，奉命治河，担当无人能够承担的重任，两遭革职，数次议处，虽竭尽能事，仍难挽颓局，以致心焦力瘁，以身殉职，成为清王朝国衰政颓的牺牲品。杨以增晚年的仕途凶险，正是封建王朝江河日下的反映，他在江南河道总督任的悲剧，也可视为中国末代王朝行将走向灭亡的一个侧影。

---

① 杨绍和：《楹书隅录》卷1。

至于杨以增的官品，有人认为，清代河臣无人不贪，杨以增久任河督，又花费巨资购求大量珍籍，恐怕也难以免俗。事实上，杨以增死后"宦襄萧然"，连皇帝都深为怜恻，"赐祭葬汝例"①。

道光名臣包世臣曾说：清朝自康熙朝的靳辅以后没有能言治河者，最多只能谈谈防河。又说河臣"能知长河深浅宽窄者为上，能明钱粮者次之，重武职这又次之"②。所谓明于钱粮者已经很难得，因为这样的河臣还能珍惜小民血汗。考察杨以增督河期间的所作所为，还算得上上等之臣。杨以增的同朝僚友也多认为他居官清廉。林则徐就曾说："杨至堂乃圣贤门中人也。""至堂守身如金城汤池，粟私不可攻至。"③ 马新贻也称："南河向称繁富之地，自该河臣莅任，力崇节俭，率下以廉，风气为之一变。"道光皇帝有"尽心职守，一洗旧习，朕甚嘉焉"之谕；咸丰帝亦有"卿能克勤克俭，亿万生灵蒙福"的赞语。④ 他的幕僚好友，更是多赞其为"循吏""儒者""清白吏"⑤ 等。由此可见，杨以增在当时贪污成风的官场，身处有"贪窟"之称的南河，并没有像大批河政官僚一样奢侈淫靡，也没有中饱私囊的劣行，能够尽职守责，克己奉公。

即使退一步说，杨以增或许不能绝对清白（目前我们还未见到杨氏劣迹的相关记载），但他把所有的积蓄除了赔修河工外，都节衣缩食，抢救性地购买大批因战乱而不保的珍贵的江南图籍，为保存中华民族文化命脉而倾其所有，为世人留下了海源阁这样一座文化宝库。正如有的学者所言：杨以增的搜购图书，不仅显示了一种文化良知，更重要的是，他的搜购很大程度上是一种抢救，在干戈蜂起、风雨飘摇的清朝后期，让散落民间的残篇断简有了一个聊避风雨的归宿。他实际上是在为我们这个民族充当文化拾荒者。⑥ 仅此，也应该得到世人对他的感念与尊重。

（作者单位：北京联合大学）

---

① 台湾故宫博物院藏《杨以增列传》覆辑本。

② 包世臣：《安吴四种·中衢一勺》。

③ 梅曾亮：《柏枧山房文集》卷 13 "兵部侍郎江南河道总督杨公家传"。

④ 马新贻：《马端敏公奏议》卷 7 "已故河臣杨以增勤劳懋著吁恳赐缢折"。

⑤ 参见龙启瑞《经德堂文集》卷 4 "兵部侍郎都察院右副都督御史江南河道总督杨公神道碑"；民国《聊城县志·耆献文征》，许乃普 "江南河道总督杨公墓志铭"。

⑥ 参见夏坚勇《旷世风华——大运河传》，上海人民出版社 2002 年版，第 179 页。

明清直隶运河城市的历史变迁

——以景州为视角的历史考察

郑民德

明清时期的景州包括现在的沧州与衡水部分地区，是连接京津与齐鲁之间的交通纽带，特别是运河贯通后，更一跃成为直隶重要的漕运码头与商业中心，不但每年有数万艘漕船、商船、民船、使节船在此经过，带来了南北物流与货物的聚集，刺激了其属境故城、吴桥、东光、泊头等城镇的繁荣，而且中央与地方政府在此设立管河机构与施行水利工程，也提高了景州的政治地位。此外，景州明代与清初属直隶州，归河间府管辖，辖三县，雍正二年（1724）降为散州，其政治地位的下降，既与河道变迁、国家漕运政策、商业迁徙等因素密不可分，同时也是战乱与水旱蝗等自然灾害影响的结果。目前，学术界对运河城市的研究多集中于北京、天津、山东、江苏等省份与城市，而对河北地区关注不多，本文通过对景州运河文化与区域社会的探讨，力图揭示运河交通与河北城市发展之间的关系，进而反映城市变迁的规律与本质。

一 河政建置与水利工程

明清京杭运河贯通北京、天津、河北、山东、江苏、浙江等省市，将每年400万石漕粮源源不断地运往京城与边防要地，为保障这一国家生命线，中央政府在沿运一线设立了许多水利部门，对黄、淮、运、海等河进行专门管理，并兴修水利工程、建设闸坝、防洪抢险，定期对运河清淤、捞浅、挑浚，投入了大量的人力、物力、财力，属明清王朝的重要国策。

其中，直隶景州作为国家漕粮入京的必经之路，是京畿屏障与漕运咽喉，正如《景州志》所载"顾卫河在境内十八里，转漕东南数百万石以给天庾，堤防之责非守土者职耶，若夫兴修水利以厚民生，圣主贤臣次第经画者"①，并且"各省漕船由河挽运，鳞次栉比而前，重运回空出入州境，按时督催上报，如遇浅阻，雇夫挑浚，募船运剥，兼有稽查盗卖粮米之责，自春徂秋，司河务者职甚重矣"②，正是因景州在国家漕运中具有重要的地位，所以明清中央政府不但在此设官分职管理河道，而且兴修了大量的水利工程，保障了漕运的畅通。

明清两朝对河道行政建设非常重视，其中明置总理河道，清设直隶、东河、南河三总督，其属下的管河道、厅员、汛弁更是不计其数，甚至沿河地方政府都专置管河兵备道、同知、判官、主簿等，专门处理河务事宜。景州作为河间府属地，靠近畿辅，境内河道纵横，其水利管理更为复杂，所以朝廷对河政问题非常关注。明永乐运河贯通后，在张秋置北河工部分司管理山东济宁至天津河道，其后数百年间河官为，"河间府管河通判一员，专管交河、景州、吴桥、东光、南皮五州县运河工程……景州知州一员兼管本州运河工程，州判一员专管本州运河工程……吴桥县知县一员兼管本县运河工程，县丞一员专管本县运河工程……东光县知县一员兼管本县运河工程，主簿一员专管本县运河工程"③，《清通典》亦载"河间河捕同知二人，泊河、子牙河通判二人，西汛清河、故城、吴桥管河县丞各一人；东汛景州、沧州管河州判各一员"④，其中河间府管河通判驻扎泊头，景州管河州判驻安陵镇，其他各县管河县丞、主簿、典史也位于河工要地，以备随时防洪抢险与催攒漕船。另外，中央政府对于河道官员实行分段管理，以明确职责，如河间府通判"景州以北至天津河道隶之"⑤，景州判官"河道南接德州罗家口起，北接吴桥狼家口止，共二十四里"⑥，吴桥县管河典史与县丞"河道东岸南接德州罗家口起，北接东光县连窝浅止，西岸南接德州白草洼起，北接东光王家浅止，各六十

---

① 屈成霖：(乾隆)《景州志》卷1《河防》。

② 同上。

③ 张鹏翮：《治河全书》卷13《官制》。

④ 《清通典》卷33《职官》。

⑤ 王履泰：《畿辅安澜志》之《卫河》卷8。

⑥ 谢肇淛：《北河纪》卷5《河臣纪》。

里"①，东光管河主簿"河道东岸南接吴桥狼拾浅起，北接南皮下口浅止，西岸南接吴桥古堤浅起，北接交河白家浅止，各六十里"②。除此之外，明清两朝景州河政建置也并非一成不变，而是随时与国家漕运政策、河道状况相适应，如弘治七年（1494）"裁河南布政司管粮参政，南阳、桐柏二县抚民县丞，直隶沧景二州管河通判，交河、吴桥、南皮、兴济、东光、静海、青、元城八县管河主簿"③。管河官裁撤后，导致河务管理陷入混乱，工程无人施建，嘉靖二年（1523）朝廷议准"遣都御史一员提督河道事务，山东、河南、南北直隶巡抚、三司等官俱听节制，仍添注郎中、员外郎各一员分理"④，嘉靖十年（1531）又"裁革嘉祥、东阿、馆陶三县管河主簿，添设景州、沧州管河判官"⑤，其后虽有反复，但均以常设为主。入清后，雍正四年（1726）怡亲王勘察直隶河务后奏称"直隶河道向无专员管理，以致事权不一，稽核难周，经臣等合词奏请添设河员，钦蒙皇上敕下九卿议覆，将天津、通永、大名三道并永定河分司俱改为河道……除旧有河员仍循及悬缺未补之河间府河捕同知、泊头通判、景州州判、霸州州判、故城县丞、交河主簿、青县主簿、静海县主簿、香河县主簿等九员，已经委员署理"⑥，雍正十一年（1733）直隶总督李卫又言："直隶地方辽阔，州县事务殷繁，所有佐杂官员宜酌量增改，查故城县郑家口、景州龙华镇、河间县景和镇、北魏村……请添设巡检一员"⑦，这样加上景州其前设立的安陵、宋门二巡检司，其巡检司数量达到了三个，充分说明了其地位的重要性。雍正后，直隶基本建立了以北河河道总督为主的河政体系，永定河、子牙河、海河、运河、东西淀各有官员管理，景州、沧州、天津等地河务事宜逐渐步入正轨。

明清两朝，直隶除设立管河官员外，还在沿河要地置浅铺、兵堡、驿站，役使大量的民夫与兵丁疏浚河道、筑堤立闸、防洪抢险，以保障运道安澜与民众生命财产安全。景州运河"自山东德州西北抵桑园镇入州境罗家浅，又北至玉泉庄，又东北至陂塘浅，又西北至华家口，又北至薄皮

---

① 谢肇淛：《北河纪》卷5《河臣纪》。
② 同上。
③ 《明孝宗实录》卷86，弘治七年三月壬辰条。
④ 申时行：《大明会典》卷198《运道三》。
⑤ 傅泽洪：《行水金鉴》卷165《官司》。
⑥ 陈琮：《永定河志》卷11《奏议二》。
⑦ 《清世宗实录》卷135，雍正十一年九月乙酉条。

浅，又西北至狼家浅，迤东又西北至安陵镇州河防之境止，凡西岸堤工二十四里，凡为浅者四，东岸山东德州卫、直隶吴桥县分辖，以河心为界"①，《漕运通志》亦载"景州罗家口等浅凡四，每浅老人一名，夫十名，什物二十二件，岁办桩八百八十五根，草六千二百八十束，树多寡不一"②，其工食银两为"浅铺夫每名每年银七两二钱，俱于本州条编银内支给，每年河道钱粮一十六两九钱七分四毫，桩木银一十二两八钱，苇草银一十二两八钱"③，后夫数改为三十五名，康熙年间裁半，乾隆元年（1736）因专设河兵守河，故捞河浅夫全裁。景州河防险工主要集中于老龙头与观音堂两段，乾隆年间知州屈成霖动用民力"建筑老龙头月堤一道，长七十三丈，底宽六丈，顶宽二丈，高七尺五寸。观音堂东月堤一道，长一百八十六丈，底宽六丈，顶宽二丈，高九尺"④，除修固堤坝外，景州官民还在河堤植柳数千株以固河防。为发展水利灌溉，景州本地的河道也进行了一定的治理，如开挖惠民渠，开浚大洋河、张甲河，改善了水旱不均的生态环境，使农业得到一定的发展。景州属县东光卫运河"又名御河，为今漕运要津，在县西三里许，源出卫辉，故名，经故城、吴桥，有大龙湾、小龙湾，萦延环带，由县治西而北，下至沧州、青县、静海、天津卫，东入海"⑤，东光县运河两岸南北各长六十里，有浅铺九处，河东岸自北至南为夏口浅、李家浅、任家浅、狼拾浅；河西岸自北至南为白家浅、牛坊浅、桑园浅、大龙浅、古堤浅，每浅又有口数处，如李家浅就包括无名口、霍家口、金家口，九浅共计口四十处，均为各浅的险要之地"九浅额设长夫八十一名，遇旱干浚浅，专责长夫，民无偏累之苦"⑥，另外清设河兵制度后，又在运河西岸设把总一员，河兵十二名，建堡十四座，汛夫四百四十八名；东岸主簿一员，河兵十二名，堡十四座，汛夫四百四十八名⑦，其中河兵为固定守河人员，属准军事编制，主要负责防洪抢险与河道守护，浅夫也为额设，常年负责疏浚河道，工食银两由地方府库发给，而汛夫则征自附近百姓，为紧急时刻的临时派遣人员，非常设。

---

① 屈成霖：乾隆《景州志》卷1《河防》。
② 杨宏、谢纯：《漕运通志》卷2《漕渠表》。
③ 谢肇淛：《北河纪》卷6《河政纪》。
④ 屈成霖：乾隆《景州志》卷1《河防》。
⑤ 白为玑：康熙《东光县志》卷2《山川》。
⑥ 白为玑：康熙《东光县志》卷2《河防》。
⑦ 参见周植瀛光绪《东光县志》卷1《河防》。

东光运河堤岸虽素称坚固，但因常年维护河道，"频年筑堤取土多掘毁岸旁民地，夫民之地毁而额征如故，人情亦有大不堪者"①，可见明清只保障国家漕运，不顾及沿岸民生农业的做法，也确实产生了很大的弊端。故城县"旁临运河，数十万之岁运及冠盖之轴舻上下"②，同时"卫河、古漳河虽入境俱仅数十里，实为大川，卫水漕运所经，河工尤为紧要，一切修堤挑浅相机度宜，诚官若民所当请求者"③，县境运河堤自甲马营至四女寺，堤高七八丈，长三十七里，建有遥堤、月堤相互配合，明代故城诸县浅夫"多者常至百人，少者亦有三四十人，皆朝廷额设，其时在故城、景州名数各三十，吴桥则九十，以地分而浅多故也"④，清乾隆时则设河兵十八名，道光后裁归巡检司，并命县丞带领本县民役负责郑镇南头险、北头险、冷家坟险、方垄屯险、王庄险等重要区域的河工修防。吴桥县"沿河十浅，每浅夫九名，河东岸北至东光县狼拾口界，南至山东德州卫会家坟"⑤，"明以卫河为漕渠，其濒河州县皆以河干人民应充浅夫，供浚河筑堤役，其浅各有地分，计地部置，每浅额设浅夫多者常至百人，少亦三四十人"⑥，十浅分别为连窝浅，长十二里；小马营浅，长二十二里；铁河圈浅，长十五里；降民屯浅，长一里三分；罗家口浅，长一里；白草洼浅，长一里二分；高家圈浅，长一里二分；朱官屯浅，长二十里；郭家圈浅，计长十四里；王家浅，计长十二里，吴桥运河"有修筑，有挑浚，有牵曳，有防守，甚而有敲水方拢，甚而有溃决之祸，是吴邑之大害也"⑦，可见运河对于国家是经济命脉，可对于普通百姓与基层社会，往往带来不利的影响。

明清两朝，中央政府在直隶地区屡兴河工大役，修建了一系列水利工程，维护了漕运的畅通与堤岸的巩固，使京杭大运河的交通、商业、文化作用得到进一步发挥。如永乐十年（1412）会通河刚刚疏浚成功，各项水利配套工程尚不完善，太仆寺卿杨砥奏言："吴桥、东光、兴济、交河诸县及天津等卫屯田，雨水决堤伤稼，切见德州良店驿东南二十五里有黄

---

① 白为玑：康熙《东光县志》卷 2《河防》。

② 蔡维义：雍正《故城县志》之《旧序》。

③ 丁灿：民国《续修故城县志》卷 2《河防》。

④ 丁灿：民国《续修故城县志》卷 2《河兵》。

⑤ 任先觉：康熙《吴桥县志》卷 3《河政》。

⑥ 倪昌燮：光绪《吴桥县志》卷 1《河工》。

⑦ 任先觉：康熙《吴桥县志》卷 3《河政》。

河故道，州南有土河与旧河道通，若于二处开河置闸，则水势分，可以便民"①，接到奏报后，永乐帝非常重视，命工部侍郎蔺芳前往经理，以便漕运民生。永乐十六年（1418）秋又修景州吴桥县刘家口堤岸②，永乐年间是国家对京杭大运河的经理时期，漕运与河道管理制度尚处于萌芽与初建，所以运河各项工程众多，景州作为畿辅要地，其地的水利管理更受重视。嘉靖十四年（1535）御史曾翀奏称："漕河自临清而下，汶水与卫水、漳水、淇水合流，北至青县，复合磁、滹诸水，经流千里始达直沽，每遇大雨时行，百川灌河，其势冲决散漫，荡析田庐，漂没粮运，请于瀛渤之上流，如沧州之绝堤、兴济之小埽湾、德州之四女寺、景州之泊头镇，各修复减水废闸，股引诸水以入海，则大势分而不为害"③，其建议得到了朝廷的批准。隆庆三年（1569）运河又在"吴桥县冲决朱官屯，交河县冲决徐家码头等处，青县冲决盘古口等处，与沧、景二州，南皮、静海二县及天津卫堤，属天津兵备会同北河郎中经理，上皆从之"④，明代景州段运河工程以筑堤与疏浚河道为主，所以浅夫的数量较多，其管理者则上自北河工部郎中、天津兵备道，下至河间府管河通判、景州管河判官、各县管河县丞与主簿等，共同维持直隶河道的安澜。入清后，中央政府在继承明代河道管理制度的基础上，也在景州、沧州、天津等地修筑了大量水利工程，如雍正八年（1730）德州第九屯运河决口，"直隶景州以下十余县禾稼尽没，水利衙门屡行咨会而决口讫未坚筑，盖其地处上游水过，正堪艺麦，而此间形如仰釜，有受无泄，纵竭力修筑堤工巩固，亦何救于田庐之淹没耶"⑤，可见该地区的水道环境非常复杂，治理也异常不易。雍正十二年（1734）直隶总督李卫又奏："直隶之故城县与东省之德州卫并武城县地界毗联，系河流东注转弯之处，向未筑有堤埝防御，一遇发水，弥漫流溢，请劝谕民间，偿助土埝，量给食米，以工代赈"⑥，得到了世宗皇帝的批准。与国家动用国库正银大规模修筑运河大堤不同，民埝一般由百姓自行筹款修建，其规模较小。到了清代中后期，虽然国家内

---

① 《明太宗实录》卷134，永乐十年十一月戊戌条。

② 《明太宗实录》卷202，永乐十六年秋七月辛酉条。

③ 傅泽洪：《行水金鉴》卷114《运河水》。

④ 《明穆宗实录》卷40，隆庆三年十二月乙丑条。

⑤ 陈仪：《直隶河渠志》。

⑥ 《清世宗实录》卷139，雍正十二年正月癸卯条。

忧外患不断，但对黄淮运的治理却愈加重视，每年河工用银达数百万两之多，如道光二十四年（1844）"培修直隶天津、静海、青、沧、南皮、交河、东光、吴桥、景九州县堤工，并浚沧州减河，加筑石坝海墁"①，其后因运河淤塞，历年大工不断，但由于此时河政腐败，多数治河款项被挥霍殆尽，河道形势日益败坏。

总之，明清两朝之所以在景州地区设置河官、修建工程、派遣服役，是由以下三个原因造成的。首先，景州境内河道形势复杂，是京杭大运河的关键所在，每年数百万石漕粮都经过这一地区，所以河工建设异常重要。其次，景州属于河间府，靠近天津与北京，是南北交通枢纽，属畿辅要地，加强对该地的河道治理，不但便利于漕运与商民，而且更有益于中央政府对其控制。最后，景州、沧州地理环境复杂，水旱蝗灾害不断，民众的反抗精神异常强烈，一旦温饱不能满足，便往往发动起义，威胁地方社会秩序的稳定，通过对水道环境的改善，减少自然灾害的发生，有利于百姓过上安稳的生活。

二　经济与商业的发展变迁

明清时期京杭运河对于统治者的作用是运输漕粮，以满足京城、边防、卫所的粮食供给，以维持王朝的延续与政权的巩固。但是除了政治与军事的因素外，大运河最大的作用却是经济功能，每年源源不断的商船、民船、人流、物流往来于运河南北，不但刺激了天津、景州、泊头、临清、张秋、聊城、徐州、淮安等城市的繁荣，而且扩大了城市与乡村之间的物资流通，强化了运河区域集市与庙会的商业功能，使农业、手工业、服务业的生产效率与商品化程度都大为提高，逐渐形成了一个涵盖北京、天津、河北、山东、江苏、浙江数省的运河经济带，构建了一大批运河城市群。

明清景州经济的发展首先表现在城市商业的繁荣上，在景州州城、东光、吴桥、故城等地，泊头、郑家口镇、四女寺、方垛屯等乡镇，都出现了人口辐辏、商业繁荣、车马交驰的场面，而这一切都离不开运河的畅通。

---

① 《清宣宗实录》卷405，道光二十四年五月壬午条。

《故城县志》载"城南御河为南北运道，水路冲衢，舟舻往来，差舫络绎"①，商人与民众杂沓而至，非常热闹。吴桥县"卫河为漕运之咽喉……当夏秋波涛荡漾，轴舻衔尾而进，款乃月明不绝，商贾辐辏，宝货俱陈，东南物华之美，下邑得而有之"②。明代河间景州沿河一带南北商货囤集，"行货之商皆贩缯、贩粟、贩盐铁木植之人。贩缯者至自南京、苏州、临清，贩粟者至自卫辉、磁州并天津沿河一带，间以岁之丰歉，或籴之使来，粜之使去，皆辇致之，贩铁者农器居多，至自临清、泊头，皆驾小车而来，贩盐者至自沧州、天津，贩木植者至自真定，其诸贩瓷器、漆器之类至自饶州、徽州，至于居货之贾，大抵河北郡县俱谓之铺户，货物既通，府州县间亦有征之者，其有售粟于京师者，青县、沧州、故城、兴济、东光、交河、景州、献县等处皆漕挽，河间、肃宁、阜城、任丘等处皆陆运，间亦以舟运之，其为市者以其所有易其所无也，日中为市，人皆依期而集，在州县者一月期曰五六集，在乡镇者一月期曰二三集，府城一日一集"③，从这段史料我们可以看出，河间府诸州县的商业贸易往来几乎完全依靠运河交通，其中既有瓷器、漆器等奢侈品，也有食盐、粮食、铁器等日用品，商品交易范围辐射河南、山东、山西，甚至安徽、江西诸省，由此可知明代河间府的城市商业是比较发达的。故城县有新街午市，"邑侯李康祖开两街，增民舍，以通货财，刻日为市，每日中贸迁者四合而至，民甚便之"④，除新街午市外，故城商业较为繁华的街道还有弦歌巷、迎恩街、兴文街、承流街、宣化街、双峰街、延禧街、临津街、永和巷等，均为县内重要街道，承载着日常贸易的功能。吴桥县有十字街、秀才街、乾石桥、季家胡同、窑货市、小十字街、半卫街、大寺胡同、养济院街等，亦为县内主要商业街道⑤。除城厢外，景州各属地沿运城镇依靠便利的运河交通，聚集南北货物，商业也有了突飞猛进的发展。如泊头镇"南通江湖，北达津京，川产广产之运输，海货洋货之兴贩……而泊头实当其冲"⑥，号称"南北大都会"⑦。在泊头兴盛之时，"为水陆通衢，贸易商贾及肩挑背负者十居其

① 蔡维义：雍正《故城县志》卷1《疆域》。
② 任先觉：康熙《吴桥县志》卷3《河政》。
③ 樊深：嘉靖《河间府志》卷7《风土志》。
④ 蔡维义：雍正《故城县志》卷1《疆域》。
⑤ 参见任先觉康熙《吴桥县志》卷1《街巷》。
⑥ 徐纯性：《河北城市发展史》，河北教育出版社1991年版，第352页。
⑦ 谈迁：《北游录》之《纪程》。

九，并非乏食庄农"①，境内运河"船艘密布，多如过江之鲫"②，镇内店铺林立，有当铺、粮店、绸缎店、药堂、雕版印刷各种行业，最多时达二百余家，与山东张秋镇、周村镇、天津杨柳青、江苏盛泽镇、江西景泽镇齐名，被誉为"津南第一大商埠"。故城县郑家口镇"在县西南二十五里，滨临卫河，为南北水陆要冲，居民稠密，贾肆繁多，前志八景之南埠商舻即指此镇，有营有汛，为大都会，自咸丰初年漕运暂停，商贩渐形萧索，而朝烟暮火风景犹存"③，四女寺镇"在县东南十八里河南，人烟凑集，属山东恩县，河西半村属故城"④，方墼屯"在县西南十五里，旧有街市、坊店，居民稠密，因临卫运，兵马络绎，散处各村，故废"⑤。其他像吴桥县的连窝镇、安陵镇、感德店、新镇店、张家店，东光县的马头镇、连镇、沙河庙、大龙湾等，均为本县商业繁荣、人口众多、交通便利的沿运市镇，为周边商人与百姓聚集贸易的场所。

明清景州商业发展的另一个表现是集市与庙会贸易的发展。集市为明清时期基层社会民众商品交易之地，有着悠久的历史。"考之聚货曰集，周礼设司市以掌之，交易而退，各得其所，法称极善"⑥，而庙会虽贸易频率不如集市，且多为每年某一段时间以敬神演剧而设，但商业作用却不可忽视，往往吸引周边数百里的商人前来交易，其贸易商品的规模十分庞大。为清晰地将明清景州及其附属各县的集市与庙会分布情况表示出来，现列表如下。

表 1　　　　　　　　　　**景州市集分布**⑦

集市
南关：逢七，北关：逢二，东关：逢四，西关：逢九；里厢：一六
安陵镇：三八，连窝镇：四九，留智庙：三八
王官店：一六，野里庄：四九，神土冢：三八

---

① 方观承：《赈纪》卷 2《核赈》。
② 徐纯性：《河北城市发展史》，河北教育出版社 1991 年版，第 350 页。
③ 丁灿：民国《续修故城县志》卷 2《关隘》。
④ 同上。
⑤ 蔡维义：雍正《故城县志》卷 1《街巷》。
⑥ 白为玑：康熙《东光县志》卷 2《市集》。
⑦ 屈成霖：乾隆《景州志》卷 2《市集》。

续表

集市
谢疃：二七，青阑：四九，隆兴：三八
河渠：一六，广川：四九，龙华：五十
礼义镇：三七，王谦寺：三八，杜家桥：五十
杨八道屯：五十，宋门镇：一六，向化屯：一六
孙家镇：五十，刘家集：一六，梁家集：三八

表2　　　　　　　　　**东光县集市与庙会分布**①

集市	庙会
东西南北四关：每月三八，轮流周而复始	城隍庙：五月二十五日，孙家寺：二月与十一月
连镇：二七，陶家店：二七，秦村：一六	关帝庙：十一月十五日，真武庙：三月初三日，九月初九日
陈家坊：四九，灯明寺：二七，里头村：一六	晋照寺：十月初六日，周家庙：四月十八日
马头镇：一六，王家集：四九，营子：一六	东乡庙会、郝家寺：二月九日，西乡庙会：二月十五日
夏口：二七，燕台：一六	灯明寺：六月十二日，药王庙：四月二十八日

表3　　　　　　　　　**故城县集市与庙会分布**②

舞雩街	逢七日集
弦歌巷	逢五日集
临津街	一三日集
迎恩街	逢九日集
小马房	四九日集
南化村	二七日集
庙上	五十日集
牟村	一六日集
郑家口	四八日集
三朗镇	二七日集
庙会两处：城隍庙（每年六月初六，十月十日起，各四日）	东岳庙（每年三月二十五日起，四日）

① 白为玑：康熙《东光县志》卷2《市集》；周植瀛：光绪《东光县志》卷2《庙会》。
② 蔡维义：雍正《故城县志》卷1《集期》；丁灿：民国《续修故城县志》卷2《集市》。

表 4		吴桥县集市与庙会分布①	

集市	庙会
在城集、张家圈、赵桥、高家店、单家店、北徐王、刘桐庄、十五里口、李方庄，均一六日集	白衣庙会：正月至三月十一日止 古会：五月初一日，九天
西堂、连镇、杨家寺、范家屯、楼子铺，均二七日集	郝家楼：三月初三日，五天 关帝庙：五月十三日，五天
赵寨、韩村、曹家洼、辛集、梁家集、三官庙、安陵镇，均三八日集	孙公庙：三月十五日，五天 娘娘庙：三月二十八日，五天
—	佛爷庙：四月二十八日，五天

从上面四个表可以看出，景州、东光、故城、吴桥在城厢与镇店均有集市分布，甚至在沿运河的地区，还往往出现几个镇在同一日期逢集的现象，这是因为沿河区域不但货物众多，是南北商船、民船、客船的汇集码头，而且人烟密集、商贾辐辏，所以开集频率较高，交易商品的种类也较多。而普通的市集多为周边百姓日常贸易的场所，日常商品以粮食、布匹、牲畜、铁器、杂货为主，商品化程度不高，甚至还经常存在以物易物的现象，多为普通百姓的日常所需。相较于集市，庙会的数量较少，开市频率低，但交易商品种类丰富、交易规模大，像吴桥"居民稠密，村庄辐辏之区，各有香火会期"②，其中的白衣庙会规模最大，每逢会期"客商云集，百货俱备，先发行交兑，后陈设市面，远近商民无不称便，为直省春季第一大会也"③，在庙会期间，不但附近州县百姓、商人前来拜祭神灵与贸易，甚至外省商人也长途跋涉前来赶庙，将丝绸、瓷器、珠宝、锦缎等奢侈品进行交易，以满足富贵之家的需求。

明清景州依靠运河交通之利，商业得到了巨大的发展，出现了一大批繁华的运河市镇，但是这些经济发达的地区主要集中于城市与运河沿岸，在广大的农村地区尚不具备商业繁荣的条件，仍然属于生产力相当低下的小农经济，所以我们在分析这一区域经济发展情况时，不能对此过分地拔高，而是要具体问题具体分析。如清末运河断绝后，东光县"近年黄河夺运，决则水大至，淹数州县，而东光尤甚"④，故城县"其地苦于瘠而

---

① 倪昌燮：光绪《吴桥县志》卷4《集市·庙会》。
② 同上。
③ 同上。
④ 周植瀛：光绪《东光县志》卷1《河防》。

冲,夫浚则民艰,冲则更艰,既不能不困于冲而又思调其瘵则又难之"①。运河一方面给这些沿运城镇带来了经济的发展;另一方面也导致生态环境失衡,水旱灾害不断,给普通百姓带来了巨大灾难。尤其是传统漕运消亡后,曾经的繁荣一去不再,再也不能重振昔日的荣光。

三　水利纠纷、灾荒、兵燹与区域社会

明清景州作为运河城市,具有发展经济与商业的便利条件,但是作为运输漕粮的运河,需要聚集其他自然河流的水源,这就难免会影响到当地的农业生产,使农业水利灌溉受到损害,在这种环境下,因水资源而产生争端也就不足为奇了。除水利纠纷外,明清景州自然灾害频繁,水、旱、蝗不断发生,基层百姓生活贫苦,为谋求生存,他们经常掀起反抗斗争,在运河区域与统治者展开剧烈的搏斗,而这又进一步加剧了区域社会秩序的混乱与百姓的苦难。

水利是中国传统社会农业发展最重要的条件,所以关于水利争端的纠纷也不绝于史料,景州作为沿运城市,其境内因运河打乱了其他自然河道的布局,导致旱涝灾荒不断,其冲突与纠纷也较其他州县尤甚。如故城县"及伏秋盛涨,附近村庄日夜防守,而去堤遥远之民各分畛域,袖手旁观,且本境堤堰决口本境之被害浅而下流邻境之被害深,本境受本境之水害浅,而本境受上流之水害深,以是本境居民视堤埝为无碍,而隔境之民难以易地相劝,甚有私行刨毁,以邻为壑者"②,这种只顾本地水利建设而损害临近地区农业灌溉的做法,不但加剧了不同地域百姓的冲突与矛盾,而且往往引发大的斗殴与案件,使区域社会秩序陷入混乱之中。光绪九年(1883)运河决口于赵家堤,滚滚洪流与上游德州之水合流,呈浊浪滔天之势,结果洪水受金沙岭与范家堤的阻挡,不能顺利通行,于是泛滥于东光、沧州境,导致二百五十多个村庄被淹,东光"各村民舍死与沧民争,范家堤之决伤毙四十七人,经邑令姚长龄同道府勘议,禀请于白家坊子以东于家洼建立滚水坝。十一年邑令周植瀛督修,坝顶较河底高八尺五寸,较北堤矮五尺六寸,坝口宽六丈,于坝左购买民地十六亩,建汛

---

① 蔡维义:雍正《故城县志》之《旧序》。
② 丁灿:民国《续修故城县志》卷2《堤工》。

房三间，设汛夫一名看守，盛涨时由坝减水三四分，永远不准下游议堵，并各挑挖金沙岭。水小仍由南支达海，以期分疏"①。这次水利争端"沧州、东光之民因水掘堤争闹相杀，成大狱"②，造成了死亡数十人的惨案，该案不但惊动了直隶总督李鸿章，甚至光绪皇帝都予以过问，可见案件影响非常之大。尽管为协调矛盾，中央、直隶与地方州县采取了一系列措施，如建坝、息争、豁免税收等方式解决争端，但直到民国年间这一冲突依然没有解决。

农业灾荒与战乱兵燹也是造成景州百姓苦难的重要原因，景州虽位于运河流域，但水利资源却分布不均，经常发生洪涝与干旱灾害，又由于运河水源一般不能用于灌溉，"每至春末夏初河水缺乏，甚至摄衣可涉，如园圃少数植物尚可借灌溉之用，若大宗农作物依此灌溉，东西两岸互相仿效，势必致河水缺乏，交通中断，且夏秋之交河水暴涨，导引河水损害堤防，遗误更属匪小"③，所以景州农业生产并没有因靠近运河而带来太多优势，反而导致了很多弊端。如东光县明正统间发生大蝗灾，景泰时又"大饥疫，殍夫枕野"④，其后天顺、成化、正德、嘉靖旱、蝗、涝不断，其中最严重的是万历二十七年（1599）大蝗灾"螟虫食苗尽，民剥树皮掘草根食之，野多饿殍，弃食乳子女于路甚众"⑤，四十三年（1615）春夏大旱百姓抢粮而食。崇祯十三年（1640）"旱蝗，人相食，只身不敢路行"⑥，其他顺治四年（1647）蝗，十二年（1655）大涝，康熙二十八年（1689）"蝗蝻遍地，赦未完钱粮并次年春夏钱粮，复出帑金，遣官赈济"⑦。除东光外，景州、吴桥、故城等地灾荒的发生频率也非常高，永乐十九年（1421）"赈直隶滁州之全椒，河间之吴桥二县饥民一千八百一十二户，凡给仓粮四千六百五十石"⑧。万历时直隶发生瘟疫"武强、饶阳、景州等处各死者万余，中人之家始犹伐木为棺，既而木尽，俱用席以

---

① 周植瀛：光绪《东光县志》卷1《河防》。
② 同上。
③ 耿兆栋：民国《景县志》卷1《灌溉》。
④ 白为玑：康熙《东光县志》卷1《灾祥》。
⑤ 同上。
⑥ 同上。
⑦ 同上。
⑧ 《明太宗实录》卷234，永乐十九年二月己未条。

葬，以六郡州县通计之病者奚啻百万余家，死者奚啻十余万人"①，造成人员死亡非常严重。顺治十年（1653）河决景州老君堂，景州与故城受灾。道光三年（1823）运河在临清无量社尖冢口决堤，淹故城一百零九个村庄。道光十六年（1836）又"豁缓直隶景州等十二州县水旱灾新旧额赋"②，二十三年（1843）"豁缓直隶景州等二十七州县，山东福山县水灾、雹灾正杂额赋"③。类似的灾荒，在明清时期的景州及其属县不胜枚举，尽管为救济灾民，维持基层社会秩序的稳定，中央政府会采取豁免、豁缓、发钱粮赈济等措施以安抚百姓，但因受灾区域广、人口多、范围大，这些举措只能属杯水车薪，不能从根本上救民于水火之中，一旦生存得不到保障，那么"慷慨尚气节"的景州百姓也不会坐以待毙，而是采取武装反抗的方式求生存。

明清两朝景州地区的战乱主要包括明代正德年间的刘六、刘七、杨虎起义与天启、万历时期的徐鸿儒白莲教起义，清代则为太平天国北伐军、捻军、义和团等运动。明正德五年（1510）河北文安人刘六、刘七发动起义，交河人杨虎聚众响应，"横行齐鲁赵魏徐沛间，所至张旗盖鸣金鼓，屠城破邑，发庚溃狱，杀戮燔烧，奸淫惨毒，僵尸被野，千里萧然，甚者窃名号，戮王臣，截漕舟，攻宗藩"④，"攻景州、阜城、献县，略青县、静海、沧州，焚劫漕舟若干"⑤，这一次农民起义规模大，范围广，对国家漕运造成了巨大的冲击，景州、沧州等地大量百姓被杀，城镇被毁，经济发展陷入停滞，造成的灾难性后果非常严重。到天启、万历时，东北、西南少数民族纷纷入侵，明政府国库耗损，不得不向民间开征额外军费，大大增加了百姓的生活压力。山东巨野人徐鸿儒利用这一时机，发动白莲教徒起义，切断运河交通，焚烧漕船，王好贤、于弘志在河北景州一带纷纷响应，对于这一次起义，明廷非常惶恐，当时大臣毕自严指出"偶闻景州之变令人惊，贼寇在门庭，亟须剪除，拟暂借东征之师，而又恐前旌之远也"⑥，当义军攻打景州时，廷臣纷纷建言，认为"此贼三日

---

① 汪应蛟：《抚畿奏疏》卷4。
② 赵尔巽：《清史稿》本纪18《宣宗本纪二》。
③ 赵尔巽：《清史稿》本纪19《宣宗本纪三》。
④ 陈子龙：《明经世文编》卷125。
⑤ 范景文：《昭代武功编》卷6。
⑥ 毕自严：《石隐园藏稿》卷8《书》。

不灭则无景州，无景州则水陆咽喉绝，十日不灭则连东省，连东省而京畿之根本摇，噫危哉"①，在多方调集力量后，这次起义方被镇压，但给景州百姓造成了巨大灾难。清代乾隆三十九年（1774）山东寿张人王伦利用清水教发动起义，攻破寿张、阳谷、堂邑等运河州县，切断了清王朝的经济大动脉，并且围攻运河重镇临清，威胁河北故城、吴桥、景州，后清廷命军机大臣、山东巡抚、河东河道总督联合方镇压了这次农民起义。咸丰四年（1854）与五年间，太平天国北伐军林凤祥、李开芳部与清军在直隶激战，不但掘断运河，而且展开了长达一年的拉锯战，给景州、连镇、吴桥等地造成了很大的破坏。咸丰六年（1856）故城县发生蝗灾，"奸民倡议抢粮，知县胡桂芬严惩止之"②。到了清朝末年，直隶地区更陷入动荡之中，光绪三年（1877）御史刘恩溥奏称："近闻武强县有砍刀会土匪百十成群，约有千余名之多，在景州、阜城、武邑、枣强、衡水、饶阳一带，肆行抢劫，顺天所属之霸州、通州、固安等处亦有明火拒捕及路劫之案，地方官规避处分，有逼令事主改盗为窃情事，请饬速捕"③。光绪二十五年（1899）"直隶景州、故城一带，时有马贼出没，飘忽靡常，劫掠行旅，畿辅近地盗风日炽，捕务实属废弛"④，朝廷命直隶总督李鸿章严厉缉拿，以稳定地方治安。正是因为战乱与灾荒，导致百姓无法生存，所以才会发生抢粮、闹漕、起义等运动，而统治者不思去抚恤百姓，从根源上解决他们的温饱问题，却一味迷信武力镇压与惩治，所以不能彻底调和官民之间的矛盾与冲突，实现社会的平稳与秩序的稳定。

　　明清时期直隶景州的水利纠纷、战乱、地方治安恶化，都是国家管理失控、基层社会秩序混乱的一种体现。在国家吏治清明、国库充裕、政令通达、经济发展的情况下，无论是灾荒，或者战乱，国家都能够采取有效、及时、适合的措施去处理与解决，因此所出现的矛盾与冲突也能够很好地化解。但是一旦国家各项管理陷入失控状态，无法正确解决民众的合理诉求，甚至用盲目、粗暴的方式去压制与迫害，那么民众长期集聚的怨恨就会迅速爆发，成为难以解决的痼疾，对政权稳固与社会安定都会造成损害。

---

① 李邦华：《李忠肃先生集》卷3《景州叙功疏》。
② 丁灿：民国《续修故城县志》卷1《纪事》。
③ 《清德宗实录》卷54，光绪三年七月己巳条。
④ 《清德宗实录》卷340，光绪二十年五月丁亥条。

四 结语

明清景州作为畿辅地区的重要漕运码头、商贸中心、交通枢纽，具有重要的政治、经济地位，为了保障该段河道的通畅，使江南漕粮顺利进入通州与北京，一方面，中央政府数百年间在景州设置了诸多的管河官员，修建了大量的水利工程，动员了诸多的河工夫役，对于国家漕运的延续起到了重要的作用。另一方面，这种畸形的完全保障国家政治需求的做法，却破坏了运河沿岸自然河道的流向，使农业水利发展受到严重破坏，同时还导致生态环境失衡，对农业与百姓生活产生了不利的影响。在经济与商业上，景州利用靠近运河的优势地位，吸引了南北商货到此贸易，兴起了泊头、郑家口等著名城镇，也刺激了乡村集市、庙会贸易的发展，但是，这些经济繁荣的地区多集中于城市或沿运之地，更广大的农村并没有出现类似的发展，普通百姓的生活依然很艰辛，所以这种繁荣并不具备普遍性。此外，景州的商业与天津、临清、济宁、淮安还是存在着相当大的差距的，无论是商品种类、商帮规模或者会馆数量都不及这些城市，也不存在大规模、长距离的商品贩运，产品的商品化程度较低。所以，一旦遭遇天灾、人祸、战乱，那么基层社会的百姓便往往处于饥寒交迫的状态，为了生存，他们往往发动武装起义，谋求物质生活的富足，而这种情况一旦与国家吏治混乱、经济衰退、农业灾荒相结合，那么就会使社会陷入深深的危机之中。

（作者单位：聊城大学运河学研究院）

洞天福地的现实化与钵池山
文化景观变迁

陈丹阳

文化景观的产生与演变是文化地理学的一个核心问题，也是当代西方历史地理学研究的热点之一。阙维民对当代西方历史地理学的这一研究特点进行了概括：（1）不仅要研究往日地理环境或往日景观，还要研究改造往日地理环境或往日景观的人类；（2）不仅要"复原"往日的地理环境或往日景观，还要研究往日的地理环境或往日景观在当时人们头脑中的印象；（3）不仅要研究人类改变往日地理或往日景观的行为，还要研究引发人类行为的思想意识。[①]

文学作品是储存和传达地理知识的重要文本，它们并不是客观、中性的，而是携带着很浓的时代特点、文化特点、民族特点、思想（理论）特点，甚至个人特点。它一方面对文化景观进行记录，另一方面也反作用于文化景观，参与了文化景观的塑造和变迁过程，甚至还会将作品中虚构的内容与实际的场所相联系，以实体文化景观的形式对文学作品进行再表现，即"文学作品的现实化现象"[②]。目前国内学界关于这方面的研究尚不多见，本文以钵池山为例，对文学作品与文化景观的这种互动过程进行探讨。

[①] 参见阙维民《历史地理学的观念：叙述、复原、构想》，浙江大学出版社 2000 年版，第 7 页。

[②] 小林佳迪：《"黄帝问道"的现实化与崆峒山的文化景观》，《人文地理》2004 年第 5 期，第 46—49 页。

一 钵池山早期景观意象建构

钵池山位于今江苏省淮安市清河区，据史料记载，它原是一个"附培㙟之末"①的小山，一般认为，钵池山的得名源自它形似钵盂且为水体环绕的自然地理特征，"在关署西北五里许，冈阜盘旋八九里，形如钵盂"。②"袤延周匝可十里许，环以水，故名。"③1961年，在山头南麓发现新石器时期聚落遗址，分布面积约2500平方米，文化层堆积80厘米。社会形态处于母系氏族阶段，距今7000—6000年。④这表明钵池山从很早开始就受到人类活动的影响。

虽然钵池山体量不大，但其形态在中国传统理想景观模式中却具有特别的意义。中国传统理想景观模式主要分为四种：昆仑结构、蓬莱结构、壶腔结构、壶口及走廊结构。昆仑结构突出其高、奇、险，具有制高意义，给人以崇高壮阔的感受。峰峦之巅，某一景内相对高奇险之地，皆具昆仑之势；蓬莱结构即孤岛结构，强调孤立、隔离和高显，给人以逃避超脱之感，自然界中云海里突浮的山峰、沙漠中的绿洲等皆可称蓬莱结构；壶腔结构强调空间的闭合性，给人以隐幽之感，四周围合的盆地、全方位闭合的洞穴都是这一结构的典型；而壶口及走廊结构则指控制壶腔与外界联系的出入口及由此延伸的廊道，多指洞口、水口、门口和与之相连的走廊、曲径、通道，给人以探索神秘之感。⑤从钵池山的形态来看，一方面，其钵盂一般的外形是典型的壶腔结构；另一方面，钵池山为水体所环绕，且地处河网密布的大平原之上，四周又无其他丘陵存在，显得十分突兀，这些特点使得它也可以被视为蓬莱结构。这样，钵池山这一弹丸小山便同时具备了上述四大理想景观模式中的两种。因此，人们很早就将钵池山视为仙山，到了唐代更是将其列入道教的"七十二福地"。

---

① 冒广生：《钵池山志》，载《淮安文献丛刻：漕船志·王家营志·钵池山志》，方志出版社2006年版，第283页。

② 同上。

③ 同上书，第284页。

④ 参见尹增淮《钵池星辰转，山头阅古今——钵池山文物保护随想》，《淮安日报》2008年7月14日。

⑤ 参见李祥妹《中国人理想景观模式与寺庙园林环境》，《人文地理》2001年第1期，第35—36页。

不仅如此，由于钵池山由赤砂构成，从远处望去会展现出醒目的红色，因此在将钵池山列入"七十二福地"的过程中，人们根据它的这一特点，又把王子乔"一人得道，鸡犬升天"的道教故事附会于钵池山："史传王子名晋，字子乔，为周灵王太子。赋性闲静，居常好吹笙作凤凰鸣……游伊、洛间，遇浮邱公，从之游。浮邱公接以上嵩山，三十余年道成，择地为炼丹所，至淮，得山之幽远闲旷者，于冈垄之际筑台以居。台下浚有井，冽且甘，即钵池也。丹成先以试鸡犬，则皆僵。王子曰：'功徒然矣！'因掷丹于井。顷之，鸡犬为麟凤，王子乘凤去。从此山砂尽赤，井水日幻三色，较他水重四铢。时见锦幢宝羽，冉冉腾云雾中。"①

这个故事为钵池山红色的外观提供了一个"合理"的解释，它产生之后便成为钵池山位列"七十二福地"的主要理由。唐代司马紫微在《天地宫府图》"福地"目中就写道："钵池山在楚州，王乔得道之所。"②李白在《淮阴书怀寄王宗成》诗内也有"飞凫从西来，适与佳兴并。眷言王乔舄，婉娈故人情"③的诗句。

二　钵池山意象的实体化

钵池山的道教"洞天福地"意象产生后，最初只存在于道教文本之中，但随着王子乔升天传说的定形，人们便将这一虚构情节视为真实事件，并且不断在现实中的钵池山及其周边以实体景观的形式对其进行再现，其表现形式主要是地名、建筑、石碑、石刻和被人文化的自然物等文化景观。钵池山及其周边出现的此类文化景观主要有以下几个。

王子乔升天"遗迹"。其中包括后人依照这一故事在钵池山上修建的丹台、丹井等。"山在治西北二十里，冈阜如钵盂，沙土皆赤。相传周灵王太子晋炼丹于此，丹成鸡化为凤，乘之上升。有丹井，相传未涸时，井水日变三色。有丹台，塑太子晋像，旁立一凤。"④"周灵王太子晋，字子

---

① 冒广生：《钵池山志》，载《淮安文献丛刻：漕船志·王家营志·钵池山志》，方志出版社 2006 年版，第 311—312 页。

② 同上书，第 281 页。

③ 《全唐诗》第 5 册，中华书局 1960 年版，第 1769 页。

④ 冒广生：《钵池山志》，载《淮安文献丛刻：漕船志·王家营志·钵池山志》，方志出版社 2006 年版，第 293 页。

乔，炼丹于此，今微有残基。"① "丹台下旧有七井，后只存道旁一井。"②

以王子乔故事命名的建筑、雕塑。此类雕塑主要包括王子乔和与升天故事相关的作品，钵池山丹台旁的王子乔和凤凰塑像即属此类。建筑则包括王子乔祠、显真亭、杯渡桥等。王子乔祠是人们为纪念王子乔而修建，其内也塑有王子乔像。"王子乔祠在钵池山，一在城北文通寺。同治中敕神号'普惠'。"③ "郡人创立仙祠，台上肖王子像于其中，崇祀之。"④ 显真亭亦为后人为纪念王子乔所建。"钵池山旧有周灵王太子乔炼丹迹，里人祠之，额曰'显真'，不知创自何年。"⑤ 杯渡桥则源于后来产生的一则与王子乔相关的民间传说。"杯渡，桥名。相传黄河故址有孝子，为母病还家，风急不得渡，仙人以杯渡之，桥因此名。"⑥

与王子乔升天故事相关的地名。据《钵池山志》称，板闸镇也被称作"凤里"，可能就来源于王子乔的典故："隐辰上人谓，今之板闸亦名'凤里'，或即本王乔故事。"⑦

书法景观。主要有碑刻、楹联等。前者包括钵池山及其周边存在的各种涉及王子乔故事的碑刻景观，它们随时间推移在钵池山及其周边越积越多。"既至，登岸遐瞩，茫茫若江家，垒垒如波涛。平坡畅衍，乌睹所谓山者。土阜高约略丈许，土人指为丹灶遗踪云。侧有寺有碑，碑云：晋王子乔丹成饲鸡，鸡僵。乔疑丹不验，弃井中。鸡忽化凤，乔乘凤上升。土阜亦有碑，又引王乔双凫事以实之。"⑧ 后者的典型代表为景会寺山门联"清磬谁敲，点缀钵池风景；法轮常转，保全福地河山。"⑨

明清时期，随着大运河的繁荣，处于黄、淮、运交汇处，在大运河中位置极其重要的淮安也迎来了鼎盛时期，"漕督居城，仓司屯卫，星罗棋布，俨然省会。夏秋之交，粮艘衔尾入境，皆停泊于城西运河，以待盘

---

① 冒广生：《钵池山志》，载《淮安文献丛刻：漕船志·王家营志·钵池山志》，方志出版社 2006 年版，第 309 页。

② 同上书，第 317 页。

③ 同上书，第 307 页。

④ 同上。

⑤ 同上书，第 318 页。

⑥ 同上书，第 323 页。

⑦ 同上书，第 381 页。

⑧ 同上书，第 284 页。

⑨ 同上书，第 286 页。

验"。① 与此同时钵池山实体文化景观也达到极盛，成为淮安的著名景点。

淮安的繁荣吸引了大量文人来此定居，如清初在淮安形成的著名文学团体山阳望社。② 不仅如此，由于运河上往来船只在途经淮安时的盘验程序较为烦琐，前后往往要延续数日之久，因此那些乘船沿着运河旅行的文人墨客和官员在抵达淮安时，往往利用船只盘验的时间登岸访友、交游，这就导致淮安也成为大运河沿线重要的文化中心。文人们唱和的首选之地，便是山阳城边的萧湖和城西北的钵池山。登钵池山寻访王子乔遗迹，也是这些文人墨客在淮安的重要活动之一。"传闻山畔有丹台，访道求真特地来。炼得丹砂何处觅，残碑空自覆苍苔。"③

由此一来，一方面，王子乔升天故事的实体化过程在钵池山及其周边以雕塑、建筑、碑刻等各种方式不断延续；另一方面，这些实体化的道教景观一经出现，又会反作用于前来寻访遗迹的文人墨客，加深他们心目中的钵池山道教"洞天福地"意象。文人们在寻访过程中往往会留下新的诗文，这些诗文又以文本的方式进一步建构人们对钵池山的认知，其中一些还会被人以书法景观的方式加以实体化，如此循环往复，一步步巩固钵池山道教名山的地位。

三　钵池山的其他宗教景观

除道教之外，钵池山还受到其他宗教的影响，其中最重要的为佛教。历史上钵池山周边出现过许多佛教建筑，其中最著名的是建于钵池山南麓的景会寺（亦称景慧寺、景惠寺）。"景慧寺在钵池山之阳，背淮面湖，境最清旷。相传建自宋季，明正统戊午年重建，乾隆癸未修，甲午河溢被淤。"④

元明之时，景会寺香火盛极一时，特别是在明代。明正统年间重修的庙寺规模宏大："殚心竭谋，众役并举，逾岁而大雄正殿成，以□计者五（寻），其高五寻，修视高加三寻又六尺，广视修所不及者，三□□□□，

---

① 周钧、段朝瑞等：《续纂山阳县志》，台北：成文出版社1983年版，第8页。
② 参见郭宝光《清初淮安山阳望社研究》，博士学位论文，苏州大学，2013年。
③ 冒广生：《钵池山志》，载《淮安文献丛刊：漕船志·王家营志·钵池山志》，方志出版社2006年版，第289—290页。
④ 同上书，第302页。

越月天王前殿成，其崇广减于正殿三分之一。像设咸□正殿，翼以回廊，各二十四楹，前后左右翼以钟、鼓二楼。又期年而毗卢阁成，峨然独耸，中塑千佛。"① "殿阁宏敞，像设壮严，金碧辉煌，而寺始极其盛。"② 明英宗还御赐"敕封景惠禅寺"六个亲笔大字。③ 景会寺作为淮东名刹，高僧云集，文人墨客题咏极多。"城北红楼望里开，茑萝松柏似天台。胡僧讲法留方丈，仙客烧丹剩药台。"④ 站在淮安城北门，就可以望见景会寺庞大的红色建筑群，甚至吸引胡僧前来讲法。

除景会寺之外，钵池山周边还曾出现过洪福寺、招隐寺等寺庙建筑。而道教方面，除了各种与王子乔升天传说相关的遗迹外，只有一个规模不大的乾元道院。"乾元道院即今三元宫，在丹台左。"⑤

清中后期钵池山还曾受到过伊斯兰教的影响。此时随着钵池山的衰败，其周边地区为大量墓葬所占据。"余公暇往游，见土阜隆起，无峰峦林壑，陟其颠，叹榛莽满目，墓冢棋布。"⑥ 其中以伊斯兰教徒的墓葬最多："道旁多回坟，方土自畚揭。"⑦ "钵池山回坟最多。"⑧ 民国年间《钵池山志》的编写者冒广生也曾写道："去年秋，偕友往访，过景会寺，隐辰开士为之导游，乃始谒丹台一览。俯视所号为山者，已为回教徒丛葬之所，而丹井、莲亭遗址何在？"⑨

但是，明清时期在钵池山实体景观中一度处于优势地位的佛教景观，却始终难以融入人们观念中的钵池山意象。笔者对《钵池山志》中标题中出现"钵池"二字的诗作进行统计，发现其中绝大部分涉及王子乔升天故事或丹台、丹井等道教景观，仅有少数诗中提及景会寺，完全未涉及道教内容的诗作极少。一些前来寻访的文人也十分清楚钵池山周边与王子乔升天传说相关的遗迹皆为后人附会。"仙人山居淮无山，飞凫合向东南

---

① 冒广生：《钵池山志》，载《淮安文献丛刻：漕船志·王家营志·钵池山志》，方志出版社 2006 年版，第 331 页。
② 同上书，第 332 页。
③ 同上书，第 331 页。
④ 同上书，第 304 页。
⑤ 同上书，第 327 页。
⑥ 同上书，第 286 页。
⑦ 同上书，第 318 页。
⑧ 同上书，第 355 页。
⑨ 同上书，第 282 页。

寄。此台兴建不知年，台无颜额碑无字。宇内七十二洞天，淮阴仙境居其二。好事迁就伪成真，鸠工庀材覆土篑。"① 但这并不妨碍人们在观念中仍然将钵池山视为道教文化景观，并来此寻访遗迹、发思古之情，甚至某些佛教景观本身也被打上了道教的烙印。前述景会寺山门联即为一例。此外景会寺于明正统年间重修之后，曾有人建议在旁边建一亭作纪念王子乔之用："虽然王乔为开福地之仙，诸佛子为开山门之祖，为□以奉祖师宜矣，苟能于寺外为亭，以事王乔，斯善矣。是在定公未审，能从余言否也？"② 景会寺中的僧人还时常为前来寻访王子乔遗迹的人担当起导览者的角色："从景慧寺系缆登岸，一僧出迎，貌甚古。与之语，亦略解禅理。导余前行，不二里，有隆然起者，已达山麓矣。到即寻丹井，水久涸，石甃仅存。因相与披草而坐，睹冈阜之依然，念仙踪之可溯。问当年黄河故道，抚今追昔，转瞬沧桑。"③

四　钵池山的消失与钵池山公园的修建

在经历了明代和清前期的繁荣之后，钵池山在清中叶之后走向衰落，不仅依托钵池山的各种人文景观逐渐湮灭，钵池山本身也在自然和人为双重作用下消失殆尽，其原因包括以下四个。

一是山体的自然风化。这种缓慢的风化作用在漫长的历史年代中从未中断，但在钵池山的消失过程中其不是主要原因。

二是洪水侵蚀山体。钵池山位于黄运交汇口下游，一旦黄河决口，滔滔黄水直抵钵池山下，就会对钵池山造成严重的侵蚀。钵池山由盛转衰的转折点便是由于乾隆三十九年（1774）八月，黄河大水从淮阴老坝口冲刷而下，洪水退后，钵池山被冲得只剩下一个高土坎，爱莲亭、景会寺全被冲毁。丹台和丹井遗址俱在，但已是"枯井尘沙掩，荒台瓦砾余"④ 了。

三是洪水挟带的泥沙造成地面整体淤高。黄河含沙量极大，每次洪水

---

① 冒广生：《钵池山志》，载《淮安文献丛刊：漕船志·王家营志·钵池山志》，方志出版社 2006 年版，第 316 页。
② 同上书，第 332 页。
③ 同上书，第 285—286 页。
④ 同上书，第 314 页。

过后都会造成大量泥沙淤积。乾隆三十九年（1774）的这次大水，便造成"及水退，平地积沙八九尺，（山子）湖亦淤平，仅存一线"。①

四是人为原因。这主要发生在近七八十年。钵池山主要由赤砂构成，近代以来，随着新建筑技术的普及，这种砂土成了翻砂铸造和拌和混凝土的好材料。清末苏北地区水患严重，经济凋敝，钵池山一带的村民靠山吃山，许多人以卖沙子为业。日积月累，几十年下来，至20世纪六七十年代钵池山终被挖平。②

在钵池山消失数十年后，出于旅游开发及构建地方认同等目的，2004年至2005年，淮安市以大口子湖为中心建成了一座钵池山公园。公园占地120余公顷，其中水面约45公顷，以水体为中心，以四周陆地为依托，形成水陆相连的景观群。

近年来，伴随着旅游事业的发展，全国各地都出现了对已经消失的古代建筑景观进行重建的现象，钵池山公园即为其中一例。与此同时，钵池山公园的修建也可看作中国古代对钵池山这一"洞天福地"以人工景观的形式进行现实化活动在当代的延续，且有着新的特点。

此前历代在钵池山周边建造的人工景观无不以钵池山这一自然山体为依托，而此次重建则是在钵池山本身已经不存的情况下做出的。在当代的新技术条件下，人们不仅重塑了建筑景观，甚至还用人工材料重塑了一座钵池山。这座重塑的钵池山不仅再现了典籍中所记载钵池山所具有的蓬莱结构和壶腔结构，还在其山下流出了一条通往内部的涵洞，形成壶口及走廊结构。

不仅如此，在钵池山公园的建造过程中，人们以王子乔升天故事为核心，将整个公园塑造为一座道教文化中心。公园中重建和新建了许多与王子乔升天故事有关的景观，如王子乔雕像、炼丹炉、王子乔垂钓处等。

此外，此次重建不仅再现了历史上以王子乔故事为核心的道教文化景观，还在此基础上增加了大量与王子乔故事无关的道教文化景观。如位于驳斥山壶腔中巨大的老子像（内壁刻有道德经）、三仙（指吕洞宾、曹国舅、汉钟离）岛、知鱼乐栈（此为在该园举办的江苏省第四届园博会所留下的江苏省各城市景点之一，为南京市所修建，典出庄子的"子非鱼。

---

① 冒广生：《钵池山志》，载《淮安文献丛刻：漕船志·王家营志·钵池山志》，方志出版社2006年版，第295页。
② 李春林：《钵池山消失之谜》，《淮海晚报》2009年7月12日。

安知鱼之乐?")等,并将钵池山公园内钵池山前的道路命名为乾元正道。

而该公园对曾经在钵池山周边实体景观中占主要地位的佛教景观的展示则相对逊色很多,只修建了景会亭和招隐台来纪念景会寺和招隐寺。伊斯兰教对钵池山的影响则完全被公园设计者所忽略。

五　结语

钵池山原本是一处受人类活动影响较小的自然景观,由于其独特的自然地理特征,在唐代人们将王子乔升天的故事附会在钵池山上,使其成为道教"七十二洞天"之一,钵池山由此被赋予了文化内涵。

此后的钵池山具备了两种含义,即"真实存在的钵池山实体景观"与"人们观念中的钵池山意象",一方面人们不断以建筑、碑刻、地名等方式将自己观念中的钵池山意象转化为实体景观;另一方面人们塑造出的这些实体文化景观又进一步建构着人们对钵池山意象的认知。

明清时期,佛教景观逐渐取代道教景观成为钵池山实体文化景观的主体,但在人们的观念中仍然倾向于将其视为道教景观,此时"真实存在的钵池山实体景观"与"人们观念中的钵池山意象"已经产生了相当程度的背离。钵池山公园的修建,是将钵池山意象进行实体化这一古代传统在当代的延续和发展。钵池山公园的设计者意图对钵池山的道教意象进行阐发,不仅在园内重建了与王子乔升天故事相关的各种景观,甚至还增添了许多与此故事无关的道教景观,而该公园对佛教景观的表现则十分有限。可以说钵池山公园试图展现的并不是历史上处于极盛期的钵池山实体景观,而是存在于人们观念中作为道教圣地的钵池山意象。

(作者单位:聊城大学运河学研究院)

淮北隋唐运河文化旅游的开发利用

杨建华　　余敏辉

淮北市坐落在安徽北部与江苏徐州市接壤，是一个既古老又年轻的城市。早在 6000 年前石山孜遗址考古证明就有人类在此定居，两汉时期是其繁荣鼎盛期，西汉沛郡、东汉沛国的治所就设在今天的淮北市主城区相山区，南北朝后沦为乡村，直到大运河的开通沿河才兴起城镇，其中柳孜是最重要的一处，说年轻，是因为淮北市的建市是新中国成立后发现大煤田于 1961 年才兴起的能源城市，著名品牌"口子窖"就产自淮北市。近年随着大运河申遗，淮北市也被越来越多的人所了解。相信今天到会的专家学者很多没到过淮北市，借此机会给大家介绍一下淮北市的运河文化旅游资源现状及特点，还有我们的一些做法。希望得到大家的指教，同时也希望听了我的汇报后想到淮北市去看看。

通济渠途经淮北 41.5 公里，距离不长但沿途却有铁佛、柳子、百善、五铺、四铺、三铺六个乡镇政府，通济渠现在已经全部埋于地下，303 省道就在其上，成为运河故道遗址。柳孜曾经是一处非常重要的漕运中转码头和商旅之地，这个小镇历史文献上有多处记载，说明其地位重要。元代以后随着古运河的废弃而销声匿迹，1999 年柳孜运河考古发掘才让这段闪光的大运河历史重新面世。

淮北作为隋唐大运河安徽段的重要组成部分，虽然在地表上早已看不到昔日的千帆百舸盛景，更听不到纤夫那嘹亮优美的号子声，现在只能靠考古挖掘来证明它在历史上确实存在过，但相对于其他运河城市而言，还是别开生面、与众不同的。

一　自身特色显著

（1）典型性。1999 年柳孜隋唐大运河码头遗址（2012 年改称运河桥梁遗址）的考古发掘，以及入选当年"十大考古新发现"并随后被公布为第五批"国保"单位，使它成为中国大运河遗址的典型代表，同时也为中国大运河"申遗"提供了一个非常有价值的历史铁证；而在国家文物局公布的 2013 年度全国十大考古新发现候选名单中，全国共有 47 项考古发现入围，柳孜隋唐大运河遗址又位列其中，这在其他隋唐大运河沿岸城市中是绝无仅有的。

（2）学术性。仅就 1999 年这次考古发现而言，它不仅有利于中国运河史、通济渠沿革史的研究，即通过考古发现的遗址、遗迹和文物，彻底解决了通济渠流经地点和路线这一争讼不决的历史悬案，而且诚如柳孜遗址发掘领队阚绪航在发掘报告中所说，"有利于交通史、漕运史和贸易史的研究，有利于城镇史、商业史的研究，有利于造船、烧瓷的历史和工艺技术的研究，有利于水利史、灾荒史的研究"。此外，"柳孜遗址为运河考古找到了一个切入点，从哪里找，如何找，它都做出了有益的尝试，提供了可供借鉴的方法"。

（3）丰富性。除了驰名中外的柳孜隋唐大运河遗址之外，根据文物调查及史料记载，淮北与运河文化遗产紧密相关的还有铁佛、百善、四铺、五铺等唐宋时期市镇驿站遗址以及村庄聚落、宗教寺庙和古战场遗址，现如今这些珍贵的运河文化遗产还犹如珍珠般镶嵌在运河故道周边的村镇田野中。

二　文化品位高

具体到淮北来说，2000 年 5 月 30 日，国家文物局公布"1999 年的十大考古新发现"，指出这些从当年全国进行的 400 多项考古项目中遴选产生的十件之"最"，集中体现了我国考古工作的新成果，对于描述中华古代文明发展进程、恢复历史原貌和揭示历史发展规律，都具有重要价值；还特意强调，"在安徽淮北市进行的隋唐大运河考古，也是去年考古项目中收获颇大的一项，在大运河故道南侧，发现了 8 艘唐代沉船和宋代石构建筑。这是在运河内首次发现如此之多的沉船，也是第一次发现隋唐大运河的建筑遗迹。发掘中出土的大量唐宋以来的精美瓷器，尤为珍贵"。对此，全国政协委员、北京大学历史系教授王晓秋称誉它是一个"亮点"，给予了高度评价："柳孜遗址发现大量古瓷、唐船、码头，在历史文献上是没有的，这是对历史文献的实物补充。"

还要提及的是，2013 年淮北柳孜运河遗址第二次考古发掘再获重要发现，这次考古发掘面积多达 2000 平方米，范围是在 1999 年发掘区域的东侧并把原南岸石桥墩包括在内，解剖运河河道；自上而下解剖了运河河道和河堤的堆积，文化层位堆积比较清晰，通过这些堆积现象可以大致了解运河的形成、使用、变迁、淤塞、废弃的整个历史变化过程；重要遗迹有运河河道、两岸的河堤、两岸的石筑桥墩、河道中间的石板路、道路、建筑遗址和沉船等。可见这次考古发掘"对全省大运河保护和申遗工作乃至塑造城市文化品牌、发展文化旅游经济影响深远、意义重大"。

三 观赏价值大

都说大运河是历史的见证，是保护中国古代丰富文化的历史长廊、博物馆和"百科全书"，而在大运河"申遗"的预备名单中，安徽有四个遗产点和四段河道，分别是柳孜运河码头遗址、柳孜镇遗址、花石纲遗址、濉溪县百善镇运河河道遗址剖面和汴河遗址百善老街及柳孜码头段、汴河遗址宿州段、汴河安徽泗县—江苏泗洪段和淮河口段。

在上述大运河遗产点中，最出名的莫过于柳孜遗址了，这是因为它有三大重要发现：一是出土了一座宋代石筑构物，是我国隋唐大运河建筑遗址的首次发现；二是出土了八艘唐代沉船，其中一号唐船结构严密、工艺精良、用材合理，结构形式为中国古船考古发掘中首见，丰富了中国造船技术史；三是出土了大量隋唐宋及金元时期全国二十余座窑口的陶瓷等文物，其数量之多、窑口之众、品种之丰富，十分罕见。那么，如果在因运河开通而繁荣并成为淮北地区运河沿岸上的政治、军事、文化、交通和商贸重镇——柳孜建立大运河遗址考古公园，为世人展示历史的、真实的隋唐大运河文化，这无疑会成为淮北运河文化旅游的一大看点。

而另一个看点则是淮北市博物馆，又名隋唐大运河博物馆，始建于1976 年，由著名考古学家、文学家、诗人郭沫若题写"淮北市博物馆"

馆名，著名古建专家、中国文物学会会长罗哲文题写"隋唐大运河博物馆"馆名。该馆原系地方综合性博物馆，不过柳孜遗址的考古发掘，给这座博物馆增加了众多的文物珍品，使隋唐大运河的出土文物占到了馆藏文物的70%以上。在馆藏中特别引人注目的是，由于年代久远等多种原因，中国的高古瓷资源已十分稀缺，又大都散落各地，一般保存在地方小博物馆，且品种单一，多与本地古窑址有关，分布具有地域性，而像"隋唐大运河博物馆"这样，建成八朝荟萃、百窑云集的高古瓷总汇，真的是相当少见的，一定会让游客一唱三叹、浮想联翩、流连忘返。当然，柳孜运河遗址出土、经技术处理、完好保存下来的四条唐代沉船，以及复原的宋代柳孜码头，还有被中国古船研究专家席龙飞教授称为"淮北舵"的拖舵，更是绝无仅有，也是值得好好看一看的。正如中国社会科学院考古所研究员李毓芳所评价的那样："我们的运河博物馆已有多处，毋庸讳言以安徽柳孜遗址考古发现为基础建立的运河博物馆，其中的出土沉船、工具、器物等，以及柳孜遗址的现场遗迹，它们以'原真性'、科学性、学术性、久远性，在多座同类运河博物馆中别具特色。"

所有这些都将使淮北市有机会成为世人了解隋唐古运河文化的重要窗口。

隋唐大运河是世界上开凿最早、航程最长的人工运河，而运河文化已然成为中国的"古代文化长廊"，也无愧是中华文化的金山银矿。而通济渠作为隋唐大运河的重要组成部分，它的开凿与运行时期，正是中国封建社会的鼎盛时期，牵系着王朝的兴衰和更替，因而对中国古代政治、军事、经济、文化都曾产生深远的影响。可见在这条古老运河流经的江淮大地上，留下了太多太厚重的文明密码，而淮北以它所具有的代表性、原真性和唯一性，已被公认为展示运河文化的一个重要窗口，同时也是运河文物的保护和收藏中心。正如全国政协副主席徐匡迪在淮北考察时特别强调的那样，"安徽省淮北市隋唐运河柳孜遗址的考古发现和保护，就是一个成功范例"。

以后我们将尝试在运河考古创举之地——柳孜遗址上设立考古体验区、模拟考古现场，可以让游人对运河考古工作有更直观、更形象、更具体的了解，并在这一过程中充分回味历史、考古带来的乐趣。在柳孜遗址建立遗址博物馆，在柳孜镇建立大遗址保护区、保护公园，运河民俗博物馆，将来还有一个看点，就是隋唐运河文化古镇、中央新影影视基地，它由安徽省旅游集团有限责任公司携手中央新影集团按国家级旅游景区4A标准着力打造,主要分为三大板块:古镇主体区、运河人家、运河新天地(城市综合体)。古镇主体区包含六大功能分区,即浪漫休闲区、参访体验区、核心演艺区、民俗客栈区、旅客服务区、梦幻娱乐区展馆。项目业态包含购物中心、古街商铺、酒店宾馆、客栈会所、创意工坊、文博、演艺中心、酒吧茶馆、生态人居等,还有富含文化历史元素的浮雕长廊、亭台楼阁、庙宇宝塔、遗址再现、古城牌楼、运河水系等标志景观,并通过举办大型情景剧和各类富有特色的民俗节庆活动,挖掘淮北历史文化渊源。

其特色是体验运河风情的绝佳去处。据媒体报道,淮北在建的隋唐运河古镇旅游项目,是集影视、旅游文化为一体的重头文化产品,彰显运河独特个性与魅力,弘扬运河内在气韵和力量,必将对隋唐运河文化的传承和地方特色文化的挖掘产生积极而深远的影响,将成为引领皖北文化旅游产业的典范。其特色是复建在国内几乎绝迹的隋唐民居。该项目将与隋唐柳孜运河遗址申请世界级遗产同步,以国家4A级风景区标准建设成为淮北市城市特色名片、淮北市旅游窗口、城市会客厅、淮北文化旅游龙头、区域旅游消费目的地,满足人民群众的旅游消费需求。

由上述可见,淮北运河文化旅游资源优势和特色明显,市场前景乐观。不过,毋庸讳言,淮北运河文化旅游在开发利用方面也还存在一些困难和问题。从大的方面说,虽说旅游业经过多年的发展,取得了一定的成效,但就整体而言,淮北旅游名气不大,还处于起步阶段,尚未真正形成拳头品牌和较有影响的景区,旅游经济规模较小。所以我们要抢抓机遇,乘势而上,由于运河文化遗产具有不可再生性、不可替代性的特性,因而决定了对运河文化遗产的保护应是"绝对的",而对它的开发利用则是"有条件的"。基于此,坚持把运河文化保护工作作为各项工作的重中之重,努力做运河文化的忠实传承者与守护者,特别是要保护好运河文化遗产的真实性和完整性。

(作者单位:淮北市隋唐大运河博物馆)

京杭运河的开通与济宁城市精神的形成[*]

周新芳　　周建华　　周格格

引　子

城市是一种历史文化现象，是一个区域居民赓续绵延的记忆载体，是人类文明发展的结晶；城市不仅是富足的标志，而且以文化为形式，表现人类的文明程度。城市的文化本质是城市精神，它是一个城市在长期的文化创造过程中积淀、凝聚的特有精神品格、气质、风骨和灵魂，通过市民行为方式、伦理观念、文化追求等由内而外地显示出它的地域性群体精神品质，彰显着清晰而久远的历史演进烙印和鲜明的地域特色，真实地反映着该地区的社会发展水平和文明程度，具有根植于城市历史、体现城市现实、引领城市未来的特质，对社会未来发展具有某种牵引、推动或阻滞的作用。一个城市的独特魅力，就在于它独特的城市精神及其文化特质。

济宁是儒家文化的发祥地，儒家文化为济宁城市精神奠定了根基。但是济宁城市精神所体现出来的不仅仅是儒家文化，京杭运河的开通，为济宁凝聚了运河较多闪光的文化因子，为数千年来历经沧桑变迁、有着极为厚重的文化底蕴和文化积淀的济宁城市文化注入了新鲜血液，济宁以其"亲和"的胸怀和姿态，吸纳外来文化因子并不断地与本地母体主流文化融会贯通，使以规矩典雅、崇礼尚义为特征的文化面貌为之一变——以儒家文化为基因，广泛吸纳外域文化精髓——儒家文化与运河文化、水浒文

* 本文是在 2013 年济宁市首届社科重点规划项目"新时期济宁城市精神问题研究"、2014 年济宁市社科规划重点项目"新时期济宁城市精神培育问题研究"研究基础上的深化。

化、宗教文化、湿地文化等亲和交汇、融合沉淀，形成独具鲜明的地域性、复合的多元性、兼容的开放性等文化特征的济宁城市文化——一种开放、包容、儒雅、大气的文化品格。所以 2013 年济宁市社科联重点规划项目"新时期济宁城市精神问题研究"立项，提出了"崇礼尚义、亲和包容、开放进取、同济共享"的济宁城市精神。

一　济宁城市精神的文化解读

济宁城市精神十六字表述语为"崇礼尚义、亲和包容、开放进取、同济共享"，对济宁城市精神核心元素的提炼是"亲和、尚礼、开放、共享"，其中的"崇礼尚义、亲和包容"是济宁城市精神的文化根基，它把儒家文化与运河文化历史性交汇所反映出的这种"灵气"形神俱佳地表达出来了。

（一）"亲和"——"和谐、包容"的城市精神品格

儒家内涵讲究中庸之道，本性温和、风格雅致，而"亲和"二字最能反映儒家文化的这种本质内涵；济宁民风淳朴、民众温良忠厚，"亲和"二字把儒家的人文气质与孔孟之乡的民风体现得淋漓尽致，是儒家文化深藏和活跃于"婚丧嫁娶添人丁、柴米油盐酱醋茶"的民间生活中的准确表达；融南汇北、物华天宝的运河神韵，"水城风貌、生态宜居"的城市定位，"微山湖国家湿地"，"东文西武、南荷北佛"交相辉映，隐喻了一种和谐、包容的城市品格内涵。"亲和"，既传承着人间真善之美、忠孝之德，又因灵山秀水的生态优势，而呈现出兼收并蓄、和谐包容的精神特质，传递了现代生态理念；既有"不变"的内涵，又有"变"的时代特征，使我们的城市精神主题表达不仅优美，而且特色鲜明。

（二）"尚礼"——"规矩、典雅、崇德"的城市文化品德

济宁是孔孟之乡、礼仪之邦，举世闻名的东方文化圣地。自周公"制礼作乐"，派长子伯禽来到这里，以周礼"变其俗，革其礼"，遂使"周礼尽在鲁矣"（《左传昭公二年》），并打上了深深的烙印，在春秋战国之后所谓的"礼崩乐坏"或社会急速发展的时代，这里一直秉礼而行，"礼"成为孔孟之乡一个显著的地域文化符号。如果说"亲和"代表了

"和谐、包容"的精神品格和气度，那么，"尚礼"则体现了孔孟之乡"规矩、典雅、崇德"的城市文化品德。

（三）"开放"——"兼容、豁达"的发展旋律

开放，是一种胸襟与气魄，是一种敢于展示自我，勇于接纳、吸收外来思想文化的品质和追求。现代城市是开放的、多元的，城市市民精神既要有区域特色和本土特色，也要有全国意识、全球意识、世界胸襟，体现海纳百川、兼容并蓄、自信与豁达的健康取向。济宁是儒家文化的发祥地，也是研究和传承儒家文化的中心地带，应以更为开阔的视野创新地引进、吸收、消化体现人类智慧的世界文化。运河文化本身就是一种以开放为特色的"流淌着"的文化。当前，济宁迎来了"争先率先""创新驱动、转型发展"的历史性机遇，应当在全社会积极提倡一种创新、兼容、吸纳、豁达的开放精神，为科学发展、跨越发展提供智力支持和精神动力。从精神结构层面看，倡导"开放"符合济宁实际。济宁儒家传统礼教文化根深蒂固，长期以来尊卑有别的观念严重阻碍了个性独立和自由人格的形成，谨言慎行、小心翼翼，少有竞争意识、危机意识，缺少公共关怀和担当，没有勇立潮头的魄力。因此，更加迫切地需要在改革开放的大潮中，逐步培育起现代市场经济条件下的主体意识、开放意识、契约意识、效率意识、竞争意识、平等意识等。

（四）"共享"——"谦和、大气"放眼未来的价值追求

城市精神作为一种引领导向，它是一面旗帜，一定要登高望远、放眼未来，充分体现人类追求真、善、美的崇高价值追求。"共享"是"中国梦"的价值元素，是现代社会文明发展的主流价值取向，也是迄今为止城市精神提炼中尚待开发的"精神富矿"。未来的城市文明，绝不仅仅是经济发展和物质丰裕，更需要创设一种社会主义价值观倡导的"自由、平等、公正、法制"的环境，使社会成员过上富足而有尊严的生活。党的十八大提出"五位一体"的建设纲领，为我们描绘了一个更加美好的未来前景。济宁历史发展中，儒家文化走向世界，运河文化在济宁大放异彩，正是济宁文化"走出去、请进来"，与世共享的最好诠释。当前，济宁进入了科学发展、跨越发展新阶段，加快鲁西科学发展高地建设是省委、市委的重大战略部署，需要最大限度凝聚共识，最广泛汇聚力量。因

此，把"共享"作为一个引领性精神元素嵌入进来，不仅体现了我们对现代社会文明内涵和外延理解的深广度，而且把城市精神的引领融入"中国梦""五位一体"建设和济宁科学发展跨越发展的伟大实践中。

二 济宁城市精神的演进历程

济宁城市精神是济宁数千年文明史的厚重积淀，它的形成经历了一个长期、复杂的演进过程，有着深刻的历史根源。

（一）三源汇流的鲁文化

在济宁这片肥沃的土地上，自三皇五帝时期就曾经留下太昊、伏羲、炎帝、黄帝、少昊、蚩尤、颛顼、虞舜等先贤的足迹。在这里，各部族的征战与融合，为鲁文化的诞生奠定了基础；夏代的济宁属于夏朝姒姓国属地；"奄"（今曲阜）曾经作为商朝的都城；周朝建立，作为周公封国的鲁地，成为"和""礼"文化发展最完善并能够发扬光大的地区。周公在中国历史上首次系统地阐述了"敬天、保民、崇德"思想，将"天、王、民"巧妙地融合在"德治"思想之中，较之殷人威严的"上帝"观念，凸显了"亲和"情感。为了这种"和"文化理论得以实施，又以宗法、礼乐作为制度上的保证。而宗法、礼乐制度的核心内容之一是"尊祖敬宗""尊尊亲亲"，这就从外在社会规范到人的主观情志实现全面控摄，以确保"和"文化秩序的建设，从而为"和"文化生成与发展提供了保障，也使鲁国成为推行"周礼"的文化中心，更使鲁地"和"文化衍生出与众不同的文化个性——"亲和崇礼"。

周王室姬姓贵族来到鲁国成为统治者，而鲁地是少昊之后奄人故都，有原居民"商奄之民"，奄人是东夷族的一支，周人征服奄后，在当今济宁境内封有鲁（曲阜）、郕（汶上）、极（鱼台）、邢、茅（金乡）等国，都是周王诸子的封地。此外，微山南部一带属于纣王庶兄微子启的封国宋国，孔子即是微子启的裔孙。这样，伯禽带来的周文化与殷遗民和奄遗民共同尊奉的殷文化，以及当地土著的东夷文化在济宁境内和谐共生，相互交汇、碰撞、融合，三源汇流，共同凝聚出充分彰显"和""礼"文化的鲁文化。鲁文化的特色是重亲和、重礼仪、重道德规范和秩序，极具周礼特色的鲁文化成为济宁城市精神最核心的源头活水。

（二）实现周文化在鲁国大众化的儒家文化

鲁文化绵延数百年，衍生出博大恢宏的儒学，在鲁地孕育出孔孟颜曾等儒学大师。他们立足礼仪，倡导仁德与亲和。以孔子思想为例，孔子是周公奠定的礼乐文化的忠实捍卫者和礼乐精神的正确阐释者，也是鲁地传统文化的发扬光大者以及鲁地原有"温和"文化的扬弃者。"仁"的提出，既是对东夷文化的发扬，也是对礼乐制度的继承，赋"礼"予情感和仁爱；"和"与"礼"是孔子思想的核心元素。孔子整理的文献典籍中，《礼》是重点之一，将"礼"的概念贯穿于国家政治生活、社会生活和个体生活之中，使之成为整个社会的行为规范；在"和"文化建设方面，孔子把"和"作为为政之道，从礼的作用等方面强调了"和"的重要性。礼的作用就是在不同中求和，"和而不同"就是追求一种多样的统一。"礼之用，和为贵"（《论语·学而》），认为礼的推行和应用要以和谐为贵。以礼为本，对不同学说兼收并蓄，善于吸纳涵化各种优秀文化，体现出孔子思想的博大与包容。

外来的"礼""和"文化，作为统治者的一种意识形态，之所以能在鲁国传承与发展，与本土"亲和向温"的文化特性高度契合有关；儒家文化形成与流布的过程，是"周文化在鲁国大众化"的过程，而孔子就是实现"周文化鲁国大众化"的第一人。孔子的"中庸""温良恭俭让"，即是对本土文化的继承与扬弃。这不仅反映出孔子在待人接物上的态度，也反映出孔子对待传统的"温良"与"亲和"。而当时其他学派在对待传统"礼"的态度上却要激烈得多，如杨朱、墨子、法家等。这种由孝悌等基于血亲的伦理外推而形成忠顺等社会性、国家性的伦理，较之其他各家自然更"亲和"通达，这也是儒家思想长盛不衰的根本原因所在。这是地域文化特质在学术思想上的一种反映，即便是在儒家学派内部，这种地域文化上的差异性表现得也十分鲜明。如战国中后期，同为儒家，作为鲁国人的孟子倡导"性善"与赵国人荀子的"性恶"之争，其学术思想的特点因地域文化差异而不同，荀子将三晋的法引入儒，形成内法外儒，很难再找到儒家亲和温柔的精神气质。

孔子"亲和尚礼"的思想对后人影响极大，颜、曾、孟、荀思想虽然有异，但都是在孔子思想上的发扬光大。孔子的嫡孙子思被看作孔子思想的嫡传者，著有《中庸》一书，《礼记》中的《表记》《坊记》《缁衣》

也是子思的作品。孔子把"中庸"视为"德之至",子思继承并发挥了它,不仅把"中庸"作为一种美德,还把它发展成为个人修身和处理事务的总则。它所提倡的准则和规范,被后世借鉴,汉代董仲舒将阴阳平衡与此相配合亦是深得其义的。

学术界有一种共识,认为中国礼文化是由两个人代表的:周公与孔子。梁漱溟在《中国文化要义》一书中指出:"中国数千年风教文化之所以形成,周孔之力最大。举周公来代表他以前那些人物,举孔子来代表他以后那些人物,故说'周孔教化'。周公及其所代表者,多半贡献在具体创造上,如礼乐制度之制作等。孔子则似是于昔贤制作大有所悟,从而推阐其礼以教人。道理之阐发,自是更根本之贡献,启迪后人于无穷。所以在后两千多年的影响上说孔子又远大于周公。""中国文化以周孔种其因,至秦汉收其果,凡后两千年之事,皆果之事。"①此后,汉武帝治理国家即是儒、法并用,对外来的佛教,儒家也能容纳。魏晋玄学、宋明理学都是儒家思想与道家思想乃至佛教思想相融合的产物。

(三) 以儒家文化为内核完成亲和礼让、兼容开放完美结合的运河文化

济宁城市精神发展的第二个高峰是元代运河开通以后。元代定都北京以后,为了南北运输之便,将隋代运河裁弯取直,即流经山东的京杭大运河。自此,秦汉以来的"孔孟之乡、桑梓之邦"的古任城,便被这条成为元、明、清以及民国时期南北水路交通大动脉的京杭大运河穿城而过。由于济宁地处京杭大运河的中段,地势较高,成了"控引江淮漕运咽喉",沟通南北水路的大码头。元朝至元八年(1271)"升济州为济宁府,治任城",济宁成为"南北转输要地"。据《济宁直隶州志》载,至元二十三年(1286)通过济宁运往京都的"漕米百万石"。大运河交通地位突出,沿河人流、物流集中,促使济宁出现了第一次工商业经济的繁荣,昔日冷落的旧济宁,很快成了"人烟多似簇,聒耳厌喧啾"②的新州城。特别是马之贞的"立闸筑坝"和白英"南旺分水"的水利工程,使这段运河实行了闸河化后,数以百计的漕船、商艘聚集停泊在这里等待过闸。客

---

① 梁漱溟新儒学论著辑要《孔子学说的重光》,中国广播电视出版社1995年版,第302页。
② 《济宁直隶州志》卷三三《济州》。

观上促进了运河经济的发展和城市的繁荣。此外，明朝主管河渠、漕运的官员一直驻节济宁，清朝济宁不仅是主管山东、河南河道的河道总督（治河最高长官）衙门所在地，而且升格为直隶州。济宁成了京杭大运河在江北的第一大码头，运河文化也逐渐形成并走向成熟。城内商铺鳞次栉比，沿河而设的铺面作坊、商会牙行竞相争市，诸多商品京省驰名。工商业的繁荣，又使这里的人文、风俗日趋运河化。不仅以运河而命名的街巷、地名比比皆是，而且因运河而出现的风味小吃、民间风俗习惯也随处可见，运河的影响在此时已从经济物质层面转向了人文、风俗等社会心理层面，运河文化发展到了鼎盛时期。

京杭运河的开通，不仅促进了济宁城市的崛起，为济宁城市建设、经济繁荣、文化昌盛、社会进步以及与大江南北、中原地区、边疆省域的政治、经济、文化、军事、宗教的交流与发展创造了优越的自然条件和社会条件，也为济宁城市面对世界、开放招商、互通有无以及与世界等国家和地区的友好往来、商品交易、宗教互访、文化交流与发展创造了优越的条件。尤其对济宁城市人民思想的解放、理财观念的变革、生活方式的转化、社会视野的扩大、价值观念的转变均起到了不可估量的历史性促进作用。

历经沧桑变迁的济宁有着极为厚重的文化底蕴和文化积淀。大运河在济宁的繁盛，为济宁凝聚了运河较多闪光的文化因素。以本地文化——儒家文化为基因，广泛吸纳了外域文化精髓，融合沉淀，使"亲和尚礼"的文化精英因子更为彰显，形成独具鲜明的地域性、复合的多元性、兼容的开放性等文化特征的济宁运河文化。

京杭大运河济宁段贯通之后的元、明、清三代，济宁凭借"运河总督衙门"的特殊地位，融汇南北、东西兼容的优势，因"水陆通衢，商贾云集"的繁盛而成就了"江北小苏州"的盛名。在文化区系上，由于运河融汇了燕赵文化、齐鲁文化、荆楚文化、吴越文化等区域文化，这些极具地域特色的文化，在运河的长流中不断碰撞、交流、融通，给以儒家传统文化为主的济宁本土文化送来了丰富的营养，并将之融会贯通、吸收涵化，使济宁文化得以升华和具有多元性、兼容性的特点，其鲜明的体现即是儒商的诞生。济宁开始从封闭、半封闭状态不断走向开放包容。这种开放和对外来文化的包容态度，使这座城市的人际关系呈现相对和谐的状态。

随着运河的贯通和济宁在运河中枢地位的确立，南北商户争相云涌济宁，"高堰北行舟，市杂荆吴客"①。各地商人纷纷建立起会馆，商业文化开始撞击济宁传统观念，世居此地的济宁人观念上也随之而日益发生变化：济宁人不再拘泥于"文不经商"的传统观念，开始涉足商场，使济宁由传统城市演变为商业城市，显示出外来商业文化对本土儒家文化的冲击和渗透，也显示出济宁人积极接受外来文化的开放、包容胸怀。于是最早的儒商阶层在济宁这片儒家文化浸润之地应时而生，儒家的"礼""义""诚""信""和""中"等理念开始和以利为主的工商经营结合起来，从而形成了以"君子爱财，取之有道""诚信为本、礼仪为先"等为基本内涵的儒商文化。这实际上就是多元文化——儒、商复合的写照，也是济宁亲和大气的品质彰显。

大运河吸纳了古今中外的文化精华，融会了南北各地的风情民俗、文化礼仪等，形成了独特的运河文化，它以其"亲和"传统，达成对外域文化的吸纳、涵化和本土文化的扩散和弘扬。其中的孔孟之礼、汉王之风、南之精细、北之豪放和东之灵气、西之拙朴，都成为本域传统文化的基因。到明代中叶，济宁就已发展成一个"车马临四达之衢，商贾集五都之市"的繁荣商业城市。流淌的运河，不仅带来了南来北往的人流和商业的繁盛，也引来了满族文化、回族文化、高原文化和商旅文化。不仅如此，商业的繁荣和济宁运河的特殊地位，也带来了中外文化的交流。济宁以其"亲和"的胸怀和姿态，使这些外来文化因子不断地与本地母体主流文化融会贯通，并使其沉淀于济宁运河文化之中，形成了一种开放、儒雅、大气的文化品格。如"济宁路青猾皮"是沿运迁徙而来的回族在济宁创立的品牌，味压江南的玉堂酱园是苏州戴姓的进京贡品，等等。意大利人马可·波罗就曾经游历到济宁，由衷地赞叹道："这是一个雄伟美丽的大城！"② 同时，济宁人也以开放的姿态走出济宁，如在沿运途上，在南方的吴江建有济宁会馆，在北方的天津建有山东会馆等，将本土文化意识和价值观念，如"礼""义""仁""诚""和"、厚德载物、和谐相处等观念，流布到所到之处。所有这一切无不显示出济宁文化精神的包容和大气。

---

① 《济宁直隶州志》卷33《济州》。

② 陈开俊等合译：《马可·波罗游记》，福建科学技术出版社1981年版，第162页。

今日济宁，是历史的延续。济宁城市精神是以儒家文化、运河文化为其内核凝结而成的独具特色的文化精神。当今济宁境内不仅有儒风的浸润，运河文化的流淌，也有佛教文化、伊斯兰教文化、微山湖湿地文化、水浒文化等包蕴丰富、多姿多彩的多元性的复合呈现，使它迥异于其他城市精神而傲立于世。

三　济宁城市精神的人文特质——"亲和尚礼"

作为城市意识的最高形式，"亲和尚礼"是济宁城市精神中最具异质性特征的文化特质。从"鲁文化"形成之初就得到了充分的彰显。

（一）"亲和尚礼"是远古鲁文化与周边古国相比最具异质特征的文化精髓

众所周知，鲁国是西周初年为牢固掌控东方而建立的封国，是三公之一周公旦的封国，为诸侯国"班次之长"①，即辈分最高、最有威望，并享有特权的封国：一是可以享用天子礼仪祭祀文王。文王是奠定周人基业的祖先，在宗庙祭祀上，鲁国有文王庙，即由鲁国负责祭祖，这是其他任何诸侯国没有的特权；二是特许鲁国祭祀周公可用天子礼乐。周代礼乐的特点是严格的等级规定，天子、诸侯不得僭越，由此可见鲁国地位的非凡。鲁国依靠其特权地位，结合周人的习俗，以"周礼"治国，使鲁国成为周朝推行"周礼"的文化中心。这样，鲁国文化就有三个源头：周文化、殷文化以及当地土著的东夷文化，东夷的"仁"、殷商的"和"、周人的"礼"，共同凝结为鲁文化的内核。

殷商之人好占卜，《周易》一书与商人有着很大的关系。容肇祖《占卜的源流》统计《周易》占辞、爻辞中有人名的故事共计六个，其中有五个是商代的。易卦是由"天、地、人"三才构成的，强调的就是三者的和谐统一，说明殷人尚"和"意识浓厚。商代的至上神称为"帝"，殷商尊崇祖先神、自然神等，把祖先神结合于天神，体现出的是天人和谐的意识。

东夷人性情温和，讲究礼让，崇尚仁德，所以有"夷俗仁，仁者

---

① 《国语·鲁语上》。

寿"的说法。从《山海经·海外东经》"其人好让不争"的记载来看，东夷地区的民风淳朴，温柔敦厚、礼让不争。周初封鲁时，东夷人依然保持着礼让、仁德的品质特点，孔子"仁""礼"的思想渊源应来自"夷俗仁"。

鲁地的殷遗民及东夷人礼俗，通过周人及孔子对鲁文化产生了影响。鲁国建国后，总结、吸纳了前人文化成果，塑造了鲁文化。这样鲁文化一方面继承了周文化，另一方面又吸收了殷文化和东夷文化中有益的文化因子，使得鲁国礼乐文化焕发出新的生命力而成为周文化的典型代表。鲁文化的本质是一种礼乐文化、和合文化，鲁文化与其地域上前代文化的最大不同，即在于人文理念的继承与提升。

礼文化的基本特点是以礼为社会秩序的基础和核心，强调规范和准则，重视以礼修外，以礼化内，礼乐配合，文质彬彬，展示出应有的典雅与和谐，这为鲁文化的"亲和尚礼"特性奠定了基础。自周公制礼作乐开始，鲁文化的"亲和重礼"风格便已初步形成，并奠定了此后几千年鲁地的文化传统。

与周边诸封国相比，更能凸显鲁地的文化特质。

西周初，太公望封于齐，周公旦封于鲁。虽同在山东境内，但彼此的主流文化意识却有所不同。太公望"尊贤上功"。周公旦"亲亲上恩"。鲁国的主流文化意识是"亲和尚礼"，立国之初就拥有了周王室的礼乐文化框架和得天独厚的条件，使鲁国轻而易举地形成比较完整的礼乐文化体系和亲和的文化精神，进而形成自己的礼乐传统。齐国初封时，"因其俗，简其礼"，侧重包容、吸收，虽然同样孕育了和谐包容，但是齐文化的内核是"功利、实用"。两国的立国准则不同，造就了不同的文化精神。如果说鲁国是儒家文化、理想主义特色，相邻的齐国则是以兵家文化、法家文化、实用主义、功利主义为主的多元文化。所以两者虽然同处山东，形成的却是两种不同的异质文化。今天的"山东人"文化特色，实际上是以鲁文化为其代表的。

地处西部边陲的秦国，因其特殊的历史、地理位置和封国地位，养成了尚功、尚法、务实的文化传统，虽然同样有着兼容并包的文化基因，对儒、道、法、兵、农都很尊重，如秦始皇时，就有七十二博士，即便是焚书坑儒之后，也有很多儒士留在宫里做博士。但秦国的统治者在文化上，采取的是拿来主义，在心态上，采用的是功利主义，在行为上运用的是实用主义，文献称其"贪戾好利而无信，不识礼义德行"。① 法家思想中的严苛、务实、不尚礼义是其与鲁国文化精神最大的差异。

相对而言，南方的楚国文化则融合了苗蛮文化成分，偏于保守、喜欢浪漫、偏重个体，向往自然，道家思想产生于楚地并非偶然。与鲁国相比，鲁国的理想是目标，是规划；而楚国的浪漫是幻象，少了"礼"的厚重、规范和原则，所以二者有着本质的不同。

北方的燕赵文化则是一种豪迈侠义、尚质求实的文化特质。"侠"是燕赵文化的风骨，侠士最主要的特点就是既不遵从国君之命，也不遵从世俗的观念，而只遵从自己独有的价值标准。虽然侠义文化也重信义，重德操，但是与鲁地重亲和、儒雅、君臣之道的"礼"文化形成了鲜明的对照。

从各地文化源头上的比较可以发现，不同区域间各自有着固有的文化传统，虽然周初分封是一次普遍的文化殖民，将周礼移植、推广到各地，但是除鲁国外的其他区域，则更多地保留了自己的文化传统；各区域内文化的薪火相传能力极强，直到今天仍然在彰显着最初的特色，其文化内核很难得到根本的改变。

（二）　"亲和尚礼"仍然是当今济宁城市精神最具异质特征的文化特质

济宁自元明清以来，随着运河的繁盛，被誉为"江北小苏州"，但是今日济宁与吴地中心的苏州相比，二者文化精神相去甚远。苏州故地是周人称之为"太王"的古公亶父的两个儿子泰伯、仲雍为让贤于其弟季历奔吴后，周人分封先贤后裔在这里建的吴国，故苏州至今称吴中。泰伯奔吴，给落后的长江下游地区带来了北方文明的种子。而泰伯、仲雍在新的生存环境中，不畏艰辛、勇于开拓，为后世强大的吴国打下了基础。先贤的品德、开拓进取的精神成为吴中地区宝贵的精神财富。故孔子美而称曰："大伯，可谓至德也已矣！"② 吴国建立后，以先吴和吴国的文化为基础，兼收并蓄周文化、楚文化、齐鲁文化乃至海外文化，如言偃到孔子那里"留学"，楚国的伍子胥、齐国的孙武被重用，使土著文化与中原文

---

① 《战国策·魏策三》。
② 《汉书·地理志》卷28。

化、楚文化相互交融，创造出鼎盛一时的吴文化，繁盛出高度发达的"长三角"文明。然而，吴中缺乏"礼"的熏染，缺少了儒家的典雅、沉稳和规范，所以苏州城市精神表述为"崇文、融和、创新、致远"，强调的是崇文的传统、兼容并包的大气和敢为人先的勇气。而济宁精神中的"亲和尚礼"显然是它所难以比肩的。

杭州是一座历史文化名城，其人文精神源远流长、富有特色，从良渚文化经吴越文化到南宋都城，特别是魏晋隋唐到明末清初佛教、道教、基督教的影响，隋代以来京杭大运河的开通，都对杭州产生过重大而深远的影响，造就了杭州传统人文精神中注重人与自然和谐，注重功利世界与意义世界平衡，注重自身与他人相安包容，注重休闲和劳作的协调，注重传统与开放兼容等特点。与济宁相比，同为运河沿岸最重要的城市，由于区域文化传统的不同，其文化内核迥然相异。二者虽然均重"和谐"，济宁注重的是社会和谐、家国和谐，杭州更侧重人与自然的"和谐"、人的身心和谐；相对于济宁人文精神中的"亲和尚礼"而言，杭州有的是精致、特立独行，少了济宁的大气、温和、儒雅、坚韧、厚重与规范。

地域文化各有特色，也各有长短。同样，济宁人文精神中既有"亲和尚礼"等优秀因子，也有缺乏创新等劣态因子。在当今全球化浪潮席卷全世界、世界经济一体化的背景下，如何进一步弘扬提升城市人文精神中的独特优势，取长补短，是新时代的文化使命，大运河申遗成功为沿运城市文化精神的完善与发展提供了契机。

四 运河申遗成功与济宁城市精神的丰富和发展

2009 年，运河申遗工作启动。中国市场协会等数家民间团体强力推进"2010 年中国运河年"活动，其主旨是"提升运河城市软实力，打造运河文化产业集群"，与"申遗"同步开展文化复兴与文化振兴的各项经济活动。配合申遗济宁市政府于 2010 年初公布了《大运河（济宁段）遗产保护规划》，确定遗产保护项目 89 项，成为山东沿运 5 个地市中首个公布《大运河遗产保护规划》的城市，也是继扬州市之后大运河沿线八省市中第二个公布《大运河遗产保护规划》的城市。2014 年 6 月 22 日，在卡塔尔首都多哈召开的第 38 届世界遗产大会上，中国大运河项目成功入选世界文化遗产名录，成为中国第 46 个世界遗产项目。

在欢呼雀跃的同时，我们在思考，运河申遗成功，对于沿运城市，特别是对于当年的"运河之都"济宁会带来什么？

（1）申遗成功使大运河由"中国的"变成了"世界遗产"，我们感受到的不仅仅是大运河的价值提升，济宁作为"运河之都"知名度的提高，更应该意识到作为运河的主人，必须站在世界文明的高度，以更加开放的胸襟和责任感去保护、开发大运河，宣传、弘扬中国历史文明，向世界展示运河文化的魅力，让世人、后人在享受大运河文化遗产中感受中国历史文化的博大精深，让"亲和包容、开放进取、同济共享"成为未来济宁城市精神的主旋律。

（2）运河文化的产生本身是一种进取精神的体现，而济宁是孔孟之乡，儒家道德文化影响根深蒂固，"亲和尚礼"是济宁传统地域文化的显著特色，其中最根本的文化基因是"和"与"礼"。"和"包含了共生、中和、和谐、凝聚、和平、祥和、融合等文化思想；礼则包含了道德规范、行为准则、社会秩序、礼貌礼仪、谦恭礼让等范畴，它们是根植于济宁城市精神中最核心的人文特质。规范与秩序有利于社会的稳定，同时往往表现出主体意识、效率意识、竞争意识、平等意识淡漠，缺乏一种必要的公共热情与社会担当，虽然这种现象在乡土中国具有普遍性，但相对而言，孔孟之乡表现得更为隐深，更不容易被现代市场文化稀释掉。因此，未来济宁城市精神的丰富与发展应该以此为契机，弘扬运河文化中的进取精神和担当意识，摒弃故步自封，跟上时代和世界的步伐。

（3）运河从历史走来，申遗成功让运河文化更好地走向未来。这提醒我们要正确处理历史与现实、现实与未来的关系。济宁城市精神的"源"，来自传统，传统人文精神是在漫漫历史长河中，经大浪淘沙式筛选而逐渐积淀形成，作为一个区域民众特有的精神状态的综合反映，其基本形态一定会比较稳定地反映在历史的漫长进程中，同时会随着时间的推移在不同的时期叠加新的内容，既在日渐沉淀中涵养滋润着城市人，又在城市人日积月累的创造中丰富而充盈，既串起了城市的过去、现在，又影响着城市的发展和未来。未来我们怎样走？——褒扬与批判。城市精神是从这个城市中人们共同性格、气质和风貌中凝练出来的最优良的部分，但同时基于特殊的文化心理、特有的生活习惯和文化倾向，任何城市所在区域民众在品格特征方面都会暴露出带有普遍性的缺点，城市精神可以针对这些品格缺陷进行批判和矫正，引领城市形成褒奖进步、摒弃落后的社会舆论氛围和追求卓越的群体意识，从而起到优化所在区域民众精神结构的作用。

源远流长的运河，承载着深厚的历史文化积淀，它不仅融汇南北，也孕育了运河沿岸的颗颗明珠，这些明珠由于其所处地理位置不同和历史渊源各异而异彩纷呈，这是大运河的历史功绩和慷慨馈赠，我们应该铭记。

（作者单位：济宁学院文化传播系；济宁市委；

苏州大学政治与公共管理学院）

光岳楼是中国运河文化的代表名楼

——献给光岳楼建成 640 周年

魏　聊　王永革　刘　超

长城是中华大地上阳刚的一撇，运河是华夏沃土上阴柔的一捺。万里长城、京杭运河在东方大地上写成了一个大大的"人"字，这就是中国。

全面开凿大运河始于隋炀帝，他开凿的大运河以洛阳为中心，南至杭州，北至涿郡，全程 2700 多公里。

公元 618 年，统治仅 38 年的隋王朝灭亡以后，又经历了唐、五代十国、宋辽金等朝代更替。到了 13 世纪，元世祖忽必烈统一了中国，定都大都（今北京）。中国的政治、军事中心由中原地区移到北方，而经济财富中心仍在江浙一带，原来以洛阳为中心的运河体系已不能适应当时的形势需要，于是，元王朝继隋之后又一次大规模地开凿运河。从公元 1283年始，先后开凿了三段河段，把横向的绕道中原的大运河，改造成以北京为中心，南下直达杭州的纵向大运河。这就是我们现在在地图上所看到的京杭大运河的基本路线，它比隋朝大运河缩短航程近 1000 公里。

聊城在这一时期，加入运河城市的行列。据史料记载：元世祖至元二十年（1283），在济宁地区开凿济州河，南经泗水接江淮，北经东阿与济水（元代大清河，今黄河）相连至利津入海。后因海口阻淤，又从东阿舍舟登陆运 200 里到临清入卫河，北合漳水以输京师。而陆运较水运更加艰难，"到经茌平，其间苦地势卑下，遇春秋霖潦，牛偾辐脱，艰阻万状"。

因此，至元二十六年（1289），寿张县令韩仲辉和太史院令史边源提出建议，从安山（今山东省梁山县安山西南）至临清开挖运河，以利漕运，并减轻民众的负担和运输之苦。根据这一建议，凿成了一条长达 250 公里的漕河。从安山起，经阳谷、聊城至临清，引汶入济，入于渭漳。"建闸 31 座，以节水势。"从此，南来河船无须陆运，可由水道直达京师。元世祖还亲自将该河赐名曰"会通河"。

"会通河"的开通，使一直边缘化的聊城一改旧貌成为一座重要的运河城市，以扼运河咽喉而被誉为"漕挽之襟喉，天都之肘腋"。聊城的政治地位、军事地位、经济地位、文化地位陡然升高。

1367 年朱元璋在应天（今南京）即吴王位，十月朱元璋任"徐达为征虏大将军，常遇春为副将军，率师二十五万由淮入河北中原"（《明史·太祖纪》），揭开了北征讨元的序幕，徐达亦攻克济南。1368 年正月朱元璋正式称帝，改国号为明，建元洪武，二月常遇春循运河而上，克东昌。次年刚刚上任的平山卫守御指挥陈镛为了加强东昌府这一运河咽喉城市的防卫能力，急忙将宋熙宁三年（1070）筑造的土城改建成砖城，这在李廷相嘉靖四年《重修东昌城记略》中对此有较详细的描述。"明洪武五年（1372），守御指挥陈镛，始甃以砖石，周七里有奇，崇尺三十有五，阔杀尺三十有五。为门凡四：东'春熙'，西'清远'，南'正德'，北'宣威'。城上登望之楼，凡二十有七，前代所谓'绿水'、'望岳'二楼在焉。楼卒之所舍四十有八。每门有水门、有吊桥、有潜洞，有暗门，池深二十尺，广加十尺盖皆拓而新之。"

明洪武七年（1374），陈镛用以修城之余木料在古城中央修建了一座高大的楼阁，以"严更漏，料敌望远，报时报警"，初名"余木楼"。后因地而名"东昌楼"。明弘治九年（1496），有一位西平人士李赞（考功员外郎），在他"题光岳楼诗序"中说："余过东昌，访太守金天锡先生，城中一楼高壮极目，天锡携余登之，直至绝阁，仰视俯临，毛发欲竖，因叹斯楼，天下所无。虽黄鹤、岳阳，亦当望拜，乃今百年矣，尚寞落无名称，不亦屈乎？因与天锡评，命之曰'光岳楼'，取其近鲁有光于岱岳也，因和敖翰林诗一律，以归天锡，不知斯楼以为何如。"此后历代重修碑记都一直沿用"光岳楼"。

光岳楼高达百尺，在鲁西平原上拔地而起，极好地弥补了东昌府这座运河古城在防御上的先天之缺。

1992 年维修光岳楼墩台时，曾拆开北门石匾额（武定），发现石匾背后有题记一行，四字，"洪武五年"，字迹为阳刻线，较为潦草，可认定是当时民工无聊之时雕刻上的。这一新史料的发现又使我们对明初的社会状况和建楼经过有了新的认识。

按照古代的习惯，记载一项工程，一般都是在工程竣工时或竣工之后一段时间内记载这件事，对光岳楼的记载也不会例外。可以想象，像建造光岳楼这样浩大的工程，在国家草创之初，国力尚不强大，工程技术力量尚不完备，至少还没有把建设规程梳理得十分流畅，而且，就光岳楼这样复杂的木结构体系，单从设计而言也不是一蹴而就的。因此，在陈镛和当时城市建设规划专家的设计里，光岳楼的建造与东昌城的改造应该是一揽子工程，也就是说在陈镛改造东昌城时就已经考虑光岳楼的建设了。

2010 年，聊城在古城内四大主干道开挖地下管沟，管沟基槽宽 6 米，深 4.5 米，此地层伴生有大量宋代遗物出现，基槽底部发现有黑色的"千层土"，疑其恰恰是宋代原地面。管沟至光岳楼广场形成环状管沟基槽，此时开挖时发现砖瓦等文化遗存并在管沟基槽壁上陆续发现八个构筑物破坏点，此构筑物为青砖垒砌，拱形结构，上缘距地表约 3.5 米，底部基础距地表约 5 米，高约 150 厘米，宽约 70 厘米（疑为古地道或城市排水系统），东西平行走向，共两条，对称穿越光岳楼，南面一条距光岳楼南墙基础约 7.5 米，北面一条距光岳楼北墙基础约 7 米。对此我们可以得出这样的结论，不管这两条青砖构筑物是古地道还是城市排水管道，都是先于光岳楼建设前建造的，而且在建造之时就已经确定了光岳楼基础的具体位置。

另外，光岳楼最主要的木构架是内外双槽金柱，共 32 根，高度均为 11.58 米，直径 0.6 米，这样的木料在北方十分罕见，不是一时半会儿能筹齐的。因此，极有可能明洪武五年（1372）陈镛即开始着手规划东昌古城了，古地道或城市排水系统应是与古城墙同时规划、同时建设的，因为此后在东城墙和西城墙附近都发现了此构筑物的痕迹。而光岳楼的墩台工程也于洪武五年（1372）就已经开始建设了。只有这样，到洪武七年（1374），光岳楼的建设工程才可能竣工。

关于光岳楼的设计，由于在封建社会统治者对技术工程的轻视，一般不予记载，而从现代观点来看，光岳楼木结构的设计和施工水平都有很高级的专业水准，我们不得而知当时技术人员的情况，不能不说是一大憾事。所以，我们只能从光岳楼的建筑风格上进行推测了。

光岳楼外观为四重檐歇山十字脊顶过街式楼阁，占地面积 1185 平方米，通高 33 米，从构造上分为墩台、主楼部分。墩台为砖石砌成的正四棱墩台，垂直高度 9 米。墩台之上为四层主楼，高约 24 米。第一层分为楼身和外廊两部分，楼身七开间，檐柱 24 根，外槽金柱 20 根，包在 1.2 米的砖墙内；内槽金柱 12 根，形成副阶周匝身内金厢斗底槽。二层面阔和进深七间，四向于明间辟门，两侧为方眼格窗，东、西两次间为梯井通上下层；金柱一圈内以板壁围成长方形室，在室内仰视，上为空井，可见四层梁架。三层为暗层，面阔、进深各五间。金柱 32 根皆自下贯穿直上，在此由平枋额枋相连接，形成一巨大的框架结构。四层面阔、进深皆三间，平面正方形，四金柱有卷杀，镂空雕刻精美，空井上悬吊莲花组件，彩绘精美，结顶为歇山十字脊，脊顶装一高 3 米、径 1.5 米的透花铁葫芦。

光岳楼从形式而论，砖台、重檐十字脊与内部空井等，仍袭宋元楼阁遗制。细部以柱础言，从明洪武初所建南京宫殿已开始用古镜式，而此楼则仍为宋元以来的覆盆式未改，就结构来讲，柱的侧角升起，楼置暗层，内外等高双槽柱列，斗拱疏朗配置，以及柱头科斗口未加宽等，也都上承唐宋以来的传统做法。但同时与其他明初建筑相较，如山西大同洪武初的城楼（洪武五年、1372）、钟楼（明初），结构和做法上有若干相似之处。而与洪武十三年（1380）、十七年（1384）"秦藩"所建西安钟楼相比较，就以斗拱一端而论，攒数骤增，看来已是"官式"建筑的开始。所以光岳楼是建筑史上从宋元向明清过渡的珍贵实物。

著名古建筑学家陈从周曾经这样评价过光岳楼，说它的建筑年代是"明初复明初"。的确，光岳楼现存的主要木构架上体现的是宋元建筑风格，是以宋代《营造法式》为法度。我们可以想象一下，在元朝一代北方经济、文化遭受了极大破坏，人口锐减。何止元代，早在北宋时期，女真金人南侵中原，靖康被虏，高宗南避临安，中原士人再次南渡，汉族文化又一次南迁，建筑技术以《营造法式》为代表也南迁临安。

因此，在元末明初动荡的年代里，东昌府人口凋零，百业俱废。既无人力又无技术，东昌当地人修建光岳楼的可能微乎其微。有史料为证，追随常遇春北伐的不仅有守御指挥陈镛家族，还有平山卫军政昭勇将军郑环家族、恩赐八十散官刘山家族，这些家族攻克东昌以后有很多人就留下驻守聊城。有理由相信徐达、常遇春北征队伍中一定会有陈镛一类的人才，既掌握《营造法式》技术，又精明强干，善于营造，所以才会在动荡的年代以极快的速度修建了雄伟高大的东昌古城，并在城中心修建了同样雄伟高大的光岳楼。

以上是对光岳楼的设计规划人员和施工人员的一种揣测。而光岳楼建筑材料的来源也是一个值得研究的问题。据原上海民用建筑设计院郭博先生鉴定，光岳楼的主要木构架，32 根金柱是生长在热带的植物，当来源于遥远的苏禄国（今菲律宾）。

现有一条史料有助于郭先生的这一鉴定结果：明朝永乐十五年（1417）太平洋上的苏禄国东王巴都葛·巴哈敕与西王、峒王，率领 340余人的大型使团，带着珍味、宝石等礼物，渡海访问中国，沿运河北上，在北京受到明成祖朱棣的盛情款待。明成祖回赠了黄金、白银和大批锦、帛等礼物。东王一行在北京活动了 27 天，才南下回国。不料，行抵德州北边一个叫安陵的地方，东王不幸逝世。明成祖闻讯后，立即派遣礼乐官员前去赐祭，举行隆重的葬礼，将东王安葬于德州城北。

由此可见，中苏交流比较密切，元末明初两国的物质贸易则不足为奇。

一木初卧，千夫难移。在肩扛人抬的年代里，这样的长程陆地运输几乎是不可能的，无疑是假借舟水之力。初凿的会通河责无旁贷地担当了运战略物资的重任。过去有句话说的是"飘来的北京城"，指的是北京的建筑材料都是通过运河运至北京的。所以，我们有理由相信光岳楼的主要木材也是通过运河运来的，但是，这批木材是由南方通过运河直接运来的还是拆元大都沿运河南下而运来的？那就不得而知了。但是，总而言之，光岳楼的建设与京杭运河有说不尽、道不完的千丝万缕的联系。

明洪武三十一年（1398），明太祖朱元璋崩，惯于征战的燕王朱棣拥兵北平，威胁着帝位。朱棣以"清君侧"为名，组织起"靖难军"向明惠帝朱允炆发起进攻。明惠帝建文二年（1400），朱棣率军进攻东昌，守军盛勇迎击，战败燕王的"靖难军"，并斩其将张玉。朱棣败阵后，被追杀到聊城东关隆兴寺（即铁塔寺）南的白玉桥边，藏到了桥下，方免于难。

但到了建文四年（1402），燕师越过东昌而趋师徐州。至此，虽有长江天险也无济于事了。

永乐元年（1403），朱棣迁都北京后，政治地理形势再次发生变化，东昌府重新处于北方政治中心与江南财富之地联络的纽带地位。

　　明洪武二十四年（1391），会通河因黄河决口而淤塞。

　　永乐初，载重 300 石以上的粮船经淮河、海河抵陈州颍歧口入黄河，运至阳武、转陆运，至卫辉再入卫河，再用可载重 200 石以上的浅船运输北上，劳费甚巨。

　　明永乐九年（1411），成祖采纳济宁同知潘敦正建议，以会通河作为整浚运河的主要河段，任用工部尚书宋礼总管，征调十六万民夫修治一百九十公里的河道。宋礼采纳汶上老人白瑛建议："取汶水独流，堵汶水入海通道，令其全部注入运河，在南山漕道脊背处的南旺中分水之二道，南流接徐沛十之四，北流达临清十之六。南旺者地势高，决其水，南北皆注，所谓水脊者也。又相地置闸，以时蓄泄。自分水北至临清，地降九十尺，置闸十有七而达于卫；南置沽头，地降百十有六尺，闸二十有一而达于淮。"《明史稿·宋礼传》建设了如此完备合理的水的设施，才能使南来北往的船只顺利通过南旺——这个运河的脊背高地。此时，大运河才开始发挥它的非凡功能，产生巨大的价值。

　　永乐十年（1412），岁以运河百万石，海运三岁两运，至永乐十三年（1415），竟罢海运。

　　明代大学士丘浚说："会通一河，譬则人之咽喉也，一日不下咽而立有死亡之祸"，漕运粮道成为整个国家的经济命脉。

　　据《明史》记载，宋礼建议造浅船 2000 余艘，以供漕运。开始岁运 200 余万石，后来逐渐增加到 500 万石。到成化年间，岁运漕粮稳定在 400 万石。除正粮之外，还有商粮及其他。按大学士丘浚提供的数据"今日十八人架一船，一船载米三万石"来计算，每年经过运河的船只仅漕船一项就达 10000 只到 16000 只，运军达十几万人，每年有如此众多的船只、人口通过运河，不能不造成运河沿岸城市的迅速繁盛。

　　至此，聊城的经济、文化才得利于运河，而走向极度发展之路。

　　首先，官府允许漕运军人船只附载自己的货物。洪熙元年（1425）的一道赦谕说："官军运粮，道远辛劳，寒暑暴露，昼夜不息，既有盘浅之贸，粮耗米折之司，又责其赔补，朕甚悯之。今年除运正粮外，附载自己的什物，官司毋得阻挡。"正统三年（1438）又重申："顺带土货以为货，不准沿河巡司官人等生事阻挡。"对于漕船所带之货，各钞关免征税钞。弘治时，每船带物限 10 石，到万历时则至 60 石之多。实际的数字肯定要多于上述估计，因为免税带货是有利可图的。

其次，大批的商船来往于漕河之上，将南方出产的丝绸、茶叶、糖、竹、木、漆、陶瓷器等物资，源源不断地运往北方；北方的松木、皮货、煤炭、杂品又经运河南下。

商业的兴旺又大量增加了官府税收。洪武时规定，商税三十取一，违者以违令论。永乐二十一年（1423），山东巡府陈济言："淮安、济宁、东昌、临清、德州、直沽、商贩所聚，今都北平，百货信往时。其商税宜遣人监榷一年，以为定额"，朱棣批准了这一建议。税有定额，虽便监督，但定额长期不变，往往脱离实际。宣德四年（1429），各钞关差御吏及户部官照钞法例监收船料钞。所谓船料，是船只大小的一种计量单位。其后税收之法不断更改。由此可见，运河交通的兴旺，首先带动了商贸业的发展，进而国家税收也大量增加，而沿河城市的发展更是显而易见的。

由运河所产生的仓站、闸站和漕粮支运、兑运和交接处，无疑是人口集中之地；江河交叉口，州县水陆相会之所，当有车马人口日常之需要，于是，酒楼饭馆、旅店客栈、商铺货店、码头驿站、配套的经济行业也随之而兴。于是，过去的荒丘野地，此时成了繁荣小镇；过去小村僻庄，此时成为重要都会。东昌府不再是人口稀少，仅仅作为屯兵之处的城市了。

京杭运河的开通航运，促进了我国古代经济、文化的发展。穿城而过的运河也给鲁西重镇东昌府带来了长达 500 余年的繁荣昌盛。

经济的繁荣，促进了文化的昌盛。明清两代，聊城文运大开，鸿儒相卿联翩鹊起，文人骚客脱颖而出。据《聊城县志》记载，这期间考中状元 2 人，进士 99 人，举人 439 人。其中既有被明熹宗誉为"讲官第一"的建极殿大学士、吏部尚书朱延禧，清代首科状元、武英殿大学士兼兵部尚书傅以渐等名宦重臣，又有被清康熙帝赞为"字压天下"的状元邓钟岳等书画大家。清道光二十年（1840），江南河道总督、邑人杨以增建造了清代四大私人藏书楼之一的"海源阁"，又为聊城发达的文化增添了灿烂的一页。"东昌作坊，书笔两行"。文化的昌盛，又带动了刻书、印刷、制笔业的发展。明清两代，聊城是全国刻书、印刷、制笔中心之一，年产毛笔数百万支，所印图书远销京津、苏杭、秦晋各地。

明清两代，聊城作为运河沿岸的繁华都市，城市规模已相当可观，"廛市烟火之相望，不下十万户"。城内既有光岳楼、绿云楼、昊天阁、鲁仲连台等崇楼高阁，又有护国隆兴寺、敬业禅林、玉皇皋、吕祖庙等殿宇名刹。在运河两岸，还出现了以山陕会馆为代表的八大商业会馆。因此，凡沿河过往会通河的帝王相卿、文人学士多在聊城逗留，登临光岳楼观光。清康熙帝曾四次来聊，登光岳楼，并为光岳楼题匾"神光锺暎"，今仍悬于二楼高檐下。乾隆帝东巡、南巡，九次驻跸聊城，五次登临光岳楼，前后作诗 13 首。现还存碑石二通，载有乾隆御诗七首，其中一首《马走东昌府城下》是这样写的：

> 南邦逢郡邑，按辔便民瞻。
> 远路兹经历，乘舟昔已忺。
> 策骢惟一例，便镫更多添。
> 亲爱不谋合，熙和著处觇。
> 平原揽城市，光岳俯楼檐。
> 共治二千石，益思慎选廉。

从诗中可以看出，乾隆皇帝并非只管风流巡游，观光之际念念不忘选拔廉洁的官吏。

乾隆皇帝所带的宫廷画师还把聊城城池、光岳楼、运河风光、名胜古迹绘成大幅写生画，刊入《南巡盛典》一书。

中国的历史文化名楼不只是一个城市的重要的文化景观，更是一个城市的根、灵魂和文化载体。而且中国的历史文化名楼还有着更大的文化内涵，大多是一定的地域文化或中国文化的代表。例如，黄鹤楼代表长江文化；鹳雀楼是黄河文化的代表名楼；岳阳楼、滕王阁分别因范仲淹的《岳阳楼记》和王勃的《滕王阁序》而成为古典与传统文化的代表；大观楼是长联文化的代表；而浙江天一阁则是藏书文化的代表，是现存最早的藏书阁之一；西安的钟鼓楼是钟鼓楼文化的代表，建筑文化极具地域特色；杭州城隍阁则代表吴越宋文化。

光岳楼虽然以军事目的而建，但是建成后北方局势日趋稳定。虽然东昌府据运河咽喉的重要性依旧，但是光岳楼的军事功能未能发挥，却成为运河名城的一座文化名楼。

自此以后，在京杭运河畅通的 600 多年的时间里，不管是皇帝出巡，还是举子们北上进京赶考，入仕官员南下任职，文人骚客云游，大都会途经聊城，登临光岳楼，题诗作赋，饮酒畅怀，为历史留下了脍炙人口的佳话。

　　而运粮的官船，贩货的商舟，每当途经会通河，船到东昌府，首先远远望见的也是这座运河城市的标志性建筑——光岳楼。

　　所以，光岳楼又是中国运河文化的代表名楼。

　　2014年6月22日，中国"大运河"成功入选世界文化遗产名录。运河沿岸的重要文物的研究进入了一个崭新的时期，2014年又是光岳楼建成640周年，作此文以示纪念。

（作者单位：聊城光岳楼管理处）

20 年来的运河学研究

罗衍军

运河学研究主要以隋唐时期的大运河与元明清以来的京杭大运河及其区域社会为研究对象，以运河水利工程、运河区域社会经济变迁、运河文化等为主要研究内容。20 年来，学术界在运河学研究领域从分散到系统、由线到面，发表了一批颇具新意的研究成果。本文以 1990 年以来所刊发的运河学研究论文为主要考察文本，概其要者，主要有以下几个方面。

一 运河沿革与治理

运河沿革与治理，无疑是运河学研究的主体内容，此领域 1990 年以来受到了学术界的持续关注。

张强对运河学研究的范围和对象进行了阐述，他认为"运河"称谓的出现下限应在公元 1060 年之前，运河学实际上是一门以运河为基本研究对象的学问，通过研究运河与政治、经济、文化、交通、城市等的关系，从而充分认识运河在历史进程中的价值及它对中国社会各个层面的影响。具体而言，运河学研究主要包括 10 个方面。（1）运河在不同历史时期、不同地区开挖的历史。（2）运河与古代交通的关系。（3）运河与古代城市的关系。（4）运河与古代政治的关系。（5）运河与漕运的关系。（6）运河与经济、人口的关系。（7）运河与传统文化的关系。（8）运河与中外交流的关系。（9）运河沿岸的物质文化与非物质文化遗产。（10）运河与自然水系、区域地理及环境的关系。他主张将运河河道的演变划分为六个阶段进行研究：第一阶段为中国运河开挖的发生期，上限可上溯到史前传说时代，下限至秦统一六国之前；第二阶段为关中运河、中原运河开挖的展开期，时间集中于两汉；第三阶段为中原、华北运河及江淮运河的开挖期，时间集中在三国、魏晋、南北朝；第四阶段为运河形成贯穿全国的水上运输能力的整合期，时间为隋唐；第五阶段为中原运河与江南运河整修期，时间为两宋；第六阶段为京杭大运河期，时间为元明清三代，① 从而对运河学研究的范围和对象进行了较为清晰全面的界定。

曾谦对隋唐时期的洛阳漕粮运输进行了考察，并将之与粮仓变易联系起来。② 于宝航、田常楠对运河各类航船的通行次序进行了探究，认为在明代运河的一些易拥堵的航段，在制度上和实际上形成了贡舟先行、漕舟次之、官舟再次之、民舟又次之的通航次序。此种根源于封建等级制度的通航次序将民间船只边缘化，使南北方的商品运输依附于带有官方色彩的各类船只③，揭示出运河航船通行的官民不平等性。

王元林、孟昭锋对引汶（水）济运措施进行了考察，认为此一措施虽保障了运河航道的畅通，但人为地引起了汶水河道的变迁，影响了汉河沿线的农业生产，增加了汶水下游发生洪涝灾害的可能性，并刺激了汶水等相关水神庙宇的建立。④

李德楠对明清时期的黄运治理多有思考，他认为明万历后期开辟的伽河，有效地避开了徐州段黄河、二洪（徐州洪、吕梁洪）之险，有利于漕运的畅通，而且城镇的更替于国家利益无损，无论是徐州的衰落抑或台儿庄的兴起，不过是运河城镇位置的变动而已；从地方城镇利益的角度而言，河道变迁是其自身发展机遇的重要转折，影响深远。国家大型公共工程建设在取得总体效益的同时，总是伴随着局部利益的得失，工程建设或多或少会牺牲局部地区的利益⑤，从而对运河治理过程中国家与地方利益的复杂关联进行了新的思考。对于清代的河工物料的采办问题，李德楠指出黄运河工作为国家主导的大型公共工程，政府设立了专门的管理机构，制定了相应的规章制度，严格限定物料采办期限，以不违背植物生长时令及确保河工顺利进行。此外还通过跨区域的行政措施，进行物料的整合调

① 参见张强《运河学研究的范围与对象》，《江苏社会科学》2010 年第 5 期。
② 参见曾谦《隋唐洛阳运河体系与漕粮运输》，《农业考古》2013 年第 1 期。
③ 参见于宝航、田常楠《明代运河的通航次序与钞关税收》，《辽宁师范大学学报》（社会科学版）2013 年第 3 期。
④ 参见王元林、孟昭锋《元明清时期引汉济运及其影响》，《人民黄河》2009 年第 4 期。
⑤ 参见李德楠《国家运道与地方城镇：明代伽河的开凿及其影响》，《东岳论丛》2009 年第 12 期。

配。这些举措凸显了国家政权在公共工程中的主导地位。但因吏治腐败、自然灾害等原因，物料征办在确保地方社会发展的同时，亦带来了一定的负面影响①，凸显出运河治理积极作用与消极影响的错综交织。这些观点，无疑推动了运河治理研究的深入。

林吉玲对康熙、乾隆时期的南巡进行了考察，认为康熙、乾隆沿运河六巡江南，主要意图是加强清政府对运河以及江南地区的统治。但由于所处时间、政治、经济等状况的不同，二者所进行的南巡在历史上所起的作用也不同，前者的南巡促进了东南地区社会的发展和稳定；后者的南巡则加重了封建政风的败坏、激化了阶级矛盾，清朝从此由盛转衰。② 通过这一考察，彰显出因时代环境的歧异，同一国家举措所产生的迥然相异的后果。

吴欣对明清时期漕运法规的变革进行了考察，认为明清时期漕运法规的严格，既是明清社会政治变革、经济发展的必然结果，亦反映了立法与执法之间的矛盾。③ 王颟从多个方面探讨了清代运河衰落的原因，指出有清一代大运河之衰落，既与自身地理环境的严重制约、运河治理的失当密切相关，亦缘于河政之腐败与太平天国运动之危害。④

由上可知，20 年来，学者对运河沿革与治理多所阐述，对运河学研究范围和对象、漕粮运输、治运法规、治运措施等均进行了深入的考察，这对于学术界进一步探究运河的沿革与治理，无疑具有重要的借鉴作用。

二　运河与区域社会经济嬗变

京杭运河与区域社会经济的变迁具有密切的关联，在这方面学界多有阐述。

曹家齐将两宋时期国势兴衰与运河运行相联系，指出两宋立国均仰赖运河。北宋定都无险可守之汴京，与运河漕运之便利有紧密关系，运河对

---

① 参见李德楠《清代河工物料的采办及其社会影响》，《中州学刊》2010 年第 5 期。

② 参见林吉玲《康乾南巡及其对运河区域的影响》，《山东师大学报》（社会科学版）2000 年第 5 期。

③ 参见吴欣《"通漕"与"变漕"——明清漕运法规变革研究》，《山东师范大学学报》（人文社会科学版）2009 年第 3 期。

④ 参见王颟《清代运河衰落原因论析》，《淮阴师范学院学报》2008 年第 3 期。

维持"强干弱枝"的立国之势起了重要作用。而运河漕运之阻滞，亦成为北宋亡国的重要原因。南宋之所以将国都定于临安，运河也是重要条件。江南运河对各地财赋之转输、政令布达之通杨，以及沿岸地区之繁荣至关重要，成为南宋政权赖以存在的基础，浙东运河又成为对外贸易获取商税的重要通道。① 孙秋燕以京杭运河给山东东昌府带来的经济繁荣为例，说明京杭运河的贯通对经济发展的巨大带动作用。②

运河的贯通对明清时期区域农业的发展具有重要影响。陈冬生阐述了明代运河南北地区农耕生产技术的发展，认为其集中体现了我国传统农业集约经营、精耕细作的显著特点③，运河地区经济作物的种植发展，促进了社会经济的发展与变化。④ 吴滔从清代时人的笔记入手，从生活、生产、商贸、人际交往等方面阐述了江南地区水运的作用。⑤

为了保证漕船的顺利通行，明清政府采取了严格的保水济运措施，因而与该流域的民田灌溉在对水利资源的利用方面产生冲突。如何认识漕运与区域水利、农业发展的关系，是运河学研究中一个相当重要的问题。在这方面学术界经过深入探究，提出了颇具新意的看法，吴琦、杨露春认为在清代山东漕河与民田的水利之争中，国家从漕务利益和全局利益出发考虑，当漕河与民田因为争水而产生矛盾时，势必以牺牲地方利益和农业利益为代价。而对于地方来说，民田灌溉关系着区域农业收成和民众的生计，也关系着地方官员的政绩仕途，因此即使在国家明令禁止不准侵害漕运水利的情况下，地方为了保证农业收成而不得不采取一些趋利避害的措施，同漕河争夺华北本就有限的水利资源。⑥ 这样，在中央与地方、漕运与农业之间便不时呈现出内在张力。

大运河的贯通及河运的发展，无疑对运河区域城市的发展具有相当影

---

① 参见曹家齐《运河与两宋国计论略》，《徐州师范大学学报》（哲学社会科学版）2001年第2期。

② 参见孙秋燕《京杭运河与明代经济》，《菏泽学院学报》2006年第1期。

③ 参见陈冬生《明代运河南北地区农耕生产技术发展述论》，《东岳论丛》2003年第2期。

④ 参见陈冬生《明清山东运河地区经济作物种植发展述论——以棉花、烟草、果木的经营为例》，《东岳论丛》1998年第1期。

⑤ 参见吴滔《清代日记所见江南地区的水运》，《华北水利水电学院学报》（社会科学版）2011年第1期。

⑥ 参见吴琦、杨露春《保水济运与民田灌溉——利益冲突下的清代山东漕河水利之争》，《东岳论丛》2009年第2期。

响，一批沿线城镇因河而兴，其经济、文化等地位大为提升，成为"运河城市"。王明德从总体上概述了大运河与沿线城市的双向互助关系，认为一方面大运河影响城市的兴衰变化，影响城市的规模与等级、性质与结构以及其分布和体系；另一方面，运河城市也影响着大运河和运河体系的发育，影响着运河网络结构的改变和功能的发挥，推动运河开凿技术的提高和运河管理制度的完善。① 王云将关注重心聚焦于山东运河区域，阐明此一区域明清时期社会变迁的历史趋势与特点，剖析运河盛衰与区域社会变迁的内在关联，认为山东运河区域的社会变迁经历了一个从荒僻到繁荣，又渐渐沉寂的类似马鞍形的过程。其特点为社会变迁的动力主要来自交通环境改善与漕运政策等外部因素；以开放的态势吸纳融会各区域物质文化精华；濒河城镇与运河腹地社会发展的不平衡。② 邢淑芳以临清为中心，探析运河与区域社会变迁的关系：明代南北大运河贯通后，临清成为运河沿岸最重要的粮食转运枢纽和朝廷最重要的税收来源地之一，一跃成为运河沿岸最繁华的工商业城市之一。临清市民（主要包括手工业者和商人）的思想观念和社会风气亦相应发生巨大变化。③ 郑民德以张秋镇为例，剖析了运河交通对明清时期区域社会发展的带动作用，指出明清时期山东运河区域的生产力发展水平并无实质性的重大突破，促使这一区域发展的原因，主要归结于这一时期山东运河区域城乡市场网络的形成与市场机制的完善。一旦这种地理优势丧失与市场网络遭到破坏，运河城镇便失去了赖以生存与发展的基础与条件，其衰败也就成了历史的必然。④ 伴随运河漕运和民间商运的繁荣，服务业成为运河城镇居民职业构成的重要内容，体现着运河城镇行业构成的特色，并成为运河城镇的一项重要产业。服务业与其他行业形成良性互动，其兴衰亦与运河城镇的变迁息息相关。⑤ 孙竞昊将关注重心放在运河衰落后区域社会的转型历程，指出在19世纪下半叶，随着漕运的败落、清朝中央集权的式微和东部沿海以西方因

---

① 参见王明德《大运河与中国古代运河城市的双向互动》，《求索》2009年第2期。

② 参见王云《明清山东运河区域社会变迁的历史趋势及特点》，《东岳论丛》2008年第3期。

③ 参见邢淑芳《古代运河与临清经济》，《聊城师范学院学报》（哲学社会科学版）1994年第2期。

④ 参见郑民德《明清京杭运河城镇的历史变迁——基于张秋镇为视角的历史考察》，《中国名城》2012年第3期。

⑤ 参见杨轶男《明清时期山东运河城镇的服务业——以临清为中心的考察》，《齐鲁学刊》2010年第4期。

素为导引的工商业的崛起和扩张，济宁同整个北方内陆运河地区一起急剧衰退，并在山东乃至全国经济的层级体系中迅速向边缘位置滑落。然而，与临清和其他内陆运河城市的命运不同的是，济宁作为一个城市个体并没有完全没落，而这正缘于清末济宁所进行的现代转型。清末时期济宁通过现代转型以阻止边缘化的特殊经历以及当地精英的活动，充分展现了当地人士在兴建新式交通运输系统、调整地方经济取向和城市功能的努力。①

学界在考察运河与区域社会经济嬗变时，既注意到对沿线城市发展的带动作用、对区域经济的积极作用，又注意到国家利益与区域社会利益的差异性，关注到运河对农业发展的消极影响，注重从区域社会与运河的互动关系中进行考察。但对于运河对江北江南区域影响的异同性、运河区域城乡的比较研究等方面，还有不少进一步探究的空间。

三　运河区域文化、习俗等嬗变

与社会经济变动相生相随，运河区域的文化、习俗等亦经历了一个长期的嬗变历程。李泉深入考察了运河文化的内涵及其特点，认为运河文化自隋唐以后形成，明清时期进入空前兴盛的阶段。运河河道及其独特的工程设施、城镇网络、河政管理机制、社会结构与产业结构、商业发展等方面的特点及运河区域民众的心理意识、宗教信仰、生活习俗等方面的趋同，是中国运河区域文化的基本表现形态。开放性与凝聚性的统一、流动性与稳定性的统一、多样性与一体性的统一，是运河文化的突出特点。②研究运河文化的孕育、萌生、形成、兴盛的历史进程，是运河学研究的一个重要课题，③从而注重对运河文化宏观把握与微观探究的有机统一，从多元视角阐释运河文化的嬗变轨迹。

运河区域水神信仰缘河而生，是区域官方与民间信仰的有机组成部分，引起了学者的浓厚兴趣。吴欣通过探讨运河区域水神信仰的确立过程，阐释了信仰系统的不断"建构"过程，透视"正祀"与"杂祀"内

---

① 孙竞昊：《清末济宁阻滞边缘化的现代转型》，《清华大学学报》（哲学社会科学版）2010 年第 1 期。

② 李泉：《中国运河文化及其特点》，《聊城大学学报》（社会科学版）2008 年第 4 期。

③ 李泉：《中国运河文化的形成及其演进》，《东岳论丛》2008 年第 3 期。

在差异的生成机理。① 胡梦飞以明清时期苏北运河沿线区域为中心，认为水神信仰盛行的主要缘由在于黄河水患、繁忙的漕运和频繁的河工，崇祀水神在成为明清国家治理黄运水患的重要手段以及黄运沿岸民众精神慰藉的同时，也使得明清时期苏北运河区域民间信仰呈现出多元化的发展趋势。② 王云通过对明清时期山东运河区域金龙四大王崇拜的探究，阐明民间信仰的互相影响和交融，正是京杭运河贯通为山东运河区域带来的一种前所未有的社会文化现象。③ 王元林、褚福楼分析了国家祭祀视野下的金龙四大王信仰，认为国家祭祀中蕴含着等级关系，在传统的"天人感应"观念的影响下，皇帝拥有与神"沟通"的独特优势，而神灵的一再"显圣"也昭示皇帝的"天命"所在。国家以敕建庙宇、颁发匾额、赐予封号等祭祀方式祀神报功，祭祀也成为皇帝向民众施恩的工具。④ 吴欣进一步探究了明清运河区域信仰的嬗变轨迹与其内在缘由：伴随着运河交通枢纽地位的丧失，天妃信仰、金龙四大王信仰等与水患相连的信仰也就失去了它存在的现实意义，仅有的精神慰藉无法转化成现实生活中的实际需要，因此天妃、城隍信仰也随之失去了它以往的地位。⑤

运河区域音乐、小说等文化的繁盛，与运河交通的联系，成为运河学研究领域的一个重要组成部分。张敏对山东枣庄的运河号子进行了一定考察，认为枣庄运河号子也称"粮米号子"，是明清两代官方漕运粮米使用的御封专用号子。其特点是豪气冲天，高亢有力、节奏明快、衬词衬腔运用巧妙，具有浓郁的地方特色，与当地戏曲——柳琴戏具有密切关系。⑥董国炎指出明清武侠小说起于运河流域，其决定原因是经济文化基础和社会政治与社会人口构成。⑦ 王志华则通过对曹州牡丹文化的考察，指出曹州牡丹文化乃是运河文化带上中华传统"花"文化融汇轨迹的典型反

---

① 参见吴欣《明清山东运河区域"水神"研究》，《社会科学战线》2013年第9期。

② 参见胡梦飞《明清时期苏北地区水神信仰的历史考察——以运河沿线区域为中心》，《江苏社会科学》2013年第3期。

③ 参见王云《明清时期山东运河区域的金龙四大王崇拜》，《民俗研究》2005年第2期。

④ 参见王元林、褚福楼《国家祭祀视野下的金龙四大王信仰》，《暨南学报》（哲学社会科学版）2009年第2期。

⑤ 参见吴欣《正祀与杂祀：明清运河区域的民间信仰研究——以张秋镇为中心的历史人类学考察》，《聊城大学学报》（社会科学版）2009年第3期。

⑥ 参见张敏《浅析台儿庄运河号子的艺术特点》，《音乐创作》2013年第7期。

⑦ 参见董国炎《武侠小说起于运河流域说》，《明清小说研究》2004年第4期。

映。① 王云对明清以来山东运河区域尚武与嗜酒之风的形成与流播进行了阐述，认为这很大程度上缘于此一区域日渐恶劣的自然环境、运河两岸众多驻兵与运军的滞留。嗜酒与尚武之风的盛行，反映了京杭运河给区域社会带来的深刻影响。② 赵树好则对近代基督教与运河区域民间信仰的碰撞融汇进行了阐释，指出基督教企图取代运河流经省份的传统习俗，有霸道的一面，但也有倡导抛弃陋俗、主张妇女解放等进步的一面。由于基督教借助强权闯入运河流经省份，并享有不平等条约赋予的种种特权，多数民众不愿接受其主张，因而对基督教改良社会习俗的成效不能估价太高。③ 王云、李泉描述了聊城山陕会馆戏楼墨记的主要内容并分析了其史料价值，指出聊城山陕会馆戏楼后台四壁墨记对于研究清末民初戏剧的发展演变、艺人的物质精神生活、南北戏剧文化交流、山陕商人的文化生活乃至鲁西的经济发展、节日习俗等，都提供了丰富而宝贵的材料。④

综上可见，学术界对运河区域文化、习俗的研究呈现出日益深入的趋向，涵括水神信仰、日常生活、音乐、文学、宗教等多个方面，这既反映了运河文化本身多元共生的特征，又与学者研究视角的日益宽广息息相关。

四　运河区域家族、河工组织与帮会

学者对运河区域家族、河工组织、商会组织、帮会等的研究，关注重心在人类社会与运河的互动关系，这是运河学研究中不可或缺的重要一环。

马亮宽以聊城傅、杨家族为例，将家族史研究置于运河社会的背景之下，剖析明清时期运河与文化族群的互动关系。⑤ 吴欣以明清时期东昌望族"阁老傅（傅以渐）""御史傅（傅光宅）"为考察中心，探讨运河区域社会的地方性特征与宗族社会组织发展、衰落之间的内在关联，揭示出

---

①　参见王志华《曹州牡丹文化特点与运河文化》，《菏泽师专学报》1998 年第 3 期。

②　参见王云《明清以来山东运河区域的嗜酒与尚武之风》，《东岳论丛》2009 年第 3 期。

③　参见赵树好《基督教与近代运河流经省份习俗变迁》，《东岳论丛》2009 年第 6 期。

④　参见王云、李泉《聊城山陕会馆戏楼墨记及其史料价值》，《文献》2004 年第 1 期。

⑤　参见马亮宽《明清聊城运河与文化族群兴衰——以傅、杨两家族为个案》，《聊城大学学报》（社会科学版）2008 年第 4 期。

宗族组织的内在发展脉络。① 她并在研究聊城运河区域宗族社会的基础上，将微观考察与宏观阐释相结合，对山东运河区域宗族社会的形成、发展、特点进行了深入考察。②

运河河工组织，无疑是运河水利治理和运河区域社会研究中所应予以关注的，但以往研究中，对相关问题研究的并不多。近年来，吴欣投身于相关领域的研究，她的《明清京杭运河河工组织研究》一文，以闸、浅、泉等河工组织为中心，探讨老人、小甲、闸官等组织管理形式的利与弊、沿承与变革，以及形成这些变化的原因，指出这些河工组织形式的产生、变化与被革除，都是以保障漕运为前提的。③ 她对明清时期京杭运河的最基层河工组织——浅铺进行了深入的考察，认为浅铺实际同时具有两种性质，一种是解决运河淤浅问题的水利设置，是一个空间概念；另一种是由浅夫组成的从事挖浅的组织，是一个"群体"概念。空间意义上的浅铺与地方社会关系的建立促进了聚落的形成与发展，而组织层面的浅铺所承载的则是社会变革乃至民众生活的内容。当运河日渐断流之时，那些以疏浚挖浅拉纤为生的游民，也就失去了其生活的来源，并进而成为地方社会中的不安定因素。④ 对于治运组织，李德楠亦进行了考察，他认为清代江南苇荡营是一支专门从事芦苇采割、运输的部队，在提供治河材料方面发挥了重要作用。由于自然环境变迁特别是黄河变迁的影响，苇荡营的机构、驻地、荡地面积以及芦苇产量均有所变动。⑤

明清时期的京杭运河不但是一条贯穿南北的水路交通要道，而且是重要的商业交往通道。对运河区域商人群体的研究成为运河研究的题中应有之义。会馆是客居外地的同乡人在寄居地创建的一种用于联乡谊、祀鬼神的特殊社会组织。明清运河区域商人会馆乃是当时商业繁荣的重要标志之一。王云以聊城山陕会馆为典型案例，对明清时期山东运河区域的商人会馆分布和文化内涵进行考察，指出明清商人会馆所具有的浓郁的文人气、厚重的江湖气和世俗的商人气，是封建社会母体中新的社会力量崛起、新

---

① 参见吴欣《明清京杭运河区域仕宦宗族的社会变迁——以聊城"阁老傅、御史傅"为中心》，《东岳论丛》2009 年第 5 期。

② 参见吴欣《村落与宗族：明清山东运河区域宗族社会研究》，《文史哲》2012 年第 1 期。

③ 参见吴欣《明清京杭运河河工组织研究》，《史林》2010 年第 2 期。

④ 参见吴欣《明清时期京杭运河浅铺研究》，《安徽史学》2012 年第 3 期。

⑤ 参见李德楠《"续涸新涨"：环境变迁与清代江南苇荡营的兴废》，《兰州学刊》2008 年第 1 期。

的价值观念产生、新的商业文明显现的具体反映。① 她对山东运河区域的
徽商亦进行了较为深入的考察，指出徽商在山东运河区域的长期居住经
营，不仅在一定程度上改变了一些城镇的居民结构，而且促进了山东运河
流域的南北物资文化交流，带动了这一区域社会经济的发展，并具体剖析
了明清时期山东运河区域之所以成为徽商云集的缘由所在。②

在运河区域经济、文化等发展演变的同时，民间秘密帮会亦如影随
形，成为运河区域社会演变的重要组成部分，在这方面学术界亦进行了一
定研究。吴琦对漕运水手行帮的形成及其近代变迁进行了探究，认为由于
水手行帮自身难以克服的弱点，在近代社会的急剧变动中沉沦为以流氓无
产者为主体的寄生社会集团。③ 吴善中从客民、游勇和盐枭三部分对近代
长江中下游、运河流域秘密会党崛起的原因进行了分析，阐明近代民间秘
密组织的兴起，既有地理环境的因素，又与更宏大的社会运动、经济状况
密切相关，是多种因素综合作用的结果。④

以是，学术界对运河区域家族、商会、帮会等的研究，既拓展了运河
学研究的范围，又从新的视角深化了传统区域社会史研究。

五　运河遗产保护与旅游开发

大运河是一条在历史上发挥了重要作用的人工河道，在长期的发展演
变历程中不但带动了沿运区域经济繁荣、文化昌盛、社会融合，而且至今
仍是重要的南北水运通道，2014 年 6 月大运河成功入选世界文化遗产名
录，成为我国第 46 个世界遗产项目，其河道治理与保护、文化遗产保护、
旅游资源开发等日益被学术界和各级政府所关注。

有学者对中国大运河与欧美运河遗产进行了比较研究，认为德国中上
游莱茵河河谷更多呈现出文化景观的遗产特征，最终被列入世界遗产名录
的类别也为"文化景观"。法国米迪运河和加拿大里多运河是作为"人工
水道"而申报并被列入《世界遗产名录》的。中国的大运河遗产呈现出

---

① 王云：《明清山东运河区域的商人会馆》，《聊城大学学报》（社会科学版）2008 年第 6 期。
② 王云：《明清时期山东运河区域的徽商》，《安徽史学》2004 年第 3 期。
③ 吴琦：《漕运与民间组织探析》，《华中师范大学学报》（哲学社会科学版）1997 年第 1 期。
④ 吴善中：《客民·游勇·盐枭——近代长江中下游、运河流域会党崛起背景新探》，《扬州大学学报》（人文社会科学版）1999 年第 5 期。

跨越流域广泛、历史信息丰富、沿河遗迹密布、文明形态复杂、使用功能综合、文化样式多元的线性特征，或者说是典型的文化线路、文化廊道。国外现有的运河申遗成功项目的体量、形态、功能、样式上和中国大运河并不具有可比性，甚至完全属于不同的遗产类别。中国大运河申遗就有必要探索自己独特的模式路径。①

有学者通过对大运河现状的调查，提出要在保护前提下合理利用。② 束有春探讨了对运河文化遗产分段保护与旅游开发问题。③ 潘杰探讨了江苏运河水环境及其治理对策。④ 李春波、朱强以京杭大运河天津段为例，对大运河沿线历史文化遗产的分布状况进行了分析，总结了遗产分布与运河位置相对关系的规律性，即京杭大运河天津段遗产靠近运河分布比远离运河稍有密集的趋势，且与运河紧密相关的文化遗产此种趋势更加明显。从遗产保护的高效性原则出发，提出大运河遗产廊道的理想宽度应为单侧2—2.5公里。⑤

运河旅游资源的良好开发，对更多海内外民众更好地了解运河魅力、进一步提升运河知名度，以及促进运河区域经济社会发展都具有重要的意义，学界对此亦进行了一定的思考。吕龙、黄震方以古运河江苏段为例，展开遗产廊道旅游价值评价体系的构建及应用的研究，提出要从廊道资源条件、区域社会条件、廊道生态条件和旅游保障条件及发展潜力等方面建立遗产廊道旅游价值评价指标体系。⑥ 柴惠康以无锡为中心对运河旅游开发滞后的原因进行分析，提出要重振古运河之旅，须从多个方面出发，全面筹划，增强运河旅游的魅力。⑦ 沈山选取江苏扬州至山东济宁段运河为研究区域，分析其文化资源和旅游发展状况，提出"千年运河，世纪风情"的

---

① 参见顾风、孟瑶、谢青桐《中国大运河与欧美运河遗产的比较研究》，《中国名城》2008年。

② 参见阮仪三、朱晓明、王建波《运河踏察——大运河江苏、山东段历史城镇遗产调研初探》，《同济大学学报》（社会科学版）2007年第1期。

③ 参见束有春《江苏省运河文化遗产保护与展望》，《东南文化》2006年第6期。

④ 参见潘杰《江苏运河水环境与水文化问题的对策研究》，《河海大学学报》（哲学社会科学版）2008年第4期。

⑤ 参见李春波、朱强《基于遗产分布的运河遗产廊道宽度研究——以从天津段运河为例》，《城市问题》2007年第9期。

⑥ 参见吕龙、黄震方《遗产廊道旅游价值评价体系构建及其应用研究——以古运河江苏段为例》，《中国人口·资源与环境》2007年第6期。

⑦ 参见柴惠康《重振古运河之旅的思考》，《旅游学刊》1997年第2期。

运河文化主题，从组织体系、品牌营销、产品体系等方面进行主题性旅游协作联盟的构建。① 吴元芳从发展策略、开发关键和重点、开发布局等方面对如何进行山东运河区域民俗旅游进行了探索。② 安国对如何开发运河城市聊城市的旅游资源，提出了自己的看法。③ 杨建军④和吴建华⑤分别就杭州的运河地带规划与开发、运河文化旅游开发问题进行了阐述。

六　运河学研究之展望

上文主要以学术研究论文为对象，对 20 年来的运河学研究状况进行述评，难免挂一漏万。20 年来，运河学研究成果丰硕、新见迭出，相关学术研究论文相继刊发。一批高水平的运河研究专著也陆续出版，如对运河变迁、运河文化进行整体性阐述的《京杭运河史》⑥、《中国运河传》⑦、《京杭大运河史略》⑧、《中国运河文化史》⑨等，对运河社会、文化变迁进行区域性考察的《明清山东运河区域社会变迁》⑩、《山东运河文化研究》⑪、《杭州运河历史研究》⑫等，有关运河的漕运、水运史专著有《漕运与中国社会》⑬、《中国漕运史》⑭、《清代内河水运史研究》⑮、《山东运

①　参见沈山《主题性旅游协作联盟及其构建——以运河文化主题协作联盟为例》，《地理研究》2008 年第 6 期。

②　参见吴元芳《山东省运河区域民俗旅游开发研究》，《经济问题探索》2008 年第 2 期。

③　参见安国《关于运河城市（聊城市）旅游资源开发的思考》，《聊城师范学院学报》（哲学社会科学版）2001 年第 5 期。

④　参见杨建军《运河地带在杭州城市空间中的功能和形象规划探索》，《经济地理》2002 年第 2 期。

⑤　参见吴建华《杭州开发运河文化旅游的对策研究》，《中共杭州市委党校学报》2009 年第 6 期。

⑥　参见姚汉源《京杭运河史》，中国水利水电出版社 1998 年版。

⑦　参见傅崇兰《中国运河传》，山西人民出版社 2005 年版。

⑧　参见徐从法《京杭大运河史略》，广陵书社 2013 年版。

⑨　参见安作璋主编《中国运河文化史》（上、中、下），山东教育出版社 2006 年版。

⑩　参见王云《明清山东运河区域社会变迁》，人民出版社 2006 年版。

⑪　参见李泉、王云《山东运河文化研究》，齐鲁书社 2006 年版。

⑫　参见陈述主编《杭州运河历史研究》，杭州出版社 2006 年版。

⑬　参见吴琦《漕运与中国社会》，华中师范大学出版社 1999 年版。

⑭　参见李治亭《中国漕运史》，台北：文津出版社 1997 年版。

⑮　参见［日］松浦章《清代内河水运史研究》，江苏人民出版社 2010 年版。

河航运史》①　等，关于运河遗产现状及其保护的专著有《京杭大运河国家遗产与生态廊道》②、《中国大运河遗产构成及价值评估》③　等。尤其是由王云、李泉主持编纂的大型运河历史文献丛书《中国大运河历史文献集成》④　的出版发行，更将运河学研究推向一个崭新的高度。运河学研究呈现出一片欣欣向荣的景象，发展潜力巨大。

当然，运河学研究的发展亦有尚需进一步深化之空间：首先，运河学研究需要拓展研究时段，上伸下延。目前的运河学研究所涉及的主要是明清时期的京杭大运河，对明以前运河及近现代运河的变迁则较少论及，运河的发展演变，是一个长期发展、变动不居的过程，而且至今仍发挥着重要作用，对其水利治理、区域变迁、文化融汇、风俗人情等进行系统性研究无疑有其必要性，这就需要从历史演变大脉络考察运河，将微观研究与整体研究结合，以呈现运河流变的完整面貌。其次，在研究范围方面，尚需内融外通。目前的运河学研究主要集中于对京杭大运河的研究，对其他运河则极少涉及，具体到京杭大运河，则又聚焦于对运河区域经济、文化等的研究，而对于区域内的组织构成、心态变迁、阶层变动、社会运动等则较少涉猎，这就需要扩大研究范围，将京杭运河研究与黄河、长江、淮河、钱塘江等的研究相结合，同时加强不同运河区域、运河区域与非运河区域的比较研究，从而大大拓展运河学研究的内涵。最后，在研究方法上，要多种研究方法综合运用，做到史源众流。目前的运河学研究，所利用的资料主要是历史文献，时人笔记、地方志、口述调研、碑刻等资料已在一定程度上运用，但主要是作为原有历史文献的辅助资料来用，人类学、社会学等研究方法尚未充分利用。这就需要进一步加强对运河学研究方法的探索，在以历史学研究方法为基础的前提下，将历史学、人类学、民族学、社会学、旅游学、地理学等各学科研究方法融会贯通。如此定能大大推进运河学研究，使之迈向一个新的高度。

（作者单位：聊城大学历史文化与旅游学院）

---

① 参见山东运河航运史编纂委员会《山东运河航运史》，山东人民出版社 2011 年版。
② 参见俞孔坚等《京杭大运河国家遗产与生态廊道》，北京大学出版社 2012 年版。
③ 参见谭徐明等《中国大运河遗产构成及价值评估》，中国水利水电出版社 2012 年版。
④ 参见王云、李泉主编《中国大运河历史文献集成》，国家图书馆出版社 2014 年版。

古代山东运河文献述要

崔建利

  山东运河即明清时期的会通河，是京杭大运河经过山东省的一段，北起冀鲁边界之临清，南至鲁苏之交的台儿庄，因纵贯山东省境内，所以叫作鲁运河或山东运河。由于山东运河主要是人工河，沿河地势崎岖，且水源的大部分来自省内泉水，因此成为整个京杭大运河中汇集泉水最多、河工设施最为密集、河工技术含量最高的运河河段，也是历代王朝维护京杭大运河通道用力最多的河段，故古代运河文献中涉及山东段运河的文献可谓汗牛充栋，但真正以山东运河为记述主体或视角的著作并不是很多，主要有以下几种。

一　以北河为视角全面记述山东运河的文献

（一）《北河纪》

  这是现存最早全面记述山东运河的文献。著者谢肇淛（1567—1624）字在杭，福建长乐人，号武林、小草斋主人，晚号山水劳人。明万历二十年（1592）进士，历任湖州、东昌推官，南京刑部、兵部主事、工部屯田司员外郎、都水司郎中、云南布政司左参政。《北河纪》是谢氏在山东阳谷张秋镇担任北河郎中期间所著。明朝成化以后设总理河道一职，负责运河河道修治及相关黄河河务的管理，下辖若干分司。万历年间分长江以北运河为四段，设四个分司，其中北河分司管理山东全境、北至天津河段。万历四十年（1612）谢肇淛以都水司郎中主持北河分司河务，驻张秋，谢氏依其将近四年的北河郎中经历，对当时南至台儿庄、北至天津的北河进行了全面记述，"撰采颇备，条画亦颇详明"①，其中山东运河部分占了绝大部分篇幅。

《北河纪》共分8卷。卷首列"北河全图""泉源图""安平镇（张秋镇）图"。卷一"河程纪"，简述元代以来"北河"（主要是山东段运河）开挖整修的过程，"北河"沿线水路驿站里程。卷二"河源纪"。记述流入"北河"的各自然河道的源头、流向，主要记述了山东段运河水源所涉及的泉脉及河道。包括汶水源流及144个泉眼名称，泗水源流及81泉名称，沙河、薛河、白马河等自然河道及滕、峄、鱼台各县泉眼数量名称，卫河、漳河及滹沱河的源头流向。卷三"河工纪"。记述西汉黄河决口治理与运河开挖治理情况，包括隋炀帝开挖永济渠、宋代治理经营御河、元代开挖治理会通河、明代对运河的改造治理等。卷四"河防记"。记述为保证"北河"畅通而在山东段运河所兴建的水利工程，主要包括湖泊（水柜），船闸及积水闸、减水闸，月河开挖的时间、长度，堤坝的修建时间、作用，各地浅铺的数量、名称等。卷五"河臣纪"。记述秦汉以来中央政府所设管理水利及河道漕运的机构名称、官员职责及历史沿革，述元朝以前虽甚简略但颇为明晰，述明代"北河"管理机构最为详细，而且又以山东运河为主。卷六"河政纪"。记河道维护、水源管理、船闸启闭、漕运、地方官员、夫役等方面的管理制度。卷七"河议纪"。记治理黄河、保障运河畅通的奏议、方略等。很多奏疏不见于《明史》，或较《明史》所载为详细，故有极高的史料价值。卷八"河灵纪"。记运河沿线祭祀河神水神的庙宇神祠名称、位置及国家祭祀情况。因山东段运河是"北河"之主体，且全部为人工河道，汇集了最多的河道工程，所以，《北河纪》所述主体为山东运河。

在来张秋任北河分司郎中之前，谢肇淛还曾在聊城东昌府担任过四年的推官，因此，谢氏不仅熟悉山东运河，对于齐鲁大地的历史风物也了如指掌，《北河纪》后所附《北河纪余》4卷，乃"山川古迹及古今题咏之属"②，主要是记述历代文人对北河沿岸重要城镇、河流湖泊、风景名胜、古迹建筑等的吟咏，其中山东运河风物占四分之三的篇幅。卷一记鱼台、济宁，卷二记济宁以北各县至张秋，卷三记聊城、德州，卷四记德州以北至天津。

---

① （清）永瑢、纪昀主编：《四库全书总目提要》卷69，史部二十五·地理类二，周仁等整理，海南出版社1999年版，第381页。

② 同上。

　　谢肇淛身为北河河务长官，熟悉当时的河政河务，或亲身经历，或耳闻目睹，再加上其自身博学广识，故《北河纪》一书所记明代山东运河情状及运河沿岸的人文风物，具有较高的可信度，史料价值极高。

（二）《北河续纪》

　　体例一如《北河纪》，作者为清阎廷谟。廷谟字献儒，号嵩岳，河南孟津人，顺治三年（1646）进士，授工部主事，曾驻张秋主持北河河务。其间得谢肇淛《北河纪》，惜书版已毁，卷帙残损，阎氏便在此基础上重新纂辑，"删其不宜于今者，增其正行于今者"，编成一书，名《北河续纪》。张伯行评此书曰："《北河续纪》一书条分缕析，考核详明。泉源出入之脉络，河政前后之异同，修筑、挑浚、闸坝、堤浅之方略，莫不具备。览者披卷寻之，了若指掌。"① 全书共七卷。卷一载顺治皇帝两道关于阎氏任职的敕命及《北河全图》，后附《泉源图》《安平镇（即张秋镇）图》。卷二"河程纪"，述元代以后"北河"开挖过程，实际上主要是山东运河的开挖过程，大体与《北河纪》同，接着记述"北河"河道上的船闸、积水闸、减水闸、减水坝等水利设施及沿河几大水柜、沿河浅铺等。卷三"河源纪"，主要记述山东段运河水源各河道的源头及流向等。本卷内容与《北河纪》大体同，但所记泉脉数量等相关河事已与明代颇有差异。卷四"河政纪"，简略记述历代水利管理机构及官员设置情况、明代北河区域内管理河道水源的机构设置沿革、张秋北河公署的建制，附历代治水碑刻文章数篇，后记宋代以后治理黄河运河的情况，其中以明代为最详。卷五"河议纪"，记历代治河名臣的奏议，明代记述最详，内容全与修治北河相关，但以山东运河事为大宗。卷六"河工纪"，先简要记述汉文帝以来堵塞黄河决口及后代治黄保运的大事，而后载录元代以后修治北河的相关碑刻文章，主要内容涉及山东段运河的修治与管理。卷七"河灵纪"，内容与《北河纪》大体相同。此书最后有"附余"，在谢肇淛《北河纪余》的基础上稍有增删。

　　与《北河纪》相比，《北河续纪》增加了许多河道管理方面的新材料，其中有大臣奏疏，也有碑刻文章，均为珍贵的第一手资料，对研究由

---

　　① （清）张伯行：《被刻北河纪序》，载谭其骧主编《清人文集地理类汇编》第 5 册，浙江人民出版社 1988 年版，第 410 页。

明至清山东运河状况的变化具有重要价值。缺点是只增述当时存在的河事或状况，对于《北河纪》以后曾出现但因各种原因消失的河况河事，阎氏多不增录。对此，四库馆臣颇有微词："正行于今者增之，是也，其不宜于今者，亦当存以备考证，乃协志乘之体。一概刊除，非通论也。"①

二 以全面记述山东运河为主旨的文献

（一）《山东全河备考》

清叶方恒撰。叶方恒，字媚初，号学亭，昆山人。顺治十五年（1658）进士，康熙八年（1669）由贵阳推官升任莱芜知县，后官至山东济宁河道。《山东全河备考》即其督理山东河道期间所辑，成书于康熙十九年（1680），全书共四卷。卷一图志，主要列"运道南北全图""五水济运图""山东诸泉图"等，共计19幅，其特点是以河道为经，叙述沿线的水利工程，且对运河水源，泉河位置、流路、里程都各有说明，以"取其互相发明便览也"②；卷二河渠志，分为上、下两部分，上部分按照时间先后记运道兴废、泉源诸派、诸湖蓄泄要害等。下部分亦按照时间先后，分别记载闸坝设置事宜、山东段黄河河防以及黄运关系等内容。卷三职制志，主要记载公署建置、夫役定制、职官沿革等。卷四人文志，记河漕名臣、漕河名疏以及有关山东运河工程建设的碑记铭文，凡有关山东省运道兴废之缘由以及黄河防御之事宜，全部收录。

《山东全河备考》是现存第一部以山东运河为主旨并对其加以全面记述的著作，对运河的水源特点和地理形势有详尽的介绍，是研究山东运河不可或缺的资料。

（二）《山东运河备览》

清陆耀著。陆耀（1723—1785），字青来，一字朗夫，江苏吴江人。乾隆十七年（1752）举人，官至湖南巡抚。一生著述颇丰，除著有《山东运河备览》外，还著有《切问斋文抄》《济南信谳》《任城漫录》等。

---

① （清）永瑢、纪昀主编：《四库全书总目提要》卷75，史部三十一·地理类存目四，周仁等整理，海南出版社1999年版，第404页。

② 叶方恒：《山东全河备考·凡例》，《四库全书存目丛书》史部第244册，齐鲁书社1996年版，第342页。

　　《山东运河备览》共十二卷，首一卷。书成于乾隆四十年（1775）。卷首是关于山东运河的图4幅及图说4篇，即山东运河图、五水济运图、泉河总图、禹王台图并图说。卷一和卷二分别以表格的形式展示了山东运河的置建经营史和运河管理机构及职官变迁史，是全书中最具创建性也是最具资料价值的部分。卷一为沿革表，年经事纬，将元至元三十六年（1299）至乾隆四十年（1775）约500年间山东运河管理、营运维护及建置之事一一罗列，"可以因黄运相关之势，而知古人奏绩之难；考闸漕递变之形，而见古人施功之序"。① 特别是全省"四十余闸及旧运河闸坝兴废"之详细记载，为叶方恒《山东全河备考》等同类文献所无可企及，系此表之重要创新点和亮点。卷二为运河职官表。此表以职官为经，以时间为纬，将元至元十六年（1279）至乾隆四十年（1775）间有关山东运河机构废替设置、大小官吏变迁等逐一列出。

　　卷三至卷七分别为诸河厅河道。即卷三迦河厅河道，卷四、卷五运河厅河道，卷六捕河厅河道，卷七上河厅及下河厅河道。各厅河道叙述体例大体如下：首先简要叙述该河厅职责、管辖范围或该河厅名称来历等；其次以闸为纲，详细记载每闸的建置时间、体制规格、该闸与上下闸之间的位置关系及里程、闸官、夫设置及数量、闸周围典型建筑或古迹、该闸有无月河及月河状况等；最后叙述该河厅管辖河程起讫、里程、吏员设置等。

　　卷八专述泉河厅诸泉，对山东十七州县泉眼数及各自名称、里程、流向，管理机关及吏职员夫人数等作了记述。卷九为挑河事宜，以挑河所需主要夫役种类和钱粮款项为纲展开叙述。最后附载《全河备考》及《泉河史》中有关该卷所述各项目旧制以供参考。卷十为治绩，依照《山东全河备考》所载治河名臣事迹加以增补厘定而成治河名臣传。卷十一、卷十二为名论，分专题汇集了前贤有关治河的重要方略及言论。

　　《山东运河备览》是现存古代有关山东运河的最全面最完备的文献，堪称古代山东运河的百科全书，现代地理专家茅乃文评价此书曰："非惟考订详明，体例紧严，所集材料亦较前人之所作为完备。"②

---

　　① （清）陆耀：《山东运河备览》卷1"沿革表"前小序，《中华山水志丛刊·水志卷》第25册，线装书局2004年版，第153页。

　　② 茅乃文：《中国河渠书提要》之"山东运河备览十二卷"，《水利》1936年第2期，第119页。

三 以记述山东运河水源为主旨的文献

山东运河全为人工河，且地势崎岖，主要倚靠山东中部丘岭泉水为源。故泉源维护是历代王朝治理山东运河的重要内容，正如叶方恒在其《山东全河备考》序言中所述："东南岁漕数百万藉以以达京师者，惟由运河一线。而运河之得以不匮，惟泉源是赖。"① 因此，泉河专著也成为山东运河文献的一大亮点。

（一）《东泉志》

明王宠编。王宠（1494—1533），新安人，正德五年（1510）进士，曾以工部都水清吏司主事负责济宁河防。《东泉志》是专门记载山东泉河的志书，书前有王宠序，交代了编辑此书的缘起，书后有正德五年（1510）秋山东兖州府济宁州儒学学正余瓒所作之序。

《东泉志》正文共四卷：卷一包括四个部分：第一部分介绍《禹贡》诸书所载汶水本末，考证了汶水、泗水、沂水、洸水的发源及流经路线；第二部分为漕河禁例；第三部分"南旺庙祀宋尚书扎付"，详载宋礼被追封立祠的经过，为他书所不载；第四部分记载宁阳都水分司的治所规模、建置沿革。卷二、卷三分别对宁阳分司所辖汶上、东平、平阴、肥城、泰安、莱芜、新泰、蒙阴、泗水、曲阜、邹县、峄县、鱼台、济宁、滋阳、宁阳等州县 180 座与漕河有关的泉源，逐一叙述，涉及水流方向、道里远近、夫役数目、各泉大小尺寸等，并附有各州县泉源图以及帝王圣贤陵墓古迹。卷四为艺文汇编，共 11 篇，将与泉河有关的艺文抄录在一起，不仅便于查阅，也起到了保存史料的作用。该书是最早对山东段运河所涉泉脉进行完整记述的著作，对研究京杭大运河特别是山东运河早期水源构成及管理规制具有重要价值。

（二）《泉河史》

是专门记载山东段运河泉源的史书，明胡瓒撰。胡瓒，字伯玉，号心

---

① （清）叶方恒：《山东全河备考·自序》，《四库全书存目丛书》史部第 224 册，齐鲁书社 1996 年版，第 338 页。

泽，桐城人，万历二十三年（1595）进士，授都水司主事，分掌南旺都水分司兼督泉闸，驻济宁。胡氏"治汶泗间泉数百，寻源竟委，著《泉河史》"①。此书虽系根据当时的《河志》《闸河考》《泉河志》《泉河记略》书分类成编，没有增加新的内容，但有著者多年的治泉经历为基础，资料存取之间，当有其据。故其可信度及史料价值亦不可小视。全书十五卷，卷一《图纪》收录有泉河的详图，"泉源总图""闸河图""汶河派图""新河派图""济河泗河派图"等，共计30余幅；卷二《职制志》追述泉河职官的设置，收录有关漕河禁例十七条。卷三《泉源志》，将泉源分为汶河、新河、沂河、济河、泗河五派，分别按照自北而南的顺序，详述各派所属十八州县的泉源道里远近、相关闸坝工程等，特别值得一提的是，书中收录有大量艺文，且不是采用前书另外附载艺文志的写法，而是选择其中有关泉河的内容，附于各条之下，颇具史料价值。卷四《河渠志》。卷五、卷六两卷为《职官表》，罗列宁阳、济宁、南旺各分司职官设置情况，其中对一些有歧义的记载进行了考证，是其亮点所在。卷七至卷十三分别为《泉源派表》《疆域志》《山川志》《夫役志》《漕舻志》《宫室志》《人物志》，所记多以泉河为线包含重要的史料信息。卷十四《秩祀志》记载运河沿岸庙宇情况，卷十五为《自叙》。

　　《泉河史》网罗诸书，但经考察之后，博众家之长，成一家之言。该书保存了大量的史料，书中所引30余种文献，今已亡佚不少，部分赖该书得以保存。但该书也存在体例冗杂、堆砌史料之嫌，《四库总目提要》评价该书"于河湖闸坝堤防潴泄之道，载之颇悉，特体例冗杂，尚有待于后人之润色耳"。②

四　以记述山东运河闸坝为主旨的文献

　　山东运河又称闸河，闸坝密布是山东运河的一个重要特征，闸坝及相关工程设施的修建与日常的维护管理是京杭运河河务管理中的一项重要内容。《居济一得》《山东运河图说》便是侧重于记述山东段运河闸坝的

　　① 包遵彭主纂：《明史》卷223、列传第一百一十一之《刘东星胡瓒》篇，台北："国防研究院"1963年版，第4册，第2578页。

　　② （清）永瑢、纪昀主编：《四库全书总目提要》卷75，史部三十一·地理类存目四《泉河史》，周仁等整理，海南出版社1999年版，第404页。

著作。

（一）《居济一得》

张伯行（1651—1725）著。伯行字孝先，河南仪封（今兰考）人。康熙二十四年（1685）进士，曾任山东济宁道，《居济一得》即为其居官济宁时所著。全共分为八卷，对山东段运河所经区域的地理特点及闸坝分布、各闸坝间的相互关系及营建和操作要领及相应的管理和治理措施做出了说明。卷一为运河总论、峄县县丞、台儿庄八闸、微山湖等。该卷主要对山东运河南段的闸坝建制、水利官员职能、微山湖的作用进行了论述。特别是对济宁段运河的补给水源、闸坝相关河工建设、治理状况作了详细介绍。卷二为泗水、沂水、汶水济运、马场湖闸、南旺分水等。主要说明了沂水的流向和对运河的影响，对马场湖的疏浚以及对运河水源的调节、对通济闸通船所注意的事项等做了说明。另外该卷还对柳林闸放船的方法、蜀山湖跟南旺湖蓄水的规模、南旺分水的季节跟挑河都作了记载。卷三为十字河、汶河、汶河闸坝跟堤岸、戴村坝等。主要介绍了十字河的开通对运河畅通的意义，汶河的发源以及流向。卷四主要记泉源疏浚、马踏湖与安山湖的维护、闸坝放船的方法等。卷五为治水、土桥闸、戴家湾放船法、治河之法与引漳入卫。卷六为治河议、疏浚河道、聊城县七里河、曹州贾鲁河等。以治理汶河为例指出除了加固堤防，建设闸坝外，最重要的是根据季节和地理环境对河道进行改造，通过对水源的调节达到保运的目的。卷七、卷八主要论述治河及黄河与运河的关系。《居济一得》基于作者亲身经历，"凡蓄洩启闭之方，疏浚隄防之用，在在亲历"①，故资料价值较高，四库馆臣高度评价曰"非徒为纸上之谈者。伯行平生著述，惟此书切于实用"②。

（二）《山东运河图说》

作者待考。书后记有"安徽黄春圃手录"，从书中所引文献看，黄春圃应为清乾隆以后人，生平事迹不详。《山东运河图说》主要记述山东运

---

① （清）张协鼎：《仪封清恪公〈居济一得〉跋》，张伯行《居济一得》，《中国水利志丛刊》第17册，广陵书社2006年版，第20页。

② （清）永瑢、纪昀主编：《四库全书总目提要》卷69，史部二十五·地理类二，周仁等整理，海南出版社1999年版，第382页。

河各段落间里程和闸坝及驿站分布情况。书的主体部分是山东运河图及沿河所作的详细标注和图后说文，"自黄林庄起至降氏口止，通计二十六州县，共一千一百二十七里，四十九闸"①。河道全程以图示加文字标注的方式，将山东运河各行政管理机关及所辖段内的闸坝和驿站介绍得直观明了，特别是闸坝的修建时代及各闸坝之间的里程逐一标注，为后人留下了古代山东运河的详细数据，史料及参考价值极高。图说之后又有"五水济运图"一幅及简略说明文字。该图将山东运河水源所涉各泉及其地理位置、所属州县等情况进行了标注，在作者看来，"五水者，汶泗沂洸济也。名虽有五，实则专藉汶泗"。②

接下来是"浙江嘉兴府漕船至京水程"，实际上应是"浙江嘉兴府漕船至通州水程"，因为通州到京都齐化门（朝阳门）需走四十里的旱路。③整个"水程"从嘉兴府西水驿到京都齐化门，共 3426 里，以运河上两个相临驿站之间的河段为标记单元，用简洁的文字将每个驿站之间的闸坝、设施、村落及其间的里程作了详细记录。这一"水程"虽以京杭运河全程为着眼点，但其中对山东段运河各闸坝相对方位及里程的记录也极具参考价值。特别是在许多闸、驿或村落后面注明逢集的日期，如"东昌府聊城县崇武驿六十七里至博平县魏家湾青阳驿"这一单元下，有"八里梁家浅，二、四、九集"，"八里魏家湾，一、六、三集"等记载，为运河民俗、商业等研究提供了宝贵的第一手资料。

然后是几条陆路行程的记录，虽无关闸坝，但过境（或始发）山东的这几条驿道记载在古代相关文献中稀见，且其所记述山东境内各陆驿站点可与水相关水驿互为参照，史料价值极高，在此一并介绍。

首先是"由天津旱路至京二百三十六里"，对天津入京的陆路各段及其里程作了详细记录。其次是"出京旱路"，即"出彰义门由东大道一千九百三十里至淮安府王家营"这一路线的全程记录，为古代运河文献所仅见，资料价值不亚于上面的"水程"记录。这一路线从济南府德州南

---

① （清）黄春圃：《山东运河图说》，《中华山水志丛刊·水志卷》第 25 册，第 527 页。
② 同上书，第 528 页。
③ 就这一点来看，"浙江嘉兴府漕船至京水程"应为元末明初时期的状况。因为通州至京城之间自元至元三十年（1293）郭守敬开凿通惠河后，漕船可直达京城积水潭。但到元末明初，因为战乱和淤塞等原因，通惠河无法通航。直到嘉靖七年（1528），因大量皇家坛庙古建等的需要，在巡仓御史吴仲的主持下，又一次疏通通惠河。此后直到清光绪二十六年（1900），通惠河的漕运才停止。

留智庙入山东界，然后历平原县、禹城县、泰安府、新泰县、沂州府蒙阴县、郯城县后入江苏。最后是"山东德州由中央大道旱路至淮安王家营"。这一线路较上一线路偏西，山东境内所历州县：德州—东昌府恩县、高唐、茌平—泰安府东阿、东平—兖州府汶上、兖州、邹县、滕县。最后列"运河总诀""京都城门""京都八景""京都四集"等小资料。

此书虽篇幅不大，但直观而简明，使读者能够用较少的时间，对山东运河闸坝及相关情况作整体性的把握和了解。该书未见刻本，仅有清抄本传世。

（作者单位：聊城大学运河学研究院）

明清以来大运河境外研究述评

刘　玄

开凿运河伴随着人类文明的诞生而开始，但"运河"一词出现的时间并不长。《现代汉语词典》（第五版）将其释义为"人工挖成的可以通航的河"，此意对应的是 17 世纪时出现的英文 canal 的释义，即《牛津英语词典》对英文 Canal 一词的相同释义，"设计用于连接河流、湖泊或者海洋，用于航运、排水或灌溉土地的人工河道"。从 16 世纪开始，随着商业的发展、城市的出现，对运输的要求随之增大，欧洲和美洲大陆上都因此产生了大规模开凿运河的活动。然而在此之前，中国已经建成世界上最早、最长的运河，中国的运河开凿，在世界运河发展史上占据重要的地位。

运河研究既是一门专史，又涉及政治、经济、文化、地理等多方面的问题，因此一直受到学术界的关注，产生的学术成果也较多，是一个比较成熟的课题。王云撰写的《近十年来京杭运河史研究综述》[①]、朱士光的《运河研究刍议》[②]，都为了解学术界运河研究状况提供了较完善的参考，但对大陆以外地区和国家（包括中国台湾、日本、欧美学界）对大运河的研究状况，还较少涉及。相比之下，他们研究的重点是什么，关注的问题是哪些，取得了哪些成果，研究方法又有什么特别之处，这些都有待再回顾数十年来大运河中外研究的成果做出解答。本文拟在可及范围内，尽可能全面介绍迄今为止关于明清以来中国大运河的境外研究成果。本文分作两大部分，一是分地区国别对大陆之外主要研究著作及论文的综述，二是对研究特色的分析以及之后研究的展望。

---

① 参见王云《近十年来京杭运河史研究综述》，《中国史研究动态》2003 年第 6 期。
② 参见朱士光《运河研究刍议》，《淮阴师范学院学报》2007 年 2 月第 29 卷。

一　境外（大陆之外）对明清以来
大运河的研究成果

运河研究的起步较早，从 20 世纪五六十年代开始，就涌现出众多学术成果，国内外产生的论著和论文数量都十分丰富，尤以明清时期的漕运和运河沿岸城市商业经济史为主题的至多。大陆地区学者关于大运河的专著和论文，有通史性质的，有关于运河断代性的研究，也有针对某条、某段运河河道变迁的专门研究。近年来，研究运河的取向渐渐多元，除了传统的史学、地理学、考古学领域外，扩展延伸至城市规划、旅游学、民俗学、生态学、水利工程学等领域，这大大丰富了运河学的内涵。而在大陆地区之外，运河研究作为中国研究的一部分，也产生了一些专著与论文。以下部分，分为中国台湾、日本和美国三个地区和国家对相关研究成果做一介绍。

（一）中国台湾学者相关研究

中国台湾学者对大运河的研究从漕运开始，论及的题目包括漕运史、漕运制度、水手运丁等，以及商业经济问题，注重从经典文献的考证中得出论证和论点。如台北"中央研究院"研究员吴辑华的著作《明代海运及运河的研究》[①]，从元代海运讲起，认为漕运顺利与否直接维系元明两代国运。运河漕运的不稳定使得明代一直有河运海运的争议，作者引用史料一一列举，最后对明代一直没能建立起强大的海运表示扼腕。该部著作的价值在于它在整理明代漕运史的同时，对明代海运史也有较全面的交代；另一位台湾学者蔡泰彬在著作《明代漕河之整治与管理》[②] 中，继承吴辑华的观点，将漕河视为明代政府的生命线，深入探讨明代整治漕河的政策和组织，包括受黄河冲击的运道的整治和影响，漕河水量的重要来源——山东四大水柜的功能与整治方针，漕河沿线百座船闸的建置，运道的变迁以及漕河的管理组织及演变等。内容翔实并配有多幅运河地图。

---

① 参见吴辑华《明代海运及运河的研究》，台北"中央研究院"历史语言研究所 1961 年版。

② 参见蔡泰彬《明代漕河之整治与管理》，台北商务印书馆 1992 年版。

（中国台湾）于志嘉在《明代江西卫所屯田与漕运的关系》一文中，认为漕运卫所屯田经营方式各地差异极大，不能简单以屯田供应漕军粮饷泛化，因此将焦点集中于明代江西地区，经考察史料后得出，万历初期以前，江西地区屯田与漕运的关系仅止于人力上的支援，经济上则无直接的关联。万历十五年（1587）之后地方官、缙绅推行了对漕运军役的改革，密切了江西卫所屯田与漕运的关系，并直接影响到清代。[①] 台湾徐安琨在他的博士论文《清代大运河盐枭研究》[②] 中，将漕运、地方社会和盐枭问题加以综合系统的论述。论文以大运河的衰弱时期为背景，聚焦清朝中晚期盐枭这一群体的兴起与扩张，反映了大运河漕运功能停止后对沿河岸（主要是山东和江苏）下层社会的影响。作者认为，清代漕运系统的弊端，包括层层剥削和勒索，直接危害到下层的帮丁和水手，助长了盐枭这类秘密社会组织的扩张。台湾师范大学刘芸芳的硕士论文《清代粮船水手行帮发展之研究》（2000）通过水手的私货贸易活动，政府政策心态来讨论其与水手行帮发展的互动关系，认为由于清政府的政策重在防止水手谋反，这导致粮船水手的活动性质是缺乏政治意识的。台湾师范大学李顺民的博士论文《清代漕运"制度变迁"研究》（2000），提出制度与组织间的"锁进"效益导致了清末漕运制度逐渐僵化而被市场机能所取代。

台湾刘石吉的《清代长江下游水运交通与城镇兴衰大势——兼论扬州邵伯镇》是一篇关于运河交通运输线与江南市镇兴衰关系的论文。作者引用了施坚雅（G. William Skinner）的观点，即"缺乏基本交通运输系统改良之商业化，终究只是一种假的近代化而已"，以证交通运输路线在经济发展中的重要性。而大运河正是江南经济运输系统中的动脉。因此，作者提出，"大运河意义不止限于首都经济之补给线"，更"具备一种调节南北经济的功能"，"更具备了调节全国市场物价的作用"。[③]

（二）日本学者相关研究

日本学者的研究，以实证居多，长于对基本历史事实的陈述和建立年

---

① 于志嘉：《明代江西卫所屯田与漕运的关系》，《"中央研究院"历史语言研究所集刊》，第72本第2分，2001年6月，第301—331页。

② 徐安琨：《清代大运河盐枭研究》，台北花木兰文化工作坊，2009年。

③ 刘石吉：《清代长江下游水运交通与城镇兴衰大势——兼论扬州邵伯镇》，载范金民、胡阿祥编《江南地域社会的历史演变》，南京大学出版社2012年版，第373页。

表。早在 1910 年东亚同文书院便组织学生对中国大运河进行调查旅行，以报告书作为毕业论文。这些调查报告由（日本）谷光隆编，日本爱知大学于 1992 年出版。①这些调查报告涉及大运河各段河川状况、船运航行情况，治水方案，堤坝关闸以及运河沿岸城镇的物产、流通、物价、市场、工商业、贸易、金融、交通邮政等情况。这是一部资料翔实的专题调查，意图在于为日本提供情报资料，但它也对大运河的历史及其与中国政治、经济的关系进行了研究和分析。针对近代铁路的兴起对运河的疏浚造成的消极影响，调查报告认为，从经济的角度和中国当时的实际状况看，应当修筑运河，促进水运。② 这部调查报告书为今人了解 20 世纪初期中国大运河的航运状况及沿岸地方的经济提供了重要的参考数据。之后关于大运河的重要研究著作有［日］星斌夫的《大运河：中国的漕运》③，以年代为序，介绍了大运河及漕运从先秦至清代发展的历史。星斌夫将运河看作中国社会经济增长、社会流动的重要媒介，它的形成发展是政治经济作用的结果。这部著作论述了漕运制度的种种变化，也收集了民运、船户及水手的相关资料，对大运河输送制度中运军、水手的矛盾冲突，以及运河运输制度的终结也有相关的分析，并建立了"中国漕运史年表"。《明代漕运的研究》④，梳理了漕运中的种种制度及变化，澄清了其中的细节，如运营机构、民运和军运组织、水手的雇用、运法、仓库等，以及《大运河发展史——从长江到黄河》⑤，作者将《元史》《明史》及《清史》中关于运河及漕运部分的史料节选出来（集中于其中的《食货》《海运》《河渠》《漕运》卷），按主题对其排列整理，并附上译注和解读，最后还附有作者撰写的简短的《大运河发展史》，是基于史料的对大运河在最为活跃的元明清时期的详尽论述。星斌夫的这三部著作是日本学界研究中国大运河的重要参考文献。⑥

---

① 参见［日］谷光隆《东亚同文书院大运河调查报告书》，日本爱知县爱知大学 1992 年版。

② 冯天瑜等选编：《东亚同文书院中国调查资料选译》下册，李少军等译，社会科学文献出版社 2012 年版，第 1324 页。

③ 参见［日］星斌夫《大运河：中国的漕运》，近藤出版社 1971 年版。

④ 参见［日］星斌夫《明代漕运的研究》，日本学术振兴会 1963 年版。

⑤ 参见［日］星斌夫《大运河发展史——从长江到黄河》，平凡社 1982 年版。

⑥ 星斌夫另有著作《明清时代交通史的研究》涉及明代驿站制度及清代漕运制度的讨论，包括漕运的运营机构、运粮卫所、运军及漕船运营的实际状态以及清末海运对河运的影响等。

　　大运河作为明清时候的国家重要水域交通要道，沿途设置了不少关口，用于征收国内关税，即明代的钞关、内关，清代的常关。大运河上的诸关，如天津、临清、淮安、扬州、浒墅、北新等关的关制、税收与市场研究，也吸引了一些日本学者的关注，代表有［日］香坂昌纪和［日］泷野正二郎。如香坂昌纪的《清代的北新关和杭州》①，以北新关为例，考察关制与商品生产和流通及社会发展的关系。为此，论文以《北新关志》为基本史料，从制度着手，梳理了北新关本身的机构、构成、作用等。除了北新关之外，香坂昌纪还发表了《清代浒墅关的研究》②、《清代大运河的物资流通——以乾隆年间的淮安关为中心》③，分别对浒墅关和淮南关进行了研究。而泷野正二郎的《清代淮安关的构成及其功能》则进一步研究淮安关的税关地位。④

　　近年来日本学者的研究中，注重大运河作为水运的大动脉，在明清江南市镇与商品经济发展中的重要作用。如日本学者川胜守的《明清朝贡制与巨大都市连锁：长江与大运河》一书⑤，分为前、后两编，前编为明代赋役制度和物产流通构造的展开；后编为长江大运河流通的展开与巨大都市连锁的形成。该书将长江大运河视为明清经济的物流干线，融合了明清商品生产的研究和赋役制度史的两大研究成果。此外，还有［日］松浦章的《清代内河水利史研究》⑥，本书的特点在于从船舶的种类及其运营方式来考察清代的内河水利情况，包括了明代江南的水运、清代大运河的水运、清代长江水系的航运等。作者利用档案资料，整理了大运河上航行的漕船、帆船情况，扬州关，苏州的水运以及大运河上的河盗情况，是一部资料性质的研究。书末收录了于雍正年间编纂成书的关于京杭运河杭州北新税关的《北新关志》船谱中所载民船船名及图像。

---

　　① 参见香坂昌纪《清代的北新关与杭州》，《杭州师范学院学报》1998 年 1 月第 1 期。

　　② 参见香坂昌纪《清代浒墅关的研究》，《东北学院大学论集》，历史学·地理学第 3、5、13 号，1989 年。

　　③ 参见香坂昌纪《清代大运河的物资流通——以乾隆年间的淮安关为中心》，《东北学院大学论集》，历史学·地理学第 15 号，1985 年。

　　④ 参见泷野正二郎《清代淮安关的构成及其功能》，《九州大学东洋史论集》第 14 号，1985 年。

　　⑤ 参见川胜守《明清朝贡制与巨大都市连锁：长江与大运河》，汲古书院 2009 年版。

　　⑥ 参见松浦章《清代内河水运史研究》，江苏人民出版社 2010 年版。

（三）美国学者相关研究

美国学者的研究擅长结合理论分析问题。与运河相关的政治经济问题是最早开拓的领域，产生的研究成果也最多。如早在 20 世纪 50 年代，美国学者 Harold C. Hinton 便以明清大运河漕运为主题写作其博士论文，后来出版，题为"大运河漕运，1845—1911"[1]。作者全面介绍了清代大运河的情况，最后认为，以现代西方标准看，大运河漕运体系是昂贵而低效的。但由于成千上万的官员与其相连，使得这个系统成为历史的一个惯性而长时间存在。此后黄仁宇的博士论文《明代的大运河：1368—1644》[2]，再次以大运河为研究对象。他以明代的大运河及漕运建设为背景，分析明代社会的政治体制、政府模式、社会风俗以及统治思想等问题，为其日后"中国大历史观"的初型。

到了清代民国时期，随着海运及铁路等新的交通方式的兴起，运河在中国社会中的地位大大衰退，但仍吸引了不少研究近代中国政治、经济的学者的关注。如 Jane Kate Leonard 在她的著作《遥控：道光帝对 1824—1826 年间大运河危机的处理》中，以 1824—1826 年道光皇帝处理的一次由洪泽湖决堤带来的大运河危机为契机，分析清朝中央政府在地方运河管理方面的策略、制度和技术问题。其中，中央政府与地方政府之间信息的交流，中央的决策过程是作者的重点所在。Leonard 认为，帝国的统治是理性而有效率的，导致水利系统最终的崩塌不是朝代衰弱，而是地质的、人口的、财政的力量，这些是超出皇帝和官员的控制的。书中使用了大量地图和绘图来说明运河的背景与技术细节。[3] 而另一位美国学者 Randall A. Dodge 在他的著作《收服水龙王：帝国晚期的儒家工程师和黄河》中，继续探讨河流、国家和官僚体系三者的互动关系，通过对清政府在 19 世纪 40 年代处理两次大运河—黄河危机的分析，表达出对 Leonard 观点的认同。他认为，"1850 年代引起黄河改道的危机喻示的既不是王朝的衰

---

① Harold C. Hinton, *The Grain Tribute System of China*（*1845 - 1911*），Cambridge, Mass.，1956. 在这部著作之前，作者还有发表文章 The Grain tribute system of the Ch'ing dynasty, *The Far Eastern Quarterly*, Vol. 11, No. 3（May, 1952）, pp. 339 - 354。

② 黄仁宇的博士论文英文名为 *The Grand Canal during the Ming Dynasty*,《明代的大运河》,1964 年完成，中译本见张皓译《明代的漕运》，新星出版社 2005 年版。

③ Leonard, J. K.，*Controlling from Afar：The Daoguang Emperor's Management of the Grand Canal*, Center for Chinese Studies, University of Michigan, 1996.

弱，也不是无法抵抗的自然循环，而是帝制国家晚期行政的，技术的和经济上的瓶颈"。"黄河—大运河水利系统在任何时代都可能算是最有雄心的帝国工程，但是它在环境和金钱上都付出巨大代价。"① 在著作中，作者提出了"儒家工程师"（Confucian Engineers）这一概念，来描述治水大臣，关注他们身上将实用工程技能与儒家伦理和道德关注融合起来的特征。

彭慕兰（Kenneth Leonard Pomeranz）在他的著作《腹地的构建：华北内地的国家、社会和经济（1853—1937）》中，以地理经济学、环境史以及年鉴学派长时段的研究法来考察黄运地区（黄河与大运河交汇的山东西部、河南东部），指出影响其命运的一个重要的因素便是海运、铁路兴起后，国家在现代化建设中忽视了对传统运河水利的继续管理，这对华北内陆地区造成灾难性影响，异常广泛的贫困致使他们成为共产革命的主力。② 为此，作者分析解释了清末至民国以来的国家政策如何使本身生态脆弱的黄运地区沦为"边缘"：一是国家支持的大运河的木材贸易衰弱，造成该地区的燃料短缺愈加严重；二是国家放弃了对黄河和运河的继续治理，使该地区成为华北受水患影响最严重的地区。作者还对水利衰退所造成的农业损失以及导致的额外交通成本进行了估算，补充在附录中。值得一提的还有 David Pietz 的《工程国家：民国时期（1927—1937）的淮河治理及国家建设》，在这部探讨国民政府国家政权建设与治理管理淮河关系的著作中，作者明确地指出西方学者一直"将中国政治体制的本质和维护中国水道的必要性等同起来"，即"帝国控制的集权本质在社会各阶层对防洪堤、运河以及灌溉系统的严格管辖中反映出来"。③ 由于淮河与运河的密切关系，在这项关于淮河的研究中，不可避免地涉及运河问题。在本书的第一部分，作者考察了淮河流域从公元前 200 年至 1927 年的历史变迁，分析了明清时期黄河、淮河和大运河水利系统的治理策略，认为开挖运河虽然促进了淮河流域的繁荣，但也带来了长远的负面影响。由于

---

① Randall A. Dodgen, *Controlling the Dragon Confucian Engineers and the Yellow River in the Late Imperial China*, Honolulu: University of Hawai'i Press, 2001, p. 157.

② Kenneth Leonard Pomeranz, *The Making of a Hinterland: State, Society, and Economy in Inland China, 1900 - 1937*, Thesis (Ph. D), Yale University, 1988. 中译本见马俊亚译《腹地的构建：华北内地的国家、社会和经济（1853—1937）》，社会科学文献出版社 2005 年版。

③ ［美］戴维·艾伦·佩兹：《工程国家：民国时期（1927—1937）的淮河治理及国家建设》，姜智芹译，江苏人民出版社 2011 年版，第 2 页。

帝制政府对河道管理的前提是保护大运河，保障漕运，这给治水措施带来技术条件的制约，直到 20 世纪，治河采用的方法一直是筑堤疏淤，没有突破。严峻的水利状况使得曾经繁荣的淮河流域洪涝不断，生态恶化，文化环境也整个衰落了。①

与运河有关的社会文化的研究集中在粮船水手这一社会群体以及有关的宗教信仰上。有两篇论文专门讨论水手及他们信奉的宗教问题，即 David E. Kelly 的《庵堂与漕船：十八世纪的罗教和水手组织》② 与 Daniel L. Overmyer 的《水手与佛教：明代中国的罗教》③。前者以苏州和杭州为中心，考察两个问题：一是这些从 18 世纪一直发展到 20 世纪的水手组织的性质；二是清政府如何看待它们，哪些因素影响了政府对于它们的政策。后者则从文献出发重建罗教的历史，认为罗教从物质和精神上都满足了水手的需求。Randall Dodgen 另有一文讨论明清时期沿黄河和大运河港口市镇出现的金龙四大王庙宇。作者认为，金龙信仰流行于运河水手和运河商人群体之中，从 16 世纪开始，水利官员们也加入其中，扩大宣传，借用教派来动员大众对运河和黄河水利管理的支持。金龙信仰的转变不只涉及民间宗教和国家之间的互相作用，也包括帝国和他的水利官僚体制。④

大运河是一项人力改变自然环境的工程，它与周边自然环境以及生态系统的关系，成为近年兴起的环境史研究中的重要问题。如美国环境史学者伊懋可（Mark Elvin）的著作《象之退隐：中国环境史》，这是一部详述作者对于环境史的概念、方法的论文合集。全书在讨论中国的大象渐渐从东北向南方和西南方持续隐退的原因时，还分析了中国古代水利系统。⑤ 作者认为，从世界范围来看，中国古代的水利是成功而有持续性

---

① 参见 [美] 戴维·艾伦·佩兹：《工程国家：民国时期（1927—1937）的淮河治理及国家建设》，姜智芹译，江苏人民出版社 2011 年版。

② David E. Kelly, *Temples and Tribute Fleets：The Luo Sect and Boatmen's Association in Eighteenth Century*, Modern China, 8. 3 (1982. 7)。

③ Daniel L. Overmyer, *Boatmen and Buddhas：The Lo Chiao in Ming Dynasty China*, History of Religions, Vol. 17, No. 3/4, Current Perspectives in the Study of Chinese Religions (Feb. – May, 1978), pp. 284 – 302。

④ Randall Dodgen, *Hydraulic Religion：'Great King' Cults in the Ming and Qing*, Modern Asian Studies, Vol. 33, No. 4 (Oct. , 1999), pp. 815 – 833。

⑤ Mark Elvin, *The Retreat of Elephants：An Environmental History of China*, New Haven and London：Yale University Press, 2004, pp. 117 – 124。

的，但要维护这个不稳定的体系最终付出的代价十分高昂，需要投入大量劳力、资金、物料和行政技术人员。明清京杭大运河也是这样，中国水利工程一方面改变了环境；另一方面也被环境所制约，甚至是破坏。作者引用了经济理论中的"技术被锁在内"（technological lock-in）概念来描述18—19世纪中国水利系统的困境，即"有持续回报率的机制会让经济被锁定在次好的发展道路上，技术的创新被锁定"，作者以此来解释中国式的水利在19世纪遭遇的技术上的停滞。费每尔（Eduard B. Vermeer）的论文《一个人工湖泊的兴亡：公元300—2000年中国江苏的练湖》①，选取的研究对象是位于江苏丹阳的练湖。练湖的开凿与维护，是为了给大运河提供水源，维持运河的航运，同时也具有防护、拦水、灌溉多种功能。作者认为这个湖泊循环反复地被修复和被忽略的历史为政府维护水利提供了一个典型的范例，也反映了运河的开凿，以及为维护运河而造就的人工湖泊、水闸、堤坝对周边生态环境的影响。可以说运河的开凿并没有破坏周围的自然环境，并形成了新的生态循环系统。

二 境外运河研究特点与启示

近代西方史学的发展经历了一个从政治、法制和宪法史到经济史，到20世纪中叶的社会史、文化史与心态史，再到20世纪末的环境史的变化趋势。而境外学者对中国大运河关注的问题，也大致经历了这样一个转变过程，即从与运河相关的政治经济、社会文化发展到生态环境诸问题。从研究方法来看，他们的研究，有的以实证为主，以复原历史原貌为己任，重在对史料的解读和史实的重建；有的以分析为主，重在问题的提出与讨论。从研究内容来看，它们包括与运河相关的漕运、水利技术、社会群体、国家政治、生态环境等。

总体而言，境外学者对中国大运河的研究以专题性或区域性的专著和论集为主，时代范围集中于明清及近现代，较早走出"就运河而论运河"的研究模式，引入了政治学、经济学、地理学和环境学等其他学科的理论，视野比较开阔。其中值得注意者有三。

---

① 费每尔：《一个人工湖泊的兴亡：公元300—2000年中国江苏的练湖》，载王利华主编《中国历史上的环境与社会》，生活·读书·新知三联书店2007年版，第191—214页。

　　一是境外学者对大运河的研究起步较早，早期的研究以史料和史实的重建为主，注重澄清历史细节和建立年表。如日本学者星斌夫和中国台湾学者吴辑华、蔡泰彬关于明清漕运与运河的几部专著，为运河研究打下较好的基础。

　　二是境外学者对大运河的研究较早跳出了"就运河而论运河"的模式，注重从政治经济、商业技术、宗教文化等多角度来审视运河。如20世纪 60 年代［美］黄仁宇写明代的大运河，从明代帝王、大臣管理漕运的政策制度来推断明代的政治体制、政府模式、财政政策以及社会风俗和统治思想。① 除此之外，还有 Jane Kate Leonard 在著作《遥控：道光帝对1824—1826 年间大运河危机的处理》中，以处理运河危机为角度，分析清代政府的效率及其与地方的关系、中央政策决策过程及影响因素等。而［美］彭慕兰的著作《腹地的构建》，则从地理、水利、国家、市场、生态等角度，使读者认识到大运河及漕运停止后对黄运地区（山东西部、河北及河南部分地区）的多重影响。

　　三是近年来兴起的环境史为运河研究带来新的视野和角度。中国大运河，无疑是一种人为因素改变自然环境的结果，它是否与周边自然环境形成正面的互动，与运河相关的水利系统技术，如水库和水坝的建设，这些对环境生态的影响如何，都是环境史的重要问题，也可以做比较研究。运河问题涉及政治、水利、自然之间的互动，域外学者的研究虽有涉及，但还未及深入，如彭慕兰在著作中就提及，"1850 年以后的治水……尽管它影响到各个方面，基本上仍然无人问津"。② 总体而言，运河研究是一个跨地区的论题，海内外学者的选题不乏重合之处，应有更多对话与交流的空间。

（作者单位：南京大学—凤凰出版传媒集团博士后科研工作站）

---

　　① 黄仁宇：《明代的漕运》，新星出版社 2005 年版，第 16 页。
　　② Kenneth Leonard Pomeranz, *The Making of a Hinterland: State, Society, and Economy in Inland China, 1900 - 1937*, Thesis（Ph. D），Yale University, 1988. 中译本见马俊亚译《腹地的构建：华北内地的国家、社会和经济（1853—1937）》，第 28 页。

近年京杭大运河山东段考古述略

禚柏红　　吴志刚

伴随大运河申遗、南水北调工程及南旺枢纽考古遗址公园建设，近年京杭大运河山东段连续开展了一系列考古工作，其中山东京杭大运河七级码头、土桥闸与南旺分水枢纽遗址作为一组水利工程被评为 2011 年度全国十大考古新发现。本文介绍了 2008 年以来进行过正式发掘的土桥闸、西梭堤、七级码头、七级下闸、戴湾闸、南旺分水枢纽等遗址的考古成果。

一　土桥闸遗址

土桥闸是京杭运河故道（小运河）上的节制船闸，位于山东聊城东昌府区梁水镇土闸村。2010 年 8—12 月，山东省文物考古研究所、聊城市文物局、东昌府区文物管理所为配合南水北调东线工程山东段的建设，对土桥闸遗址进行了调查、发掘。确认土闸村内有船闸、月河、大王庙、关帝庙，村北有减水闸、穿运涵洞等与运河有关的遗迹。[①]

船闸由迎水燕翅、闸口、分水燕尾、裹头、闸墩、底板、木桩、弧形石墙、荒石等组成。迎水燕翅是承受来水，呈扇形张开的八字墙，位于闸南，有东、西之分，保存基本完好；主体为用条石单层错缝垒砌成的 18 层折弯直墙，最高 7.8 米、东侧长 21.7 米、西侧长 18.2 米；石材用料不

---

① 遗址公布材料见中国考古学会《中国考古学年鉴》（2011），文物出版社 2012 年版；山东省文物考古研究所、聊城市文物局、东昌府区文物管理所：《山东聊城土桥闸调查发掘简报》，《文物》2014 年第 1 期；山东省文物考古研究所：《考古年报》（2010），内部资料。

统一，长 0.4—1.05 米、宽 0.4—0.5 米、高 0.38—0.5 米；同层条石间用镪扣相连；唯西侧迎水用少许青砖筑基，其上仍为石墙；墙内有一层混掺三合土的不规则衬里石，石内可见垒砌青砖。闸口指船闸中部的水流通道，由东、西直墙和闸门组成；直墙东西相距 6.2 米、南北长 6.8 米、高 7.5 米，用条石错缝垒砌，石间有镪扣固定，墙内有二层衬里石，石内有青砖；闸门已失，仅见东、西直墙中间的闸门槽和槽下门槛石；闸门槽宽 0.25—0.3 米、进深 0.2—0.25 米；门槛石由 5 块长短不等，宽 0.5 米的条石组成，其石面经加工斜凸 0.06 米，承接闸门的上凸部分宽 0.27 米，顶面平整，防止存物。分水燕尾是分导泄水，呈扇形张开的八字石墙，位于闸北，亦有东西之分，崩塌损毁严重，东侧墙体原暴露部分外凸，残存最高 6.8 米、东侧长 31.3 米、西侧长 28.7 米；其构建与迎水燕翅相同，但明显加长，跌水平视呈微弧波浪形；裹头指燕翅、燕尾外端横折石墙，用条石垒砌加镪扣相连而成，其内为夯土；迎水燕翅东、西裹头相距 36.8 米，分水燕尾东、西裹头相距 56.3 米；迎水燕翅东侧裹头在村民院内未全部揭露，长度不明，西侧裹头长 1.2 米；分水燕尾东侧裹头长 1.97 米、西侧长 1.38 米。底板是铺于闸内河底的石面，用条石平铺，前后左右以镪扣互连，唯南、北部的边石侧立。南北长 22.8 米，由中间门槛石分为南、北两部分，南部长 11.4 米、宽 7.2—16.8 米，北部长 10.0 米、宽 7.2—17.4 米。闸墩是两岸伸入河道拦截水流的墩式水工建筑，组成燕尾、燕翅、闸口、裹头的闸墙皆附其上。墙内用旧闸石料、青砖堆砌并用三合土夯打，其基础暴露部分可见众多地钉木桩；东侧闸墩东西 28.5 米、南北 21—29.7 米，西侧闸墩东西 22 米、南北 23.3—30.05 米。土桥闸发现木桩皆为尖头圆木，直径 0.05—0.15 米，排列紧密，其间以石墙、木墙隔开，对迎水燕翅、分水燕尾、底板、闸墩、河岸等进行固定和围护；闸南底板外木桩保存完好，清理部分南北达 3.7 米。闸北底板外木桩暴露部分多呈尖状，应系闸门开启后激流冲击造成，自南至北高度渐低，清理部分东西达 16.5 米、南北至 4.5 米。东侧闸墩北有一排暴露较高木桩，共 18 根，直径 0.12—0.18 米、南北间距 0.08—0.2 米；弧形石墙为闸墩下护坡设施。用条石错缝砌筑，镪扣固定连接。墙内高度与底板基本相平，其间夯砸的地钉桩与闸墩地钉相连，内有砖墙和木墙；东侧石墙长 14.2 米、南距燕尾分水石墙 4.5—8 米。西墙塌落严重，仅存基本形制。荒石散落于闸北底板护桩外侧的河道中，能减缓流速，降低闸激流对河道的冲刷力度；其大小不一，无规则。

月河是连接船闸上下游的月牙形水道，进水口高于河道，低于闸顶，汛期闸门关闭时洪水从进水口溢流入月河，船闸维修或捞浅时航船亦可从月河绕行。清乾隆年间刊印的《东昌府志·卷七》载土桥闸下有月河一道。乾隆年间编印的《山东运河备览·卷七》载土桥闸月河长185丈，即592米。经调查勘探，土桥闸下的月河位于船闸东侧，呈南北长的不规则半圆形，外有月河堤，西岸借用运河东堤，月河淤塞时间远早于运河。残存故道被民国时修建的村围沟截断，东侧月河堤部分被马颊河大堤叠压。据勘探月河东堤距闸口约180米，闸南月河进水口距闸口约130米。闸北月河终点在闸口北约180米处，与历史记载的基本相符。对月河试掘6米，均为黄色淤沙土，未见底部。

大王庙位于东侧闸墩边缘，勘探时百姓告知这里原有一座名为大王庙的小庙，坐东向西，面阔一间，内供塑像，香火旺盛。发掘未见单间小庙基址，发现一较大建筑，坐东向西，东西进深5米，南北暴露部分7米，用石块垒砌基础，青砖砌筑直墙，原铺地砖仅存少许。推测该建筑南北应有3间，面阔在12米左右。在东侧墙基内发现一平铺"康熙二十八年抚院明文"石碑。其上有百姓记忆中用至20世纪60年代、已被完全破坏的小庙。

关帝庙位于运河西岸，南距船闸约80米。《清实录》载康熙四十六年（1707）御舟泊土桥时，遣官祭关圣帝君。经勘察此庙规模较大，应为多重建筑，其基址全部被民房占压。

减水闸是为分泻洪水设置的水工设施。《山东运河备览·卷七》载土桥闸东岸有一减水闸。《东昌府志·卷七》也记录土桥闸北东岸有四空闸滚水坝减水。闸口向北约200米东侧大堤上，有一明显低洼处，发现一条石，其制式和闸上所用条石相同。村民言平整农田时这里曾挖出许多大石，石下有木桩，被村民挖出制作锅盖，石材多被运走兴修水利工程。此处为减水坝旧址。

闸北约600米处有一与运河相交、穿过运河底部的地下涵洞。涵洞两端引水与分水部分呈燕尾形，用石块砌筑直墙。洞口用青砖垒砌直墙、石块券顶。西侧之水可通过涵洞进入运河东岸的马颊河。文献记载运河西岸原有进水闸，导引西岸之水入运，后随运河河床的抬高，西岸之水低于运河，进水闸失其作用，每逢雨季运河西即形成内涝。穿运涵洞即为解决这种问题。村中存有张鸿烈题"中华民国二十六年（1937）马颊河北支穿运涵洞"石碑一方，系村民从涵洞处取回。该涵洞应为民国二十六年前后修建的排水设施。

土桥闸发掘出土瓷器上万件，主要为青花瓷，还有部分青瓷、白瓷、青白瓷、蓝釉瓷、粉彩、釉上彩等；年代多属明清，有少量宋元瓷片；器形有碗、盘、壶、杯、盒、人物塑像；纹饰有植物、人物、动物、文字等；底款有花草、文字、年号、符号。铁器出土近千件，有生活用具、船上用具、造船或加固船板器具、船闸相关设施附件等，主要有木桩铁套、镊扣、戈状勾刺、铁箍、环、网坠、刀、锯、锚、铜钉等。其中有木桩铁套8件，用于木桩尖头，有钉固定。镊扣12件，又称腰铁、铁扣、细腰等，为固定条石所用亚腰形铸铁器，可见规格有大小两种，部分表面铸有"工部"二字。戈状勾刺4件，为船篙底部构件，撑船时保护篙竿，也可捞物。铜器发现有上千件，主要为明清时代铜钱，还有部分烟袋锅、挖耳勺等。明代铜钱永乐通宝量大，清朝铜钱康熙通宝、乾隆通宝最多，另有出自日本的宽永通宝1枚。镇水兽出土3件，全系用一块大石雕成。本次发掘出土的还有陶质、木质、石质、兽骨等多种遗物，包括陶罐、陶瓮、陶盆、紫砂壶、网坠、石锤、石雕、烟袋杆、烟嘴、建筑构件等。

据《明实录》记载，土桥闸始建于成化七年（1471）。《清实录》载乾隆二年、二十三年（1737、1758）两次拆修。本次调查、发掘的船闸、月河、大王庙、减水闸等相关配套设施反映出明、清时期运河船闸整体组成特点。通过土桥闸的发掘，对其基本结构、建造及其维修有了较清楚的认识：在河底夯砸木桩筑基；用大石块平铺底板；用条石、青砖垒砌迎水燕翅、闸口、分水燕尾、裹头；其内有衬里石、青砖，加三合土等填塞夯打形成闸墩；在船闸的南北测，用夯砸木桩和间隔石墙、木墙相结合，形成坚实的保护；维修时旧有石料或重新利用，或砌筑于新石之内作为衬石。

二　西梭堤遗址

西梭堤遗址位于山东省聊城市东昌府区梁水镇西梭堤村村西约300米处，东距京杭运河故道约600米。遗址南北长750米，东西宽650米，面积约48.75万平方米。在遗址的部分地区地表散见大量的碎砖瓦、陶片、瓷片。为了做好南水北调工程山东段的文物保护工作，山东大学博物馆与东方考古研究中心自 2010 年 9 月至 12 月对西梭堤遗址进行了抢救性考古发掘。①

此次发掘揭露了一个金元时期的乡村聚落，发现了房址、灶、灰坑、沟渠和墓葬等遗迹。此次发掘可辨认出属于金元时期的房址 5 座，以规整的长方形为主，集中分布在发掘区东部。属于金元时期的灰坑有 35 个以上，多分布在房址周围，平面形状以椭圆形和圆形为主，多数灰坑为斜直壁平底，少量灰坑呈浅圆底。沟渠共有 5 条。一部分可能与排水有关，另一部分可能和农业生产的灌溉有关。在发掘区西北部，灶的西邻发现残存的踩踏硬面。西部发现道路 1 条，墓葬 2 座。灶址是本次发掘的又一重要发现。此次发现的灶址数量达 12 座，部分集中分布，形制多样，保存较为完整。灶坑中出土的陶瓷片时代特征明确，为灶址的时代确定提供了重要依据。

西梭堤遗址位于平原地带，在古代又是黄河和运河交替泛滥的地区。运河开通后，这里毗邻运河，交通便利，元代以降多有人类活动。

此次通过大面积的发掘揭露，获得了金元时期丰富的遗迹与遗物资料，特别是从遗址中发掘获取的房址、灰坑、灶址、道路、墓葬等丰富的遗迹现象以及采集、复原的器物和标本，使我们对金元时期生活在该区域的先民们的日常生活以及生业结构等都有了进一步的了解：房址之外也是先民们活动区的重要范畴，对居住址周边遗迹现象的大面积揭露，帮助我们对该聚落中先民们的居住和日常生活有了更深入的了解。发掘资料表明当时居住区的选择还是选在地势相对较高的地方，聚落规划较为整齐。房屋皆地面式砖房，墙体双层青砖垒砌，空心填以碎砖瓦。房外挖沟以保证雨水以及生活用水能顺利排到居住区之外。在垃圾处理上，选择在附近地表低洼处堆填和挖坑堆填是金元时期该聚落先民处理垃圾的两种主要方式。房址附近的灰坑中出土了数件建房压瓦时用的亚腰形砖坠（当地称作 bu），应与房屋的建造和修缮有关。灶和磨盘的发现也进一步丰富了我们对当时的日常生活的认识。道路的发现有利于我们在今后进一步追踪聚落之间的联系以及一个聚落系统中各个聚落的功能，对于研究当时的贸易也有重要意义。

---

① 该遗址公布材料见中国考古学会《中国考古学年鉴》（2011），文物出版社 2012 年版。

至元二十六年（1289），会通河开建，是为运河之肇始。发掘出土的丰富资料有利于进一步丰富和补充我们对运河沿岸聚落的形态以及兴衰演变的认识。此次考古发掘对于了解运河，更深入地研究运河文化，沿运河城镇的兴起繁荣与发展等问题都有重要意义。

三　河隈张庄明清"贡砖"窑厂遗址

为配合南水北调东线工程山东段的建设，山东省文物考古研究所联合临清市博物馆，于 2010 年 11 月至 2011 年 1 月和 2011 年 3—5 月，在河隈张庄村东南约 800 米处大运河畔展开了大规模考古发掘。[①]

遗址位于临清市东南部的戴湾镇河隈张庄村周围的小运河左岸，村东、西南、东北及东南部皆有分布，西北距临清市区约 10 公里，京九铁路穿越遗址西部。坐落于鲁西平原的西北部，地势平坦，冲积土壤深厚，叠压多层黄褐色粉砂土与红褐色黏土，当地俗称"莲花土"，是烧砖的绝佳天然原料。窑址均分散于京杭运河左岸，沿河分布，东西绵延约 1500米，南北跨度约 700 米。在 100 多万平方米范围内，地表尚存多处长条或近圆形的土岗，即为窑址，高者 2—3 米，矮者略凸出周围地表，有的已被夷为平地。每一处土冈，除个别为孤窑外，多 2—4 座窑集中成排，地表散见大量红烧土、砖块、炭灰等烧窑杂物。村西南铁路西侧运河沿岸发现数座窑址，村东北也有零星发现，其余均集中于村东及东南部。窑址距河道直线距离一般不超过 500 米，近者仅有几十米，远者可达 700 米。

2010 年冬山东省文物考古研究所在村东南沿河布设 10×10 米探方发掘，揭露了 4000 平方米，发现了 9 座窑址、2 条道路、1 座取土坑、3 座灰坑及一段左侧河堤，另在村东约 1000 米处清理了窑址 1 座。2011 年在2010 年工作的基础上进行。确认窑址结构基本一致，均有长梯形斜坡式操作间、火门、长方形火塘、马蹄形或长方形窑室及方形烟囱构成。唯窑室形制略有差异，有"马蹄形"、方形、圆角横长方形三种，大小也有差别，大者横宽 7.8 米，纵深 4.3 米，小者横宽 4.2—5.6 米，纵深 2—4.6

---

①　该遗址公布材料见中国考古学会《中国考古学年鉴》（2011），文物出版社 2012 年版；中国考古学会《中国考古学年鉴》（2012），文物出版社 2013 年版；山东省文物考古研究所、临清市博物馆《山东临清市河隈张庄明清"贡砖"窑址发掘报告》，《海岱考古》第 7 辑，科学出版社 2014 年版；山东省文物考古研究所《考古年报》（2010、2011），内部资料。

米。操作间朝东南或西北。构筑建造方式大体相同，皆在原地面上挖相应部位形制的浅坑，周壁用青砖砌成，以砖铺底。但保存较差，多数仅存底部，砖墙遭破坏。有的窑室及工作间尚存 1 米深，较差者仅存窑室和烟囱底部的烧结面。发掘区内不同时期的窑址排列布局有序。明代的 2 座，位于北部，两窑并列为一组。清代的 16 座。北部的 2 座并列为一组，叠压明代窑址。东部共 11 座，其中 5 座南北并列成排。另有 5 座成列叠压上述 5 座窑址，该列南端一座靠近运河北侧大堤。在西部清理了并列的 2 座，推测亦有一列，仅清理了该列南端的 2 座，北端还有 3 座未清理。发掘区北及东部的 10 多座窑址均分布于南北向道路的东侧，西部一列的工作间亦朝向该条道路，且该路穿过北侧大堤通往河道，路面多层叠压，遗多条车辙，推测该道路为外运砖的主要通道，但钻探没有发现码头，可能遭现代河道清淤破坏。

遗物主要为大量戳印款铭的青灰砖，内容有纪年、窑户及作头姓名。完整款铭如："天启五年上廠窑户王甸作头张义造""康熙拾伍年临清窑户孟守科作头嚴守才造""乾隆九年临清砖窑户孟守科作頭崔振先造""乾隆四十二年窑户孟守科作頭崔成造""道光十年临砖程窑作頭崔贵造"等。纪年涉及万历、天启、顺治、康熙、雍正、乾隆、道光。还发现少量青花瓷碗、盘及黄绿釉红陶盆等生活用器残片。

据明清正史及《临清州志》记载，临清为明清两朝皇家建筑用砖的主要基地。大量的款铭证实了该遗址为明代"上厂"及清代的"孟守科""程窑"窑厂，与文献相符，以丰富的实物资料填补了史籍中有关窑址形制、结构及窑厂规模大小等记载的阙如。基本摸清了该遗址兴衰的过程，推测该遗址始烧于明代万历年间，清代康熙、乾隆年间到达鼎盛阶段，道光年间衰落。这对于国家级非物质文化遗产——明清贡砖烧造技艺的研究具有重大的推动作用，也为运河文化的深入研究及大运河申报世界文化遗产提供了重要的实物资料。

四　七级码头遗址

七级码头位于阳谷七级镇西北部、京杭大运河故道东岸，是供行船停靠的水工建筑，与聊城市文物保护单位"七级镇运河古街区"相接。东北 26 公里抵阳谷县城，西南 21 公里到东阿县城，正北 21 公里是聊城市城区暨东昌府区政府驻地,东南 15 公里即黄河。其地今属七一村,隔运河与七三村相望,沿河南下 900 米达七级上闸旧址,北上 300 米至七级下闸。为配合南水北调山东段工程建设,2011 年 3 月至 4 月,山东省文物考古研究所会同聊城市文物局、阳谷县文物管理所对七级码头遗址进行了考古发掘。①

遗址地层堆积可分三大阶段:一属修筑码头前,叠压在建筑下;二为码头使用间,仅见于边缘地带;三系码头停用后,是其主要堆积。三段基本为生活垃圾和人工垫土,分布不均,厚度不等,无规律,大致可分为四部分。Ⅰ是河内清淤垫土,层次不明显,土质松散;Ⅱ属人为垫土,因码头本体的形制特点,由东向西呈斜坡状分布;Ⅲ为生活垃圾堆积,厚 0.2—0.5米,下有一较硬活动面;Ⅳ系人为垫土,上有两层活动硬面,厚 0.05—0.1米,间距 0.15—0.2 米。根据地层堆积及出土遗物判断,京杭运河航运终止后,七级码头即遭废弃,成为垃圾倾倒地,后被人为堆垫找平。

七级码头由石砌慢道、夯土坡脚、石铺平台、石砌道路等四部分组成,属于水位落差较大地区常见的顺岸重力斜坡式码头,靠自重和地基强度来保证稳定性,结构简单,易于维护,对水位变化适应性强。因停用后不久即被填埋,整体结构形制未遭破坏。石砌慢道,即斜坡式码头坡身,为码头主体,是一排由河岸伸入水中的台阶,系行船装卸补给、货物及上下船工、旅客的必经之路。采用扶壁式砌筑,由踏步和两侧护坡边石组成,共 17 级,坡度 28°,南北总宽度 5.4 米,坡长 7.8 米,垂直高度3.32 米,边角略有残缺,保存基本良好。构筑工序为在河岸依坡度开挖基槽,经整理夯打,再依高低顺势铺砌一层青色条石,组成踏步和边石。踏步南北宽 4.9 米,所用条石长宽不等,高度为 0.13—0.20 米,各层踏步石相互叠压噬合 0.10—0.20 米,进深不等,多为 0.3 米,最窄者 0.23米,上数第 8 级和第 13 级进深较宽,第 13 级达 0.6 米,应是为漕船停靠安放搭板的特别设置,亦可作为七级码头漕船停靠作业船舷高度的参考值。护坡边石位于踏步两侧,用料为宽 0.25 米的条石,长度不等,北侧有两块断裂,略有沉陷。南北边石最下端均有竖立、深埋的同等宽度条

---

① 遗址公布材料见中国考古学会《中国考古学年鉴》(2011),文物出版社 2012 年版;吴志刚《寻找失落的七级古渡——阳谷七级码头遗址考古纪实》,《人文天下·山东文物》2013 年第 10 期;山东省文物考古研究所《考古年报》(2011),内部资料。

石，以稳固坡脚，支撑坡面。边石外河岸可见不同水位形成的水线，最高者达第 15 阶，或为运河的最高水位。夯土坡脚，即石砌慢道下端呈斜坡状伸入河道的沉台，支撑坡身，防止水流淘刷出现崩岸，是运河行船停靠作业时的泊位。南北长 9.6 米，东西宽 5.5 米，厚 0.8 米。经过多次清淤和夯筑整修，土质致密纯净。沉台坡面上可见不同高度水线痕迹，分布有大小不一的圆形桩孔。桩孔开口于不同夯土层位，个别中间残留断木，可见打破关系，应为泊靠时固定行船的桩柱遗存。据石砌慢道和夯土坡脚的总宽度推测，七级码头只能满足单船停靠作业。石铺平台，即坡顶，位于运河东岸的堤岸上，与慢道相连，是对河堤上部整平夯打后形成的前方堆场，即货物装卸、转运临时堆存的场地。用条石铺砌主体，外围平铺大小不一的小石板。被晚期房基打破，损毁缺失严重，东西长 11 米，南北残存最长 6.8 米。东有道路与七级镇街区相连，南北两侧为沿河堤的便道。临慢道第一阶平台处有 3 块长短不均的条石，中间和南侧用青砖、石块支撑，东西向叠压在第二阶上，北侧青石南北向整体横置于石阶上，应作休憩和装卸货物之用。

石砌道路，即石铺平台与古镇街区的连接线，叠压在今街道下 0.5 米，宽 1.5 米，东西两侧有近现代房基。构筑方式和前方堆场不同，中间主体部分用 0.5 米宽的条石平铺，两侧用基本相同的小石板拼铺，方向与石铺平台垂直，磨损程度较大，修筑时间应早于石铺平台。此石砌道路之下有三层土质道路。其下第一层和第二层路土中有明、清常见的青花瓷、陶片、铜钱等。最下层路土包含物皆属宋、元时期。本次考古发现石碑 1（标本七采 5），残，可复原，高 156 厘米、宽 63 厘米、厚 160 厘米，碑身一为素面，另一面刻有文字，最上为"万古流芳"四个大字，其下右侧有题目为"重修石磴碑记"的碑文，内容为七级镇繁荣景象、民间集资重修石磴的史事和捐款者的姓名；左侧刻写"谷邑庠生梓溪刘元沣撰，乾隆十年，岁次乙丑孟夏，河岸一丈五尺三寸，东至街，西至漕河"。

七级码头是京杭大运河通航期间的重要水工设施，明、清两代是周边平阴、肥城、阳谷、莘县、东阿、朝城等县漕粮转运京城的起始地。清代阳谷、东阿、莘县在七级镇均设有兑漕水次仓，沿连接码头的古街东行 200 米，至今可见一空场院，即东阿廒（兑漕水次仓）旧址。清末停止漕运，裁撤相关管理机构，运河失去监管，两岸居民侵占河道，地处镇中心的码头也被填埋圈占。明末顾祖禹《读史方舆纪要》言："《水经注》：

'河水历柯泽。'有七级渡。今运河经县东北六十里,有七级上下二闸,或以为古阿泽是其处。"清人高士奇《春秋地名考略·卫·阿泽》中指出:"东阿县故城西有七级渡,今运河所经,古阿泽是其处,地在阳谷县东与东阿接界。"《水经注》所说河水为黄河,柯泽即阿泽,系春秋时已然存在的大泽,曾与黄河相通。《中国古今地名大词典》载,阳谷县毛镇有古渡,为航运码头,因台阶为七级,故北魏(386—557)时改称七级。在明清两代编纂的县志中,七级古渡均为阳谷八景之一。根据连接码头顶部平台道路的演变和不同层位的包含物,此码头在元代当已存在,后经过重修,最后一次应发生在清代乾隆十年(1745)。

五　七级下闸

七级下闸又称七级北闸,是京杭大运河会通河段上一座石质船闸,始建于元,历经明、清两代复建和重修,清末裁撤闸官后废弃,20世纪60年代改建为桥。2012年12月至2013年1月,为配合南水北调东段工程建设,山东省文物考古研究所在聊城市文物局和阳谷县文物管理所的配合下,对船闸进行了考古发掘。[①]

七级下闸虽被改建为桥,但基础未遭破坏,整体结构依然清晰可辨,由闸口、迎水燕翅、跌水燕尾(迎水燕翅和跌水燕尾又统称雁翅、翼墙)、裹头、墩台、闸底板、木桩、荒石等组成。

闸口由东、西两侧条石垒砌而成的直墙、闸门、门槛石等组成。直墙原由18层条石组成,长6.8米,东、西相距6.2米,高约7.5米。因改建为桥,西直墙内侧被掏空改为桥洞。原闸口直墙仅存4层,高1.85米,其上均为改建后重修,石材除部分原石外还有各种石碑,长短、厚薄差异较大。新修各层及条石间俱用水泥抹平,缝隙明显宽于原墙。闸门已失,东、西直墙中间四层下的闸门槽犹在,宽0.3、进深0.29米。门槛石顶面平整光滑,由5块长短不等,高0.03米、宽0.3米的条石组成,总长6.8米。

迎水燕翅位于闸南,有东、西之分,随河岸升高而渐埋于土。迎水燕翅主体和闸口直墙相同,原为用条石组成的18层扇形折弯石墙,原高当

---

① 参见山东省文物考古研究所、聊城市文物局、阳谷县文物管理所《阳谷县七级下闸发掘简报》,《海岱考古》第7辑,科学出版社2014年版。

在 7.5 米左右，由内外两层条石错缝垒砌而成，同层条石间用铁锔扣互连固定，即在两块条石间的上面凿出亚腰形的卯口，将铁质锔扣置入卯口，再用灰浆灌注，如此既保证船闸整体性，又能有效地抗击水流冲击。石材用料不尽一致，长 0.4—1.05 米、宽 0.4—0.5 米、高 0.38—0.5 米。东侧迎水燕翅总长 22.5 米，连接闸口处为直墙，长 8 米，原墙现存 4 层，折弯后石墙呈内弧形，长 14.5 米，现存 9—13 层。西侧迎水燕翅总长 24.4 米，自闸口至折弯处直墙因修桥改建遭到破坏，第五层残存一块条石，其下 4 层完整，长 7.9 米，折弯后直墙长 16.5 米，今存 15 层。

跌水燕尾位于闸北，亦有东、西之分，和迎水燕翅一样其也随河岸升高末端渐埋于土。跌水燕尾原高度、层数、构成以及建筑方式等均与迎水燕翅相同，但明显加长。相对迎水燕翅，跌水燕尾崩塌损毁严重。东侧跌水燕尾总长 26.5 米，连接闸口处为直墙，长 8 米，现存 4 层，折弯后石墙呈小波浪弧形，长 18.5 米，现存 9—16 层。西侧总长 30.6 米，自闸口至折弯处直墙，长 8.1 米，因修桥遭到破坏，第 5 层临近折弯处残存一石块，其下 4 层完整，折弯后直墙长 22.5 米，墙体条石有外凸，今存 9—14 层。裹头共分 4 段，长度各不相同，船闸使用期间主体部分深埋于土，建筑材料俱为石料，其高度、层数、构成以及建筑方式等均与迎水燕翅、跌水燕尾相同。

西南裹头长 5.1 米，石墙现存 14 层。东南裹头长 8 米，今存 9 层。西北裹头长 4.6 米，仅存 4 层。东北侧裹头因在路基下无法发掘，长度不详。迎水燕翅东、西裹头最远相距 43 米。东北侧裹头虽未暴露，根据走向推断分水燕尾东、西裹头最远相距 55 米以上。

闸底板是铺于闸内河底的石质平面，设计高程高于河道底。南至迎水燕翅折弯处，北至跌水燕尾折弯处，用条石平铺，前后左右以锔扣互连，唯南、北部的边石侧立。条石下为长条形木板组成的平面，木板下为夯砸密集的木桩基础。以闸口中间的门槛石为界分南、北两部分，总长 20 米、宽 6.2—15.3 米。因大桥过往车辆常年负重挤压，以门槛石为中心出现下陷。

东西墩台即闸墩间有活动便桥相连。镇水兽、绞关石立于两侧台边，闸官衙署、捞浅铺、庙宇等筑于台中。本体系挖出基槽，木桩夯实基础，用三合土分层夯打而成，组成闸口、迎水燕翅、跌水燕尾、裹头的石墙皆附其上，石墙内可见青砖、小块衬里石，或为历代维修旧料。东侧南部因南水北调挡水墙施工深入墩台，造成长9米、深2米的缺口。西侧墩台修桥时为增加水流量，在迎水燕翅和跌水燕尾折弯处4层条石上墩台另起一直墙，直墙外4层上墩台尽毁，残存部分上部用青砖铺平。东侧虽未另起直墙，但原墙亦曾被拆毁，后又用其石料掺杂各种石碑重建，其内部墩台组成部分亦曾被部分替换。

木桩用来筑基和围护。本次清理所见木桩皆为尖头圆木，直径在0.05—0.15米间，排列紧密，其间以石墙、木墙隔开，对迎水燕翅、跌水燕尾、底板、闸墩、河岸等进行固定和围护。闸南底板外两层木桩保存完好，长15.5米、宽0.12—0.18米。闸北底板外未见木桩。东侧闸墩南有一排南向护坡木桩和护墙木桩相连。

荒石仅见于闸北底板外，大小不一。

《元史·河渠志》载：七级有二闸，北闸至南闸三里；北闸大德元年（1297）五月一日兴工，十月六日工毕，夫匠四百四十三名；长一百尺，阔八十尺，两直身各长四十尺，两雁翅各斜长三十尺，高二丈，闸空阔二丈。元代所记船闸间的距离与清代相同，可见七级下闸自兴建以来未曾改变位置，但其所记尺寸和今日所见不同。《阳谷县志》光绪版载，明成祖永乐九年（1411）重开会通河后，令阳谷县丞黄必贵重修七级下闸等阳谷境内的6座船闸，明嘉靖十三年（1534）知县刘素对境内六闸进行了重修，清朝康熙十一年（1672）知县王天壁增修雁翅，五十五年（1716）后即乾隆年间又大修。该闸有据可查的最后一次维修在道光二十四年（1844）。《清实录·宣宗实录》此年有载："修捕河厅七级下闸，从河道总督钟祥请也。"

六　戴湾闸遗址

2012年12月13日至2013年1月31日，为配合南水北调水利工程建设，山东省文物考古研究所与聊城市文物局、临清市博物馆对临清市戴湾镇戴闸村京杭大运河上的船闸进行了全面的发掘，发掘面积4000平方米，揭露出一座保存较好的船闸，并发现保存较好的闸板，出土了少量的陶瓷片和铁器。[①]

---

① 戴湾闸公布材料见李振光《京杭大运河山东段考古——南旺枢纽等被评为十大考古新发现》，《人文天下·山东文物》2013年第10期；山东省文物考古研究所：《考古年报》2012年，内部资料。

据山东运河备览：戴闸于"明成化元年建，国朝（清）乾隆九年修。金门宽一丈八尺八寸，高二丈三尺"。南侧有月河，地面痕迹可见，"月河长一百十六丈"，东岸石桥三，曰赵官营，曰戴家湾，曰陈官营。该段河道为东西向，船闸横亘河道上。由迎水燕翅、闸口、分水燕尾组成，迎水燕翅位于东侧，南北宽51米；闸口宽6.3米，东西进深7.3米；分水燕尾位于西侧，宽66米，燕尾中部出现一段南北向直墙、南北两端向东折收。闸口两侧直墙中间有闸槽，槽宽0.3米、进深0.25米。闸槽下有梯形石头门槛，宽0.3米，高约0.05米，与闸板相扣，密封严实。闸口底板用长方形石块平铺而成，石头四边雕凿有燕尾形槽口，内用铁锔扣连接，加固结实，底板平整如新。

闸槽内现保存有木头闸板，残存高度1.85米，闸板厚约0.27米，闸板宽6.8米，闸板由上下10块木板组成，上面的8块木板用榫卯将两块相连分为4组，闸板坚固结实。闸板的南北两端各有一条铁链从顶部搭在两侧，北侧铁链的下端东西各拴有一带双孔的圆形大石坠，铁链和石坠对木板起到压镇和固定的作用。

闸的南侧保存有弧形月河，在闸的东西两侧与运河连接。文献记载及百姓传说，南侧闸墩上原有一带院墙的大王庙，坐南向北。闸口上面原有弓形木桥，后被毁坏。

戴闸的发掘具有重要的学术价值，这是继2010年聊城东昌府土桥闸之后，在山东段京杭大运河上发掘的又一座大型船闸，与土桥闸相比有三个特点：（1）规模大，土闸宽40—57米，戴闸宽51—66米；（2）燕尾部分的平面形制有别于土桥闸，燕尾中部存在一段南北向直墙，南北两段向东折钩；（3）在闸槽内保存较好的木头闸板，高达1.85米，其作用应为闸口底部保持水位的闸板。

七　南旺分水枢纽遗址

南旺分水枢纽工程由引水、分水、蓄调水、航运等系统组成，成功解决了京杭大运河"水脊"缺水的难题，历经元明清时期的不断发展完善，在规划、建筑和管理等方面代表了17世纪世界工业革命前土木工程技术的最高成就。清末漕运废止后，构成这一工程的相关水工设施和配套建筑在村镇的发展中改变了性质或渐渐湮没。20世纪60年代因引水的小汶河改道，京杭运河故道不再有水，南王分水枢纽全面荒废。

2008 年为做好大运河申遗的前期准备工作，山东省文物考古研究所对南旺分水枢纽进行了大范围的考古调查和发掘，基本摸清了南旺分水枢纽的分布范围、结构布局、时代特征和保存现状，测算出南旺湖、蜀山湖、马踏湖的周长和面积，重新绘制了南旺分水枢纽工程遗址分布示意图，给大运河申遗文本提供了相关基础资料。本年度的考古工作对引水的戴村坝和小汶河进行了调查和测绘，测定了戴村坝和南旺的相对高差，加深了对小汶河左旋右转大小 80 多个弯的理解，并对小汶河与马踏湖连接处的徐建口斗门进行了结构解剖；在运河河道和汶运交汇处，开挖了 7 条探沟，确定了分水驳岸的位置和结构，找到了小汶河河口砌石，发现一段砌有"弘治十年造河道官砖"的砖石堤岸，揭露了两排大致与砖石堤岸平行的木桩；对蓄、排水的水柜南旺湖、马踏湖和蜀山湖进行了系统的调查、定位和测量，发现多处湖堤残迹，其中蜀山湖的一段东堤残存 2000 米，基本保持原貌；对柳林闸、十里闸、寺前闸、堽城坝和金口坝等重要闸坝设施进行了考古调查和测绘工作；对分水龙王庙建筑群进行了考古发掘，初步发现了三组既相对独立又有机连通的院落，分别为龙王庙建筑群基址、水明楼建筑群基址、祠堂建筑群基址，并初步查明其平面布局和时代变迁，出土了镇水兽、佛像、陶瓷器、钱币和建筑构件等文物，清理出"宋尚书祠堂记""汶邑南旺镇分水龙王庙记"等一批明清时期碑刻。①

2011 年为进行南旺考古遗址公园建设，山东省文物考古研究所在 2008 年的工作基础上加大了南旺分水枢纽遗址的发掘力度，原淤塞的汶运交汇口处河道全部被揭示出来。该年度的考古工作确认了京杭运河南岸大堤位置，系用花土、淤土夯打而成；连接南旺湖和运河河道的邢通斗门位于运河南岸、分水龙王庙建筑群西侧，仅残存深度豁口，底部东西宽 7.25 米、深 5.5 米，底部残存直立木桩 5 根，东西外侧残存砌筑斗门用石头数块，外侧有夯打结实的白灰三合土；石驳岸位于运河南岸、龙王庙建筑群北侧，系在南岸下的河道内垒砌宽厚石墙，外侧用三合土夯结实，平面呈曲线水波状，对引入的小汶河来水起到顶冲、化解与分水的作用；海漫石位于运河南岸石驳岸的上面，用宽大的石板平铺而成，石板顶面踩

---

① 该年度的考古成果详见山东省文物考古研究所等《汶上南旺：京杭大运河南旺分水枢纽工程及龙王庙古建筑群调查与发掘报告》，文物出版社 2011 年版。

踏光滑；石砌分水口设施位于运河北岸汶运交汇处小汶河口两侧，用大石板垒砌成喇叭形分水口，东南角呈 120°南拐，分水口东西拐角处宽 64 米；砖石堤岸位于运河北岸分水口以西，用斜立石板深入河泥中或平铺石板做基础，上平铺顺砖逐层内收，顶压平铺石板；石筑台阶码头位于运河北岸，14 阶台阶，宽 2.05 米、高 1.5 米，逐层向内斜收，形成堤岸向内嵌入式小码头；木桩挡板遗迹距离北侧砖石堤岸 11—13 米，系在河滩淤泥中砸入成排木桩，北侧挡立长条形方木形成木板墙，应为相关文献记载中的挡沙板；龙王庙沿河建筑群除原发现建筑外，在祠堂建筑群西有相连通的独立院落白大王庙。①

2012 年为进一步推进南旺考古遗址公园的建设，山东省文物考古研究所对涉及南旺分水枢纽工程的相关水工设施进行了勘探。勘探工作对象分别为南旺分水枢纽工程的上、下闸，即柳林闸和十里闸，以及上、下闸之间运河西岸连接南旺湖的常鸣斗门、刑通斗门、彭石斗门、孙强斗门、刘贤斗门。本年度勘探确认 2011 年度已确定位置并开挖一探沟的邢通斗门，雁翅仍存在部分基础；查明十里闸和柳林闸的现存及地下保存状况；原地理位置不详的常鸣斗门、彭石斗门、孙强斗门、刘贤斗门经勘探后确认了其具体位置所在，确定虽地表已荡然无存，地下其基础犹存，但因各种情况，保存程度不同。②

2013 年度为推进京杭大运河申报世界文化遗产，山东省文物考古研究所对常鸣斗门、徐建口斗门、柳林闸、寺前铺闸进行了发掘。确认连接运河与南旺湖的常鸣斗门位于南旺镇三里铺村东运河南岸大堤上，与龙王庙西侧的邢通斗门相距 350 米；斗门闸口平面呈束腰的亚字形，南北长 6.5 米、宽 4.05 米，残高 0.6 米东西立墙上各有一道闸槽，宽 0.25 米、进深 0.20 米；底部用石板平铺，石板凿有燕尾形槽，用铁锔扣相勾连；北侧迎水燕翅两端石墙破坏，折角处宽 8.9 米底板的北侧有一排保护木桩；南侧分水燕尾宽 11.2 米，底部石板的南侧有 4 排保护木桩。确认沟通小汶河与马踏湖徐建口斗门位于南旺分水枢纽分水口北侧 2 公里小汶河西岸、徐建口村内，现存石头闸门保存较好；闸口平面呈束腰的亚字形，

① 该年度工作情况参见中国考古学会《中国考古学年鉴》(2012)，文物出版社 2013 年版；山东省文物考古研究所：《考古年报》(2011)，内部资料。

② 2012 年度勘探工作情况详见山东省文物考古研究所《汶上县南旺枢纽考古遗址公园 2012 年度考古勘探报告》，内部资料；山东省文物考古研究所《考古年报》(2012)，内部资料。

由东侧的迎水燕翅、闸口、西侧的分水燕尾及东西两侧的保护木桩组成；闸口东西长 6.8 米、宽 3.24 米，南北闸墙上各有两道闸槽，槽宽 0.2 米、进深 0.24 米，二槽相距 2.76 米；东侧迎水燕翅的石墙、底板基本破坏完，残存作石墙基础用的木桩和底板东侧的保护木桩；西侧分水燕尾保存很好，燕尾两端宽 17.6 米，分水燕尾折角处宽 8.8 米，底部石板较分水燕尾折角处向西延伸 1.2 米，其西有一排斜立木桩保护底板；石块间用铁锔扣连接坚固结实。确认柳林闸位于南旺镇柳林一村、二村、三村、四村的中间运河上；船闸呈束腰的亚字形，由闸口、墩台、迎水、燕翅、分水、燕尾、石砌码头、石头驳岸、底部基础木桩与保护木桩构成；闸口东西长 4.65 米、宽 6.26 米、高 8.3 米，由 19 层长方形石块垒砌而成；每面闸墙上各有一道闸槽，槽宽 0.29、进深 0.24 米；底板中部与直墙闸槽对应处，雕凿有一道南北向深 3 厘米的槽口；底板保存较差，分为两期：早期用长方形石板铺成，石板长 1 米左右，宽 0.5—1 米、厚 0.18 米，分布在闸槽的东侧，石板间用燕尾形铁锔扣相连；晚期为长条形石板，石板两端子母槽口相扣，石板上雕凿圆孔，石板间用长条形铁锔钉相连，或用单个铁锔钉将石板固定在底部的基础木桩上；墩台用白灰三合土夯打而成，外表用石块垒砌直墙，可分为早晚二期；仅南侧迎水燕翅保存较好，迎水燕翅斜长 15.6 米，复原宽度约 30 米，分水燕尾宽约 28 米；闸口两侧南北两岸都筑有石驳岸，南岸保存较好；闸西南侧石驳岸长 57.5 米，残高 0.7—3.8 米，中段因变形略内弧；闸西北侧仅存底部基础木桩和少量石块，东西长 30.8 米，与南侧石驳岸相距 20.2 米；闸东南侧石驳岸分二期，早期存木桩和底部一、二层石墙，东西较直，长 58 米；晚期驳岸，呈中段外凸的弧形，残长 39 米，残高 0.4—3.6 米；闸东北侧石驳岸仅存底部木桩；登陆码头位于闸西南侧石驳岸的东端，东距迎水外端 2.7 米；高出河底 0.8 米，砌筑一长 1.6 米、进深 0.36 米的平台，向东西两侧修筑台阶，东侧残存 9 级台阶，西侧残存 7 级台阶；底板及石驳岸的下面皆用砸入河道的密集木桩做基础；在闸西北侧立有保护石驳岸的木桩。确认寺前铺闸位于济宁市汶上县南旺镇寺前铺村，其位置在南旺镇东南，济宁市任城区长沟镇西北部；系京杭运河南旺枢纽节制闸，简称寺前闸，旧又称棠林闸；闸口所在位置运河段呈西北东南走向；该闸始建于明代正德年间，清乾隆年间重修，几经毁拆至今已面貌全非；寺前闸两墩台东西向排列，中间间隔部分为闸口，闸口中间略偏北位置剔刻有闸槽，用作闸板上下起落轨道，闸槽底部有凸起的槛；墩台下端有石板铺底，并施以木桩作为保护；闸北侧为迎水，墩台沿边石结构称作燕翅；南侧则为落水方，墩台沿边石结构称作燕尾；其营建方式为从原有河口上挖出豁口，铺砌底板，再砌筑石结构摆扇，里侧填土经夯打成为墩台；墩台从保存部分看其为土石结构，周边是用石板（块）叠砌成型，单块石板与石板对接处表面近中心位置剔刻梯形浅槽组成燕尾形扣槽，以铁质锔扣置入用作石板与石板的连接；内侧用三合土夯实；砌筑方式为每砌筑一层石板就随即用三合土夯平；东侧墩台燕翅长 16.68 米，燕尾长 16.16 米；西侧墩台燕翅长 14 米；燕尾长 14.6 米；原墩台存高 4.4 米；闸口位于墩台之间，平面呈长方形，南北长 6.78 米，东西宽 6.44 米；闸底板用长方形石材纵向一字形与左右错缝平铺而成；石板与石板对接处以燕尾形铁质锔扣置入用作连接固定，下铺设木桩以做支撑；南北长 25 米，南边宽 16.26 米、北边宽近 22 米；闸槽位于闸口中间偏北，剔刻而成，竖直，宽 0.3 米、进深 0.24 米、存高 3.6 米；闸槽下石板为横向平铺，中心突起 0.04 米为槛，凸起部分宽度比闸槽略窄；发现的木桩均为圆木，材质以杉木为主，施以闸底板下、摆扇外侧、驳岸基础下及驳岸内侧河坡面上；摆扇外侧及驳岸内侧木桩多作倾斜状，后者木桩顶端向河中心方向倾斜，应为防止滑坡起着筋骨作用；闸底板周边部分应为减缓对底板下基础冲刷，固定闸底板作用；北侧大都近竖直，南侧木桩略粗，底端外斜作倾斜状，闸南侧部分木桩 20 世纪 60 年代推挖鱼塘时被破坏；石驳岸以石板（块）横平错缝叠砌而成，建造时间较摆扇偏晚，从现状看有过增补过程；闸南东侧保存略多些，现存长度 67 米，高 4 米左右，西侧仅存数块零散里衬石；闸北西部石驳岸已无存，只剩下一层里子石，残存长度 16.6 米；闸北东部石驳岸长 23.3 米，还剩 2—9 层；石驳岸采取三（四）平一丁法砌筑，下都有木桩支撑。①

　　以上所述为大运河申遗前进行过正式发掘的山东段京杭大运河相关遗址，但因时间紧、任务重，还有部分申遗点为迎接申遗，在未进行考古工作的情况下进行了清理、维修及复建，在施工中亦有一些新发现，囿于篇

---

　　①　本年度考古公布材料李振光《京杭大运河山东段考古——南旺枢纽等被评为十大考古新发现》，《人文天下·山东文物》2013 年第 10 期；山东省文物考古研究所：《考古年报》(2013)，内部资料。

幅限制和非科学发掘，本文未收录。随着大运河申遗的成功，一些缺失的配套考古工作会相继启动，大运河的考古材料将日益增多，会给运河学的研究提供更多基础资料。

（作者单位：山东省文物局；山东省文物考古研究所）

运河区域城市史研究综述

史晓玲

城市作为整个社会政治、经济和文化网络上的节点，是人类社会发展到一定阶段的产物，也是人类文明史上的重要里程碑。改革开放以后，随着中国城市史研究的异军突起，运河区域城市史的研究不断涌现出优秀成果。从宏观上对城市发展史的论述，从微观上对运河和单体城市关系的研究，到从单因素对城市史的研究，都在不同层次上实现了对运河区域城市的研究。

一 运河区域城市史研究现状概况

据《运河文献数据库》统计，目前已出版的研究运河区域城市史的著作有 3 部，公开发表的学术论文 200 余篇。按照研究的方向和主题，大体上分为水系、环境、建筑、经济、文化、民俗、宗教的研究等。按照研究范围划分，主要有运河沿线城市群研究、单体城市研究和城市单因素研究。研究的城市主要有北京、天津、德州、临清、聊城、济宁、枣庄、扬州、杭州等，皆为运河沿线比较重要的城市。笔者认为，一些成果从单因素方面对城市史的研究，有重叠或交叉现象。

二 运河区域城市史研究分类

（一）宏观上对运河区域群体城市的研究

这类研究成果从数量上讲不算多，傅崇兰《中国运河城市发展史》是一部比较早的研究城市史的著作，本书论述了城市的位置、环境、人口、经济和文化五个部分，对京杭运河沿线的城市与运河的关系作了系统梳理，考察的主要城市有通州、天津、临清、德州、济宁、淮安、扬州和苏州。作者认为，没有运河沿线的城市，南北大运河的形成和发展就没有了动力；反之，没有南北大运河的畅通，运河沿岸城市的形成与发展也会受到极大的限制①。郭蕴静、涂宗涛等编著的《天津古代城市发展史》对天津城市史作了比较翔实的论述。全书分上、下两编，以明清时期为主线，尤以明清经济为重点，采取纵横结合的写法，探讨了明清天津城市的形成与演变过程，分析了农业、渔业、盐业、商业及手工业等各经济部类的发展及其对天津城市发展的影响②。罗澍伟主编的《近代天津城市史》③，从天津城市的演进着手，对天津经济、社会、文化的发展作了详细论述。宏观上研究运河区域城市史的学术论文也不算多。王守中《山东运河城市兴衰鉴》一文认为，由于运河的畅通及生产力的发展，明清时期山东运河城市临清、济宁、东昌、德州依靠优越的地理位置，使得当地的工商业飞速发展。清末河道阻塞，这些城市则黯然失色，经济、文化、社会发展缓慢，最终成为闭塞落后地区。王瑞成《运河和中国古代城市的发展》一文，则从运河漕运体系在中国早期城市的发展入手，探讨了都城和行政中心城市体系的形成在城市系统的整合和运河城市类型的产生中发挥的重要作用，最终得出了运河漕运体系是中国古代城市体系的重要基础，并使中国古代城市发展呈现出独特的形态和规律④。王明德《大运河与中国古代运河城市的双向互动》⑤一文，认为大运河与古代运河城市相伴而生，两者是一种相互依存、相互推动、互为影响的关系。一方面，大运河影响城市的兴衰，影响城市的规模与等级、性质与结构及其分布和体系；另一方面，运河城市也影响着大运河和运河体系的发育，影响着运河网络结构的改变和功能的发挥，推动着运河开凿技术的提高和运河管理制度的完善。可以说，运河营造了城市，城市推动了运河的不断发展，城因运而兴，运因城而凿，运河与城市一起又推动着运河城市经济的繁荣，大运河的变迁或改道又导致运河城市的变迁甚或衰落。张强《京

①　参见傅崇兰《中国运河城市发展史》，四川人民出版社 1985 年版。
②　参见郭蕴静、涂宗涛《天津古代城市发展史》，天津古籍出版社 1989 年版。
③　参见罗澍伟《近代天津城市史》，中国社会科学出版社 1993 年版。
④　参见王瑞成《运河和中国古代城市的发展》，《西南交通大学学报》2003 年第 1 期。
⑤　参见王明德《大运河与中国古代运河城市的双向互动》，《求索》2009 年第 2 期。

杭大运河中心城市的形成与辐射》① 从"运河城市文化"的视角出发，探讨了运河对沿岸城市经济发展、文化繁荣的辐射与影响。此外，宏观上对城市与运河关系的论述还有李德楠《国家运道与地方城镇：明代迦河的开凿及其影响》（《东岳论丛》2009 年第 12 期）、陈乃华《古代城市发展与河流的关系初探》（《南方建筑》2005 年第 4 期）、韩晓《论明代山东运河城镇的发展与功能变迁》（硕士论文，南京师范大学，2004 年），等等。这些研究成果均从宏观的角度论述了城市与运河之间的关系，体现了运河与城市之间双向互动的关系。

（二）对运河与单体城市关系的研究

这类研究成果基本上都有共同的研究思路，即着意对于运河区域特别是沿岸城市的兴衰与运河关系的论述，学术论文几乎囊括了运河沿线的所有城市。王晓静《运河与苏州城市的发展》论述了发达的水上交通，使苏州早在两千多年前便已经具备相对其他地方更发达的商业能力，在隋朝京杭大运河贯通以后，其经济水平进一步提高，城市环境与地方艺术都得到了空前的发展②。陈学文《外国人审视中的运河、西湖与明清杭州城市的发展》利用外籍人记载的资料研究明清杭州发展，认为运河是杭州周边与外部联系的交通要道，而交通是城市存在与发展的先决条件，足见运河对于杭州的意义③。此类学术论文还有：陈代光《运河的兴废与开封的盛衰》④，傅崇兰的《通州与运河》⑤，刘捷《由唐至明运河与扬州城的变迁》（《华中建筑》2001 年第 5 期）、潘杰、池源《大运河和淮安的兴衰》（《中国水利报》2002 年 2 月 28 日）、刘倩倩《明清时期运河变迁与古镇窑湾之兴衰》（《淮阴师范学院教育科学论坛》2009 年第 4 期）、季鹏《地理环境变迁与城市近代化——明清以来扬州城市兴衰的思考》（《南京社会科学》2002 年第 12 期）、王文续《运河千古带通州》（《北京文史》2001 年第 2 期）、徐岩《历史时期运河对杭州城市发展的作用》（浙江大

---

① 参见张强《京杭大运河中心城市的形成与辐射》，《淮阴师范学院学报》（哲学社会科学版）2008 年第 1 期。
② 参见王晓静《运河与苏州城市的发展》，《淮阴师范学院学报》2008 年第 1 期。
③ 参见陈学文《外国人审视中的运河、西湖与明清杭州城市的发展》，《杭州师范学院学报》（社会科学版）2002 年第 5 期。
④ 参见陈代光《运河的兴废与开封的盛衰》，《中州学刊》1983 年第 6 期。
⑤ 参见傅崇兰《通州与运河》，《北京文史》2001 年第 2 期。

学，硕士学位论文，2007 年），汪孔田《济宁是京杭大运河的河都——从元明清三代派驻济宁司运机构看济宁的历史地位》（《济宁师范专科学校学报》2003 年第 2 期），赵明奇、韩秋红《运河之都淮安及其历史地位的形成》（《江苏地方志》2006 年第 4 期），张庆正《明清之际的运河与济宁》（《西安社会科学》2010 年第 3 期），吴国柱《京杭大运河的开通促进了济宁城市的崛起》（《济宁师范专科学校学报》2004 年第 2 期），王淑琴《明清时期的运河与济宁》（《辽宁教育行政学院学报》2007 年第 11 期），张培安《济宁与大运河》（《中国地名》2002 年第 3 期），王玉璧《隋运河东移与济宁繁荣》（《水利天地》1999 年第 5 期），刘永《京杭大运河与聊城的兴衰》（《南通大学学报》2008 年第 1 期），梁国楹《运河名城厚德之州——德州市城市品牌问题再思考》（《德州学院学报》2009 年第 1 期），王玲真《京杭大运河与镇江城市文明的兴起和发展》（《经济地理》2008 年第 1 期），丁瑶《江南运河与无锡经济文化生活》（《淮阴师范学院学报》2008 年第 2 期），王晓静《运河与苏州城市的发展》（《淮阴师范学院学报》2008 年第 1 期），冯保善《扬州：大运河上的天下第一都市》（《南通大学学报》2008 年第 1 期），等等。这些研究成果均以运河沿线的某个城市为研究对象，阐述了运河与城市之间的关系。

（三）以运河为背景对城市单因素的研究

这里所说的单因素研究主要是指城市因运河的开凿和漕运而带来的政治、经济、文化、社会等某一方面的变化。

（1）从经济方面论述运河对城市发展的影响。经济繁荣是城市发展的主要指标，古运河对古代沿线城市的经济兴衰的影响比较明显。吕景琳《大运河的畅流与明代东昌社会经济的发展》指出，由于运河的畅通，明代东昌（今聊城）一带社会经济发展走在全国的前列，这与清晚期以后鲁西北地区迟滞闭塞的情况大不相同[①]。王海峰《明清东昌运河经济研究》（南昌大学，硕士学位论文，2007 年）对运河与东昌经济的发展作了系统梳理。这两篇文章是研究东昌经济与运河发展的文章，但不是专门针对聊城城市的研究。此类学术论文还有：魏梦太《试论明清时期山东运河沿岸城市经济》（《济南师范专科学校学报》2004 年第 2 期）、邢淑芳

---

① 参见于德普《山东运河文化文集》，山东科技出版社 1998 年版。

《古运河与临清经济》（《聊城师范学院学报》1994 年第 2 期）、林纯业
《明代漕运与天津商业城市的兴起》（《天津社会科学》1984 年第 5 期）
等。有的从钞关方面论述商业发展情况，如向福贞的硕士学位论文《明
清时期的临清钞关》（聊城大学，硕士学位论文，2007 年），井扬《明清
临清运河钞关研究》（山东大学，硕士学位论文，2008 年），陈昆麟、郑
尊亭《运河与临清钞关的建立》（《齐鲁文史》2003 年第 2 期），向福贞
《明清时期临清钞关的作用及影响》（《聊城大学学报》2009 年第 4 期），
黑广菊《明清时期临清钞关及其功能》（《清史研究》2006 年第 3 期），
陈联《明清时期的芜湖榷关》（《安徽师范大学学报》2000 年第 2 期），
等等。这些研究成果选取某个经济点为研究视角，阐述了运河给沿线城市
经济带来的深刻影响。

　　（2）从文化角度论述运河城市的变化。运河文化是中华传统文化的
重要组成部分，是一种极富特色的区域文化，运河文明史在某种程度上就
是运河城市发展史。刘士林《大运河城市文化模式初探》认为，沿岸城
市与大运河是一体同胞、唇齿相依的关系，运河城市或是由于运河开通而
直接完成了自身的"城市化进程"，从默默无闻的农村或普通市镇发展为
具有相当规模或中心意义的大城市；或是借助大运河的综合功能超越了城
市已有的规模与局限，使城市在空间、人口等方面发展到一个更高的水
平。大运河城市的主要功能在于推动内部的循环与交流，这在客观上有助
于使中国社会因为更广泛的交流而成为一个内在联系更加密切的有机
体。[1] 莫修权《漕运文化与中国城市发展》[2] 一文，以漕运制度为切入
点，分析了漕运文化与都城及商业城镇发展的关系，进而探讨了城市滨河
地区及其建筑在漕运文化影响下的变迁，对我国城市的发展沿革和当前的
城市更新具有积极和创新的意义。除此之外，从文化角度研究运河城市的
学术论文还有：蔡晓伟、裴伟《让运河文化为镇江旅游添彩》（《华人时
刊》2004 年第 2 期），季桂起《运河及运河文化开发与德州城市发展》
（《德州学院学报》2008 年第 1 期），李正爱《京杭大运河与临清城市的
人文转变》（《南通大学学报》2008 年第 1 期），郭东升《临清明清运河
文化一瞥》（《山东档案》2007 年第 2 期），伍波硕士学位论文《大运河

---

① 参见刘士林《大运河城市文化模式初探》，《南通大学学报》2008 年第 1 期。
② 参见莫修权《漕运文化与中国城市发展》，《华中建筑》2003 年第 1 期。

与济宁城市审美文化研究》（上海师范大学，硕士学位论文，2008 年），刘玉平《济宁运河文化论纲》（《济宁师专学报》2001 年第 2 期），蔡勇《济宁运河文化的形成及特点》（《济宁师专学报》1995 年第 4 期），等等。这些研究成果从文化视角论述了运河沿线某个城市的变迁。

（3）从社会方面对运河城市的研究。这类研究包括城市风俗、信仰、宗教、人口等方面论述城市的变化。王云教授的《明清山东运河区域社会变迁》一书，以明清山东运河区域社会为研究对象，对明清山东运河区域 500 多年间的兴衰轨迹和社会变迁作了深入的考察，探讨了京杭运河对鲁西地理环境、交通条件、商品经济、城镇发展以及社会文化所产生的巨大影响。认为明清山东运河区域社会变迁的动力主要是交通环境改善、漕运政策和对其他区域多种文化的吸纳融合，指出运河沿岸城镇与运河腹地社会发展的不平衡性，并总结出该地区在社会变革过程中所表现的大起大落类似马鞍形的发展趋势及经验教训①。除了王云教授的专著外，还有不少学术论文，如有的以运河城市宗教为研究对象，如袁澍、李兴华《济宁伊斯兰教研究》（《回族研究》2004 年第 2 期），《济宁东大寺记》（《中国穆斯林》1983 年第 4 期），沙彦振、马洪彬《济宁回族与清真寺》（《中国穆斯林》1998 年第 2 期），文刀《运河岸边的清真古寺——河北泊头清真大寺》（《中国宗教》2006 年第 3 期），丁慧倩《坚守与融通：运河沿线的明清华北城镇回族聚居区——以沧州城回族聚居区为个案》（北京师范大学，硕士学位论文，2005 年），等等。从人口方面对城市的研究，如高艳林《明代天津人口与城市性质的变化》（《南开学报》2002 年第 1 期），沈红亮《明清时期黄淮运交会地区的人口和民风——有关淮安府的个案研究》（复旦大学硕士学位论文，2001 年）。从风俗方面对运河城市的研究，如冯刚《济宁运河饮茶风俗》（《春秋》2001 年第 2 期）。

（4）从建筑风格上研究运河城市。如刘捷《明清大运河与济宁城市建设研究》②一文，在对济宁城址变迁探讨的基础上，论述了明清济宁城市布局与运河的关系，重点探讨了运河管理机构分布及沿河商业区布局，并研究了运河对于城市社会生活的影响，以此阐述明清运河对于济宁城市

---

① 参见王云《明清山东运河区域社会变迁》，人民出版社 2006 年版，第 349—356 页。
② 参见刘捷《明清大运河与济宁城市建设研究》，《华中建筑》2008 年第 4 期。

建设的重要作用。再如沈旸《明清聊城的会馆与聊城》① 一文,以明清时期城市的会馆为研究对象,探讨了会馆的建设与发展和城市空间形态及功能布局的互动关系,为传统城市改造中如何合理利用和保护会馆提供了理论参考和依据。与此类似的论文还有,沈旸《大运河兴衰与清代淮安的会馆建设》(《华中建筑》2006 年第 9 期)、《明清时期天津的会馆与天津城》(《华中建筑》2006 年第 11 期),周菲菲《聊城山陕会馆的建筑形制探研》(《网络财富》2010 年第 15 期),等等。有的写城市的某个街道,如郭凤岐《津沽历史最久的商业街——估衣街》(《天津经济》2006 年第 11 期)。

(5) 从城市变迁方面研究运河对城市的影响。如刘捷《明清清江浦的变迁与大运河》② 一文,通过论述明清时期清江浦兴起、发展与大运河的关系,阐述运河对于清江浦的重要作用,并探讨了明清清江浦的城市建设现象以及它作为地区性集散中心城市的特点。殷黎明的《运河与临清的变迁》③ 一文,探讨了古代运河与临清的历史关系及对临清经济发展的影响。此类的学术论文还有,崔新明《枣庄段运河的发展变迁及其历史定位》(《枣庄学院学报》2008 年第 3 期)、范今朝《运河(杭州段)功能的历史变迁及其对杭州城市发展的作用》(《浙江大学学报》2001 年第 5 期),等等。

(四) 突出展现运河功绩为特点的研究

这类研究主要集中在展示运河城市的繁荣发展和辉煌历史,论述性文字较少,描述性文字较多,有的突出描述经济、文化,有的则重点描述工商业,多数现代著作旨在弘扬文明历史,多属宣传普及型读物。如苟德麟主编的《淮阴城镇史话》④ 一书,对淮阴市属 53 个不同层次的城镇,逐个进行历史的勾画和有重点的描述。读者能够从中体察到这一地区的城镇群体兴宏起伏的特点和规律。再如,魏聊的《运河与聊城》⑤ 勾画了运河

---

① 参见沈旸《明清聊城的会馆与聊城》,《华中建筑》2007 年第 2 期。
② 参见刘捷《明清清江浦的变迁与大运河》,《华中建筑》2005 年第 3 期。
③ 参见殷黎明《运河与临清的变迁》,原载《山东运河文化文集》,山东科技出版社 1998 年版。
④ 参见苟德麟主编《淮阴城镇史话》,江苏科学技术出版社 1990 年版。
⑤ 参见魏聊《运河与聊城》,聊城地区新闻出版局 1997 年版。

的兴衰和聊城的历史，并站在文化的高度，展望了 21 世纪的聊城。此类的著作还有，中共聊城市委宣传部、聊城市政府办公室编《中国历史文化名城——聊城》（山东友谊出版社，1995 年）、竞放主编《聊城》（聊城市新闻出版局，1994 年），等等。

三 几点缺憾

（一）运河区域城市史研究存在不均衡现象

从研究的运河区域的城市看，研究北京市的学术论文 11 篇；研究天津市的著作有 2 部，学术论文 100 余篇；研究临清的论文有 50 余篇，研究聊城的论文有 30 篇，而傅崇兰《中国运河城市发展史》一书中，论述的沿岸城市未提及聊城。因此，对单体城市的研究尚存在较大差距。

（二）对城市史的研究尚不完善

宏观上研究运河区域城市史的著作仅 3 部，其他研究成果则有的集中于经济，有的侧重于文化，有的重点写水系，从严格意义上来讲，这并非真正的城市史，只能作为城市史研究的一个角度。

（三）有些研究成果缺少微观层面的支撑

多数学术论文集中于运河与城市关系的研究，有的是群体城市研究，有的是单体城市研究，但是多数在宏观的层面上泛泛而谈，缺少微观的深层次论述和挖掘。运河区域城市史研究空间广阔，应该对该区域城市史的研究，特别是单体城市的研究作进一步探讨。

（作者单位：聊城市社会科学界联合会）

"运河与区域社会研究"
国际学术研讨会综述

郑民德　　胡克诚

2014 年 8 月 20 日到 22 日，"运河与区域社会研究"国际学术研讨会在山东聊城大学召开，共有来自北京大学、中国社会科学院、香港中文大学、南京大学、南开大学、中山大学、韩国高丽大学、暨南大学及《光明日报》理论部、中国社会科学出版社、国家图书馆出版中心、山东省教育厅等高校与单位的 50 余名专家与学者出席。本次会议由聊城大学运河学研究院主办，聊城大学与临清市政府承办。

8 月 21 日上午，"运河与区域社会研究"研讨会正式开幕。中国社会史学会会长常建华、聊城大学校长马春林、聊城市委宣传部部长赵庆忠出席开幕式并致辞，运河学研究院院长李泉教授主持开幕仪式。

在随后的大会主题发言环节，北京大学赵世瑜教授、香港中文大学科大卫教授、南开大学常建华与李治安教授、南京大学范金民教授、中国社科院付崇兰研究员、韩国高丽大学曹永宪教授、聊城大学李泉教授等国内外专家，分别从经济史、漕运、宗教信仰、商贸、城市规划、运河学研究方法等角度作了精彩的学术报告。这些报告，不但阐述了当今运河学研究的最新成果，而且对后申遗时代运河学发展所遇到的困境与机遇进行了分析与探讨。

8 月 22 日上午，会议转到运河名城临清，与会学者就本次研讨会的相关议题进行了分组讨论。各位专家学者纷纷就自己的学术成果作了发言，其他与会人员则进行了评析与总结。8 月 22 日下午本次研讨会顺利闭幕。根据与会学者提交的论文与学术交流情况，大体可分为运河学及其文化内涵、运河与国家漕运、运河交通与水利、运河区域的民间信仰、运河城市与社会文化等几个方面，现分别进行叙述与归纳。

一 运河学及其文化内涵

中国运河历史悠久，影响了几千年的华夏文明，其产生的物质与非物质文化遗产更是不计其数。在中国大运河成功进入世界文化遗产名录的大背景下，如何做好后申遗时代运河文化的研究、相关资料的整理、运河遗产的保护与开发，已成为当今社会关注的热点问题。运河学作为一门新兴的学科，与历史学、地理学、社会学、文学、艺术学、哲学、经济学、水利学存在着诸多的交叉，因此弄清运河学的内涵与外延，掌握其研究方法与策略，发挥其文化与社会功能，对运河文化的学术研究、运河沿线城市旅游业的发展、运河遗产的保护都具有十分重要的意义。

聊城大学李泉以"运河学研究的内容和方法"为主题，作了精彩的报告。他将运河学的内容和范畴、研究方法、文化与社会功能作为切入点，认为运河学是以运河及其区域社会为研究对象，以运河水利工程、运河区域经济社会、运河历史文化为主要研究内容的综合性学科，其对象主要包括运河与区域自然环境研究、运河区域社会研究两大方面。中国社会科学院付崇兰的报告《运河学必将万叶枝柯》指出，在运河申遗成功的大背景下，创立运河学是时代的必然，继承、保护大运河遗产，如何发挥其对当代经济、社会、文化发展的重要作用是运河学应运而兴的动力，运河申遗成功对于中国运河文化的研究、相关文物的保护、城市旅游开发都具有重要的意义。

北京大学赵世瑜在主题报告《区域社会史视角下的运河研究》中肯定了"运河与区域社会研究"这一主题，认为这种开放性的视野，扩大了研究的格局，利于继续丰富我们对区域社会特征的认识。他同时强调，从区域社会史的视角看，并非所有运河沿线地方的历史都是区域社会史视角下的运河研究，也并非不在运河沿线地方的历史都不是区域社会史视角下的运河研究。此外，国家与社会互动关系视角下的运河研究仍然是值得进一步关注的。香港中文大学科大卫在主题报告《从经济史角度看大运河对明清帝国的影响》中指出，过去的运河研究中实际包含了政府主导与市场主导两种不同的经济发展的思想。可以从国外的交通运输史来考虑二者的关系。作者在回顾欧美铁路、公路建设历程的基础上指出，大运河建成的时间比外国铁路、公路的建设时间要长得多，其间制度变化的种种影响，也不同于欧美在 19 世纪 100 年之内的变化，因此强烈呼吁在运河与区域关系的研究中，能够更多地考虑同国外交通演变、发展的比较研究。

南开大学李治安的主题报告《大运河与中古南方、北方社会经济发展》从大运河的经济功能出发，指出运河对南北经济文化交流和国家政治统一具有战略意义、在南北地域差异博弈及整合发展中有积极作用、在水利公共职能与生态环境方面也具有历史局限性。陕西师范大学朱士光的《论我国大运河的功能及其现代价值》一文，对运河的起讫及形成、中国大运河的历史功能及其作用、大运河的现代价值等问题进行了论述与探讨，认为大运河应该发挥益世惠民的作用，同时相关部门与群众也应该积极行动起来，以科学的态度加强对运河的保护与开发。聊城大学王云、崔建利的《大运河与故宫学》，从中国古代伟大建筑故宫与世界文明史上的奇迹大运河的不同特点与共同之处出发，指出故宫与大运河在古代社会都为专制皇权服务、故宫的建造离不开大运河的运输功能、运河史与故宫学研究具有相通之处，因此二者之间可以互通有无与密切关系。

二　漕运与交通

漕运是中国古代社会专制国家重要的政治活动，通过漕运不但维持了京城与边防地区的供给，保障了中央政府对全国的控制与社会的稳定，而且对于商业发展与文化交流也具有重要意义。除此之外，传统国家对运河与漕运的管理及治理，也反映了二者作为专制皇权的生命线，是最高统治者不得不关注的问题。

南开大学常建华的《清顺康时期对运河及漕运的治理》，通过对清顺治与康熙时运河与漕运的现状分析，让我们了解到了清前期的运河与漕运管理、治理状况，并进而总结出康熙帝统筹安排治理黄淮与运河，使得运河河堤得到保护，运河河水得到保障，最终保证了漕粮按时按量经运河运至北京的结论。华中师范大学吴琦的《漕限、江程、土宜：清代漕运中的几个重要问题》一文，对清代漕运中的期限与秩序、江程与水情、土宜与商品进行了论述，指出漕运行程是整个漕运活动中最重要的组成部分，也是朝廷着力最大、耗时最长、费资最多的环节，其目的就是维持漕船有序行进与漕粮抵京，保证每年周而复始的漕运秩序。

中山大学吴滔以"从折布到折漕：论明清嘉定县漕粮改折的历史进程"为题，论述了明清两朝嘉定县的官布之始、从改折到永折、明末围绕永折的几次斗争、漕粮与地丁关系等几个问题，指出明代以降，赋役折银趋势不可逆转，作为田赋重要组成部分的漕粮也不例外，嘉定县的"折漕"过程经历了很多的曲折，而这主要受社会现实与制度运作的影响。淮阴师范学院吴士勇的《漕运：运河的政治化》一文，认为漕运与运河之间存在着间接的因果关系，但运河既非漕运制度化的充分条件，也非必要条件。政治是运河与漕运之间的媒介，随着历代政治中心与经济中心的分离，漕运便随之而生。漕运的制度化归于运河的政治化，这突出表现在漕运与运河管理制度的日益严密，一切政治资源都必须为漕运服务的现实。

淮安市大运河研究中心李想以"明代漕军的收入研究"为题，指出明代漕军的收入主要包括行粮与月粮、耗米与轻赍银、私货贸易几部分，但不同的时期又呈现不同的状态，因此通过定量分析，可以比较全面地考察漕军多样且不断变化的收入问题，进而推动下层社会群体的研究。聊城大学胡克诚的《明代漕抚制创制史迹考略——以王竑为中心》一文，认为以王竑为中心的明代漕抚创制过程，实际包含两条线索轨迹：一是由永乐以来的单一武职总漕，演变为文武双规制；二是由宣德以来对南直隶江北派设的巡抚，演变为由文官总漕的兼职，因此通过对王竑的研究，可以探究明代漕抚的创设轨迹，考辨其设置背景与权力范围。朱年志在《明代山东运河沿岸卫所——以东昌府为中心的考察》一文中指出，卫所作为明代军队的基本组织形式与军政制度，其在很大程度上是一种军事性质的地理单位，明代东昌府卫所的建立、职能及其演变、与地方社会的互动，充分反映了运河交通、漕运、仓储对卫所设置的重要影响。

厦门大学王日根、曹斌的《从商人经商类书看明清运河航路的秩序》一文，认为明清时期是商书编写的鼎盛期，其中有关运河航运方面的商业指导活动著作占了很大比例，内容主要为对经商者行舟途中避盗情形的规戒，商书在一定程度上成为构建明清运河航路秩序的指导性书籍。中国社科院的封越健以《明代京杭运河航运管理述略》为研究视角，分析了明代运河航道管理中的治安管理、闸坝管理、河流管理；船只航行管理中的船只管理、航行管理，进而总结出明代运河是国家工程，运河管理也为专制制度服务，漕运顺利是运河管理的主要目标，运河的水源、闸坝、河道航行都优先为漕运服务的结论。聊城大学李泉的《明代的皇木运输与运河交通》，从明代皇木运输的途径与路线入手，指出明代大量从西南地区采办木料建设北京城，其运输媒介主要为长江与运河，同时大量木料挤占河道又影响了正常的航运秩序，运木官员沿途的征派与勒索也加重了沿河百姓的负担。南开大学王春花的《明清京杭运河沿线驿站与地方社会》一文指出，京杭运河为沿线驿站带来强大的流动人口，给聚落的发展提供了良好的契机。与此同时，乘驿文人骚客除了留下大量的诗文，并在逗留驿站期间，参观当地的名胜古迹，驿站成为文化交流的"中转地"。另外，驿站的夫役金派让被迫服役的百姓缺乏人身自由，受尽压迫；需索折干则干扰了驿站的日常运转。

三　河工、水利与生态环境变迁

中国古代的运河是政治、商业、文化交流的重要通道。为了保障运河顺利通航，中央政府不但设置了大量的河道、漕政、仓储人员进行管理，而且修建水利工程、保障航运秩序、设置水柜调节水源，尽最大努力维持国家的这一政治与经济命脉。尽管如此，但由于运河绵延数千里、水源分布不均匀、管理地域差异等方面的影响，仍然导致了运河区域治安状况与农业水利环境恶化等弊端。

中国古代运河的开凿与维护包含了大量的科学技术，所以这方面的研究也是该次会议所关注的重要主题之一。中国水利水电科学研究院王英华、吕娟的论文《清口—洪泽湖水利枢纽及其价值研究》，通过对清口—洪泽湖枢纽的修建原因、过程及其价值的研究，得出该水利工程集中了当时最为复杂的工程问题与管理问题，代表了当时中国水利规划设计与工程、管理技术的最高成就，它的建成与运行在减缓黄河泥沙淤积和确保运河畅通等方面发挥了重大作用，也见证了淮河水系和淮北平原环境的变化历程的结论。吕娟与另一作者李云鹏的《大运河水利遗产现状问题及保护策略探讨》则从大运河水利遗产保护的角度出发，认为大运河遗产具有历史、文化、科技、生态的多重价值，在用与发展是其本质属性，部门分工侧重的差异和法律法规体系不健全，是造成当前大运河水利遗产保护与利用问题的根本原因。大运河水利遗产保护和发展，应统筹规划、区分对待、突出重点、逐步实施，在现行体制下创新机制，建立不同部门和不同地区之间的协调机制，逐步完善法律体系建设，加强研究，为大运河水利遗产保护提供基础支撑。

明清时期山东运河水源匮乏，闸坝林立，所以中央与地方政府非常重视运河水源的调剂与节制，以保障漕运的顺利通行。聊城大学陈永金、刘胜亮的《明清京杭运河山东段水资源短缺及其对策研究》，从山东段运河水资源短缺及其原因、水资源短缺对策、古代水资源管理启示的角度出发，认为明清时期通过引水、节水、蓄水、护水等措施保障运河水源充足具有很大的实际意义，对于今天水资源保护和区域可持续发展也具有科学参考价值。江苏师范大学陈诗越与聊城大学吴金甲在《运河水柜——南四湖与北五湖的历史与变迁》中指出运河水柜是保证运河畅通的关键环节，山东运河区域南四湖与北五湖的历史变迁对运河航运产生了深远的影响，尤其是北五湖的消失直接限制了京杭大运河会通河段的复航，同时南四湖与北五湖的历史与变迁研究对未来运河的全线通航规划也具有积极意义。聊城大学王玉朋的《清代秦淮河的治理》一文，从秦淮河对南京的影响角度出发，分析了清前期、道光年间、晚清时对秦淮河的治理情况，指出伴随着城市规模的扩大，南京百姓对秦淮河的依赖只会越来越强，生产生活对秦淮河造成的影响也越来越直接，从而使得秦淮河离最初原生态的自然河流也越来越远，河道的疏浚工作也随之越发艰难。

聊城大学吴欣的《明清鲁西运河区域的土地与农业生产——以契约、碑刻、家谱为中心》以契约所见鲁西运河区域之土地类型为内容，结合碑刻、家谱、方志等资料，逐一对莲花土、沙土、清沙、盐碱、草地等五种土地进行比较分析，借此讨论了鲁西运河沿岸土地的差异、差异形成的原因，以及其对鲁西运河沿岸农业作物的生长产生的影响。同时作者强调，对于契约的研究，应该着眼于多视角、多层次的分析，以便充分利用契约本身的价值。南开大学高原杰的《明清时期山东运河区域植被的破坏与保护》，在分析人类活动与自然植被互动关系的基础上，考察了明清时期山东运河区域植被破坏与保护的动态过程，从丘陵西麓的植被破坏与山洪频发、河工与植被、燃料危机几个方面探讨了自然与人为因素对运河造成的影响。

四　运河区域的民间信仰

运河区域的民间信仰与宗教神灵是本次学术研讨会的重要内容之一，无论是金龙四大王、龙王、真武大帝、妈祖，还是宋礼、白英、潘季驯等治水人物由人向神的转化，都反映了运河区域内的一种文化传承与人神互动，都与当时当地的社会现实密不可分。正是由于古代人们对自然灾害的无奈，所以在运行漕运与从事水运的过程中，才产生了为祈祷河道安澜与旅途安全的水神，这些神灵一方面寄托了人们美好的心愿，另一方面在国家与社会的宣教下又不断发散其文化内涵，逐渐成为当时宗教与神灵信仰的重要组成部分。

南京大学胡梦飞在《漕运、河工与水神崇拜——明清时期苏北地区水神信仰的历史考察》一文中指出，水神信仰作为古老的自然崇拜形式，在中国古代民间信仰中占有重要地位。明清时期苏北地区黄、淮、运交汇，既是漕运和河工重地，也是水神信仰较为盛行的地区。黄河水患、繁忙的漕运与频繁的河工是导致苏北运河区域水神信仰盛行的主要原因。在明清国家的倡导与推动下，苏北地方官员和普通民众修建了众多崇祀水神的庙宇和祠堂。水神信仰呈现出种类多样性、地域广泛性、目的功利性等特点，对明清国家的治河活动和沿岸民众的生产生活产生了重要的影响。

金龙四大王作为运河区域最重要的水神信仰之一，历来受到学界关注。暨南大学王元林、褚福楼的《金龙四大王信仰起源考辨》一文，从金龙四大王的起源考证出发，通过各种史料的对比与分析，认为无论是元代起源说，还是明太祖朱元璋与金龙四大王的起源关系均有很大缺陷，信仰起源时间与地点当是来源于元代吕梁洪的河神金龙崇拜，伴随明初漕运的发展而兴盛的。韩国高丽大学的曹永宪在《水神祠庙和徽州商人——以扬州天妃宫和镇江金龙四大王庙为中心》中指出，明中期以来随着利用水路的长距离流通业的发展，祈愿水运安定的客商的愿望发展成祭祀各种水神和祠庙建筑的增加。特别是大运河沿岸城市增加了很多漕运船、商船、官船等的搭乘者和运输业者参与的水神祠庙。扬州天妃宫与镇江金龙四大王庙的建设、祭祀与变迁，就反映了沿运城市的商业、河工、漕运的实际情况及人们的精神信仰。烟台大学王明星的《宋代造神运动与金龙四大王传说的渊源》认为，宋代末年的大规模造神运动，使出身于东山谢氏家族的谢绪逐渐被神化，原本流传于福建惠安地区的张将军传说迅速北上并在长江流域传播开来，从而为金龙四大王传说的形成奠定了基础。

聊城大学李德楠在《地方利益与国家教化：陈潘二公祠的历史考察》中论述到，祭祀是国家教化策略的主要内容之一，陈潘二公祠是王朝通过封祭形式将民间信仰纳入国家祀典的一个生动个案，国家力量在其中起着至关重要的作用，国家通过提升祠祀的权威性来强化民众对国家权力以及统治思想的认可。聊城大学郭福亮的《人神之间：白英形象的演变及诠释》一文，通过对明朝永乐年间著名民间治水人物白英的考察，指出其由人到神的转变，由"从祀"到"专祀"地位的提高，反映了其形象的变迁既是政府社会管理的需要，也是对民间精英人物的肯定，同时说明了运河的重要性。对于下层百姓来说，白英既是成功的榜样，更是镶嵌在周边社会中的一种民间信仰对象，被人们祭祀祈福。

聊城大学赵树好的《论晚清山东运河区域的教案》，在详细考察山东运河区域教案分布的基础上，将教案分为文化冲突案、传教士被杀案、反教起义案、其他类型教案等几大类，认为教案对运河区域社会造成了人民生命财产损失、社会习俗裂变、绅民与教会态度转变等影响。

五　运河区域经济文化与城市发展

在传统社会，由于运河的贯通，刺激了一大批商业城市的兴起。运河不但使这些城市成为政治枢纽、河工要地、漕运码头，而且带来了大量的商人与商帮，使当地的经济异常繁荣，文化产业也相当发达，出现了大量反映市民生活与商业景象的小说、喜剧、歌曲、民间艺术，同时商人、官员、学者、士绅在运河城市的定居，也使建筑技术、商业经济、图书收藏、居民生活呈现出一种融汇南北、杂糅东西、兼容并蓄的特点。

南京大学范金民的《日本使者眼中的明后期大运河社会风貌——策彦周良〈初渡集〉〈再渡集〉初解》一文，从日本使者策彦周良两次入明所撰的旅行记录为视角，介绍了外国人眼中的中国运河区域的风土民情与社会面貌，这一珍贵的历史文献不但对于我们了解明代运河区域社会具有重要意义，也为运河文化的研究提供了重要的参考资料。

聊城大学丁延峰的《海源阁宋本"四经四史"叙录》一文，在介绍海源阁主要宋本藏书的基础上，对其中最重要的"四经四史"的版本价值、收藏原委进行了详细的论述，并作了系统、深入的考证。淮安市大运河文化研究中心苟德麟在《运河名城淮安与明清小说名著》中指出，明清是淮安历史上最为鼎盛辉煌的时期，这得益于其全国漕运指挥中心、漕船制造中心、漕粮转运中心、黄淮运河道治理中心、淮北食盐集散中心五大中心地位的确立，城市政治与经济功能的强化，也使淮安的文化得到了极大的发展，《西游记》《三国演义》《水浒传》《儒林外史》等著名小说的产生都与淮安有着密切的关系。可以这样说，淮安是中国长篇小说的重要发祥地，更是产生中国长篇小说的摇篮与温床。聊城大学苗菁以"京杭大运河与明清戏曲的传播"为题，认为明清中国戏曲的繁荣与京杭大运河有着密切的联系。在明清时期，京杭大运河沿岸的众多城市是各种中国戏曲声腔最重要的吸纳之地与聚集之地，同时运河这条水道也是中国戏曲声腔最重要的传播渠道。

淮安市大运河文化研究中心刘志平的《游走在大运河上的民间艺术——以明清时期的杂技为考察对象》一文，论述了明清运河畅通与杂技传播兴盛之间的关系，明清杂技在彻底沦为"民间"艺术的境况下，依然得到了新的发展，很大程度上是因为借助了大运河的东风。刘玉梅在《"关西大汉"与"十七八女郎"——东昌府年画与杨柳青年画之比较》中指出，东昌府年画与杨柳青年画在创作主体、制作工艺、表现题材、年画属性、审美风格、接受群体等方面都有差异，对比这些差异对于认识两地年画与促进两地年画发展都具有重要意义。

聊城大学王云的《明代宦官与运河重镇临清》详细考察了明代宦官在税收、仓场、钞关、贡砖、寺庙诸方面之于临清的影响和危害，从一个特殊的角度揭示出运河重镇临清对于明朝国家财政、经济、文化各方面的重要意义。临清市博物馆马鲁奎在《临清运河钞关建筑摭谈》和《元代会通河临清"连环闸"新探》二文中，分别介绍了临清市境内的两处世界级运河文化遗产——临清钞关和元代会通河"连环闸"遗址的建筑特色。临清市财政局井扬在《临清运河文化论纲》一文中指出，临清是最能体现中国运河文化特点的代表性城市，临清运河文化的主要内容包括：海纳百川的商业文化、内涵丰厚的古建文化、绚丽多姿的曲艺文化、中外交汇的宗教文化和丰富多彩的民俗文化。随着运河申遗成功，临清市将迎来良好的发展机遇。保护好现有的古迹遗存，整理、挖掘运河文化内涵，积极打造运河名城品牌，临清必将成为运河沿岸的一颗璀璨明珠。

　　北京联合大学吴文佳的《杨以增在清江浦》一文，详细考察了清代著名聊城籍藏书家杨以增在南河总督任上，于漕运、河工，特别是收集珍本古籍藏书等方面的重要事迹和突出贡献，认为在国事日下、河弊积深的情势下，杨以增以儒者的胸怀，敢挑重担，然两遭革职，数次议处，虽竭尽能事，仍难挽颓局，以致心焦力瘁，以身殉职，成为清王朝国衰政颓的牺牲品。枣庄学院安涛的《泇运河与枣庄区域经济社会的变迁》一文，认为明万历年间开凿泇运河后，对枣庄地区社会经济的发展产生了重要的影响。大运河的开凿与贯通，营造着新的自然环境、生态环境、生产环境，极大地促进了整个运河区域社会经济环境的改善，使运河区域成为繁荣昌盛的新的经济带。泇运河的开通使枣庄地区纳入传统的运河经济、文化体系中，由于交通的便利，方便了对外的商品交流，借助运河，枣庄地区的物产可以行销全国各地，使枣庄融入了传统的商品经济网络中。聊城大学郑民德的《明清直隶运河城市的历史变迁——以景州为视角的历史考察》一文，认为直隶景州是明清时期运河沿岸的重要城市，属漕运码头、商业重地、河工枢纽，其由明代与清初的直隶州降为散州，既体现了其政治与经济地位的变迁，也是国家漕运政策、地域社会冲突、自然环境恶化等因素综合作用的结果。景州作为运河城市在明清500余年的风云变幻，充分显示了交通因素在城市发展中的影响，也反映了运河对城乡的辐射作用存在着巨大的差异。陈丹阳以"洞天福地的现实化与钵池山文化景观变迁"为题，通过对淮安钵池山早期景观意象建构、意象的实体化、其他宗教景观的分析，认为钵池山本是一处自然景观，由于其独特的自然地理特征，在唐代被赋予了道教圣地的美名。到了明清，佛教景观逐渐取代道教景观成为钵池山实体文化景观的主体，而当代对钵池山公园的修建，则是将钵池山意象进行实体化这一古代传统在当代的延续和发展。

　　淮北市隋唐大运河博物馆的杨建华、余敏辉在《淮北隋唐运河文化旅游的开发利用》中指出，淮北运河文化具有特色显著、文化品位高、观赏价值大等优势，但同时存在着旅游名气不大，还处于起步阶段，尚未真正形成拳头品牌和较有影响的景区，旅游经济规模较小等不足，所以必须把运河文化遗产保护工作作为各项工作的重要之重，努力做运河文化的忠实传承者与守护者，特别是要保护好运河文化遗产的真实性和完整性。济宁学院周新芳等以"京杭运河的开通与济宁城市精神的形成"为题，探讨了济宁城市精神的文化解读、城市精神的演进历程、城市精神的人文特质、运河申遗与城市精神的丰富和发展，指出源远流长的运河，承载着深厚的历史文化积淀，不仅融汇南北，也孕育了运河沿岸的颗颗明珠，这些明珠由于其所处地理位置不同和历史渊源各异而异彩纷呈，这是大运河的历史功绩和慷慨馈赠。聊城市光岳楼管理中心的魏聊、王永革、刘超所写《光岳楼是中国运河文化的代表名楼》一文，在介绍与说明光岳楼结构的基础上，指出正是由于会通河的开凿，才使聊城逐渐成为运河沿岸重要的商业城市，而光岳楼也因此成为运河畔的名楼。无论是皇帝出巡，还是士人进京赶考，抑或是文人骚客云游，凡是通过运河经由聊城，都会登临光岳楼，留下了很多流传千古的佳话。

六　研究综述

聊城大学运河学研究院罗衍军的《20年来的运河学研究》，以运河学研究论文为对象进行考察，指出20年来国内学术界的运河学研究取得了长足进展，在运河沿革与治理，运河区域社会经济变迁、运河城镇发展，运河区域文化、习俗等嬗变，运河区域家族、组织、帮会状况，运河遗产保护与运河旅游开发等方面提出了颇具新意的学术观点，为推动大运河和区域社会变迁研究的深入进行打下了坚实的基础。聊城大学崔建利、王娟的《古代山东运河文献述要》从文献学的视角，分门别类地介绍了明清以来直接以山东运河为记述主体或视角的十几种历史文献，对其作者、写作背景、主要内容、版本流传情况一一作了较为细致的梳理。江苏凤凰传媒集团的刘玄针对境外中国运河文化研究的现状写了《大运河境外研究述评》一文，她在总结中国台湾、日本、美国等地学者研究成果基础上，又分析了境外研究的特点与启示，认为境外学者多以专题性或区域性专著和论集为主，时代范围集中于明清及近现代，同时引入了政治学、经济学、地理学与环境学等其他学科理论，视野比较开阔。山东省文物考古研究所的吴志刚通过对近年来山东运河文物考古发掘的相关情况，总结写成了《近年京杭运河山东段考古述略》一文，山东运河的南旺分水枢纽考古遗址、聊城七级码头与土桥闸遗址均属运河上的重要水利工程与文化遗产，也是近年来全国重点的文物考古发掘，对于丰富运河文化的研究，促进运河申遗与保护具有重要的意义。聊城市社会科学界联合会史晓玲的《运河区域城市史研究综述》，在充分利用聊城大学《运河文献数据库》

的基础上，不但对运河文献进行了分类整理与统计，而且将运河区域城市史研究分为宏观群体城市、单体城市、城市单因素研究等几个方面，从经济、文化、社会、建筑上分析了运河城市的特点，同时也指出运河城市史研究还存在着分布不均衡、研究不完善、缺乏微观层面探讨等问题。

　　总之，本次学术研讨会取得了巨大的成功，代表了目前国内外运河学研究的最新动态与水平，为其后的研究提供了新思路、新视角、新观点、新方法，扩宽了运河学研究的领域与范围。会议主要有以下三个特点。首先，会议提交的论文涉及运河河道工程、文化遗产、商业经济、宗教信仰、漕运交通等诸多方面，几乎涵盖了运河学的所有内容。其次，与会学者在总结前人研究成果的基础上，密切联系社会实际，对运河申遗成功后的保护与开发问题，提出了很多新理论与新观点。最后，此次会议促进了国内外研究运河人员的沟通与交流，密切了运河不同研究领域之间的联系，为以后运河学的发展指明了方向。

（作者单位：聊城大学运河学研究院）